山東大學雙一流建設「中國古典學術」專項資助項目

山東大學中文專刊

袁昶年譜長編

朱家英 撰

中華書局

圖書在版編目（CIP）數據

袁昶年譜長編/朱家英撰. —北京：中華書局，2023.7
（山東大學中文專刊）
ISBN 978-7-101-15735-2

Ⅰ.袁…　Ⅱ.朱…　Ⅲ.袁昶（1846～1900）-年譜
Ⅳ.K827＝52

中國版本圖書館 CIP 數據核字（2022）第 078568 號

書　　　名	袁昶年譜長編	
撰　　　者	朱家英	
叢　書　名	山東大學中文專刊	
責任編輯	白愛虎	
責任印製	陳麗娜	
出版發行	中華書局	
	（北京市豐臺區太平橋西里 38 號　100073）	
	http://www.zhbc.com.cn	
	E-mail：zhbc@zhbc.com.cn	
印　　　刷	三河市中晟雅豪印務有限公司	
版　　　次	2023 年 7 月第 1 版	
	2023 年 7 月第 1 次印刷	
規　　　格	開本/920×1250 毫米　1/32	
	印張 26⅛　插頁 8　字數 700 千字	
國際書號	ISBN 978-7-101-15735-2	
定　　　價	168.00 元	

《山東大學中文專刊》
編輯出版説明

　　《山東大學中文專刊》，是山東大學中文學科學者著述的一套叢書。由山東大學文學院主持編輯，邀請有關專家擔任編纂工作，請國內有經驗的專業出版社分工出版。山東大學中文學科與山東大學的歷史同步，在社會巨變中，屢經分合遷轉，是國內歷史悠久、名家輩出、有較大影響的中文學科之一。1901年山東大學堂創辦之初，其課程設置就包括經史子集等中文課程。1926年省立山東大學在濟南創辦，設立了文學院，有中國哲學、國文學兩系。20世紀30年代至40年代，楊振聲、聞一多、老舍、洪深、梁實秋、游國恩、王獻唐、張煦、丁山、姜叔明、沈從文、明義士、臺静農、聞宥、欒調甫、顧頡剛、胡厚宣、黄孝紓等著名學者、作家在國立山東（青島）大學、齊魯大學任教，在學術界享有盛譽。新中國成立後，山東大學中文學科迎來新的發展時期，華崗、成仿吾先後擔任校長，陸侃如、馮沅君先後擔任副校長，黄孝紓、王統照、吕熒、高亨、高蘭、蕭滌非、殷孟倫、殷焕先、劉泮溪、孫昌熙、關德棟、蔣維崧等語言文學名家在山東大學任教，是國內中文學科實力雄厚的學術重鎮。改革開放以來，新中國培養的一代學術名家周來祥、袁世碩、董治安、牟世金、張可禮、龔克昌、劉乃昌、朱德才、郭延禮、狄其驄、葛本儀、錢曾怡、曾繁仁、張忠綱等，以深厚的學術功力和開拓創新精神，譜寫了山東大學中文學科新的輝煌。總結歷史成就，整理出版幾代人用心血和智慧凝結而成的著述，是對學術前輩最大的尊敬，也是開拓未來，創造新知，更上一層樓的最好起點。2018年4月16日，山東大學文學院新一屆領導班子奉命成立,20日履任。如何在新的階段爲學科發展做一些有益的工作,是擺在面前的首要課題。編輯出版《山東大學中文專刊》是新舉措之一。經過一年的緊張工作,一批成果即將問世。這其中既有歷史成就的總結,也有新時期的新著。相信這是一項長期的任務,而且長江後浪推前浪,在未來的學術界,山東大學中文學科的學人一定能够創造出無愧於前哲,無愧於當代,無愧於後勁的更加輝煌的業績。

山東大學文學院
二〇一九年十月一日

朱家英(1985—)

男,河南新鄉人。復旦大學文學博士,現爲山東大學文學院副教授、碩士生導師,兼任中國近代文學學會理事、山東省近代文學學會理事。研究方向爲明清文學與文獻、中國近代史等。主持國家及省部級社科研究項目四項,發表學術論文二十餘篇,獲得教育部、山東省社會科學優秀學術成果獎三次。

袁昶像

袁昶所書聯語

用筆共誇鍾太傅
骿文獨見沈尚書

雪樵一兄屬

弟袁昶

袁昶《漸西村舍叢刻》書影

齊民要術卷第一

後魏高陽太守賈思勰撰

耕田第一　收種第二

種穀第三

耕田第一

周書曰神農之時天雨粟神農遂耕而種之作陶冶斤
斧爲耒耜鉏耨以墾草莽然後五穀興助百果藏實世
本曰倕作耒耜倕神農之臣也呂氏春秋曰耜其六寸
爾雅曰斫謂之定鑱爲舍人曰斫斸鉏也一名定纂
本日倕作耒耜倕神農之臣也呂氏春秋曰耜其六寸

袁昶手札

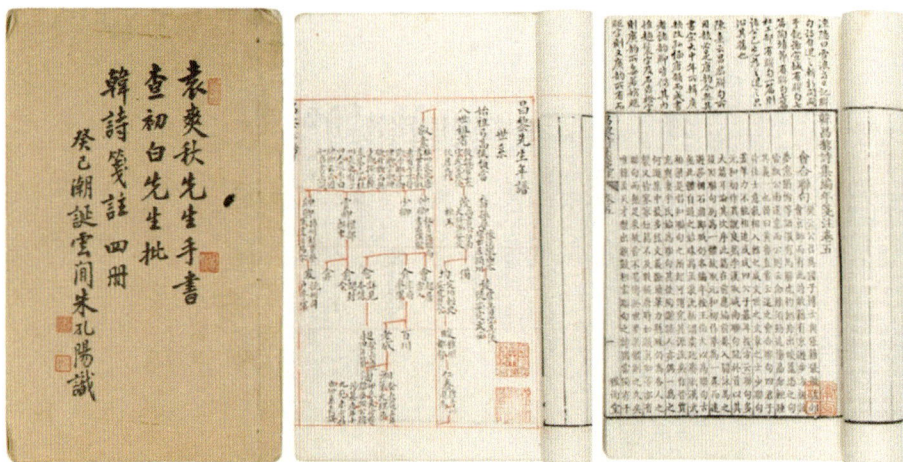

袁昶手録査批《韓昌黎詩集編年箋注》書影

光緒庚寅
李文田題

安般簃詩續鈔卷甲

徐柯墨寫牡丹數枝及行草書 乙酉

鳥暵欲呼春林塘未廻綠冰池寒尚擁花窖烟方續淡日

下東窗傾城睹芳躅春光青黯黯潭泡交枝玉磈磊想脫

巾禿翁東海曲 徐自署東海一老忠節公譚沺中子明亡不仕 繁華胸已淨久

厭几卉縟風姿邈己緗生絹裁餘幅誰謂寸心妍朱顏似

枯木

小徐冰雪顏大徐槁松枝二徐工墨巖未若章草奇驚鴻

斜復正瘦竹搖離家國有餘裒何心垂文辭古來驚絶

藝往往遺世人际身久蟬蛻腞水殘山覩哀樂隨所寓爛

袁昶《安般簃詩續鈔》書影

松江袁昶宅

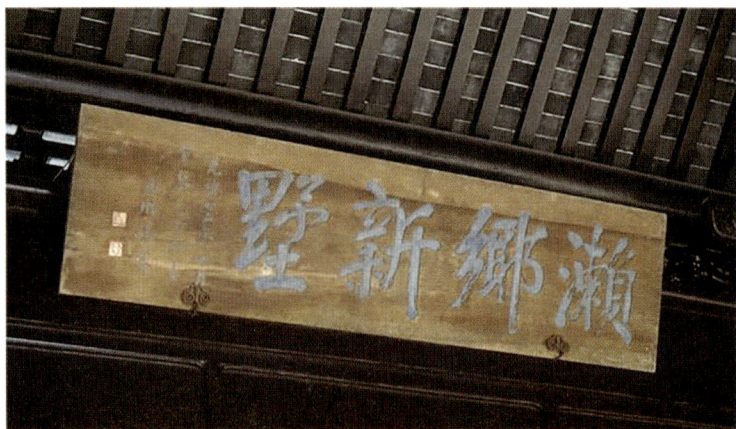

松江袁昶宅匾额

目　録

自　序

對中國近代史有所瞭解的人，袁昶這個名字都不會太陌生。袁昶（1846—1900），原名振蟾，字爽秋，一字重黎，號漸西村人、芳郭鈍叟，浙江桐廬人。同治六年（1867）舉人，光緒二年（1876）中恩科進士。九年春，考取總理各國事務衙門章京。十五年，以資勞轉總理衙門總辦章京，是年冬記名御史。十八年冬，奉旨分巡安徽徽寧池太廣道，於次年履任。二十四年，升任陝西按察使，未行，又授江寧布政使。八月入都陛見，調授直隸布政使。旋以三品京堂內用，任總理各國事務衙門大臣。二十五年，補授光祿寺卿，又改太常寺卿。庚子年（1900）義和團起，袁昶力陳“拳民不可恃，外釁不可啓”，主張剿滅拳民、維持和局，爲當政者所忌，下獄論死。同年十二月，光緒帝下詔平反，開復原官。宣統元年（1909）予謚“忠節”。此其一生大要。

由於立場的不同，對於拳民的動機、行爲和清廷的態度及舉措，史學界存在着不同的認識，直到今天，仍無法給出一個完全客觀公正的論斷。正如下詔處死這些大臣的朝廷，後來同樣下詔對他們予以平反昭雪；唾棄他們裏通外國的民衆，後來又以高規格的祭祀活動來進行追念。當然，做這些事的不一定是出自同一群人的自由意志，但戲劇性的翻轉本身就意味着任何一種方向的理解都有其存在的理由。在解釋複雜歷史問題的時候，這幾乎是不可避免的。

然而，考慮到當時的形勢，義和團在使館區的戰鬥行爲正進行得如火如荼，清廷也隨即降下明詔對列强宣戰。八國聯軍向北京的挺進過程，使京畿地區完全陷入了混亂的戰爭狀態。拳民的奮勇在手握權柄的人看來是“民心可用”，因此給予了一定的支持，以至於某些政府官員及部分軍隊也參與到其中,同時更有個別野心家甚至企圖利用拳民的力量來達成某種政治願望。從這個複雜的聯合體及其行爲來看,顯然低估了貿然與列强開戰可能帶來的災難性後果。在中外關係急劇惡化之際,對從事外交工作的官員而言則是面臨着極大的考驗。所以,儘管當時的總理衙門有多達十幾位的堂官,但其中絶大多數是毫無外交經驗,並且闇於國際形勢的守舊官僚,如啓秀竟然問出“俄想不過中國兩邊省地,究竟在我國東南方,抑在西南方”之類的蠢話,其他人大概也並不比他高明多少。而長期與外國打交道,同時又保持着理性的只剩下袁昶、許景澄、徐用儀、聯元等一小部分人。因此,在政府的主戰思想占有明顯優勢的時候,能够反復陳説利害,指出目前政策失當、舉措乖謬,是需要很大勇氣的——這樣做無疑是站到了當權派的對立面,與明哲保身的官場哲學不符。唯其如此,獨拄危局,孤忠可憫,敢於犯顔直諫的舉動才顯得尤爲可貴。

斯人已逝,風範長存,在感喟其人其事之餘,整理其遺著,使之化身千萬,永垂後世,方爲表彰先覺者最有效的手段。於是我在二〇一五年整理出版《許景澄集》後,二〇一六年又投入了袁昶著述的整理工作。五年來,北上南下各大圖書館,窮盡力氣搜輯文獻,或拍照,或複印,累計所積幾有兩萬幀之多。寓目資料既富,對袁昶的生平與思想有了更清晰的認識,遂有爲其編撰年譜的念頭。於是一邊搜羅資料、整理録入,一邊辨析考訂,加以編年,兩項工作同時開展。隨着《袁昶全集》整理的順利推進,《年譜》不知不覺也就做成了。因此,《袁昶年譜》也可以説是《袁昶全集》的副産品。

有關袁昶年譜的撰寫,此前秦翰才先生、董佳貝女士、包琪女士都做過類似的工作,本譜已經是第四種。學術研究不可掩人之善,上述諸位先生的工作無疑對本譜的編撰各具參考意義,而本譜既“遍參諸方”,當然也要力求做到後出轉精,方不負學術演進之規律。因此,在利用了袁昶日記手稿本的基礎上,又從袁昶及其師友的著述中搜輯相關史料，並參閱了報刊所載，博物館、拍賣行及私人藏品，在文獻占有方面盡量求全求備。所幸現在無論是電子檢索，還是紙本文獻的影印，都有了極大的發展，許多原本秘藏於各地的資料都得以問世，爲本譜的編寫着實帶來了方便。

此外，這項工作能夠順利進行，同樣離不開師友的關心和支持。首先應該感謝三位導師黃霖教授、葛劍雄教授、杜澤遜教授，他們是我學術之路的領航者，爲研究的開展所給予的教誨是我取得任何進步的重要前提。北京大學張劍教授對本譜的編寫提供了大量的支持，包括給出建議、贈送資料、聯絡出版等，這種對後進的熱心提携，令人銘感於心。中華書局俞國林先生、白愛虎先生對本書的核校提出了專業的意見，並爲順利出版提供了大力的支持；浙江古籍出版社的路偉兄極力幫助尋訪袁昶後人及各地館藏文獻；湖南大學吳欽根兄從他負責整理的譚獻日記手稿本中輯出大量有關袁昶的資料供我使用；國家圖書館張燕嬰女士、上海圖書館刁青雲先生爲查閱、複製館藏文獻提供了很大的方便；以及我所在的單位山東大學文學院，同事諸公不僅對書稿提出了中肯的意見和建議，且在經費緊張的情況下仍予以出版資助。對此，均致以誠摯的感謝！

限於各種條件，尤其是作者本人學識的淺陋，本譜的編寫難免存在紕繆，敬請海内外方家海涵，並給予批評指正！

朱家英

二〇二〇年初冬識於濟南

凡　例

一、本譜分爲譜前、年譜、譜後、附錄、主要參考文獻五部分。譜主姓名、字號、室名、印文、家世、履歷均置於譜前；生平事跡置於年譜部分；身後相關事實置於譜後；其餘史料可資考訂者概入附錄；撰寫本譜所使用的資料則列入主要參考文獻。

二、本譜根據譜主生平重要經歷，酌爲分期，以便於形成總括性的認識。而正文則按照年月日作爲順序排次，每年注明帝王年號、干支、公元紀年、生辰，譜中則以農曆爲準，不作公曆換算。

三、年譜部分每年記述除譜主事歷外，後附該年所作詩文詞目錄以及時事，如未明確標明寫作時間者，則通過考證，作妥善處理。

四、本譜記事僅知年、季、月，而無確切日期可考者，則均置於是年、是季、是月之後。

五、譜中稱謂，譜主稱公，除譜主之祖父母稱明誠公、單宜人，父母稱世紀公、徐宜人，妻子稱薛夫人外，其他人物臨文不諱，概稱其名。與譜主生平行實所關人物，以案語形式附以小傳。

六、譜中所引材料，如譜主詩文等，均已有影印本、排印本等出版，索閱不難，故從省略。唯於生平有重大關係者，及師友來札、贈詩，則全文照錄，以便參考。所引材料間有記述錯訛、叙述不清、來源有誤等問題，均以案語形式加以考辨説明。

七、凡引譜主所寫日記，則止稱《日記》。引他人之書，則以全名稱之。唯於首次徵引時列作者之名，此後引用僅署書名。

前　　譜

袁昶名、字、號、室名及印文

袁昶名

振蟾

《述德記》："元名振蟾。"

《袁昶硃卷》："原名振蟾，字碤秋，一字稊符，又字稊巖。行一，又行七。"

《致李慈銘書》自述云："昶原名振蟾。"

昶

《袁氏續正論》外篇有《名箴》："汝少而孤，禮無更名，以祀其先。今將告廟，更名曰昶，取文明焉。"

《日記》同治十三年（1874）十一月初四日："山人更名本署文件始到。"

《日記》同治十三年（1874）十二月初一日："賤子丁卯夏更名昶，字重黎者何？蓋欲以昌黎公尊先德，以符郎自況，而重爲先德之續也，安敢辭金根車之誚乎！"

《日記》光緒七年（1881）十二月初九日《更名昶字重黎説》："《禮》：'君子已孤，不更名。'不肖舊名係丙午秋闈中世父菽圃府君所命，故癸酉秋作告墓更名文。昶者，高明之誼。黎與䣠通，取守玄之戒，早服謂之重積德。《朱子語類·諸子門》説此文甚明。重積德者，斂之又斂，法隆冬閉凍之象。"

案：公有"袁景"陽文小印。

袁昶字

碻秋

見前《袁昶碌卷》所述。又公《致譚獻書》自署："年小弟袁昶碻秋父頓首拜白。"

重黎

見前《更名昶字重黎説》所述。

《袁昶碌卷》："袁昶,字重黎。"

《致莫友芝書》自述云："賤字重黎,即求賜右款,將留充圮上素書之授受。"

《平山堂游記》自署云："桐廬袁昶重黎。"

稦符、稦巖

見前《袁昶碌卷》所述。

稚文、稚舒

《日記》光緒元年（1875）四月十七日："山人改字稚文,一字稚舒,又字稚符,自兹始。"

晦之

《日記》光緒三年（1877）九月初六日："漸西邨人初字曰重黎,今復製字曰晦之。"

袁昶號

毗梨邪臺山人

《日記》同治六年（1867）三月卷首題："時北譙中堂毗梨耶臺山人病瘧偶記。"

《日記》同治十年（1871）八月二十八日："治毗黎邪臺山人詩弟五。"

《日記》同治十一年（1872）四月十二日："編毗黎邪臺山人詩弟六卷。"

《袁氏續正論》外篇《形箴》云："同治十有一年龍集壬申夏六月朔,毗梨邪臺山人實修見在身,戒之戒之,尚慎旃哉。"

《答撫部湘鄉楊公書》自署云："越八月朔日,毗梨邪臺山人録畢記。"

《石鼓文跋》自署云："壬申七月,毗梨邪臺山人書。"

《詩説贈邱心坦》："越三日丙午,毗梨邪臺山人贈叙。"

《平山堂游記》自署云："同治壬申四月,毗梨邪臺山人記。"

案：此號自同治六年至十一年較爲常用,當爲公最早之自號,以後未見。

蠙叟

《日記》同治十一年（1872）卷首自記云："丁卯以後至辛未止五個年頭俱有日記,中間有論學語,初擬入《雜篇》、《雜記》,此外皆游滬、游燕、游吳楚間游歷之語。今擬仿李習之《來南録》、孫文定《南游記》例,盡數編爲《蠙叟游記》。"

案：此號僅一見。

榮期翁

《日記》光緒元年（1875）二月二十五日："山人自嚋榮期翁自兹始。榮期翁,天下古今之至樂者。"

定林居士、定林山人、定林先生

《日記》光緒元年（1875）三月初二日："老子曰：'治人事天莫若嗇。'嗇然後可以養天和。二言以蔽之,曰斂曰定,故山人又號定林,自稱定公。"

《日記》光緒元年（1875）九月十六日最録徐繼畬《瀛寰志略》中所記華盛頓故事,自署："乙亥杪秋,定林先生漫筆。"

《日記》光緒三年（1877）六月十三日："走癖愛鍾山下二

定林水竹巖溪之美,意在結茅讀書,誓彼息壤,故竊以定林居士自號,昔之斷斷者遂定,且有感於王文公語吳國夫人及葉濤之事也。"

《謝王可莊作真書一衹狀》自署云:"十三日定林狀上。"

《遼僧渡海詩》小注云:"東坡云'作詩雖未造藩域,破悶豈不賢樗蒲',聊可爲定林山人解嘲。"

案:《漸西村人初集》詩六所收作《泛海僧》,無此小注。

又案:"定林"之號自光緒元年至三年較爲常用,此後未見。

拙訥居士、拙訥翁

《日記》光緒元年(1875)十月二十一日錄有《自號拙訥翁》詩,《漸西村人初集》詩六題作《拙訥翁》。

《園林帖》自署云:"正月二十八,拙訥居士書於困學廬。"

《日記》光緒二年(1876)二月二十八日云:"拙訥居士記。"

案:"拙訥"之號自光緒元年至二年較爲常用,此後未見。

漸西村叟、漸西村人、漸西村夫、漸西村漢

《日記》光緒二年(1876)二月十三日錄有《漸西村叟説》。

《日記》光緒三年(1877)正月初一日自記:"漸西邨人三十有二歲,實修現在身。"

《日記》光緒三年(1877)正月二十日錄有《漸西村漢謠》。

《日記》光緒三年(1877)三月初一日自記:"漸西邨夫記。"

《日記》光緒二十三年(1897)七月二十七日:"校《漸西村人初集》。"

屠寄光緒二十七年(1901)冬作有《漸西村人五十有三小像題識》。

案:公詩集即自名爲《漸西村人初集》,此號使用時間最久,然實際使用時間多在光緒三四年間,此後則使用較少。

止觀道人

《日記》光緒三年（1877）正月十八日：“村漢自改號止觀道人，於彼天台智者法中，三止四觀。三木數，四金數。木少陽，東方，象仁；金少陰，西方，象誼。動靜互根，深入喜海。”

漸西無名人

《日記》光緒六年（1880）八月初四日錄《汪仲伊所著書叙》自署云：“光緒六年仲秋漸西無名人跋尾。”

漸西居士

《日記》光緒七年（1881）十月十一日《黄縣丁夫人持經苦空垂化鼻懸玉筯讚》自署：“漸西居士。”

《日記》光緒二十年（1894）三月初一日所録《觀音橋銘》自署：“光緒甲午三月俞主簿、嵇巡檢監造，漸西居士銘，敬山書丹。”

芳郭逸叟

《袁忠節公遺稿》有《芳郭逸叟贊》，作於光緒丙戌年（1886）。

《日記》光緒十四年（1888）七月二十七日自記曰：“芳郭逸叟漫書。”九月重九日自記曰：“戊子重九日，芳郭逸叟漫書。”

案：該號使用較少，主要在光緒十二至十四年間。

芳郭鈍叟、芳郭鈍椎

光緒八年（1882）秋所作《駢枝集叙》云：“芳郭鈍叟遭癸甲家難以後，終身言不文可也。”

《安般簃集》詩續丙《雜興》詩小注云：“近自署芳郭鈍叟。”

《重修滴翠軒記》自署云：“光緒二十年歲在甲午，仲秋之望，芳郭鈍叟書。”

《衛藏通志叙》自署云：“丙申長夏芳郭鈍叟書。”

《日記》光緒二十二年（1896）七月二十六日：“定名曰芳郭鈍椎。”

《跋弢廬書目》自署云：“丙申仲冬鈍椎書。”

《日記》光緒二十三年（1897）八月初七日：“自去年正月三日起，始號芳郭鈍椎。”

案：“芳郭鈍叟”之號自光緒八年始用，至光緒二十二年正月改稱“芳郭鈍椎”，然兩號皆用，爲使用頻率最高之號。

漸西鈍叟、漸西鈍椎

《日記》光緒九年（1883）四月：“爰竊蒙古誼，以自號曰漸西鈍叟。”

《與枸女書》自署云：“三月廿五日，漸西鈍椎字。”

《于湖小集》詩一《送篁西李使君》：“漸西今送篁西老，他日送予知是誰？”

案：或僅署“漸西”。

芳郭鈍逸居士

《日記》光緒十四年（1888）四月初七日：“仲弢天姿淵亮，挾求道之資糧，充其精思，必有成就。予心力衰荼，勿能及之，願附於天地間畸人之數足矣，不辦作陽明子所稱第一流也。予年來自署芳郭鈍逸居士者此也，蓋取‘量力守故轍’之意，曾乏日新之功，且汗且媿。”

畸逸悔翁

光緒十四年（1888）五月起日記題云《畸逸悔民惜陰自課》，首頁識語云：“自五月廿三起改號畸逸悔翁。畸者，德薄能尠，自居於不贍不徧，古今畸零之人之一也；逸者，隱於下曹，從事恬智交養以自逸也；悔者，早孤不泊，學道不堅，悔負二親及平日所嚴事兄事之賢也。苟能修德進業，有日新之功，其悔乃亡，戒之，勉之。”

羼提居士

《日記》光緒十五年（1889）八月初一日自記："光緒己丑仲秋芳郭羼提居士新銜如是。書。"

《日記》光緒十五年（1889）九月十三日："漸西芳郭里人，今日定號羼提居士，以後信受三歸，惟宗淨法。"

《日記》光緒十五年（1889）九月二十七日："定此後在家自署'羼提居士'，宿署則稱'漚簃逸史'，本沈隱侯《宋書·隱逸傳論》之義，自以與時委蛇，無裨世教，不敢稱隱，故貶從逸稱耳。"

漚簃逸史

見前"羼提居士"條所述。

安隱樵人

《日記》光緒十八年（1892）二月十四日："頃自署云安隱樵人，漢晉語安隱即安穩。"

案：公此號不常用。

袁昶室名

相寶劍刀室

《日記》同治八年（1869）八月初九日："子與闢小室曰'相牛相鶴之堂'。子與散人，爲腹不爲目，僕安敢望之，乃作'相寶劍刀室'。時方屯礏，又逼處海疆華夷之間，故云爾也。《漢藝文志》形法家有《相寶劍刀》二十卷，命名之義在是矣。戊辰夏閏四月。"

高阪土室

《與聶子樗秀才書》："弟自厭孤露，追求溫顏，近牓所居曰'高阪土室'，志不忘也。春秋忌日薦則淮南屬中主之，時薦則於土室中行之。"

螾室、螾齋

《日記》同治九年（1870）四月二十日："荀子《勸學》曰：
'螾亡爪牙之利、筋骨之强，上食埃土，下飲黄泉，用心一也。'
《大戴記》文同。袁生闢'螾室'，銘曰：潛天而天，潛地而地，是
謂大清明。能積微者速成，行之不息，是爲螾德。"

《日記》同治十二年（1873）二月初十日："仍榜'螾齋'，取
荀子義改作贊，亦取'湛潛勿炫曜，曖曖含内光'之義，不特以
用心之一自期也。"

秤室

《日記》："諸葛君曰：'我心如秤，不能爲人輕重。'袁生於
是又作'秤室'，銘曰：居後不欲令人輕，居前不欲令人軒，眇乎
守春秋之元。"

毗梨耶臺

《日記》同治九年（1870）十月十二日："始築毗梨耶臺。"
十三日："遷居毗梨耶臺。"

案：公丁卯（1867）日記卷首題云："排日簿録，所以懲忿
窒欲，遷善改過，有之自丁卯始。□時北譙中堂毗梨耶臺山
人病瘧偶記。"然題詞顯係後來追記，故該室名及自號應起於
同時。

羼提室

《日記》同治十年（1871）二月初五日："暮歸羼提室寓齋。"

《日記》同治十年（1871）二月十八日："移居南衡街，乞芸
舫書'羼提室'額交來。"

《日記》光緒十八年（1892）十二月十一日："從今署所居曰
'羼提室'，牢記牢記。"

案：該室名自同治十年始用，使用時間最久。

誠自不妄語始齋

《日記》同治十一年（1872）二月十三日：“迓局地官第，另闢小室，牓曰‘誠自不妄語始之齋’。”

孱軒

《袁氏續正論》雜篇有《孱説》云：“袁子以‘孱’名其軒。”作於同治甲戌年（1874）。

心爲嚴師之室

《日記》光緒元年（1875）十月二十六日自記云：“光緒初元十月廿六日，定林山人於心爲嚴師之室摩頂受戒，遂記之。”

困學廬

《日記》光緒二年（1876）正月二十八日所録《園林帖》自署：“拙訥居士書於困學廬。”

《日記》光緒八年（1882）正月初八日録有《困學廬記》。

漸西村舍

《日記》光緒二年（1876）二月十六日：“漸西邨舍，仿吳嵩梁九里梅花村舍，額乞伯馴篆。”

《日記》光緒六年（1880）正月初一日：“瞻禮漸西村舍所懸孔子、老子相見畫像，又禮六一居士像。”

澹勤閣

《日記》光緒三年（1877）三月初九日録有《記澹勤之閣》云：“予將以丁丑之夏，歸於其鄉，背市面江，縛茅閣其上，可以升高眺望，而名之曰‘澹勤之閣’。”

一溉軒

《日記》光緒三年（1877）三月初九日録有《記一溉軒》云：“予所居闕隙地爲圃，蒔菜果瓜蓏，面圃爲軒，而名之曰‘一溉’，以寄寒泉之思焉。”

心安樂齋

《日記》光緒三年（1877）五月二十四日："仿百源又用山谷語。署行廡曰'心安樂齋'。"

瀨上舟、瀨齋

《日記》光緒五年（1879）正月三十日："始名所居齋曰'瀨上舟'，或暄或寂，或坐或卧，鸝飲於河，蝸休於殻，無過而問者。一舟以外，將非吾履足之地邪。"

《日記》光緒五年（1879）十一月十五日："枯坐瀨齋，圈讀杜詩、韓集。"

《日記》光緒十一年（1885）正月初三日："掃除瀨齋作知舊晤對之所。"

慕堂、永慕堂

《日記》光緒七年（1881）十月十五日："前慕堂額今敬改題爲永慕堂，堂後仍懸'守身執玉'四字牓，此家中舊規也。"

案："永慕堂"爲公藏書處，嘗編《永慕堂藏書目》。

飲冰啖蘗之室

《日記》光緒十年（1884）二月初五日："痛孤兒無狀，不及奉事先君，因榜不肖常坐之室曰'飲冰啖蘗之室'。"

小拳窩

《日記》光緒十年（1884）二月十七日："桑根丈有屋曰'拳窩'，予戲仿之，題所居曰'小拳窩'。然學道苦淺，每私竊瓣香百源之安樂窩，紫陽之拙窩，深愧黃稗之質而又不熟，於古人沙明雪净之胸襟，初無百一分也。"

公《直房小憩》詩云："拳窩窄窄銼生煙，漸近窗光欲曙天。卻似扁舟宿深葦，曉來風定一鷗眠。"

止齋

《日記》光緒十一年（1885）五月十九日録有《止齋記》云："乙酉之夏，村弢歸自津門，於世務力薄未始有所益，又悔平居爲學之鹵莽於耕而責穫奢也，乃闢治所居榜曰'止齋'，以自儆省。"

案：公論學文字署曰《止齋雜著》。

漚簃

《日記》光緒十一年（1885）正月二十日："夕宿漚簃。此耳舍，在典客署寺之西偏，原爲規綜戈船邊務而設，今事多廢弛，乃以予疏慵多病之身時時棲泊其間。昔僧圖澄以時人爲海漚鳥，予則安能？殆自視若水中泛泛之鳧而已，故戲爲名之如此。"

惜分陰室

《日記》光緒十年（1884）二月二十八日："榜兒輩家塾曰'惜分陰室'，用鍾先生舊名也。"

《日記》光緒二十二年（1896）七月二十日："又別松岑，託覟花乳石爲刻'惜分陰室'小印一方。"

案：公部分日記即自署曰《惜分陰室自課》。

南漚簃

《水明樓集》有《題北小漚簃》詩，自注云："前在鄲郡，牓所居曰'南漚簃'。"

案：公任蕪湖關道，於署中牓所居云"南漚簃"，以與京師總署中之漚簃相對。

小漚巢

《日記》光緒十六年（1890）二月初一日："小漚巢寬不及一丈，而市喧不到，兀坐如已枯之木。"

案："小漚巢"即"漚簃"，爲公總理衙門當值歇宿之所。另公部分日記署曰《小漚巢日記》。

忍庵

《日記》光緒十七年（1891）十月二十四日所録《忍庵記》云："予褊性狹中，懼以輕躁敗吾事也，故以'忍'牓吾龕，猶夫曩者之署'羼提室'也。"

吏隱堂

《日記》光緒二十年（1894）十一月二十日："擬營一北簃，牓曰'小漚巢'，開北窗外種雙桃，爲隱几讀書之所，而以中屋爲'吏隱堂'。"

通隱堂

《日記》光緒二十一年（1895）七月二十四日："營充隱堂，改牓曰'通隱堂'，用梁何點事。"

湛然精舍

樊增祥《樊山續集》卷九有《爽翁新葺湛然精舍奉贈四首》。

袁昶印文

袁昶

案：朱文小印。

永慕堂

案：朱文小印。

尸坐雷行、勤謹和緩、忍默平直

《日記》光緒七年（1881）六月二十三日："舊刻小印文以自警惕，一曰'尸坐雷行'，尸坐言毋不敬，主敬。雷行言與物無妄，主誠。不言誠而言無妄，避大父諱也；一曰'勤謹和緩'，元城語；

一曰'忍默平直',山谷説。"

續續鈔堂、晞日損齋、止觀

《日記》光緒十四年(1888)十一月二十九日:"趙松雪住屋皆在印上,本無此屋,以意構耳。今村人刻小印文曰'續續鈔堂',以黃文潔、文孝爲法也;曰'晞日損齋',以晉卿黃文獻爲法也;曰'止觀',則取天台六妙門中之二。"

《述德記》所載袁氏世系

先爲長編，有得即録，録竟再次爲狀。光緒乙亥不孝孤子梟敬記。

皇迏贈内閣中書前國子監生復初太府君行狀，皇贈内閣中書桐廬縣學生員鑛巖府君行狀當分二。

王考復初太府君諱明誠，劉熙載填諱。一字一齋，皇國子監生，省試累薦未售，系出宋工部侍郎寶謨閣待制諱樞字機仲。

王妣田氏、單氏。

先考鑛巖府君諱世紀，劉熙載填諱。一字用疇，皇桐廬縣學優廩生員，王考第四子。

先妣徐氏。子一梟，元名振蟾，丁卯補甲子科舉人，甲戌會試挑取謄録，内閣額外學習中書。女二，許字王、趙，均幼殤。

伯父世經，改名德生，歲貢生，著棲梧山人初、二集。

世綸，桐廬縣學優廩生員，出嗣從祖諱明善後。

世綱，國子監生。

叔父世緯，坿貢生，著《筠村漫稿》、《袁大令枚詩注》。

世綰。

辛酉三月，左公時新奉命幫辦曾公軍務。樂平、景鎮之捷，左公所以不遽追賊入浙者，一則慮侍酋困獸猶鬥，一則懼新湘營驟勝而驕，觀其答李次青書知之。

大父聚書五萬卷，丹黃點勘，手不停輟。嘗刊行《陳選小學集注》等書，付同邑俞拔貢國楨校讎行之。後俞贈詩十章云詩□□□。昶不逮事王父，及見大母單太孺人。大母恭儉而有禮，時喜爲諸孫道先世隱德，以爲法戒。故曾王大父、王父之嘉言懿行，僅知一二。然以童稚茫昧，口耳勿能習也。今略徵如左方：

府君辛酉春佐樂平軍，軍覆，陷賊中六十日。手刃偽酋黃生財未殊，酋反斫府君，傷脰幾絕，遇大軍援至獲全。會官軍交綏，府君欲效朱序之績，力疾上書幕府前太常今伯相湘陰左公宗棠，指陳賊情新挫震讋，言可規勦狀。公異之，留營養創。旋瘳，遂佐記室軍咨之屬。府君才思素贍，書藝神速，羽檄旁午，鞍几可了，幕府倚以爲重。時左公奉命幫辦軍務，逐賊於饒、信之間。官軍屢勝，降賊數萬，公悉資遣。餘逆之黠悍者，謀竄浙境。府君復奏記言："自此賊突出全州以來，蔓延湘楚贛皖各省，脅從日衆，皆無籍産。今勢蹙來降，其悍者宜抽推以爲新軍，分隸湘字五營，罷弱者始遣散，不宜悉縱，使復歸於賊，是資賊復合也。且浙省鹽穀饒富，我餉之所自出。聞潰賊洶洶，將謀入浙之路。浙省大吏未習軍事，西恃皖南一軍，南倚幕府勁旅，以爲藩蔽耳，賊至必不設備，備亦不力。浙陷而湘餉隨竭，是扼我之亢也。揣今之急務，未有過於援浙者。且邮鄰，大德也。"公不見用。已而賊復烏合，浙事大棘，旋以失陷，如府君言。府君歷師閭里申屠太夫子焜、張太夫子□□、蘭溪前開州知州贈太常戴太夫子鹿芝。戴尤重府君閎敏敦慎。

太府君生於乾隆四十五年庚子十一月十四日，以道光二十年庚子八月十日卒，春秋六十有一。先王妣生於乾隆五十九年甲寅二月十五日，以咸豐七年丁巳五月二十八日卒，享年六十四歲。

府君生於道光三年癸未六月二十九日，以同治二年癸亥三月二十四日卒，春秋四十有一。先妣生於道光四年甲申四月二十七日，以同治二年癸亥七月十一日卒，享年四十歲。嗚呼哀哉！

不孝某自兹以往之日，皆偷活晬息，靦顏求生。然自立一例，如居鄉及求仕，言一善言，行一善行，則皆乃祖乃父行義之庭誥，俾爲家法。苟其有一訑舷突梯之行，枝游之言，則惟大悖庭誥、隳蕩家法是懼。

先王父預知亡日，先一年，闢一小樓，杜門謝客，常儼容嘿坐，窮高極深，群從莫測其際。及期，沐浴索新衣，端坐而逝，遂終於此樓。後此樓改祀司命，春秋晦朔，世父輩或率群從講貫拜跽於此。

系出宋工部侍郎寶謨閣待制諱樞。樞嘗爲嚴州教授，一子留於桐，是爲遷桐始祖。生遠孫某，明提學副使。提學公墓在縣東七里，戴山之陰。譜牒既邁兵火，旁行世系，莫得而詳焉。提學公生孫有聲，是爲七世祖。有聲生大成，是爲六世祖。大成生儒聘，諱有珍。是爲高祖。自高祖以上，潛德勿耀。從太高祖有充知夔州府事者曰大偉，康熙癸巳舉人，以廉能聞。謝事歸，未幾爲讎家所齮齕，奉命籍没，大偉以憂卒。後事理得伸，復奉命昭邺，家遂中落。

曾王父國子監生諱顯輯。劉熙載填諱。勤於治生，而好施與，資用益饒，稻四十餘頃，畜牧千頭。嘗蠟祭後收責於鄉，鄉獲竊盜，聚毆之幾斃。曾王父廉盜狀非稔惡者，舉皆償而釋之。盜大悔悟，卒爲善士。此一事，父老至今猶能道之。

先王父嘗令密親徵租西鄉，佃者語僈之。戚大加凌厲，以致相毆。戚既歸，將鳴之縣門，王父笑而止之。俄而鬻西郊沃田連頃，际他所之境堝者取之。其與物無競類此。

縣有張姓貸於王三千金，王父爲立券。張殁，遺孤零落不保。王索負急，王父破產代償其半，仍存張孤。族中貧無屋者，斥屋庇之；無後者，爲斥田以祀。受屋人或數世，亦不知其爲王父故物也。素豪於酒，雖沈醉，無喘服失容。食客嘗數十人，皆州縣文儒，聚以校所藏經籍，每多陳紙筆，互相疏難。故予家舊藏，書眉紙尾注證輒滿。嘗戒子弟曰：“利則後人，善則先人。貞夷簡嘿，以藏其身。庶幾免於難乎！”

王父弟明善，早卒。子六人，單太孺人出。長德生，歲貢生；次世綸，桐廬縣學優廩生員；次世綱，國子監生；次即先府君，桐廬縣學優廩生員；次世緯，拊貢生，緯及同邑諸生胡燕殉辛卯之難，語在《浙江採訪忠義錄》列傳內；次世縮。女三人，長、次，田太孺人出，季，單太孺人出。聟胡、王、俞。有孫十六人，女孫九人。葬於縣治東二里巡檢司山之陽。

先君不習操縵，而玅達琴家之旨，兼善洞簫，每斷崖倚流，頹雲掛壁，危亭高聳，山盈谷虛，輒作數弄寫心，有龍吟虎嘯之致。所得群書率悉心讐校，其定本未及刊行者有劉晝《新論》、《傅子》、楊泉《物理論》、《抱朴外篇》、《列子》、《墨子·經説》上下等書。

先君遭時方多難，慨然治兵家言，盡取《司馬法》、《孫子》以下至許①洞《虎鈐經》之屬，旁及《方輿紀②要》、《郡國利病》，事皆件繫，篇分子目，目各有綱，使一覽瞭如。總目略仍《漢志》之舊，一曰兵陰陽家，主天；二曰兵權謀家，主人；三曰兵形勢家，主墬；四曰兵技巧家，主器。括其文數萬，大指百餘。

辛卯五月，先君自樂平間道歸里，勸富民范氏出粟，王氏出金泉，抽募壯丁，爲練軍以捍賊，三日而畢。有劣紳數輩，踞爲利藪，煽怵鄉里彈射亡已。人謀不臧，先君遂捨去。軍讋復散，縣亦旋陷。縣君吳公芳愚雅重府君。

府君居鄉授經者十年，生徒聽講者常數十人。每援引古誼，折以今之所宜，就其資地高底，立爲講程。至爲文辭，皆引就法度，援筆更竄，每撰一題，日可得十餘藝，未嘗削稿。

府君昆弟五人，皆負鄉曲之譽，友愛周至。五家叔箕邨先生，間憙爲俠游，詅宕文酒，或醉飽失節，府君嘗引干寶伐性斧之言爲戒。

府君治經，通宋人傳義之立學官者，間浸淫於兩漢解故之誼，以補正其違失。然矜慎，不復自立一説。所治群籍，及論事説難，或頗草創未就。所作功令文，猶幾及二千首，有詩二卷。

府君伯仲率困於場屋，世父、中父預秋賦至十一次，伯父及五叔父七次，皆累薦不售。府君自補弟子員後，高等食餼，旋以優等趣試，未赴。八就省試，薦而未售五，不遇於有司者如此。退而益讀書

①　原作“李”，誤，逕改。
②　案：原文爲避諱缺，今補。

自得，諸生列坐，未嘗見其有憤懣之色。

辛壬之際，本省郡縣皆没於賊。府君匿居山谷中，躬自樵汲，時與同里副貢江丈肇壎作草間菰中語，憤惋流涕。飢甚，或猶爲詩相和。豺虎塞途，欲走無所，干戚之舞，力又不逮。食既盡，采樹皮和野菜食之，卒不言苦。癸亥春，郡城始復，府君赴行營白事，未至，三月二十四日以病卒於郡城小南門外，春秋四十有一。時斷糧已歷年餘，故不能自振。守義之心，委骨荒野，嗚呼哀哉！

不孝嗣孤十四補諸生後，壬戌冬，年甫十七，爲賊所尋，瀕於十死。繼乏熊僚之微介，旋爲杜甫之間行，不克逮奉府君含飯。生没之事皆悖於禮，雖即金木陰陽之戮，其又奚辭。遭亂相失，父子天性，猶不能保，不孝之辜，上通於天，嗚呼哀哉！

不孝嗣孤得脱歸里，時大軍新克，蒿棘千里，疫癘交作，積屍日數百人。日未至昏明一刻，即與兔相觸僵，夜則狼豕撞突食人。不孝棄諸生業，爲人都養，傭炊以存。都養即炊家子之誼。先母徐太孺人前以避難山中獲全，母子及季妹三人，至是始相見。掇稽麥和草爲羹，先母嘗畫爲三分，以其二啖兒，以其一啖妹。先母坐不肯食。妹卒不得活。春寒得一壞絮衣，互相蓋覆。旋得府君凶問，時先母病困且久，益之傷感，痛不欲生，遂於癸亥七月十有一日棄養。不孝煢煢在疚，連丁二難，喪亂流徙，不能自存，嗚呼哀哉！

府君蒿葬郡城後，萬骨叢瘞，旋失其處，不能識別。不孝苟活際息，搶地無顔。甲丁之年，步往求先君葬所，晝則風雨號呼，夜則山鬼叫歡，竟不可得。遂依李二曲變禮，具七品冠服招魂，歸葬於縣治東戴山之陰，時丁卯冬十有一月十日也。奉太孺人祔焉。配先太孺人徐氏，歲貢生諱能讓次女。太孺人持家勤而不匱，教子慈而有律，實能甚成府君之行者。後府君三月卒，享年四十歲。嗚呼！不孝德之不修，不及盭屋徵君，艱苦卓絶，詒先人令名，而府君之生平行誼，豈特百倍於材官之烈。嗚呼已矣，復何言哉！

府君男子一人昶，元名振蟾，丁卯補甲子科舉人，内閣額外中書，甲戌挑取謄録。妻薛氏，監察御史諱春黎之女。女子二人，長許字王，早殤；季殤。

孤子昶學行夅薄，凡百無似，飢驅南北，胝跰累年。痛念先府君行誼之志，摧挫未伸，位又不在，賷志入冥，有識之士，莫不聞而悲之。謹粗述梗概，不敢以不文不辭自隱，致益增邱山之罪。伏匄當代鴻儒鉅學、名公大人賜之碣傳，或爲詩辭，闡揚潛德，没存銜戢，死且不朽。又幽宮之文，已不逮事，例得用碣，植表墓道。山水可齧，高陵或夷，惟冀先人體魄忠義，因鴻筆以長存，或輯之宗乘，或采之方志，如近江都汪氏學行記之例，則感且不朽。惟明公大人實矜鑒之。小子幸甚，寒族幸甚！謹狀。

袁昶硃卷所開履歷

袁昶,字重黎,原名振蟾,字硃秋,一字穉符,又字穉巖。行一,又行七。咸豐壬子年八月初八日生。浙江省嚴州府桐廬縣學廩廩生,民籍。肄業詁經精舍、龍門書院。前充國史館謄録、内閣額外中書。

始祖諱樞。字機仲,宋乾道中進士,歷官至工部侍郎、寶謨閣待制,著《通鑑紀事本末》四十二卷、《學易索隱》一卷,《宋史》有傳。

遷桐始祖諱□。待制公曾爲嚴州教授,一子留家於桐,事見萬曆《桐廬志》。

七世祖諱晉成。誥封奉直大夫,升用同知,湖廣石門縣知縣加一級,誥贈中憲大夫,四川候補知府,署夔州府知府加一級。

六世祖諱大觀。

太高祖諱師孟。

高祖父諱有珍。字儒聘。

曾祖父諱顯韜。字乘六,國子監生,敕贈修職郎。

曾祖妣氏王。敕贈孺人。繼妣氏金,敕贈孺人。

祖父諱明誠。字復初,號一齋,國子監生,鄉試累膺房薦。發粟賑荒,有司旌門。恭遇覃恩,迭贈奉直大夫、内閣中書舍人加四級,晉贈奉政大夫、户部陝西司主事加二級。

祖妣氏田。恭遇覃恩,迭贈太宜人。繼妣氏單,恭遇覃恩,迭贈太宜人。

父諱世紀。字用疇,號鑛巖,縣學咨部優行廩膳生員。前監察御史、知嚴州府丁公壽昌詳請大府奏准照軍營積勞病故例賜恤,贈雲騎尉。恭遇覃恩,誥贈奉直大夫、内閣中書舍人加四級,晉贈奉政大夫、户部陝西司主事加二級。著有《兵權謀形勢陰陽技巧四家大恉》凡若干卷、詩詞集四卷、《漢魏樂府訓纂》十卷,未刊。

聘母氏羅、姒氏徐。同邑歲貢生、候選直隸州州判諱能讓公次女,從九品諱啓緝公胞妹，縣學生諱啓鑾公胞妹。恭遇覃恩，兩次誥贈太宜人。

胞六世伯叔祖大晟、縣辟鄉飲賓。大定、大德、大本、大嶽、大偉。康熙癸巳舉人，選授四川奉節縣知縣，補授湖廣石門縣知縣，升用同知，保升四川候補知府，署理夔州府知府加一級，誥授中憲大夫。

胞太高叔祖師貫。恩貢生。

胞高伯祖有聲。

胞叔祖明善、國子監生。明山。幼殤。

胞伯叔父德生、原名世經，恩貢生，候選教諭，著有《酒譜》、《區田考》、《新定方言古音證》、《續漁樵問答》、《種樹書》各一卷。世綸、縣學優廩生，出嗣胞叔祖諱明善公後。世綱、國子監生，咸豐十一年辛酉殉粵逆之變。世緯、附貢生，議叙直隸州州判，曾纂《注小倉山房集》十卷，《睦州山水古跡人物考》三卷，未刊。殉難，《浙江忠義録》有傳。世縉。殉難。

胞姑三，長、適同邑監生布政司理問胡公諱觀詢。次、適監生從九職銜王公諱文潮。三。適縣學生員俞公諱恩藻。

嫡兄弟澍南、縣學廩生。振飛、監生。振業、監生，候補鹽巡檢。振先、殉難。振河、殉難。振螭、殉難。振殼、業儒。振夏、殉難。振璩、殉難。振旅、殉難。振鉞、殉難。振瑚。殉難。

堂兄弟炯、增廣生員。振鶚。業儒。

胞妹二，長妹、許字同邑生員王諱焯公長子，幼殤。次妹。許字同邑貢生趙諱詮公長子，殉難。

嫡堂姪德蘭。幼讀。堂姪德昰、德劭、俱幼讀。德星、德興。俱幼。

原聘氏王。殉難。妻薛氏。全椒縣學生員贈榮禄大夫諱鑫公孫女，壬子解元、癸丑進士、翰林院編修、原任掌山東道監察御史諱春黎公女，安慶府教授諱喧黍公、二品銜前署浙江督糧道名時雨公胞姪女，候選知縣優貢生名葆櫹胞姊。

子一祺山，女一福海。俱幼。

桐邑洊經兵火，家乘散佚，五世以上仕履多失考，不能備載。世居桐廬縣東門内坊郭里睦親坊。

丁卯兼補行甲子科本省鄉試中式第六十四名。甲戌科會試挑取謄録。丙子恩科會試中式第五十三名,覆試二等,殿試二甲第一百十三名,朝考二等第六十三名,欽點主事,簽分户部。

受業師:

胞叔父篔邨夫子諱世緯。仕履見前。

吳曙樓夫子諱有容。道光己酉拔貢,前桐廬縣學教諭。

方壺山夫子諱驥才。同邑歲貢生。

高伯平夫子諱均儒。秀水縣學生員,前主講東城講舍,門人私謚"孝靖"。

叔外舅薛慰農夫子印時雨。道光癸卯舉人,咸豐癸丑進士,前杭州府知府,署浙江糧儲道,賞加二品銜。

劉融齋夫子印熙載。道光甲辰進士,國子監司業,直上書房,前廣東提學,主講龍門書院。

鍾子勤夫子印文烝。道光丙午舉人,大挑知縣。

問業師:

吳竹如夫子諱廷棟。道光丁酉拔貢,刑部七品小京官,歷官至刑部右侍郎,告病回籍,入祀直隸山東名宦祠。

陳六舟夫子印彝。同治壬戌二甲一名進士,工科掌印給事中,今官雲南曲靖府知府。

年伯黃遜庵夫子印彭年。道光乙巳進士,丁未補殿試,翰林院編修。

受知師:謹以受知先後爲次。

世伯江退谷夫子諱肇塽。道光癸卯副貢。

陳茹香夫子諱泰來。前知嚴州府。

王菽畦夫子諱慶勳。道光丙午舉人,前知嚴州府。

張星白夫子諡文貞。道光丙申進士,前禮部侍郎、浙江提學。

丁頤伯夫子印壽昌。道光丁未進士,前河南道監察御史、知嚴州府。

吳和甫夫子諱存義。道光戊戌進士,前吏部左侍郎、浙江提學。

楊石泉夫子諱昌濬。前浙江布政使,今官浙江巡撫。

王補帆夫子諱凱泰。道光庚戌進士,前浙江按察使。

秦澹如夫子印緗業。道光癸卯優貢,前署浙江鹽運使。

吳花均夫子印鈴。咸豐乙卯優貢,浙江候補知縣。

年伯孫琴西夫子印衣言。道光庚戌進士,翰林院侍讀,前主講紫陽書院。

顏雪廬夫子印宗儀。咸豐癸丑進士,前翰林院侍講學士,主講詁經精舍。

沈菁士夫子諱丙瑩。道光乙巳進士,知安順府,前主講詁經精舍。

馬穀山夫子謚端敏。道光丁未進士,前浙江巡撫。

徐壽蘅夫子印樹銘。道光丁未進士,前兵部侍郎、浙江提學,今官鴻臚寺卿。

應敏齋夫子印寶時。道光甲辰舉人,前蘇松太兵備道。

王琳齋夫子印景彝。咸豐己未舉人,前知嘉善、丁卯鄉試同考官。

王清如夫子印景澄。道光庚子進士,前浙江溫處道、丁卯鄉試內監試。

蕭雲史夫子印書。同治癸亥進士,前海塘中防同知。

張霽亭夫子印澐卿。咸豐壬子進士,前光祿司少卿、浙江丁卯鄉試正考官,今任順天府府尹。

張薌濤夫子印之洞。同治癸亥一甲三名進士,翰林院編修、浙江丁卯鄉試副考官,今任四川提學。

李筱泉夫子印瀚章。道光己酉拔貢,前浙江巡撫。

王孝蓮夫子印大經。道光癸卯舉人,前江安糧儲道。

方子箴夫子印濬頤。道光甲辰進士,兩淮鹽運使。

太年伯何子貞夫子諱紹基。道光丙申進士,翰林院編修,前兩淮書局總校。

晏同甫夫子印端書。道光戊戌進士,前浙江巡撫,主講梅花書院。

范膏菴夫子諱淩霄。孝廉方正,主講廣陵書院。

吳蕙吟夫子印廷芬。同治壬戌進士,戶部郎中、記名御史、二品銜特用道、甲戌會試同考官。

李少荃夫子印鴻章。道光丁未進士,翰林院編修、文華殿大學士、直隸總督、世襲一等肅毅伯。

顧翰臣夫子印樹屏。同治戊辰進士,翰林院編修、本科會試同考官。

董韞卿太夫子印恂。道光庚子進士,戶部尚書、總理各國事務大臣。

桑百齋太夫子印春榮。道光壬辰進士,刑部尚書。

文山夫子印崇綺。同治乙丑一甲一名進士,吏部右侍郎、委散秩大臣、三等承恩公。

　　黃恕皆夫子印倬。道光乙巳進士，禮部右侍郎、上書房行走。

　　華峰夫子印魁齡。咸豐壬子進士，工部尚書。

年　　譜

少年鄉居（1846—1863）

道光二十六年丙午（1846），一歲

是年八月初八日，公生於浙江桐廬縣芳郭里舊宅。

　　案：公會試硃卷所開履歷謂咸豐壬子（1852）八月初八日生，蓋爲官年，其實年則爲道光二十六年（1846）。公所作《述德記》有云"不孝嗣孤十四補諸生後，壬戌冬，年甫十七"等語，考壬戌爲同治元年（1862），倒推十七年即可得出實際生年。又公所記日記中，光緒二十年（1894）十二月十二日條有《自題四十九歲小像》詩，光緒十一年（1885）五月初四日云："擇群、鼎父、止潛、雲門、白叔與予同丙午生。"皆爲公生年之證。

　　【時事】清廷弛禁外國傳教。廣東民衆圍攻商館。容閎赴美留學。

　　樊增祥生。濮子潼生。朱一新生。

道光二十七年丁未（1847），二歲

　　【時事】徐家匯教案。廣西羅大綱起義。

　　張百熙生。蔣師轍生。

道光二十八年戊申（1848），三歲

　　【時事】青浦教案。洪秀全作《原道覺世訓》。

　　黃遵憲生。王頌蔚生。

道光二十九年己酉（1849），四歲

祖母單氏抱置膝上，教以方名，是爲公識字之始。

《日記》光緒元年（1875）六月二十八日："予四五歲時，太孺人抱實膝上教之方名，輒戲析箸爲井田等字。"

【時事】洪秀全、馮雲山自廣東花縣返回廣西桂平。

阮元卒。鄧世昌生。王鵬運生。

道光三十年庚戌（1850），五歲

【時事】俄國入侵黑龍江。

林則徐卒。沈曾植生。瞿鴻禨生。盛昱生。

咸豐元年辛亥（1851），六歲

【時事】金田起義。太平軍攻陷永安，建制封王。

李星沅卒。方東樹卒。王樹柟生。

咸豐二年壬子（1852），七歲

是年隨世紀公讀書晦村，始學作詩文。時世紀公於此地設帳授業，居於其親串家。

《哭表兄王芹父》："昶七歲隨侍先公讀書晦村，仿作《歸去來辭》一首，自是始學爲文。"

《袁氏續正論》雜篇《思城中辭補少作》："七歲時隨家大人讀書於去縣治二十里之晦山村，戲援筆效《歸去來辭》爲《思城中》之辭。其詞今都忘卻，偶試爲之，乃迴腸傷氣，遂失雅而變爲鄭矣。可謂失其赤子之心，非大人，非大人。"

《日記》光緒元年（1875）十一月十一日："右三截句，七歲隨家大人讀書晦邨命作，故過而存之。"光緒四年（1878）五月：

“咸豐壬子,先大夫授經晦邨。”

　　案：即《白茆嶺詩》、《兩鷹詩》。

又嘗試習辟穀之術。

　　《安般簃集》詩續乙《憶昔》：“憶我七歲時,辟穀方浪剽。
胡麻與黃獨,飲水空腹噍。妄言人世幻,囚拘念輕矯。偶登白
茅岡,撰杖嚴君詔。開口成五言,曾索霽顏笑。”

　　《日記》光緒元年（1875）六月二十八日：“比七八歲,竊好
辟穀服餌長生之術。太孺人嘗怒其不食,撻之,乃跪復食。”

編年詩：《白茆嶺詩》、《兩鷹詩》、《思城中》（佚）。

　　【時事】太平軍自永安突圍,進軍兩湖。

　　廖平生。

咸豐三年癸丑（1853）,八歲

是年世紀公仍於晦村課生徒,公習弄父所蓄古琴,雖爲遊戲,亦洋
洋有得。

　　《日記》光緒四年（1878）五月：“中表王芹父云：咸豐壬子,
先大夫授經晦邨,居其家西齋,秭癸丑、甲寅至乙卯。”

　　《琴頌有小叙》：“七八歲時見家大人蓄琴一張,背銘曰‘寒泉
漱石’。予是時戲弄絃索,僅能以將指托作仙翁兩字。後此琴
遇兵失之矣。……仍是少時游嬰態度也。”

讀林大鄂《烈士暮年賦》,輒感慟不已。

　　《日記》光緒十七年（1891）十二月十六日：“僕八九歲時
讀書晦村,夜讀林大鄂《烈士暮年賦》,輒放聲痛哭。今僅記其
賦有四句云‘一任銅筋鍊骨,無所用之；半生彈鋏吹簫,忽焉老
矣’云云。斯時尚不知有王處仲誦曹公《龜雖壽》篇擊碎唾壺
之事也。及年十九讀青田劉文成公詩云‘人生無百歲,百歲復
如何。古來英雄士,各已歸山阿’,則又大慟,不知何以感予心

若是。"

始聞譚獻之名,心竊仰慕。

　　《袁氏續正論》雜篇《送譚仲義之安徽候補知縣贈叙》:"予
年七八歲時,從父執江丈肇堨得聞仲義學術通貫古今,能言時
政利敗,皆有可聽;及其爲歌詩,怊悵風雲,抑揚笙磬,往往優
入梁陳之辭,心竊異之。"

世紀公命臨《閑邪公傳》,是爲學書之始。

　　《日記》同治十三年(1874)六月初八日:"先公於兒子八歲
時,嘗命臨《閑邪公傳》,今仍欲購之,遵先志也。"

　　【時事】太平天國定都南京,改名天京。

　　姚瑩卒。沈曾桐生。嚴復生。張謇生。

咸豐四年甲寅(1854),九歲

效宋廣平作《楊梅賦》。

　　《安般簃集》詩續乙《憶昔》:"九秭賦楊梅,强檗廣平調。
頗驚長老座,似謂天機妙。"

受世紀公影響,戲著兵事駁議之文。

　　《辛壬之間文初編叙》:"八九歲,兵氣橫,先君於是條兵家
言釐列篇目,件繫而義別之,一曰兵權謀家大怡,二曰兵形勢家
大怡。□不能解,然輒戲爲駁議十二事呈家大人,家大人笑言
孺子毋與此事也。"

是年,世紀公問公志趣,有對云云。

　　《日記》光緒二十年(1894)二月二十日:"不肖九歲侍
先公,垂問汝志趣何嚮? 對云:'不怨遺佚,不憖阨窮,不卑小
官。'又云:'處世當以柔勝剛,謙化傲。'先公斥之曰:'勿走入
鄉愿一路上去。'"

編年文:《楊梅賦》(佚)。

【時事】英、法、美三國領事宣布《上海英法美租界租地章程》。
潘世恩卒。黃紹箕生。王仁東生。范當世生。

咸豐五年乙卯（1855），十歲

八月，世紀公應鄉試，薦而未售。

《日記》光緒四年（1878）五月：“中表王芹父云：咸豐壬子，
先大夫授經晦邨，居其家西齋，秫癸丑、甲寅至乙卯，應行省試，
吳同考官芳蕙首薦，五叔父與焉，以微疵見擯，仍報罷。”
是年，已通曉五經大義。

《太常袁公行略》：“十歲通五經大義。”
【時事】太平天國北伐失敗。

李開芳卒。林鳳祥卒。包世臣卒。徐世昌生。聶緝槼生。
李經方生。

咸豐六年丙辰（1856），十一歲

初應童子試，蒙州守陳泰來激賞，目爲神童。

《太常袁公行略》：“初應童子試，郡守邑侯目爲神童，宗師
許爲大器。”

《日記》光緒元年（1875）八月十七日：“山人於咸豐丙辰應
州試，時年十一，作‘陳力就列，不能者止’二句題文，頗爲州守
元和陳公激賞。開講云云：且人君不能畜無用之臣，而人臣亦
當以有用之身自待。竟其用，而不克副上之求，臣身何敢以爲
榮？不竟其用，而惟是徇上之意，臣心且引以爲辱。不尸位，亦
不固位。蓋所謂上不負吾君，下不貶所學者，道在則然耳。欲
知此者，盍觀周任之言。”十九年（1893）十月十二日：“咸豐丙
辰，年十一，應郡試。太守長洲陳公諱泰來頗賞其文，題爲‘陳
力就列，不能者止’。童試筆路淺弱，茫然不能追憶，僅記起講

云：‘且人君不能蓄無用之臣，而人臣亦當以有用之身自待。自審爲待時之器，謇然者抗志匡躬；自度非幹濟之才，介然者不俟終日。朝廷量能授稽，與吾儒量力守轍，固不容旅進旅退，依違兩可於其間，而自叢咎責也。’後二比云：‘有時簡書鞶掌，許當世以馳驅，即極之屯難崎嶇，不辭況瘁，寸心可質諸天地鬼神；亦有時引退夷然，忖循涯而止足，乃去之林皋閒曠，獨課藏修，此意亦可白嚴師畏友。’今久涉官謗之嫌，未盡介然之分，追溯前塵，能無顏汗！”二十二年（1896）十一月十五日：“長洲陳茹香先生泰來，守嚴州有德澤於民，昶年十一應童子試，大蒙獎賞。”

案：《日記》同治十三年（1874）十月二十三日：“連日挑閱童子軍，因思僕十歲應州試，四書義題爲‘陳力就列，不能者止’，開講云：‘是人君不能畜無用之臣，而人臣亦當以有用之身自待。’大爲州守元和陳公諱泰來所激賞。今留滯十霜，垂爲壯夫而志不遂，其負知我何如也。”此條與前述三條所記應童子試之年不同，應爲公誤記。

又案：光緒《嚴州府志》卷十一續增“官師‧嚴州知府”條：“陳泰來，字茹香，江蘇元和縣人。道光十一年署，十六年補授，十七年任。二十年護理金衢嚴道。二十五年調署甯波府，二十六年回任。三十年調署溫州府，咸豐元年回任。尋又調省，四年回任。”

【時事】天京事變，北王韋昌輝殺東王楊秀清，後天王洪秀全又誅滅韋氏。亞羅號事件，第二次鴉片戰爭爆發。

吳式芬卒。文廷式生。陳衍生。

咸豐七年丁巳（1857），十二歲

是年世紀公教讀於家廟，子姪皆從其學。旋又教讀於繡峰趙氏。

《日記》光緒四年（1878）五月：“丁巳督子姪讀書於坊郭家

廟,生徒五人。……丁巳夏五月丁王母單宜人憂時,先公已館
繡峰。"

五月,繼祖母單氏逝世。

《述德記》:"先王妣生於乾隆五十九年甲寅二月十五日,以
咸豐七年丁巳五月二十八日卒,享年六十四歲。"

妹稚茗於是年生。

《袁氏妹孝友之碑》:"妹諱稚茗,皇故桐廬縣學優廩生員、
贈奉直大夫袁府君季女。母氏徐,贈宜人。其生也,以咸豐七
年丁巳某月某日,其毁瘁也,以同治二年癸亥七月十六日,年裁
七歲。"

【時事】石達開出走天京。英法聯軍攻陷廣州,兩廣總督葉
名琛被俘。

魏源卒。楊銳生。蒯光典生。湯壽潛生。

咸豐八年戊午（1858）,十三歲

是年,世紀公仍在繡峰坐館。

《日記》光緒四年（1878）五月:"戊午、己未,館於繡峰趙
氏東園,生徒二十餘人。"

秋,侍父游東陽並題名。

《漸西村人初集》詩一附錄《東陽》:"咸豐八年秋,侍家君
來游題名。"

是年世紀公始授以兵、醫家言,期以留心時務、完養攝生。

《上高夫子書》:"年十三四時,先公於諸經外,授以兵醫二
家言,以爲此當世之務,治生之術,外可以佐籌筴、衛蒼黔,內可
以養天和、全生命。材性緩鈍,不克竟學。"

世紀公以趙孟頫《閑邪公傳》見貽,令作習楷書之助。

《日記》同治十三年（1874）十二月三十日:"逛廠肆,購趙
文敏《閑邪公》一帙以歸。先大人於兒子十三時以此冊賜兒,

俾資習楷之助,且曰:'閑邪二字,宜顧名思義也。'"

編年詩:《東隖》。

【時事】英法聯軍攻陷大沽。太平軍再破江北大營。中俄《瑷琿條約》簽訂,又與俄、美、英、法等國簽訂《天津條約》。

龍啓瑞卒。康有爲生。沈瑜慶生。易順鼎生。升允生。李盛鐸生。

咸豐九年己未(1859),十四歲

是年世紀公授以醫家言,未能竟學。

《于湖文録》文二《校刻黄帝内經太素叙》:"先大夫己未、庚申間嘗授小子以察眣處劑古近醫家言,時年十四五,苦其浩瀚繁密,深微難明,而觸手易失誤,勿能卒業,訖芒然無知解。先大夫所條論解釋,亦勿能領會。"

時四兄袁炯就世紀公學,相與讀書獨秀峰下。

《安般簃集》詩續己《八月十六夜望月》"忽憶秀峰下,蕭寥壇宇空"句下自注云:"咸豐己庚間,與亡兄義庭讀書處。"

《祭義庭從兄文》:"兄少失怙,我父是依,對雷相望,伏臘嬰也。負笈從我父讀,居則連床,游肩隨也。晦村秀峰,風泉星梵,憚山棲也。角義數窘,襍以嘲諷,及槊碁也。秋潭叉魚,春巖射雉,相諧熙也。思之歷歷在目,山川哀也。"

案:袁炯,字義庭,爲公二伯父袁世綸子,世綸幼年即出繼公叔祖袁明善之後。

【時事】太平天國刊行《資政新篇》。

袁世凱生。梁鼎芬生。況周頤生。汪大燮生。

咸豐十年庚申(1860),十五歲

應府試,補縣學生員。

《安般簃集》詩續乙《憶昔》："十五補諸生，兵亂旋咷嗷。仳離阻晨昏，燔掠傷邱廟。"

《皖紳請崇祀袁忠節公事實册》："咸豐十年甫成童，補弟子員。"

是年九月，太平軍陷桐邑，旋棄去。世紀公爲亂軍所虜，後逃歸。

《袁氏妹孝友之碑》："吾縣於庚申九月陷於賊，旋委而去之。"

《漸西村人外集·上兩江督部使相左公狀》："咸豐十年九月，粵憝陷桐邑，被執不屈，顧念不可徒死，思得當於虜。賊酋爽令司文檄，俄加繆禮，脅行至江西樂平、景鎮之間。會侍酋與大軍相持屢衂，先君遂乘其檣敗，臨陣手斫僞主將黃生材，中背未殊。賊反刃，先君墮馬，頸血淋漓，罵不絕口。忽遇大營兵丁相薄，遂負裹入營。幸遇相國治軍樂平之日，廉問得狀，遽賜養創錢及醫藥衣服，當日蒙被隆施，存録周摯。某時年十五，未及隨侍，粗識梗概，未悉其詳。住營數月，先君請急求歸，又蒙頒護票資糧，崎嶇歸里。"

公跋涉山中，數蹈鋒刃，遍尋世紀公不得。

《太常袁公行略》："旋遭髮匪，家人星散，公再爲匪掠，卒以計得脱。纚風沐雨，走荆棘中，日百餘里。嘗尋贈公於山中，攀崖涉津，數蹈鋒刃。"

【時事】英法聯軍攻陷北京，燒毀圓明園。咸豐帝幸熱河，恭親王奕訢與英法議和，簽訂《北京條約》。咸豐帝下旨成立總理各國事務衙門。

宋翔鳳卒。戴熙卒。江標生。汪康年生。鄭孝胥生。

咸豐十一年辛酉（1861），十六歲

是年春，世紀公在左宗棠軍中佐書記，上書指陳防浙得失，卒不見用。

《述德記》："會官軍交綏,府君欲效朱序之績,力疾上書幕府前太常今伯相湘陰左公宗棠,指陳賊情新挫震讋,言可規勸狀。公異之,留營養創,旋瘳,遂佐記室軍咨之屬。……府君復奏記言:'自此賊突出全州以來,蔓延湘楚贛皖各省,脅從日衆,皆無籍産。今勢蹙來降,其悍者宜抽推以爲新軍,分隷湘字五營,罷弱者始遣散。不宜悉縱,使復歸於賊,是資賊復合也。且浙省鹽穀饒富,我饟之所自出,聞潰賊洶洶,將謀入浙之路。浙省大吏未習軍事,西恃皖南一軍,南倚幕府勁旅,以爲藩蔽耳。賊至必不設備,備亦不力,浙陷而湘饟隨竭,是扼我之亢也。揣今之急務,未有過於援浙者。且邮鄰,大德也。'公不見用。已而賊復烏合,浙事大棘,旋以失陷,如府君言。"

夏,世紀公自樂平歸里,倡辦團練,旋爲太平軍擊潰,桐邑復陷。

《述德記》："辛酉五月,先君自樂平間道歸里,勸富民范氏出票,王氏出金泉,抽募壯丁,爲練軍以捍賊,三日而畢。有劣紳數輩,踞爲利藪,煽怵鄉里彈射亡已。人謀不臧,先君遂捨去。軍譁復散,縣亦旋陷。"

《袁氏妹孝友之碑》："辛酉七月,(桐邑)又陷焉。"

五月至九月,世紀公挈家逃匿縣南山中,與諸弟毗鄰而居。時同里副貢生江肇塽亦避地來此,相與爲友,茹苦度日。不久戰火波及,家人星散。

《述德記》："辛壬之際,本省郡縣皆没於賊。府君匿居山谷中,躬自樵汲,時與同里副貢江丈肇塽作草間菰中語,憤惋流涕。飢甚,或猶爲詩相和。豺虎塞途,欲走無所,干戚之舞,力又不逮。食既盡,采樹皮和野菜食之,卒不言苦。"

《與聶子樗秀才書》："惟追溯辛酉五月以及九月中間,計一百四五十日,先公挈家及兒女炊婢徙居縣南高阪山中,母績兒讀,弱妹猶覓梨栗。所居背山面溪,松杉蒲芰,迭相映蔚。諸父及家五叔父簣村先生皆避地,相聞五六里而近。時先公及諸父猶輒作詩歌，往復賡和，若失其窮愁之苦也者。弟亦裁十四五，酣嬰薪釣，熟瓜芋而進之，侍春盎於一室。爾時雖不足於財，而歡樂常有餘。間一月而州邑燔覆，家難旋作矣。前此郄下驪，誠痛不可復得。”

　　案：據《桐廬縣志》，太平軍於本年九月中再克桐廬，占領時間達一年半。

是年，公從世紀公門下士習古詩之學。

　　《辛壬之間文初編叙》：“庚申辛酉，漸與家君門下士習爲古詩，輟章句，求丁部，此劉勰舍人所謂鑒淺而志盛之年也，故庚辛之文，理弱而氣粗，質枯而華繁。”

　　【時事】七月，咸豐帝崩於熱河行宮，同治帝即位。九月，慈禧太后聯合恭親王奕訢發動政變，廢黜肅順等八位“贊襄政務王大臣”，垂簾聽政。曾國藩於安慶設立內軍械所，洋務運動開始。外國公使始駐節北京。馮桂芬著《校邠廬抗議》書成。

　　肅順卒。端方生。章梫生。

同治元年壬戌（1862），十七歲

是年冬，公陷“賊”軍，間道而還，復爲所得。既脫困，獻三策於有司，指陳時事。

　　《袁氏續正論》外篇《擇術上》：“同治改元，蒙生十有七年，自賊中間道歸鄉里，復爲賊囚，悲憤特甚。時官軍在三衢，既脫於非所，一夕成三策，將犇告諸有司。其中策言外安必有內憂，朝廷宜棄迤西南地以爲要荒，罷兵散還眯晦，務生殖爲教訓計，妄言當誅汰去。其二策亦浮浪亂道，並無實誼。少時頗習舉子業，故多舉業偶語，尤惡濫不成章。又其時文報梗絕，所指事實，繫風捕景，向日亦曾悔之。以今口呫舌繯，不敢言事，庸瘝於多言而儳邪。友人曰姑存之，從之。”

　　《述德記》：“不孝嗣孤十四補諸生後，壬戌冬，年甫十七，爲賊所得,瀕於十死。繼乏熊僚之微介,旋爲杜甫之間行。"

編年詩:《新會寺》。

編年文:《擇術上》、《擇術下》。

【時事】李鴻章淮軍成立,擊破李秀成軍於上海。陝西回民
起義。太平軍英王陳玉成兵敗被俘,不屈死。京師同文館開辦。
翁心存卒。

同治二年癸亥(1863),十八歲

是年初,公歸里,爲人傭炊度日,與母徐宜人及幼妹相依爲命。

　　《述德記》:"不孝嗣孤得脫歸里,時大軍新克,蒿棘千里,疫
癘交作,積屍日數百人。日未至昏明一刻,即與兔相觸僵,夜則
狼豕撐突食人。不孝棄諸生業,爲人都養,備炊以存。都養即炊
家子之謂。先母徐太孺人前以避難山中獲全,母子及季妹三人,
至是始相見。掇穧麥和草爲羹,先母嘗晝爲三分,以其二啖兒,
以其一啖妹。"

春,民團與清軍夾擊太平軍,收復桐廬。

　　《祭義庭從兄文》:"同治壬戌癸亥間,西鄉義團與賊相持屢
勝,胡履謙叔姪爲之魁,相傳縣神祠陳老相公顯神助陣。未幾,
左軍遂夾攻賊,縣城以復。"

　　《袁氏妹孝友之碑》:"粤癸亥正月,官軍、鄉團與賊相持數
月之久,僅乃克之。"

　　案:據《桐廬縣志》,太平軍精銳赴蘇南作戰,民團乘機而
起,又得左宗棠軍夾攻相助,遂奪回桐廬縣。

三月二十四日,世紀公赴省垣,欲有所建白,未至,逝於道。

　　《述德記》:"癸亥春,郡城始復。府君赴行營白事,未至,三
月二十四日,以病卒於郡城小南門外,春秋四十有一。時斷糧
已歷年餘,故不能自振。守義之心,委骨荒野,嗚呼哀哉!""府
君生於道光三年癸未六月二十九日,以同治二年癸亥三月

二十四日卒,春秋四十有一。"

七月十一日,母徐宜人病逝。越數日,妹稚茗亦殤。

《述德記》:"旋得府君凶問,時先母病困且久,益之傷感,痛不欲生,遂於癸亥七月十有一日棄養。不孝煢煢在疚,連丁二難,喪亂流徙,不能自存,嗚呼哀哉!""先妣生於道光四年甲申四月二十七日,以同治二年癸亥七月十一日卒,享年四十歲。"

《袁氏妹孝友之碑》:"是年三月,遭先公大故,吾母挈一子一女,流離轉徙,席濕椎燥,稽麥艸根,饘粥不給。又以餌病尪垂絶之子女,而己坐不肯食,遂於七月十一日痛丁吾母之變。妹哀號厝所五日夜,兄進糠粥,坐不下咽。十有六日,告兄言:妹欲從父母於地下,且不欲以累兄,遂以毀瘁。嗚呼哀哉。其兄昶時力不能具棺斂,藁葬於合江亭側,迻欅柳識其處。歲乙丑大水,兄旅食郡城,不及防護,遽爲江水所齧,失其葬處。兄實不友,不克全妹骨以祔於先兆,罪何可言!"

《安般簃集》詩續乙《憶昔》:"十八痛苓丁,鮮民疇辱弔。折翼失危巢,摧松有枯蔦。窮年走荒野,軼迹雜屠釣。"

案:《日記》同治七年(1868)九月初十日記云:"先人於辛酉咸豐十一年十一月二十八日在郡城殉難,不孝於同治二年癸亥二十四日始免於難,奔喪回籍。太夫人卒於壬戌年七月十一日。右丁艱册存縣學在案。先人殉難報明在案,照歲貢生例賜恤,襲雲騎尉,由丁頤伯太守彙詳請恤。"所云世紀公與徐宜人逝世之日期與前所述不同。公多次述父母逝日,惟此處有異,此所謂《丁艱册》中所記,將世紀公之死置於咸豐十一年(1861)十一月二十八日,而謂母逝於同治元年(1862)七月十一日。考是日爲太平軍李秀成部攻陷杭州之日,杭州將軍瑞昌、浙江巡撫王有齡以下殉難者甚多,推測其意,蓋列袁世紀之名於其中,以便於申報賜恤,較之郡城既復,病逝於道,光烈多矣。

九月,開州陷,州守戴鹿芝殉焉。世紀公嘗師事戴氏。

《日記》同治九年(1870)六月初五日:"戴鹿芝,字商山,蘭溪人。先君師事之。道光二十四年進士,分用貴州試用知縣,署開州知州。咸豐二年秋九月,開州賊何二攻陷州城,君及妻姚死之。君以吏治,旨擢道員,及死事,贈太常寺卿。相傳賊陷城時,君手劍擊賊,賊還擊之,中額,顱血湧出。未殊,君顧其弟鹿榛曰:'吾此時心愈定,亦愈清,平日讀書之效至此驗矣。吾生無愧怍,死且爲神。'言已大笑,遂卒。"

光緒《蘭谿縣志》卷五"忠節"載:"戴鹿芝,號商山,純孝鄉上戴人。性剛毅,具文武材略。道光甲辰第三名貢士,未朝考,丁內艱歸。丁未補考,授知縣,分省貴州,補印江縣。未赴任,署定番州,革弊興利,吏畏民懷。咸豐三年,調署開州,捐修學宮,工竣,以羨餘交後任,士民翕服。……八年三月,安順府夷匪猖獗,即檄署安順篆,適丁外艱,力請奔喪,大府不許,以奪情奏留。自是墨絰從戎,竟以□事死於職矣。九年六月,檄赴清水江防堵。十月,委署平越州。州之四境皆賊,毅然挈眷徑赴。未接篆,開州賊何二勢熾,大府又飛檄委其兼攝開州,且密飭先到開,事平再赴平越,於是改馳赴開。百姓聞其至,欣然聚勇五萬聽調遣。次春,亦遂移眷至開,以固衆志。賊已懾不敢來窺,然猶踞米腸寨一帶爲巢穴也。因念兵禍不解,民間耕作終廢,遂欲親往賊營招降。父老爭挽阻不可,曰:'吾此行計已審熟,彼脅從皆吾民,未必即吾害也。苟稍遲十數日,縱殺我,春耕畢矣。'聆之者皆泣下。遂於閏三月下旬單騎入何二營。始何猶踞坐慢言,曰:'余爲英雄,官亦英雄。'鹿芝即叱之曰:'是何言,吾爲爾父母,爾爲吾子,父母不忍子之作悖逆事,謀救汝,汝敢亂語耶?'何色然作肅。爰以利害開導之,不聽,遽擁至尚大坪。鹿芝日繙閱所攜《周易》、《皇極經世》、《陸象山集》等書,見賊即痛罵,賊卒不忍加害。龔廉訪自閣與田軍門興恕書云"該逆詭計欲覘我軍聲勢，如我軍聲勢盛，將以生還戴牧爲投誠地。戴牧困賊營，盛氣相加，罵不絕口，而賊愈恭順，忍以受之，此可見也。戴牧密致家書，惟盼大軍速至，賊聞聲戰慄”云云。九月，賈福保率其黨投誠，護送回署。餘賊雖未降，然且誓曰：‘公在此，吾儕其敢至乎？’頃之，以專殺天主教首，檄撤任。代者未至，何逆謂其已去，來攻城，由北門突入。鹿芝知事已不可爲，偕妻姚氏盛服坐堂皇，袖短刃，呵賊至前曰：‘奴敢爾，當殺我全家，毋傷百姓。’以刃亂擊，繼以首觸，賊始砍之，創甚仆地。賊相戒勿殺，旋復甦，而姚氏先縊死。群賊中有楊志元者，見而放聲哭曰：‘此戴青天，爲我開州百姓至此。’鹿芝曰：‘爾楊志元也，在心爲志，爾須有志。’聞者咸感動，太息曰：‘可惜此好官。’時弟鹿榛猶在旁，顧之曰：‘人到此，所謂試金石也。吾此時心愈定，亦愈清，平日讀書工夫驗已。生無愧怍，死且爲神。’言罷大笑，遂卒。事聞，贈太常寺卿，予騎都尉世職。蓋前已有旨以道員用，又加按察使銜，故從三品例賜恤，准原籍及死事地方各建專祠，以時致祭。子二，長訪在籍，先殉難；次詠隨任，事急令抱印出繳，猝遇賊，亦被害。無嗣，以弟子儒承繼襲廕。”

案：公所記日記載戴鹿芝殉難事於咸豐二年（1852），然民國《貴州通志》載其事於同治二年（1863）。查《清實錄·穆宗毅皇帝實錄》同治元年戴鹿芝尚處理開州教案，同治三年正月有詔予開州殉難署知州道員戴鹿芝祭葬，世職加等，於死事地方暨原籍建立專祠。故其禦敵而歿當在同治二年，公當是誤記。

編年詩：《荒村三首》、《會稽》（時陷賊中）。

【時事】上海公共租界成立。赫德出任海關總稅務司。李鴻章設廣方言館於上海。太平天國翼王石達開兵敗大渡河，被執死。夏曾佑生。

求學杭州（1864—1867）

同治三年甲子(1864)，十九歲

是年公遊學杭州，刻苦自勵，期於有成。

> 譚獻《資政大夫太常寺卿袁府君墓碑》："府君十九歲已冒百艱，游學杭州，屬志讀有用書，恒未曙，聞雞即起，展卷待旦，不問饔飧，循是淵雅，親賢廣友，術業大就。"

讀劉基詩，感觸頗深。

> 《日記》光緒十七年(1891)十二月十六日："年十九讀青田劉文成公詩云：'人生無百歲，百歲復如何。古來英雄士，各已歸山阿。'則又大慟，不知何以感予心若是。"

公在杭，好議論時事，發爲文章，亦多蹈厲之辭。

> 《辛壬之間文初編自叙弟二》："癸甲之交，難而蹈，懂而免，廢書而憙，妄譚不經而好言事，是故癸甲之文意茶而詞猛，藻眩而慮脆。"

是年，以世紀公按軍中積勞病故例請恤，公得襲雲騎尉世職。

> 《日記》同治七年(1868)九月初十："先人於辛酉咸豐十一年十一月二十八日在郡城殉難，不孝於同治二年癸亥二十四日始免於難，奔喪回籍。太夫人卒於壬戌年七月十一日。右丁艱冊存縣學在案。先人殉難報明在案，照歲貢生例賜恤，襲雲騎尉，由丁頤伯太守彙詳請恤。"

> 《漸西村人外集·上兩江督部使相左公狀》："先君奔赴嚴州行臺，欲上書言事。門祚衰薄，天降百罹，挾書未上，道病以瘁。……前知府丁公壽昌搜訪遺行，曾詳請前浙撫菏澤馬公奏

懇照軍營積勞病故例優予卹贈,奉旨俞焉。"

案:丁壽昌於同治三年(1864)授嚴州知府,四年七月染疾而逝,其彙詳殉難士紳請恤之事,當在太平天國被剿滅之後至其逝世期間。

【時事】洪秀全死,天京陷落。太平天國忠王李秀成兵敗被俘死,干王洪仁玕被俘死,幼天王洪天貴福被俘死,太平天國亡。中俄簽訂《勘分西北界約記》。

鄭珍卒。葉德輝生。

同治四年乙丑(1865),二十歲

是年仍在杭郡讀書。時吏部左侍郎吳存義視學浙江,公應院試,策問中有指斥時政語,吳公勉戒之。

《辛壬之間文初編自叙》:"往者吏部侍郎泰興吳公來視浙學,□時年二十,應諸生試,策問中有指斥時政語。公愳喻之,又痛戒之,以爲是且不利於身世科目,又爲文冗褻,多鬱而不暢,沈而不揚,以爲是非廟堂平和之體。"

《清實錄·毅宗穆皇帝實錄》同治二年(1863)十二月丁酉:"命禮部右侍郎吳存義提督浙江學政。"

案:吳存義(1802—1868),字和甫,江蘇泰興人。道光十八年(1838)進士,二十二年督雲南學政,二十八年丁憂。服闋,直南書房,擢侍講。咸豐五年(1855)典雲南鄉試,留督學政。後遷侍讀學士,署順天府丞。擢太僕寺卿,遷通政使,署禮部侍郎。同治二年(1863),署工部侍郎,兼署禮、戶二部,出督浙江學政。四年,調吏部侍郎,六年任滿,以病乞歸。

夏,山水暴漲成災,公上書州守丁壽昌發粟賑饑。

《日記》光緒十三年(1887)七月初六日:"猶憶同治乙丑夏山水暴漲,予時客郡中,張君亦里居,城內外人民騎屋山號呼之狀。予上書郡守山陽丁公，水退發粟以振災民。此二十年前事，迴首殆如夢寐矣。"

案：丁壽昌（1818—1865），字頤伯，號菊泉，江蘇淮安人，經學家丁晏子。道光二十四年（1844）順天鄉試舉人，二十七年進士，改庶吉士，任户部貴州司主事、山西司員外郎、四川司郎中等。咸豐九年（1859）任順天鄉試同考官。同治元年（1862）擢福建道監察御史，三年出爲嚴州知府，積瘁染疾，於次年七月十五日病逝於衙署。著有《睦州存稿》、《讀易會通》、《説文諧聲略例》等。

編年詩:《山水暴漲上郡守丁頤伯侍御壽昌》、《壽昌縣》、《新城港口弔袁蘺谷秀才》。

編年文:《杭府文廟樂器慶成頌并序》。

【時事】阿古柏入侵新疆。捻軍大敗清軍於曹州，欽差大臣僧格林沁戰死。江南製造總局成立。上海龍門書院開辦。

譚嗣同生。唐文治生。

同治五年丙寅（1866），二十一歲

二月初十日，與友人出遊放鶴亭。

譚獻《復堂日記》:"偕春疇、爽秋出城，至精舍，江子平來，共飯後至放鶴亭，茗話。"

六月初一日，與譚獻、王汝霖共談，漫步孤山。

《復堂日記》:"出城，過精舍，王少梅、袁爽秋在，共談，小飲。未後同步孤山。"

案：譚獻（1832—1901），初名廷獻，字仲修，號復堂，浙江仁和人。同治六年（1867）舉人，曾任浙江秀水教諭、安徽含山、歙縣、全椒、合肥等地知縣，晚年主湖北經心書院。有《復堂詞》、《復堂日記》等。

七月初三日，晚與譚獻、王汝霖入城，在書局中共飯。

　　《復堂日記》：“少梅、爽秋來，仲英、曉江來。酷熱。暮偕少梅、爽秋入城，在局晚飯後歸。”

九月十八日，移居詁經精舍。

　　《日記》同治六年（1867）九月二十七日：“之精舍題壁署名，記食息其中三百四十五日。丙寅九月十八移居，中間流寓不常，至今年九月十四辭去。”

十月二十六日，偕譚獻出遊馬市。

　　《復堂日記》：“予偕爽秋意行馬市，□□久之。仍宿精舍。”

是月，始識高均儒。

　　《送高子之淮安游詩叙》：“同治五年丙寅冬十月某日，某肄業湖上詁經精舍，始得見閩高先生。”

　　案：高均儒（1812—1869），字伯平，福建閩縣人，占籍嘉興。廩生。少孤嗜學，精研“三禮”，以學主鄭玄，故自號“鄭齋”。晚主講杭州東城講舍，卒後門人私謚“孝靖”，著有《續東軒集》等。

十一月初二日，偕譚獻入城。

　　《復堂日記》：“偕爽秋入城，赴局撰《昭忠錄》。飯後歸，又出，塗遇春疇、爽秋，過荔塘，略談。”

十五日，譚獻來精舍談竟日。

　　《復堂日記》：“出城至精舍，與爽秋談竟日。”

十二月二十八日，與友人啜茗共談。

　　《復堂日記》：“過春疇，晤葊漁、爽秋、崑生、少梅共談，同出啜茗，子湘後來。”

公是年寓杭，借卷投考紫陽書院，山長孫衣言爲指示文章利病。

　　《黃丈作金匱馬烈女詩借題發抒刺時厲憤蓋不僅爲烈女言之也吾師孫太僕年丈和之許仙坪丈又和之皆次元韻其詞影搖勁折危然有傷世之意昶未見烈女傳狀故不復妄綴一字獨念諸

老意緒忙碌不佞則處卑且賤於近事亦未能忘漆室之憂夙昔黃
許兩丈雅辱知厚時方敭歷中外藏智埃時而太僕自解官後年垂
八十優游田里不相見十餘年矣今展此卷字畫磐紆勁可屈鐵喜
其老健勝昔尤有鄉關鄰郡耆舊風流之思是又不能已於言也遂
作詩仍借用黃丈均聊以爲長者撫掌之資云爾光緒丁亥仲冬月
十又四日夜書》小注云："同治丙寅，昶年尚少，客游杭州，借吳
生書院卷投考。琴西師時爲山長，大帥批卷尾數行，云其氣古
異，似不從人間煙火來。第場屋文字，宜有法度，切須講究云。"

　　案：孫衣言（1814—1894），字紹聞，號琴西，晚號遁披，浙
江瑞安人。道光三十年（1850）進士，授編修，升侍講，出任安
慶知府。同治四年（1865）丁憂，任杭州紫陽書院山長。十一
年任安徽按察使。光緒元年（1875）升湖北布政使，調江寧布
政使。內召爲太僕寺卿，不赴，講學於鄉，卒於里第。有《遜學
齋文鈔》、《遜學齋詩鈔》，校刻《永嘉叢書》等。

作《詠蚶詩》，爲吳存義激賞。

　　《漸西村人初集》詩一《詠蚶》後小注云："此丙寅冬湖上精
舍落成開課，少宰泰興吳公所命題也，限倣孟韓連句，詩成，殊
蒙激賞。今公墓帥已宿矣，追錄存之，不覺泫然。同治十一年
長夏客竹西記。"

　　案：此詩一本作《食蚶三十韻》。

借抄茅坤所選《唐宋八大家文鈔》，未卒業。

　　《書舊本沈選八家文後》："丙寅歲游杭州，曾借得茅坤選本
補抄之，僅四之一，迄未卒業。"

是年植龕和尚自揚州來杭，公與譚獻偕訪之。又欲訪印月，不值。

　　《西湖雜詩》小注云："植龕上人自維揚至，偕仲修訪之。又
印月朝天台回，戒行精嚴，欲訪其人，已去。"

年終，在友人沈瑜家中度歲。

　　《日記》同治六年（1867）八月二十九日："余丙寅冬春之

交,蒙崑生留度歲,情好周摯。又崑生□余爲文略模隋唐,死宜
余銘,余甚感焉。"同治十二年(1873)八月十七日:"懷沈君崑
生亡友,僕丙寅春嘗主其家。"

公在講舍,頗有狷狂之態。

　　　　沈惟賢《薛夫人家傳》:"居講舍,跣足行吟,或貽以葛屨之
資,懷之入市,見冷攤故書,襁負以歸,更跣足而呻唔也。"

編年詩:《感寓雜題》、《苦熱行》、《西湖雜詩》、《游靈隱次日作詩
記之》、《飛來峰一綫天》、《詠蚶》。

編年文:《上高夫子書》(比辱德車枉訪)。

　　　　【時事】福州船政局創辦。

　　　　姚永概生。

同治六年丁卯(1867),二十二歲

正月十五日,與友人出遊吳山,品茗共話。

　　　　《復堂日記》:"偕迪民、蓴漁過崑生、春疇,同春疇登吳山展
眺,亂後歸來初遍歷也。遇爽秋、農山、菊畊、恒農諸人,茶話。"

十八日,詣譚獻談。

　　　　《復堂日記》:"午後袁爽秋來談,甚歡。"

二十八日,偕譚獻散步裏湖。

　　　　《復堂日記》:"偕爽秋衡步裏湖看山,僅見多子院新屋,清
時琳宮梵宇,人家別業僅存者,可嘅也。"

二月初一日,與譚獻同校《詁經精舍三集》經解題目。

　　　　《復堂日記》:"與爽秋聯床舍,校正精舍三集經解樣本
一卷。"

十一日,與譚獻同訪酈青照。

　　　　《復堂日記》:"飯後同爽秋訪酈藜生於仰山樓下,同櫂小瓜
皮游南屏及湖心亭而回。"

三月初五日,偕譚獻、酈青照訪揚州僧植龕,並贈以詩。

《日記》:"同中義、藜生泛舟葛嶺下,訪揚州僧植龕。植龕將往天台赤城,中義贈詩,拉余和之。"

《復堂日記》:"飯罷偕藜生、爽秋櫂瓜皮艇泛裏湖。"

案:此詩今不存。

初十日,返桐廬,下榻於聶子樗宅,又至先冢掃墓,並視妹稚茗墓。

《日記》:"比曉抵縣,過聶九,喚之起,移行裝,下榻焉。晤沈瑜崑生。治寒具,掃墓,尋妹茗仙冢,碣石具存。夜心香、子樗市飲。"

十七日,應科試,以所作不合學使吳存義意,爲所申斥。

《日記》:"被提學使者申飭,云'不知忌諱,橫肆詆諆,射策尤謬'。"

二十一日,作試律詩四首,學使吳存義甚賞。

《日記》:"試《七里瀨賦》、《五色芝》律詩四首,學使甚賞'上界星辰輝紫氣,諸天風雨護瑤姿'一聯。"

四月十二日,登桐君山,有詩留題。

《日記》:"登桐君山,山僧留飲,微酡,留題四絕句。"

案:即《酒後書桐君祠西壁》,一本又題作《登桐君山醉後書壁》。

十五日,抵杭州,下榻詁經精舍,晤同學諸君。

《日記》:"抵杭州,至湖中精舍居住,晤中義、且泉、少珩、紫英、初平、張蕖軒□□、黃玄同以周、張玉珊鳴珂,暮晤鍾中和鸞藻。"

十九日,代校詁經精舍課藝。

《日記》:"夜代校《詁經精舍三集》文字,惟潘鴻卷《學者心之白日賦》爲壓卷,其餘一片狐鳴狗吠,聒耳而已,何言多士!"

二十六日,上薛時雨書。

《袁氏續正論》內篇《上糧儲公薛書》云:"某居是邦,耳先生名最久。塗路雖局,徽音隔閡,未敢猥隨俗之毀譽,謹用書爲紹介而聞之於先生。"

案：薛時雨（1818—1885），字慰農，一字澍生，晚號桑根老人，安徽全椒人。咸豐三年（1853）進士，分發浙江，任嘉興知縣。九年，任鄉試同考官。同治元年（1862），入李鴻章幕府。三年，以左宗棠薦，任杭州知府，兼署浙江糧儲道。後緣事落職，主講杭州崇文、江寧惜陰等書院。有《藤香館詩》、《藤香館詞》等。

五月初五日，與同學諸友遊紫陽山。

《日記》："同紫荑及許蔭堂德裕、徐夢麐□□、江稼軒□□游紫陽山，還歸精舍。"

十一日，入城訪友，晤許景澄、蔡鼎昌、王汝霖等人。

《日記》："入城，晤竹筼、子鼎、少梅、竹根、家迪民□□、蓮伯之弟、高海槎□□、吳立夫□□，暮歸。"

案：許景澄（1845—1900），原名癸身，字竹簣，一作竹筼，浙江嘉興人。同治六年（1867）舉人，七年中進士，選庶吉士。十年，授翰林院編修。曾任四川、順天等地鄉試同考官。光緒十年（1884），充出使法、德、意、和、奧五國大臣，兼攝比利時國使務。十六年，充出使俄、德、奧、和四國大臣。二十三年，調充德國使臣，又特派東清鐵路公司總辦。二十四年歸國，任禮部右侍郎，調補吏部右侍郎，轉左侍郎，並充總理各國事務衙門大臣，派充大學堂總教習、管學大臣，督辦關內外鐵路。二十六年，義和團事變，卒以主和棄市。事平，詔復原官。宣統元年（1909）賜謚"文肅"。

十七日，始見薛時雨，蒙溫語勉慰。

《日記》："始見薛糧儲於湖上書院，甚見獎許，命予刊落浮華，深感其言推赤心置人腹中。"

十八日，以俞光組之介，從高均儒問學。

《日記》："始執贄受業於閩縣先生。"

《送高子之淮安游詩叙》：“丁卯夏五月十有八日，因俞君光組爲介，始執摯（高）先生之門，先生諾焉。”

六月初一日，同譚獻、費玉侖訪僧人植龕。

《日記》：“和且泉、中義訪植龕葛林園，還飲水孤山下，達暝乃歸。”

《復堂日記》：“暮偕且泉、爽秋櫂瓜皮艇穿荷而出，訪植庵和上於多子院，啜茗清談，殊遣熱。”

案：費玉侖，字且泉，一字掄卿，浙江歸安人。嘗肄業詁經精舍，咸豐十一年（1861）拔貢，後官工部主事。

十八日，陪師友夜泛飲酒，薛時雨、譚獻、蔡鼎昌、張景祁、高人驥等皆在座，並新識趙銘。

《日記》：“子鼎、饟泉夜陪薛公、中義、趙桐孫銘、張蘊梅景祁、高呈父人驥、芷伯、且潛夜泛翫月，飲酒樂。桐孫新至。”

案：趙銘（1828—1889），字新又，一字桐孫，浙江秀水人。同治九年（1870）舉人。曾入李鴻章幕府，後官至冀州知州、直隸候補道。

二十七日，與譚獻同往謁見布政使楊昌濬、學政吳存義，並送吳寶儉行。

《日記》：“謁湘鄉楊公。和中義往謁泰興學使吏部吳侍郎，送其公子寶儉蓮雋往秣陵，共飫，食瓜，覽所著《榴實山房駢文》、古近詩。余以科試訓飭之故，頗覺顔□。□歸精舍。”

《復堂日記》：“偕爽秋謁方伯。同謁和甫師，兼送禮園行。”

案：楊昌濬（1825—1897），字石泉，號鏡涵，湖南湘鄉人。咸豐初年以生員隨羅澤南辦團練，後入左宗棠軍，以功累遷至浙江按察使、布政使、署浙江巡撫，後因故革職。光緒四年（1878），左宗棠奏起復幫辦甘肅、新疆善後事宜，旋署理甘肅布政使、護理陝甘總督。光緒九年又任漕運總督，次年升閩浙總督，協助欽差大臣左宗棠幫辦福建軍務。光緒十四年調補陝甘總督,二十一年開缺回籍。

　　又案:吳寶儉(1847—1886),字禮園,吳存義子。以郎中改官湖北,主榷務多年,曾一榷荆門州篆,有詔賞候補同知,並以知府用。

是年夏,更名昶,字重黎。

　　《日記》同治十三年(1874)十二月初一日:"賤子丁卯夏更名昶,字重黎者何?蓋欲以昌黎公尊先德,以符郎自況,而重爲先德之續也,安敢辭金根車之誚乎!"同治六年(1867)四月十八日:"更字重黎。"

七月十四日,初識施補華。

　　《日記》:"初見施均父補華,烏程生員。"

　　案:施補華(1835—1890),字均甫,一作均父,浙江烏程人。同治九年(1870)舉人,十三年入左宗棠幕。光緒五年(1879)至阿克蘇入張曜幕。十二年,從張曜巡撫山東,協助治理黃河,任河工道,卒於任。有《澤雅堂文集》、《澤雅堂詩集》、《峴傭説詩》等。

十五日,與同人泛月。

　　《日記》:"夜同中義、呈甫、蘊某三監院、菁士山長、桐孫、均父、松溪泛月,看盂蘭盆會。"

十八日,始見龔自珍遺文。

　　《日記》:"始得見仁和龔禮部自珍遺文。"

是月,與施補華、費玉崙登巢居閣。

　　施補華《澤雅堂詩集》卷三有《巢居閣同費玉崙且泉袁振蟾爽秋》:"佳處即深坐,孤舟忘在門。水明花自照,心遠我彌尊。永歎高人逝,同尋老鶴言。蕭寥秋氣爽,看月約開樽。"

八月初八日,鄉試入場。

　　《日記》:"檢點入場,延見浙東西知名士,黝而長者,雄而毅者,容而腴者,溫而愿者,不能記數。夜聞明遠樓鼓角悲壯蒼涼,幾乎欲涕。"

十六日,晤莫友芝,索觀其著述。

《日記》:"晤獨山莫子偲_{友芝}。"

《莫友芝日記》八月二十日:"袁爽秋振蟾,本名昶,桐廬人。以施□□相看,索小著二種去。"

案:考《莫友芝日記》語氣,似係初見,而記其事在二十日,公日記述其事在十六日,亦似初見,二人所記晤面日期不同。

二十一日,陪莫友芝、丁丙與高均儒飲。

《日記》:"夜子偲翁、丁松生_丙陪鄭齋飲。"

九月十五日,鄉試放榜,中式第六十四名舉人,同人得雋者甚多,好友中若譚獻、錢振常、劉僉贊、張王熙、沈善登、王詠霓等皆得中。

《日記》:"放榜,雋者有譚中義_{廷獻}、蔡竹孫_龥、錢笹仙_{振常}、鎦紫英_{僉贊}、張忻木_{王熙}、沈穀城_{善登}、郭晚香_{傳璞}、王子裳_{詠霓},不下二十人,舊識頗多。"

《辛壬之間文初編自叙》:"年二十二,編修南皮張先生來典浙試,某忝列名。既而先生語獨山莫君友芝曰:'君顧謂袁生四書義内有酎金失侯語,謂隱風旗禄減至四成事,謂之傷時,殊不知吾正以是取之也。'"

張之洞《抱冰堂弟子記》:"同治丁卯,典浙江鄉試,得人最盛,知名者五十餘人,經學、史學、詞章、經濟、忠義之士咸備,前後數科,皆莫及也。"

案:是年浙江鄉試,張澐卿為正主考,張之洞為副主考。

十九日,始執贄於薛時雨門下。

《日記》:"始執摯於薛夫子,以後稱師生。"

二十日,始晤李慈銘。

《日記》:"余亦自精舍移榻鄭齋,晤李蓴客農部慈銘,會稽人。"

案:李慈銘(1830—1894),初名模,字式侯,改今名,字愛伯,號蓴客,室名越縵,晚年自署越縵老人,浙江紹興人。咸豐中,以諸生納貲爲户部郎中,同治九年(1870)中舉人,光緒六年(1880)中進士,官至山西道監察御史。有《越縵堂日記》、《越縵堂文集》、《杏花香雪齋詩》、《桃花聖解庵樂府》等。時李慈銘受浙江巡撫馬新貽邀,任浙江書局總校勘。

是年秋,以文章蒙孫衣言激賞。

《黄丈作金匱馬烈女詩借題發抒刺時厲憤蓋不僅爲烈女言之也吾師孫太僕年丈和之許仙坪丈又和之皆次元韻其詞影搖勁折危然有傷世之意昶未見烈女傳狀故不復妄綴一字獨念諸老意緒忼慨不佞則處卑且賤於近事亦未能忘漆室之憂夙昔黄許兩丈雅辱知厚時方敭歷中外藏智竢時而太僕自解官後年垂八十優游田里不相見十餘年矣今展此卷字畫磐紆勁可屈鐵喜其老健勝昔尤有鄉關鄰郡耆舊風流之思是又不能已於言也遂作詩仍借用黄丈均聊以爲長者撫掌之資云爾光緒丁亥仲冬月十又四日夜書》小注云:"同治丙寅……次年秋,叨與師公子詒讓爲同年生,以文爲摯,復垂激賞非分。昶畸僻支離,至不足齒録,獨先輩獎掖士類之意爲深可感耳。"

案:孫詒讓(1848—1908),幼名效洙,又名德涵,字仲頌,一作仲容,號籀廎,浙江瑞安人,孫衣言之子。同治六年(1867)舉人,後屢應會試不中,以經學聞名當世,有《周禮正義》、《墨子閒詁》等。

十月初二日,晤同年陶模。晚赴張之洞招飲。

《日記》:"晤陶子方同歲生模,秀水人。……夜南皮座主招飲,座中有桐鄉嚴淄生吏部辰、沈同年善登,徹曙回寓。"

案:陶模(1835—1902),字方之,一字子方,浙江秀水人。同治六年(1867)舉人,七年成進士,改翰林院庶吉士,外任甘肅文縣、皋蘭縣知縣,後歷官秦州知州、甘肅按察使、直隸按察使、陝西布政使、護理陝西巡撫、新疆巡撫、陝甘總督、兩廣總督等。有《陶勤蕭公奏議》、《養樹山房遺稿》等。

初三日,高均儒與譚獻爲媒,與全椒薛氏議婚。

　　《日記》:"鄭齋師及中義爲蹇修,議與全椒薛氏結婚。"

　　《薛夫人家傳》:"我師桐廬袁重黎先生德配曰薛夫人,諱儀祥,安徽全椒人也。……夫人則御史淮生公之第五女也,幼繩過庭之訓,嫻於禮容,著於婉問。年十一而淮生公出典江西省試,感暑歿於闈中,夫人擗踊襄禮,儼若成人。歲乙丑,東南粃宥,隨母氏郭太君依慰農公於杭州。公方主講詁經精舍、崇文書院,英儁之流,咸被甄拔,而重黎先生與焉。……薛公袖其文以示嫂氏,且曰:'此氣節士,不可以繩尺拘,顧其成就在儒林文學之上。'遂與訂相攸,以己巳至全椒甥館成禮焉。"

十六日,婚事議定,下聘,讌常所往來。

　　《日記》:"婚事議定幣聘,行禮設讌,邀常所來往,會者十有九人,即以中義聽事爲宴客之地。鄭齋師病,令其哲嗣叔遲參軍代行。叔遲、中義咸會。"

十八日,歸桐廬,爲卜葬先冢也。

　　《日記》十八日:"晨發。"二十日:"歸桐廬,寓從兄宅内。"二十八日:"於紙坊塢去縣治七里,渡清溪循桐君山而東,沿浙江行,未至九頭松轉灣,入山幽邃,俗云戴仲若柑酒聽黃鸝處。買墓田,直泉夷銀二十圓,族人署券。"二十九日:"讌客,於墓道設立四至界石,子子孫孫,永寶守墳墓,禁止樵採。"

十一月初四日,赴府治,爲世紀公大招發喪,載主還縣歸葬。

　　《日記》初四日:"舟發赴府治,將爲先君大招發喪。"初七日:"大招於小南門及忠義祠,哭泣失次。某不孝之罪上通於天矣,即讀書萬卷,萬事瓦裂,何益何益!"初八日:"載主還縣,於家廟設帷堂發喪,束白加頸,如亡國禮。"

　　《述德記》:"府君藁葬郡城後,萬骨叢瘞,旋失其處,不能識別。不孝苟活跧息,搶地無顏。甲丁之年,步往求先君葬所,晝則風雨號呼，夜則山鬼叫歊，竟不可得。遂依李二曲變禮，具七品冠服招魂，歸葬於縣治東戴山之陰。時丁卯冬十有一月十日也。奉太孺人祔焉。配先太孺人徐氏，歲貢生諱能讓次女。太孺人持家勤而不匱，教子慈而有律，實能慤成府君之行者，後府君三月卒，享年四十歲。嗚呼！不孝德之不修，不及鳌厓徵君，艱苦卓絕，詒先人令名，而府君之生平行誼，豈特百倍於材官之烈。嗚呼已矣，復何言哉！"

十二月二十七日，友人餞公與譚獻、張預於藤香館。

　　《復堂日記》："是夕常華、蘭汀爲爽秋、子虞及予餞行，集藤香館共飲，至二鼓歸。"

三十日，與譚獻同至薛時雨宅辭歲。

　　《復堂日記》："除日，暮與爽秋過慰師辭歲。"

是年冬，於高均儒處識方宗誠。

　　《日記》同治七年（1868）十一月初四日："閱方存之大令宗誠所著《志學錄》二册，吳竹如少司馬廷棟所著《拙修集》五册。廷棟霍山人，宗誠桐城人，上年冬晤於高先生寓齋。"

編年詩：《初陽臺詩》、《贈周吳二子詩》、《於邑》、《泊桐君祠下詩》、《七里瀨賦》、《五色芝》、《前谿詞》、《新步》、《曉發》、《客游憶山中》、《陌上》、《春行湖隄上》、《贈周葆昌》、《聖音寺行宮前銅鹿行》、《上冢作詩呈諸從兄並示弟姝》、《王大令錫桐招同溪上泛舟》、《酒後書桐君祠西壁》、《登吳山》、《輓沈縣丞瑜》、《上布政使湘鄉楊公》、《送同舍生黄元同以周歸定海時省試報罷》、《桐孫鄉試報罷書來索詩依胡石笥山人明妃曲三首草成答之》。

編年文：《擇術上》、《擇術下》、《滄海三爲桑田賦》、《翠微亭賦》、《玉帶生賦》、《夏五郭公賦》、《開華十丈藕如船賦》、《擬唐太宗小園賦》、《上糧儲公薛書》（某居是邦）、《再上糧儲公薛書》（獲惠示並次均五言詩一首）。

　　【時事】左宗棠奉命督辦陝甘軍務。天津機器製造局成立。

肄業滬上（1868）

同治七年戊辰（1868），二十三歲

正月初一日，謁薛時雨、吳存義拜年。

　　《復堂日記》："天氣晴好，人意和樂。起，敬天謁先畢，子長、藍洲來，同謁薛師賀年，談。晤呈甫、子虞、爽秋、桐孫、子頌、蘭汀、常華、少蘊諸君，同子長、子虞、爽秋步謁和甫少宰師賀年。"

初六日，晨發，與譚獻、張預乘舟出城。

　　《復堂日記》："晨發裝，同子虞、爽秋巳刻櫂舟出城。"

十五日，與同人遊虎邱。

　　《復堂日記》："飯罷同諸子及朱淥卿遊虎邱，偕爽秋、子虞登山，坐石。"

　　《漸西村人初集》詩一有《正月十六日遊虎邱》。

　　案：譚獻日記載遊虎邱事在十五日，公所作詩云十六日，未知孰是。

十八日，抵上海。

　　《復堂日記》："暮抵上海，夜與肖梅、爽秋泥濘行里許歸。"

二十日，與譚獻等人同訪凌瑕不值，入城遊並觀劇。

　　《復堂日記》："偕肖梅、爽秋訪凌子與，不值。入城遊社廟，相士以賈人目我，可一笑也。……桂園與肖梅、爽秋觀劇，三鼓後回。"

二十二日，與友人同訪龔橙談，又往龍門書院訪張王熙。

　　《復堂日記》："偕爽秋、子與、子平、稼軒入城，訪龔孝拱談，又十年別矣。訪張欣木於龍門書院，晤談。歷各書肆。"

案：龔橙（1817—1870），字公襄，後以字行，號孝琪、孝拱、昌匏、石瓞，別號半倫，浙江仁和人。龔自珍長子。

二十四日，與譚獻、張預等人往訪張鳴珂、羊復禮。

《復堂日記》："偕爽秋、子虞過玉珊，晤辛楣，共飯，飯後意行。"

案：羊復禮（1840—1893），字敦叔，號辛楣，浙江海昌人。同治六年（1867）舉人，入貲爲刑部郎，改官江蘇同知，提調書局。後以知府分發廣西，署鎮安篆。補泗城知府，未至任而卒。有《鎮安府志》、《海昌叢刻》等。

二月初二日，與友人冶遊讌飲。

《復堂日記》："飯後褚氏昆季來談，千雲來，許子曼來，拉出飲同興樓。子虞招金寶、肖梅招蕊君、子曼招湘雲、爽秋招文寶，予招愛愛，二鼓回寓。"

十八日，與同人讌飲觀劇。

《復堂日記》："偕肖楳、爽秋、白叔飲慶興酒樓，遇夢仙輩，偶與爽秋暫觀劇。"

十九日，登舟赴京，譚獻、高雲麟等同行。

《復堂日記》："登舟即發。與白叔、爽秋同船。"

案：公本年赴京應會試，有《北遊詩五章》記其事："早無捧檄懽，遠出常悽然。昨登賈胡舶，浪逐計吏餞。滄海日月白，神臯車馬填。皇居氣色麗，層城歌吹喧。孫卿始適郆，樂生乍遊燕。仰慚先民質，俯乖末俗妍。""辰星主外夷，漠氣如層闕。王公有天險，尉候無私謁。宅中倚名山，佳氣曖皇都。增城環渌水，平野入青蕪。甘泉列夷邸，時夷館縱橫，布列前門內玉河橋左右。法官受計吏。絶域致蒲桃，炎洲徠孔翠。跛牂爾何物，乃牧太山側。此輩少爲貴，爲戎恐蕃殖。不聞貴者歎，但見賤者憂。畸士夫何言，寂漠焉所求？""金山東西林，國語山曰阿林。興安嶺，我之東金山，阿爾泰山則西金山也。鐵山三千區。繫中國之

利,毒天下有餘。鹽鐵古有論,冶官職常輸。昨來析津口,官
船敗沙淤。估胡造大舶,璀若黃金塗。彼挾有利器,豈我武庫
無？動訾管商者,拘瞀何其愚。""亭林疏布士,其氣雄萬夫。
當其十三陵,杜鵑拜何劬。每慕文淵牧,曠莽林野娛。昏谷量
牛羊,世事百不如。名耻登薦牘,迹則淹神都。晚息華陰機,
兹亦栖精廬。遺迹城西寺,濁醪薦雙壺。溪毛懷近躅,泠泠何
與朱。慈仁寺,顧先生祠堂。""南州春已闌,北平春方始。妍妍杏
花繁,吐秀殊可喜。黃沙白雪中,對之光蘕蘕。西山向我笑,
粲然有心理。館宇非一區,煙嵐凝暮紫。願結公超廬,巖陰或
成市。"

三月初四日,與譚獻、張預、王汝霖等人遊琉璃廠。

《復堂日記》:"同子虞、爽秋、肖梅出,至廠肆買物。"

二十六日,譚獻來談,同往遊琉璃廠。

《復堂日記》:"過爽秋、忻木、子方、白生談。同爽秋遊廠肆,
得《樊敏碑》《楊大眼造像記》。"

四月初九日,與譚獻、高雲麟、張預、王汝霖等人遊譙天甯寺。

《復堂日記》:"同白叔、爽秋、子虞、肖梅游天甯寺,集飲,談
諧至日落歸。"

《漸西村人初集》詩一有《與同年譚仲修劉子彝實酒天
甯寺》。

案:此詩一本題作《與譚仲修劉子彝張子虞高白未四同年
游天甯寺》。

二十二日,至通州登船南歸,譚獻、王汝霖、張預等人同行,時諸人
會試均落第。

《復堂日記》:"午後至通州,登舟。同舟八人,嘯梅、子虞、
爽秋來時同伴也。"

歸程船泊大沽口,登岸觀南北礮臺,有詩紀其事。

《漸西村人初集》詩一《大沽口》:"天闕排雲未可通,歸來

垂翅逐冥鴻。莫嫌荒戍無東道,喜送輕舟有北風。"神堯一旅宅神州,束楚蟬嫣揚水流。日暮飢烏栖戰壘,行人迴首望碉樓。是日觀南北岸砲臺。"

案:此詩一本題作《報罷南歸泊大沽口作》。

閏四月初六日,時在上海,譚獻來談。

《復堂日記》:"四鼓過爽秋、子虞談,始回。"

十四日,莫友芝來訪劉熙載,公適自京師還,與談,張王熙、何秋士等在焉。

《莫友芝日記》:"訪劉融齋,談久之。張欣木(玉)〔王〕熙、袁爽秋振蟾兩孝廉自京師還,何秋士亦在館中,又會談半時許。"

是月,留住上海龍門書院,從劉熙載問學。

《送高子之淮安遊詩叙》:"某北行赴禮部試,報罷,繇京師還歸,浮於海,遂次於滬。"

五月二十一日,聽錢炳奎彈琴,有詩紀之。

《日記》:"聽蔚君彈琴,作《天問操》。"

《漸西村人初集》詩二有《聽同年生錢蔚也彈天問之操》。

案:錢炳奎,字蔚也,浙江平湖人。同治六年(1867)舉人,善音律。

七月初一日,上楊昌濬書,論沙汰楚軍四千人事之非計。

《日記》六月二十六日:"憶前閱邸鈔,知布政司楊公沙汰楚軍四千餘人,亟欲作札,勾其施恩善遣,一旦有卒然不諱之疾,易於募集,未果。"本日記:"以策干楊布政使。"

《袁氏續正論》內篇《上湘鄉楊撫部書》:"前省邸報,知執政於本年四月先後沙汰楚軍四千餘人,分別善遣回籍安插等事,仰見慮事之慎重精詳,而節國用以紓民力之義大。某私權輕重,以爲左計。"

初三日，鄉民以童男女相殉事來求詩，允之。

《日記》：“某某以童男女未成夫婦相殉事徵詩。”九月二十六日：“爲彦華題沈氏少男少女相殉詩一首。”

《漸西村人初集》詩二有《南匯沈村有少男少女遇兵相殉以死者村之父老來求詩》。

初五日，以相刀劍室爲齋名。

《日記》：“子與有相牛相鶴之堂。子與意想高遠，其於人也，爲腹不爲目，僕安敢望子與，乃作相刀劍室。”

初八日，聞捻軍潰敗。

《日記》：“軍機大臣字寄：同治七年七月初二日奉上諭：‘李鴻章奏“連日督軍進剿，屢獲大捷，西捻全股蕩平，並飭各軍查明張宗愚下落”各摺片，覽奏，實深忻慰。本日已明降諭旨宣示，並將李鴻章等先與恩施矣。正在寄諭間，據英翰馳奏“各軍逼賊於徒駭河，大獲全勝，首逆張宗愚投水伏誅，逆屍尚未尋獲”等語。仍著李鴻章等檄飭各軍會同搜獲，務得確情，是爲至要。’”

二十日，許景澄新得翰林院庶吉士，自京還，爲說京城人事。

《日記》：“竹筠庶常出都，來說燕市舊人墮落瀵涸，不勝悽絕。又言諸故人行藏。”

《同治朝上諭檔》同治七年閏四月初九日：“上諭：新科一甲三名進士洪鈞、黃自元、王文在業經授職外……許景澄……俱著改爲翰林院庶吉士。”

二十六日，聞吳存義因病開缺。

《日記》：“閱邸報，知泰興吳少宰告病開缺。”

《同治朝上諭檔》：“七月初十日內閣奉上諭：‘侍郎吳存義奏舊疾復作懇請開缺一摺，吏部左侍郎吳存義著准其開缺調理。欽此。’”

八月初六日，赴松江唁友人，過陸機舊宅。

　　《日記》："辭山長出院，赴唁松江尹氏，偕竹弌、希庭、丙樓登舟，夜泊石公。是日偕子與、鈕石君過惠和尚。"初七日："日可中抵雲間府城，欲游九峰，中止。弔於尹氏。過普照寺，俗傳陸士衡舊宅也。"

　　案：即尹鋆德，字冰叔。

初八日，與同人遊松江文昌閣，登西林寺塔。

　　《日記》："偕約齋、丙南、竹弌、符簣山孝廉慶曾同之文昌閣游，諸君招飲，座中又有沈吾軒秀才福同、潘秋山同年兆□。辭出林，過白龍潭，登西林寺浮屠，上第七級，天風吹衣，甚冷，傷足。寺僧留喫月餅，見四松，云是南宋年物。還輿歸，約齋招飲於水樹，有陳季才託寄信於其兄仲英，有吳介眉同年。約齋談京邸事甚歡。"

　　《漸西村人初集》詩二有《登西林寺塔在婁縣》詩。

十九日，代應寶時題鄧石如遺照。

　　《日記》："敏丈屬代題懷甯鄧石如先生完白遺照，旁侍杖者爲梅石居，上元梅伯言先生之祖。相國曾公題爲《石交圖》，圖中有二鶴，有左、李諸公題後。"

　　《漸西村人初集》詩二有《鄧完白山人石交圖》詩。

　　案：應寶時（1821—1890），字敏齋，浙江永康人。道光二十四年（1844）舉人，同治四年（1865）署蘇松太道，在任期間創建龍門書院。著有《射雕詞》、《射雕館集》，主持修纂《上海縣志》等。

九月初一日，李宗庚來談京師事。

　　《日記》："子長來，談京師事，説楊雪漁寫字，説京師多盜，説重營圓明園事議不行。"

　　案：李宗庚，字子長，浙江秀水人。詁經精舍肄業生。本年以優貢朝考得知縣，後分發廣西，官至明江同知。

重九日，與同人小飲。

    《日記》："以老瓦盆酌上海茅柴酒，聚者夏壽人孝廉若椿、馮子若同年錫綬。風雨，天晝晦。聞人啖蟹，其直甚貴，狀足無錢。同人有稗者，近不好弄，欲出門新□，卻履市上，家家有重陽糕，令僕買之，取回已冷，薄酒不能成醉。"

初十日，陶模來談。

    《日記》："子方太史見過，談及蔡公容孫宗翰同年奔喪守制三月之後，饑驅欲圖入院肄業。"

十五日，方金琢以《藝海珠塵》見贈。

    《日記》："方古翁以《藝海珠塵》書見寄。"

是日詣陶模談，論當世學人。

    《日記》："偕子若出門，訪子方問學術，子方毛舉當世毛旭初總憲昶熙、崇文山修撰綺諸人。……子方又言吳榮光有《吾學編》，載《大清會典》通禮略。"

十月初五日，以張王熙爲介，執贄於鍾文烝門下。

    《日記》："屬忻木爲紹介，執贄鍾先生。"

    《安般簃集》詩續乙《憶昔》："二十二三時，天牖鑿混窈。從師艤江湄，訪友陟海嶠。德人高伯平先生。劉融齋先生。鍾，子勤先生。螢爝附龍曜。"

    《袁昶硃卷所開履歷》"受業師"有："鍾子勤夫子印文烝。道光丙午舉人，大挑知縣。"

    案：鍾文烝（1818—1877），字子勤，浙江嘉善人。道光二十六年（1846）舉人，候選知縣。後絕意仕進，以著述爲事，主講敬學書院。有《信美集》、《春秋穀梁經傳補注》、《論語序說詳正》等。

初八日，作家信，議修家廟事。

    《日記》："復書與族大宗父老議修家廟。與□父王氏外兄書。與方丈金琢書。與榆、義二從兄書，以晦村龍伏田租交鸚從弟收租,爲春秋祭費。"

初十日,與張王熙往見鍾文烝談《易》。

《日記》:"與忻木往見鍾先生,談《易》久之,輿歸。"

二十九日,與同人往訪虛谷和尚於一粟庵。

《日記》:"是日同金大令、張忻木同年游一粟庵,訪虛谷和尚、柳和尚,知子與已至揚州,曾見吳讓之云云。"

十一月十一日,謁鍾文烝,並借《遺教經》。

《日記》:"又至鍾師處談久之,聞柴□□病故,駭然。於師處假《遺教經》一册。"

二十六日,聞吳存義卒。

《日記》:"日暮,子若謁先生,承諭云泰興吳和父師遽歸道山,氣咽欲絶。某於侍郎受知最深,不知凶耗月日,可痛。未知兩世兄若何。"

曾國藩本年十月初五日《代遞吏部左侍郎吳存義遺摺片》:"據候選知縣吳寶慈、候選郎中吳寶儉、附生吳寶讓等呈稱,親父原任吏部左侍郎吳存義於本年九月十一日在籍病故。"

十二月初三日,應寶時書示通商衙門條約。

《日記》:"得應敏齋先生書,見示通商牙門所須條約二册。"

方宗誠書來,示以古文之道,並以詩文集相贈。

《日記》:"得存翁賜書,又得書,並送閱《柏堂》前後續三集八册三十七卷。"

《袁氏續正論》外篇《方存之所著古文跋》:"戊辰臘月,存之先生德旌次滬,既以大著示昶,讀卒業,復□以古文之道。"

方宗誠《柏堂集外編》卷九《答袁爽秋》:"碤秋仁兄大人執事:接讀惠函,並示大作二首,過承推重,愧不敢當。往年即聞莫子偲先生盛稱閣下爲奇才,拜誦大著,洵不虛也。宗誠於學一無所知,生平好讀義理及經濟書,文章殊非所尚。而論文之恉大致以六經爲根本,以程朱義理之書爲質幹,以漢人爲氣骨，以韓歐八家及明之歸氏，近方氏、姚氏爲門徑，歸於有物有序，而不意無理無用之文，大恉如是。然才質薄劣，又遭亂居貧，遠遊治生，未去專心致力，故毫無所得。間有所作，止能理明詞達而已，直無所謂文也。加以近年好窮經，不甚留心去理會文字，且精力日衰，年壽日往，更不欲學文以耗學業。於是文字日穡，直不敢與人論此事矣。足下之文，風格近於漢人，氣味古茂，體勢堅重，恢詭奇肆，不可方物，真雅材也。惟未嘗由八家門徑，而遽學兩漢，又雜《選》體，則於古文義法尚須講究，不然恐蹈明人王、李之弊。望更湛深經術以裕其本，犛窮義理以厚其氣，熟讀《史》、《漢》、昌黎以凝其質，細觀北宋諸家以討論其法，博考經世之書以實其用，其於文事，必爲天下弟一人也。忝荷愛重，故覼陳之。宗誠頓首。戊辰十二月初三日。”

案：方宗誠（1818—1888），字存之，號柏堂，安徽桐城人。少從許鼎學，後師事族兄方東樹，並與劉開切磋學問，古文大進。後入吳廷棟署，旋以薦至曾國藩幕治文書，深受倚重。又入李鴻章幕。嘗任河北棗强縣令。光緒六年（1880）返里家居，閉戶著書，安徽學使貴恒奏賞五品卿銜。有《柏堂集》、《柏堂經説》等。

初七日，偕張王熙往謁方宗誠，觀新修《上海縣志》。

《日記》：“招同欣木往南園，應存之先生命，陪末座談燕論學，觀當世卿大夫、將帥及有道之士所書巨册，又觀新修《上海志》凡例、序言。”

《柏堂集外編》卷九《答張欣木袁爽秋》：“欣木近沈潛，爽秋近高明。欣木質勝於文，爽秋文勝於質，皆異才也。惟學問之道，當與世爲變通，又當審己所能爲者爲之。爽秋好讀古書，予以爲居今之世，與承平之世不同，當讀有用之書，訓詁名物，博雅辭章，可以餘力爲之，而不必專力於此，以於世無大益也。況爽秋體非壯實，讀義理之書，可以檢攝身心，涵養性情；讀正經正史,可以名理應事;讀有性情有義理文字,可以完養心力。
其餘皆當裁省,不識以爲何如?"

初九日,方宗誠以書數種相贈。

《日記》:"爲存之先生書册頁。以吳君應枚書册贈觀察。
發式嘉信。存之先生見遺夏弢父先生《檀弓辯誣》三卷、《述朱
質疑》十六卷、《三綱制服尊尊述義》三卷、桐城戴鈞衡《書傳
補商》十七卷。"

初十日,薛時雨蒞滬,往謁。

《日記》:"偕忻木輿謁慰師。還,候鹿丈問疾,與味餘談久
之,見海甯李迎朿先生善蘭《則古昔齋算學》本,不解。回院,以
《藤香館集》寄子穎及朱生孝淮子香。"

是日作致譚獻書,述近狀,並以薛氏爲顯族,與其結親有攀附之
嫌,隱有退婚之意。

《與中義先生書》:"米鹽淩雜,生計奔迫,君處此時,其何以
堪?何日回杭?何以卒歲?思惟游心合氣,志弱骨强,珍荷珍
荷。子鼎、少梅輩來識若何。子與已自揚州回滬度歲,幼節曾
往訪其家,云客金閶,不知下落。昶疏懶成性,往往忤人,恨不
生眉嫵之骨。明年未知杭州有可位置否?相人録之,諒無所軒
輊也。私有問者,比者昏姻之故,徒鑒於鄭忽亡援,晉重歸國,
一誤至此。若便示之玉玦,或者爲某摩烏集闕之時。血肉之身,
苦不自立,焉能因人而熱哉!秦上□飲二事,求心諒之,不足爲
外人道也。五情牽率,頗覺督亂,誠非人間樂境。如何如何!"

十一日,謁方宗誠談,述及吳廷棟、曾國藩爲人行事。

《日記》:"往謁存之先生,述及吳竹如先生有恒之德,口不
談道,而有所叩則端緒皆出。又言曾相日課數事,明日復然,日
日皆然,雖造次無間。兩公所事不同,而志趣則一,言之者悚然,
聽之者足戒。"

編年詩:《正月十六日游虎邱》、《海上贈淩霞》、《寄懷莫丈友芝》、

《黃浦江與友人別》、《北游詩五章》、《贈朱亮生采》、《與同年譚仲修劉子彝寞酒天甯寺》、《夜飲》、《大沽口》、《大沽口南北岸礮臺行》、《贈龔生記異》、《精舍夜坐效柳儀曹》、《擬豔歌》、《效孟東野》、《書寶山蔣劍人集後》、《聽同年生錢蔚也彈天問之操》、《鄧完白山人石交圖》、《登西林寺塔在婁縣》（一作《和諸子登陟西林寺浮屠》）、《陸士衡故宅今爲寺，在谷陽門內》、《發雲間晚泊宕口》、《訪虛谷上人不值》、《游南園獨酌菊花下至暮始歸精舍》、《南匯沈村有少男少女遇兵相殉以死者村之父老來求詩》、《吳郡王節母家戒題後》、《送高伯平先生游淮上》、《讀袁康沙船歎歌以贈之》、《偶述》、《題同縣王丈永錫桐江舊隱圖》、《鹿溪張節母古井盟心圖》、《滬上竹枝詞》、《題公之束校經圖後》、《月銀糊窗以小詩戲謔爲虐》、《秋士以蔣迂石所畫槑花索題書二律》、《題王烈婦事狀》（佚）、《□崔顥孟門行一首》、《戊辰歲暮滬瀆雜詩四首》。

編年文：《送高子之淮安遊詩叙》、《上湘鄉楊撫部書》（前辱賜書）、《致薛慰農觀察書》（門人昶謹於初十日由淞返滬）、《致薛慰農書》（日聞行旌已抵杭郡）、《性理論》（佚）、《與應寶時書》（前獲賜書並通商條約）、《桐城方存之先生文集識後》（一作《方存之所著古文跋》）、《與譚獻書》（米鹽淩雜）、《上房師江夏王大令書》（自違膝席）。

【時事】洪鈞、陶模、許景澄、沈善登、聯元、王鵬運等人中進士。捻軍失敗。左宗棠率軍西征。林樂知主編《中國教會新報》創刊，後改名《萬國公報》。

蔡元培生。徐乃昌生。

校書浙局（1869—1870）

同治八年己巳（1869），二十四歲

正月初一日，擬定每日課程。

　　《日記》："嗣後即按州序日課本：晨起温經史，午前校藏籍，午後習試楷，燈右閱帖括，凡四項，周而復始。"

初三日，登樓眺遠，有懷鄉之意。

　　《日記》："與鄉人登権署池上樓，回望無際，千檣若林，信美而非吾土，曾何足以少留？夜醉歸。"

十一日，晤英國人駱德，與談英國事。

　　《日記》："英國人駱德自漢口來，延之耳舍與談彼國事，乃不肯盡言。"

二十五日，許景澄來談，馮錫綬亦至，同飯。

　　《日記》："竹筠太史至滬，行軫相過，子若同年來，共飫。飫訖，竹筠去，假偕三人入市，遇楊珮父，拉之三鳳樓飲酒，醉歸。"

二十八日，宗廷輔來談，見示《補輯龍川集後》。

　　《日記》："月鋤上人來，見示《補輯龍川集後》一卷，並言及常熟毛氏、徐氏藏書家不及前十分之三。"

二月初一日，謁辭師友，馮錫綬以其祖馮浩所注《樊川文集》、《玉谿生詩》見贈。

　　《日記》："謁兵備公辭行。別子穎。謁鍾師，有所屬，談久之。師撰《穀梁補注》二十餘萬言，羽翼范注，當繕寫清本勘定付刻，恐後人竄亂其意也。李景卿大令來自杭州，問吾師耗，談晌去。子若以其祖孟亭太常《樊川文集注》、《玉谿生詩注》本

見贈。同人相餞行。答應公書。與月鋤書別。"

初二日,登舟行,袁康與俱。

《日記》:"飯後登舟,竹式偕行,同人送之石駿岸。三宿桑下,頗生戀心。"

初六日,至嘉興,晤譚獻,約同歸杭。

《日記》:"到嘉興府,謁譚學師。宜稱太老師。約同行,夜二鼓至松毛橋宿。"

《復堂日記》:"袁爽秋自上海來,相見甚快。暮雨別,約明日同發,籠燈上船。"

初七日,抵杭州,住薛時雨藤香草堂。

《日記》:"晡後比到杭州,中義先生已早登岸。待夫子歸,暫下榻藤香草堂。夜詣中義談久之,歸宿,問諸同人消息。"

《復堂日記》:"過書局。爽秋暮至,過慰師,談久之。爽秋夜來談。"

數日間遍晤師友。

《日記》初八日:"玄同先生、均父、子壽、吳中餘、徐金波來寓齋談久之。桐孫先生至,子頌偕來。興出門,謁布政公,不見。往子鼎談,問少梅諸君。又至轉運牙門謁馮介庵觀察,談久之。遇丁松生徵君,告之高先生行期。又詣無錫秦先生談。又詣忠義局,僅見子華、子清、迪民三君。還,遇王清如觀察。歸,又訪子虞、少梅。夜湌訖,詣書局諸公談。還,侍師坐。夜繙《通鑑》數頁。"初九日:"興見桐孫、子頌。還,晤呈父,諸君皆在,與中兄談久之。夜侍坐。"初十日:"沈恒農、吳春農、許益齋見過。要回拜。往看竹式。又詣松生、竹舟談,問講舍住房。……是晨子長見過,子虞、篠湄見過。"十五日:"晤竹式。……走謁方伯,遇張遜侯司馬丈,談久之。見方伯,久之回寓。又之金剛巷訪少梅、竹筠,竹筠不在,與少梅飲酒、食素麵。乘月興歸,謁滌丈,又晤校書諸女郎,久之歸藤香草堂宿。是日又遇呂彝齋守備。"

十八日，與同人飲於湧金門。

　　《日記》：“偕滌丈、竹式、篠湄、子虞、鳳州湧金門外茗飲，無舟楫，不得至彼岸。”

　　《復堂日記》：“偕爽秋、子虞、鳳洲、肖梅及雲間袁竹樓飲旗亭，遇董仁甫。歷諸書肆。”

二十日，高均儒回杭，往謁，丁丙亦在。

　　《日記》：“高先生至杭州，千里送行者爲吳禮北游戎。同之講舍，松生先在，屏罳几榻，一一位置。還，夜飫訖，夏丈來言賤事已妥。又之講舍，先生見示所爲《送譚文卿廉訪鍾麟之任河南序》，又述吳稼翁比部、丁柘翁先生、錢楞仙太史行事，叔遲初九日已由東昌入京。”

二十一日，謁高均儒，並晤友朋。

　　《日記》：“偕滌丈、均父、玄翁、子社往朝高師。還飫訖，偕春江出門，之珍珠巷訪蘊某，不值。又之竹筠茂才處。還答春農、玉珊，不值。之子長塾中，晤詹星翁，繡廷同年之兄。歸，兀坐。是日見德清江子平同年。又約禮北、少衡明日游湖。”

　　《復堂日記》：“偕呈甫、元同、均父、子社、爽秋同詣高伯平丈談。”

二十二日，與友人遊西湖。

　　《日記》：“之精舍朝先生，偕飫訖，與禮北、少衡游湖上之精舍，登第一樓。晤鄒慕陶廣文、子英世兄。還，飲食訖，買泥人二，之岳墓、孤山，遇丁松翁、鍾某生、沈子伯。還，渡至表忠觀，觀蘇碑。回入城，到講舍，與松溪諸人共飫訖，與之歸，並將所折柳枝。”

二十三日，至浙江書局晤諸同事，時受聘任總校。

　　《日記》：“偕子頌之撫部槀到局，謁王清如觀察、吳蓉圃太史。謝湘鄉公。謁王琳齋師，值他出。還揖同事諸公。又胡子繼在六克巷萬和綢莊，沈芷淥在裏堂巷。拜許益齋、趙桐蓀不值。劉布政使處掛號,遵俗例,可笑。"

《太常袁公行略》:"己巳旋杭,大府聘爲書局總校。"

案:民國《杭州府志》"公署"載:"書局,同治六年巡撫馬新貽奏設。初在小營巷報恩寺,後移中正巷三忠祠,以報恩寺爲官書坊。"又丁立中《先考松生府君年譜》同治六年(1867)四月:"襄辦書局。馬端敏於省城設局刊書……事務繁多,派正副提調坐局辦理,以期慎密。府君襄辦。"是浙江官書局於同治六年開辦,以譚獻、李慈銘等爲總纂。公是月自滬返杭,入書局任總校。

二十九日,與吳璞、譚獻、王麟書、王汝霖、潘鴻等人遊皋園。

《日記》:"午後與禮北、中義、松溪、肖梅、鳳州游金衙莊,道上有紫藤雙株,裹樹而生,園林□石,平章楚楚。還過萬安橋,望見湖上山雲霧冥冥,細雨如織。歸講舍,黃君質文來。"

《復堂日記》:"飯後過書局,偕禮北、爽秋、松溪、鳳洲遊皋園,遇微雨歸。"

案:皋園,原名金衙莊,爲明代金學曾別業,嚴沆以其半爲皋園,以奉其母,故又名奉母園。

三月初一日,至府學尊經閣觀阮元所刊石鼓,欲閱文瀾閣遺書,門鍵不得入。

《日記》:"偕禮翁出門覓吳勤伯廣文以同,遇子彝,旋之府學尊經閣下觀儀徵阮相國所刊石鼓十碣。登樓欲繙閱文瀾閣殘書,爲丁松生所掇拾者也,不得管鑰,門牡揵閉。"

初二日,高均儒招飲。

《日記》:"還敂中義,值夏子松宮詹在焉。又之書局,飯訖,偕中義、桐孫、仁父、呈父、蘊梅、玉珊、金波、子清、子虞同餞李景卿,期而不至者爲子長、芏伯。筵散歸,遇陳子正,聞松生病。"

《復堂日記》:"晚與李景卿、呈甫、爽秋、禮北飲東城講舍,伯平丈之招也,談甚洽,歸已二鼓。"

初九日，譚獻來談。

　　《復堂日記》：“過高丈及禮北、爽秋談。”

初十日，與施補華、黃以周、王麟書、潘鴻、吳璞、陳豪等人往訪
俞樾。

　　《日記》：“蚤同均父、玄同翁、松溪、鳳州、禮北翁、蘭州出
門，渡湖壖，晤芷伯、桐孫、金波、俞蔭父山長。之關帝祠吃飯，
晤壽巖、子平、泮香，議之金河祠，觀陸次山畫壁。還，大風，入
城，緣市南歸。”

　　案：俞樾（1821—1907），字蔭甫，號曲園，浙江德清人。
道光二十四年（1844）舉人，三十年中進士，改翰林院庶吉士，
授編修。咸豐五年（1855）外放河南學政，緣事落職歸里。同
治四年（1865）應江蘇巡撫李鴻章之聘，主紫陽書院講席。後
又應浙江巡撫馬新貽之聘，主講杭州詁經精舍。一生著述宏富，
後人輯爲《春在堂全書》。

十一日，至譚獻宅，觀碑帖。

　　《日記》：“至中義宅，觀《瘞鶴銘》三十五字、《泰山刻石》
二十九字並十字本，《孫秋生》、《楊大眼》、《始興公》造像，《魏
靈藏》、《薛法紹》造像及《范式》諸碑，《梅公神道》數字。中義
以《季惠公碑》與禮北《尹宙碑》交易。”

十四日，吳璞歸淮安，往送行。

　　《日記》：“送禮北登舟赴淮。坐邵伯船，船頗寬，四棹。舟
立蓬背望之，至橋遮礙，不能復凝視，遂歸。”

十六日，借張鳴珂所藏《肇域志》。

　　《日記》：“於公之束處乞得《肇域志》一分，與《郡國利病》
本較體例。”

十九日，與施補華、王麟書、陳豪往蘇公祠，拜吳存義木主。

　　《日記》：“偕均父、松溪、蘭舟出城，渡湖之蘇公祠，拜吳少
宰公祠主。”

二十二日,乘舟返桐廬。

《日記》:"辭師,將入桐廬山中,日夕始登舟。"

二十八日,與鄉里友人泛舟桐君山下,訪唐代摩厓。

《日記》:"宋時樵廣文听、葉菉湖明經慶澍、蓉史同年照、鄭
芷沅明經、樂父秀才見過。泛舟至桐君山下,絕壁捫苔甚滑,覓
唐崔令等題名,乃漫滅不可見。"

四月初一日,檢家譜。

《日記》:"上冢還,檢舊家所藏邑志,中多脱誤弇陋處。又
檢譜系,袁氏之先世樞,宋嘉定中禮部尚書、寶謨閣待制,始創
立族譜。本支祖晉成處士;二世祖大觀;從祖大成、大定、大德、
大本、大嶽,國子監生,議叙八品,大偉,康熙癸巳舉人,歷任四
川奉節縣知縣、湖廣石門縣知縣,升授四川夔州府知府;太高祖
師孟;高祖有珍處士;高伯祖有聲;曾大父顯㴀,國子監生;曾
伯祖顯略,從九職銜;祖明誠,國子監生;伯祖明善;考世紀,廩
生,咸豐十一年辛酉十有一月殉難在府城地方,奉旨賜恤雲騎
尉;伯父世經,恩貢生,候選訓導;世綱,國子監生;世緯,廩貢
生,捐升直隸州之同諸用教諭,咸豐十一年辛酉殉難在湖州地
方,奉旨賜恤恩騎尉,《浙江忠義錄》立傳;叔父世縮;從兄弟
振采,廩生,振蜇、振業、振玉殉難、振河殉難、振夏殉難、振螭
殉難、振㲉、振璩殉難、振鉞殉難、振旅殉難;再從兄弟振㛊、
振鸎。"

初五日,別家鄉親故,棹返杭州。

《日記》:"揖別宋時樵廣文、胡心香秀才、聶子樗騎尉,家榆
園、曦庭兩從兄。"初七日:"夜雨,泊杭州城外江口。"

二十日,高均儒卒,作書告吳昆田、吳鑾。

《日記》:"師疾亟,餌吉林薓少許,不效,又噉飴少許。申初
刻屬纊,復危坐久之怛化。衆皆臨,手顫作書,函告吳稼軒丈及
小坡大令。僕亦神思困頓,不能動撝。於虖!五年師生之分,

至此相棄，他日銘述，尚當搜輯遺行，訪求佚事，求高才有文學者爲之。”

《復堂日記》：“伯平先生申時捐館舍，著履往弔，同人在者爽秋、子社、藍洲、松溪、丁氏兄弟、典彝、勤伯也。”

閔爾昌《碑傳集補》卷三十八吳昆田《高君伯平行狀》：“君諱均儒，字伯平，秀水廩生，原籍閩縣。……幼即嗜學，知治經必先識字，故於小學爲勤。不好制義，屢躓於有司，不計也。好古文，主於簡質，不屑詞藻爲工。……三禮主鄭康成，故自號鄭齋，而篤守程朱之學。……子行篤援例得官，將引見，君攜之來淮。行篤北上，君南歸，卒於東城講舍，同治八年四月二十日也。君生於嘉慶十六年正月二十九日，享年五十有八。”

案：秦緗業《虹橋老屋遺稿》有《悼高伯平均儒山長》詩小注云：“君需次淮上，賴門人袁爽秋諸君晨夕侍疾，而丁松生大令經理其後事。”可參看。

二十一日，高均儒入殮，同人皆會。

《日記》：“申刻小歛，戌刻大歛，會者施均父、潘鳳洲、王松溪、陳蘭州、許子社、丁竹舟、松生、魏子嘉、陳伯畋、宗湘文兩太守、許竹清、竹雨、朱中父、吳祁父、吳琴伯、李子長、王同伯、許子頌、姚倬人、楊春波、高功父、趙桐孫、譚仲修、鄒典三、張寅伯、李荔青、徐金波，凡二十有九人。”

五月初一日，同人私諡高均儒曰“孝靖”。

《日記》：“是日鄭齋設孝靖先生尸位，俗稱回煞日也，會者十有九人。沈芝龕彤元來。弟子某某等謹議私諡伯平先生曰孝靖先生，復以書告譚中義君。”

初三日，往謁薛時雨。

《日記》：“薛夫子來杭，往謁。”

初十日，同人宴王景澄於皋園。

《日記》：“同人宴王清如觀察於皋園，亭臺陂池，竹木之勝，饒有野趣。内濠右城,而東水灌池中,荷葉甚大。有二柳,□高三丈許。會者十有二人,俞蔭父先生、吳蓉譜太史在座。"

十七日,薛時雨招飲。

《日記》:"玄同先生自甯波來,夜赴薛師飲,蔡子珍司馬、中義、子虞、景卿在坐,夜籠鐙偕玄翁歸講舍。"

《復堂日記》:"蔡子鼎攜弟觴慰師,與子虞、爽秋同集,至二鼓。"

二十二日,晤諸友人談。

《日記》:"同叔雲出門至局,晤俞蔭父先生,復同鹿雅訪中義,晤柏堂。行之忠義局,同吳春農、□棣華談久之。又之豆腐三橋訪壬伯。回,遇胡采馨,郡人也,略談鄉事。復沿河至木場巷,覓松溪,均父、玉堂、右庭、者香在焉,出同看子頌疾,委虵復遇木杓。际蘭舟,遲之未至,遇於途中,略談場題試事。同松溪回精舍,夜子虞來談。"

六月初八日,同人公讌薛時雨於西湖上。

《日記》:"同人公讌薛先生於三潭映月亭,會者十有四人。昳後泛舟南山,憩净慈寺,覓司馬溫公家人卦摩崖不得,還泝湖南入城。"

十五日,往送高均儒靈柩歸嘉興。

《日記》:"叔遲扶先師柩之澂,河干哭送,一哀出涕。會送者譚仲義、李子長、趙桐孫、吳琴伯、蔣子湘、陳藍舟、□□父、朱申父、丁竹舟、松生、施均父、黃元同、鄒典三、王同伯、許益齋、許子社、王秋舫十有七人。"

二十一日,謁萬斛泉、馮禮藩、應寶時等人。

《日記》:"與謁興國州萬清軒先生斛泉、馮介庵觀察、應敏齋廉訪,共飯訖。"

二十三日,與薛時雨、應寶時及友人小集。

《日記》:"夜子晉、松生、中義、敏丈、慰師、景卿、子長、子方同讞。"

二十九日,撰《袁氏世系表》。

《日記》:"撰《袁氏世系表》,仍當取譜録詳考世數,以宋元明史參證。録蕭智《漢氏姓譜》袁字均下'辨得姓之始'條,敬書一通。"

七月初五日,餞薛時雨於湖上。

《日記》:"湖上餞薛先生。薛廬成,杭之人士感懷去思。"

案:薛時雨官杭州知府十餘年,罷官執教於江寧,杭人於鳳林寺辟一室,摹薛小像於石,嵌壁奉之,名曰"薛廬"。後諸弟子於江寧爲築居所,亦稱"薛廬"。

十四日,許增以佛經數種相贈。

《日記》:"許益齋同轉惠《四十二章經》、《遺(覺)〔教〕經》、《圓覺經》、《八大人經》,作少箋謝。"

八月十二日,與施補華、王麟書、張預至詁經精舍訪友。

《日記》:"偕均父、松溪、子虞出城,之詁經精舍訪友,暮渡湖入城歸。"

十五日,以所作文就正於黃以周。

《日記》:"譔《譜系表》、《譜系考》,就正玄同,尚須竄改。夜與玄同飲,諸君皆歸過節。"

案:黃以周(1828—1899),字元同,號儆季,浙江定海人,黃式三之子。浙江書局開辦,任總校。同治九年(1870)中舉人,以連上春官不第,光緒六年(1880),大挑以教職用,任浙江分水訓導。十年,應江蘇學政黃體芳之聘,主講南菁書院。後選處州教授,賜內閣中書銜。黃氏治學不主漢宋,遍治群經,尤精"三禮"之學,有《禮書通故》、《儆季雜著》等。

十九日,始晤朱一新。

《日記》:"子平介義烏朱蓉孫秀才一新來,與余同年生,月日後於余,聞其能文多才。"

案：朱一新（1846—1894），字鼎甫，號蓉生，浙江義烏人。同治九年（1870）舉人，任內閣中書，光緒二年（1876）進士，改庶吉士，授編修。十一年，任湖北鄉試同考官，是年冬擢陝西道監察御史。以直諫獲罪，降爲候補主事，遂辭官歸里。十三年，應兩廣總督張之洞之聘，主講肇慶端溪書院，又主廣雅書院。有《京師坊巷志》、《無邪堂答問》等。

二十三日，與吳以同遊紫陽山。

《日記》："覓勤伯同飯竟，走上紫陽山，遇邑人汪秀才燦，登樓瞰江，山青雲白，綿亘千里，頗思故鄉，只在孤雲落照邊也。還與秀才別，仍扼勤伯行。值王彥香孝廉起，復遍閱書肆，旋歸局。"

九月初一日，致函羊復禮，贈以書籍。

《日記》："作書與辛楣，以《海昌掌故》二十冊、《周易本義》十冊遺之。"

初六日，遍謁辭杭城師友。

《日記》："興拜許益齋同轉、孟蘭艇廣文、王同伯同年、蔡子鼎明經、孫子珮太守、吳左泉同年、吳蓉圃太史、陸春江孝廉、王少梅刺史、許子華同年、家迪民、吳春農、董仁父明經、王清如觀察、沈芷淥州牧、沈恒農秀才、丁松生徵君、楊松園明經、高中英秀才、白末同年、趙攝末大令、胡肖某、張子虞、汪鹿雅兩同年。"

初七日，謁楊昌濬，談設政學館事，有所建白。

《日記》："謁湘鄉公，議設政學館，定肄業六十名，以佐貳官充之，較江寧吏治局法爲完密，云將出奏。告以日計不足，歲計有餘，庶不生厭倦，以官爲師，亦秦法之善者也。"

初十日，登舟赴江寧。

《日記》："中義先行。余晨餐登舟，與少梅、玄同、蘭老執手不忍別，立船頭久之別去，遂出鱉子門，河水甚深，有風人之思。……松生亦來送行，許以明刻本《桐廬縣志》、新刊《一切經音義》見贈。夜至王家莊宿，推篷看月，旋臥，神思稍定。"

十二日，道經嘉興，晤譚獻。

《日記》："至禾城，入城晤衡父，問鄉訊。覓中義，中義先至，頃談快甚，湯麗鄉在焉。傅少梅同年賚予亦至。頃之出城，夜飯訖臥。"

《復堂日記》："爽秋來談，至暮去。"

十四日，過蘇州，晤友人談讌，同遊。

《日記》："抵吳郡，進婁門，叩景卿門，有頃至。鮑君銘青、公之束俱至。同出門之玄妙觀，又約吳江費雲翁庶常同行。暮至杏花村市飲，冒雨偕景兄歸，剪燭談久之，回船宿。"

十五日，遍晤蘇州城中師友。

《日記》："景卿邀早飯。同出門謁永康廉訪，晤馮星垣、朱小舫。還，訪胡藕生治中姻丈昌泰、鮑銘青、朱竹石司馬之榛、吳中英司馬恒、萬清軒徵君、俞蔭父太史、薛惠庭。又晤獨山叟子偲先生談久之，還歸景兄宅。費芸舫太史延釐招飲。"

十七日，登虎邱。

《日記》："出門覓偲翁不值，閱書肆十餘處。出昌門，買小舟登虎邱石梁，閱劍池題名。還入水門，已暮，還景兄宅。是日換江船，原船放回。"

二十四日，船過鎮江，登焦山。

《日記》："日晡，飯未竟，錢君子驤來，少選去。飯訖開舟，至江口，另僱紅船沿江而下。指焦山麓，回望金山浮圖，右晤甘露寺。抵焦山上岸，先游自然庵，六近和尚陪登觀瀾閣。坐舟中時，風橫水立坌起，比至閣中，風不動，悟禪定本相如是也。飲酒，啖鱓鱺。起行，旋折入定慧寺，觀壁間重刊《瘞鶴銘》，有王阮亭、曾賓谷等跋尾。摩挲焦山舊傳周鼎，鈐山公不能取去，疑山靈護持也。鼎形橅大小，已詳手鈔《江南通志》本。循廊而東，瞻佛殿，現莊嚴相。寺中桑門息心梵音作，有二十餘人。

余與芸舫坐地聞梵,觀其持戒似甚精進。出山門,繇御碑亭上
山,拾級連武而上,前人踵後人頂。登大觀臺,觀贋搨本繹山碑,
杜甫所謂'棗木傳刻肥失真'者也。覓焦先結瓜牛廬,廬上石
懸罍,下爲陷穴,中空而趺居。仍右窄徑上,山人折桐爲杖見贈,
覺輕健,真游山添健僕也。徑趨上絕頂,有亭,中琱佛像,四和
合身。少選返,由山後微迆,山人導行之別峰庵。庵中有方池,
飲茗訖,復尋前路歸。之山足,憩海順庵,晤思純和尚,合掌別。
登舟回船,天已黑。是日惟藏經閣未到,不得窺全藏,約後游,
住此一月,方了此因耳。山靈亦笑我倉卒不?"

二十八日,抵江寧,下榻惜陰書院。

　　《日記》:"經觀音門至旱西門,入江寧城。登清涼山陂,越
龍蟠里,進惜陰講院謁桑根先生,下榻。"

三十日,謁見兩江總督馬新貽,並晤江寧諸友。

　　《日記》:"謁見兩江總督通商大臣馬公新貽。往候孫布政
司,不見。見中容,又見徐薇垣孝廉、胡式嘉刺史、戴子高、唐端
父秀才、張歠山文學、胡子彝騎尉、趙子湘上舍,冒雨而歸。"

　　《張文虎日記》:"桐廬袁爽秋振蟾孝廉來拜。"

　　案:馬新貽(1821—1870),字穀山,號燕門,又號鐵舫,山
東菏澤人。道光二十七年(1847)進士,歷任安徽建平知縣、
合肥知縣、安徽按察使、布政使,升浙江巡撫。同治七年(1868)
擢任兩江總督兼南洋通商大臣。

二月至九月,爲浙江書局校《儀禮義疏》、《禮記義疏》、《正史約》
等書。

　　《日記》二月二十八日:"校《儀禮義疏・聘禮》第八之四
'遭喪'起至'記米禾之量'止,計四十一葉。"三月十七日:"校
《儀禮》自《聘禮》第八之二'賓至朝'起至'卿大夫勞賓介'止,
凡四十五頁。第四十二頁、四十三頁'公勞賓'至'賓不見'脫
頁經文五節。"四月十九日:"校《小戴記》欽定義疏《祭義篇》

第廿四,計六十二葉。"五月初三日:"校《小戴記·玉藻》'始
冠緇布冠'起至'惟世婦命於奠繭',計卅二頁畢。又卅一葉,共
六十三頁。"五月十六日:"校《儀禮·聘禮》'君與鄉圖事'至'眾
介皆少牢'止,三十六葉。"五月二十一日:"校《儀禮圖》十有
七葉。校《儀禮·喪服》第十一之二五十九葉。"五月二十二
日:"校《檀弓上》弟三之上四十一頁,弟三之三三十七頁。"五
月二十九日:"校《曲禮》卷一、卷二。"七月初二日:"校《儀
禮·聘禮》卷十六數頁。"七月二十六日:"校《小戴記》鄭注
四冊藏事。"八月初三日:"復校《禮記·緇衣》二十八葉。"八
月初五日:"校《戴記·中庸篇》欽定義疏凡四十九葉。"八月
十三日:"校《禮記義疏》五十葉。"八月十八日:"校《戴記·明
堂位義疏》四十四葉訖。"八月十九日:"夜校《禮記·郊特牲》
凡二十八頁訖。"八月二十二日:"校《正史約》卷二十八,唐天
祐四年,實梁開平元年起,至周顯德六年止,凡四十九葉。校
《禮記義疏》卷十六《王制》弟五三二,凡四十有一頁。"八月
二十四日:"校《正史約》卷十一、十二,漢章、和、安、順、沖、質、
桓、靈八帝,凡七十有四葉,勘訖。"八月二十六日:"校《正史
約》卷三十,宋真宗、仁宗二帝,凡六十三葉。"八月二十八日:
"校《禮記》卷七十一《閒傳篇》弟三十七,《三年問》弟三十八,
凡十有九頁。"九月初一日:"校《禮運篇》弟九,《禮記義疏》卷
三十一,凡二十有四葉。"

十月初三日,遊江寧名勝,謁孝陵,登雨花臺。

　　《日記》:"督部公讌客見招,以位卑,辭以它事不赴。策馬
出城朝陽門,望紫金山,趨小孝陵,轉入大孝陵衛。郵店打轎,
飪訖上馬,巡閱向、張二帥舊營壕溝儲胥之制,右依山爲固,左
枕秦淮,歎息久之。右濠而行,恭謁孝陵。迤旁道改步趨入,約
一拘廬舍,入閟宮門,恭讀仁廟御製詩,上諭豐碑矗然。跽叩
訖,復迤甬道旁迤行而入瞻陵寢園。引還,覓得僕夫馬匹,微邐

入城。行數里,至桃葉渡,傍淮清橋緩行,見秦淮水文波漲膩,惟夾河樓榭俱圮,思之黯然。仍出南門,行二里,上雨華臺,飲永甯泉水,閱际曾、吳舊營,高阜逼际城中,西臨大江,望見江水,頗爲行軍險要之地。暮入城,城門二大礮,約重各三千斤,有礮車。比達龍蟠里,已上鐙。歸時過卞忠貞祠,便過子高索水,趙季梅教授、姚厚齋明經在焉。趙丹徒人。"

初五日,赴胡裕燕招飲。

《日記》:"日昳,式嘉招飲,策馬赴之,座客有陽湖袁子賡、惲松雲祖翼、宜興朱步洲廣文大徵、德清袁伯翁鎰、平湖陳少溪大令鉞。餂訖,覓子湘,已暮,留晚餐。夜歸,月將墜。"

初九日,與薛時雨同舟赴全椒。

《日記》:"侍師丈登舟,唐君仁壽來,不及見。以梨洲遺書一種交德穌,書之舟次。晤江小淞大令,時尉城門,喜其爲關尹也。稍選,乘風開舟,巡石頭城,望翠微亭,過觀音門,眺燕子磯,望棲霞山,渡黃天蕩。行舟失利,繕夫拖入六合口,迤小河至瓜步山,望魏孝文駐蹕處。暮抵六合縣,夜見子曼許君,開關泊。"

二十八日,與薛夫人儀祥舉行婚禮。

《日記》:"詣縣行昏禮,禮如全椒之俗。"

《薛夫人家傳》:"己巳至全椒甥館成禮焉。"

十一月初八日,檢外舅薛春黎任御史時奏牘。

《日記》:"夜檢外舅淮丈在柏臺時進御摺奏十餘件,聞其庚申十年有奏參肅順、諫顯廟行幸熱河二摺,爲忠藎之言,惜未見。"

十二月十六日,丁丙函來,並惠寄書籍。

《日記》:"得松生書,以曹君刊《一切經音義》見寄,並叔慈十一月書。"

十八日,閱錢謙益注杜詩,有心解。

《日記》:"覓得錢箋《杜詩》閱之,甚有玄解。牧老固是江南一大家也,即其所選列朝詩,棄取不爲無理取鬧,友人宗月鋤曾細論之,固與竹垞《詩綜》分幟也。"

編年詩:《子穎招讌以病不往戲柬》、《黄金臺歌》、《山陽吳禮北游戎侍送鄭齋先生浮淮踰江既達制□乃展休覿吳故涇包慎伯大令弟子時將歸山陽以撰杖圖屬題爲作是詩》、《火輪船行》、《題吳禮北撰杖圖》、《次韻薛糧儲丈將之白門留别》、《自題像贊》、《壽績溪胡荻洲翁六衺》、《題祭酒吳梅村先生趺坐小像》(一作《題澹公都轉所蓄禹鴻臚慎齋畫梅村祭酒小像》)。

編年文:《郎官上應列宿賦》(佚)、《魏徵論》(佚)、《奉送布政使湘鄉楊公入覲贈叙》、《來始滑解》(佚)、《搜巖采幹賦》(佚)、《建官惟百論》(佚)、《居不客解》(佚)、《旅葵釋》(佚)、《新緑賦》(佚)、《坤艮兑三卦虎象解》(佚)、《未知焉得仁解》(佚)、《爾雅甥字四義》(佚)、《策字形聲義考》(佚)、《夏王賦》(佚)、《諡議》、《朝臣墓碣刻石》(佚)、《孔北海引虎賁士共坐賦》(佚)、《祭高先生文》、《公祭在籍候選同知古民高君文》(佚)、《竹夫人賦》、《護法論後序》(一作《重雕張商英護法論後叙》)、《祭高子文》、《袁氏世系表》(佚)、《袁氏藝文志》、《原嗇》、《焦贛易林摘録爲禮北對語數來敦促戲擴摭應之》、《檇李孝夫椒考》(佚)、《一馬從二馬解》(佚)、《上舌半下舌解》(佚)、《人道惡盈而好嗛論》(佚)、《廉爲六事本疏》(佚)、《二十有二人像贊》、《印贊》(佚)、《譜系表》(佚)、《譜系考》(佚)、《會陵弔項王賦》、《大川乘木賦》、《致譚獻書》(十四日到蘇州)、《致陳豪書》(窮尻荒縣)、《大清贈太子少保衛故記名提督赫勇巴圖魯世襲騎都尉兼襲雲騎尉潁州勇烈陳公神道之碑暨銘》(一作《清贈太子少保故提督阜陽陳勇烈公神道碑》)、《沈君碣銘》、《與薛時雨書》(叩送後三得鈞函)。

【時事】中俄改訂陸路通商章程。英、俄、德、美、法等國公使訂立上海公共租界土地章程。酉陽教案發生。遵義教案發生。安慶教案發生。

章太炎生。吳保初生。

同治九年庚午（1870），二十五歲

二月十九日，始肄惠氏《易》。

　　《日記》："學《易》寡過，聖有明訓，於是求之象數之學，始肄惠氏《易》。"

三月初七日，欲刪存舊文。

　　《日記》："欲刪存壬戌以來雜文，鬲氣不舒，未竟所業。"

二十六日，閱薛春黎所藏金石拓本。

　　《日記》："閱金石造像、《廟堂碑》、《家廟碑》、《浯溪中興頌》、《曹娥碑》、《聖教序》及本朝名人手札，海鹽吳思亭修刊定者也，皆藏外舅淮生先生篋衍中。"

四月初四日，離全椒，乘車赴江寧。

　　《日記》："昧爽即起，飯訖，筍輿而行，五十里至西郭飯，又三十里至慈北營宿。"

初五日，抵江寧，謁薛時雨，下榻惜陰書院。

　　《日記》："少選渡江，溯石頭城而西。入城，謁桑根夫子，下榻書院。"

初八日，戴望暨劉恭冕來，回拜，與論經學甚暢。

　　《日記》："子高暨寶應劉叔俛來。飯後走覓子高，出示所爲文，以經術事問之，言言質實，可敬之至。語予魏默翁《尚書古微》、《詩古微》、《易古微》之創見處，又以莊方耕先生遺書相示。又説龔君欲定古均爲十二部，妃以六律六呂，其書未見，必當勝十七部、十三部、十八部、十部之門户歧出。又以所著《管子校正》、《論語注》見示，其《論語注》不失漢經師家法，愛其人不釋手。"

　　案：劉恭冕（1824—1883），字叔俛，號勉齋，江蘇寶應人，

劉寶楠次子。光緒五年（1879）舉人。先入金陵書局校書，後
應李瀚章之聘，主講湖北經心書院。嘗主持修纂黃州、漢陽、沔
陽、黃岡等地方志，並完成劉寶楠《論語正義》一書，自著有《何
休論語注訓述》、《廣經室文鈔》等。

初十日，遊清涼山。

　　《日記》："暮上清涼山望大江，見浦口塔尖、九洑洲，南望雨
　　華臺、鍾山，東見攝山，江勢綿亙，於浦口浮屠甚有情。登翠微
　　亭，風寒，衣不勝，下山回寓。"

十一日，登舟赴杭。

　　《日記》："登舟，舟中習楷三紙，一紙寄全椒。……舟行黃
　　天蕩，作札。訟中璽之裔夫己氏。是日暫泊燕子磯，開行八十
　　里至東溝宿。"

十二日，舟過丹陽，覓友人談讌。

　　《日記》："乘風過京口，望瓜州口，轢焦山，入閱河口，又百
　　里至丹陽，覓子虞，促膝傾譚久之。聞藍洲病，不愜鄙懷。夜與
　　馮少渠、丁子樵兩大令共飫，二鼓回船，聽濤。"

十七日，遍晤蘇州師友。

　　《日記》："過費雲舫、鮑銘青、高呈父、吳中英、應廉訪、朱小
　　舫、馮星齋、羊辛楣、宗月鉏。暮同景君、銘青、嘉興姚補之、呈
　　父、金生市飲。"

二十二日，抵杭州，下榻浙江書局。

　　《日記》："入局，晤尊客、玄翁，下榻耳舍。中義亦至。"

二十三日，拜杭城諸友。

　　《日記》："晤藍洲、松溪、均父暨同局諸君。出門拜客，見中
　　義、澹公、石公、子鼎，過水香庵還。習楷二紙、墨義數首。又見
　　桐孫、子文、竹篔、少珩。"

二十四日，訪丁丙，不值，閱其所藏《嚴陵集》。

　　《日記》："訪松生不值，案頭有《嚴陵集》九卷，元董棻纂，

首謝監嚴陵瀨作,係文瀾閣殘本,此吾鄉藝文掌録,擬抄一通。"

五月初五日,陳豪招飯,黃以周在座。

《日記》:"藍州招予及玄同午飯。是日思家之至,耳熱頭痛。"

初六日,訪譚獻,借閲《漢學師承記》。

《日記》:"問中修假江鄭堂藩《漢學師承記》八卷。"

《復堂日記》:"藍洲、王同伯、袁爽秋、許培之先後來談。"

初八日,晤俞樾談。

《日記》:"輿出城,攬湖光山色,意興甚得。訪蔭父先生譚久之。"

十七日,移榻。

《日記》:"是日仍移研席於校經後廬松長老住處,便於晨間誦經煉氣,以卧榻暫容鼾睡人,暫爲避囂處静之計。"

二十日,道遇從表親胡鏡渠,探知鄉事。

《日記》:"與均父步出門訪勤伯,又過芷巖。道遇胡鏡渠從中表,知再從兄昊去年冬提學使試得補博士弟子員,今秋來行省試,喜甚。又聞五孀母病故,愴極。單門祚薄,不知何時振作也。又聞縣治南江中沙洲漲徙延袤至九松山下,平沙迤邐,縈如大帶,即吾先墓前白沙洲也。"

二十一日,與譚獻等過許誦年談。

《日記》:"暮過子曼、少珩、松生不值,聞有石門刻朱子遺書,中有《參同契注》,乞借觀。"

《復堂日記》:"晚偕伯棠、爽秋過子曼談。"

二十九日,吳寶儉來,譚獻等諸友亦至。

《日記》:"比暮,禮園自休甯來,喜極。中義、均父、玄同、鳳洲、藍洲俱至。"

六月初九日,聞時事,竊憂之。

《日記》:"聞析津夷人構釁。五月廿三等日事。浙江行省布政使司牙門有震靁之異,紹興府屬有雌雞化爲雄,行省又有眩術殺人,有憂之。"

十一日,謁房師王景彝。

《日記》:"暮過江夏師,以《正史約》二函餽之,共飯訖,有喻君及其從子在座,説黄梅事。師哲嗣鶴潛留京,在彭九餘侍郎處。夜籠鐙回寓。"

案:王景彝,字琳齋,湖北江夏人。道光十七年(1837)拔貢,咸豐九年(1859)舉人,先後任浙江永康知縣、嘉善知縣,甘肅甯州知州。著有《琳齋詩稿》。

七月初一日,至法喜寺禮佛,又往遊南屏山。

《日記》:"偕蓮專、子長法喜寺禮佛。還,飯於風篁嶺,憩雲林,游前後諸洞。獨游南屏山,二君皆往北山。予筍輿行叢竹中,至花港觀魚,憩浄慈寺。前行披榛棘至山下,代奠姨氏冢,碑碣界石完好,守冢人名王上登。復登轎,溯雙冢、清波門而回。"

初八日,同人來晤,王若濟爲視脈開方。

《日記》:"白朱、蓮專、子長、恒農、中義、鷺洲、秋舫皆至。秋舫爲予視脈,言必須吃藥,開一方夜服藥,疾疢之困人甚矣哉!"

十四日,王汝霖來視脈。服藥,病漸瘳。

《日記》:"少梅來爲予視脈,復偕子湘行就秋舫定方。是日購得孩兒巷口張同泰藥鋪枇杷露飲之,味清冽,愈病析醒。"

十五日,訪丁丙談,晤李世基。趙銘、陶模等來談。暮,偕譚獻等人遊貢院。

《日記》:"覓松生譚久之。閲《全唐文》首册,計一千卷,自唐高祖朝選至後周恭帝止,凡例甚嚴,大學士董誥等奉勅編。座中晤李肇卿大令世基。桐孫、子方來。暮偕義父、蓮專游貢院,行五六里,遇覺軒。覽書肆,歸寺寓。"

十七日,回拜李世基不值,過王若濟問疾。午後偕吳以同之市肆遊,晤王景彝、許景澄。

　　《日記》:"答肇翁,未起。過秋舫际疾,漸好。過鷺洲,晤蕭雲史司馬書,譚久之。還,叩千雲朱君門,晤竹齋、千雲之弟。吳竹友,回局。……舖後勤伯來,同出門入市,屬邵君查丁卯補廩事,又屬二君爲代購木魚、佛珠,又看厚齋。還晤琳師,有黃岡汪寶齋、嚴□□兩別駕在座。還,遇竹簀,回局。"

十八日,訪王汝霖、許景澄不值,往晤李宗蓮,同詣吳以同處談。

　　《日記》:"早起出門,覓船不得,訪少梅、竹簀不值,少梅已往會稽矣。覓李少青,同座丁曉芳説湖州雲巢山道士傳心法要,沈谷雲傳閔小庚,再傳爲費禕,著有《下學指南》。同少青覓勤伯,又覓嘉六凌君,譚久之,回局。"

是日,陳康祺來訪。

　　《日記》:"陳同年康祺來。"

　　　案:陳康祺(1840—1890),字鈞堂,浙江鄞縣人。同治十年(1871)進士,累官至刑部員外郎,出任江蘇昭文縣令。著有《郎潛紀聞》。

十九日,往晤錢炳奎,談樂器,並閲其所著書。

　　《日記》:"蔚也自吳中來,共論樂器,出示所著書。研庚胡君炯祖亦至。"

二十日,詣錢炳奎談樂律,觀元代編鐘。

　　《日記》:"之蔚老處,譚樂律,觀元大德二年杭州府學太蔟編鐘一口。蔚也以今工部營造尺一千二百黍。較之,乃黃鐘之聲,非太蔟也。同魏性之飫訖,入市,暮回局。"

二十一日,晤李慈銘、胡壽謙。又晤汪曰楨,稱道嚴可均所輯文選之精博。

　　《日記》:"晤會稽李愛伯農部慈銘、胡眉卿比部□□,眉卿乃眉仙同年之兄。見德清汪謝臣先生,述嚴鐵橋有《上古三代漢魏六朝文選》，甄綜精博，目録有四十卷。”

三十日，程春藻來，聞兩江總督馬新貽被刺身亡。

　　《日記》：“程麗荃民部_{春藻}過談。聞菏澤師爲奸人所刃傷，甚駭，末下局面大壞矣，時事可嘆。”八月初一日：“聞菏澤師於七月廿七日病故，可爲慘怛之至。此公辦事認真，清廉自守，失此長城，亦爲國家惜之。”

　　《馬端敏公年譜》：“向例於每月二十五日，親赴署右箭道校射，適因天雨，改遲一日。七月二十六日巳刻，校閲甫畢，由偏門步行回署，將近門首，突有不識姓名人僞作跪狀，持刃行刺。各將領奔救，已傷公右脅肋，深入數寸。扶歸正寢，至二十七日未刻薨逝。”

　　《同治朝上諭檔》：“八月初三日内閣奉上諭：‘魁玉奏總督猝被行刺，因傷出缺一摺，據稱兩江總督馬新貽於七月二十六日赴署右箭道校閲，事竣回署，突遇凶犯刺傷脅肋，當經隨從武弁等將該犯即時拏獲嚴訊。僅據供稱係河南人，名張汶祥，而行刺緣由，供詞閃爍。該督受傷甚重，延至次日身故等語。覽奏實深駭異。總督衙署重地，竟有凶犯膽敢持刀行刺，實屬情同叛逆。亟須嚴行訊究，務得確情，盡法懲辦。馬新貽持躬清慎，辦事公勤，由進士即用知縣，歷任繁劇。咸豐年間隨營剿賊，疊克堅城。自簡任兩江總督，於地方一切事宜，辦理均臻妥協，方冀長承恩眷，倚畀優隆。兹因被刺遇害，披覽遺章，實深悼惜。馬新貽著賞加太子太保銜，照總督例賜卹，並入賢良祠。任内一切處分，悉予開復。伊子馬毓楨，著加恩賞給主事，分部行走。該督靈柩回籍時，著沿途地方官妥爲照料。應得卹典，該衙門察例具奏，用示憫念疆臣至意。欽此。’”

八月初三日，偕錢炳奎訪黃以周，不值。歸書局，同人皆來送行。

　　《日記》：“蔚也來，偕訪玄同不值，值馮君松生_{聽濤}。歸局，琳師、藍洲送人事，受之。餔後，覺軒、晚香、峴青、均父、松丈皆來送行,蓮尃亦至。夜飫訖登舟。"

初四日,早發,暮至石門縣。

《日記》:"昧爽開舟,暮違石門縣二十里宿。"

初七日,抵蘇州,入城訪師友。

《日記》:"抵吳郡,輿訪雲舫庶常、藕生別駕、仲英同轉、慸齋廉訪、辛楣同年、清軒徵君。回船已昏黑,泊閶門外。夜作書與藍、松二君。"

初八日,日間晤諸友人談,夜發舟,至楓橋宿。

《日記》:"藕生邀入城主其家,不赴。雲舫來,同入城,至申衙前黃鸝坊書局訪王樸臣甲子同年炳、彭復齋福保,皆吳人,與諸君共飫訖。清翁來,坐譚良久。明日游天平山,僕苦不能同游。雲翁復邀之市樓對酌,至暮傾譚,快甚。回船,開至楓橋宿。……雲翁見贈《清獻日記》,恐予迷路,遣下走送之城外。此下走與予甚講交情,途窮相導行,可感。"

十四日,道經六合縣,晤許誦年談。

《日記》:"四源溝十里至沙漫洲,又二十里至東溝口,又三十里至瓜步,又四十里至六合縣。夜入城,覓子曼清談二時,丙夜開關門回船。"

十六日,夜抵全椒薛宅。

《日記》:"汊河集八十里至陳家漵,又四十里抵南譙,夜已二鼓,到家。"

九月初九日,與全椒士人集南嶽祠。

《日記》:"與縣中葉岫晴、金大山、中和、曹順齋、魯次軒、江吉人、張翰唐、李樸生等十有一人集南嶽祠,暮歸。"

十九日,閱江南行省鄉試録。

《日記》:"閱《江南行省鄉試全録》,知名士如管樂、胡培系、劉壽曾、莊械等,皆不得與。有弟七十八名楊長年,疑爲西華楊翁。楊上元人,下注懷甯,又疑非是。弟二百八十名趙光瑛,合肥監生。"

二十四日，薛時雨來書，告以同人考取優貢者數名。

　　《日記》："得師丈十七日書，知玄翁、伯均、儀父、藍洲、子頌皆以優等舉明經科，餘姚黃君與焉。"

　　李慈銘《越縵堂日記》："得梅卿書，言優貢正取六人，爲黃以周、潘鴻、黃炳垕、施補華、陳豪、許誦年。備取爲孔昭俊、吳承志等十二人。黃炳垕，餘姚人，梨洲先生之後，精於算學。許誦禾，海甯人，故淮徐道楗之子，年少有才氣。孔昭俊，西安聖裔。吳承志，亦杭人，甫逾冠，而能通經爲漢學。此舉可謂極一時之選，不媿明經科目，百年來所僅見者也。以元同冠首，鳳洲次之，尤足爲讀書者勸。"

二十六日，得薛時雨金陵書，知丁丙、施補華、李慈銘、潘鴻、黃以周、趙銘、王詠霓等中式舉人。

　　《日記》："得末下書，報本省中額松老、均父、犀泉、菰客、鳳洲、玄同。書局試行省者十有一人，雋六人，外有桐孫、子相、呈父、德清許惠裕、台州王禹堂、嘉興徐鑾。"

　　《越縵堂日記》九月十五日："是日鄉試揭曉，傍午報至，予中第二十四名。山陰五人，會稽四人。梅卿中九十名。……下午閱全錄，元同、鳳洲、松谿、均甫、桐孫及黃巖王詠霓、餘姚黃炳垕等皆中，浙東西古學之士，此牓盡矣。義烏朱一新、朱懷新兄弟，慎齋言其年少有美才，能爲漢學，今亦與選。書局司事朱昌壽，仁和老諸生，潦倒抑塞，竟亦得雋，亦可謂窮經之報。"

十月十五日至二十二日，至復興集謁見薛時雨。

　　《日記》十五日："輿至復集，輿中覽《水經注》河水條下、漸江水條下。"二十二日："策蹇回縣。"

　　《漸西村人初集》詩三有《十月二十二日自復興集返北譙即送薛夫子往秣陵兼問訊戴子高秀才》。

　　薛時雨《藤香館詩續鈔》卷一有《十月廿二日偕袁生爽秋

自復興集故里並騎至椒城余渡江後生作詩見貽次韻報之》。

閏十月十三日,別全椒寓,乘車早發。

> 《日記》:"逮闇便起,鐙下讀稚存、叔宀、覃軒四六文。質明飯訖,上篦車辭別,二十五里至界首打中尖,三十五里至東澥宿。"

十四日,抵江寧。

> 《日記》:"冒霜月開車,四十五里至浦口江沿渡江,日夕入儀鳳門,行十二里至清涼山下精舍宿。"

十六日,拜城中諸師友。

> 《日記》:"拜胡式佳、孫勤西丈、張歗山、戴子高、唐敦夫、趙子湘。飯後與丹庭覓船,晤淩述之。遲會稽倪師旦元卿不至。"

十七日,戴望來談。

> 《日記》:"子高來譚久之。"

> 案:戴望(1837—1873),字子高,浙江德清人。周中孚甥。補諸生,後從陳奐、宋翔鳳學,肆力治經。同治四年(1865)入金陵書局校書。有《顏氏學記》、《論語注》、《管子校正》、《謫麟堂集》等。

十九日,登舟開行。

> 《日記》:"丹庭送予登舟,執手不能別,怔忡不定。舟中作字三紙,讀功令文廿過,溫《中庸》章句。思尋光明無礙境界慰予離索之苦,一曲西州烏夜棲,今夕不知向燕子磯頭作何清夢也。寒日漸暮,殆不可耐。夜泊滑子口,離江寧七十里。"

二十五日,暮抵蘇州,入城宿胡昌泰宅。

> 《日記》:"過無錫慧山,順風掛席,暮抵吳門,舟行百三十里。入城下榻胡丈宅,在思古橋。夜草壽永康應先生五衰文一首。"

二十九日,訪蘇州城中諸師友,晚胡昌泰招飲。

> 《日記》:"過朱竹石、吳仲英、王樸臣、彭復齋、劉沖生、徐

爕堂、戴錦雲、羊辛楣，謁應廉訪，回寓。夜胡丈招飲，劇譚甚圝，仲英兄在座。"

十一月初二日，劉履芬來，以書籍相贈，作詩報之。

《日記》："泖生見過，以儷體文及常熟吳文恪訥《小學集解》、嘉興沈銘彝《後漢書注又補》見贈，還作二詩答之。"

初六日，劉履芬招集，夜發病。

《日記》："泖生招同石梅生孝廉方正、吳人。丹徒趙曼生、烏程陶柳門、桐鄉周厚父、鎮洋畢孫帆、滿生丈吳市小集。予是日略病，暮回寓，風欬見血，謹思毀身不孝之罪。"

初八日，至書肆，覽《通志》。

《日記》："至昌門書肆，覽《通志略》。《金石略》中無峋嶁碑，疑楊升庵贋撰，馬氏《繹史》取之。《校讎略》中秦不絕儒學求書之道八諸論甚辨，始知章氏《文史通義》一書特揚其餘波耳。"

初九日，王炳爕來談，以學術相質。夜登舟行。

《日記》："樸臣同年枉過，談久之，以學術相質。樸臣方草創《國朝名臣言行錄》十六卷。予方有杭州之行，而樸臣適至，其人言行可爲畏友，天誘其衷，爲之訢喜。……夜滿生送余之盤門城河登舟，拳拳可感。"

案：王炳爕（1822—1879），字絅齋，一字樸臣，江蘇元和人。光緒二年（1876）進士，官至直隸天津知縣，有直聲。著有《國朝名臣言行錄》、《毋自欺室文集》等。

十三日，抵杭州，下榻書局，約王汝霖同赴計偕。

《日記》："入武林門，買喜神，行至局下榻。餔飳訖，走覓少梅，約同計偕之役。"

十四日，詣譚獻，訪潘鴻、王麟書、陳豪，謁楊昌濬、秦緗業。

《日記》："補叩復老生日。訪儀父、松溪、藍洲。餔後謁湘鄉公、澹公，湘鄉囑士，以張銘齋君應之。"

　　《復堂日記》:"爽秋、同伯來,喚起談。"

十六日,丁丙來,同赴其宅,見高均儒遺文。

　　《日記》:"松生來談,還赴其宅,見示閩縣先師遺文四十餘首,中《蔡邕集序》乃校刻邕集時作,《石笥山房集序》校刻胡稚威徵君集時作。又《博平令胡君壽序》,包大令世臣跋之,以爲先生爲文質而不俚,有古人不虛美、不隱惡之遺意。"

十七日,趁錢炳奎船之嘉善。

　　《日記》:"晤中義、桐孫、子虞、松溪。餁訖,趁蔚也同年平湖歸舟,將之嘉善,暮去杭州三十里宿。"

二十日,抵嘉善,謁房師王景彝,即宿其縣署。

　　《日記》:"日昳抵嘉善,謁琳公,下榻署齋,晤鶴潛、顧子山、屠孟仙、沈子湘及江夏胡成齋君、大集汪徽伯校官。夜琳公招飲。"

二十二日,與胡成齋遊吳鎮墓,即登舟返杭州。

　　《日記》:"同成齋游梅華道人吳仲圭鎮墓。夜冒雨登舟,兼送成齋之江陰。"

二十五日,擬作政典,叙其體例。

　　《日記》:"擬作政典,倣劉秩舊目。序録五帝、伏羲、神農、黄帝、堯、舜。三代、夏、殷、周。列國、魯、齊、晉、宋、楚、鄭。秦漢、後漢政令官制。魏氏以下,有宋志、隋志、唐志、五代考、遼志、宋志、金志、元志、明志、《通典》、《通志》、《文獻通考》、《明會典》,及列代《會要》諸書在。此仿涑水作《通鑑》先草創《通志》八卷之例。首列通論,凡官目下無可坿者彙入。此倣劉氏《輯略》之例。次列官制,以事隸官,如金正、木正、土正之類。凡事係某官職掌,即書之某官條下。唐虞官制六十之説略須證實。羲和治曆,四岳治九州,士兼綜兵刑,司空平水土,契爲司徒,稷爲農官,夔典樂,龍納言。後世之《尚書》。實事求是,兼書功效起訖,明其世系,參稽文字,使後人知皋、夔無書可讀之説爲誕。周制以《周禮》爲綱,旁採六藝諸子爲目。《儀禮》、《禮記》

吉、凶、軍、賓、嘉五禮，悉坿之春官條下，《甫刑》坿之秋官，今文《太誓》列於夏官，此其創例，略舉一孔。又如道家列史官下，墨家列禮官下，農家列地官下，縱橫家列行人下，名家列禮官下，法家列刑官下，此先河後海之義，所以詳其流別。秦事以《商子》爲綱，所以著其興亡之郵。漢事以《漢書》百官公卿表爲綱，以《史記》八書、《漢書》十志散隸之。司馬彪《漢續志》，亦依例纂入。通論細目略採《通考》二十四門義例，有官無志者，書官略事。大都倣國朝《會典》、"三通"、魏源《經世文編》目録例。是書大恉，詳於政事，略於藝文。"

十二月十六日，登舟去杭，吳鑾、陳豪來送行。

　　《日記》："飫訖，曉坡送行，藍洲握別。登舟，暮宿滸墅，同舟爲汪薇垣同年、嚴渭生大令。"

二十日，抵蘇州，下榻縣學尊經閣。

　　《日記》："抵吳閶入城，下榻吳縣學尊經閣下，蔚兄先一日到。晤黃君梅先、王君雪卿。得師丈示書並詩，及家書一件。"

二十二日，謁見應寶時。

　　《日記》："謁應方伯，賷行道謝。"

二十三日，黃梅先招飲，觀文廟編鐘。

　　《日記》："夜集范莊，黃梅仙招飲，觀文廟編鐘，冒雨歸寓。"

二十六日，暮登舟行。

　　《日記》："暮出西門登舟。"

二十九日，泊常州，與同人入城。

　　《日記》："晤邵潤齋、趙仙舟、章籋汀藻、吳泮葊思藻、張子中行孚、朱芸齋鏡仁、邵熙、趙光璧，同入城。小雪，暮回船。"

本年四月至十二月，爲浙江書局校《春秋傳説彙纂》、《御批通鑑輯覽》等書。

　　《日記》四月二十四日："校《春秋傳説彙纂》僖元年至五年。"四月二十八日："校《春秋會纂》卷三十五定公八年至

十五年止。"五月初三日:"恭校《御批通鑑輯覽》卷二十漢孺
子嬰元年至光武建武元年。"六月二十一日:"校《輯覽》漢孝
元初元二年至孝成永始四年,凡三十八頁。"七月十二日:"校
《輯覽》孺子嬰居攝元年至淮陽王更始元年,三十八葉。"七月
二十九日:"校《輯覽》漢世祖建武十九年至章帝建初八年。"
十一月二十五日:"恭校《通鑑輯覽》卷五十八唐德宗興元二年
至貞元九年,四十九頁,又卷六十一唐文宗太和元年至開成五
年、武宗會昌元年至六年,四十六頁。"十一月二十九日:"恭校
《通鑑輯覽》卷五十九唐德宗貞元十年至二十一年、順宗永貞
元年、憲宗元和元年至七年,五十二頁。又卷四十七隋高祖開
皇九年至二十年、仁壽四年、煬帝大業元年至二年,四十一頁。
又卷七十七宋神宗熙甯三年至八年,五十三頁。又卷十周赧王
三十六年至秦王政二十五年,三十二頁。"十二月初九日:"恭
校《通鑑輯覽》卷四十八隋煬帝大業三年至十三年、恭帝侑儀
甯元年,四十五頁。"十二月十五日:"校《通鑑輯覽》卷廿四漢
孝安帝延光元年至桓帝延熹元年,四十三頁。又卷三十四晉孝
武皇帝太元五年至安帝隆安二年,四十一頁。"

編年詩:《芭蕉分綠上窗紗》(佚)、《古詩》(黃鵠銜竹實)、《磊磊
海中石》、《游焦山》、《望攝山》、《吳中別胡州倅丈》、《鶴拂煙霄老
鶴飛》(佚)、《欹器防滿》(佚)、《賓興賢能得能字》(佚)、《焦山》、
《懷之罘島石》(佚)、《十月二十二日自復興集返北譙即送薛夫子
往秣陵兼問訊戴子高秀才》、《答泖生》、《濰縣張公朝楝五十壽詩
四章》(佚)、《除夕常州舟次遇雪》。

編年文:《何爲則民服舉直錯諸枉則民服》(佚)、《致陳豪譚獻書》
(得昨歲至日後札)、《致陳豪書》(春正手奏二書)、《與人書》(自
客秋叩謁崇階)、《上農夫食九人上次食八人中食七人中次食六
人下食五人》(佚)、《權然後知輕重度然後知長短物皆然心爲甚》
(佚)、《忠焉能勿誨乎》(佚)、《君子不憂不懼》(佚)、《井上有李賦》

（佚）、《先甲三日》（佚）、《宵中句壘虛以殷中秋》（佚）、《安慶府教授薛丈祭文》（佚）、《布政使永康應公五十壽叙》《與陳豪書》（不馳問者幾四月）、《與陳豪書》（弟廿日抵吳）、《政典凡例》。

【時事】天津教案發生。清廷改設北洋通商大臣。

馬新貽卒。

再赴計偕（1871）

同治十年辛未（1871），二十六歲

正月初九日，泊揚州，入城訪友。

《日記》："入城，候高未遲、吳禮園、農山三世兄、凌子與暇。託朱秉之轉乞全邑江君煦齋寄書。"

《復堂日記》："袁爽秋已來，相見。"

初十日，與同人遊興教寺。

《日記》："高未遲、朱秉之、馬清渠、羊辛楣、褚未雲、余右軒、蔚也暨余八人游興教寺，一名梵覺寺。暮出缺口門回船。"

十一日，遊史可法祠，憩梅花嶺啜茗。

《日記》："入城，暨叔遲、秉之、蔚也行出廣儲門，不數武至史忠正公祠謁墓，游梅華嶺啜茗。還入城，暮回船。"

十二日，解纜，舟行三日，至清江浦換車北行。

《日記》："揚州缺口門解纜，行五十里至召伯埭，又三十五里至露筋祠宿。"十五日："午過淮城，自平河橋至此二十許里，又四十里至清江浦，移榻石馬頭閣大興車店。閣翁六十四歲，曾見閩縣師。是日定車直，計直銀廿九兩五泉。"

二十四日，車中望泰山，有詩紀之。

《日記》："輿中望見泰山，作青駝寺詩，作嶽望詩，首二句云'歲星棲靈嶽，常羊絡東溟。'以連日山行困乏，不能成章。六十里至崔家莊打尖，又五十里暮投泰安府城外宿。"

案：《青駝寺詩》未見傳，《漸西村人初集》詩三有《望嶽》詩。

二月初四日,抵京師,下榻前門外客棧。

《日記》:“四十里至京師,賃居前門外西河沿榮升店。”

初五日,偕詹筱汀、錢炳奎遊琉璃廠,購書籍數種。

《日記》:“飯後同筱汀、蔚也之流黎廠閱書肆,見經訓堂本《明堂大道錄》、《禘說》二種,計直銀七泉,暮歸屨提室寓齋。”

初八日,拜京中師友。

《日記》:“是日覓唐西生、吳蓉圃侍御、朱子清農部、孫子授司業、費芸舫庶常、陳岷石比部、座主南皮張先生、張中木丈、黃孝侯侍讀、程麗菜農部、楊雪畬教習、張芝圃太史、孫千伯同年武部、金少伯吏部、伯均、松丈、壬伯、中吹、藎臣、壽岩、紫英、儀父、清渠、白生諸人,暮回寓。”

初九日,謁見張之洞。

《日記》:“謁南皮師,還看肖梅、呈父。”

初十日,與同人至靈佑寺,觀佛《藏》。又至欽天監觀星臺,未得上。

《日記》:“午後同人偕輿入崇文門靈佑寺傲小寓,寺有半《藏》,乞閱數種。之欽天監,仰視觀星臺儀器,以會試關防不得上。還出城回寓,復看王樸生同年炳、金大山同年峘,因金君得全寓安耗,甚喜。”

十四日,偕李澍入琉璃廠,購書數種。

《日記》:“同白生入市,買《老子王弼注》二冊,京泉一掛,《甲子丁卯同歲生錄》二冊,京泉三吊。又見陳壽祺《五經異義疏證》,未售。回寓,白生夜飯訖,乘月去。”

二十二日,夜與羊復禮、譚獻、王麟書飲於市。

《日記》:“夜辛楣、中義、松丈同市飲。”

《復堂日記》:“途遇辛楣,同過松溪談,拉同袁爽秋,飲於宴家,食燒鴨,歸寓漏下矣。”

二十七日,往晤羊復禮、林子愉,又至琉璃廠購書籍。

《日記》:“出門看辛楣、子愉。於流黎廠小書攤得《珍藝叢書》數種，給直二吊。又走一家，_{慎貽堂。}復得數種，湊成全帙，延平劍合，以告有緣。_{給直六吊。}暮抱書坐車回寓館。"

三月初三日，往晤羊復禮談，還詣宗廷輔。又偕張筠之法源寺，遊謝枋得祠。

　　《日記》："出門詣辛楣談，千伯在坐，即回。還詣月鉏，覽几上鍾惺《文歸》一册。遂和碧岑之法源寺，屆寺門不入，折而西游謝疊山祠，洞窗如霧，青林競華，流連久之，賞心不已，惜予足力甚疲，駸駸而歸。"

初六日，移居靈佑寺。是日欽派朱鳳標爲會試正考官，毛昶熙、皂保、常恩爲副考官。

　　《日記》："移居内城崇文門_{俗呼海岱門。}靈祐寺。"

　　《清實録·穆宗毅皇帝實録》三月初六日："以大學士朱鳳標爲會試正考官，工部尚書毛昶熙、都察院左都御史皂保、内閣學士常恩爲副考官。"

　　《翁同龢日記》："總裁：朱鳳標、毛昶熙、皂保、常恩。同考官：陸懋宗、崔穆之、吳鎮、李廷簫、霍穆歡、楊書香、文治、福臣、李嘉樂、杜來錫、曹秉哲、張觀準、邊寶泉、于蔭霖、李汝霖、楊頤、黃毓恩、鍾孟鴻。"

初八日，入場，坐西霜四十五。

　　《日記》："入場。"初九日："搆四書功令文三首、五言八均一首。西霜四十五。"初十日："出場。"

十一日，入場，坐西制四十一。

　　《日記》："入場。"十二日："搆五經功令文五首，默寫頭場首藝開講。"十三日："出場。"

十四日，入場，坐西騰三十七，與楊守敬同舍，晤談至四更方寢。

　　《日記》："入場。夜覿宜都楊守敬_{惺吾}，問士於惺吾，君舉遂溪陳喬森_{逸山}、孝感屠仁守_{梅君}、新甯余堯壽_{雲眉}語予，譚至四更始寢。惺吾亦寓靈祐寺。"十五日："對策五道。"十六日："日餔出場。”

案:《翁同龢日記》十一日:“頭場題:‘有子曰信近於義’一章;‘人一能之’至‘此道矣’;‘天下之善士’兩句;‘移花便得鶯’移。”十三日:“二場題:‘日月麗乎天’二句;‘日月麗時雨若’;‘駿發爾私’四句;‘春城小谷’;‘大夫以魚須文竹’二句。”

十七日,作詩贈楊守敬。乘車回南橫街寓。

《日記》:“作初見靈祐寺經藏詩呈惺吾,惺吾已不在寺中矣。飯訖篦車獨行,出正陽門,仍回南衡街霬提室寓中。”

案:楊守敬(1839—1915),譜名開科,榜名愷,更名守敬,字惺吾,號鄰蘇老人,湖北宜都人。同治元年(1862)舉人,此後累試不第。光緒六年(1880)以隨員出使日本,歸國選授黄岡縣學教諭,又升黄州府學教諭,以知縣遇缺即補,並加五品衛。二十五年,受張之洞聘,爲兩湖書院教習。二十八年,調勤成學堂總教長,並賞加四品衛。後張之洞保薦以内閣中書用,陳寶琛舉以爲禮部顧問官,兼任湖北通志局纂修。入民國,任清史館纂修、參政院參政。學問優長,於書法、金石、版本、輿地之學皆極精詣,著有《學書通言》、《書舉要》、《望堂金石》、《三續寰宇訪碑録》、《重訂説文古本考》、《古泉藪》、《日本訪書志》、《水經注疏》、《歷代輿地詳圖》等數十種。

十八日,陶模來,未見。施補華、譚獻來談。

《日記》:“陶子方庶常來,不見。均父、中義過談,久之去。”

《復堂日記》:“過沈石渠談,晤爽秋諸人。”

十九日,王炳燮來。

《日記》:“樸臣枉過。”

二十一日,錢振常、黄以周、陳康祺等來晤,晚同人邀出遊,意興快快。

《日記》:“笙仙來,玄同、蘧軒來,鈞堂來。晚香、中歈、子裳同爲夜游,意快快不樂,三更冒月歸寓。”

二十四日，謁張之洞，以場藝數首相示。又過譚獻談。

　　《日記》：“詣南皮師，呈送各藝及對策大略，談次良久。過子清、中義，即回寓飯。”

　　《復堂日記》：“王松溪、袁爽秋、王葵城先後來談。”

二十六日，引鏡自照，見華髮生鬢，思變通佛法以處世養生。

　　《日記》：“晨來引鏡見華髮一莖，僕年十八髮便有二色，生於憂患故也。‘黃金可成河可塞，只有霜鬢亡由玄’，僕思此後應變通佛法行之，處憂患時以安樂法行之，處安樂時以憂患法行之，若是則髮白更黑，齒落更生矣，我儂皆坐此病。”

二十九日，張之洞招飲。

　　《日記》：“南皮先生邀陪龍樹寺讌集，暮歸。”

四月初六日，赴筵，於孫公園聽戲。

　　《日記》：“日餔某公招飲，於孫公園寓館聽戲，座中有裕公子壽田，海甯州錢鐵江之弟子，暮歸寓。”

十一日，會試放榜，落第。

　　《日記》：“禮官報罷，宣旨放還，可以歸矣。”

十四日，與同人盡日縱談。

　　《日記》：“竹孫、且泉、子彝、碧岑、子裳等排日縱談。”

十五日，李慈銘、楊守敬來。遇譚獻。作函致張之洞，以舊文三篇呈質。又之潘存宅，晤楊守敬、陳喬森。之琉璃廠，購得書籍數種。晚張之洞招飲，晤張鼎華、樊增祥等人。

　　《日記》：“蕘客來，惺吾來，兼餽予篆搨數種。作札致南皮座主，且錄呈《原嗇》、《大川乘木賦》、《政典凡例》三首。……餔後之流黎街瓊州潘孺初農部先生私第，晤惺吾及遂溪陳喬森逸山。陳君辛卯舉人，並覽其所爲詩，縱譚。同飯訖，之流黎廠購得盧紹弓先生所刊《新書》、《繁露》、《荀子》、《顏家訓》等凡七種，旋回寓。得南皮座主手札。方之庶常來談，即去。夜座主招讌，座中有番禺張研秋、施南樊同年增暉字雲門、峴卿、中木丈,五鼓回。”

案:李慈銘《越縵堂日記》十四日:“出門送鄭同年雫之行,不值。訪朱鼎甫、潘鳳洲、張孝達、樊雲門、施均甫、張子虞、譚仲修、吳碩卿,俱不值。晤王子裳、袁爽秋、王杉圃、傅子蕃。”與公所記相差一日。

《復堂日記》:“出過楊惺吾談。遇爽秋。”

十九日,謁辭張之洞,李慈銘亦在,與張氏傾談甚久。

《日記》:“飯訖,謁辭南皮座主,屬其作書致勤西觀察,尊客在座。……是日與座主廣論六藝之旨,言言平正通達,可以切實奉行,有益身心,不全外道。又論龔自珍之文詭體遁詞,無一可用,蓋歆九流二氏而不返之五經四子書中,必至浮浪無歸也。又戒予爲文須去忼慨迫激之詞,一歸和平温厚,方爲厚集其福,如此之類,傾談得意之至。”

《越縵堂日記》:“詣張香濤。”

二十日,登車離京,陳喬森、董沛、費玉侖來送行。

《日記》:“雷州陳逸山、甯波董覺軒、湖州費且泉來送行。飯訖登車,歗詠自若。出國之南西門,日暮次於黃城獵場,回望京師西山,抗懷古人志節不墜。”

五月初一日,道經泰安,欲入城觀秦刻石,不果行。

《日記》:“泰安道中,欲騎馬入城游嶽寺,觀秦刻。今存十字,洪稚存詩‘若將一字比一星,二十八宿中添伐’,今去稚存所見又少十九字矣。雖無佛貍嶧山之仆,亦同歸於無,反覺文字剗而山川真也。以暮黑,且不得馬,游不果。”

《泰山秦刻殘石二十九字跋尾》:“今此石庋泰安府城内岱廟中,辛未落第南歸,道過此,昏黑城閉,往不得入,至今猶憾未曾經千搜萬索也。予曾在譚仲修家見二十九字本,追憶書之,以志眼根八百功德。”

十五日，舟泊揚州，晤友人。

《日記》："次於揚州。月蝕。晤高叔遲、汪龍溪葵生、吳農山、江煦齋、淩子與、朱秉之、吳禮北。"

十七日，與吳璜、高行篤遊平山堂，訪崇甯寺僧。

《日記》："山陽吳禮北、閩高叔遲、桐廬袁重黎行登平山堂，望廣陵曲江，尋邗溝水利，詢迷樓、玉鈎斜遺址，還訪崇甯寺海雲、道明二僧，觀鄧石如篆册。少選入城，覓蓮溪和尚，屬其寫成行看子，余將作詩記之。"

二十五日，黎明歸全椒寓。

《日記》："黎明歸慕堂。"

六月二十日，批校龔自珍詩文詞。

《日記》："批校仁和龔氏詩文，沈者鈎之，贗者炙之，初集、續集、詩甲乙丙、詞甲乙。"

七月十三日，別寓赴江寧。

《日記》："去縣四十五里，遇雨宿。將次出門，不覺有暬離之苦。"

十六日，抵江寧，謁薛時雨，下榻惜陰書院。

《日記》："渡江入江寧城，謁見師丈，下榻龍蟠里惜陰書院。"

袁垚《袁忠節公書札鈔略》卷三《致袁敬孫書》："同治辛未長夏，予報罷出都，游白門，主薛桑根從外舅惜陰書院。"

十九日，作函致戴望，得復。以丁卯前詩乞張文虎點定，得復。

《日記》："簡子高，得子高復。簡歙山張君文虎，且送閱丁卯以前錄詩，乞其點定。歙山，雲間博綜能文之士。得歙山復。"

案：張文虎（1808—1885），字孟彪，一字歙山，江蘇南匯人。道光六年（1826）補諸生，十二年應鄉試未售，遂棄科舉，專意讀書著述，爲錢熙祚輯《守山閣叢書》，頗受時譽。後入曾國藩幕，曾國荃延任金陵書局分校。光緒九年（1883），應江蘇學政黃體芳聘,主南菁書院。

二十一日,訪孫詒讓、戴望、劉恭冕、莫友芝談。同沈梓登清涼山翠微亭。

　　《日記》:"訪孫仲頌同年詒讓、戴子高望、劉肅父恭冕、莫子偲丈友芝,均會面。孫鹽法丈琴西先生、胡式嘉同轉裕燕、唐敦夫仁壽、張歗山文虎、楊樸荇丈長年、唐桐孫□□、秦伯虞同年際唐均不值。日餔時歸院。沈北山梓、胡子彝念祖來。同沈君登清涼山翠微亭望大江,暮歸寓齋。"

二十三日,訪楊長年談。夜與薛時雨談及吳存義、高均儒事,不覺大慟。

　　《日記》:"訪西華老翁,共飫,留水厄食啖,談論終日。……夜丈談次故吏部侍郎吳先生存義、故秀水縣學生員高先生均儒,某受氄養教訓最深,不覺大哭於寢。"

二十四日,孫衣言來。

　　《日記》:"孫鹽法道枉過。"

二十五日,張文虎來。薛時雨招陪客,李聯琇、韓弼元、張裕釗、莊祖基在座。暮歸,訪戴望談。

　　《日記》:"歗山見過。丈招陪李小湖大理聯琇、韓未起□部弼元、張廉卿舉人裕釗、莊守齋大令□□讌集。暮過子高談,回齋。"

八月初一日,至上元縣。

　　《日記》:"胡子怡遣騎來迎,之上元縣署宿,夜共式嘉同轉、常州張履端明經同年□□談。"

初六日,謁吳廷棟、張裕釗、孫衣言、孫詒讓,晤談。候錢應溥不值。晚與孫詒讓同飯。

　　《日記》:"出門,興謁前刑部右侍郎六安吳竹如先生廷棟、武昌張廉卿舉人裕釗、孫鹽法丈、中頌同年,均見。答拜屺堂觀察。會候錢子密吏部應溥,嘉興人,不值。日夕,與中頌同飫訖,二更回寓齋。"

初七日，作致吳廷棟論學書數千言。

《日記》："夜草致吳少司寇廷棟論學書。"

《袁氏續正論》外篇《上六安吳少司寇竹如先生論學書》云："曩因桐城方存之丈耳先生名德久矣。左右采輯，獲習聞先生出處進退之大節，於古大臣之誼，貌殊而實符。退又獲讀所著疏對論說，私心竊憙，以爲是常德行習教事，當世之大人君子達而在朝者也。名分疏闊，人地傖荒，誼不能修士見大夫之禮。然自戊辰游居海上，臘月又與存老相見，曾口許爲紹介而見之於先生，會因事未果，是懷願見之誠之日久矣。

"□□自十六七連丁辛壬家難邑難，自肄弟子職後，中間廢學幾五六年。自惟疊菁大故，入不能事父兄，毀珠擿玉，身無完行；出不可以事公卿，既無其裏，安用其表？且聖門弟子事魯卿大夫者，大都魯之元士，其餘則否。昔之元士，今之庶常吉士殆近之，故無可以出疆委摯之誼。又自以少乏諷誦之業，則壯不得有論議，故居常墨墨食唊而已。既乃得事閩縣高伯平及興化劉融齋兩先生，二君學術不相同，其操守頗有同處。□□既習制科業，又泛濫爲詞章，涪湛於九流六家，是以學術益恩雜無心得，而要其歸根復命，亦竊欲上闚遷善改過、闓物成務之恉。然常有得而不耐固守，守焉又不耐持久，前後恉趣又時有出入離合，則雜學之害也。實則内私外蔽，交相爲蔀之故也。天下雖大，經生多，人師少，信傳注以解經者多，五經既立而明體達用者少。某如處礦室，不見白日，恐常無聞道之日，故敢鳴其近年淺肊大恉，明知聾瞽無當於鏞鐘卷服之前，然以亟望指示途徑之故，不敢自匿其陋，而請先生棄取引進焉。

"□□少失誼方，長乃廣求窮而在下之師友，見夫性道訓故，門户主奴，竊持周禮九兩儒臤師道並尊之說，以爲苟專門樸學，尊聞行知，各就其性之所近，同適於道可也。於陳清瀾以來新安、金溪、姚江聚訟之説，尤憚於坿和，不敢持此雷同詰難。
蓋人之潛心內用，常若不給，詰難叫呶，專向外用，又舌敝脣焦，
辯答填委，非謂衛道起見，實爲華身作用也。夫欲守道之約且
卓，資於多聞見，多聞見要於明體達誼，明體達誼要於明仁，明
仁要於明性，明性要於懲忿窒欲、去私去蔽，懲忿窒欲、去私去
蔽，使元善長而陰道消，在察於天人幽明之故，此其大較與！
《樂記》之微言曰：'人生而靜，天之性也。感於物而動，性之欲
也。物至知知，然後好惡形焉。好惡無節於內，知誘於外，不能
返躬，天理滅矣。'天理二字，始見於此。此處釋理宜與惠氏棟、戴氏
震、莊氏存與三家不同。蓋在天爲道，在人心爲理，若必訓作文理、條理之理及
韓非子萬理廢興焉之理，獨不聞禮有三名，禮理也，禮體也，禮名也，此理字，又
可作文理之理詁乎？故三家看理字太粗，茲不復取。第在物爲理，天即理也，性
即理也，先有理而後有氣，諸説尚微嫌儱侗無分別耳。許慎言性，人之易氣
性善者也；情，人之会氣有欲者也。《白虎通誼》言六情所以扶
成五性，又言五經有五常之道，《樂》仁、《書》誼、《禮》禮、《易》
智、《詩》信也。姚江王氏《尊經閣記》：六經者非他，吾心之常道也。故《易》
也者，志吾心之会易消息者也；《書》也者，志吾心之紀綱政事者也；《詩》也者，
志吾心之歌詠性情者也；《禮》也者，志吾心之條理節文者也；《樂》也者，志吾心
之欣喜和平者也；《春秋》也者，志吾心之誠僞正衷者也。君子之於六經也，求之
吾心之会易消息而時行焉，所以尊《易》也；求之吾心之紀綱政事而時施焉，所
以尊《書》也；求之吾心之歌詠性情而時發焉，所以尊《詩》也；求之吾心之條理
節文而時著焉，所以尊《禮》也；求之吾心之欣喜和平而時生焉，所以尊《樂》也；
求之吾心之誠僞衷正而時辨焉，所以尊《春秋》也。闇合。然則六藝惟《春
秋》家爲屬詞比事之書，《周官經》爲政典，《孝經》、《管子·弟
子職》、《爾雅》、《周髀》爲小學，其五經之犖犖大者則皆資學者
治性之書也。

　　"天有会易禁，人有性情桎。然天道易居於實，而会積於虛
空不用之處，会之行不得干春夏，而月之魄常厭於日光，乍全乍

傷，天之忌太會而息少易如此，人安得不坊情以復性？天所禁，身亦禁之，故天理滋息而易氣可復，五性可合也。乾之初九爲元易，祖微據始也。積微歲不勝時，時不勝月，月不勝日，日不勝瞬息之間。幾動而善，則務長之養之；《易》大傳："幾，吉之先見者也。"幾有善無惡，經無凶字，本義作吉凶之先見者也，儒先云疑誤。意動而惡，則務室之熄之，此之謂能積微者速成。

　　"程子傳《易》，於乾坤指出敬誼二字內外工夫，於剝復深以顏氏殆庶不遠復爲嬺。朱子注《中庸記》，原道於會易五行，而其著明道問學之要領曰存心致知。蓋道問學所以尊德性，德性玉也，問學錯也，德性常形而上，問學常形而下。克治德性，則基善建而物不勝，此之謂截斷支離；克治問學，則業持固而性日明，此之謂登行漸次。二者修道之符，兩而實一，離而誠合，不可偏廢，其所以求復性則一也。是則孟子、荀卿、西京董仲舒、南北宋諸儒甄綜微言，其立說之恉，未嘗大相徑庭。荀子《性惡篇》就六國言六國，《非十二子篇》韓嬰詩說引止十子，無孟子。又《大略篇》孟子三見齊王不言事，曰我先攻其衷心。是荀子推崇孟子，何嘗橫肆詆諆？疑韓非、李斯之徒傅益師說，如《堯問篇》弟子之辭例也。即金溪在白鹿講誼喻誼喻利之說，求識性之本體也。姚江致良知之恉，致者致此也。蕺山慎獨之意，慎者慎此也。其異焉者，蓋其末矣。抑末學之好詰難排詆門户者乎？所不敢知也，不敢言也。

　　"夫明爲太易，幽爲太會，明爲外瑩，幽爲內瑩。外瑩近禮，不由禮無貌，無貌則替；內瑩近信，不信無實，無實則儳。是爲天人幽明之故。憙氣當春，怒氣當夏，哀氣當秋，樂氣當冬。憙近仁，哀近誼。憙飾禮，怒飾刑。好毗易，惡毗會。六情之未發，治於強恕以去其私；及其既發，治於問學以去其蔽，是謂懲忿室欲、去私去蔽。從道而出，是猶以一易兩也，從道則無所喪，儒術是也。離道而內自擇，是猶以兩易一也，離道則無所得，墨、釋是也。異氏不能舍四威儀相而堅其本性，何若居仁由禮，枝枝節節，足履平地，而性既堅定，步步篤實，步步輝光，自無矯揉把持、認子爲賊之病，此謂明性。協之乎誼而協，推而放諸四海而準，義以正我，仁以正人，是謂明仁。見於典章制誥、政令斷獄之爲治曶，達於動静飲食居處之謂得失，達於出處答問辭讓取與之爲是非，協諸誼而亦協，是謂明體達誼。是非明而利害隨之，聲入心痛，物來輒應，若鼓有桴，擿擋則擊，當於理而無私心，是謂聞見。守之以卓約，是謂致知。其工夫用力之優遊漸次若此，諸叚之由學入道若此。

"謬悠之言，未知於諸叚事業究竟闚見萬一否。末學僭悖，既苦孤陋，復不自知黑白。且自惟言之無文，文而無實，是即亭林顧氏所深惡之巧言，何足取重？第下士體羸學貧，瞢於大道，不揣庸虚，竊從執鞭之末，自貢於大人長者之前，以叩東西途徑之所適，誼歸盇各，理跂言提，如瞽無相，良用惴慄。狂妄小子，不知所裁。存之質性高明，其筮仕以後，不通問者幾三年。近宰景州之棗强，吏治精勤，當可企望陸靈壽一流。畿南水災積侌之象，文家言大水鳴鼓攻社，愳以侌滅昜也，上天示戒亦甚矣。比來鄉校，久無正論，世事可以箝口不言，言之得無愳乎。惶悚奉書，伏惟左右誨察。不宣。十年八月丙寅。□□頓首。"

十一日，孫詒讓函來論學。

《日記》："中頌來書，辨小學一二事。"

十八日，秦際唐招飲，暮過楊長年談。

《日記》："伯虞同年招同方子涵培容、陳葆常元恒、陳耘芬兆熙、甘健侯元焕、陸子韶蔭森、何善伯延慶暨予讌集。日暮過訪西華翁，歸羼提室。"

二十日，劉恭冕以其父寶楠所著《論語正義》刻樣屬校。

《日記》："叔俛以新雕尊公名寶楠遺著《論語正義》刻樣二卷屬校。"

二十四日，往謁吳廷棟，論學有未合之處。又晤孫詒讓，借閱戴震《孟子字義疏證》。

《日記》："往見竹如先生，問對之次，仍申前議，大致以復性爲本，致知、慎獨則復性之工夫節次也。言《易》則信亭林顧氏之言程傳；言《中庸》則由張爾歧《中庸》贊禮之極辭之説，以求朱子《儀禮經傳通解》之緒，以合《禮中庸》之符；言小學則以劉《略》、班《志》所列《孝經》、《弟子職》、《爾雅》益以《説文解字》、《周髀算經》，其大略如此。先生答言終須以朱子居敬窮理之説爲主，勿過於高遠求之，而以《爾雅》、《説文》等合於朱子《小學》。其言如此，尚有未安。班《志》、劉《略》分《孝經》、《小學》二家，蒙意當合。存《孝經》名而以《爾雅》、《弟子職》入小學家，別有説。……過仲頌，借戴氏震《孟子字義疏證》。"

二十八日，校理詩集。

《日記》："治毗黎邪臺山人詩弟五。"

九月初三日，探戴望病，晤劉恭冕。

《日記》："看子高病，晤朱𪛊，陽湖王餘溪在座。"

初九日，謁吳廷棟，論學久之，其贈以《朱子年譜》。又拜孫衣言、孫詒讓等人。

《日記》："謁吳少司寇竹如先生，留啖糕，並垂詢采證文集數條，質對久之。又拜孫琴西年丈、仲頌同年、陳葆常同年元恒、陳耘芬同年兆熙、秦伯虞同年際唐、黃慎之思永、莊守齋祖基、何善白延慶、孫漁笙瑛、式嘉、子怡。……竹如先生以《朱子年譜》見詒，謬許同志之士，且憙且悚。"

十一日，作函致王炳燮，論"理"之本義與假借義。

《日記》："與王樸臣同年辨理字當分本義、假借二義書二千言。"

《袁氏續正論》外篇《與王樸臣同年辨理字當分本義假借二義書》云："樸臣先生同年足下：近來纂輯何似？眠食又何

似？甚念甚念。前在京師相見，不以固陋而蒙貺教，進之藥我良言，誠歡誠感，至今樂誦之不止也，欽遲殆難言喻。使某於當世得如君靜友五六人，朝夕講肄，當不至中間爲世累澳汨，隳其枝體，黜其聰明，與跛不能走者爲伍。然苦不時得見，性既懦鈍，又所得皆粗茅厲靡，譬如趨利之兵，驟勝一蹶便不能守。於存養工夫無銖寸著力，既爲困阨所累，又乏師友欥助，容易放倒，流入放曠。近客江寧，所處之境極困，雖深悔從前泛濫之非，然於困中許多悔尤煩惱，橫相奸孽，仍不能不泛濫載籍，以資收斂身心之用。故困而僅能不失其所，然於古人處困之方，實未能造到萬一也。

"兄前深以旁涉異氏爲戒，今年頗於儒佛本異末同之故微有所會，大恉言有本異而末同者，儒以禮復性，彼氏以相定性也。此以體言之也。有本同而末異者，儒存心養性，全乎齊家治國平天下之道，爲幽明，爲晝夜；彼宗言心言性，全乎涅槃滅度自覺覺他之道，爲幽爲夜也。此以用言之也。多未嘗深抉藩籬，意見亦時有歧處，此須面折口證，以決其是非之所定，非一紙書可了。某稟性拙直，少孤流宕，背過庭之訓，抱斷爛之簡，無燭夜行，迷悟參半。然竊自坿於古人不徇同己、不惡異己之義，故欲自貢其疑義於足下，而請足下財擇焉，以正學術之所蔽。

"謹案朱子之學以居敬窮理爲言，而近人輒以理字爲口實，肆其訾議，蒙嘗惑焉。妄人不足辯，辯者辨夫株守儒家者之言而已。董子曰：'道之大原出於天。'學至孔孟而大，所謂達天德也。自儒分爲八，以下則所謂司徒之官之後也。請即以近儒惠氏《易微言》。戴氏《孟子字義疏證》。莊氏《四書説》。段氏《説文注》。四家之言理者辨之，皆合於諸子儒家而病，其弊也拘，使學者無復深造自得、左右逢源氣象，則局守故訓之過也。其釋理之要恉，奈何大都言察於萬事之爲理。理者兼兩之義也，如在天曰陰與陽，在地曰柔與剛，在人曰仁與義，兼三才而兩之，故曰性命之理。天命之謂性，性有陰陽剛柔仁義，故曰天理，而不得以《樂記》天理字作天道解。且不得既屬之物，又移之性，又移之天，作渾淪語，而尊理與異氏之尊心無以異。此一説也。

"其釋理之節目，奈何大都言理者察之而必區以別之名也，謂之分理。在物之質曰肌理，曰腠理，曰文理，曰䚡理。得其分則有條而不紊，謂之條理；天下一事一物，必推其情至於無憾而後即安，謂之天理。且單據鄭注《樂記》以理爲分之説曰：'理也者，情之不爽失也。'未有情不得而理得者也。天理云者，言乎自然之分理也。此一説也。

"前説甚精，後説甚粗，而本末差同，此皆惑乎許氏《説文》所謂本義之義，而不明乎假借之義，是不可以不辨。今實案之，蓋其説又似嚴而實非也。蒙嘗愛董子之言性情而守其説矣，謹於金鐧，陰起於南方之中，夏至是也，故謹於莩初。成於不遠復，陽始於北方之中，冬至是也，故慎於復初。其去貪就仁、正義不謀利之道，皆與《易》合。陽之行起於北方之中，而止於南方之中；陰之行起於南方之中，而止於北方之中。先王以陰禮教中，以陽樂教和，法於陰陽，使學者知中和之道，優柔善入而實有所守，神明曲成而易以成德，是非以明，好惡以節。要之於敬以直内，返之於人生而静，不煩不擾，澹泊不失，是之謂存心養性，是之謂天理。故《樂記》曰：人生而静，天之性也。感於物而動，性之欲《史記》樂書作頌。也。物至知知，然後好惡形焉。好惡無節於内，知誘於外，不能返躬，天理滅矣。夫物之感人無窮，而人之好惡無節，則是物至而人化物也。人化物也者，滅天理而窮人欲者也。滅天理者，失其性之本體也。窮人欲者不知節情以復性，而流於積不善也。格物致知，窮理之事；正心誠意，盡性之事。理既窮，性既盡，而馴至於命，則貞其符於一一者，誠也。誠者所爲，天理周行不息，而無豪髪人欲之私且蔽也。案之朱子之言悉合。使由惠、戴、莊、段之説而極其弊，則胗不謂理之云者，由其血氣心知以求所謂仁義禮智，而達乎其條理焉，達乎其分理焉，即謂之存天理，即謂之達天德。於乎！是僅止所謂是非之心，智之一端，而仁義禮及信，五常之德闕其四焉。但知是非而不講克復之工夫節次，則其際聖人也，猶之能取影判妍媸之物如鏡水然，而非人之所以爲仁也。誠是聖人仁道之重以周，而僅僅如一闠之市立之平焉，謂但能明是非之理而已，是何言之鹵莽與！

"今思其易亂，列爲二義，一曰本義，以分理、條理之說坿焉；一曰假借義，以天理、禮理之義詳著焉。使夫儒之分者欲其合，而不至離而相秦越也。本義云者，據《樂記》曰：'樂者，通倫理者也。'鄭注：'理，分也。'韓非子以理爲凡方員長短粗靡堅脆之分，此本義也，於六經孔孟有徵矣。《易》大傳曰：'俯以察乎地理。'《中庸》曰：'文理密察。'孟子言始條理、終條理。此類是也。《近思錄》'在物爲理，處事爲義'之理當隸之此下。黃生《字詁》云，凡言文理者，交錯曰文，條遂曰理；言義理者，處事爲義，論事爲理；言道理者，宏達曰道，旨奧曰理。凡三言理，與此理字相類。古者治獄之官爲理官，亦分理之義也。假借義云者，據《樂記》曰：'好惡無節於內，知誘於外，不能返躬，《史記》作己。天理滅矣。'鄭注：'理，猶性也。'朱子注《中庸記》性即理也本此。孔氏沖遠《禮記正義序》曰：'《禮運》云夫禮必本於太一，是天地未分以前，已有禮也。禮者，理也，理者，禮之精微者也；禮者，理之昭著者也。其用以治則天地俱興。'又曰：'皇氏云禮有三起，禮理起於太一，蓋禮本於天，謂之天理存焉可也。'朱子嘗病程門自上蔡謝氏以下言理不言禮之失，《答林擇之》云比因朋友講論，深究近世學者之病，只是合下欠缺工夫，所以事事滅裂。其言敬者，又只說能存此心，自然中理，至於容貌辭氣，往往全不加功。設使真能如此存得，亦與釋老何異？上蔡說便有此病。又況心慮荒忽，未必真能存得耶！程子言敬，必以整齊嚴肅，正衣冠、尊瞻眎爲先。又言未有箕踞而心不慢者，如此乃是至論。而先聖說克己復禮，尋常講說於禮字每不快意，必訓作字然後已。今乃知其精微縝密，非常情所及耳。於是有修三禮及條次

《儀禮》經傳之意以救之，然則朱子何嘗空言理而不言禮乎！惟其理必兼言禮也，得禮而理益明；惟其禮必原於理也，得理而禮益尊。此理字猶得作分理、條理解乎？蓋其假借義也。此通義也，抑於六經孔孟有徵矣。《易》說卦傳曰：'窮理盡性，以至於命。'又曰：'將以順性命之理。'孟子曰：'心之所同然者何也，謂理也義也，聖人先得我心之所同然耳。'及《樂記》兩言天理是也。如必推本許氏理爲治玉之義以釋天理之理，許氏不云乎：'道者，一達謂之道。'言道路也，然則又以何道當天道之道乎？此可謂守其細而忘其大者矣。惠、戴、莊、段四家之學皆有所得，而爲儒家之偏，世之繆稱墨守四家者，又多以耳代目，故亟辨焉。足下以爲何如？統希裁示。不宣。八月庚辰夜，江寧惜陰書院廎次，昶頓首。"

十四日，辭行，將之揚州。

《日記》："拜辭師丈，將之揚州。夜泊下關。"

案：薛時雨、孫衣言薦公充揚州書局校讎之役。

十八日，抵揚州，移榻書局，訪友人晤談，晚與同人讌集。

《日記》："抵揚州城內，訪子與共飲訖，覓吳農山、汪龍溪、葵生談次。又候何廉昉丈，以病不得見。移榻三祝盦前書局。夜淩閴山運判□□、仲軒同年□□、余淮□□、江煦齋、朱秉之、葵生全予讌集。"

二十日，校理舊詩兩卷。

《日記》："復治篋詩弟四、五兩卷。"

二十二日，謁方濬頤，其以《二知軒詩集》相贈，報之以詩。

《日記》："謁定遠方子箴都轉濬頤，惠贈二知軒所著詩甲乙兩集，奉贈定遠方都轉詩一首。"

二十五日，聞莫友芝卒訊。

《日記》："聞偲老歾於興化舟中之耗。"

黎庶昌《莫徵君別傳》："同治十年，往求文宗、文匯兩閣書

於揚州里下河。九月辛丑,至興化,病卒,縣令甘紹盤視其喪,
年六十一。"

方宗誠《柏堂師友言行記》:"獨山莫子偲孝廉友芝,以同
治十年九月十四日卒於興化舟次。子偲孝友篤行,治小學、《說
文》、訓詁,工書篆隸北碑,能詩,尤精校讎。"

二十七日,校詩集第四卷竟。

《日記》:"治詩弟四卷竟,得九十四首。"

十月初一日,抄録詩集第四卷。往拜書局同人。

《日記》:"鈔詩弟四弄竟,得四十六首。依俗例拜方都轉、
王治軒、汪龍溪、葵生、莊中白、淩仲桓、李賓虞、郭堯卿、楊石
卿、董對廷、江煦齋、朱秉之、王小林、余淮卿、鄭芝巖、何廉
昉、淩子與。"

初五日,李祖望以《小學》等書見贈。

《日記》:"賓虞丈以《小學》各種見惠。"

初六日,莊棫、楊鐸來晤。

《日記》:"莊中白、楊石卿來。"

初九日,李祖望屬題朱彝尊、毛奇齡畫像。

《日記》:"賓翁屬題竹垞、西河二老人畫像。"

十七日,鄭嵩齡、楊鐸、淩瑕來談。

《日記》:"芝巖、石卿、子與來譚。"

十一月初八日,淩瑕招飲,楊鐸、高行篤在座。

《日記》:"子與招同石老、未遲夜飲。"

十三日,夜,李祖望招飲。

《日記》:"賓翁招同黃倬人、劉功父、芮薌南、未遲夜飲。"

十二月十五日,登舟行,將返全椒寓。

《日記》:"與劉良父同舟,自揚起程,舟中遇風雪。"

十七日,入江寧,謁薛時雨,下榻書院。

《日記》:"入城,謁見師丈,下榻書院。"

二十三日,抵全椒寓。

《日記》:"抵全椒。"

本年十一月至十二月,爲揚州書局校寫《禮記注疏》。

《日記》十一月初十日:"堯卿以例寫件交來。"十一月十四日:"寫《禮記疏》二紙,頁廿四行,行廿四字,以是爲常。"十一月二十五日:"自初十至廿五寫《禮記注疏》廿五頁。"十二月:"繳《禮記注疏》卷三,卅九頁。"

編年詩:《青駝寺》(佚)、《望嶽》、《記明堂物名詩》、《靈祐寺藏經歌簡楊守敬時入都應春官試》、《渡齊河》、《小車行滁和間大雨驟至是夕宿西溧用去年北譙詩韻作一首》、《王東木隱居詩》、《静坐問答》、《夏歸北譙伏日病癳頭痛悶熱走筆放歌奉呈師丈並呈瑞安孫鹽法丈衣言》(佚)、《題家書後一絶》、《東木夫婦雙西小影介秋華來求詩奉題二首》、《桑根夫子梅邊送客圖作於戊辰春正月其時提學少宰吳先生得假歸泰興圖中諸老祖道超山折梅贈別文酒讌會之勝聲聞一時今泰興師歸道山倏已四年命題展卷倍益愴然卒章之義則又別有契勘矣》、《洲白蘆花吐》(佚)、《南譙老人命題百錢掛秋圖》。

編年文:《與師丈末下書》(臘月廿六)、《上南皮座主書》(□□自入國門)、《上六安吳少司寇竹如先生論學書》、《與王樸臣同年辨理字當分本義假借二義書》、《桐中九銘》、《味經齋帖賦勝藁叙代》、《帥逸齋詩序》、《王小鶴詩序》、《李西雲遺詩叙》、《浯溪磨厓大唐中興頌跋尾》、《射陽湖石門孔子老子相見畫象跋尾》、《泰山秦刻殘石二十九字跋尾》、《焦山瘞鶴銘二十五字跋尾》、《致陳豪書》(夏初在京師)。

【時事】清軍攻陷金積堡。俄國占踞伊犁。《中日修好條規》暨《通商章程》在天津簽訂。

莫友芝卒。愛新覺羅·載湉生。

校書淮南（1872—1873）

同治十一年壬申（1872），二十七歲

正月十二日，別全椒寓，乘車赴揚州。

　　《日記》：“篾車一輛，自北譙寓廬起程，叩辭影堂。廿五里至界首打尖，又廿五里至西漵宿。”

十六日，抵揚州，下榻書局，晤同住諸友。

　　《日記》：“抵揚州府，下榻書局，在三祝盦巷內。晤中和、煦齋及同寓諸君。”

十八日，淩瑕、李祖望、吳寶讓皆來訪。

　　《日記》：“子與、賓嵋翁來談，農山來談。”

十九日，郭堯卿、莊棫、李祖望來訪。

　　《日記》：“郭堯卿、莊中白來。……賓老談久之去。”

二十日，詣吳寶讓，借閱《東坡志林》。

　　《日記》：“走就農山談，借閱《東坡志林》二册。”

二十二日，朱恩綬來訪。

　　《日記》：“朱石庵恩綬來談，喜甚。”

二月初一日，聞何栻卒訊。

　　《日記》：“何廉昉先生栻歸道山，痛之。”

　　案：何栻（1816—1872），字廉昉，一作蓮舫，號悔餘，江蘇江陰人。道光二十五年（1845）進士，咸豐中出任建昌知府，以城陷罷去。入曾國藩幕，後任吉州知府，同治初爲沈葆楨劾罷。遂居揚州，以鹽業致巨富。構瓠園，頗饒園林之勝。有《悔餘庵文稿》、《悔餘庵詩稿》。

初八日,與同人遊梅花嶺。

　　《日記》:“梅華嶺游,同游者四人。”

十二日,訪董對廷、凌瑕不值。梅毓來,亦相左。

　　《日記》:“訪董策三、凌子與不值。梅延祖兄毓來,相迕。”

十三日,移居書局官寓。

　　《日記》:“逄局地官第,另闢小室,牓曰‘誠自不妄語始之齋’。”

十七日,祁壽麐自蜀來。以明日考書院,宿李祖望宅。

　　《日記》:“祁同年瑞符壽麐自蜀來。明日考書院,宿賓嵋丈家。”

　　案:祁壽麐,字瑞符,江蘇寶應人。光緒九年(1883)進士,先後署任山東高密、博山知縣,補濟陽縣令。爲學兼宗漢宋,尤深許氏之學。擅篆刻,有《印上書屋印譜》。

二十一日,與嚴崇德、董對廷、祁壽麐茗談。

　　《日記》:“嚴雋雲、策三、瑞符同茗飲。”

　　案:嚴崇德,字雋雲,江蘇儀徵人。光緒十四年(1888)舉人,官南匯縣教諭,廣東順德、遂溪知縣。

二十二日,嚴玉森招飲。

　　《日記》:“夜嚴鹿畦招同時彭生、策三、瑞符、未遲、薌南飫。”

　　案:嚴玉森,字汝成,號六希,一作鹿溪,又作鹿畦,江蘇儀徵人。同治十二年(1873)順天鄉試舉人,入貲爲户部雲南司主事。性好遊,足跡遍天下。嘗入湖南學使朱逌然幕。以父恩宦陝西卒,遂入居關中事母,大府聘爲書院山長。光緒二十六年(1900)卒於同州,葬大荔縣北之許莊。有《虛閣遺稿》。

二十四日,夜招同人飯,嚴玉森、董對廷、祁壽麐、凌子久、李祖望、高行篤等在座。

　　《日記》:“夜招鹿畦、策三、瑞符、葵生、子久、賓虞丈、未遲共飯。"

二十五日,與同人會食於史可法祠,登平山堂,觀第五泉諸勝,同遊者爲董對廷、祁壽麐、嚴崇德、嚴玉森、厲小雲、張穀、諸淞、高行篤等。

《日記》:"會食史忠正祠,登平山堂,觀第五泉。同游者九人,高郵董對廷_{策三}、寶應祁壽麐_{瑞符}、儀徵嚴□□_{雋雲}、玉森_{鹿畦}、厲□□_{小雲}、江都張穀_{飴孫}、諸□□_{小江}、閩高行篤_{卡遲}、桐廬袁昶。"

二十九日,訪黄紹芬、金醍,與高行篤共飯。

《日記》:"走訪黄仲訪_{紹芬}、金仲和丈_醍,與卡遲同飯訖,歸局。"

三月初八日,諸淞、周葆昌、嚴玉森、嚴崇德來,同飯。

《日記》:"小江、仁父、鹿畦、雋雲來夜飯,去月上。"

初九日,同金醍送周葆昌行。訪淩瑕、江澄齋、莊棫,觀其所著文。淩瑕以邱心坦詩來。

《日記》:"同金丈走送周仁甫。訪淩子與、江澄齋、莊希祖,索觀所著《大圜通義文外編》。暮歸局,子與以海州邱履平_{心坦}詩至。"

案:邱心坦(1837—1891),字履平,海州南城人。嘗入曾國藩幕,以功至副將。又入吳長慶軍任檢閱使,派駐朝鮮。有《歸來軒集》。

十五日,出弔何杖。

《日記》:"出弔何氏。"十一日:"輓何廉昉聯云:'燕薊昔歸來,學媿王符,倒屐忽逢安定;盱江多吏牘,才如度尚,勒銘應待邯鄲。'"

二十六日,淩瑕來,同往訪楊鐸。

《日記》:"子與來,同訪石卿,案頭見桂未谷《說文正義》、毛初晴《四書改錯》二書。"

二十七日,高行篤招飲。

　　《日記》:"叔遲招同賓嵋、石卿、龍溪、策三、葵生、中和、鹿畦譙。"

二十八日,淩瑕招飲,知劉僉贊消息。又赴郭荇楂之招。

　　《日記》:"子與招同張少蘭同年、張穎仲、小溪、陳崇光、賓嵋、石卿、朮遲食啖飲酒。聞紫英同年援例得監,摯同知候補淮南,已南歸,將來邗上,喜甚。少間,郭荇楂招同周小田、淩楷山、葵生、朮遲復譙,散歸朮遲家餪。餪訖,偕金君出城,之五臺山看楊松齋,還歸寓。"

四月十二日,編詩集第六卷。

　　《日記》:"編毗黎邪臺山人詩弟六卷。起玄默涒灘。"

二十日,高行篤招飲,李祖望、楊鐸、吳璜在座。

　　《日記》:"夜朮遲招同賓嵋、石卿、禮北飲酒賞花。"

二十一日,書局同事薛壽卒。

　　《日記》:"分校同事江都貢生薛君介伯怛化,痛之。此老攻小學,香濤座主嘗語及之,座主爲湖北提學時,嘗延主經心書院者。"

　　案:薛壽(1812—1872),字介伯,一作砎伯,江都人。諸生,累赴鄉試不售,以課徒爲業。同治中入淮南書局任分校之役。九年(1870)應張之洞聘,主湖北經心書院講席。以疾歸,卒於家。長於音韻之學,精《說文》,有《讀經札記》《學詁齋詩文集》。

二十二日,往弔薛宅。

　　《日記》:"招仝禮北、野航、問梅三人喫麵,還弔於薛介伯家。"

二十四日,致書巡撫楊昌濬,乞飭重刊《宋元學案》。

　　《日記》:"致巡撫楊侍郎五日賀箋,並乞飭局重刊《宋元學案》。"

二十五日,錢振常自京來,往晤。

《日記》:"晤笆仙同年,自燕來。"

二十六日,晤錢振常,知同年蔡篪病故。晚李祖望招飲,夜歸書局,作致嚴州知府宗源瀚書,論書院改制事。

《日記》:"往看笆仙,巹論久之。歸局,作寄陳藍洲杭州書。作字三紙。擾賓漁酒餞,座客上元黃鞠人六十翁、石卿、禮北、卡遲、葵生,待汪鋆研山不來。夜歸局,作上知嚴州府上元宗君,請以雙峰書院創改復性書院書三千言。又桐信一函。病發。寄回桐中少作詩二卷。笆仙述仲吹蔡同年病故,爲之哭於野,吾舊交也。"

《太常袁公行略》:"嘗致書嚴郡太守宗湘文源瀚整書院、興教育條陳。"

《袁氏續正論》外篇《上宗嚴州乞創置復性書院書》云:"某頓首湘文觀察大公祖大人執事:有州人在江寧者,傳聞德旌已指鄉郡,訢喜旬日,席飫俱忘。某閒民也,而樂不可支,何況州人含生負氣,屬饜膏澤,衣被沆瀣,親見鳳皇鶵於枳林,龍章飾於羸壤者哉!甫及下車,未及匝月,滂沛未施,而某千里作賀,經綸未展,而某敢爲州人頌。所以賀且頌者,逆知我公之仁知沈勇,遇事設施,髇截理解,明則鏡燧,嚴則秋霜,仁則冬日,必有大造於我嚴州也。湖州大郡,公治之,嚴爲彈丸黑子耳,何不治?衢州鄰郡,公亦治之,嚴土風士俗,樸陋馴悶,大都與衢同,何不治之有?前歲庚午,百朋之錫,於某私恩也。嚴俗疲而士習蔽錮尤深,尪敝不振,得公起而嫗摩之、革張之,靁被而刷濯之,於某爲公惠。公惠大,私恩細,頌公惠近義,頌私恩近諛。某之先也不頌賀而今頌賀,非掉弄虛譽以相取悅,乃出於戔戔者之血誠,乃癙以見公之大也。然竊有欲爲公陳者,其言其事皆我公智慮之所及察,而擘畫之所必加者,固無待某之狂言。而某卒請得畢其說於左右者,某誠愚也,誠戇直不慧,遇惠風而猶進翣,不知翣力之不足以助惠風也。然某終愚,請得伸其説,願大府察聽之,幸甚。

"嚴州瘠壤,土磽确,田中下,民棚雜揉,山氣多癭,城民葸弱,鄉民獷悍,户口氣散,都無鈐束,敓畔争墓,鬥訟連年。難治一。

"丁戊以來,迄於癸甲,連歲有兵官賊相持,户口焦爛,人畜澀盡,隄塘龜坼,沃田盡蕪,樸民徙死,奸民漏存,華士雖謝,浮士踵起。難治二。

"往者分水、淳安,民競訐其官長,官長亦往往朘民有以導之,此風一開,漸至陵犯,蓋乘大兵之餘,未除囂悍之氣。前守治之者,遠民民慢,近民民欺,察奸奸滋甚,剔弊弊益深。難治三。

"比歲有山賊竊發,乘虛闌入城府,連有大案,賊徒逋亡,良賤抵法。此皆客民山棚,大率閩贛蘄黃之人爲多,晝聚墾荒,夜出椎剽,或遣散勇丁習爲亂端,與内地土籍民人無絲髮牽綴。蓋山棚之民與猓玀無異,衣服食息,轉徙不常,皆與土民迥殊,故土民亦不與之通氣也。而牧者病民,兩大案中頗株係無辜,凶愚駢首。難治四。

"嚴田賦所出,不抵杭、嘉一大縣。前左恪靖伯帥浙日,釐定賦額,紋銀一兩抵納折直一千八百,不許縣令私增一錢。年來聞寖加至直泉二千三四百不等,捕役追呼,急於星火。青黃不接,春夏兩荒,穀石坌貴,上忙徵迫,佃者乞貸償息,穀一石不過直泉五六百,謂之錢荒。此顧氏《日知録》已載之,今始察知此情之真。於此富者操奇取嬴,貧者穀息兩耗,富益富,貧益貧,是以嚴屬奸富多客民,貧嬴多土籍,此民窮之情形也。州縣錢糧,向章完納八成可望判銷,隱示截留二成,以爲彌縫災歉辦公經費地步,此朝廷體邮之政。而前巡撫菏澤馬公奏定新章,平餘項下盡數徵解,州縣庫藏不得稍有存留。一遇儉歲,議賑平糶，動煩稟商，仁者或能以儉自持，貪者必至科派暴急。且有漕州縣尚可迻贏補絀，無漕州縣或至卸任不能自存。於是浙省正供驟增至八萬，使吏無私橐而吏益困矣。州縣吏當孔道，例有扞送上官之役，值歲澇旱，並有修理陂塘之政。欲無取於民，則貲無所出，欲不辱差使，則攤賦病民，此官窮之情形也。官民兩匱，役賦交困，難治五。

“五難具已，某雖閒散庸妄子，然請今日籌思再四，而以迂闊之言謹陳之。其他各縣一切應行剗興利弊，蒙既不能周知，又跡涉嫌疑，即知亦不敢盡言。請但言其所當言，言其所先者，誠於時政無當無害也。夫欲平人忧戾，在釐人土俗始；釐人土俗，在率人教化始；率人教化，在熨人性情湛然而使其感，感而使之自化始。夫人有五常之性，配合五行。天以義氣而當秋，義氣者，嚴凝之氣也。於時捎殺平莽，剗瘢剔垢，王者法象之而始制刑。由此觀之，刑者義之細，義爲大而刑細也。古者兵刑合爲一，官有秋官，而無夏官，古之夏官爲火正司地，非司馬之官也。理官於義爲秋，而兵象於緯星爲太白，於經星在參昴之間，是以古之治辠有二大端，小則肆市朝，大則陳邃野。刑敝兵氣長，刑明兵氣消。蒙於辛未落第，闈中問律學對策，略言兵刑之氣所以相通之故，刑所以杜兵之牙蘖，兵所以濟刑之窮竭，蓋言是矣。由此觀之，兵者刑之細，刑爲大而兵其細也。蒙常論之，道咸之間兵端起，起於刑敝，刑敝則雖有教化，不能格之，謂此也。然則於此而蘄以重典處敝州之棚民，使無再擾，其可乎？曰未可也。

“蒙蓋又爲府主思之，古者治官事必求其朔，政必推其通。不求其朔，前無師；不明其通，行多礙。精勞而無功，力瘁而無成。不得其要，則志煩慮擾，而卒歸於廢事。知執其要，則意閒神定，而涵養於大正之化，可以耐久。某於此言之，逆知時之俊彥又群以爲拘於墟，窒礙難行也。然彼覩其遲難，未覩其利。

古者有不孝之獄，則飾衰麻哭泣、苴杖髮紛、吉祭筐筥之禮；有不弟之獄，則飾汜掃袂鉤、辟呞負劍應對之禮；有不忠之獄，則飾明堂太廟群臣陪祀、君臨臣喪之禮；有不睦媚之獄，則飾鄉三老大夫飲酒投壺相醻之禮；有犯上之獄，則飾大樂正禮官入學釋奠致敬先聖先師之禮；有僭亂之獄，則明服色等殺、立廟等度之禮；有淫瘥札昏之獄，則飾嘉冠嘉昏之禮；有篋篋不謹之獄，則明司禄授稊、小宰計弊之禮。是故刑者濟禮之替，禮者防刑之萌，禮明則刑肅，禮肅則刑化。是故刑也者，統於兵而衛於農者也；禮也者，合於義而通於仁者也。廢刑重禮，禮必室；廢禮重刑，刑亦褻。故刑禮亦相爲用。

　　"國家大律未敢易言已，國家未頒大律，先頒大禮，大禮之學，上之寄於國子監、禮部，下之寄於府廳州縣學及州縣吏。凡禮服有學，禮頌有學，無非學也。今時内大臣不重博士、學正之職而微之，外大臣不重校官之職而又微之。於時内學正、外校官舉不得其人，府州縣之健者僅能如大商估家延一會計精當人，但知問錢糧，不知革學校，於是刑癮益繁，而禮癮益替，刑日益貴，禮日益賤，禮日益迂，刑日益智，於是天下殆矣岌哉。而當局者老而謝事，猶悶不知其端倪也，則闇莫甚焉。

　　"然則欲教敝州人習禮，在興學校。某生而蒙鄙，長而流宕，涉歷艱困，生廿七年，蹶而浮游於外者且十三年矣。亦習聞先父祖之義訓，知故老中亦嘗有樸學宗北宋、微言闡西京者。大抵近來學者不患其不揚乾嘉之餘波，而患其陳義蠱碎，著書浩博，一望璀璨藻繢，而尋其綫索，排比援引以爲奇特，特犄摭江、戴、孔、段、惠、錢諸老先生之唾棄糟粕耳。其所爲經學、史學猶稗販家，所謂金石小學猶搬運骨董家，所謂諸子九流之學猶鈔胥家。間有窮年兀兀，湛深好思者，亦終其身不知學之何用，不識截斷衆流，獨標真恉，此無怪揚子雲笑世人言通天地而不通人之爲伎也。

"今擬請公改置州城雙峰書院曰復性書院，取李習之篇意，其中應如何籌置經費、酌構橫舍、延主名師、撥給膏油各項，應廣募諸生入學肄習之處，出自鴻裁。其刊立規條，莫若一律依據程畏齋先生讀書分年日程，姑使嚴士講求義理之學，不惑於異端，不眩於枝説，不廢詞章而申明大義，不礙科目而養成大器。使人嫥一經，經嫥一義，經義既立，始十其人，十其義，久之且百其人，百其義，傳習既衆，文教大昌由兹。學校興則禮義明，禮義明則獄訟可息，獄訟息則風俗可復，使嚴人不入於刑而入於禮，此所謂禮肅則刑自化矣，兵氣何有哉？嚴人食福於公者厚且深，即公異時所食報於嚴人者積久且大顯。此固公之所日夜用心於此，某口頭語，即大府心坎中語也。

"學規如朱子白鹿洞規、陸子静荆門講約、劉蕺山先生證人會約，舉可彙用。韓退之《原性》、李習之《復性》三篇，亦須參用。師長必須得經明行修之人。肄業生大率四十人爲度，不及格則懸之，才能破格者則優廩之，並飭下校官保送優生科，及格而試屢劣等則黜之，例當黜而又有大不肖者則請於提學者褫之。月分兩課，課目上一期仍以四書義一首、帖詩一首，遇子卯午酉之年或遇特開恩科，皆添試五經義一首；下一期限試以經説、策論、帖賦，或歌詩、雜文，粗列五體。皆官師合課，鍵試如法。師長爲諸生講解經義、史事、小學、詞章之類，日有注記，月有程限，兩立簿目，其副簿於月終送與知府官及學官，悉心校覈。餘程大率準此，推廣言之可也。公行此，朞年政洽，三年化成。昔范文正公嘗知是州，後於知湖州日創立學舍，以胡翼之爲講師，目設經義、治事二齋，如兵農水火，各人分執一學，率多大成，至禮官擢第多學中人，號稱極盛。某愚且賤，雖不敢謬稱知公深者，然繼武文正，休風韜映，此實公意中事也，幸垂察焉。

"坿上道光廿四年前提學侍郎吳縣吳公鍾駿牓示文，令鈔胥繕呈一分，其言雖沿習近人所謂漢學，然多採近儒著書，足資博聞。其條理亦詳贍,可於分年日程外參酌用之。狂悖之言,感荷垂知,無以詶德,謹鳴其淺見陋識,知於哲匠大師無當。語曰:'知治者執要,不知治者執末。'詩曰:'採葑採菲。'又曰:'詢於芻蕘。'惟明公鑒之。州人幸甚,小子幸甚。壬申四月廿有六日。

"再者,大公祖整頓書院一段公事,斷斷不可齒及賤子姓名一字。鄉縣學人多某父老丈人行,某無學無能,深畏人知,又畏名如虎。望大君子愛人以德,涵宥曲全之,更爲萬幸。珍感珍悚。又及。

"又,書院經費無著,或於各縣平餘項下公攤,或查勘各縣無主田畝充公,或添派考棚經費。總之,此題較爲重大,即以此瀆告中丞湘鄉公稟商一切,似無不允。蓋中丞係羅忠節公蘿山先生門下,闓其微元有扶持正學、淘汰人才之意。此在大公祖一力專斷,合下承擔也。此叩鑒宥。不宣。又及。"

三十日,代丁丙校定魏之琇詩兩卷。

《日記》:"代丁松生校重刊魏之琇詩上下卷五十六頁。"

案:魏之琇(1722—1772),字玉璜,號柳洲,浙江錢塘人。少孤貧,傭於典肆,力學成名醫。又好詩文書畫。有《嶺雲詩鈔》、《柳洲樂府》、《柳洲遺稿》、《續名醫類案》、《柳洲醫話》等。

五月初一日,代丁丙校定奚岡詩三卷。

《日記》:"代松生校重刊奚鉒生詩三卷四十頁。"

案:奚岡(1746—1803),原名鋼,字純章,又字鐵生,號蘿龕、鶴渚生、蒙泉外史、蒙道人、散木居士、冬花庵主等,安徽歙縣人,寓居杭州。爲"西泠八家"之一,精於書畫,兼擅篆刻。有《冬花庵燼餘稿》、《蒙泉外史印譜》等。

初三日,往看淩瑕、周葆昌。錢振常來,同往看吳寶儉、寶讓昆仲。

《日記》:"往看子與、仁父。笹仙祠部來,同看蓮專、農山。歸局,病發。"

初五日，出門拜節，楊鐸、李祖望、高行篤、汪葵生等公讌。

　　《日記》："輿出門滿拜。石卿、賓嵎、未遲、葵生全公讌。歸局。"

初六日，往訪淩瑕、周葆昌、淩仲桓。

　　《日記》："走之城南看塵遺、仁父，往看仲桓同年、荇查。"

初八日，晤齊玉溪。同楊鐸、李祖望、高行篤遊梅花嶺。

　　《日記》："飭訖晤齊翁玉溪，翁已七十。同石、賓二叟、未遲出城梅花嶺游，還過蓮專、農山兄弟。食啖已，復過齊叟。"

初十日，劉恭冕、嚴崇德來訪。

　　《日記》："叔俛來，雋雲來。"

十四日，往詣楊鐸、李祖望談，久之回寓。

　　《日記》："夜詣石卿、賓嵎二老人快譚，二鼓回寓，彈琴且歌。"

十六日，董對廷邀至城東賞荷花，同人至者甚多。

　　《日記》："策三拉至城東賞荷花，賓嵎、石卿、研山、菊人四叟、叔俛、延祖兩明經，子與、蔣幼節新來，咸會。農山來。"

十八日，同高行篤出門訪友。楊鐸以孔子、老子相見畫像見詒。

　　《日記》："同未遲出門看吳君協心、鄭君棠、淩先生牧庭、淩兄瑕、周君葆昌，歸局。石卿翁遺孔子、老子相見畫像一張。"

十九日，蔣節來，述及龔橙近狀，因有所感。

　　《日記》："幼節來，見之，談次述及龔上海耗狀。余憶戊辰譚仲修作書與予，言上海自實身百尺樓上，予笑答言，此君自處非百尺樓，並非易京樓，乃新北門外大馬路前年久坼毀之危樓耳。予今思此言有理，故追錄之。於虖，士君子之立身行己，可不深思而慎處之哉，惟慎於小，乃能勇也。"

　　案：蔣節（1844—1880），字幼節，號香葉，上海人。諸生。張鳴珂《寒松閣談藝瑣錄》謂其"工詩，善八分，精篆刻，受業於莫子偲先生友芝。又能作花卉，疏秀有致"。客遊蘇浙間，卒於吴門。有《安寨劣齋詩鈔》六卷、《安偍齋詩集》四卷、《安偍齋文集》二卷。

二十日，偕凌瑕上五臺山，晤邱心坦等。

《日記》："同子與上五臺山看邱履平、徐金波、楊松齋，履平以文就正於余。下山入城，歸寓。"

二十三日，咽喉痛，力疾作《詩說》贈邱心坦。

《日記》："咽喉疼甚，力疾作《詩說》一首千餘言贈邱履平，作贈琴丈詩二首。"

二十四日，同李祖望、楊鐸、董對廷、高行篤入市茗談。

《日記》："賓、石二叟，策、遲兩君全入市水厄。旋歸局，瀏覽《全唐文》內白文公一集，所撰誥勅絕佳，《動靜交相養賦》出入釋老尤佳，《三教問答》亦明辨。"

二十五日，許廣成來看喉痛。次日晚董對廷招飲，以喉痛不能食，頗苦。

《日記》："許知事廣成繼賢來爲予看喉中生蛾苦難藏，是日不能進飲食。夜策三招同賓嵋、石卿、芝巖、龍溪、卡遲、葵生、子久讌，予有口饞涎，不能食啖。"

三十日，董對廷招飲，復同楊鐸、李祖望、鄭嵩齡、高行篤等人茗談。

《日記》："策三招同賓嵋、頤園、芝巖市飲。歸王家園餞訖，石、賓兩叟、芝巖、策三、卡遲水厄。蓮勇拉同子藩出天甯門爲梅花嶺之游，歸局。"

六月初七日，作嚴州府創置書院例十條。

《日記》："謹撰録本州創置書院十大例。"

《袁氏續正論》外篇《本州創置書院十例附記》："一、書院必祀先師。山東無論已，若關中祀張子，泰州祀胡翼之，黔祀朱子，道州祀周子，閩中亦祀朱子或延平李先生，洛中祀二程子、司馬文正公之類是也。其鄉無先師，則必求先賢而祀之。院後別置十賢祠，祀范文正公仲淹、張南軒先生栻、袁公樞，以上係名宦。皇甫氏湜、喻氏樗、倪氏天隱、方氏逢辰、商文毅公輅、姚文敏公夔，以上鄉賢。莊先生光。流寓。主用栗，高一尺二寸，石函一。或用木，高一丈二尺。春秋官祭，朔望山長諸生行一跪三叩禮，謂之十賢。

"一、書院構造屋二十四楹，象法二十四氣也。肄業十間，每間住二人。山長五間，庋藏經籍二間，祠五間，會客廳事一間，門者一間。祠內刊刻朱子、劉蕺山先生規條嵌壁。

"一、肄學生員、坿學生員或秀民，一例收入。在籍已未截取進士、舉人、各項貢生、國子監生，皆准其入學肄習。此外有在籍候選、致仕、請假、革職各京外官，願入院講學、辯難、問業者聽。

"一、肄業額設四十人為率，人月給廩貲三千，合足大泉一百二十千，歲終計之合足大泉一千四百四十千。肄業生中特設齋長二員，月給錢十千，合二百四十千。小疑難問齋長，大疑難問師長。山長束脩按月饋三十千，合三百六十千，火食節送在內。立法如此者，緣太嗇則名師在遠，延之不至；太豐則恐有力無恥之大紳營求山長缺也。

"一、延請山長，行鈞則以博學，博學鈞則以能讀北宋六先生書周、邵、二程、張、司馬。及朱子全書者。如山長不能為功令之文及辭章雜文者，則另派學官閱卷甲乙，呈請山長更定。

"一、書院例購庋經籍，見在經費掣肘，無力措辦，大約先仿程先生讀書分年日程一一購買，續遵乾隆中純廟欽定四部目錄擇要收藏。詳於甲乙，略於丙丁，院祠起樓庋之。飭監院於每年春三月、秋七月兩次謹率諸生打晾，照式收好。庋書先置四大梜，首甲次乙次丙次丁，以次分別收藏。山長及諸生借書，白監院注簿。官紳概不許借，准其在院中檢閱傳鈔，仍不准攜書出院。立限繳還，檢閱者限十日，傳鈔者限一月，皆注簿。

"一、學規既一律仿照程畏齋先生書內所採之朱子白鹿洞規,程、董二先生學則矣,外復採蕺山劉忠介公證人社約、會戒、會儀共十六條,俱刊石嵌壁。

　　"一、書院置朔望兩課,自正月至十一月二十課,六月、十二月放假。課上一期四書義一首、帖詩一首,遇子午卯酉之年添設五經義一首;下一期帖賦一首、表判策問一首、論説一首、經解一首、雜文歌詩一首,謂之五體。官師合課,鍵試如法,監院注簿。獎銀另核議。山長開講,五日爲一微,故定五日一開講。諸生輪日聽講,亦監院注簿。簿二,一月終送呈山長,一月終送呈知府官,皆還歸監院敬謹藏之。歲終造册,甄別諸生,入劣等者出院,准其投考,來年正月再甄別。

　　"一、書院大小事件,飭令學官無拘正副,擇一人掌筦曰監院,酌給薪炭開支,外給鈔胥、院役、火夫、門者各一名。頒刻復性書院監院鈐記一顆。監院報府用申文,府下監院用札諭,遂令丞尉用移。知府官應屈爲書院提調,總裁其事,責至重也。

　　"一、例議既成,續議應增條款者聽。其建德、桐廬、淳安、遂安、壽昌、分水各該縣願設立分塾者,遵照辦理。

　　"同治十有一年龍集壬申冬十有一月□□□吉日壬寅,知府事上元□□□敬謹刊刻上石。"

十六日,應寶時書來,以《陳同甫全集》見贈。

　　《日記》:"得應布政使永康先生復並惠寄《陳同甫全集》一部,當作謝箋。"

十九日,揚州地震,次日成《地震詩》一千二百餘言,中多刺時感事語。

　　《日記》:"是日初昏時揚州地動。"二十日:"作《地震詩》一千二百九十三言。"

　　《漸西村人初集》詩四《地震詩》序云:"同治十一年六月壬申夜,維揚地震,連延數州。先是五月甲申朔,日有食之,凡疇人推日食非正陽之月不爲菑,故予默也。踰月復有地震之異,則爲菑矣。時客揚州，作是詩。"

二十四日，與汪葵生招同人飲。

> 《日記》："夜葵生招同子久、龍溪、朩遲、開山、石卿、賓老夜讌。"

二十五日，至天甯寺答謝許廣成，並晤真修和尚。還，與楊鐸同訪凌瑕、周葆昌。

> 《日記》："出城之天甯寺答謝許繼賢，並訪住持真修。還與石叟訪子與、仁父。復之北大柳枝巷同蓮專共飪訖，聽戲。還看黃伯熙、桂生，歸寓。"

二十六日，重編藏書目録。

> 《日記》："重編藏書目録。"

二十七日，薛時雨書來，並寄來薛春黎律賦刊本。

> 《日記》："得師丈江寧書，並寄來外舅律賦刊本五部。"

二十八日，楊鐸招飲，高行篤、凌瑕、蔣節、彭介人在座。飯後與人口角，既而悔之。

> 《日記》："石叟招同朩遲、子與、幼節、歷城彭介人共六人飲啖。餔後與人角口忿懥，幾至誤毆之，暮歸，悔之。"

二十九日，世紀公生忌日，設祭。

> 《日記》："府君於是日五十生忌，家祭。"

七月初二日，入考院，遇柳興恩。

> 《日記》："入考院，遇丹徒柳先生興恩，字賓朩，又字潤江，年七十八歲，壬辰舉人，曾爲句容校官，著《穀梁説》百萬餘言，大學士儀徵阮公爲之叙。"

> 案：柳興恩（1795—1880），原名興宗，字賓叔，一字潤江，江蘇丹徒人。道光十二年（1832）舉人，受學於阮元，初治《毛詩》，作《毛詩注疏糾補》。以毛公師荀子，荀子師穀梁，《穀梁春秋》千古絶學，乃發憤沉思，成《穀梁春秋大義述》三十卷，阮元爲之叙，並助以梓行。此外著作尚有《續王應麟詩地考》、《群

經異義》、《説文解字校勘記》、《宿壹齋詩文集》等。

初三日，作贈柳興恩詩。

　　《日記》："作贈柳先生辨學術詩，訪之，已渡江，留書相示。"

　　案：《漸西村人初集》詩四有《贈柳賓叔先生興宗》，即此詩。

初五日，與同人預祝楊鐸六十壽誕，集平山堂小飲。

　　《日記》："柘塘居士預祝石叟六十壽，招同策三民部、賓嵋學博、朱遲大使、悟真和南泛舟游蜀岡，悟真不至。同集平山堂飮，雪杭、靜熹二息心在焉。餔後開舟，由蓮性寺、桃花龕、虹橋舊路而歸。入城，又之玉帶巷，旋歸寓。此游樂不可支，大似吾省西湖氣色也。"

初六日，淩瑕招讌，赴之，楊鐸、高行篤、吳璜、蔣節在座。

　　《日記》："麈遺招同石翁、朱遲、禮北、賓嵋、幼節夜讌賞雨，遲賓翁不至。"

初七日，與高行篤、董對廷、楊鐸、李祖望、吳璜讌集。

　　《日記》："朱遲、策三、賓、石兩叟、禮北讌集。"

二十三日，招同人飲於市。

　　《日記》："招小江、子與、策三、賓嵋、石翁、朱遲、阮景森、蔣生酒肆小集，阮九不至。"

二十七日，上浙撫楊昌濬書，論漢宋之學，揚宋而抑漢，頗貶斥乾嘉諸老，而歸心義理之學。

　　《日記》："答巡撫楊公書二千言。"

　　《袁氏續正論》外篇有《答撫部湘鄉楊公書》，即此篇。

八月初三日，登舟行，將返全椒。

　　《日記》："與朱遲飮訖，過子與別，石、賓二叟送行，開船。"

初五日，抵江寧，拜見薛時雨。

　　《日記》："辨色即起，渡黄天蕩，見輪船煙氣作獸形，甚惡之。已渡江，見江介榜曰'禁止輪船駛入夾江'八字，甚喜。大吏能知江禁，苟由是擴而充之，徼吏亦能知立海禁，則善矣。未刻抵江寧省城，見師丈。二鼓開城回船，發病。"

初十日，謁辭江寧師友，登舟行。

《日記》："送子高行。辭別劉功父兄弟。謁辭少司寇六安吳公，久坐，論西北邊患情形。謁辭鹽法瑞安孫丈、中頌同年，同餕迄，陪游復園。晤余雅坪、邵子晉。寄未遲揚州信。回書院辭師丈，晤趙敬父、楊筊蘭。登舟，開至下關宿。"

十三日，抵全椒寓。

《日記》："酉刻抵全寓。"

九月初三日，訪曹寶德，同至吳山尊舊宅廢址。

《日記》："餕迄四訪曹潤齋寶憙書塾，同行，緣西溪，經吳山尊學士達園廢阯。潤齋言：'山翁初搆園中水石臺樹之屬頗草草，人叩其故，答曰：吾不過借此娛樂，及身度可支十年，付兒孫容易坼賣耳。'蒙語曹君：'學士之言甚非也，類曠達語，似晉人宗莊，廓落牆壁而不成堅凝之器。晉多亡國之臣，猶之乾嘉號稱全盛，而多生末世之儒，此輩爲蝥賊也。聞之前人云，商周彝器尊洗之屬皆有銘，銘皆有"子子孫孫永寶用"字樣，古人何不達觀之甚哉？蓋天下事事皆須盡吾分所當爲，守吾器所不應捨。身亦器也，使器可捨，身亦可捨，身可捨則彝倫、五行、五事、官骸、性命皆可捨。捨身不已，又將捨心，心地既筦攝不住，其不踰檢蕩閑而流入於放僻衺侈者幾希矣。此如梁武之於同泰然也。此等人，無論使之尊而爲臣，卑而爲民，智而爲儒，其根本心地先受蠹濕蟲傷，爛去大半，而欲其枝枝葉葉發之爲言語，約之爲行事，求其質實而不大悖乎道，是猶摘樹上腐果而求其核中之仁也，亦瘠遠矣。又聞桂林陳文恭公宏謀訓其屬吏，言居官雖五日受代，亦必以百年之心處之，俾可盡心殫力，不稍存自私自便之見，則於地方事情有益。如使人人視官舍如傳舍，則朝廷安所得百年不去之官而處之。語記不真，其意大段如此，此可以痛藥曠達者之病痛,譬諸大義覺迷耳。'"

二十八日,送內弟薛葆榤府試。

《日記》:"送慕淮之滁州科考。"

十月初四日,乘車行,薛夫人爲誦前人詩贈行。

《日記》:"拜辭影堂,乘小車行,宿滁州界。山妻贈行,爲誦前人詩曰:'丈夫非無淚,不灑別離間。'予茫然不知出處,既乃檢得係陸魯望詩。"

初七日,抵揚州。

《日記》:"到揚州,昏黑入城,下榻地官第書局。行路辛苦,筋力勞頓已極,彭雪琴侍郎詩云:'欲除煩惱須忘我,歷盡艱難好做人。'言之有味。"

初九日,作函致丁丙,贈以李兆洛《輿地韻編》。

《日記》:"寄丁松生杭州書,以李申耆《輿地均編》八册餽之。"

十一月初五日,李祖望來,以藏書目見示。

《日記》:"賓翁來,以藏書目惠示,所收國朝經學、小學家言甚夥,內有黟人王謨輯《漢魏遺書》絕佳,皆隋《經籍志》所著目而亡佚者。"

二十日,李祖望招飲,高行篤、芮薌南、梅毓在座。

《日記》:"夜賓翁招同叔遲、薌南、延祖飲。"

二十一日,高行篤招飲,李祖望、梅毓在座。

《日記》:"叔遲招同賓嵋、延祖晚飲。"

十二月初九日,高行篤招飲,李祖望、金醍在座。

《日記》:"夜叔遲招同賓嵋、仲和飲。"

十三日,與高行篤、梅毓、李祖望共飯。

《日記》:"叔遲、延祖、賓嵋共飯。"

十六日,啓程返全椒。

《日記》:"起程。"

二十一日,抵全椒寓。

《日記》:"抵家。"

本年正月至十二月,爲揚州書局校寫《禮記注疏》。

《日記》正月:"初二至十一無記。計鈔殿本《禮記注疏》卷五,得三十四葉。"正月二十一日:"録《曲禮疏》三紙。"正月二十七日:"寫《禮疏》三紙,卷五畢,計共四十二葉。"二月初九日:"寫注疏二紙。"二月十四日:"繳《禮記注疏》卷四《曲禮下》四十二葉。"三月初七日:"繳《禮記》卷五《曲禮下》正義寫樣廿葉。"三月二十九日:"繕繳《禮記注疏》卷六《檀弓上》三十七葉。"五月初七日:"繕繳《禮疏》卷廿六《郊特牲》二十葉。"六月初十日:"繕續《郊特牲記》注疏廿六卷,計廿三頁,又《内則記》注疏廿七卷計廿一頁。"八月初三日:"繳《禮記》卅四《大傳篇》廿一頁,又《禮疏》廿七《内則篇》續繳七頁。留至九月初二繳《禮疏》卅五《少儀篇》四十二頁。"十二月初三日:"繳《禮記注疏》卷四十二《雜記下》凡二十八頁。"十二月十五日:"續繳《禮記疏》卷四十三《雜記下》廿六葉。"

編年詩:《詠沙土園近事》、《詠大劍州仁山驛丞》、《預栽花木待春風》、《牙牌贊》、《攀不倒贊》、《讀海州邱履平詩》、《題朱竹垞毛河右兩先生合像》、《答野航上人》、《元太保劉秉忠回文鏡歌》、《胡蘅洲老人以茅舍研經圖索題》、《午睡》、《濯足》、《盆山種松》、《清溪謡》、《卜居》、《雲變化》、《劉石庵相國有談禪雜咏戲和其八題》、《婺源齊翁年七十餘矣昨游焦山用坡公金山詩韻作詩示予因和之》、《又和游金山》、《太山秦刻石殘字橅本題後》、《霍山一首上致仕少寇吳竹如先生》、《敬觀射陽湖石門畫像拓本》、《浯溪頌》、《次韻方子箴都轉重建平山堂落成之作》、《地震詩》、《汪鋆黃山圖》、《贈柳賓叔先生興宗》、《海雲長老以種瓜圖屬題》、《過四源溝楊石卿大令鐸時監稅於此》、《梁巘執筆歌》、《調真然長老》(佚)、《琴頌有小叙》、《桐綿》(佚)、《桐乳》(佚)、《題齊翁玉溪七十歲豔

禪小像》（佚）、《贈道州編修何子貞太年丈》（佚）、《昌黎薦士詩》
（佚）。

編年詞：《菩薩蠻》（佚）。

編年文：《書吳宓師機所著理瀹駢文後》、《平山堂游記》、《博戲
具銘》、《誠自不妄語齋銘》、《上宗嚴州乞創置復性書院書》、《詩
說贈邱心坦》、《江陰蔣鹿潭塡詞續刻叙》（佚）、《形箴》、《形箴乙
篇》、《名箴》、《石鼓文跋》、《禋於六宗解》、《良知論》（佚）、《竹醉
賦》、《公伯繚不當復祔祀議》、《齊翁玉溪七十歲豔禪小像贊》、《商
城楊宓書侯青甫金縷曲塡詞幰子題辭》、《乞畫經》、《辛壬之間文
初編自叙》、《刑爲兵之大兵爲刑之細論》、《與道州何編修書》（某
聞良磁雖利）、《詣瑞安孫鹽法丈上地震詩啓》（比者日蝕地震之
變）、《平山堂碑》、《答撫部湘鄉楊公書》（辱損鈞函）、《答永康應
公書》（前得惠函，珍逾拱寶）、《爲汪研山題黃山册子》（佚）、《易
虞氏注駁議二條》、《本州創置書院十例》、《廣元次山義》（佚）、《留
侯武侯論》（佚）、《三老五更解》（佚）、《賦學源流》（佚）、《太史
奏黃雲扶日賦》（佚）、《擬黃山谷演雅》（佚）、《南康謝君儷體文叙》
（佚）。

　　【時事】《申報》創辦。輪船招商局成立。陳蘭彬、容閎率
第一批幼童赴美留學。

　　曾國藩卒。

同治十二年癸酉（1873），二十八歲

正月十六日，全椒令鄭襄招飲，偕薛葆榑同往。

　　《日記》："贊侯大令招飲，偕慕淮内弟往，江夏陳藝山茂才
在座，二鼓歸草堂。"

　　案：鄭襄，字贊侯，湖北江夏人。曾遊高均儒之門，工古文
辭。由拔貢保至知縣，歷署全椒、涇縣、歙縣等令。改官湖南，
署甯鄉縣令。有《久芬室詩集》。

十九日，暮訪鄭襄，偕薛葆楳同在縣署飯，相與暢談。

　　《日記》："薄暮往訪鄭君，以將赴復集告之。偕慕淮、藝山
同飯縣齋。君方受代將去，乃相與揚搉古今，崇論閎議，豪無得
失喜慍之心形於顏面，君不誠皛然明白丈夫哉！鄭君述合肥徐
子苓異夫之才，藝山述祥符沈源深樹梅之爲人。又言艮峰先生官
京師，屏絕餽遺，同寮講學做喫糠會。"

二十二日，至復興集謁見薛時雨。

　　《日記》："騎赴復興集謁見師丈。"十二日："師丈來縣。"

二十六日，同治皇帝親政典禮成。

　　《日記》："朝廷親政大禮成。"

　　《清實錄·穆宗毅皇帝實錄》同治十一年（1872）十月壬午：
"奉慈安皇太后、慈禧皇太后懿旨，欽天監奏遵旨選擇吉期一
摺，皇帝親政典禮，著於明年正月二十六日舉行。所有應行事
宜，著各該衙門敬謹豫備。"同治十二年（1873）正月丙午："上
親政，率王以下大學士、六部、九卿詣慈甯門行慶賀禮。"

二十七，賀從內弟薛葆楹新婚。

　　《日記》："賀飴澍公子新昏。"

二月初二日，謁外舅薛春黎墓。

　　《日記》："騎赴盧、梁、趙，謁淮生外舅墓田。"

初七日，鄭襄來訪，同之寶林寺談。晚又往訪鄭襄寓齋，觀所藏
詩文。

　　《日記》："贊公見過，復同之寶林寺小憩，緣溪歸舍，遂
散。君言在皖帥府中頗受人擠排難堪，爲之歔惋。又言處世之
難，稍有得意，群詆爲夤緣，與世齟齬，又嗤其迂妄，竟至無適
而可，當此之時，惟有方寸義利之辨，嶄然不動耳。僕聞此言
深敬服，此即莊子'不知乎，人謂我趎愚，知乎，反愁我軀'之
說耳。心有主，則笑之譽之皆不足以爲病矣。贊自署民傭，僕
應之曰：'此柳州語薛存義意也，天傭則不可思議矣。'夜赴贊

公齋中談,觀喬鶴儕河帥_{松年}詩,楊詠春_{沂孫}篆《説文後叙》,二鼓歸。"

初九日,鄭襄來,與薛葆榶同邀至寶林寺談,述高均儒事。

《日記》:"贊翁枉過,偕慕淮邀共寶林寺譚,暮歸舍。得贊翁答詩。贊翁述閩縣先師喪四子行信,哭之慟。鄭襄問故,曰:'大功輟業。'既而思不學則方寸無所約束,又曰:'大功誦可也。'"

十四日,鄭襄來辭行。

《日記》:"湛侯大令來辭行。"

二十五日,登舟行,將之揚州書局。

《日記》:"辭家登舟。離思殆不可耐,取《抱朴子》排悶,未數頁,以其書多自私自利之見,厭棄之。舟中讀杜詩,作字二紙。"

三月初一日,抵揚州,入城晤諸友,聞戴望卒訊。

《日記》:"三月己卯朔,入城,晤叔遲、策三、龍溪、子久,知子高於二月廿六辭世,不勝驚悼。其撰述未刻者有《筦子校正》、《顏氏學記》、文集、《中鳴集》,未成者有《三代名器記》、《古文尚書考》、《荀子校本》。其學術湛深於陽湖大小莊,而其未竟之志則以顏習齋、李塨爲師。戴君言孔撝約年三十五而死,遺書自足傳也,君年亦三十五耳。"

繆荃孫《續碑傳集》卷七十五張星鑒《戴子高傳》:"君姓戴名望,字子高,浙江德清人。父某,舉人,母周氏,中孚先生女也。周先生深於漢學,爲詁經精舍名宿,君之學淵源於是。年若干,爲縣學生,一赴秋試,遂棄舉業。好讀先秦古書,游長洲陳先生碩甫之門,既從宋于庭先生爲莊劉之學,皆兩漢今文也。……兵燹後,當事開書局於金陵,延君校勘,所刊《穀梁》、《毛詩》、《後漢書》皆出君手。……君生平不作徒隸書,點畫悉本小篆,見者以爲江氏艮庭復生。……癸酉正月朔,偶感微疾,夢故友招之去,自知不起,二月二十六日歿於金陵書局,年三十七。"

莊棫《蒿庵文集》卷八《戴子高墓誌銘》:"嗚呼哀哉,子高歿時,年三十有五。……嘗爲曾文正公招至金陵書局,後遂歿於江寧。其友凌霞子與歸其喪於湖州,葬於某山之原。"

初二日,偕高行篤往訪凌瑕。

《日記》:"偕叔遲往過子與。"

初三日,李祖望、梅毓來。

《日記》:"賓嵎老人、梅延祖來。"

初九日,爲李祖望撰《宜室銘》。又撰祭戴望文。暮過訪齊玉溪,獲觀劉熙載來札,中有道及公語。夜吳寶儉招飲。

《日記》:"賓老屬爲《宜室銘》,又撰《祭子高文》一通。偶閱影宋本《棠陰比事》。暮過玉溪老人,獲知興化鎦先生近與老人書,因索觀之,中有云:'礎秋素有學道之志,可惜多發牢騷,近來老兄見之,儻能進於從容澹靚一路上乎!'蒙聞興化此言,大是感激,從容澹靚四字,是爲賤子病根對症發藥。古今有道微妙難識之士,不必師友觀感而自能從容,不必書籍約束而自能澹靚。予則雖以師友扶掖,而究不從容,雖以禮法約束,而究未澹靚,此大病也,亦不善養血氣之故耳。血和氣平,則諸病去矣。夜禮園世兄招同管樂才叔、湯敦之、丁讓之、茅涵齋、季梅先等飲,謳者四人。始識管君,晉壬甥也。二鼓歸。"

十一日,詩集第六卷編成。

《日記》:"山人詩弟六卷編成。"

十三日,往訪李祖望、梅毓。偕吳璜、高行篤過訪張維嘉,見姜宸英所作進御詩文。

《日記》:"暮過賓叟,又過延祖。"十四日:"昨偕禮北、叔遲在穎仲齋中見姜湛園宸英爲編修時進御七言律詩八章、序文一首,泥金簡,簡六行,每半開三行。行十囗字。聖躬等字雙抬,皇太后慈輦等字三抬。末書職銜臣某恭進,進字單抬。"

二十日,題署龔自珍文集,以其文狂怪蕩檢爲不足貴。

> 《日記》:"大署仁和龔禮部文集,始以禮部爲文中之袄,又曰定公富於狂慧,舞智以御道,而無忠信,五行無土,閏氣浸淫,不足貴也。予懼後人爲其所惑,故揭櫫如此。"

二十二日,往訪楊鐸。晚高行篤招飯,楊鐸、李祖望、吳璜在座。

> 《日記》:"訪石翁。閱孫淵如糧儲詩、張茗柯編修文。二十日不得家書,焦灼萬分。夜叔遲招同石翁、賓老、禮北飯。"

二十五日,柳興恩來訪,不值。

> 《日記》:"丹徒柳先生賓叔,年七十九矣,枉見過問,不值,歉歉。住多子街鼎泰店。"

二十六日,濟川和尚招於梵覺寺吃素齋,魏源之子魏耆、海雲和尚、吳璜在座。

> 《日記》:"濟川招同邵陽魏剛己耆、默深先生之子。海雲、禮北喫齋,集梵覺寺。"

二十七日,汪鳴鑾、柳興恩來。

> 《日記》:"汪編修鳴鸞來,柳先生來。"

四月初三日,董對廷招飲,飯訖與其同往答拜汪鳴鑾。又過訪吳實儉。

> 《日記》:"策翁招集酒肆。偕策三往答汪柳門編修,又過禮園,暮歸。"

初五日,董對廷招同汪鳴鑾、孫雲樓小集。

> 《日記》:"策三招同柳門、孫君雲樓集酒肆。"

初六日,往謁孫衣言不值,過訪魏耆。

> 《日記》:"往謁孫提刑不值。過魏剛己。"

初七日,汪鳴鑾辭行。

> 《日記》:"柳門辭行。"

初八日,謁見孫衣言、方濬頤。

> 《日記》:"謁見孫提刑、方轉運。"

初十日，校理詩集第七卷。

    《日記》：“治詩庚。”

十三日，李祖望招飲於半畝園。

    《日記》：“賓翁招同策三、叔遲、良父兄弟、子久餕於半畝園小榭。”

十五日，過訪趙熙和、芮薌南。

    《日記》：“過趙小山、薌南，歸局。”

十六日，啓程返全椒寓。

    《日記》：“以事還寓，心神栗六。”

二十七日，徐宜人冥誕日，設祭。

    《日記》：“先慈冥誕吉祭日。”

是日起，閲薛春黎日記，有所摘録。

    《日記》：“偶閲淮丈日記，間有俊脆語可資談塵排悶者，録之。”

五月初二日，閲包世臣《藝舟雙楫》，服其著論之精。

    《日記》：“閲《藝舟雙楫》竟，此老雖係雜家者流，然著論甚精。”

六月十九日，行抵揚州，得楊昌濬書、孫詒讓書。

    《日記》：“抵廣陵。得湘鄉公賜書、中頌書。”

二十日，晤李祖望、芮薌南、吳尚先。

    《日記》：“晤賓老、薌南、尚翁。”

二十三日，李祖望招飯。吳寶儉、寶讓兄弟招飯，阻雨，宿於其家。

    《日記》：“賓翁招餕。大雨三四犁。禮園、農山家夜餕，阻雨不得歸。”

二十六日，得孫詒讓書，以薛季宣《浪語集》見贈。

    《日記》：“得中頌皖中書，並惠《薛浪語集》一部。”

二十九日，高行篤招飯，董對廷在座。

    《日記》：“叔遲招同策三農部餕。”

閏六月初一日,晤諸友。

　　《日記》:"答候莊、湯。晤楊性全,又候塵遺,晤温次言、凌
鶴摯。又候薌南。至暮觸熱而歸,支體倦甚。"

初三日,李祖望、凌瑕來訪。

　　《日記》:"賓翁來,塵遺來。"

初四日,送董對廷行。以《兩淮票鹽志略》贈吳寶讓。

　　《日記》:"送策三歸高郵。……以《兩淮票鹽志略》一函歸
農山。"

初五日,睹吳氏所藏《天發神讖碑》。

　　《日記》:"是日睹吳廷颿家所藏《天發神讖碑》,俗云三段
碑,云吳皇象書者,誤也。"

十三日,屬高行篤題署《吾學録》。

　　《日記》:"蒙嘗苦《會典》難讀,以叩陶君模,答曰:'《吾學
録》一册足矣。'今始得兹録,乃屬遲翁署册,凡六,曰'不學禮
無以立',志願學之意也。"

十四日,王政敏、劉蔚來訪。

　　《日記》:"寶應王樹軒政敏、劉嵐溪同年蔚來。"

十六日,過芮薌南談。

　　《日記》:"夜過薌翁譚,甚鬯,乘月歸,澄晶若晝光。"

二十一日,過李祖望談。

　　《日記》:"暮過賓老園林談,歸寓。"

二十二日,李祖望、楊鐸來訪。

　　《日記》:"賓叟暨石卿老人枉存。"

二十三日,楊鐸招飲市肆。

　　《日記》:"石翁招酒肆小集。"

二十五日,高行篤招飯,楊鐸、李祖望、汪葵生在座。

　　《日記》:"叔遲招陪石翁、賓老、葵生夜飭。"

二十八日，黄鞠人招同楊鐸、李祖望、高行篤遊天甯寺，李祖望邀同人爲公餞行。

《日記》："鞠人招同石翁、賓翁、叔遲城北天甯寺游，畫舫朱簾，顧盼樂甚。……賓老招同石卿、叔遲、鞠人、研山、葵生餞讌。"

二十九日，淩瑕餞行。

《日記》："麐翁餞行。"

三十日，楊鐸邀與同人遊諸名勝，並於平山堂爲公餞行。

《日記》："石卿先生招同賓嵎、研山、鞠人、叔遲游蜀岡平遠樓、第五泉、法浄寺、冶春詩社、小金山、風臺月榭、蓮花橋諸勝，枉荷餞讌，飰於平山堂。暮回舟，由舊路回城。"

七月初一日，汪龍溪餞行。歸辦裝。

《日記》："龍溪招同諸公餞行。收拾行李，不覺疲勞已甚。"

初二日，偕高行篤登舟行。

《日記》："偕叔遲登舟，二十里至三汊河宿。"

初六日，抵蘇州，晤吴恒、朱之榛。

《日記》："初六，抵吴郡，晤吴君仲英、朱君竹石。"

案：朱之榛（1840—1909），字仲藩，號竹石，浙江平湖人。以蔭授官，由同知歷仕至淮揚道，先後署督糧道、按察使、布政使等。有《新安先集》、《常慊慊齋文集》等。

初七日，入城謁見應寶時，與馮錫綬、沈味畬同飯。晤劉履芬。晚朱之榛招飲，晤吴以同。

《日記》："入胥門謁見應提刑，留與子若、味畬兩同年共飰訖，回船。晤劉泖生。竹石太守招讌牙齋，二更出城。晤勤伯。"

初八日，舟發蘇州。聞杭州有一士人謗己，甚愠怒。

《日記》："發吴郡，四十五里至吴江，十八里至百尺浦，廿七里至平望鎮泊。杭中有一士子横肆誹謗，詆予乞大府鍥謝山《宋儒學案》爲强埘僞道學，可發大笑。諺云：'一犬吠形，百犬吠聲。’此册乃講漢學者所定,於荊公、蜀黨、永康三案各有所取,此士子未見其形,徒隨聲而吠,乃下狗耳。”

初九日,舟抵嘉興,遊煙雨樓。

《日記》:“八十里至嘉興,入城,苦其迫隘,覓知交不得,將興阻回船矣。途中忽遇曹、褚二公,做北道主人,爲烟雨樓之游。樓在南湖中,四面無際,大有佳趣。飲酒樂甚。北道主人非用光武語,予南人,屢贏而習北俗,不憙南食,故强名之北道主人也。呵呵,放筆一笑。暮歸泊處。”

初十日,謁見嘉興知府宗源瀚,時自嚴州府調任來此。

《日記》:“謁禾守宗公。”

案:宗源瀚(1834—1897),字湘文,江蘇上元人,祖籍四川宜賓。監生。以從軍經辦糧臺,由通判捐納浙江候補同知,後因功保舉候補知府,歷署衢州、湖州知府,補授嚴州知府。同治十二年(1873)調署嘉興知府,旋回任。光緒四年(1878)調甯波知府。十一年丁憂。十五年晉候補道,督辦浙江通省輿圖局,歷署杭嘉湖道。二十年,署溫處道、甌海關監督。有《國朝右文掌録》、《頤情館詩草》、《頤情館古文稿》等。

十一日,宗源瀚來訪。晤王月江、朱廷籲、石季威諸友。

《日記》:“監司宗公枉過。晤月江、味笙、季威石君。”

十二日,晤嘉興諸友人,入府署聽戲,並晤宗源瀚。

《日記》:“晤章伯英、鄺竹青。問陶招飲,同味笙、眉生舅弟。晤稼翁先生。至府廨聽戲,晤湘公。筱泉、竹青招飲。買照相。三更開城,筍轎回船。”

十四日,宗源瀚招飲於補梅閣,以《國朝名賢碑傳録稿略》索序。

《日記》:“湘文觀察招同叔遲、竹清、鄭蔚南餂於補梅閣。湘翁見示所輯《國朝名賢碑傳録稿略》,做《朱子言行録》例,索序於予。鄺小泉索題畫二十字。冒雨回船。”

十六日，抵杭州，宿丁丙宅。

《日記》："晡後抵杭州，自湖墅行步入城十餘里，先到菜市橋河下當歸草堂丁宅，晤竹舟、松生舅仲，夜話。是夜支體疲甚，不覺病發矣。"

十七日，訪譚獻不值，餽以《廣陵通典》及碑拓數種。

《復堂日記》："知袁爽秋、高叔遲自揚州來，見訪不晤。爽秋貽予新刻《廣陵通典》，又道光間出土之田伾及婦冀氏墓誌拓本、魏孟孺書聯、《說文統系圖》。"

十八日，謁見楊昌濬、秦緗業、王景彝，並晤王鶴潛、黃以周、施補華、譚獻、陳豪、胡鳳錦等人。

《日記》："齋邀謁見湘鄉公、秦都轉、王大令，並晤鶴潛世兄、黃玄同以周、施補華份、譚中義獻、陳藍洲豪、胡筱梅鳳錦。弔於唐宅、嚴宅，歸寓。"

《復堂日記》："爽秋又來過。"

二十日，譚獻、張預招飲，盧崟、錢振常、張鳴珂、沈景修、羊復禮在座。暮出城，登舟行。

《日記》："中義、子虞招同盧太史崟、錢祠部振常、張校官鳴珂、沈明經景修、羊主事復禮譔。暮出城，江干上航船，潮大至，輿夫幾墮水去。"

《復堂日記》："同子虞招雲如、笘仙、玉珊、蒙叔、辛楣、爽秋飲於蘇海堂，下稷客去。"

二十一日，舟次富陽縣，許廷詢招飯。

《日記》："次富陽縣，杭至此一百里。許丈廷詢邀飲。許七十歲人，日餌芝麻丸，行步如飛，貌甚豐，第眼微枯矣，亦異人也。"

二十二日，抵桐廬，晤從兄弟澍楠、振業、袁炯。

《日記》："舟行百里，抵吾縣。病愈，四肢尚疲軟。名山如故人，鸞翔鶴舞，磊磊落落，都到眼中，樂煞人也。晤從兄新之飛、榆垣珏,再從兄曦庭鶚。"

二十三日,訪宋斤談,乞爲占卜。

《日記》:"覓宋學官時樵先生,談笑暢快不可言。久不得家訊,念甚,乞時翁占卦,得《小畜》之'中孚',先生云大吉,方始放心。"

二十四日,謁墓。

《日記》:"下船,祭掃王官山父墓、戊子山始祖墓、巡檢司山祖墓、映潭塢曾祖墓、祖母墓、木篔頭大妹墓、師子谷曾祖母墓,夕挐舟歸厲。"

二十五日,拜桐廬縣令蕭文斌。

《日記》:"拜邑尊重慶蕭公,字聘三。"

二十六日,遊桐君山。

《日記》:"游桐君山,山勢懸陡。語山僧曰:'仙人所巢舊迹,宜搆一鍊丹臺以鎮壓百怪。'住持能奎留飭,飭訖下山。"

二十八日,蕭文斌招飲,王永錫招飲,皆赴之。

《日記》:"蕭大令文斌招同廖錫三、馮丞、趙玄牧夜讌。子穎復招飲,二更回。"

八月初一日,返杭州,仍寓丁丙宅。

《日記》:"晡泊九龍頭,乘筍輿入城,仍寓丁宅。"

初四日,送高行篤返揚州。

《日記》:"叔遲是日始成行,送之。"

初六日,偕譚獻、蔡鼎昌、陳豪往看試官入闈。又詣大兄澍楠、四兄炯試寓。

《日記》:"出門偕中義、子鼎、藍洲上街看試官入闈,熱鬧挨擠之至。詣大、四兄試寓,回寓樓。"

《復堂日記》:"藍洲、爽秋先後來,春疇來,同出三元坊,觀迎簾,歸。"

初七日，偕袁炯遊三忠祠及皋園，又訪沈景修、張玉山、張景祁、胡念祖昆仲。

《日記》："詣試寓。偕曦亭兄游三忠祠園池及皋園。皋園中杉、楓、銀杏三株是二百年物，樸束似古文。夫藤亦百年物，蛟虬屈盤可愛，池則涸盡矣。三忠祠蓼花甚盛，幾可爲杖，真游龍杖也。因共訪夢粟、玉山、少齋，復走晤張君蘊梅景祁、胡子怡昴仲。回寓。"

初八日，往貢院送考，晤諸友。午同王麟書、譚獻吃麵。夜肺疾作，徹曉不寐。

《日記》："貢院送考。晤王子裳、朱鎮夫、唐酉生、王葉臣、高白朿、俞少衡、鄭郎。同松溪、仲修午麵。歸寓，覽戴文節公詩終卷。夜肺疾大作，肝氣逆上，秉燭靜坐，徹曉不復能臥。吳仲英兄謂予肺氣耗損，陽分不足，六脈沈見，急宜調養，否則恐致中年多病。海蔉煮汁，或燕窠作粉麵皆可餌，以養微陽，清理金、木二藏。冬至後可煎熟地、薹蔉二味，加黃蓍鬻膏飲之。"

《復堂日記》："出過松溪，同出至貢院看點名，青雲街看書。遇爽秋，同飱面。"

初十日，暮至袁澍楠、袁炯試館晤談，讀其場作。

《日記》："暮乘月詣試館，讀新、曦二兄元作，更初回。"

十一日，得高行篤書，告以揚州書局薪水遲久不發。

《日記》："得叔遲吳中初九舟次書，知邗局薪項自五月訖八月遲久不發，生計日絀，此間所營又未即遂，頗有窘色。旋乃聽之，把卷習靜，歡然有餘。"

十二日，訪羊復禮、張景祁、高人驥，又晤許誦年。聞諸葛壽鬻卒訊。

《日記》："走晤辛梅、蘊梅、呈父。以事覓魯書辦先生不值，又趙四叔，已回里矣。又晤子曼。暮歸寓。辛梅言衢、嚴二州士習猥璅，而金華士人間有雄直之氣，如高山大川，予頗然其鑒別。聞諸葛榴生病故，予識時樵不減榴生，似爲過之，皆婺之良也。”

十三日，以近歲詩文請質譚獻，譚氏爲指陳得失。

《日記》：“與仲修商榷《續正論》雜篇得失，有中肯語。”

《復堂日記》：“過爽秋、仲英談，白叔亦來。爽秋出近歲詩文見示，稗販與罔誣皆有之，精處不可没也。予平生之言曰‘盈尺之綺，不以麻續’，爽秋其續麻者歟！”

十四日，詣從兄試寓。謁秦緗業、吳鑾、俞光祖。

《日記》：“詣兄寓。晤曙師姚子恒，乞姚三先生看病。謁澹翁、小坡，答少衡。”

十六日，丁丙招陪預試諸君飲。

《日記》：“松生徵君招同仲英、性之各預試諸君讌集。”

十七日，偕同人遊雲林洞天諸勝境。暮入城，赴許增招飲，觀影宋刻本《鄧析子》。

《日記》：“偕梅嶼、曦庭兩從兄，會者十人，同游雲林洞天諸邃勝，還憩孤山，迴棹。懷沈君崑生亡友，僕丙寅春嘗主其家，其墓田似在南一路也。是日餔於靈隱山門。薄暮入城，益齋翁招同吳仲英、陸稚松沅、宗載之得福、龔堯文泰封讌集，觀柳生影刻宋本《鄧析子》，二鼓回。”

十八日，詣試寓，晤桐廬來省預試諸人。又晤高人驥、裘英三。

《日記》：“詣試寓，晤同邑諸公，聽灘簧四齣。晤高呈父、裘質軒。回寓樓，未幾雨。”

二十日，送從兄回桐廬。晤吳以同、胡景曾。

《日記》：“送曦亭回桐邑，甚有離別之色，梅嶼先出城矣。晤勤伯、心薌。”

是日聞吳廷棟卒訊。

《日記》：“聞六安吳竹如先生病故，惜之。邸抄係閏六月朔日作故。”

方宗誠《竹如先生年譜》：“十二年癸酉，先生年八十一歲，閏六月朔,先生卒。六月二十七日晡,先生欲澡身,家人止之不可,勉從之。是夕發熱汗作,次日飲食如常。二十九日,復發熱痰涌,閉目無語,亦毫無痛楚。至閏月朔辰時卒。遺疏至,上震悼,特旨加恩照侍郎例賜邺。"

二十三日,晤唐酉生,索戴熙《習苦齋集》。

　　《日記》:"出門晤酉生同鄉,索戴文節《習苦齋集》。"

二十四日,是日王詠霓、汪葵臣、施補華、黃以周、許誦年皆來訪。秦緗業招遊靈隱山,暮歸寓,與丁丙、丁申昆仲夜談。又爲許增題畫。

　　《日記》:"澹如都轉招同春浦、雨生、子虞、琭安靈隱山游,饌於善慶堂,憩冷泉亭,暮入城。歸寓樓,共松生徵君舅仲夜話。爲鄒勘孫題《鴛夢盦填詞圖》,強作之。是日子裳、葵臣、均父、玄同、子曼枉過。"

二十六日,接薛葆楒書,知其得優貢。

　　《日記》:"得慕淮信,新得優科貢成均,可喜。"

二十七日,晤陳豪、譚獻談。

　　《日記》:"晤藍洲、仲修。"

　　《復堂日記》:"爽秋來談,藍洲來談,燈上去。"

三十日,得高行篤書,告以揚州書局將撤,同人已散,復之。謁秦緗業談。

　　《日記》:"昨得叔遲揚州十八日信,告邗局將撤,人已各散。凌晨復叔遲書甚詳。……走謁澹公,談久之,晤春浦、鶴潛而歸。"

　　案:淮南書局自同治八年(1869)創設,至光緒二十九年(1903)裁併入江南官書局。高行篤此信蓋憂慮之言,非實情也。

九月初二日,詣譚獻談。

　　《復堂日記》:"恒農、松溪、爽秋來談,暮歸。"

初五日，詣譚獻、陳豪，以駢文留贈。

《日記》："暮詣仲修、藍洲。"

《復堂日記》："今日爽秋以□□駢文貽我，又買得《太平廣記》新印本。"

初六日，遊皋園、孤山，過高驂麞昆仲談，共飯訖，仍回丁丙宅。

《日記》："獨游皋園、孤山，還過中瀛昆季邕談，因留共飪訖，二更回丁宅。"

初九日，與魏本存出遊，冒雨而返。

《日記》："同性之出游，冒雨而返。"

初十日，晤譚獻談。

《日記》："晤仲修，暮歸。"

《復堂日記》："爽秋來談，月上後去。"

十一日，晤胡鳳錦，譚獻適在。

《日記》："走晤筱梅。"

《復堂日記》："過子虞，未起，晤嘯梅、爽秋談。"

十二日，高行篤書來，言揚州書局裁汰冗官，分校則如舊。

《日記》："得叔遲邗上初七書，云邗局裁汰冗官廿八名，分校幸免池魚之厄。"

十五日，鄉試榜發，大兄袁澍楠、四兄袁炯皆未售。高驂麟、楊鴻元、姚欈中是科舉人。

《日記》："秋榜發放，梅、曦兄不售。嚴屬二人，八十、百十七名。徐國矩遂安、陳建常建德。知交惟高仲瀛驂麟、楊澹泉明經同年鴻元、姚厚齋明經同年欈，俱仁和人。作字一紙半。之高、戴宅道喜，共笆仙談久之回。"

二十日，陳豪來，言公書法之不足，並示以學書門徑。

《日記》："藍洲來，謂予書荒率太甚，點畫全不排勻，坐三望二，殊覺自占虛地。此言甚是。……藍洲又云某公言須一日臨帖，一日寫格，字方有進境，即《醴泉銘》亦可。"

二十二日,與王麟書同飯訖,往觀劇,遇朱衍緒、陶方琯、陶方琦、
譚獻等人。

　　《日記》:"拉松溪同飫訖,觀劇,遇朱鎮夫同年_{衍緒}、陶□□
同年_{方琯}、子珍_{方錡}、中義。還,謁高五丈於同善堂,昏明三刻歸。"

　　《復堂日記》:"飯罷與仲遠、鎮夫、子珍觀金玉部劇,遇松
溪、爽秋。散戲後同諸君查看薦卷單,尤爲藍洲、子鴻、新甫、蒙
叔、玉珊諸人惜也。"

二十四日,謁見楊昌濬。又晤陳豪。

　　《日記》:"湘鄉公處謝步,謁見。……回晤藍洲,飫回。"

二十五日,詣許增談。送孫樹禮行。

　　《日記》:"詣益翁談久之。晤孫樹禮_{和叔}辭行。"

二十六日,乞蔡鼎昌作《卧游富春山圖》

　　《日記》:"索子鼎作《卧游富春山圖》。"

二十七日,聞嚴玉森中順天鄉試舉人。

　　《日記》:"喜聞鹿溪嚴君玉森捷京兆試。"

三十日,與吳以同入市購物。

　　《日記》:"拉勤伯上街買回苦荈四五斤,黄菊花、大南棗各
物件。"

十月初一日,丁申以《嚴州府志》見贈。

　　《日記》:"竹翁以《嚴州府志》十六册見餽,喜甚。"

初二日,陳豪來話别。

　　《日記》:"藍洲夜至話别。"

初四日,詣譚獻談,又晤王麟書。

　　《日記》:"悶甚,詣中義談生事,語多瑣碎。晤仲修、松溪。"

　　《復堂日記》:"初四日,爽秋來談,松溪來談,子虞來談。同
子虞過伯約,偕過漁笙,談久之。"

初五日,譚獻、王麟書、蔡鼎昌皆來送行。

　　《日記》:"中義、松溪、子鼎來送行。"

《復堂日記》："出過爽秋，遇松溪，又遇春疇，同松溪至戴園。虎臣、爽秋來談。"

初六日，登舟行，同人來送，戀戀不已。

《日記》："筱湄、春浦來走送，偕松老、鳳祥、怡生同之河干，際予登舟。寓杭日久，縈戀不已，舟行橋下，望不見諸公而別。……高氏舅仲差送，朱侍讀答過。"

初七日，舟次湖墅，登岸獨遊昭慶寺。

《日記》："舟次湖墅，予上岸乘篋輿獨游昭慶寺。一路田陂高下，枯荷折芰，蓊草塞滿。寺久被兵燬，茅屋三椽而已。住持云寺爲然鐙古佛降生之地，常有金光護諸寶刹。貞觀中建寺，勅立經像，高可四五尋。今像身具存，莊嚴寶相，修整完好。仁廟南巡，大拓舊阯，於是前至西湖，後至臥牛山，左至城濠，右至桃花磵，其地悉入於寺。遂與寺僧涉歷灌莽，瞻禮正殿遺址，相傳即然鐙所遺説法戒壇。其人雖滅，英靈猶存，令人感咤。旋入經房，嘉樹凈人，爲設彩糉。啖已，購《一切經音義》四部而歸。解纜，至塘棲宿。"

初九日，舟過嘉興，購得陸耀《切問齋文鈔》一部。

《日記》："過嘉興府，購得陸朗齋《切問齋文鈔》三十卷。"

十二日，道經蘇州，訪應寶時不得見，晤吳恒。貧甚，向朱之榛借銀十元。

《日記》："謁永康師，以病不得見，手書至，謹答箋候。晤仲英。再函致松兄。囊中凈洗，向朱六太守貸泉十餅，立至，慰甚。晤石庵。三更卧。"

十三日，劉履芬、朱之榛、吳恒偕來訪，小坐即去。劉履芬招至書肆看書，並於市樓讌集，薛福成在座。是日購得《曾文正文集》，並以《一切經音義》贈劉履芬。

《日記》："劉彥清、朱竹石、仲英三太守偕枉存，小舟逼仄，不足以容高軒，蜷局之至，少頃去。彥翁招閲書肆，並同無錫薛叔芸明經同年福（辰）〔成〕及書局諸君市樓飲集，夜然炬出城。仲英譏予入貲徒借爲壯膽之具，一笑。購《曾文正文集》二部。以《一切經音義》一部餽彥翁，"

十四日，謁張之萬不值，晤朱之榛、彭福保。謁辭應寶時。入城，與吳根生茗談。暮回船，開行。

《日記》："輿謁督部公南皮張丈不值。晤竹石太守、彭復齋同年福保，現住木瀆。謁辭應提刑。回舟，還復入城，和平格世兄水厄於觀内。市祭器，薄暝回船。逐櫂閶門宿，卧疴傷風，精神困乏。"

二十日，抵揚州，晤書局同人談。

《日記》："抵揚州，仍寓書局，喜晤策三、龍溪、子久、葵生、叔遲諸公，晚譚涉歷近狀，稍息勞筋，驟甚。"

二十一日，晤李祖望、金醍。聞諸淞卒訊，悼之。

《日記》："晤賓嵋、仲和。料檢人事訖。諸小江兄病故，可惜，可惜。遺孤零丁，尤爲浩歎。"

二十四日，高行篤招同董對廷茗談，遂同往弔諸淞，悲慨不已。

《日記》："叔遲招同策三水厄，遂同往弔諸氏，感念逝者，不禁涕泗横集，其遺孤尤可憫也。歸寓。"

二十五日，晤李祖望。凌瑕、張維嘉來訪。

《日記》："晤賓老。子與、穎仲枉過。"

二十九日，莊棫來。晤齊玉溪。

《日記》："中白來。晤玉溪老人。"

三十日，與汪鋆、李祖望、董對廷、高行篤同茗談。

《日記》："研山、賓老、策三、叔遲同水厄。"

十一月初二日，薛時雨自通州來。許懋身來訪。

《日記》："桑根丈自通州來，枉存。許喬卿棅身枉過。"

初三日，晨往謁薛時雨，已乘舟去。晚晤董對廷。

《日記》："晨興出鈔關，桑丈已解纜去。……晚擾策三。"

初四日,莫繩孫來訪。

　　《日記》:"貴州莫仲武繩孫來。"

　　　案:莫繩孫(1844—?),字仲武,號省教,貴州獨山人。莫
　　友芝次子。官江蘇同知,光緒十二年(1886)隨劉瑞芬出使俄、
　　法,任參贊。後居揚州,專意整理父祖遺文,成《獨山莫氏郘亭
　　叢書》、《郘亭知見傳本書目》,著有《影山草堂書目》等。

初六日,唐焜華、莊械、莫繩孫、吳寶儉來訪。

　　《日記》:"唐生焜華、莊君中白、莫君仲武、吳兄禮園枉存。"

初七日,譚祖慶來訪。

　　《日記》:"南豐譚東湖大令祖慶答拜。"

初九日,張駿來訪。

　　《日記》:"清河張應圖駿枉存。"

初十日,丁申、陳豪杭州書來,以公文遞到。

　　《日記》:"得竹舟、藍洲來書,海運勾當公文到。"

十一日,作書與淩瑕乞貸。

　　《日記》:"下雪,敞裘早付典庫,寒甚,始耐冷錄藥四紙,以
　　攤寒氣,亦樂事也。作書與塵君告急。"

十八日,詣梅毓,約同赴計偕。又至芮薌南寓談。

　　《日記》:"偕怡園詣梅延祖兄,約伴計偕。連日苦寒,寓屋
　　板扉多穿孔透風,以致寒威侵逼,聊取銅瓷熾炭爲圍爐之計,寒
　　稍減。薌南家夜談,二更回。"

二十一日,周福清來訪。

　　《日記》:"山陰周介孚庶常福清枉過。"

　　　案:周福清(1838—1904),原名周致福,字震生,一字介
　　孚,號梅仙,浙江會稽人。同治十年(1871)進士,翰林院庶吉
　　士,授江西金溪知縣,後被參落職。光緒十四年(1888)授內閣
　　中書,以丁憂還。後以鄉試賄考案下獄,監禁八年,光緒二十七
　　年(1901)被赦免。

二十三日,淩瑕來。往晤周福清,論寫白摺楷法。

《日記》:"麈老來。走答介孚,談次言寫白摺楷法有五要:
一土氣宜除,俗體省筆,波磔笨滯是也;一木氣宜去,字形僵
縮,鉤趯拙率,及橫扁豎蹁是也;一火氣宜洗,字勢之劍拔弩
張,及一開之間,大小不符,一字之體,輕重互異是也;一宜得
金氣,謂墨彩煥發,銀鉤鐵畫,及橫直兩綫如削是也;一宜得水
氣,謂潤而不枯,清而仍腴,衡文者於此覘福澤是也。清秘堂中
人物,總以得金水氣者貴。冒雪歸寓。介孚又云:'功令小楷有
十二字訣,豎直畫平,點圓勾方,劈中捺長。'"

二十五日,周福清來,同遊興教寺,訪野航和尚。

《日記》:"介孚來談,同之興教寺霽眺,兼過野航清談一刹
那頃,各散回寓。"

二十七日,周福清來談,久之去。丁丙函來,寄到巡撫衙門咨文。

《日記》:"臥疴養静,介孚來敂關始起,談久之去,委頓甚,
不能飫。得松翁信,撫部咨文勾當始到。"

二十八日,赴各處辭行。吳寶儉招飲,未赴。

《日記》:"各處辭行。禮園招飲,不赴。"

十二月初五日,啓程,將返全椒。

《日記》:"啓程。"

初九日,抵全椒寓。

《日記》:"抵家。舟車鹿鹿,困頓殊甚。歲底生事窘迫,兼
爲俗慮牽擾,鬱鬱不樂,甚於病也。形神交瘁,何時釋然。"

編年詩:《答鄭襄》、《簡鄭全椒》、《城中有一鶴》、《再送湛侯別》、
《晦巖村》、《淮南》、《泊陳家漩》、《瓜步》、《銅井》、《華林寺》、《陰
陵》、《溫泉》、《吳山尊學士宅》、《卓筆峰》、《戲作俳體咏譙南土
風》、《敝廬遣興》、《爲人題畫竹》、《題女史李珏雜花卉》、《陽湖吳
節母詩》、《積儲歌》、《蔣節索贈》、《簡桑根師》、《題藏書目後》、《游
平山堂》、《又題》、《吳門舟次七夕朱六司馬之榛招集牙齋作》、《上

元宗公源瀚自吾郡移守嘉興率爾奉簡》、《游煙雨樓三首》、《丁松生徵君栖其先塋於餘杭山中命工繪丙舍爲風木庵圖屬予説其名誼如此》、《壽石門校官高丈學治六十初度》、《題家書後》、《游靈隱寺并叙》、《卻寄里中諸子短述》、《喜高仲瀛秋捷》、《題張子虞同年負書圖後》、《懷十一從弟鈺下稜羅定切田舍》、《五君憶》、《欲爲一首》、《破甑一首》、《積貯歌》、《浮玉山》（佚）、《蜀岡游》（佚）、《題鴛夢盦填詞圖》（佚）、《壽桐鄉公五十詩》（佚）。

編年文：《癸酉元日帖子》、《書舊本沈選八家文後》、《告禰更名文》、《告王考廟文》、《愛山臺圖叙》、《靈隱借秋閣所藏貝葉梵字經書後》、《塔山樵唱叙》、《住室銘》（佚）、《宜室銘》、《四威儀相榭銘》、《辨惑解》、《合刊杭州五布衣遺著後叙》、《蝢室銘》、《致薛葆楹書》（秋榜發）、《致薛時雨書》（竊受業自違鈞侍）、《致陳豪書》（每誦與紫泉兄手簡）。

　　【時事】兩宮結束垂簾，同治帝親政。陝甘回民起義失敗。劉永福在越南擊敗法軍，迫使其退出河內。繼昌隆繅絲廠開辦。何紹基卒。梁啓超生。

三赴計偕（1874）

同治十三年甲戌（1874），二十九歲

正月初三日，偕汪伯塤啓程赴揚州，頗勞瘁。

《日記》："偕牖民同年啓程，鞍馬勞頓，予素有怔忡之疾。"
光緒元年（1875）二月二十六日："曾記甲戌正月三日，自阜陵騎疲馬赴南兗州，上東門橋。奴星嫌擔重不肯去，又不可逡返，貽戚鄰笑。天復陰雨，霑衣盡濕，仰天嘆曰：'何困厄至此！'僕於爾時有題柱之誓。"

初六日，抵揚州，將息一日。

《日記》："初六，到揚。夙患頗苦，靜以療之。仍閱蕭《選》。"

初八日，偕高行篤、汪伯塤過訪淩瑕、淩牧庭、莊棫。又過訪李祖望、吳寶儉、吳寶讓。夜與高行篤共飯。

《日記》："偕叔遲、牖民過子與、牧亭、中白。中白近作十中詩，如湟中、黔中、蜀中、雲中、越中之類是也。又作十下詩，如歷下、白下、樱下、日下之類是也。諷刺時政微婉，新雋可喜，於窮愁無憀之中，亦一消遣法也。又過賓老、禮園、農山。夜擾叔遲。"

初九日，吳寶儉留飯，並示近作詩文。

《日記》："禮園留飯。……禮園示近作，天才倜儻，無艱澀語，可喜。又搜得丙寅予歲試卷，多可笑也。"

初十日，莊棫以詩贈行。

《日記》："中白贈新詩寵行。賓老招飯。……訂梅延祖同行。"

　　莊棫《蒿庵遺集》卷九《送袁昶入都三首》:"送君京國去,弔影各天涯。不識塵何動,風中可聚花。予今留敝屣,子自泛星槎。禁苑春芳滿,搴來勝若耶。""兩年相聚首,到此我添愁。漠漠天邊雁,飛飛水上鷗。飄搖千里客,笑傲五湖舟。韋布從茲老,慚言筆未投。""此友不再得,此時情獨難。任憑車馬轉,從此向長安。十載久爲別,予自甲子後不復入都。千秋枉自歎。廣渠門外路,語子盼征鞍。"

十二日,楊鐸設筵餞行。

　　《日記》:"石翁餞行。"

十九日,登舟行。

　　《日記》:"大雨稍止,登舟。"

二月十四日,抵京師,下榻西河沿大興店。

　　《日記》:"到京,寓西河沿大興店。"

十九日,清明節,有懷先隴。

　　《日記》:"東望先隴,萬念俱灰,既而思楊園云,魯鄒亦兩家無父孤兒,爲今日計,惟有養身謹疾,讀書立名,以誧罔極,强於日祝願生生世世長爲吾父母之子也。自修之念,一刻不容稍懈;自廢之念,一息何以自安。吾友事中無父母昆弟者,中義、叔遲及予三人而已。"

是日往晤嚴玉森。

　　《日記》:"往候鹿畦,晤瑞符陳諒父瓊州,回寓。"

二十二日,謁見座主張濙卿。至禮部投文。往晤施補華、李慈銘。

　　《日記》:"謁太和座師。禮部投文。看均父、蓴客先生。"

　　《越縵堂日記》:"袁爽秋來。"

二十三日,施補華、李慈銘來訪。

　　《日記》:"均父來,蓴客枉過。"

　　《越縵堂日記》:"午前坐車入城,賀陳六舟得御史,並晤張御史沄。旋出城,答拜秋伊、紫畛、仲彝、少簣、雲門、均甫、

孫峴卿、袁爽秋、蔣子相、高呈甫、趙桐孫、王虁廷、王廉生、胡
雲楣。"

二十五日，徐國矩來訪。詹鴻謨來函，告知租定試寓事。

《日記》："徐絜平兄見過。黼廷函知小寓已定在筆管胡同
來宅。"

案：詹鴻謨，字黼廷，浙江仁和人。同治十三年（1874）進
士，選庶吉士，散館授禮部主事，出任江蘇徐州知府。纂輯《欽
定科場條例》。

二十六日，譚獻、潘鴻、羊復禮來訪。往答候徐國矩。

《日記》："中義、鳳洲、辛楣來。答候徐絜平。"

《復堂日記》："二月廿六日，過袁爽秋談，遇辛楣。"

二十九日，詣陳豪談，晤李澍。

《日記》："詣藍洲，晤白生同年。"

三月初一日，陳豪來訪。

《日記》："藍洲來。"

初四日，費玉侖來訪。

《日記》："且泉來譚。"

初五日，與孫德祖飲於市，暢談。

《日記》："與峴卿飲於打磨廠涌金樓，快談縱辨，旗鼓相當。
峴卿弓馬熟嫻，可稱奇兵，辭章敏捷，可稱記室，兼而有之。"

初六日，移居內城試寓。是日點放會試總裁、副總裁及同考官。

《日記》："逐入內城小寓，在觀象臺側筆管胡同來宅，同寓
者蘊梅、黼廷、樊超伯、毛南谷、徐筦齋暨予而六。"

《毅宗穆皇帝實錄》："以禮部尚書萬青藜爲會試正考官，刑
部尚書崇實、工部尚書李鴻藻、吏部左侍郎魁齡爲副考官。"

《越縵堂日記》："邸抄：命禮部尚書萬青藜爲甲戌科會試正
考官，刑部尚書崇實、工部尚書李鴻藻、吏部左侍郎魁齡爲副考
官。右庶子宗室昆岡壬戌、侍講黃毓恩乙丑湖北、修撰鍾駿聲庚申

浙江、編修陳振瀛癸亥順天、胡聘之乙丑湖北、李汝霖乙丑山東、張鴻遠壬戌河南、王先謙乙丑湖南、鈕玉庚乙丑順天、梁仲衡戊辰直隸、葉大焯戊辰福建、陳啓太戊辰湖南、戶科掌印給事中夏獻馨丙辰江西、禮科給事中郭從矩庚申山西、御史劉瑞祺壬戌江西、吏部員外郎沈源深庚申河南、戶部員外郎吳廷芬壬戌安徽、刑部主事陸光祖庚申湖北爲同考官。"

初八日，入場，坐東珠五號。

　　《日記》："入場，東珠五號。"

　　《越縵堂日記》："三更得題紙，首題'子曰：君子坦蕩蕩'。次題'自誠明謂之性'。三題'孟子曰：君仁莫不仁，君義莫不義'。詩題'無逸圖得勤字'。"

初十日，出場，遇譚獻，同過王麟書、蔣其章、朱千雲、許誦年。

　　《日記》："錄畢而出。"

　　《復堂日記》："飯後出，遇爽秋，同過松溪、子相、千雲、子曼談。"

十一日，入場，坐西師三十二號，同舍有趙銘、樊增祥。

　　《日記》："復入，西師三十二。遇桐孫、雲門，縱談樂甚。"

　　《越縵堂日記》："三鼓後得題紙，《易》爲'巽乎水而上水，井，井養而不窮也'。《書》爲'九五福一曰壽'。《詩》爲'琴瑟擊鼓，以御田祖，以祈甘雨，以介我稷黍'。《春秋》爲'冬會陳人蔡人鄭人楚人盟於齊'。僖公十有九年。《禮》爲'韭曰豐本'。"

十四日，入場，坐西收九號，同舍有諸幼塍、朱懷新。懷新作《念奴嬌》詞二闋，公有和作。

　　《日記》："入場，遇諸幼塍、朱苗生。苗生填《念奴嬌》二闋，予強和之，素不習也。西收九。"

　　案：此詞未見。

　　《越縵堂日記》十五日："見策題，弟一道問'群經疑義皆本之《經義述聞》'，弟二道問'《儀禮》十事'，弟三道問'《漢書》

十二事’，弟四道問‘錢法’，弟五道問‘科目’。”

十六日，試事畢，移居城外興隆客棧。

《日記》：“試事畢，遂出城外煤市街興隆店寓，同寓者藍洲、白生、禮齋、子若及予五人。”

十八日，訪陶方琦、陶在銘、樊增祥不值，晤陶少篔。過孫德祖。

《日記》：“訪陶子縝、仲彝、雲門不值，值陶少篔。又訪均父不值。過峴卿，潘同年在焉，即歸。”

十九日，譚獻、王麟書來訪，爲道吴左泉事。

《日記》：“仲修、松溪來，譚及左泉同年事，可爲慨歎，因果之説，未必無之。”

二十一日，遍拜京中師友。

《日記》：“滿拜。中頌言子莊同年以抄書而目病，腦脂遮眼，可惜可惜。謁霽師。訪鹿畦、瑞符不值，值延祖、美士。晤孫侍講、黄少寇，少寇新有鼓盆之戚，語次涕淚横集，使人思黄門之善言哀。又晤潘保之、顔宇廷、中英、白赤、蓴客、胡眉仙、薌南、詹希白、汶石、錢青元，餘俱不值。仲英舄季住宣武門外柞子橋松筠庵内。觀容城楊椒山先生兩諫疏草槀刻石及宋牧仲、錢璵沙題跋，額‘諫草堂’三字爲道州何太史篆。暮歸。”

《越縵堂日記》：“袁爽秋來。”

二十二日，許景澄、孫詒讓來訪。

《日記》：“竹篔、中頌見過。”

二十五日，與陳豪至仁錢會館。又至嚴玉森宅，遇山東王懿榮、光州吴石槎略談。是日王炳燮、李慈銘來訪，相左。

《日記》：“偕藍洲出門，至仁錢館。予又之鹿畦宅，瑞符共午湌訖，閲潘四農集。少頃，客有山東（汪）〔王〕蓮生、光州吴石槎偕來，略譚。予回寓，樸臣、蒓客枉過，它出不值。”

二十六日，同人公請張澐卿於財神館，觀劇。

《日記》：“同人公請太和師於順治門外財神館，觀素香演

《綵樓配》、《熊夢》、《掃雪》，玉愁瘋巧齡弟子。《周子隱除三害》、《借靴》諸劇。是日大雨，暮歸。"

二十七日，樊增祥、陶方琦來。周福清來，邀至如松館飲。

　　《日記》："雲門、子縝來談。介孚來邀仝之如松館，及其從子憶農。"

二十八日，晨，與陳豪入內城驗看。出城，訪陶方琦，閱李慈銘詩文，晤陶在銘、樊增祥、秦樹敏、陳鼒、孫德祖。

　　《日記》："晨偕藍兄入內城赴闕驗看，予入東長安門，以未著公服，止而不進。還出城，之子縝寓，閱蒓老駢文及越縵堂詩，晤仲彝、雲門、秦秋言、陳汝翼、崐卿，飯畢旋回寓。"

三十日，至琉璃廠書肆閱書，觀禮部所頒高岳崧、郁昆殿試卷。

　　《日記》："入廠閱群書，晤彭芝亭，詢慕弟消息。至松竹齋觀高岳崧所書殿卷，禮部頒式；郁崐摺卷，亦禮部頒式。"

四月初二日，譚獻來，同飯後往過秦樹敏、陶方琦、樊增祥談。

　　《日記》："中義約同往看子縝、雲門，惟均父不值，旋歸。"

　　《復堂日記》："予過藍洲談，爽秋留飯，後同過秋伊、子珍、雲門，談久之。"

初三日，吳子畬來，爲述宗源瀚創設書院事。張玊熙來訪。

　　《日記》："建德吳子畬拔貢來，言郡守宗公近設書院肄業，云以嚴教授某爲之師，首以辭章墨義課士，又立義學二處，爲之狂喜。忻木來。"

初五日，陳豪來談，爲述楊昌濬之清德。

　　《日記》："夜藍洲談，述湘鄉中丞清德，自奉澹薄而好施濟，節於耆欲，而公事不勒，士大夫之法也。"

初七日，許景澄來訪。

　　《日記》："竹篔太史來，予尚未起，傾談久之，和白生、藍洲共飯訖始去。"

初八日，薛葆榸來京。施補華、吳恒、高雲麟來訪。

《日記》："慕淮初到，得家書及叔遲書。雜覽駢文。均父、中英、白未來。"

初九日，偕薛葆榸出門，又同朱懷新遊書肆。晚唐酉生招飲福興居。

《日記》："偕慕淮出門，歸寓。復出，拉朱苗生游書肆。唐西老招喫晚飯，在福興居，同白生、子若歸。"

初十日，出門拜客，晤嚴玉森、陳諒父、羊復禮。晚張澐卿招飲。

《日記》："出門答拜數處，晤鹿畦、瑞符、辛楣。……霽師招讌同歲生十餘人，二鼓歸。"

十二日，榜發，落第。是科鮑臨、王麟書、王汝霖、吳講等得雋。

《日記》："聽紅録，又落孫山。雖數年學道，胸中大爲騷擾不静。丁卯雋者六人。"

《越縵堂日記》十三日："是日榜發，予又落第。山陰中二人，鮑敦甫與焉，會稽無有。庚午榜中二人，王松谿得雋。全榜又無一知名之士，可太息也。"十四日："聞今年闈墨更較辛未不堪，會元秦某文極惡劣，孟藝有'牛釁鐘、蠶食葉'之語。第二米某，第三路某，尤爲不通。萬尚書陋而妄，李尚書疏而迂，崇實、魁齡及諸房考則更混敦矣。此輩何足責，不能不爲國家憂耳。"

十三日，施補華、吳恒、高雲麟、潘鴻、王炳燮來，楊長年亦至，劇談排悶。

《日記》："均父、仲英、白未、潘儀父、王樸臣偕來，楊叟西華亦至，劇談排悶。梅延祖、許美士送朱提見饟，可感。"

十四日，晚晤孫詒讓、王詠霓。

《日記》："晚覓逸山不值，晤中頌、子裳，乘車歸。"

十六日，晨起，送陳豪謁闕引見。晚馮錫綏招飲。

《日記》："雞鳴起，送藍洲赴闕引見。……夜子若邀飲丹林

堂,歌者四五人,俱不可意。鞠部群英,大非昔比,知予亦退居
房老矣。惟玉福字美秋,風韻嫣然,始十三齡,予亦爲之心醉。"
十七日,童寶善、徐兆翰來訪。夜與同人作狹邪之遊。

《日記》:"童米孫寶善、徐薇垣兆翰見過。覓茀卿不值。夜
陳禮齋招同李白生、馮子若、汪子慶游,石頭路甚滑。訪均雅
老三不值,悵惘。理齋好戴紗帽,返飲於貴扶老四,窄袖戎
裝,哆眉蹙額,了不悉其佳處。二鼓散歸,此弟一長安狹邪
游也。"

二十日,周福清來談。往晤譚獻等人,又謁見張澐卿。

《日記》:"介孚太史來談。晤仲修、子楨、辛眉、程茀卿。謁
霽師。晤送汪薇垣南歸。回寓。"

《復堂日記》:"爽秋來,喚起,談少選。"

二十一日,譚獻、朱一新來。同程茀卿游琉璃廠。

《日記》:"中義、蓉生來。同茀卿游廠肆。"

二十三日,至嚴玉森宅飯,詹嗣賢、季邦楨在座。飯後又偕嚴玉森
至濮子潼處談。

《日記》:"之鹿畦宅,共詹希白飣,座中有江陰季士周邦楨。
還,偕鹿翁同在濮子泉處談。"

二十四日,至費玉侖宅商事。晚與薛葆榿、施補華、陳建常、王麟
書讌集。

《日記》:"蚤起,之且泉宅商事,回看余子駿不值。飣後往
看胡心薌、王少梅、仲修、藍洲。招陪慕淮於福興居,均父、禮齋、
松溪在焉。夜歸,微有疾。"

二十七日,往謁吳廷芬,聞其述闈中之事。又謁張澐卿。

《日記》:"乘車冒雨出門,謁房師休甯吳蕙吟先生。先生言
拙卷已取中十數日,至填榜前一日始抽換他卷,先生力爭不能
得。予遜謝。……謁霽師,談外夷積患,慨歎久之。自見吳、張
兩師,所事略有頭緒,太和尤可感也。"

二十九日，施補華、譚獻、張預來訪。

　　《日記》：“均父、中義、子虞至。”

五月初二日，朱一新、譚獻、吳獻齋、黃思永、胡景曾、張菡潭來訪。送陳豪作令湖北。

　　《日記》：“朱蓉生、仲修、吳獻齋、黃慎之、胡心香、張菡潭均枉過。送藍洲南歸，將作令湖北，瀕別惘惘。”

初四日，有喉疾，許景澄、潘遹、陶方琦昆仲、施補華來探病。

　　《日記》：“竹篔編修、伯馴、子楨昆仲、均父來惠际。……咽喉之患未除，呻吟萬狀，殆不可耐，力疾把卷，心神稍静。”

初五日，濮子潼來訪。唐西生招同毛夔過節，是日思家甚。

　　《日記》：“止潛比部枉际。……京師人家蒲艾插門，角黍相遺，亦復似南中景物也。西丈招同南谷同年過節。佳節不無思家，坎壈尚有數年，權且堅忍耐過，加緊猛省。”

　　案：毛夔，字子球，號南谷，浙江錢塘人。同治五年（1866）舉人，官營口縣同知、鐵嶺知縣，時以善書聞名。

初六日，過訪余烈、朱一新、譚獻、羊復禮。送孫詒讓、毛夔行。

　　《日記》：“過子駿、蓉生、仲修、辛楣。送仲容同年之皖下、南谷同年之河間。”

　　《復堂日記》：“爽秋來，酉生來，即去。”

初八日，拜張澐卿生日。

　　《日記》：“拜霽師生日，諸同歲皆在。興過周星父、施子卿、裘質軒、陳岷石、中瀛，皆見面，餘不值。”

初九日，訪李慈銘不晤。至程莆卿處，叩以相術。

　　《日記》：“晨起，之莆卿處叩相術，莆卿云年至四十不免有東門之戚，廣積福德，可以禳之，仕不過監司而止。姑存其説。”

　　《越縵堂日記》：“羊辛楣來，袁爽秋來，俱不晤。羊君新分刑部主事，袁君新捐内閣中書。”

初十日，閱選單，見丁卯同榜選庶吉士、部屬、知縣有差，内心頗
煩悶。

《日記》：“是日選單甫下，丁卯惟詹黼廷、吳講入庶常，章端
父德藻、葉蓉圃如圭、鄭鈁三人部屬，趙昌言知縣。夜忽心地煩
悶，連曉不寐，自恨蹉跎，憤懣何已。復病。”

十一日，謁張澐卿，訂入其家教讀事。晤羊復禮、王汝濟飯。又之
松筠庵詣高驂麟暢談。

《日記》：“謁霽師，師訂十三進館授兩世弟經，敬諾。同辛
楣、王博航汝濟同飯，大雷雨，潦水溢。乘車覓仲瀛於松筠庵，飛
辨縱橫，日内忾鬱，賴此一談，頗得忘形之樂，抵暝遂歸。”

十二日，出門訪友，並送施補華西行。又至嚴州試館。

《日記》：“乘車訪友，送均父西行。之南五老胡同嚴州試館，
薄暝冒雨而歸。”

《復堂日記》：“爽秋來談。”

十三日，入張澐卿家塾。以詩贈施補華。

《日記》：“入塾，謁霽師。笙未來。贈均父詩三首。”

案：《漸西村人初集》詩六有《送施均父落第後之肅州從
軍》，止二首。公日記手稿本錄有《送均父施君從軍隴右時同落
第被擯予留滯京華而施將出關殆不能已於詞》，則爲三首。顯
係編入詩集時曾經刪改。

十六日，張澐卿邀同往文昌館聽戲。晚高驂麟、高雲麟招飲，晤許
有驤、梁有常。

《日記》：“霽師命同之文昌館觀劇。暮赴中瀛、白未招飲，
在座有鄅石卿編修有驤，鄅向居蒲州，談晉省風景。是日又晤梁
經伯户部有常，二鼓乘皓月車回。”

十九日，施補華來辭行，將之肅州。

《日記》：“均父來辭別，將之甘肅。”

施補華《澤雅堂詩》二集有《別爽秋》云：“絕好溪山等未

歸，東勞西燕又分飛。長安自古塵如海，衆裏回身惜素衣。"

二十四日，譚獻、陶方琦、高驤麟、吳仲畬、張筠來訪。

　　《日記》："仲修、子縝、仲瀛至，吳仲畬、張碧岑至。"

二十六日，往訪余烈、朱一新、唐酉生、譚獻。

　　《日記》："出門，訪余子駿、朱蓉生、唐酉生、仲修。"

二十八日，晨偕高驤麟、朱一新赴闕驗看畢，即到内閣注册。又往晤二閣長。謁見吳廷芬、方駿、葉如圭、林逢春。晚之薛葆楗處飯。

　　《日記》："早起，偕仲瀛、蓉生赴闕左門驗看，監驗大臣八、御史四，旋爲余前輩帶同到閣注册。復出東長安門，三人同覓一小店飯。仲瀛先出城，復往見劉蔗泉閣長，語言忮敖，頗悔此舉，咎由自取。蔗翁又云其師龐梅新與弟書云：'吾輩欲自致富貴，必須專精屬意，豈有坐升之理？'僕雖鄙斯言，由今觀之，頗有奇理。人能自致富貴，則能忮敖人，豈受人忮敖乎？勉之，勉之。見丁芥帆閣長，容色甚平。謁休甯吳師、方鏡湖丈駿、葉蓉圃同年如圭、林茂齋逢春。晚之慕弟處飯，二鼓歸。"

　　案：劉蔗泉，即劉恩溥；丁芥帆，即丁士彬。

六月初三日，往晤張筠、余桃標、譚獻、余烈、朱一新、唐酉生。

　　《日記》："答候碧岑、慶華，過仲修、子駿、蓉生、酉翁，冒雨回。"

　　《復堂日記》："爽秋來談。"

初四日，朱一新招飲。

　　《日記》："朱蓉生招飲，座有子駿前輩、樓芸皋、貢又山、萷卿諸君。"

初七日，往晤錢振常，並過陶方琦、潘遹、程萷卿談。

　　《日記》："答候笆仙，過子縝、伯馴、萷卿。"

初八日，與張端卿、胡聘之、溫紹棠、金仲吉、羊復禮讌集。

　　《日記》："芝丈、胡淇生太史聘之、棣華、金仲吉、羊辛楣夜集酒樓，冒雨歸。"

初九日，譚獻來。出門拜客，晤高驂麟昆仲，知施補華在保定遭劫。

《日記》："中義來。得藍洲杭中來書，有湘鄉陳師母之喪，須賻唁也。例出拜各同列前輩，晤仲瀛昆季，知均父在保定被馬賊劫掠一空，爲之扼腕。"

《復堂日記》："過辛楣、爽秋談，見霽師。"

十四日，張澣卿招飲龍樹寺，會者三四十人。

《日記》："太和先生招集龍樹寺兼葭蔆，會者三十餘人。背阜陵窪，蘆竹如織，饒有野趣，飲酒樂甚。暮歸。"

《復堂日記》："過辛楣、爽秋談，又遇同門諸君。是日霽亭師招集龍樹院。"

十六日，始入内閣直房，拜相國寶鋆、文祥，時納貲爲内閣中書也。晚與張端卿、溫紹棠、譚獻、周福清、金仲吉、羊復禮、薛葆榗讌集如松館。

《日記》："黎明起，乘車入城，至直房，仲瀛、蓉生先在。日嚮午，丁、劉兩閣長帶領同列共十六人迤東入景運門，至軍機大臣直廬外繚簷下旅立，見相國寶公，見畢各散。予派二直。隨即與仲瀛出東長安門飯，訖，復之文、寶兩樞府私第，例投束署謁。還，拜校簽吳爽園前輩及各處。夜芝丈、棣華、仲修、介孚、仲吉、辛楣、慕弟同集如松館，芝丈復招諸人集春馥主人家，歸已雞鳴。"

《漸西村人初集》詩六《和胡景曾》詩注云："時予得中正榜，仍報罷，以訾爲閣掾。"

二十一日，聞文祥有上奏停止興修園工事。

《日記》："聞樞揆瀋陽文公病中草疏，極諫乞罷園工。候補中書貴州楊樹亦以爲言，由寶公代奏。非楊樹，乃楊浚也，閩人。楊字雪滄，邑邑不得志，已乞假去矣。"

二十三日，譚獻來訪。

《日記》："仲修至。"

《復堂日記》："飯後過辛楣、爽秋談，見霽亭師。"

二十四日，拜客，晤汪鳴鑾、顏宗儀、裴英三、陳岷石。

《日記》："例拜各處。過蕘老，未起。仲瀛處尖，逸山出門，黃少寇不見。晤汪編修柳門、顏學士雪廬師、裴質軒、陳岷丈，餘俱未晤。慕弟處飫，二鼓回館。"

案：汪鳴鑾（1839—1907），字柳門，號郋亭，浙江錢塘人。同治四年（1865）進士，授編修，歷任陝西、甘肅、江西、山東、廣東學政，並典河南、江西、山東鄉試。入朝任工部侍郎、吏部侍郎，兼充總理各國事務衙門大臣。光緒二十一年（1895）革職歸里，後主講杭州詁經精舍、敷文書院。有《寒松閣談藝錄》等。

二十七日，與同邑諸君讌飲。

《日記》："蝦曳與同邑張碧岑、吳子畬、陳禮齋、洪式金、劉芸軒、余慶華、胡心薌八人燕市夜集，樂甚，歡飲，二更始散。時送禮齋作令湖南也。"

七月初一日，偕張筠、商尚質查看郡館。

《日記》："偕張碧岑約淳安商曳開文，之南五老衚衕察看郡館餘地，並視嵌壁碑記，知郡館係乾隆中周學士景祺、遂安人。王農部世維購置。商六十翁，道光庚子來客京師，賣藥長安市，人莫能識，浮湛三十餘年，頗有滄桑之感。僕前厝尻湖上，見一聖音寺行宮抱關者，麗眉皓首，丹顏若酡，與之談嘉道年事，混混可聽，亦為淳安威坪鎮人。此翁風味殊不減行宮抱關者也。"

初四日，至內閣領示，憩直廬，晤高驂麟、朱一新、余烈。

《日記》："偕張子頎同年入樞廷領示，還憩直廬。高、朱、余三君咸會，日晡散，自東華門歸。"

初八日，錄詩集第八卷。

《日記》："錄《毗邪山人詩》弟八卷。"

初九日，譚獻來，談久之。

　　《日記》：“仲修來，談久之去。”

　　《復堂日記》：“詣張師宅，晤爽秋。”

十一日，吳廷芬招飲小玲瓏山館，赴之。飯訖又訪温紹棠談。

　　《日記》：“午赴休甯吳師招飲小玲瓏山館，是日先慈忌辰，不敢飲啖，默坐而已。過桮老譚時事。”

十三日，王汝霖招飲，赴之。

　　《日記》：“少梅大令招同孫鏡江屯田、費且潛屯田、鍾梅生、濮紫泉兩比部、吳仲奮農曹共飲，晡歸。”

十五日，拜張端卿生日。晚李慈銘招飲，座有譚獻、陶方琦、王汝霖、陶少篔、潘鴻、胡壽謙。

　　《日記》：“芝浦丈生日，拜壽。跏趺坐。仲老、慕淮來。蒓客農部迻居保安寺街，招同仲修、子縝、少梅、陶少篔、潘儀父及同寓胡嵋青比部夜集，三鼓歸。”

　　《復堂日記》：“過爽秋談。……蒓客、嵋青招飲，與鳳洲同車赴之。坐有少梅、爽秋、少篔、子珍。月圓風定，清言小飲，回憶前宵，人境頓殊。”

　　《越縵堂日記》：“王少梅來，袁爽秋來，仲修來，鳳洲來，少篔來，予是日例不對客及飲酒食肉，今晚梅卿與諸君飲，予素食對之。”

十六日，夜入宿直廬，有詩紀之。

　　《日記》：“夜入宿直廬，不寐，復起吹火，作《閣宿》一首、《奉和越縵先生迻居》二首。壁上有華亭張詩舲大空前輩祥河畫紫薇一株，自叙以嘉慶庚辰入直，閱三十五年，爲咸豐甲寅拜閣學之命，復與諸少年元作同人二字。視草看花，得仍入五雲深處云云。”

十九日，往賀譚獻、潘鴻移居，晤許子華、樊恭煦。

　　《日記》：“賀中義及儀父新居，晤子華許同年、介軒樊編修。”

《復堂日記》："介軒、爽秋先後來談。"

二十日，下直，至安徽館聽戲，晤陸廷黻、高蔚光。

《日記》："早直，晾中如例，逮暮乃歸。之安徽館觀劇，陸漁笙編修、高壽農祠部名蔚光，丁卯。同在座。"

八月初四日，晤譚獻、潘鴻，談及身世，爲之不樂。

《日記》："晤中修、儀父，譚及身世，怏怏不快，支體亦疲甚。回寓，下簾避客，怏怏竟日。"

《復堂日記》："爽秋來談。"

初六日，嚴玉森招餞陳諒甫，陪座。

《日記》："鹿希招同汪曉潭膳部、時蓬仙進士、詹希白庶常、周六皆孝廉爲瑞符同年餞行，瑞老將之青浦。"

初七日，編詩集爲《非師集》、《劍映集》，爲草目録、小叙。

《日記》："編定《非師集》目五卷，叙録一首。《劍映集》目三卷，叙録一首。"初六日："將以今年多暇之日，編定庚午以前爲《非師集》，辛未以後爲《劍映集》，皆草小叙。"

初九日，譚獻、陶方琦來談，時陶將歸越中。

《日記》："中義、子縝來。"

《復堂日記》："偕子珍過爽秋談，再至子珍寓。"

十一日，晤薛葆棟、譚獻。又往訪錢振常。

《日記》："録各件畢，晤慕弟、王振之、駱同年、中義，戒言戒言。往晤箟仙。"

《復堂日記》："飯後過辛楣，詣張師，送公請柬，見師及世叔，與辛楣、爽秋略談。"

十三日，與同人公讌張澐卿於安徽館。

《日記》："夜同歲生十有一人公觴太和師於碧玲瓏山館，師顔歡甚，三鼓歸。"

《復堂日記》："至安徽館，是日同年胡光甫、章芙軒、王孟仙、王月江、嚴蓉孫、羊辛楣、袁爽秋、章滌甫、陳雪舲、丁白卿及予十一人公燕太和師,集飲甚歡。園林竹石秀邃,是夕風月光麗,同人樂之,乃重訂十六日補中秋之集。罷飲已漏三下。”

十五日,張溎卿、張端卿處拜節。又至濮子潼宅談,詣伏魔寺,會同諸友人讌飲度節。飯畢訪嚴玉森談。

《日記》:“霽師、芝丈處拜節。至止潛家晤譚,還入伏魔寺晤潘儀父、章子珮、鄭子華、丁蘿洲、樊介軒。少選,止潛攜酒肴至,會啖立盡,主人風味尤醉人,此即是度中秋節矣。還詣六希談,坐客殷秋樵、唐鏡心它去。唐六合人,善鼓琴,因與六希攷評道之精麤、藝之高下,初若無得,繼乃迎刃而解,頗極古人執友之樂。六希誦《荀子》云:‘公生明,偏生闇,端愨生通,詐偽生僿,誠信生神,夸誕生惑。’又云‘夸誕役魂’,役魂二字更精。余以爲然。”

《復堂日記》:“回寺,爽秋、子華、振之皆在,止潛以肴酒餉客,作中秋也。”

十八日,拜張溎卿夫人戴恭人生日。

《日記》:“張師母戴恭人生日讌客,同門畢集。”

二十二日,張端卿招飲陶然亭,赴之。

《日記》:“芝丈招讌陶然亭,達暝乃歸。是日會者王月莊、王孟仙、羊辛楣、金仲吉、譚仲修、陳鈞堂、陳雪楞凡九人。素香、喜公、素芳、寶雲、小芳、芷蕃、秋淩偕來,樂甚。秋興蕭條,都付淺斟低唱中也。”

二十三日,陳康祺招飲,爲譚獻餞行。

《日記》:“夜鈞堂招飲,爲仲修餞行。仲修來,蘊梅至。”

《復堂日記》:“晤袁爽秋。”

二十四日,偕羊復禮至譚獻、潘鴻寓話別,縱談詩文學術。

《日記》:“夜同辛楣之中義、儀父處話別,縱論詩學盛衰,五言七字,各有家法。閱儀父所作榷論,多出入道法,非經意,因言學術當兼榷漢宋。”

《復堂日記》："辛楣、爽秋見待，談久之去。"

二十五日，譚獻來辭行，言語諄篤。

《日記》："中義來別，涕泣，僕亦心爲之動。勗予以住京當深自晦，寧可人呼我爲庸愚，不可敖人以所不知不能，此賈禍之道也。僕首肯者再。"

《復堂日記》："詣張師告辭，談次慰誨勤拳，涕不能仰。又晤辛楣、爽秋談。"

二十八日，詣錢振常談。

《日記》："走詣笝仙談久之，笝仙言其生平逕直，嘗獨往獨來，無一事肯迴顔降志以徇人意，此古之獧民也。僕言近極持爲善無近名之論。"

九月初三日，周福清招飲。

《日記》："介孚同年招飲。儦甚，行復七規。"

初五日，拜吳廷芬生日。往晤濮子潼談。

《日記》："拜休甯師生日。往答同郡諸君，晤紫泉，談久之。"

初七日，張端卿、龍繼棟招飲。

《日記》："夜芝丈、龍頌琴招飲歌臺酒館，頗樂，連盡數十巨觥，顔色不亂，陽陽如平常，此又爲邴根矩寫照矣。"

　案：龍繼棟（1845—1900）字松岑，又作松琴，號槐廬，廣西臨桂人。龍啓瑞子。同治元年（1862）舉人，官戶部候補主事。以"奏銷案"革職流放，後赦還。晚主江寧尊經書院。

初八日，溫紹棠招飲。

《日記》："杉公招同張芝丈、胡薪生、楊蓉圃三編修，羊辛楣、龍頌臣兩孝廉爲金君餞別。"

初九日，往謁潘存。又之嚴玉森宅飯。

《日記》："謁潘孺老，談久之。閱《格物入門》。令人探惺吾，已它出。復訪止潛，不值。還之鹿翁家，唐鏡心略語片刻即去，夜及鹿翁共飫，三鼓回。"

二十一日,濮子潼招作消寒之會,嚴玉森在座。

　　《日記》:"夜止濳招同鹿畦君爲消寒之會,崇譚轉,深燭爐,三更始返。所言上涉西京、北宋之流別,下及近來于鱗、友夏之弊習。所事二君已代爲計及,何乃遽得波斯匿王也。"

二十四日,龍繼棟來訪。李慈銘來函,論漢宋之學,而揚漢抑宋。

　　《日記》:"桂林龍公子繼棟枉過,劇談久之去。得悫伯計部書,所言頗右祖漢學,難以角辨。"

　　《越縵堂日記》:"作書致袁爽秋。……得爽秋復。"

二十八日,温紹棠招同張端卿、龍繼棟夜飲市肆。

　　《日記》:"杉華招同芝丈、松琴集燕市,兼爲夜游,作詩一首,若是則山人之志荒矣,三鼓回。"

三十日,丁丙札來,以嘉靖《桐廬志》殘本見贈。

　　《日記》:"得松老杭州、中白、叔遲揚州三訊。松生並惠嘉靖《桐廬志》殘本,甚感也,答書千言。石道人榕壇問業,是書有可寶也。"

十月初一日,張澐卿招觀劇。

　　《日記》:"太和師招觀劇,三鼓歸。"

初四日,龍繼棟來。張端卿招飲。

　　《日記》:"松琴來。張十丈招飲。"

初九日,抄錄《袁氏續正論》外篇及詩集卷八。

　　《日記》:"錄外篇及詩辛弟八卷。"

十一日,訪嚴玉森、濮子潼。又過龍繼棟,龍氏以《俠女記》、《烈女記》見示。

　　《日記》:"晤鹿、止兩君。過松岑,見示《俠女》、《烈女》二記樂府。入直,閲至夜分乃畢。"

十三日,訪楊守敬,頗憐其窘狀。

　　《日記》:"訪孺老不值,過故人心物。心物近奇貧,去儒而賈,年未四十而兩鬢雪白,可見古人急於干禄之情亦甚迫,所謂'何不策高足,先據要路津。無爲守貧賤,坎軻長苦辛'也。世

俗交情甚薄，苟老而困窮，雖曾史蘭雪之瑩，舒內金玉之質，反
眼若不相識，莫有邮之，且爲詆訶淩侮，又下石焉者。世態若此，
人生可不早自爲計哉！念此令我三日熱中，並以慰吾心物也。"

十五日，張澐卿邀同往通州。

《日記》："太和師招同陳編修、羊比部爲通州之游，是夕下
榻試院。"

二十六日，家書來，報大女允枸出生。

《日記》："得家書，山人舉一女，喜甚，命乳名曰福海。"

十一月初四日，得楊昌濬書，寄到更名文件。

《日記》："得中丞楊公書，山人更名本署文件始到。"

十七日，自通州行，暮入都，仍住張澐卿宅。

《日記》："自通州起程，暮入國門，下榻太和師宅。"

十八日，濮子潼招飲市肆。

《日記》："夜紫泉招同六希及丹徒李子鈞集市樓，頗有盍簪
之樂，神甚疲。"

二十二日，詣李慈銘談，晚至濮子潼處飯。

《日記》："生計漸窘，頗無憀賴，走答越縵先生談諧破悶。
夜紫泉處飯畢，二鼓歸。"

《越縵堂日記》："袁爽秋來。"

十二月初五日，同治帝崩，載湉繼立，是爲光緒帝。

《日記》："同治十有三年冬十有二月庚午朔越五日甲戌日
昳時，大行皇帝龍馭上賓。兩宮懿旨以醇親王之子□□册爲皇
太弟，無明文。制九卿以下議臨朝典禮，次日即位。年四歲。恭閱《聖
祖仁皇帝大喪儀》一卷。"

《越縵堂日記》："是日酉刻，上崩，年十九歲。先是十一月
朔，太白貫日，上即以是日痘發，徧體蒸灼。內廷王大臣入問
狀，請上權亭萬幾，兩宮皇太后裁決庶政，上許之。於是御前大
臣、軍機大臣等列議四事以上，其一改引見爲驗放，如初垂簾故

事，識者已惡其不祥。未幾以痘痂將結，遂先加恩醫官，左院判李德立，右院判莊守和六品雜流官也，皆擢京堂。德立至越六級，以三品卿候補，尤故事所無者。旋徧加恩內廷諸王大臣，至先朝嬪御，皆晉位號。凡所施行，俱如易代登極之典。又於大清門外結壇焚燒采帛車馬，名曰送聖。都人皆竊竊私議，以爲頗似大喪祖送也。上旋患癰，項腹各一，皆膿潰，先十日已（婁）〔屢〕昏殆不知人。於是議立皇子。而文宗無他子，宣宗諸王孫皆尚少，無有子者。貝勒載治，宣宗長子隱志郡王之嗣子也，有二子，幼者曰溥侃，生甫八月，召入宮，將立爲嗣矣。未及，而上晏駕，乃止。宮廷隔絕，其事莫能詳也。上幼穎悟，有成人之度，天性渾厚，自去年親政，每臨大祀，容色甚莊。而弘德殿諸師傅皆帖括學究，惟知剿録講章性理膚末之談，以爲啓沃，故上深厭之，不喜讀書。狎近宦豎，遂爭導以嬉戲游宴。蒞政以後，內務府郎中貴寶、文錫與宦官日侍上，勸上興土木、修園籞。戶部侍郎桂清筦內務府，好直言，先斥去之。耽溺男寵，日漸羸瘠，未及再稘，遂以不起，哀哉！"

《翁同龢日記》："忽傳急召，馳入內，尚無一人也，時日方落。有頃，惇、恭邸，寶、沈，英桂、崇綸、文錫同入見於西暖閣。御醫李德立方奏事急，余叱之曰何不用回陽湯。彼云不能，只得用麥參散。余曰即灌可也。太后哭不能詞。倉猝見御醫，稱牙關不能下矣。諸臣起立奔東暖閣，上扶坐瞑目，臣上前遽探視，彌留矣。天驚地坼，哭號良久。時內廷王大臣有續至者，入哭而退。慘讀脈案，云六脈俱脫。酉刻崩逝。戌正，摘纓青袿。太后召諸臣入，諭云此後垂簾如何？樞臣中有言宗社爲重，請擇賢而立，然後懇乞垂簾。諭曰：'文宗無次子，今遭此變，若承嗣，年長者實不願，須幼者乃可教育，現在一語即定，永無更移，我二人同一心，汝等敬聽。'則即宣曰某。維時醇郡王驚遽敬唯，碰頭痛哭，昏迷伏地，掖之不能起。諸臣承懿旨後，即下至

軍機處擬旨,潘伯寅意必宣明書爲文宗嗣,余意必應書爲嗣皇
帝,庶不負大行付托,遂參用兩人説定議。亥正請見,面遞旨意,
_{黃面紅裏}。太后哭而應之,遂退。方入見時,戈什愛班奏迎嗣皇
帝禮節大略,蟒袍補褂,入大清門,從正路入乾清門,至養心殿
謁見兩宮,方於後殿成服,允之。遣御前大臣及孚郡王等以暖
輿往迎,寅正一刻聞呼門,則籠燭數枝入自門矣。"

《清實録·毅宗穆皇帝實録》:"甲戌,上疾增劇。……酉刻。
崩於養心殿東暖閣。慈安端裕康慶皇太后、慈禧端佑康頤皇太
后御養心殿西暖閣。召惇親王奕誴、恭親王奕訢、醇親王奕譞、
孚郡王奕譓、惠郡王奕詳、貝勒載治、載澂、公奕謨、御前大臣伯
彥訥謨祜、奕匡、景壽、軍機大臣寶鋆、沈桂芬、李鴻藻、總管内
務府大臣英桂、崇綸、魁齡、榮禄、明善、貴寶、文錫、弘德殿行走
徐桐、翁同龢、王慶祺、南書房行走黃鈺、潘祖蔭、孫詒經、徐郙、
張家驤入,欽奉懿旨,醇親王奕譞之子載湉著承繼文宗顯皇帝
爲子,入承大統,爲嗣皇帝。"

初九日,潘存來訪。

《日記》:"孺初丈來,言高州陳荔秋比部_{蘭彬}奉使咪唎堅回,
頗能言泰西事。"

十八日,潘存、錢振常來,錢氏爲言作字之法。

《日記》:"孺初丈來,笘仙來。笘仙丈言作字之法,字形稍
長,易於取姿媚,由長入方,漸趨蒼潤。"

十九日,偕濮子潼、羊復禮往問卜。

《日記》:"偕濮、羊二比部就日者問卜,日者云予當以令守
起家,姑聽之。"

二十二日,偕嚴玉森昆仲、濮子潼遊慈仁寺,謁顧亭林祠。

《日記》:"偕六希暨其令八弟、紫泉游慈仁寺,雙松匽蹇,雖
風日清美,而驚雷怒濤砰訇交作,予之不見此老久矣。古殿崔
嵬,雄深可喜,共坐僧寮一炊許,談禊事甚驩。還謁顧先生祠,

卮鑷不得入,闖其中立先生栗主,平定州張石州^穆配享,比暮散去。予之涸涸於俗久矣,得此意乃稍異於長安賈人。"

除夕日,游琉璃廠,購趙孟頫《閑邪公家傳》歸。

《日記》:"逛廠肆,購趙文敏《閑邪公》一帙以歸。先大人於兒子十三時以此册賜兒,俾資習楷之助,且曰:'閑邪二字,宜顧名思義也。'宿東齋。"

編年詩:《即事偶題四首》、《戲作俳句》、《古意四首》、《送施均父落第後之蕭州從軍》(一作《送均父施君從軍隴右時同落第被擯予留滯京華而施將出關殆不能已於詞》)、《辛楣以詩見示戲答》、《毗耶》、《王子裳芙蓉秋水圖》、《效涪翁體》、《簡仲修》、《三君詠》(佚)、《追詠棲梧山人鏒竹題字》(佚)、《寄家兄》、《追和江退谷丈二首》、《書齋偶題》(佚)、《石屋隖一名曾公嶺去吾縣一牛鳴地耳頗有稻畦竹塿之勝先伯父雪蕉先生卜居於此竹上時有小詩及題名亂後湮滅矣追憶成詠》、《贈高仲瀛朱鼎父》、《和胡景曾》、《寄和王子穎丈》、《閣夜》、《和李愛伯臺郎移居》、《簡陳户部喬森》、《庭前花》、《與鄭湛侯直牧》(佚)、《營室》(佚)、《逸詩》(佚)、《反游仙詩》、《竟陵》、《答台州王子裳同年》、《送陶子縝歸越》、《翰林張十丈招集城南陶然亭游》(佚)、《卧起一首》、《送人游蜀》、《涵秋閣詩爲嚴居士作》、《次均芝浦十丈重九前二日集開皇寺》(佚)、《校獵行》、《西齋》、《夜集同芝浦閣校松岑孝廉枚華編修作》、《感舊絶句》、《仲長公理》、《高文公伯恭》、《韋左司》、《徐仲車先生》、《讀陽明先生傳習録》、《孫徵君》、《姚惜抱先生》、《對雪》、《答龍松岑》。

編年文:《孱軒記》、《孱説》、《外姑郭太恭人徵壽言啓》、《三月十九日帖》、《又二十三日帖》、《代詹吉士作大課十二才得其任賦》(佚)、《記嚴鹿畦言》(佚)、《答謝枚華爲録莊子荀子語》(佚)、《送譚仲義之安徽候補知縣贈叙》、《大禹以五聲聽政論》(佚)、《答丁徵君書》(自頃作報)、《致陳豪書》(從者南歸)、《桐君厓石壁精舍記》、《非師集自叙》、《劍映集自叙》、《記嚴鹿畦》、《倪節母七十壽叙》（佚）、《書王母焦尾閣遺集後》、《散人語》、《癸卯同年公祝張巽侯太守六袤叙文》（佚）、《喫糠會説》、《致譚獻書》（伏承二月十日手畢）、《張全懋家傳》。

【時事】《法越和平同盟條約》簽訂，越南成爲法國保護國。日軍入侵臺灣琅嶠。

馮桂芬卒。

筮仕京師（1875—1877）

光緒元年乙亥(1875),三十歲

正月初一日,濮子潼招飲,羊復禮在座。

　　《日記》:"紫泉招飲,共以《漢官儀》爲采秝,數擲小勝,釄飲甚歡,肴品俱精媺。偕羊比部夜歸東齋。"

初五日,詣李慈銘談。

　　《越縵堂日記》:"袁爽秋來,久談。"

初九日,龍繼棟以《槐廬集》見示。

　　《日記》:"松岑以《槐廬集》見示。"

十五日,與濮子潼、嚴玉森、許景澄談至夜深,宿於嚴玉森宅。

　　《日記》:"止潛、六希、竹賓夜談,三鼓就六希西齋宿。六希言:'吾輩當潛心孤詣,境之相逼則堅耐之,毋自餒其氣。與其畏蹈溝壑而脂韋希世,曷若視溝壑如歸,而素門平進以求伸?此志士所以不忘也。'溝壑不可倖免,時時以此自家淬勵則可免,故生於憂患而死於安樂。"

十八日,偕濮子潼、許景澄往詣李慈銘,夜留飲。

　　《越縵堂日記》:"紫泉來,竹賓來,爽秋來,夜留飲暢談。竹賓近治小學甚勤,爽秋多聞善記誦,今之僅見者也。飯後同擲采選格,三更而散。"

二十一日,陪張澐卿遊開皇寺,與同人讌集於塔射山房。

　　《日記》:"陪太和師開皇寺游,同集塔射山房。會者八人,錢笆仙、羊敦叔兩主政,許竹賓、陳芝仙兩編修,周介孚、魏秋屏兩大令,陳雪棱、余子駿兩舍人也。暮歸。"

二十五日，嚴玉森招同李慈銘、濮子潼遊龍樹寺，晚讌集廣和居。

《日記》："六希招同荺客、止潛集龍樹寺觀西山殘雪。"

《越縵堂日記》："嚴六谿來，紫泉來，爽秋來，同至龍樹寺，坐兼葭簃看殘雪。晴日滿郊，亭（射）〔樹〕點綴，蒼寒蕭瑟，清絕宜詩。下午登看山樓望西嶺，丹翠之中，間有積素而已。晡後答拜同鄉兩俗客，回至廣和居偕三君飲，六谿爲主人。傍晚歸。"

李慈銘《杏花香雪齋詩》甲集有《次日偕嚴六谿户部袁爽秋舍人昶濮紫泉比部子潼至龍樹寺眺城南殘雪久坐兼葭簃》。

二十七日，陳康祺招餞周福清行。

《日記》："陳鈞堂比部招集，餞周介孚大令，同坐者錢、許、羊三君暨洪蓮勇比部鑛。"

二月初二日，在嚴玉森宅同唐毓慶、濮子潼飯。

《日記》："鹿老宅偕鏡心、止潛同飰訖，回東齋。鹿公言凡授徒，一室自爲天地，人來叩者，則和顏平氣以答之，不則裒和守一，嘿坐而已。"

初四日，嚴玉森、錢振常、張筠來訪。

《日記》："鹿畦、笝仙、碧岑來談。"

初六日，赴濮子潼處文課會，以故未舉行。

《日記》："赴止潛處文課會，止潛以尊甫疾，有保定之行，遂罷。"

初十日，晤高麗使臣李昌，觀其作行楷。

《日記》："之宜昌館，遇高麗副使李昌，觀其作小行楷，下筆如風雨，甚有姿致。"

二十一日，擬編《衛生經》，定其體例。

《日記》："衛生之經，亦名續化書。一名《卻疴編》。辨志第一，所以常汝德，一汝智，删德。立志，若卜子夏戰勝而肥，董生下帷三年，甯越不休不卧之類。盧思道不解劉松文，蘇洵發憤焚其少作，司馬題橋亦附焉，是亦志也。篤行，若徐仲車父名石，終身不履石，劉器之鐵漢之類。獨智，若揚子作《玄》，邵子《觀物》之類。袪惑，若朱子先師屏山泉籍溪，幾墮禪學，二十五歲見延平先生，始從事正學之類。知命所以袪惑，既袪然後安常處順，哀樂不能入矣。養心，若程子以忘生徇欲爲深恥，婁師德唾面自乾之類。懲忿，所以養氣。寡欲，所以養心。主静，主一固静。立此三門云養心一門。力行，若司馬温公言誠，朱子言堅苦之類。陰德，若丙吉於史皇孫，陳寔弔張讓，不惜污己之名以援世之類。日程，若陶士行惜分陰，邵子朝經暮史、晝子夜集之類，高忠憲《復七規》是已。詮儒，若董生明於陰陽，虞仲翔三爻足矣之類。真隱，若司空表聖居王官谷，朱子主管武夷崇道觀之類。此目中所缺有安義命一層，學不至於知命，仍靠不住。又室欲懲忿二事當分二目，所以爲切近工夫。朱子《白鹿規行》言己所不欲，勿施於人；行有不得，反求諸己。此語當採。上篇觀我竟。術智，若閔子辭費宰，申屠子龍卻聘之類。朗鑒，若亭林《廣師》，及莊子'九觀'之類。諧隱，若東方生詭時不逢，邵子安樂窩之類。斷疑，若朱子疏救趙汝愚，篋之得遯而止，及申公言醴酒不設，楚人將鉗我於市之類。删斷疑入術智。解老，若《朱子語類》道家門，及顏含云'自有性命，何勞著龜'之類。多識，若陸澄解服匿，劉貢父識駁，耶律楚材識角端之類。藻實，若劉彦和夢執丹漆禮器，韓文公爲文須多識字之類。養生，若樂正子春畏傷其足，邵堯夫四不出，抱朴子服餌，陸宣公集醫方，東坡居惠瓊'貧家净掃地'之類。積聚，若太史公傳貨殖云貴出賤取，及賈鰓種植法、區田之類。利器，若泰西機器之類。中國先有桔橰牛耕，亦利器也。至游，若孟子觀水，董生《山川頌》之類。下及歐陽永叔龍門賞雪，白文公八郎灘，亦可取。繕性，若蔣元卿三徑，陶元亮聽田水聲，陶貞白居閣三層愛聽松風之類。拾得，若孟子言性善非由外鑠我，周子觀庭草生意滿前，程子萬物静觀自得之類。佛説如竇人解衣珠，竊吾儒言性之宗旨耳。觀化,若韋左司焚香掃地,莊子'青寧生程',子瞻'三□在宥',陶元亮'客養千金軀,臨化消其寶'之類。宋儒觀天地生物氣象,是其旨也。下篇觀物竟。"

二十三日,批校龍繼棟詩。

　　《日記》:"夜校松岑詩,燈昏目眊,字多欹斜。予久不操縵,此事漸荒落,愧所評或未當也。譚評甚允。"

二十八日,赴內閣,晤蔣維垣、王鵬運,觀閣中乾隆帝御書匾額。

　　《日記》:"入署,晤蔣穗臣前輩維垣、王幼霞舍人鵬運,暮歸。恭觀閣中純廟御書'調和元氣'四字,旁注乾隆□年賜內閣。四字元氣淋漓,天章爛然,讚仰不止。"

　　《清實錄·高宗純皇帝實錄》卷二二六:"乾隆九年甲子冬十月甲辰朔,賜內閣御書扁曰'調和元氣'。"

　　《清宮內務府造辦處檔案總彙》:"乾隆十年正月初五日,內大臣海望交御筆'調和元氣'黃絹本文一張,傳旨:'著做銅鍍金字九龍邊匾一面。欽此。'將做得銅鍍金字九龍邊匾一面持赴內閣安挂訖。"

三月初二日,得譚獻、鄭襄、丁丙等人來書。許景澄來談,以齊召南所作《水道提綱》見示。

　　《日記》:"得中修皖中書、贊侯大令書、松生書。竹篔來談。竹篔得齊息園侍郎《水道提綱》一書,略一展覽。竹篔近所守頗堅實,非堅實不足以耐久,此可援以爲法,亦養天和之一事也。"

　　《復堂日記》:"正月初八日,作寄太和師書,寄夏少司馬書,寄羊辛楣、張子虞、袁爽秋三同年書。"

初三日,移居蔡虞衡宅。

　　《日記》:"迻厲蔡虞衡家。"

十三日,詣嚴玉森談。

　　《日記》:"詣鹿畦,晤李子鈞、潘漢峰、楊若臣諸君,鹿老處夜湌回寓。鹿老日況艱甚，令人思臺佟、郭文無家之樂，乃智勇俱困，奈何！"

十四日，嚴玉森來，告以吟誦時藝之法。

《日記》："鹿公來談，言吾誦時藝於音節處太迫而驟，須曼聲長吟，細細咀嚼而出，亦有妙理存乎其間，到作文時，自然機調圓活。"

二十五日，遊市肆，購得《管子》《尊聞居士集》，詣羊復禮飯，抱書而歸。

《日記》："入市，得花齋本《管子》《尊聞居士集》，喜極。至羊比部處，遇錢春曹談，飫畢，抱書而返。"

四月初三日，趙銘來談。

《日記》："秀水趙桐蓀太守見過。"

初六日，詣龍繼棟談，又謁張澐卿、羊復禮。

《日記》："還叩松岑花之寺門，晤談久之。謁太和師，晤羊比部，暮歸。"

初七日，夜招同人飲於市肆，李慈銘辭未到。

《日記》："夜招桐蓀、濮、蔡二秋曹、余、張二舍人、蔡虞衡集酒家，二鼓回齋。"

《越縵堂日記》："得袁爽秋片，招飲宴賓齋，辭之。"

初十日，游琉璃廠，會錢振常，錢氏爲言療治心氣不足之法。

《日記》："游廠肆，笹老偕回寓，語及賤子心氣不足之病，笹云：'惟嫥治一藝可免，否則積悴之士，四十以後精神便不佳矣。必須早加培養，毋傷天和，則心氣可復。及今治之，未爲晚也。'僕首肯。"

十七日，許景澄、濮子潼招同趙銘小集，座有相士，叩以往事。

《日記》："竹篔、止潛招桐老共集，有相者在座，一一叩之過去事，皆云有驗，未來則不可知，豈唐舉、許負之流邪！"

十八日,李慈銘函來,約飲廣和居。

　　《越縵堂日記》:"約桐孫、爽秋、紫泉諸君後明日飲廣和居。"
二十日,李慈銘招飲廣和居,赴之,許景澄、嚴玉森、濮子潼、羊復禮、朱少蓮、胡壽謙等在座。

　　《日記》:"越縵先生招夜集,坐中文蝦只一人,餘客亦未必能即隨蝦學習也。隔坐有霱雲、蓉秋二伶。夜同羊秋曹歸。頭等蝦尚當推空同道士孝尼先生也。"

　　《越縵堂日記》:"上午詣廣和居,邀趙心泉、李篁軒、嚴鹿谿、許竹篔、濮紫泉同飲,並招秋菱。午後心泉先去,蓉江來。晡後篁軒去,更邀羊辛楣、袁爽秋、朱少蓮及梅卿夜飲,二更後歸。是日在酒家終日,雖無佳興,亦不覺疲也。"
二十三日,與同人公餞趙銘於福興居。

　　《日記》:"公餞桐孫於前門外肆中,逮暮乃歸,又浪擲一日矣。"

　　《越縵堂日記》:"晡後詣福興居,偕羊辛楣、袁爽秋、紫泉、金忠甫、梅卿公餞桐孫,晚至桐孫寓送行。"
五月初一日,錄詩集第八卷竟。

　　《日記》:"錄詩辛卒業。"
初五日,詣李慈銘談。

　　《日記》:"詣越縵先生談。"

　　《越縵堂日記》:"袁爽秋來。"
初八日,拜張澐卿生日。遊書肆,得書二種。晚偕濮子潼詣許景澄談。

　　《日記》:"拜太和先生生日。之書市,得《石刻鋪叙》、《九經三傳沿革例》等書。夜偕止潛之竹篔處談二時鄹,三更歸。"
初十日,張澐卿招集龍樹寺。

　　《日記》:"太和師招集龍樹寺賞雨,得句云:'微黃麥氣含新雨,嫩綠林衣媚遠煙。'席散,偕竹篔步歸。"

十一日，與同年諸友讌集揚州館，始晤陳彝。

《日記》："同歲公請張蓉江丈之淵、諸肖鞠大令可權及陳、毛兩大令於揚州館廨。登蒼屏樓，樓中相傳有散仙，自稱蒼屏老人，棲此樓數百年，時隱時見，莫測其何神也。笓仙云相傳有八農人曾見之，儀徵阮公亦嘗與談論，至某大農欲見之，則托云命駕西山矣。是可異也，道人其亦不倔於正耶？志之。是日始晤侍御鹿舟先生。晡後散歸。"

十四日，招同人讌集，飯畢赴李慈銘宅談，潘存、楊守敬、羊復禮等在座。

《日記》："又集越縵堂，夜踏月歸齋。"

《越縵堂日記》十一日："袁爽秋約十四日飲。"十四日："爽秋來催飲，午後赴之，惟食燒鴨數片，餘未嘗一舉筯也。晡時邀潘孺初、楊惺吾、羊辛楣及爽秋至寓暢談，間以茶弈，夜飯後二更時散去。"

十七日，詣龍繼棟談。

《日記》："訪松岑，談久之回齋。"

二十四日，楊鐸自揚州來京，晚招讌集，赴之。

《日記》："夜石丈招集，座中有顧顧山、名奎山。張潤生名曾敊。二編修、周南園同年比部，暮歸。"初十日："石丈自南兗州來，枉過，喜之，併得叔遲書餽。"

六月初二日，夜與李慈銘、朱一新、濮子潼、潘通讌集廣和居。

《日記》："夜同蕁公、蓉生、止潛、伯馴集，回齋。"

《越縵堂日記》五月二十七日："爽秋、紫泉約初二日飲廣和居。"初二日："紫泉來催飲，晚赴之。酒家斗室，燠溽歊蒸，不堪其苦，夜更餘歸。"

初九日，訪李慈銘。夜與唐毓慶、濮子潼、嚴玉森談，唐氏爲述江忠源、王鑫、羅澤南及李鴻章舊事。

《日記》："夜鏡心、止、六三君集談。鏡心說江忠烈、王壯節、名鑫。羅忠節及今肅毅伯之事甚異,足俾史傳之闕。大雷雨,敝車涉波而歸,感受風寒而病。”

　　《越縵堂日記》:“濮紫泉、袁爽秋來。”

十五日,與同鄉公請瑞璋,時任甯紹台道員也。李慈銘來函,邀明日飲。

　　《日記》:“同鄉公請甯紹監司瑞君輔侯璋於安徽館,冒雨出門,順過止潛談,翛然清絶。還,復姓霽,歸齋寂坐。”

　　《越縵堂日記》:“夜月清妍,有姓意。寫單約孺初、惺吾、牧莊、爽秋、鼎甫、紫泉明日晚飲。”

十六日,李慈銘招飲,楊守敬、張錫申、朱一新、濮子潼、胡壽謙等人在座,潘存以病辭。

　　《日記》:“夜蕘客招同孺老、星吾、牧莊、蓉生、紫泉、眉卿夜集,遲孺老不至。黔雲籠月,微有雨,車回。”

　　《越縵堂日記》:“得孺初書,以病辭飲。晡後,蓉生、牧莊來,惺吾來,紫泉來,爽秋來,談次極暢。夜二更後始散,有微雨,蓉生寓東小市,涉淖而去,此寒士無車之苦矣。”

三十日,暮詣楊鐸談。

　　《日記》:“暮過石叟,遇雨,剪燭傾談,不減竹西雪夜情話風味,二更冒雨車回。”

七月初三日,潘存招飲,楊守敬、廖鶴年在座。

　　《日記》:“暮孺老招集,座中有楊惺吾守敬、廖雲氅鶴年,二更歸。”

初四日,送楊守敬歸宜都,又過嚴玉森飯。

　　《日記》:“暮送楊郎之宜都。看張解元病。過錢二。又過濮上嚴公,飫訖歸。”

初八日,夜謁張澐卿,又送楊鐸回揚州。

　　《日記》:“夜見霽師,又送石翁之揚州,冒雨歸。”

初九日，許景澄、濮子潼見訪論學。

　　《日記》："竹篔、止潛見過。竹篔論陳壽書寇蜀，涑水帝魏，新安帝蜀三案甚平允可喜。"

十三日，詣朱一新談，覽其所輯《三禮義宗》、《婺學源流考》。

　　《日記》："詣蓉生談，乞其代明日早直，覽其所輯《三禮義宗》及《婺學源流考》。"

十四日，與濮子潼詣李慈銘談。

　　《日記》："偕止潛詣越縵先生談，暮歸。"

　　《越縵堂日記》："紫泉及爽秋來。"

十五日，李慈銘招飯，辭之。夜與濮子潼、王仁堪、嚴玉森、蔡輔臣等小集。

　　《日記》："辭越縵招飭。治二袟。夜止潛招同王可莊仁堪、嚴六希、蔡輔臣集，納涼，二更回齋。"

　　《越縵堂日記》："得爽秋書。"

十七日，張端卿招飲，赴之。

　　《日記》："芝丈招集，因時制宜爲拾青紫之學，暮歸。"

十八日，與濮子潼詣李慈銘宅飯。

　　《日記》："同友人飭越縵處，二更歸。"

　　《越縵堂日記》："紫泉、爽秋來，夜飯後談至二更時去。"

二十三日，作函致李慈銘，並示以近作《螗蜩詩》五古一首，李氏以詩中螗蜩指蛙爲疑，往復辯難。

　　《越縵堂日記》："得爽秋書並近作《螗蜩詩》五古一首，其意以諷世，措詞典雅。然全首皆主電言，自注謂螗蜩即螻蛄、螻蟈之屬，則非也。螗蜩自是蟬屬，《方言》蛥蚗，楚謂之螗蜩。又云蟬，楚謂之蜩。兩條相連而各分其名，蓋小別於蟬類，故云是蟬屬耳。高誘《淮南·道應訓》注螗蜩，貂蟟也。貂蟟即本《方言》蚓蟟二字之音。螻蛄、螻蟈或可合爲一物，此郝氏《爾雅義疏》説。然《月令》之螻蟈鳴終，以指蛙爲是，螻蛄則土狗也，聲如丘蚓。郝氏不主螻蟈爲蛙之説，但以蛄蟈聲轉。《廣雅》又云螻"

蛾,螻蛄也。《説文》蛾蝛一字,故謂螻蝛即螻蛄耳。必不能牽螻蛄而一之。爽秋蓋以《本草》云螻蛄一名蟪蛄,不知此蟪蛄是誤字。《太平御覽》引作蟊蛄,蟊螻疊韻字。孟子'蠅蚋姑嘬之',孫宣公音義出蚋蛄二字云蚋,諸本或作蟊,一説云蟊蛄即螻蛄也。……且螻蛄亦斷不是鼀也。爽秋又謂蔡中郎誤以蟪蛄爲鼫鼠,案《月令》螻蝛鳴,釋文引蔡邕章句以螻爲螻蛄,蝛爲蛙。惟《廣雅》云螻蛄一名炙鼠,《易》釋文引《本草》螻蛄一名鼫鼠,陸璣詩疏引《本草》謂螻蛄爲石鼠。蓋《廣雅》之炙鼠不過以博異名,後以音近,遂轉爲鼫鼠、石鼠,亦與《詩》之碩鼠、《易》之鼫鼠皆無涉,與蟪蛄更無涉,又皆不云是蔡中郎説。爽秋之言,俱不知其何所本也。即作復書,略舉所疑而已。"二十四日:"得爽秋書,復言蟪蛄事,即復。"

二十六日,始晤勞乃宣。

《日記》:"晤勞君玉初,名乃宣。桐鄉人,其談西術娓娓可聽。玉初言中學務古,西學務新。始見西人所製大地球。……今西虜技巧之新,害人心術,舉中國聖聖相傳之常道,五性五行三綱九疇六典四維一旦蔑之,以爲是宜言義理迂而無用,不若技巧之爲易以制勝。於乎! 秦政、魏操,後儒猶以爲亡天下之人心自二君始,罪不勝誅,況暴於秦、魏而機械於政、操者哉! 是所謂人人得而誅之者也。"

案:勞乃宣(1843—1921),字季瑄,號玉初,又號韌叟,祖籍浙江桐鄉,出生於河北廣平。同治四年(1865)舉人,十年中進士。任畿輔通志局分纂,後任南皮、吳橋、完縣知縣。光緒二十七年(1901)任上海南洋公學總理,後又任浙江求是大學堂總理、浙江大學堂總理。三十四年授四品京堂,任憲政編查館參議。宣統二年(1910)任資政院議員,三年出任江甯提學使、京師大學堂總監督、學部副大臣。辛亥革命後隱居青島。

八月初一日，偕濮子潼游琉璃廠，得王引之舊藏聚珍版《老子王
弼注》。

《日記》："與止潛游廠肆，得聚珍版《老子王弼注》，高郵王
文簡公故物也。"

初十日，勞乃宣來訪。

《日記》："玉初見過。"

十五日，至濮子潼寓，訪勞乃宣論學，不合。

《日記》："出永定門，代祭薛氏姨丙舍。地名馬回回店。還寓
齋少憩，之止潛處與玉初論敬義夾持、存養省察之説不合，歸
齋，疲甚。"

十七日，再與勞乃宣論學，始漸有合處。

《日記》："夜與玉初論學當先義理後器數藝術之旨，所論漸
有合處，始與十二日所言劃分兩途。有弗學思，學思勿得，勿措
也。吾見玉初，諦其每學一藝，因端竟委，用意一線，苦思力索，
必盡通其癥結疑滯乃止。此吾之所短，吾欲師之以攻吾之短。"

十九日，送勞乃宣之保定。

《日記》："送玉初之保定。玉初言游永平士開，字子岱。之廉
能操守絶俗，能以趙廣漢之强力而智，爲龔遂之仁而不殘，尤不
可及。"

二十六日，偕濮子潼往詣李慈銘談，晚飯後歸。

《日記》："越縵先生處夜談，歸齋。"

《越縵堂日記》："紫泉來，爽秋來，留之夜飯後去。"

九月初九日，濮子潼招同李慈銘、張錫申、朱一新、馮學灃、潘遹讌
集，復往游白雲觀、天甯寺，有詩紀之。

《日記》："止潛招同越縵先生、穆莊、蓉生、子因、伯馴高齋
讌集，復偕出廣甯門，停車游白雲觀。觀爲邱長春真人修煉
極玄之地，連雲簃叢書所刊《長春真人西遊記》二卷，即此是
也。出觀復迤西，之開皇寺月臺稍憩，薄暝偕入城散去，歸定林

齋寓。"

《漸西村人初集》詩六有《止潛比部招同蓴老牧莊伯馴鼎父子因宴集徧游城外白雲觀天甯寺諸勝抵暮乃歸走筆爲詩呈諸公》。

《越縵堂日記》："紫泉招同牧莊、蓉生、爽秋及仁和人馮子英孝廉甲辰探花，文介公次子，以文介殉節，恩賞舉人。午飲齋中，餚饌甚潔。飯後步出大街，傸車同出廣甯門，俗呼彰義門。游白雲觀，元大都長春宮故阯也。謁邱真人塐像，白面微鬚，骨相甚清。登三清閣，徧及殿廡。時羽人以禮斗設齋醮，婦女靚妝，逐隊游觀，大半滿洲（莊）〔裝〕束耳。晡後，由觀步至天甯寺，前後相望不過三里而近。入寺登土山，坐磐石上久之。林葉尚翠，夕陽映之，西山遠眉橫黛，隱露金碧之色，秋望爲佳矣。傍晚小憩塔下及花圃中，復坐車歸，入城已曛黑矣。同至紫泉處下車，始分道還寓。"

《杏花香雪齋詩》甲集有《乙亥九日偕張孝仲朱鼎甫一新袁爽秋昶三舍人濮紫泉比部子潼游白雲觀復至天甯寺登高二首》。

十五日，順天鄉試發榜，知交中張筠、胡念祖得雋。

《日記》："雞鳴即起，京兆榜發，吾州是科赴試者僅三人雋，一正一副，張碧岑筠、胡子怡念祖，爲之喜不可支。"

十六日，與潘通、濮子潼作文會，切磋時文試帖之藝。

《日記》："偕伯馴、止潛之願學堂角藝，'以善養人，然後能服天下'。二句。賦得'志士多苦心得心字'。暝歸齋，夜坐。"

十七日，張桐以詩索和。

《日記》："張雨琴以詩索和，成四截句。"

案：張桐爲張之洞從子。

十月十七日，淩瑕書來，以《蘭亭》書帖見贈。

《日記》："得塵道人書，以縮本《蘭亭》相餉，爲之狂喜。"

二十日，作函致淩瑕，寄呈《雍州金石志》、《江寧金石志》、《授堂金石三跋》三種。

　　《日記》："子與要購《雍州金石志》、《江寧金石志》、《授堂金石三跋》，寄去。"

二十二日，嚴玉森以《磚塔銘》拓本見贈。

　　《日記》："鹿公以《磚塔銘》打本見餉，喜極，懷之而歸。"

二十六日，聞錢炳奎、朱衍緒、丁白卿三人卒訊。

　　《日記》："聞錢蔚也、朱鎮夫、丁白卿三同年俱作古人，感歎不已。蔚也與余同師劉司業，於鐘律之學大有心得，著書考訂。辛未春，同上計偕，同賦康了，篷霜輪月，跋涉燕齊，疇昔狂游，宛在心目。而君竟厭代而去，翔於寥廓之野，返於桑户之真。予欲援退之弔歐陽詹例爲哀詞，而才又不逮。喪我良友，奪我劬學，哀哉命夫！"

　　光緒《平湖縣志》卷十八《錢炳奎傳》云："錢炳奎，字肇祥，號蔚也，祖亮孫，同治丁卯舉人。少好讀宋人性理書，後遊於同里顧廣譽之門，學益進。性剛直，東湖舊屬陸清獻祠，兵燹後湖濱新淤，漸爲民佔，炳奎糾其同志，力陳當道，卒收淤歸祠。又與庠生時元勳、監生戈爲鵬講明文廟丁祭禮樂，闔橋觀聽，一時稱盛。卒年僅三十七。"

　　《越縵堂日記》九月十二日："肯夫來言，前月下旬至都，其弟鎮夫於八月九日病殁於家，相對慨歎久之。鎮夫名衍緒，一字子健，丁卯舉人，邃於古學，覃心考據，以積勞卒，年僅三十九，無子，可哀也已。"

三十日，往晤李慈銘談。

　　《日記》："詣越縵先生談，暮歸。"

　　《越縵堂日記》："袁爽秋來。"

十一月初二日，偕李慈銘、濮子潼觀劇。

　　《日記》："偕蕁客、紫泉觀劇，蕁客云：'伶工色不如藝，藝可恃,色不可恃.’此言深可思也。”

《越縵堂日記》初一日:“爽秋來,紫泉來,午後偕至鐵門閱史,傍晚歸。”

十二月初三日,嚴玉森來,告將有秦中之行。

《日記》:“鹿畦來告,將有秦中之行,聚首經年,倏又言別,不勝惆悵。”

初八日,錢振常招飲廣和居,赴之,李慈銘、濮子潼、潘遹、張吉人、馮學澧等人在座。

《日記》:“夜笘仙招同蓴翁、鹿畦、止泉、伯馴、佶人、子因小集。鹿溪不至,亦罷秦行,仍留燕中度歲。蓴翁談及湘中少馬和戎之議,又生一咸陽太師,可畏,可畏。夜歸。”

《越縵堂日記》:“晚赴笘仙廣和居之招,坐有紫泉、爽秋及長興張吉人諸君,談諧甚暢,視前夕文、湯兩無賴蒜氣放蛆有仙凡之別矣。二更後偕爽秋歸。”

十五日,勞乃宣自保定來札,告以畿輔通志局欲聘公任纂修。答以暫緩其事,並以詩上呈志局總纂黃彭年。

《日記》:“本日未刻得玉初手札,云畿輔通志局欲聘予爲纂修,並述貴筑黃子壽先生彭年獎借拳拳之意。予以多病不能治行,且春闈期迫,姑作答辭之,並作五古一章詒黃先生。”

編年詩:《行橐蕭瑟已甚詫焉有作》、《別思》、《贈潘孺初》、《春游戲效松岑體》、《題朝鮮使臣金奭準指頭書》、《題松岑詩集》、《四月二十七日書痛》、《問龍乞水》、《驅虎負樵》、《夷寊》、《蓴客來書辨蟪蛄以有答》、《雜詩》(蝦蟆有知解)、《寓館有女蘿叢生上蔓檐際豐茸可愛聊以遣興》、《放歌》、《乙亥重九日詩有叙》、《止潛比部招同蓴老牧莊伯馴鼎父子因宴集徧游城外白雲觀天寗寺諸勝抵暮乃歸走筆爲詩呈諸公》、《拙訥翁》、《次韻張桐將之濟南別》、《形將》、《泛海僧》、《菊》、《將曉》、《燈》、《瓦松》、《代伯馴題某君名山臥游圖》(佚)、《蘭院題壁》、《憶女》、《漫興》、《金溪陽明乃孔門

之琴張曾晳牧皮也拈筆短述》、《南譙詩》、《散人》、《偶然作二首》、
《懷昔游戲作》、《送友人假還秦中省親》、《時參》、《上黃子壽丈》、
《答貴筑黃彭年子壽》、《即事醉吟四首》。

編年文：《陳百生簡討母徐太宜人七十壽叙》、《書所藏醴泉銘
後》、《忠州秦大令母楊宜人壽叙》、《述德記》、《騈枝集後偶
書》、《風字研銘》、《傭書研銘》、《上薛糧儲箋》（一別桑根）、
《戲謝蔡秋曹惠膏藥啓》、《賀陳農曹生子啓》、《觀度餘論》、《謝
張編修丈狀》（伏損寵簡）、《與濮子潛》（右《宕陰存稿》十三
卷）、《與朱亮生》（憶自戊辰薄游燕中）、《與濮子潛》（昨論
往拜不來答一事）、《張君家傳》、《忠恕一貫餘論》、《勞玉初進
士母沈太宜人六十壽序》、《毗邪山人傳》、《瑞安孫公六十壽
叙》、《謝王可莊作真書一袂狀》、《答勞玉初書》（窮居輂下）、
《太子少保少夏官衡陽彭公六秩壽叙》、《散人論》、《十四丈
人贊並叙》、《上座主四川提學使張先生啓》（辛未報罷）、《與
嚴鹿溪》（昨聞君同里陳黃門拜曲靖之命）、《陶侃論》、《館
僮論》。

　　【時事】愛新覺羅・載湉即位,改元光緒,慈安、慈禧再度垂
簾聽政。馬嘉理事件發生。郭嵩燾首任出使英國欽差大臣。

　　錢炳奎卒。

光緒二年丙子(1876),三十一歲

正月初六日,移廎濮子潼處,晚偕濮子潼、朱一新赴李慈銘招飲,
時將赴保定應畿輔通志局聘。

　　《日記》:"自木棉華頭條胡同北齋迻寓止潛兄家。治嚴。
　　愛伯先生招集。送行者絡繹枉過。"

　　《越縵堂日記》:"紫泉、蓉生、爽秋來,留之夜飯,復同擲采
　　選圖,二更後散。"

初七日,夜與錢振常、朱一新、潘遹、濮子潼讌集,並以公事託朱一新。

《日記》:"笘仙、蓉生、伯馴、主人止潛共集,夜談,三更散去。托蓉公代直一月,並以公事相屬。蓉公諾之,且招飲。"

初八日,登車行,錢振常、濮子潼來送。過蘆溝橋,有詩紀之。

《日記》:"笘丈、止兄相送登車,情意拳拳可感。出國西彰義門,即廣甯門也。廿五里,歷順天西路同知治所,有城郭。渡蘆溝橋,日在高舂,作絕句抒懷一首。"

《漸西村人初集》詩七有《將之保定過蘆溝橋短咏》。

初十日,抵保定,入城暫宿勞乃宣宅,遍拜保定城中師友,並各處投刺,旋移居通志局。

《日記》:"至保定行省,入城,主勞兄玉初家。"十一日:"訪亮生。偕玉初詣謁貴筑黃子壽編修丈彭年、仁和濮壽召觀察丈慶孫。游蓮花池,故行宫也。咸豐來軍餉不繼,有勅將各省行宫觀臺拆直變售,以充輓輸,故已屢易園主。輾轉仍復歸官,今設畿輔通志局,苑中有池島亭榭花木之勝。旋歸勞寓。昨又晤玉初之兄享庵大令泉,其舅氏沈美江,其甥王薇卿。遍拜志局諸君。黃丈、濮丈枉軫。"十二日:"迻寓畿輔志局。"

十四日,以所作文呈正於黃彭年。

《日記》:"以舊所業文已繕録者四袟呈黃丈,以方治舉業,猝未暇手削,姑匀正也。"

十五日,薛福成來訪,時在李鴻章幕府。晚同之市上觀燈,勞乃宣亦在。

《日記》:"無錫薛叔芸同年福成枉存。……偕叔芸、玉初觀鐙,回齋。"

二十七日,作《袁氏妹孝友之碑》。

《日記》:"作《袁氏妹孝友之碑》,繫之以銘,擬刻石合江亭下,紫溪環其北,漸江亘其南,山谷或夷,徽音無極。碑陰刻邑父老長者姓名，買地一區，志立碑年月。碑方跌圓首如律禮。”

二月初一日，謁見李鴻章，承詢生平所歷及江南舊友之狀。

　　《日記》：“謁見合肥相公，公垂問平生涉歷險難，太息久之。又詢江南名士如張文虎、莫友芝、戴望、劉恭綖之屬存殁零落狀，又太息。公天人也，大臣也，乃亦不忘舊日賓客，惓惓歷數，此其所以籙應四七之精，形圖紫光之閣也歟！莫、戴久化，張、劉亦老病，皆賤子友，而曾客公幕也。十年之頃，靈落若此，撫匣中物，可勝叱吒。”

初四日，觀薛福成所作《治平六策》、《海防十議》兩種。

　　《日記》：“觀叔芸同年所爲《治平六策》、《海防十議》各條，多有平實可行之事，蓋係丁巡撫代奏，蒙中旨彙交廷議，而總署蔽遏聖聰，業經詭辨駁黜者也。”

　　《清實録·德宗景皇帝實録》光緒元年（1875）四月戊寅：“丁寶楨代奏候補同知直隸州知州薛福成條陳治平六策、海防密議十條，著交總署議奏。尋議，薛福成條陳十條，如製器、造船、籌餉、開礦、練水師、購鐵甲，已見臣衙門議奏海防事宜條內。其恤商、清理茶政兩條，意在保商整稅；擇交、儲才兩條，爲籌辦海防之要領。應請飭下督辦海防大臣，將該員十條，匯入總署議奏海防事宜，一併酌度籌辦。從之。”

初六日，至東門外校場觀直隸總督閲兵典禮。

　　《日記》：“輿至東門外校場，觀直督行三年閲兵禮，此軍禮也。”

十一日，朱采餞行，觀其所作文及《籌海策》一種。

　　《日記》：“亮老辱餞行，觀其所著文，古樸有奇氣。又以《籌海策》垂示，所以濟曾侯長江水軍議之窮，乃因時制宜之道，誠才大心細也。”

十五日，自保定啓程返京。

　　《日記》：“自保定統部起程，精神所注者一僕、一御車、二驢而已，是亦政也，它無所問。”

十七日，入都，暫寓客棧，夜走晤錢振常、朱一新、濮子潼。

《日記》：“是日申刻入城，爲關吏索泉所窘，怒甚。予至是凡四入國門矣，入城暫寓嬴馬市大街路南文德店。夜走晤笆老、蓉生、紫泉，三更歸，疲甚。”

十九日，移居慈雲寺，與潘遹同住。又偕濮子潼往送陳彝行。

《日記》：“遂居崇文門內迤東城根礙子河慈雲寺，與伯馴同年共一屋。偕止潛走送陳六舟太守丈滇行，太守留贈墨揭二事，受之，三更歸寺寓。”

《光緒朝上諭檔》元年（1875）十一月初七日：“內閣奉上諭：‘雲南曲靖府知府員缺，著陳彝補授。欽此。’”

三十日，偕黃國瑾至市，購書籍數種而還。

《日記》：“偕再同入市，購得稽古樓巾箱本十三經左注、鉛字《瀛寰志略》二裹而歸。”

三月初四日，孫詒讓來訪，時菭京赴會試也，並以譚獻書至。朱一新、許景澄亦至。晚詣朱一新寓，共朱懷新、樓師竹等人談。

《日記》：“中頌同年枉存，以中修書至。……蓉生枉存，竹篔太史見過。夜至蓉生寓及其弟苗生、浦陽樓師竹共餰，話江鄉茶筍，風味甚美。予客游十六年矣，滾滾馬頭塵，復何所得，正不若歸繡峰買田踐先公卜居之約耳。”

初六日，詣孫詒讓談，聞江南舊友耗。是日欽命會試考官。

《日記》：“詣中頌，知湛侯、子繼、叔俛諸君耗，問徐懿夫、朱景昭之爲人。”

《越縵堂日記》：“晨見邸抄，命戶部尚書董恂甘泉，庚子。爲會試正考官，刑部尚書桑春榮、宛平，壬辰。吏部右侍郎承恩公崇綺、滿洲鑲黃，乙丑狀元。禮部左侍郎黃倬善化，庚子。爲副考官。翰林院侍講學士徐致祥、嘉定，庚申。編修陳學棻、安陸，壬戌。朱以增、新陽，乙丑。楊頤、茂名，乙丑。譚承祖、南豐，戊辰。黃湘、珙縣，戊辰。

姚協贊、承德,戊辰。邵積誠、侯官,戊辰。顧樹屏、廣豐,戊辰。崔國因、
安徽太平,辛未。鄧蓉鏡、東莞,辛未。李肇南、鎮雄,辛未。袁善、丹徒,
辛未。陳理太、長沙,辛未。修撰陸潤庠、元和,甲戌。户科掌印給事
中夏獻馨、新建,丙辰。掌河南道御史梁景先、三原,乙巳。吏部文選
司郎中沈源深祥符,庚申。爲同考官。"

初八日,頭場試,作四書義、試帖詩,初十日出場。

《日記》:"辰刻入場。淘米作粥,中襟塵涴,菜肉霉惡,多難
下箸,卷足而卧,不得欠伸。蜂房鴟窠,人語喧闐,題䯚飛下,衆
猾始息。嗒焉相看,噤不得食,思捷者讙,思遲者吟。交卷而出,
如病脱體。考生之苦如此。"初九日:"作四書義三首、帖詩一
首,三鼓瞑。"初十日:"繕寫畢出場,歸寺寓。"

《越縵堂日記》初九日:"三更後得題'康誥曰:克明德'兩
節、'施於有政'兩句、'惟義所在','南山曉翠似浮來得來字'。"

十一日,二場試,作五經義五首,十三日出場。

《日記》:"入場。"十二日:"作五經義五首。"十三日:"謄
訖而出,歸寺寓。"

《越縵堂日記》十二日:"四更後得題:'孚于嘉吉,寬而有
別'兩句、'興雨祁祁'兩句、'仲孫蔑衛孫林父會吳於善道'、'温
柔敦厚'四句。"

十四日,三場試,作策論五道,十六日出場歸寓。

《日記》:"入場。"十五日:"草策五道,謄真。"十六日:"早
出場,歸寺寓。"

《越縵堂日記》十五日:"黎明得策題,第一問經學,第二問
史學,第三問官制,第四問選舉,第五問財賦。"

十七日,張澐卿新授順天府尹,往賀。

《日記》:"謁賀霽師除京兆甫拜新命。"

《清實録・德宗景皇帝實録》三月初八日:"擢順天府府丞
張澐卿爲順天府府尹。"

十八日,出城晤李慈銘、陶方琦、樊增祥、陶在銘,晚宿於濮子潼處。

　　《日記》:"出城晤蓴老、子縝、雲門、仲彝,夜宿止潛家。"

二十日,晤王炳燮,縱談時事。

　　《日記》:"喜王樸臣先生炳燮見過。往之樸老寓,縱談學治二事。樸老言呭嚕拐去華人十餘萬,虐使之如犬羊,名曰賣豬崽,深堪髮指。現使臣陳公蘭彬奉廷寄往查,難民向使臣控告者數千人,此案未結。又言林文忠公督兩廣時,燒鴉片一事,誠快人心,然亦有辦理稍疏之處。鴉片每箱值夷泉百餘圓,而公定償值僅給大泉五千,夷商不服,故激成大釁。又言曾與一英國商人交談,此商自云積銀二千兩,未曾取婦,問其何故不娶?答云英國地狹人稠,百物騰貴,每人日耗米鹽經費,歲須千金始辦。賃屋費每歲亦須千金。合計男口一、婦口一,及賃屋,須歲耗三千金,故力不逮也。由是觀之,英國民殫財竭之象,亦可概見,是將亡矣。又述其辛未以後在天津奉李相國檄辦城工賑濟之事。夜歸寺寓。"

四月初四日,與同人讌集慶會堂,又遊意園,觀渾天儀。

　　《日記》:"同楊雪漁、黃松泉、劉逸笙、黃再同、濮紫泉小集觀音寺胡同慶會堂,游故相肅親王豪格之後敬微公意園林亭,觀渾天銅儀,歸寺寓。"

十三日,會試榜發,中式第五十三名貢士,知交王炳燮、朱一新、黃國瑾、陶方琦等人亦得雋,李慈銘落榜。是日移居張端卿宅。

　　《光緒丙子科會試硃卷·袁昶履歷》:"中式第五十三名。"

　　《日記》:"禮部榜發,山人名列第五十三。平日素交如王樸臣、朱蓉生、黃再同咸登是榜。朱、黃皆有嚴父在,樂事可知,惟山人與樸老同抱風木之感,深恨不逮事先人耳。寄家書。迻寓張十丈家東齋,予舊巢也,在沙土園路西。"

　　《越縵堂日記》十二日:"是日報春榜紅録,子縝及朱蓉生、袁爽秋皆得雋。紹興公車共百四十餘人，僅中三人。會稽得二人，其一顧家相中弟六。"

　　案：《光緒丙子科會試硃卷》云：同考試官翰林院編修加三級顧閎："薦。"大總裁禮部左侍郎上書房行走加三級黃批："取。"又批："詞成廉鍔。"大總裁吏部右侍郎委散秩大臣三等承恩公加三級崇批："取。"又批："筆挾風霜。"大總裁經筵講官刑部尚書加三級桑批："取。"又批："局緊機圓。"大總裁戶部尚書管理三庫事務、總理各國事務大臣加三級董批："中。"又批："志和音雅。"本房原薦批："醞釀深厚，結構謹嚴，雅鍊清腴，虛實兼到，次三亦披文相質，藻不妄抒。詩調。"第二場："弸中彪外，佩實銜華，不徒以富麗爲工。"第三場："兼縮條貫，筆意謹嚴。"大總裁原批："古色古香，饒有別趣，妙在按脈切理，不同游騎無歸。詩妥。"

十四日，謁見會試各考官，公卷出顧樹屛房。

　　《日記》："謁見吳夫子、張夫子，又謁房師顧夫子，又謁見座主董夫子、黃夫子，皆用摯。歸寓齋。"

十六日，赴保和殿覆試，名列二等。

　　《日記》："赴保和殿覆試，予詩內塗乙一字。"十八日："覆試案發，予名在二等。"

二十一日，赴保和殿對策。

　　《日記》："恭詣保和殿應詔對策，酉刻繕畢而出。此次惟樸臣同年直抒所見，不拘格式。"

二十四日，廷試臚唱，得二甲一百十三名進士。

　　《日記》："廷試臚傳，予名在二甲第一百十三名，悒怏而歸。走訪竹篔，值雲門在座。謁顧廣豐師。歸寓。得叔遲函饋。謁廣豐師、貴筑師。夜和玉初同車行市中，玉初返寓，予扣梓泉門，已臥。旋歸東齋，秉燭疏二十年中受業解惑之師姓字仕履，並疏歷年考藝，凡以一藝相激賞者，無論東都巨公、南郭處士，皆

謹志之,以不忘微名所自。生我者父母,知我者鮑子,師友之緣,
於予已厚。仰視北辰,不勝太息。"

　　《越縵堂日記》:"是日殿試榜出,狀元曹鴻勛,山東濰縣人。癸西拔貢,乙亥舉人,刑部七品小京官。榜眼王賡榮,山西朔州人。辛西拔貢,丁卯舉人,刑部主事。探花馮文蔚,浙江歸安人。乙亥順天舉人,刑部主事。傳臚吳樹梅,山東歷城人。內閣中書。子縝、爽秋、蓉生皆在二甲。"

二十八日,詣保和殿應朝考,仍列二等。

　　《日記》二十七日:"迻入東華門內直廬小寓,明日昧爽,詣保和殿恭應朝考。連日困憊,臥不得安。"五月初二日:"山人又被庸妄叟抑置二等,溫太真一流將盡,如是如是。"

五月初九日,赴養心殿引見。

　　《日記》:"雞初鳴即戒車,旋入景運門,交昏明三刻,侍臣率新貢士排班訖,日初出,例得引見養心殿,退由乾清門出景運門、東華門,歸東齋。"

十二日,詔以分部學習,知交陶方琦、朱一新、黃國瑾等人皆得選庶吉士,心頗怏怏。

　　《日記》:"詔除以六曹主事學習,館選漂矣。"

　　《越縵堂日記》:"自初七日至十二日,新進士引見畢,詔改為翰林院庶吉士者吳樹梅等八十九人,分部學習者七十六人,以內閣中書用者八人,以知縣用者一百十三人,以郎中、主事原官用者五人,歸班候選者二十七人。浙江得庶吉士者九人,子縝、朱蓉生及庚午同年歸安朱鏡清皆與焉。爽秋及莫峻、李濂皆分部學習。顧家相、朱彭年皆用知縣。福建陳汝翼得庶吉士,貴州路朝霖、黃國瑾亦皆與選。"

閏五月初六日,始到户部陜西司學習。

　　《日記》:"本日到農曹陜西司廨署,是時主藥郎中為休甯吳夫子,尚書宗室載鶴峰太夫子齡、甘泉董夫子,左侍郎滿洲

榮禄公、吳江殷公兆鏞，右侍郎滿洲慶陞公、常熟翁公同龢，歸東齋。”

十四日，作函致黄彭年、勞乃宣，擬辭畿輔通志局分校差事。

《日記》：“作寄子壽先生年丈書，辭分纂一席。又與玉初書。”

十六日，夜飯於李慈銘宅，晤樊增祥、濮子潼、高騤麟等人。

《日記》：“夜飲於越縵堂，晤愛伯先生、匡伯、雲門、止潛、仲彝、峴卿，二鼓歸。”

《越縵堂日記》：“偕彦清、雲門諸君暢談，紫泉來，爽秋來，夜偕諸君小飲。”

二十日，黄國瑾處飯，觀所藏明代沈充書長卷。

《日記》：“夜再同處飲，觀明嘉靖中江陰沈兼山充自書《孤舟賦》長卷，賦組織錦麗，托興深微，字跡遒麗超逸，有文待詔徵明跋。歸東齋。”

二十四日，晤陳壽，始識繆荃孫。

《日記》：“晤陳汝翼、繆小珊。”

案：繆荃孫（1844—1919），字炎之，號筱珊，江蘇江陰人。同治六年（1867）舉人，先後入成都將軍崇實、川督吳棠、川東道姚覲元幕，又執贄於學政張之洞門下。光緒二年（1876）中進士，改庶吉士，授編修。五年，充順天鄉試同考官。後任國史館纂修、總纂。後丁憂歸，先後主講南菁書院、濼源書院、經心書院等。十九年服闋，充國史館提調。二十年，乞歸省墓，主講江寧鍾山書院、常州龍城書院，領江楚編譯局總纂。書院詔改學堂，充監督。後奉派創辦江南圖書館，充京師圖書館正監督、江蘇通志局總纂。入民國，任清史館總纂。有《藝風堂文集》等。

二十六日，楊鐸招飲，高行篤是日到京，亦在座。

《日記》：“楊石卿招飲泰豐樓，喜叔遲於是日到京，座又有劉葵衫大令、王魯田，夜初分歸齋。”

二十八日,與高行篤、丁立誠、羊復禮出遊什刹海,又偕高行篤遊琉璃廠,購書籍數種而還。

《日記》:"偕叔遲、丁修父招羊比部同遊什刹海、積水潭、廣化寺,大隄花豔,士女如雲。登天增樓小飲,飯畢同之柳蔭下茶肆納涼二時許。遊人往來如梭,荷香釧影,微風東來,一曲西洲,此境誠疑天上;三條廣陌,風味略似江南。迴隄亘虹,積翠如霧,炎日轉澹,水漚不驚。斯游之樂,近年罕覯。日未晡各散還,同叔兄游廠肆,得李氏《易集解》,並鄭氏《易》、《易釋文》三種,令坊友訂作四袟。還齋,夜飯畢,掩扉熟寢。"

六月初一日,朱迪然招飲,赴之。

《日記》:"朱肯夫侍讀迪然招飲,座有莘潛、汝翼、子縝、姚叔怡、吳心畬諸君,大雨滂沱,乘車而歸。"

十八日,內閣三世追贈告身送到。

《日記》:"內閣送來三世追贈告身貳軸,敬記。"

二十四日,送高行篤、楊鐸歸江南。

《日記》:"送叔遲、石老歸江南。"

七月二十四日,與王懿榮、許景澄、錢振常、張吉人、張迪民遊長椿寺。

《日記》:"與王廉生、許竹篔、錢笙仙、張吉人、張迪民同游長椿寺,逛花廠,暮歸。"

八月初二日,乘車行,將赴保定。

《日記》:"出彰義門,長辛店尖,竇店宿。"

初四日,抵保定,晤諸友人。

《日記》:"入保定城,住蓮花池。晤黃再同、秦生昆季同年、何幼源、劉南莊、陶辛楣、盛稷孫諸君,褚叔雲、趙菽田兩同年,周鈞父文學。"

十六日,自保定行,往赴天津,到後借寓王炳燮宅。

《日記》:"遯庵夫子、朱亮生同年、勞玉初大令、褚叔雲、傅玉峰兩同年、吳蘭石太守、何幼源、盛稷孫大令出城枉送。至小聖廟小憩，背雉面河，檉楊猶綠，垂垂斷岸，府河清泚，可櫂可沿，戀別感知，風景頓異。登舟解纜，遍揖別去，長波水鳥，顧望已遙，餘歡在襟，令人惻惻。予平生師友之緣，一至於此，自憎疲病之軀，無以仰謝厚意也。"十九日："抵天津，主同年王樸臣先生寓齋，在曾公祠。"

九月初二日，偕蔡鼎昌、馮學澧登輪舟行。

> 《日記》初一日："偕蔡君公重、馮君子因在紫竹林中和新棧寓。"初二日："和二君登直隸輪舶，船隸旗昌西號，英商之舟也。天未明開行，食時出大沽口。"

初五日，舟抵吳淞口，次日往謁鍾文烝、劉熙載、袁康，即移寓龍門書院。

> 《日記》："日中抵吳淞江洪口，上岸寓裹洋涇橋薏仁里客店。"初六日："詣嘉善夫子、興化夫子、竹式宗兄。"初七日："逐居上海城內石北岸龍門精舍。"

二十日，沈祥龍寓所觀碑拓。

> 《日記》："在沈約齋齋中觀《西狹頌》、《石門頌》、《北海相景君銘》搨本。"

二十七日，劉熙載以《鄭文公碑》見賜。

> 《日記》："興化師見賜《鄭文公碑》打本。"

十月初五日，始晤蕭穆。

> 《日記》："偕約齋訪桐城蕭敬孚文學穆於機器局。"

> 《送蕭敬孚叙》："予以丙子秋識敬孚海上，蓋桐城之魁士也。"

> 案：蕭穆（1835—1904），字敬孚，安徽桐城人。少從錢泰吉學，又與方宗誠、吳汝綸、徐宗亮等人交。同治十一年（1872），曾國藩召見於安慶，命入上海製造局翻譯館供職。性喜藏書刻書，精於校讎，編刊書籍多種，尤以羅願《鄂州小集》、

劉大櫆《歷朝詩約選》等爲精審,並輯《古逸叢書》。自著有《敬
孚類稿》、《敬孚日記》等。

初九日,連月憂慮出處,至此始定計,安於曹職。

　　《日記》:"十月初九日,齋心祓志,禱之於祖禰及高孝靖先
生,復質之於興化劉夫子,始決定主意,將以農曹末秩視大興校
官例,爲之十年,所得微禄,以爲俯畜之計。讀書養性,若將終
吾身焉,其可乎!"九月十七日:"興化又言簪仕王城亦佳,然須
得一安樂法。安樂法奈何?曰守定'耐'之一字而已。"

初十日,侍劉熙載坐,承示以作文之法。

　　《日記》:"侍劉融齋師坐,仰聆清誨久之。融齋師曰:'凡
爲文者,意欲精,格欲高。抑吾見格高而意不精者多矣,未有意
精而猶患其格之卑者也。'"

十六日,觀劉熙載書大字。

　　《日記》:"觀融師懸肘作大字,氣勢旁魄,意理縱橫,蒼秀寓
於雄渾,德人之書也。"

二十八日,上輪舟,將至江寧。

　　《日記》:"上彼佛囉輪艘,爲小竊攪去棉馬褂、羔皮褂各一
件。四更,舟始開行。"

三十日,抵江寧,寓惜陰書院。晤在院諸生,時薛時雨已往蘇州。

　　《日記》:"入建業城,投惜陰書院。師丈河東公已往吳下矣。
晤成漱泉、肇麐寶、應孝義,芙卿先生哲嗣也。晤馮孟華(熙)
〔煦〕。夜微有雨。"

十一月十五日,抵全椒寓。

　　《日記》:"自復興集歸北譙寓舍。"

十二月初十日,抵江寧,謁見薛時雨。

　　《日記》:"抵白門,謁見桑根師丈,遂入東榮右个中住。晤
成壽泉孝廉,述其鄉韋公亮文學之爲人。"

十三日,謁吳廷棟舊居,感慨係之。

《日記》:"謁故少寇吳竹如先生之廬,感愴徘徊者久之。亡友子高所居冶城山之屋已改顧職方祠矣。"

十五日,往晤楊長年,觀其藏籍。又詣劉恭冕昆仲、秦際唐。

《日記》:"詣楊樸莽先生,觀其《夢遊圖》四册,覽端木子疇前輩埰詩弍首,古樸近《寸心知室蘗》。詣劉恭父、良父兄弟共飫訖,詣秦伯虞同年,小坐閣子中,不覺門外雪深一寸矣,冒雪肩輿而返。"

二十三日,往馬新貽祠,拜祭吳廷棟、戴望神主。

《日記》:"偕成壽泉之馬端敏公祠,祭少司寇吳公及戴君。吳公昔曾語以西北邊患之事,今念及之,不覺涕泗之交於頤也。"

二十九日,游曾文正公祠。

《日記》:"游曾文正公祠,念凡爲庸人,則身没名盡,爲小人則鄉里唾罵,惟出爲名臣,處爲正士,乃得袝社建祠,血食百世,爲天下後世法。而其勤怠敬肆之幾,特操於方寸靈臺之地,又人人可得而勉,可不懼哉!"

編年詩:《將之保定過蘆溝橋短咏》、《休將一首》、《我所思》、《別朱公》、《厲蓮花池作》、《定興道中懷桐廬》、《曲池》、《題慈雲寺壁》、《龍門精舍次韻沈約齋見贈長歌一首》、《簡汪梅村先生士鐸》、《病鶴詩爲凌高士作》、《題秦淮水榭所藏宮鏡》、《懷海上融齋老人》、《仿滄洲病叟聞善決江河詩體擬作深山儕木石一首》、《僕謁梅翁二拒不納而以書來故戲答如此》。

編年詞:《滿庭芳・人卸雕鞍》。

編年文:《方哲父遺文後叙》、《四部文言要録略例》、《與聶子樗秀才書》(弟囍虞削跡)、《袁氏妹孝友之碑》、《祭戴君文》、《園林帖》、《蟆頌》、《正月廿九日居士説偈》、《七客寮贊》、《漸西村叟説》、《研合銘》、《瑞安孫公六十壽序》、《江烈婦銘并叙》、《祭故少秋官六安吴公文》。

　　【時事】左宗棠收復烏魯木齊。李鴻章代表清廷與英使威妥瑪簽訂《煙臺條約》。《曾文正公全集》刊行。

光緒三年丁丑(1877),三十二歲

　　正月初一日,出游半山亭,爲王安石舊宅遺址。歸晤劉壽曾昆仲。是日始晤楊文會,購其所刻佛經三種。

　　《日記》:"出遊謝公墩,上半山亭,亭故在上下二定林寺之間,爲宋相王公安石故宅,後元祐中,公感異瘳,捨宅爲寺,今二定林遺址不可攷矣。坐石觀泉,斯游甚樂。歸,得律詩一首,古詩三首,即用荆公韻。晤劉恭父昆季。晤楊仁山,石埭人,買内典三種。還寓齋,讀天台智者大師《六妙門輯》一卷,其法一數二隨三止四觀五還六净,此調息法也,與《安般音卜·守意經》同意,亦能仁寂默所傳一等入手工夫。"

　　案:楊文會(1837—1911),字仁山,號深柳堂居士,又號仁山居士,安徽石埭人。早年業儒,後潛修佛學,創金陵刻經處,刻佛經數千卷,並手編《大藏輯要》,著有《大宗地玄文本論略注》、《佛教初學課本》、《十宗略説》、《等不等觀雜録》、《觀經略論》、《闡教編》等。

　　初四日,楊長年來訪,問其禪宗、净土之旨,舉拾得、東坡、永明大師等人偈子相答。

　　《日記》:"樸庵老人降趾,喜甚,今年六十七矜,少選去,送至四松庵始返,觀其步履尚如飛也。問禪宗要旨於樸庵,樸庵舉拾得詩云:'生死忽到頭,半字不相救。黄檗作騾鞴,方知苦在後。'又舉東坡居士偈云:'從門入者,不是佳珍。'問净土要義,樸庵誦永明大師偈云:'有禪無净土,十人九錯路。陰境忽現前,瞥爾隨魔去。有禪有净土,猶如戴角虎。現世爲人師,來生作佛祖。'"

初五日，訪韓弼元，以舊作詩文請質。又晤劉壽曾、莫繩孫，劉氏以亡友戴望所校《管子》見貽。

《日記》："訪丹徒韓叔起比部弼元，以文初編二册、劍映集一册、叢稿一册就正。比部論學治二事云：'有無體之用，無無用之體。'二語甚精。比部爲人伉爽質直，可敬也。又爲語溧陽强艮庭之爲人。過樸庵不值。過恭父，恭父以戴君校《筦子》四册見貽。過莫仲武監掣繩孫，住燕支巷，邵亭遺書、金石共百匦，皆庋於右楹。日暮由李氏親串家略憩，始歸山齋。"

初六日，薛時雨招飲，赴之。

《日記》："桑根師招同韓叔起比部、趙季梅教授丈、劉恭父、姚械卿二同年、吴子和校官集景陶堂，日昳始散。"

初七日，秦際唐招飲，赴之。

《日記》："伯虞招同劉丙生、朱雨生、陳雨生、姚械卿、秦隱唐集高齋，其宅當齊清溪南岡間，沈慶之詩所語'徒步還南岡'是也。乘馬歸，途遇談厚甫、都芝仙。回山齋，録朱子文字。"

十二日，出城登舟行。

《日記》："出城上船，開至下關宿。"

十四日，抵揚州，晤高行篤、凌瑕等友人，移榻淮南書局。

《日記》："餔後到維揚，晤凌、高諸子，迻入東關大街書局住。"

十五日，晤李祖望，共飯訖回寓。

《日記》："元夜，晤李賓嵋先生於半畝園。胡子怡枉過。賓翁處晚飯訖回寓。"

十七日，孫詒讓自武昌至，來訪。

《日記》："孫中頌同年自武昌來，枉存。"

二十五日，作函致黃彭年，贈以書籍數種。

《日記》："作上貴筑丈箋，並寄沈吉士《開方説》、《皇甫持正集》、《説文統系圖》共三册，又《藝概》二册。"

二十六日,與莊栻、董對廷、李祖望、高行篤話別,登舟行。途次編錄慕堂藏書目一卷畢,計歷年所收書,約有六七千卷。

《日記》:"夜與中白、策三、賓翁、叔遲話別,登舟。"二十八日:"編藏書目,忙一天。"二十九日:"泊靖江縣江口。編慕堂所藏圖書金石目録一册畢。都凡六七千卷。"

三十日,抵江陰,逗留數日。與學使林天齡晤談,述及近日會同巡撫奏請高攀龍從祀澤宫,爲禮部議駮之事,爲之憮然。

《日記》:"泊江陰縣,水北曰陽,水南曰陰,縣在江水之南,故名江陰也。"二月初二日:"今日林學使言近與吴撫會奏,請將高忠憲公攀龍從祀澤宫。忠憲致命時遺言有'君恩未報,圖以來生'之語,經禮部摘出'來生'二字係用禪語,斥不許從祀。禮官眼光如豆,心光如蠔,一何可笑。林學使天齡,字錫三,容色和儼,好讀《正誼堂叢書》、《儒門法語》,今之賢大夫也。其論近日人才,首推倭文端、曾文正、吴少寇、劉司業,亦具有眼。"

二月初四日,連日觀銘字營、武毅營操演洋槍陣法,緣江陰乃長江中軍事要塞,故屯有重兵。

《日記》:"觀銘字營操演洋槍陣法,劉銘傳舊部曲也。"初五日:"陳總戎善甫招飲。觀武毅營操演洋槍陣法,凡四人成排,十排一旗,旗有小教習傳口號,指撝向左向右、内禦外禦、衝鋒策應之法。旗下有吹銅蠡一人、擊羊皮鼓一人。六旗成一陣,陣有大教習,法如之。陣法分合錯綜、奇偶變换,而六旗者魚貫而行,不許舛亂,各有步所,其法頗善。據其隊長云此法得之英吉利酉。自同治二年始創立銘字營,郭松林別創立武毅營。自七年戊辰翼長丁壽昌字樂山者,始譯得此法於英酉,蓋習之八九年矣。"

初八日,登舟行,入泰興界,有懷吴存義,時作古九年矣。

《日記》:"開船,行五六十里,雷雨交作,拖舟入塔港口避之,在江北岸。作字與百生陳簡討書。宿泰興縣屬之界河村,

懷先吳和甫師袚濯之恩，徘徊不已，流涕被面。先師見知於流
徙困窶之中，相賙於零丁羸弱之頃，成我鮑公，何有涯量。豈比
夫戚族悠悠欲相下石者，生羽毛則譽之不容口，長瘡痏則擠之
使速死，豈復有人心者哉！"

十三日，舟次鎮江，登岸游金山，尋文匯閣故址，上江天一覽亭。

　　《日記》："獨攜一懦卒，棹二十斛小舟，爲浮玉之游。初上
朝陽洞，小憩啜茗。稍上入山門，尋文匯閣故址。汪容夫先生
中曾於此校書，讎刊十六萬卷，凡書眉簡尾，注記者二十萬言，
今不可復見矣。李申耆兆洛爲壁記記其事，刊石，申耆自書字，
字法甚巉嚴不苟，可想見老輩之用心完密處。據石記，云有汪
拔萃栗主祀閣前榮，覓無有也。入釋迦殿，趺坐一刹那頃。徐
行上山，躄磴循級，憩山之半小亭子內，同一老衲絮絮語。此山
中殿宇，皆雄傑華整，髡徒百十人，閭民所糜費多矣。老衲無爲
軍人，特樸謹。啜茶竟，旋恭讀純廟御製詩碑，及陶文毅公澍游
詩。上大士閣，瞰郭景純墓田，或云其母墓也。最上登江天一
覽亭。山舊在江中，而今與沙岸銜接，放眼易盡，不如焦山之窈
而深，藏奇於平，納萃於澹，澄潭曲逕，側石橫林，令人延賞不盡
也。下山，向寺長老買石刻拓本數種，挾之而歸。此船已離岸，
始記得中濡泉未曾到，頗笑斯游之鹵莽也。亦緣腹餓，急欲回
舟耳。"

十六日，輪舟抵漢口，入武昌城，寓客棧。

　　《日記》："食時抵漢口，上岸覓石子韓刺史，子韓差一幹僕
覓借紅船送之漢陽門。約十里許，入武昌省城，將行李客店內
住，覓吳二世兄。"

十七日，晤武昌地方守令。謁見孫衣言，時任湖北布政使。又晤
劉恭冕談，時主經心書院。

　　《日記》："例拜當事者，是日晤徐、朱、汪三大令。晤方伯瑞
安孫公，公絮語久之，所言俱關係士習民風，可敬也。晤叔俛，

索《論語正誼》。叔儵山長爲言閩劉鷺汀先生端，道光壬辰舉人，
曾爲太湖令，治三禮三傳之學，海內經師也，與陳蘭甫澧爲閩越
二秀。暮歸，濯足，早卧。"

十九日，孫衣言及時任湖北按察使王大經招飲衙署，赴之。飯訖
登蛇山，晚至吳寶儉處飯。

　　《日記》："琴丈及提刑王公招同王若愚、程麗棻二觀察、李
漢春提戎嘉樂、胡月樵都轉集衙齋，未刻散。登武昌蛇山，與漢
陽府城內之龜山相對。禮園世兄家夜飲，晤黃稚樹太守，樹齋
先生哲嗣也，二更歸寓齋。"

二十一日，赴吳寶儉招飲。

　　《日記》："夜吳世兄招同蔣峻亭太守、礪堂相國孫。黃稚樹太
守、張詞父大令、詩齡大空子。汪子用、楊葆初二大令小集，座中
多右族子弟，猶令人見承平王孫態度也，二更歸。"

是日，劉恭冕以其父寶楠所著《論語正義》見贈。

　　《日記》："叔儵山長以續成尊甫楚楨先生《論語正誼》
二十四卷辱詒。"

二十三日，胡鳳丹以諸子書二十餘種見贈。

　　《日記》："信筆作一詩調胡都轉，都轉見詒荀、老、晏、笵以
下諸子二十許種，大喜。"

　　案：胡鳳丹（1823—1890），初字楓江，後字月樵，一字齊
飛，浙江永康人。納貲爲官，薦爲兵部員外郎。同治中至湖北，
以道員補用，綜理釐局。後受命創辦崇文書局，採訪刊刻遺書。
光緒元年（1875）任湖北督糧道。撰有《金華文萃書目提要》，
刻有《金華叢書》。

是日劉恭冕招飲，飯訖同游曾文正公祠，並談論時事之得失。

　　《日記》："叔儵山長招集，飲竟，遂登山同遊曾文正公祠。
祠在黃鵠山之半，右臨大江，煙帆無際，負山面郊，俛瞰萬井，夭
桃修竹，清紅縟山。迴欄綿亘數百，自上而下，極盤紆曲折之勝。

下臨曲池，有芰荷菱芰之屬。石壁十仞，削如斷霞，雖不甚高，而唇吐黔陽，有芥視雲夢、剗卻君山之意。樓觀之盛，歎觀止矣。下山與叔俛分手而歸。是日頗與叔老議中西技之長短，而因及外臺失策有三：西征為最，營臺北次之，北洋又次之。略病其於本病少所匡救，而自媮以為要功之地，此人臣之利，非君上之福也。壽陽祁公有詩云：‘上元甲子十年後，自有英賢再世來。’今竟何如哉？可深喟也！”

二十七日，謁見湖廣總督李瀚章、湖北按察使王大經辭行。

《日記》：“冒雨各處辭行，謁見制府李公、提刑王公，未刻回齋，疲頓殊甚。”

二十九日，**游黃鶴樓**。

《日記》：“游黃鶴樓，樓凡三層，在漢陽門內。外則蔚麗壯跂，鴟尾四角聳然，重欄下垂，碧甍朱檻，如鷺鵠翔峙，凌飈耀日，四望如一。僕入其中則黝然以深，窅然以寒。緣梯而登，自下上上，堅實平易，如履厚地。凡諸造作，工緻完密。比登其最上層，真有迴梯暗蹋、絕頂初攀之意。樓四面皆有窗及欄楯之屬，西望夔蜀，江流洶湧，若來自雲霧之際，滾滾直下。南望五營，巒嶂複沓。東則蒼濤際天，一瀉千里。樓之下即凌跨大江，漁舟掀舞，若漚雁滅沒於沙洲島漵之際，城外行人亦了了如雞鶩散處。黃鵠山自南來，橫亙城內，如修虵赴江而飲，故俗名茲山為虵山也。山乍伏乍興，至是始萃起一磯而盡。樓則鎮於茲山之巔，自麓而上，凡螺旋斗折者以十數。樓中有季漢大將軍費文偉騎鶴吹簫像，方志言費公不亡，實尸解於是，其信爾邪！又唐末鄉貢進士呂道人曾參誨機禪師於茲地，今循山稍南黃龍寺是也。故世又謂費仙為呂仙，卒疑莫能明也。東坡又有詩述抱關老卒云云。夫吾朱子嘗言，神仙亦是一代說一項。嘻，吾固不欲深求於其故，而以為天地之至理，固別有所存邪！怪奚有焉？神於何存？不語焉可也。少選，道士為予設水厄，茗以薑鹽,食設餅餚,詢之大泉七十。少選徐下,復自平地望之,則有若古窣堵波而製較大,郢中偉觀也。復次稍進,詣益陽胡文忠公祠堂,祠外碑立如林,而僕瀏觀久之,以撫刊岣嶁禹碑,李太白'壯觀'二大字,王右軍行隸書'鵝'字大可徑尋,及汪容夫黃鶴樓銘,定爲四絕。壯觀二字,則某官自任城太白樓鈎本移刊陷壁於此者也。汪銘爲督部畢公沅作,勒石今不存。江之對岸稍東則有晴川閣,又東則古鸚鵡洲。漢末禰生才多寡識,不察用晦全身之道,致喪身於彼,良可悲也。下山而歸,時已昏。"

三月初三日,謁孫衣言,知其將量移江寧布政使之職。

　　《日記》:"詣瑞安公,公云頃已奉命迻藩江甯,受代將去矣。"

　　《光緒朝上諭檔》光緒三年(1877)二月十八日:"内閣奉上諭:'孫衣言著調補江寧布政使,即赴新任,毋庸來京請訓。湖北布政使著潘霨補授。欽此。'"

初六日,渡江至漢陽,登晴川閣。

　　《日記》:"入漢陽城,城瀕江與武昌夾岸如兩甕盎,跨江爲兩郡。人家多住山上,煙柳搖波,草綠鋪地。還望龜山,方志以爲大別山也。上有夏后氏廟,下有禹稷祠。棹小艇攬岸,入祠中小憩,登晴川閣。閣背山面江,西望估帆片片,自巴蜀下也。水勢激急,如萬竹箭並發。晴川閣緊對隔江黃鶴樓,方志云楚中四勝,仲宣樓、岳陽樓、與此而四也。祠中有黃州老僧,夏臘七十二。下磯復渡漢水,漢水自鄖襄之間合諸水曲折而東,至漢陽府入於江。水勢緩,不若江水急流,知關陝得雨未透也。歸寓齒病,是日受熱故也。"

初八日,至石宗建齋中觀碑拓。

　　《日記》:"夜至子韓齋中,坐觀隋元太僕兩誌、張猛龍頌、尹宙諸拓,皆佳。歸。"

　　案:石宗建,字子韓,浙江人。時任江漢關委員。光緒五年

（1879）署湖北監利知縣，歿於任。性喜金石文字，齋名古歡閣，收藏碑拓甚多，著有《秦漢金石文字》一卷。

十二日，登船行。

《日記》："晚上船，泊鮎魚口。"

十四日，舟次安慶，晤譚獻，作竟日之談。

《復堂日記》："袁爽秋農部自鄂來，晤談。去後，以輪船未開，仍入城，作竟日談，雜論京華近事、師友榮落，又及文學語。抵暮，晚飯後行矣。"

十六日，夜抵揚州，下榻淮南書局，晤莊棫、高行篤等人。

《日記》："暮夜到揚州，入城下榻淮南刻書局，中白、叔遲二故人在焉。"

三十日，與莊棫、凌瑕等人小集，莊棫爲論樂府、古詩之別。

《日記》："隨莊、凌諸君子小集。……中白爲予論樂府、古詩之別，其說甚精。《駢枝集》無樂府詞，從不知蓋闕之誼。"

四月二十一日，見會試榜，知交中濮子潼、潘遵、楊文瑩、樊增祥、王仁堪、王同等皆得中。余聯沅、張鼎華、翁斌孫等亦於是科得雋。龍繼棟、唐毓慶、李慈銘等仍落第。

《日記》："見春榜，知紫泉、伯循、雪漁、雲門、可莊、瑞田、同伯俱捷，丁卯同年捷者九人，大喜。與桑根先生書。又傷松岑、鏡心、菀客之未登第也，得失雖屬雞蟲，貧士失職亦何能久。"

《越縵堂日記》四月十一日："是日報紅録，雲門、紫泉皆中。紹府共中五人，山陰得三人，程儀洛、潘遵、俞麟振。"

案：丁丑科會試正考官爲大學士寶鋆，副考官爲禮部尚書毛昶熙、刑部右侍郎錢寶廉、内閣學士崑岡。

五月初五日，聞王仁堪得中狀元。

《日記》："前閣掾同官王君可莊竟得本科殿撰，可喜。第二亦中書，湖北人。浙省無前三名。"

《清實録·德宗景皇帝實録》四月庚戌："上御太和殿傳臚，

授一甲三人王仁堪爲翰林院修撰,余聯沅、朱賡揚爲編修,賜進士及第。"

《越縵堂日記》:"狀元王仁堪,閩人,中書。榜眼余聯沅,孝感人,軍機中書。探花朱賡颺。華亭人,吏部七品小京官。"

初七日,偕高行篤往訪淩瑕,觀湯貽汾及其女所作書畫。

《日記》:"同叔遲至病鶴處喫涼糕,觀湯貞愍公貽汾七十五歲時所畫柏,空心斷節,槎牙起伏,真有所謂白摧朽虎、黑入黟雷者。時爲咸豐壬子,次年癸丑,即公正命之歲,其忠義之氣,非偶然也。女公子碧春亦同殉難,塵遺出其所作美人觀書真,觀之亦雅潔。僕年來足迹屢至白門,今琴隱園圮荒久矣,安得所謂老柏樹蒼皮蝐髯者而一相對邪?《詩》不云乎:風雨如晦,雞鳴不已。"

十一日,謁柳興恩談,述及繼統繼嗣之禮,蓋有所指也。又訪梅毓,觀其所作《劉向年表》。

《日記》:"早詣柳先生。又過梅君仲儀,觀仲儀所爲《劉向年表》,時方治《穀梁》義疏之學。觀武進臧琳所纂《孔子年表》、《七十子表》、《孟子編年》。孟子卒年八十四,在周赧王二十二年,與何願船表不同。……柳先生語予曰:古無本生父之文,《儀禮·喪服傳》:'爲人後者,爲其父母期。'此後世稱本生之所由來也。然《儀禮》乃士禮,而非天子諸侯禮。且本生之稱,施之繼統與嗣之君,終有二本之失,殊乖一本之義。禮之當別嫌疑、明是非者,此類是也。惟《穀梁》閔元年傳有曰:'不言即位,正也。親之非父也,范云兄也。尊之非君也,范云未成君也。繼之如君父也者,受國焉爾。'此言閔公以子般之弟,而繼未成君之子般,正其名曰受國,即繼統之謂也。正其義曰繼之如君父,則閔公當爲子般服三年斬衰之服,此繼統即繼嗣之證也。繼兄如父,則後世之立爲皇太子者可知。繼未成君如君,則後世之已成君者可知。禮以義起,百世聖人,莫易其言矣。後世因此傳上三字有深諱之文,雖明著受國之禮，莫之能引，至歷二千年糾紛爭訟。禮無明文，遂滋異議，至爲繼統不繼嗣之邪説。即改從本生二字，揆之禮意，亦似未安。_{柳云當稱皇伯、皇叔。}斷從《傳》中繼之如君父及受國之文，爲協正名盡辭、仁至義盡之常經。受國如此，受天下可知矣。予聞先生此論，洒然異而志之。得此説而存之，又何有濮議、興獻議之紛紛虖！"

十六日，登舟行，十九抵蘇州，晤朱之榛、吳恒，次日移榻朱之榛衙署東齋。

《日記》："侵晨解纜，食時渡江，過焦、蒜兩山，入丹徒口。"十九日："到吳郡，輿入城，詣劉冰生書局祭酒，不值。詣朱竹石太守，太守邀予下榻東齋。又晤吳中英太守。出城舟宿。"二十日："巳刻逕至朱太守衙齋，有刑遷如歸之感。"

二十八日，高心夔來訪。

《日記》："高伯足枉存，_{又字碧湄，又字東爇，又字陶堂，湖口人。}年四十五，慷慷有鬚。"

二十九日，高心夔、劉履芬招飲，飯訖，獨游五百名賢祠，登滄浪亭，有詩紀其事。

《日記》："獨游五百名賢祠，觀諸老遺像石刻。月潭開士導登滄浪亭，又入陶文毅公印心石屋。是日大雨後，涼風稍至，木石氣青。月潭俗家白門，能均語，姑與之話園中水石之勝。薄晚，李宅飯，二更歸。"

《漸西村人初集》詩七有《高伯足心夔劉冰生履芬雨中招集陶堂陸君亦至酒罷獨游滄浪亭入印心石屋憩坐久之而歸作詩簡三君》。

六月初二日，疾作，强出門訪劉履芬，得其影宋《尚書釋文》、影宋《鄧析子》之賜。

《日記》："頭暈，四支作頓，强出門，晤彥清太守，以影宋《尚書釋文》一册、影宋《鄧析子》垂贈。歸齋，頭更暈，鬱鬱不快。"

初六日，別友人，登舟行。初十日抵杭州，下榻丁丙宅。

　　《日記》："別朱太守、崔同年，還謝僚耆李君，上船至葑門外泊。"初十日："抵省，迻居松生徵君家。疲倦，宿東齋。"

十一日，聞鍾文烝卒訊。

　　《日記》："聞嘉善鍾夫子下世，經師云亡，不獨賤士一人之不幸也。昶以貧故，迫於生事，未能赴義，欲哭無寢，方圖野祭，導師奪我，悲疢良多。"

　　《清史列傳》卷六十九："文烝於學無所不通，而其全力尤在《春秋穀梁經傳補注》一書。嘗謂《春秋》一書，非記人事，乃記人心也。凡人事皆人心之所爲也，惟穀梁子獨得此意。又謂《穀梁》解《春秋》，似疏而密，甚約而該，經固難知，傳亦難讀。學者既潛心於茲，又必熟精他經，融貫二傳，備悉周秦諸子及二千年說者之得失，然後補苴張皇，可無遺憾。因沉潛反復三十餘年，成書二十四卷。……其書網羅衆家，折衷一是，其未經人道者，自比梅鷟之辨僞書，陳第之談古韻，略引其緒以待後賢。文烝兼究宋元諸儒書……皆能提要挈綱，實事求是。又著《論語序說詳正》一卷。光緒三年卒，年六十。"

　　俞樾《挽鍾文烝》："廿四卷補注，爲穀梁子功臣，頻年手校青編，鏤版告成猶及見；六十年耆儒，是乾嘉間宗派，此後我來黃浦，談經同調更無人。"

十二日，謁黃倬、應寶時。

　　《日記》："謁善化黃恕階先生、永康應敏齋先生。歸丁氏東齋，嗇神憩坐。"

二十日，往叩高均儒栗主，晤胡鳳錦、蔡鼎昌，同游皋園、戴園。

　　《日記》："之東城精舍敂謁孝靖先生栗主，詣胡篠湄、蔡子鼎，同游皋園、戴園，雨後回齋。"

二十一日，出門訪客，晤升泰、應寶時、蕭文斌。

　　《日記》："晤升竹珊廉使泰，談次始知曾爲陝西司曹長，其

弟有泰、字夢琴。隨泰字鐵珊。尚在曹也。又晤永康應公、前邑宰
蕭侯。回齋復雨。"

二十二日，閱郭嵩燾《使西紀程》。時郭氏出使英國，將其日記交
付總理衙門刊行，以其盛贊西洋文物制度之美，遂引起軒然大波，
朝野攻訐不休。然公讀之，以爲其立論固有偏宕，然其文可採之
處亦復多有，未可一概抹殺，並最録數則。

　　《日記》："新出湘陰郭公《使西記程》一書，立議殊偏，而危
詞聳論，指畫情事，大有可採。"

　　《越縵堂日記》六月十八日："閱郭嵩燾侍郎《使西紀
程》……記道里所見，極意夸飾，大率謂其法度嚴明，仁義兼
至，富強未艾，寰海歸心。其尤悖者，一云以夷狄爲大忌，以和
爲大辱，當自南宋始。西洋立國二千年，政教修明，具有本末，
與遼金崛起一時，倏盛倏衰，情形絶異。其至中國，惟務通商而
已。……一云西洋以智力相勝垂二千年……近年英法俄美德
諸大國角立稱雄，創爲萬國公法，以信義相先，尤重邦交之誼，
致情盡禮，所有其文，視春秋列國，殆遠勝之。……西洋立國自
有本末，誠得其道，則相輔以致富強，由此而保國千年可也。不
得其道，其禍亦反是云云。嵩燾自前年在福建被召時，即上疏
痛劾滇撫岑毓英，以此大爲清議所賤。入都以後，衆訾益叢，下
流所歸，幾不忍聞。去年夷人至長沙，將建天主堂，其鄉人以嵩
燾主之也，群欲焚其家。值湖南鄉試，幾至罷考。迨此書出，而
通商衙門爲之刊行，凡有血氣者，無不切齒。於是湖北人何金
壽以編修爲日講官，出疏嚴劾之，有詔燬板，而流布已廣矣。嵩
燾之爲此言，誠不知是何肺肝，而爲之刻者，又何心也。……余
特録存其言，所以深著其罪。"

　　王闓運《湘綺樓日記》四月二十八日："松聲送筠仙日記
至，殆已中洋毒，無可采者。"

　　張佩綸《請撤回駐英使臣郭嵩燾片》："《紀程》之作，謬輕

滋多,朝廷禁其書而姑用其人,原屬權宜之計。然其書雖毀,而新聞紙接續刊刻,中外傳播如故也。……今民間閱《使西紀程》者既無不以爲悖,而郭嵩燾猶儼然持節於外,復與逆回交接,愚民不測機權,將謂如郭嵩燾者將蒙大用,則人心之患直恐有無從維持者,非特損國體而已。"

二十九日,辭別丁申、丁丙昆仲,登舟行,將返里。

　　《日記》:"午餇訖,辭別徵君舅仲,肩輿出城。上船,舟子即解纜,行數十里,泊棲垔橋。"

七月初二日,抵坊郭,睹舊宅皆爲榛莽,不勝淒惻。寓從兄澍楠家。

　　《日記》:"旋里中,睹舊時廬舍井竈,皆爲榛莽,惻然久之。惟幸衰門從舅弟尚有六七人,差可解懷耳。厲新之大兄家,觀世父遺墨,擬乞取。營特豚祭品,將以初四日黎明薦於家廟。"

初四日,詣家廟行禮。

　　《日記》:"質明,詣坊郭袁氏廟行吉祭禮,用特豚蔬肉牢丸六十物。祭畢分胙,歸東齋。遍訪鄰里親友訖,復歸。"

初五日,謁祖墓。

　　《日記》:"謁墓焚黃,日暝乃歸。"

八月十一日,與四兄袁炯游桐君寺。

　　《日記》:"與四兄曦亭登桐君寺,憩蔣公祠閣子上,開閣望江久之。山僧留飯,飯畢瞌睡,睡中時時誦'靈境物皆直,萬松無一斜'及'每到靜處差安便'之句,予畏世緣之迫甚矣。俄而起誦《金剛》三十二品經偈,誦訖下山,渡江而歸。"

十五日,連日與里中舊友讌集。

　　《日記》:"里中友人聶子嶠、朱貢球、趙月如、鄭樂父丈小集。"十六日:"里中葉丈招同朱貢球、滕東伯丈、胡心香、葉頊樓夜集。"

二十四日,謁墓叩辭,又與親友往游桐君山下,觀唐人摩厓。

　　《日記》:"恭謁大父墓、先府君墓敏辭。還餇訖,約子嶠、月如、梅嶼、曦亭同棹小舟往游桐君山石壁下，觀唐人題名約有十餘處，多漫漶落蝕不可辨。子樗脫屨捫藤，奮力獨上，手錄八十許字，乃復下。下視深淵，仰晲危石，千年枯松，倒植石罅如虯龍，殆不啻退之上青柯坪之險也。少選舟還。”

二十六日，登舟行，從兄與舊友聶子樗、趙月如皆買舟相送至窄溪，次日方返。

　　《日記》：“鄰里皆來送行。予飰訖登舟，梅嶼、榆垣、曦亭三從兄，子樗、月如皆買舟送予，至窄溪宿。”二十七日：“三從舅及二友人同早飰訖辭去，予執手欲別不忍。俄舟行已遠，予立煙濤中凝望久之，遂命舟東下。”

二十九日，抵杭州，仍寓丁丙宅，始知外姑郭太夫人病，全寓促即歸。

　　《日記》：“抵杭，仍寓松生徵君家。晤松生，始知慰丈專函來趣回全寓，外姑病在危急。松兄並遣急足至桐中。又得叔遲函，亦云云。予以病客羈滯，愴惻已甚，夜四更不能成寐，作復師丈書、桐中從兄書、趙妹夫書。”

三十日，謁于謙廟。

　　《日記》：“謁忠肅于公廟，觀乾隆辛未、丁丑兩次遣官致祭御製文勒石。又觀高爽泉塗書、袁簡齋先生所撰重修廟碑，瞻拜忠肅石刻畫像。王文成公謁廟撰聯云：‘赤手挽銀河，君自大名垂宇宙；青山薶白骨，我來何處哭英雄。’語甚雄偉不常。歸丁氏寓樓。”

九月初三日，晚與丁申、丁丙昆仲觀所藏書畫，二更別後登舟行。

　　《日記》：“夜同竹舟武部、松生徵君觀洪北江、阮文達、黃小松、孫伯淵諸名人往還手札。又觀羅存理山水八冊，皆佳。爲邵君題前人小印署曰士鎔，不識何代人。靚女采蘭直幅，絹墨皆舊，圖中人意態閑紗，有物外天全之致，佳作也。二更與徵君舅仲揖別，之河干上船。”

十三日，抵揚州，移榻高行篤宅，得全寓信，知外姑疾已瘉。是日聞李祖望卒訊。

《日記》："日暮抵竹西，得全中信，外姑病已愈，予三問卜習吉，可信。遂寓高宅西齋。……江都李賓嵎先生祖望，向共事刻書局者三年，力學著書，長於故訓，於戴、段、惠、江以下解經家言，有叩先生者，一一誦文辨答，如數家中所恒有者。人人各饜所問而去，便足自豪。爲人性硁如石，非其道一介不取與。今年春夏猶屢謁先生於半畝園，年六十八，能啖硬飯，行步如飛。特以困於家事，兒癲奴傲，多傷天和，不意竟於九月六日作古。經生云亡，學微道散，又不獨窮而在下位者之私痛也。挽賓翁聯語：'蘭皋注雅，柳下誄夫，逸事盡堪傳，況年來淮右經師，守約窮居遺一老；君孺人葉氏有《爾雅》精校本，與君同治小學。半畝開樽，五經分寫，同游俱可念，憾此後潁中掌故，問奇載酒向何人。'"

十月二十日，李翰華以《洛學編》二册見貽。

《日記》："鄭州李太守翰華以荆峴承夏峰恉所輯《洛學編》四卷二册。見詒，函謝。霽。贈書與他物異，特書之，以示後世子孫毋得鬻借，此其例也。"

十一月初六日，抵全椒寓所。

《日記》："抵阜陵寓舍，因病遷怒失言，悔之。"

十二月二十三日，偕内弟薛葆槤出游，登奎光閣。

《日記》："偕慕淮行經跨虹橋，旋登奎光閣。閣凡三層，下有石刻'仙苑'二大字，字逕二尺許，相傳爲朱子書。閣上可以眺遠。少選，過新橋，望昆明李氏仍園别墅遺阯，石岸已頽，叢篠猶緑，冰溪晶鏡，流澌融洩。溪水自南岡來，下注襄河，傍有茅屋一兩家，野色蕭然，清寂可愛。意古者有羽客幽人結廬於此，栖真錬性，未可知也。渡略彴而北，迴望南岡，蜿蜒起伏，如飲磵牛，如曳尾龜，若行若卧，若拱若揖。噫，予之託迹於此有年所矣，而不知有南岡之勝，是予之過也。夫古今之名理無窮，而探賾擘深之士蓋尠,常狃於所習見,而蔽於所不知,又豈獨南岡然哉！"

編年詩：《留題半山亭》、《半山今有寺豈即荆公故宅後捨爲報甯寺之遺阯耶作詩用公集送孫正之韻五首》、《侑郭太君》、《贈董策三》、《簡吳丈師機一絶》、《漸西邨漢謡》、《丙子十二月客居秣中惜陰書院連日大雪策蹇出游溪谷間盡日乃返》、《訥林學使天齡二十二韻》、《渡江謡》(佚)、《懷劉司業》、《贈唐提督定奎三十韻》、《寄贈合肥朱嘿存》、《壯詞》、《放歌訥胡觀察鳳丹時客鄂州》、《調凌子與》、《江上》、《頭陀寺》、《鸚鵡洲》、《江漢詩》、《三月十一日自大別至鮎魚口風狂幾不得渡舟行出險追書一詩》、《楚山》、《吾師》、《莊中白索題林蘭客館詩》、《有懷定林土山之游》、《頑似鄙》(佚)、《觀安吳包倦翁爲吳禮北書竹西求友圖叙吳君屬予題後》、《雅克薩城》、《育育》、《壽稼翁七十詩》(佚)、《五月五日》、《贈朱竹石太守》、《論文一首示同志》、《吳郡丞新闢東齋》、《贈崔碩父學博荆溪人》、《簡薛提刑書常》、《桂枝寓興》、《高伯足心夔劉泖生履芬雨中招集陶堂陸君亦至酒罷獨游滄浪亭入印心石屋憩坐久之而歸作詩簡三君》、《漫興》、《哭鍾子勤先生》、《重至晦村》、《卜居時假歸桐廬》、《桐君孤嶼》、《觀江濤作》、《至人》、《山行雜詩》、《追題王丈子穎種竹圖》、《答周桐廬一首》、《獨秀峰下村居》、《出世》、《次韻胡明經泛舟寘酒爲予餞行兼別趙聶兩秀才》、《東巌詩》、《別西齋戲作俳句一絶》、《無錫道中望惠山》、《醉裏》、《夢游茅山寤而記之》、《贈高叔遲》、《亭林先生有辭生日書今稼軒吳丈比部七十生朝先期止客予見其手帖歎爲盛德事雅蒙誤獎不能無言奉寄里詞伏增皇恐》、《題畫絶句》、《冬日秣陵龍蟠里精舍作》。

編年文：《記陰陽神鬼精氣魂魄》、《致陳豪書》(甲戌京輦聚首)、《記澹勤閣》、《記一溉軒》、《駁魯一同論學書》、《記言》、《外姑郭太恭人六十壽叙》、《送中丞楊公歸湘鄉叙》、《論墨佛及諸子之流》、《氣象》、《俞節母銘》、《蕭石族曾王父畫贊》、《外大父行略》

（佚）、《偶書一帖》、《漆園粹語跋》、《跋崔塗泉詩》、《四教四科》、《廣福廟碑》（佚）、《題朱竹石文後語》、《桐城方惢父遺文後叙》、《跋中白詩後》。

【時事】首任駐外使臣郭嵩燾赴任。左宗棠奏請新疆設行省。

李祖望卒。鍾文烝卒。

任職户部（1878—1882）

光緒四年戊寅（1878），三十三歲

二月末,攜家眷入都,僦居正陽門外蘇家坡。

　　國家圖書館藏《毗邪臺山散人日記》戊寅二月摘記:"過登
州,各海中群島或奮若鯨呿,或離若獸駭,或峯若雲起,或霏如
霧結,或若斷仍連,或將迴復旋,或如張屏青,或類坏岸赭,真壯
觀也。……早潮甚微,舟乃擱淺。夜半風潮大作,順流解纜,纔
得進口,違津門二十里泊止。 自大沽口至津二百四十里。"

　　《日記》一月初五日:"三月後五月前語在人海方輪記中,以
下日下正陽門外東小市蘇家坡所寓西齋日録。"

　　《擬編法戒鉤玄叙例》:"戊寅挈家京師,僦屋而居,此爲造
家之始。"

　　《漸西村人初集》詩八《題所居》詩中自注:"予以春暮復入
都,僦居近三里河。"

是月,全慶適監崇文門稅務,於公家眷入都時,戒門吏放行,勿搜
行篋。

　　公《漸西村人初集》詩十一《致仕相國納拉公挽詞諱全慶》
詩小注云:"戊寅春,予攜家來日下,相國時監督崇文門稅務,爲
特戒邏吏放行,勿搜行篋。"

三月,張之洞欲延公教讀其子,辭未赴。

　　《日記》:"晤笆仙,知南皮師欲延予教讀,待之一年有餘矣。
師之厚期過獎,肺腑銘刻,惜病困,只得謝不勝任耳。"

是月，王汝霖卒。

  《日記》七月十四日："王兄少梅，名汝霖，錢塘人。自丙寅予客授杭州始相識，俄同居湖上精舍，時譚中義、黃玄同、費且泉諸君皆集講肄，游釣懽忭，登臨之興，數人者常共之，謂百年已分，可常相保。爾時亦未始如羊傅、杜侯沾沾計身後名之有無也。戊辰以後，少梅入提鎮幕掌書記，餘數人亦各旅食一方，始稀得高會杯酌相慰勞。庚午，少梅得鄉舉，來都下，僅得一面。是時各人治學術，亦積不相同。甲戌，君成進士丙科，令江西，曾一祖餞。是予與少梅輆跡之離合若此。然君有軍幕文武材，同治初嘗以從軍閩越，頗立軍功，洊保至直隸州牧，權崇仁一年，盜賊課居江西弟一。奸民畏之若神，大吏刮目，調補弋陽，且將大計入薦矣。君少與譚廷獻、吳懷珍齊名，第傷於伐性損神之斧，故不幸早衰。予屢屢諷勸之，令崇仁時，並以如得其情，矜哀勿喜相告。君每嘆其言，而醉飽之失，鑠其精魂，予固早慮及之。至其所能，軍書旁午，批答不停，洞中事理，雖未知於古人相去幾何，要自不易得之士也。今君丁丑禠答予書，以本年七月中始至，並將俗所謂派炭敬之意。而君乃於三月辭世，未知其日，又其家累能復歸杭與不未可知，徒使予涕淚橫集而不自禁也，亦可哀也夫。"

四月初八日，詣李慈銘，以書籍數種贈之。

  《越縵堂日記》："爽秋來，自全椒入都者，以揚州新刻《白虎通疏證》及江山劉氏景刻宋本《鄧析子》二卷、揚州翻刻平津館本孫吳《司馬法》一册爲贈。"

十七日，晚詣同福樓宴飲，李慈銘、張錫申等在座。

  《越縵堂日記》："晚詣同福樓，赴禔盦之招，坐爲牧莊、爽秋諸君。偕禔盦招霞芬，夜又大風，月色黃晦，二更後歸。"

五月，接高行篤、凌瑕書，知莊棫卒訊，爲作哀辭。

  《日記》："暮得叔遲津門書、子與揚州書，並云莊中白先生於前月作古。辛未及癸酉三年中，共事邗局者，連喪薛介伯、周仁父、李賓嵎，莫子偲、何子貞兩先生與君而六矣。舊游零落，余亦貧嬴就食，名爲簿仕，實同旅人。中白之存，既不能分筐篋以救其飢，於其没也，又不能存邮其二子，予之悲又何日可以稍塞也。"

《蒿庵遺集》卷首有公所作《莊中白哀辭》云："今年春三月，復覯竹西，貧益甚。旋以將至海陵迻其妻子，稍徙近城而別，去嘗從容語予：有男子子二，長不慧，已令習泉布權輕重之業。少者聰悟，年十二，可教，子他日念之。於乎，此古人所謂不鄙謂予，亦託以死，余則豈可自保，能承子託。予爾時答：君眉間黃氣方見，何遽作了語？一笑而別。於乎，孰知此言遂成長訣邪！君之生存也，予未能爲子祀之饋，而其殁也，又未敢遽謂它日粗自給，能教君之賢子以成名，則予之責又何窮哉。"

《續碑傳集》卷八十一譚獻《莊棫傳》云："莊棫，字中白，江南丹徒人。先世業淮鹽，家揚州，生長華膴，少即以輸餉得部主事官。已而商綱改，家蓋以一夕毀。貌澤，性醇粹，讀書好微言大義。口吃，善言名理學，通《易》、《春秋》。踰冠著書，以董子《繁露》爲師。……南北往來，欲有所成就，連蹇亡聊，兵間轉徙，益困。……江東既定，大府奏開書局，延訪方聞士，君乃謀食淮南、江寧，校正群籍，唯曾文正公歎爲異才，始終敬禮之。時耆舊則丹徒柳興宗，窮交則德清戴望、儀徵劉壽增、桐廬袁昶，皆喻君學術，他人不能也。……光緒三年七月，訪獻於安慶，語窮三晝夜，年未五十，諄諄言後事，獻默訝其不祥。明年，竟病歿於家。"

《復堂日記》七月二十四日："夜得爽秋京邸書，寄中白哀辭至，文情至矣。"

六月十一日，偕朱一新詣黃再同寓祝黃彭年生日，又與同人夜讌。

《日記》："遯庵老人生日，偕鼎父之再同齋中敬祝，留飧食瓜。又與馮蓮塘聽濤、倪澹園恩鈖、陳弼丞與同。林文忠公從外孫，劉鷺汀先生端之婿。陳甲子齊年，與其兄煦萬曾同居慈雲精舍。夜集，又晤吳子密燾，二更甫歸，疲甚。"

七月初三日，與同人小集龍泉寺，聞許景澄談時務。歸謁張之洞。

《日記》："錢儀曹、沈太平、郫編修、羊秋曹共集龍泉寺，寺有彼藏，分列八厨。龔定安詩云：'朝借一經覆以簽，暮還一經龕已燈。龍華相見再相謝，借經功德龍泉僧。'時住持僧惟一，施南人，今荼毗久矣。喫齋敨啜茗，竹簀談時務多憇理，有中肯語。俄大雨，竹窗灑淅甚涼，雨止各椷。詣南皮座主，侍坐問答，久之方埽。"

初十日，夜閱馮桂芬《校邠廬抗議》，覺其頗有洞見。

《日記》："夜大雷雨達旦，披衣列燭，起讀《校邠廬抗議》四十餘篇，斟酌古今，通達事體，芟虛繁，就簡實，要於易行。至於夷強夏弱，利敗釁媾之機，尤爲分數極明，洞若觀火，其識力似出梨洲《待訪錄》之上也。"

十六日，作致袁遂函，與論馮桂芬《校邠廬抗議》之得失。

《日記》："答家敬孫處士遂論馮氏《抗議》得失書。"

《止齋雜著》有《與家敬孫處士遂論馮氏抗議得失互見書》略云："僻處王城之東，學陋聞陋，與當世之故不相習，乃蒙高賢停車惠顧，空谷足音，何喜如之。惜爾日每見質疑，尚多未盡，淴於人事，因細誤大。士君子欲治一遠業，非數十年不就，乃年復一年，幾遇難得之友，又爲逐逐所誤，殆可歎也。蒙示馮氏《抗議》一編，甚感厚餉之意。初讀一過，覺其通達事體，斟酌古今，芟虛繁，就簡實，要於易行。至於夷強夏弱利敗釁媾之機，尤爲分數極明，洞若觀火。昔人稱姚崇爲救時之相，此書可謂救時之法。今法雖未行，而國勢所趨必至於患如所料，而後如是行，而差以少強。觀篇末製洋器、采西學、重專對三條，已爲當路采用，可見迫而後應，功百效亡，行之不得其人，則又與無法等，此雖至愚者，亦能太息流涕而策之。第當軸明知前法之弊，而便於因仍，難於修改耳。

"是議識力殆出梨洲《待訪録》之上也。第細玩各議前冠以一叙甚佳，似是作者慮後有識者抨譏其用夷變夏，而爲此正論以自解，良工心苦爲分明，此之謂矣。今條析略論之如左方，實亦未暇句櫛字比而秤較其分寸，第姑約略言之，以質於明者，資其往復詰難，必歸於至當乃已耳。

"第一篇名爲用明會推之法，實暗用華盛頓治亞美利加之術。然如此則清議之權歸於下，而其究士悍下驕，倒持是非，其弊至於處士橫議，議之名存而清之實仍亡，是與庶人不議之條用意相背。其法可行於西新造之國，及君臣商民共爲政，兼立上下議院之國，不可行於中五千年文弊之國。當酌改而善用之。

"第二條本崑山顧氏巡檢裁則總督添之説而推廣之，裁大員，增小員，似屬確當。參用第六條。

"第三條亦本顧氏議，所駁甚是。審行此者，可舉包孝肅慮典鄉郡，預絶郡人餽遺之言。若此類者，刊頒數十條以垂爲戒令。

"第四條言唐宋稍禄皆不薄；漢制官禄重内輕外，未得其平；元制禄最薄；昭代因明制，而雍正二年加養廉，乾隆二年增京員恩俸，皆爲良法，而未底於盡善云云，深得周官制禄馭富之實意。

"第五條京外官許得自陳改，乞外請祠，省寺與州郡出入更迭爲之。唐宋善法如此，則大君與大臣群百職之情始通，事皆通習，才經夷險，無不曉民情之京秩，亦無不諳故事之外臺。否則朝廷本不推以腹心干城，予以奔走疏附，諒其事畜飢寒之苦，則上下之情不通，而官之聯散矣。

"第六條復秦漢亭設亭長，鄉設鄉三老、嗇夫、遊徼各一之法，與第二條出入，相輔而行，至當不易。

　　"第七條當參看隋博士劉炫對牛宏之説,知例網之密所自始。《隋書・儒林列傳》劉炫下云,牛宏引炫修律令,律例必使儒者修之,不可任吏。嘗從容問炫曰:'案周禮士多而府史少,漢以士爲吏,限誦史書律令,法無善於此者。今令史百倍於前,減則不濟,其故何在?'炫對曰:'古人委任責成,任賢勿貳,用人勿疑。歲終考其殿最,案不重校,文不繁引,府史之任,掌要目而已。今之文簿,恒慮覆治鍛鍊,若其不密,萬里返證百年舊案,諺云老吏抱案死。古今不同,若此之相懸也。事繁政敝,職此之由。'宏又問:'魏齊之時,令史從寓而已,今則不遑安舍,其事何由?'炫對曰:'齊氏立州不過數十,三府行臺遞相統領,文書行下不過十條。今州三百,其繁一也。往者州惟置綱紀,郡置守丞,縣惟令而已。其僚屬則長官自辟,受詔赴任,每州不過數十。今則不然,大小之官,悉由吏部,纖介之跡,皆屬考功。隋文任智數以得神器,故網密如此,此例繁之始也。其繁二也。省官不如省事,省事不如清心,官事不省而望從寓,其可得乎!'宏善其言而不能用。宏之智量非不能采用炫言也,國勢牽掣,難以變法。故私家立論易於朗暢,而官府行事艱於變通,空議則便於弛張,實施則反多扞格,惟智者始能博采衆議,而折衷要道,以致理平。善政不行,行不先時,無救覆轍,古今同慨。

　　"第八條申明前條,意實相成。以士充吏,及幕職得辟於朝,士既不至無業,耗咕嘩於空言,幕職亦有所考成,不能全諉咎於府主,如漢唐法。

　　"第九條招商買米以省南漕每石銀十八兩之糜耗,近人亦策及之。似不如開京東水利稻田,與霸、雄、文安各州縣一律,以免仰給東南,命懸他省,較爲久遠。

　　"第十條駁顧氏議鹽就場定税之説,而用陶文毅改淮北引地爲票商之法,前鄂撫胡公、浙撫左公、江督曾公踵行之,已歷有成效。曾公有湘、鄂、豫、皖四口岸督銷章程甚詳。

"第十二條存釐局裁關，實爲此善於彼。

"第十三條與管同《籌積貯書》及曾文正《請簡軍實疏》，若兹比者，可以參看。

"第十四條籌國用四事，農桑茶礦，乃當今十年生聚乃可議教訓之急務。

"第十五條蠲既往之虧空，杜將來之侵蝕，如近東省州縣交代章程，可下各省行之，亦其一也。

"第十六條復陳詩以通上下之情，則山澤通氣，禮樂可興，似宜並用唐中葉投匭上書之法。

"第十七條分經解、史論、策問三法試士，條目則尚未盡，祁墳請設精熟韜鈐等五目可取也。

"第十九條不可行，如所議行，則鄉愿塞路。士固有懷奇獨行而爲鄉里詬病者，斯民容與三代直道之民有別，安得使衆舉之？且皇朝取士之科凡五，曰貢舉，曰孝廉方正，馮氏此條云云即與此科相近。曰經學，曰博學鴻詞，科是而試之之法非，不如宋高宗法之善。曰山林隱逸，成法具在，特奉行未能善耳。

"第二十條騎射與清語同爲立國之本，今兵法變爲火器，從前成法不可用，今有淮軍前佐理營務丁樂山提刑所譯《西洋陣法》。而譯言繁多，此二者微矣，世法之變遷而不可究詰者也。

"第廿二條知小盜不治，大盜之積，刑明則兵氣自消之法。粤、捻皆起於涓涓之不塞，言之慨然。

"第廿七條通行銀錢二幣之法，當速議變通，利權始不至爲互市之海舶所操，第鼓鑄之局斷不可開於都下耳。

"此書乞借留抄副墨。以上粗陳管見，略計得失，愚者千慮，閱事太淺，未知當否，乞以高見裁酌告之。元書叙稱爲篇四十，附二篇，而所録止廿又七，其餘篇可得搜録與？切望留意。國事善敗之所由，必援以爲鑒，此天下之公心也，君實體之。

"夫古之善言治者，其辭危，其慮患深，故其條教禁令，和厚

平寬而當於人人之心,强毅森嚴而亂臣賊子有所畏而不敢爲,
未嘗激訐掉磬以自馳騁其説,故法易行而德意易浹於人心。雖
歷朝官吏之負國殃民,罪不勝誅,原不在得情勿喜之條,而明
皇極用五事,未有不責成主術與大君之家相者。中允之書,辭
氣或過訐而失其平,是其一短。要其長策甚夥,所謂救時之法
是已。太史公立萬世著論者之準,曰:'究天人之際,通古今之
變。'中允是書,於古今之變,可謂能參驗稽決而通之於其所可
行矣。至於天人顯微之際,森然可畏之故,傾危枏弱之由,王業
艱難,民俗厚薄,似當別勒一書,以爲龜鑒。或即其餘十五篇中
所陳者邪? 未可知也。苟法立而皇極之運、心法之存,勿能貫
之以主一,行之以易簡,則亦徒與海外諸大國爭雄長,而釁端方
始,亦未有以弭邪謀而扶天地之正氣也。私論如此,抑執事以
爲迂而無當否乎? 顧氏嘗以天下之故,士與有責焉。執事當熟
復之,而不肖竊願從其後。篋中如有官牘私議如馮氏比者,乞
傾困橐示之,此亦非賤士之私心也。

　　"第七條續議,自古開國時往往用輕典,爲政務公明簡肅,
以令則行,以禁則止。其用法簡而直,故士氣伸而民心固,人人
有國事如家,社稷腹心之意。及至中葉,人主侈心漸萌,巡觀寖
多,祠祀寖作,方删詩書、定禮樂,以爲粉飾治平之具,内多欲
而外施仁義,於是廣設科條,其用法繁而曲,所以範圍天下之才
智勇力,所謂使英雄入彀之術,以便其恣睢之志、苟且之圖。故
簡直之法以取天下,繁曲之例以保治平,義術衰,力術行,以智
愚人,實意寖少。此朱子所謂三代以後,數千年中皆架漏過時、
牽補度日,而卒之敵國外患多,法家拂士少,禍常溢出於所防之
外,於是始有改弦更張之事出焉,蓋非一朝一主之積矣。善爲
治者以忠質救文弊,删繁就簡,審合形名,使與實義相權,取適
於事理之旁通、人情之大順而止,斯不至爲有君無臣、上勤下欺
之治,然後事得其序,以修陰禮,物得其和,以合陽樂,清廟郊壇

之事舉。始於刑德修明，終於禮樂可興。君臣飭，民物和，五事交舉，五音克諧，而徵角二音之止者以復觀於會通，以行典禮。此今日之急務，而可以馴致太平之實意也。

"安溪李文貞公推闡朱子語，論漢唐以來之樂，五音獨止角徵，餘三聲成調甚多，獨無以角徵成調者，推尋其故，久乃得之，其理至微，不可不曉。蓋三代而下，君宫臣商皆具，生物羽仍然，但事徵多不得其理，民角多不得其所，此聲竟亡。夫事之不得其理，莫則例若也。官困於例，而忠智俱廢；民困於吏，而人心愁怨；國困於利事日歸中蠹，而庫藏無夙儲。二聲之亡，非伊朝夕矣。焚六部則例，行《會典》《通禮》及《大清律》，省事考成，通官民之情，計無便於此者。語曰："君行意，臣行法。"立法之始，折衷列聖心法。行之既久，便當捨後起之意，而從先定之法。其有隨時損益，雖不在此科，務衷易簡，勿資攀繳。凡例所載，多以意援引，比附五典。刑律所載，多本經禮及前代成法，勒成一典。與其從例典之繁瑣，而易啓多方之羅織，孰若準法之深微而奉爲一定之規臬乎！

"第九條續議，案元虞集、脱脱，明邱濬、徐貞明等欲開京東屯田水利疏議，略載顧氏《郡國利病書》中。集、脱脱立法，略同漢力田、宇文周口分世業之制，可以仿行，此其椎輪也。

"續議第十三及廿五六七諸條，夫十年之寇，必練十年生殖教訓節制之兵以禦之；百年之寇，必治百年神武不殺示禮示信之兵以禦之。有事則我之長技已習，可恃折衝；無事則隱成金湯屹然不可犯之勢。今有百年之患，而酖毒宴安，不修一朝之備，何也？此荀卿所以深痛於六千里而爲人役之張楚，而陳亮於養兵百六十萬之南宋所爲有一日苟安釀數百年大患之論也。王仲淹云："夷狄之德，黎民懷之，三才其舍諸。"此未然之事，天人之故，甚可畏矣。"

二十日，謁張之洞談，許景澄亦在座。

《日記》："詣南皮座主，侍坐質訂竟日，竹篔在焉。飫畢，復申前論。冒雨車岊,到家曛黑。"

二十九日,王應麟生日,與許景澄、朱一新、濮子潼合宴李慈銘。

《日記》:"同人公觴尊翁於松筠庵,晚楸。道俗或枉存。是日深宵安生日。"

《越縵堂日記》:"詣松筠庵,赴竹篔、爽秋、蓉生、紫泉之招。諸君爲設巨燭、紅地衣,如稱壽之禮,且以金泥書燭上曰:'禮堂寫定,傳於其人。'……稱情太過,汗體何勝。"

八月十二日,擬訂自編詩文雜著體例,以詩入内集,文入外集,並欲編《塔山樵唱》、《袁氏譜》、《桐廬圖經》等。

《日記》:"村叟自編雜著,不著撰人名氏。内集,亦名《駢枝集》,古詩、四言六言亦入古詩門。律詩、絶句;外集《續正論》,詞賦、論著以下,附録代人爲之,及壽叙、筆記、尺牘之屬,皆入焉;《袁子正論》,袁準字孝尼作,《群書治要》内載數條,盍鈔之補入《袁氏藝文》可乎。《塔山樵唱》;《袁氏譜》;略仿顧譜。《桐廬圖經》。仿《永清志》。"

案:《塔山樵唱》、《桐廬圖經》未成,《袁氏譜》亦僅略具梗概。

十六日,與黄國瑾、寶廷往游西山,適張之洞、陳寶琛、張佩綸等亦至,遂同游。旋張之洞、張佩綸往游潭柘,公與陳、黄、寶等往游滴水崖,乃分道而行,三日後返城。

《日記》:"再同來,拉游西山,蒼赤裹被攜糧成行,不及告鄱君,頗媿貳於前約也。同賃驢車一,由宣武門出平秩門,十二里至田村打尖,遇廂藍竺坡寶廷、安化黄堇腴自元同行,予别賃騾,戴草笠行。"十八日:"是日早飯訖,南皮師及幼樵丈往潭柘,云去靈光六十里稍弱,蓋務其遠而幽深者。陳、黄諸君欲游滴水厓,去靈光五十里少强,務其近而巉秀者。予以十八日必歸,姑從近,所謂意於南而南無容心焉。"

寶廷《偶齋詩草》外集卷四有《同黄再同袁爽秋夜登寶珠

洞遂上絕頂望月》，卷五有《同陳伯潛黃再同袁爽秋黃菫腴吳少懶自翠微山出磨石口至三家村渡桑乾河過嶺尋藥王廟未至而返用韓文公山石韻》。

二十七日，偕朱一新、黃國瑾、濮子潼往游潭柘寺，三君先行，公至是日往與會合。

《日記》："未明即起，霢雨，顧畏山靈齒冷，遽命具車，出廣甯門便霽，名山殆不予欺也。石路三十里，至蘆溝橋打尖。^{額設巡檢一。}食飽度橋，西南行二十里，至栗園莊，憩於奉福寺，潭柘下院也。易羸而行，兩山之間，澗洞盡涸，石徑崎崛，樵牧縱橫，村落散居，殊有漸西山中風景。第山童水渴，失奧曠演迤之趣，此為遜耳。入山稍深，岡巒面勢略異，樵路如修虵蜿蜒。紆曲登頓，捨騎而步，攀陟甚艱。下際山麓，或逼若危衖，或曠若大漠。河北之山，氣勢雄深，如褒公、鄂公未遇時，敝衣長劍，沈鷙莫測，與江南之山若墊巾野服、清簡華紗者，固迥不同。然獷頑之病，亦時遇之。自奉福寺十五里陟羅睺嶺。……十二里度盧家灘……會日已暝，入潭柘寺，鼎父、再同、止潛皆先在焉，共飯訖。寺中引山泉入廚，循除出寺門，終夜撼枕。水石本靜，如何雷轉空山？物我兩冥，於焉觀化。"二十五日："送鼎父、紫泉、再同游近山，期以廿七日朦影三刻會潭柘寺。"

案：公二度游山，有《游西山記》、《後記》二文以記其事。

九月初七日，校讀張之洞《輶軒語》，謂其當為學子科律。

《日記》："校《輶軒語》訖。"初八日："南皮師《輶軒語》，以汪龍莊《藥言》之體，行顏黃門《家訓》之筆，博而有要，質而不蕪，國學家塾，均當奉此為科律也。"

十五日，招錢振常、龍繼棟、許景澄、濮子潼、黃再同、朱一新等人作展重陽之會。

《日記》："村奓為展重陽約，招錢、龍、許、濮、黃、朱六君小集，有菊蠏二品，殊有風趣，暮歸。"

二十四日，袁遂來函，告以近日佐辦天津、河間兩府贍賑事，公復書論其規劃之得失。

　　《日記》："得家敬孫來書，知方佐李秋亭郡倅辦河津兩府善堂、誼倉、誼塾事，並寄來文件，又《鄉塾正誤》一册。"

　　《袁忠節公書札鈔略》卷一《致袁遂書》云："廿四晚拜奉手教，並示所刻《鄉塾正誤》一册，外津、河兩郡擬設善堂章程文件，一一讀悉盛指。《正誤》前列各條，喚醒俗學，救世苦心，因知當代果有其人，不勝慶幸。後採先儒格言，雖不及《儒門法語》之精微，而大段相似。蓋此就糾正時下舉業一事言之，故立義當爾。敬留此册，以爲寒宗家塾之用，拜惠多矣。……善堂事宜及大府所批公牘，已一一逐細繹求，但覺詳而又詳，慎益加慎，無竢粗心人妄真一喙。第鄙見有深慮者數條，既感下問厚意，不可虛辱，謹隨方獻疑，以資采擇，但恐愚者之慮，無當千一耳。

　　"一、博濟甚難，堯舜猶病，惟因利利之，辨物居方，則事易舉。拐販婦稚之奸民，固宜痛懲嚴禁，而該地方富紳大賈倘有收買難民爲奴婢妾媵情事，似亦權爲天然安插，各覬生機，未可一律追懲，轉啓葛藤無數。且此次元額經費，僅有萬元，此後直隸官紳勸捐，當此物力凋匱，恐亦難踰此數。以之辦暫時設局收養，一俟年豐，仍由該婦稚三族里鄰具保分領，仍俾各安生理則易。此已辦有成效，或不俟取保，概行由地方官皆送元籍安插，尤爲妥便。以之辦分年坐廩，月贍三百名之窮嫠乞子則難。難易之數，較然可睹。夫饑饉成災，固由天示薄警，而游惰作匄，抑亦人所自貽。不織不農，故成行乞，養之無益，教更難施。以上各情，不可不統盤籌算。倘虛慕善名，勇於起手，結局仍艱，殊非事體。試玩憲批，仍於南省紳商募款云云，亦深籌及經費不支。則全節、慈幼兩所各百五十名之額，似以酌減爲妥。

　　"一、治劇郡情形與它郡迥異。河間簡府，可以事事爲之禁制，天津招商互市，係繁劇通衢，則禁令不宜多設，反資吏役舞弊，不若靜鎮之爲愈。即收贖難民一事，似亦應歸府縣刊刻簡明告示，與善堂會同商辦，較易爲力。至設堂宜仍在河間，蓋以天津人情偷惰險狷，養教皆無所施，河間民氣或稍樸靜，經此大災之後，必有悔禍遷善之心。倘能在彼設局，既易勸懲，亦便鈐制。

"一、南士代謀，決非持久之策。此項善堂應商同津、河兩屬地方官，督同公正耆紳，並勸長蘆義商妥議，陸續募貲分設，則責成既專，而呼應亦靈。且凡善舉之局，不可一處專設，專設則氣候太大，久之百弊叢生，其廢敗更速。

"一、全節二字之義，古爲殺身成仁之專名，非盛德所恒言，應否更其名曰敬節所？文學二字，亦嫌寬廓。且此項孤兒，甫脫乎提攜求乞之間，旋束以應對誦肄之事，似尚議不到此。仍名義學何如？吾浙義學亦多中落，舊家子弟稟氣既殊，故間有學成者。若驅市匈而旋導以學業之精深，恐乖中人以下不可語上之旨。尊擬四齋係小學規模，信齋係大學門徑，宜取此法下國子監及各省書院頒行則可。夫章程豈一端而已，夫各有所宜也。

"一、元擬全節所，即仿清節堂、恤嫠局之類。慈幼所，即仿育嬰堂。文學所，即仿義學。習藝、力田二所，意雖創設，事實要圖，最爲美善周匝。惟幼與嬰異義，須分別。凡元擬入慈幼所七歲以下之孩，古者七年曰悼不加刑，應歸併敬節所交老成節婦撫養。八歲以上，古者八歲入小學，應撥入義學四齋塾師約束。則慈幼所之名，切須裁併，免致多一名目，即多一司事執役人經費也。

"一、禮嚴男女之別，十歲就傅以上，即不通往來。管子分士農之鄉各十五，百工居肆，力田合作，各有專科，掩骼族葬，亦有專司專地。凡此五所分局，相岠宜遠，不可合併一堂。合併則總董之耳目易淆，司事之心思亦雜。宜仍仿蘇浙善後章程，恤嫠、義學、施藥、掩埋以及課桑工作之區，養廢栖流之所，各司各局，始不相溷雜，以静辦事者之氣。

"一、規條細目不可太多，宜裁併簡明，以便易遵，否則何以使童婦一覽瞭然？前十綱中有云不必多添名目，恐致博而不精，此凡辦事者切要語，可以類推。

"一、養成惰民，固宜切戒。讀織農工分課，元期盡善，然非三年可以有成。總董既辦理如此實心實力，斷不可位寘於非官非紳之間，爲春北秋南之客。責任既立定名，始可分項講求，必積久乃能精耳。不予以事權，則事不成；不與本地紳商聯絡，則事不成；總董不久任、不常川駐堂，則事不成。

"一、區種之法必得一頃田，今年耕五十畝，明年另耕五十畝，斯地力不乏，斷非二十畝可了。河津地峫，亦不宜蹈鹽水浸灌，欲築隄堰，則費不訾，不若江南塗泥之土故也。自來民二十餘始成丁，耕田鑿井，斷非小兒可辦。故勸農屯墾，修築陂渠，爲備荒裕課急務，然仍當責成各州縣吏，察其土宜，捐給桑條籽種，廣爲獎募，而不當設於此堂，創始必艱，收功仍杳也。

"以上隨舉各條，語未詮次，粗附申難之末。弟自恨才器淺狹，心粗意廣，玩物喪志，無裨世教萬一。每遇並世有篤實寬仁之士，敬之愛之，出於赤誠。芻末之陳，誠知無當，惟明者垂財擇焉，幸甚幸甚。肅復，敬頌道履綏吉，惟希裁督不僞。"

十月初六日，將游西山日記送李慈銘閲定，以中有規諫之言，適觸李氏之忌，函來質詢。公不得已，乃作書申辯，然無濟於事，二人遂交惡。

《越縵堂日記》："爽秋來，以近遊西山日記一册送閲。"初七日："作書致袁爽秋還日記，得復。"又初九日後載有《與某書》、《復某書》等，皆致公之函。《與某書》略云："足下日記中，有擬簡鄙人書，讀之不勝駭異。弟閉門謝客，舉國皆知，往往數月不出户，兼旬不見一人，而足下乃勸其息交絶遊，戒其與裙屐

少年爲伍，豈孋語耶！抑本非簡鄙人，而誤書姓字耶？弟之一
生困阨，神怒人怨者，政坐避俗若浼，不特熱客貴遊無從狎之，
即高流名士亦罕能識面。……足下日記，字字用心，必傳無疑。
惟此書不特厚誣弟，且恐世間尚有一二知者，將以此並疑足下
所言之無一實，亦爲足下累不小。謹塗去鄙人姓字，希改致他
人之好交遊、鶩聲氣者，否則此亦似非足下上乘文字，不如竟削
去之。”

《復某書》云：“僕息交絕游，政畏見妄人、聞妄語。足下於
僕非總角之好，無平生之歡，乃以絕不相涉之言，妄坿於諍友之
列，誠僕所不解。頃復以長牘見責，詆僕爲妄，且恐僕不能句讀
而自句讀之，吾知妄人自有所歸也。足下少年得意，讀一二破
碎書，自以爲見理已深，狂譫百出。僕誠未聞道，亦不足稱文人，
然如足下者，恐須息心静氣，從僕等游十餘年，方可啓齒牙也。
僕老多病，無閒氣力與後生較是非，原書坿還，以後見絕可也。”

公《日記》九月二十八日有《擬簡□□》，□爲墨釘隱去，顯
係後來所爲，不欲人知其名耳。然據《越縵堂日記》語，則知其
人正是李慈銘。其中略云：“處今日而與群屋少年交際，往往當
面輸心，背後供其訕議。陶公言：‘多謝諸少年，相知不忠厚。’
習俗儇薄，輦下尤甚，願執事息交絕游，使胸中豁豁無一事，臧
否不掛，外狙内勁，泥中鬥獸，甕裏醯雞，偶付申眉一笑而已。
昔馬文淵論前軒後輊，僕不佞，不願爲悠悠之目所重，亦不欲爲
詍詍之口所輕，但敬避五交之釁，勿犯三端之戒，冀以免絓世
議，坐解天殁。硜硜狂言，偶爾一發，不值道人一哂也。”

又《日記》初七日附有《答李君》，則逕指其姓氏，云：“昨
尊使至，匆匆索復，不盡所懷。又字迹忙遽，甚乖往復之誼，引
以自咎。來札深責，似未察區區之愚，環攻多端，頗涉文深。昔
吕成公言：爭校是非，不如斂藏持養。彼所云是非者，天下之是
非，世教之是非，非一己之是非也。是非之大，尚且以嘿爾爲貴；

毀譽之小，更何足嘵嘵實辨。賤性素樸鄙，又拙於文筆，訥於言詞，特素尚硜硜，深戒妄語自欺，不喜浮文妨要，竊時繹顧氏稱爲文人恐無足觀之戒。然既辱有道責言，細思前擬簡云云，頗有言之無罪之故，不妨坿諸盉各，以復於執事。

　　“鄙性不文，而素重文士，以其甘苦不可没。雖近世文士於大《易》文言及言文行遠之恉無豪髪當者，要其單詞片義，劌目鉥心，成名而去者非妄。故於執事之文筆雋絜，雖不能橅擬萬一，而夙嘗好之。至於世士或始而浮慕，繼而輕詆，既不足以知君之長，亦不足以罵君之短。悠悠之談，友道之衰，不能無慨於予心。不佞既有所聞，而又係執事及不佞之相識，故始終不欲顯言之，恐傷忠厚。前日擬簡云云，未始非爲此而發。而大札反復數百言，不憚詞費，不深詧其寓言，曲詆支離，怒氣可掬，未解者一。

　　“士以禮自强，有禮則安，無禮則危。往而不來，來而不往，皆非禮。不佞於來拜者，雖販豎亦答候之。鄙志所守之分如此，此不妨與執事之德高門峻，有來無往，各行其是。至日程，古人元爲考德業、記言行而設，如弟者已遠失之。至於訊酢往來，既有門簿敬登，故以道俗二字從略，而師友則仍不敢略，亦鄙志所守之分如此。且所謂道者，非即儒賢師道可法之人，不過言其志嚮道，故從而道之；俗者，不過人事訊酢往來之稱，如風俗之俗。道非褒稱，俗非貶詞，而過蒙吹求指摘，未解者二。

　　“凡立論駁議，須平心允斷，據理論事，不須牽引它人，旁涉它事。昨尊札因敝札勸息交絶游之游字，秭設貴游、狎游等游字，以相億難。不佞自束髮受書，救過不暇，何暇議及賢者所爲之細微。且出事公卿，入厠修容，何傷分際？一張一弛，謔不爲虐，何害自修？凡此諸疑，皆鄙人所念不到此，而執事自疑之，未解者三。

　　“執事來札，又自以有知人之鑒，凡僞氣節、僞學問一切矯詐之士皆不得逃法鑒云云。果具如此本領，亦學中官人知言之一事，而非所以語不佞，於本事牽扯不上，何煩以此相嚇？未解者四。

"鄙言不願爲世重輕云云，竊圻全身遠害之誼。尊論毀譽無兩全之道，所論亦當物情。然説可兩存，不煩相難，未解者五。

"擬簡云云，頗具相規之意。來札云云，太半遷怒之詞。既不足以玷弟硜硜之守，亦無所謂累執事嶢嶢之節。而來札一則曰誣君，再則曰累僕，未解者六。

"日録不過喫飯著衣，治生接物，隨筆注記，家常閑話，何所用其心思？執事詆其字字用心等語云云，若僕有所矜持矯飾於其間，此城旦語邪？抑甕中讕語邪？又觀人者不可以一節概其生平，士各有志，亦不易知。以弟之不肖，正所謂已判一老百無恥者，自返迂直無它，豈畏文士詆謀？又弟雖固陋，亦不至靠日記浪語以傳。生平所受於義方，所聞於師説者，未敢犯此習氣。而執事以日録爲謬譽，又以爲謬詆，僕並不以此就正賢者，特屢蒙索觀，不妨出視，此亦交友之常，然則獄宜歸君無疑。未解者七。

"陳藍洲兄迻書相規云云，既係故人，無論其言當否，似不宜深斥。昔歸元恭雖淺士，嘗迻書戒顧先生，顧先生亦未嘗深斥之，方且亟稱之曰歸高士，此古人忠厚之意。而來札以詆僕之故，並詆陳藍洲，陳君之外，又波及其它。執事方且爲士林之望，豈甘自蹈於浮薄習氣邪？未解者八。

"凡此無關世教、無涉學術之辨，雞蟲蠻觸，無所損益於世，本極可笑。然鄙性有疑，亦不能久茹，必吐之而後快。敢以書釋疑，而並待寬懷明示，以釋賤子之疑，幸甚。今日出門，本欲順道面詣一罄，然執事方摩子革之刃，僕亦不欲攖田巴之鋒。執事既入黑風吹船之國，僕則姑迴帆小港，静以避之。敢敬守君家柱下史守柔之義，它日相逢，故者毋失爲故而已。此亦弟硜硜所守之分如此，率布不宣。"

案：李慈銘以名士自居，詩酒風流，而公崇尚實學，頗惡名士做派，是以有衝突。公性頗卞急，故亦大爲光火，於此數日日記中對李屢有貶詞。後二人經友人調解，雖復和好，然其在《觀物外編》中論李慈銘，仍謂其浮華，欲敬而疏之。

十一月初九日，遷居西城延旺廟街。

《日記》："遷居大吉，復理西齋，前後鄰有園圃草木之滋。昔吳慶百徵君有畫圖梧園之記，梧吾同物，古樂府："出入見梧子。"是亦吾園也。"

案：公《日記》初一日云："之西城相宅，卜遷地藏龕右延旺廟街。其地枕兌嚮震，亦强名之曰西齋，將稍加修葺三榮爲要，一曰承祭祀於西榮，廣袤尋有咫，一曰治賓客於前榮，如之，食息藏修之所居其旁。"至初九日乃自蘇家坡遷居於此。自本年二月末入都，寓蘇家坡凡八個月。

十五日，龍繼棟以其父龍啟瑞所著《古韻通說》相贈。

《日記》："松岑詒其尊甫所著《古均通說》廿卷，陳蘭甫校。"

二十三日，入張之洞家塾教讀其二子。

《日記》："課授到塾。連朝冗忙，宜先習靜。"十七日："南皮夫子延課授兩世兄經書章句，因命譔集，過蒙許任，恐辱知重，良用悚然。"

案：三月中張之洞命課其子讀，公以疾辭。至是復申前說，乃就之。

十二月，閱黃庭堅詩，手自抄錄，並加批注。

《日記》十四日："晚坐學齋，讀山谷道人詩，如炎夏登山臺，松泉引風而灑毛髮；如入喧闤，市集將盡，忽聞玉磬一鳴，則野橋古刹，瓜區芋疇，已在目前；如貧士獨愁，俄有一二素知攜酒肴來酌花樹下，發興忘形，骯髒之氣頓洗；又如空山深雪中，梵火微紅，松月穿地，四無人聲，溪犬偶吠，竹葦參差，一磨衲高僧微吟枯坐於團焦中。其巧專而外骨消，故足以遂我情若此也。"

　　案：公嘗於批校阮元《仿元遺山論詩絕句》注云："山谷詩
得未曾有，宋人强以擬杜，反來後世彈射，要皆非文節知己。"
又稱黄庭堅《松風閣詩帖》："寫作俱妙，絕奇不可思議。"公自
作詩亦有《二十八宿研歌效山谷》等。蓋是素愜於意，故心摹
手追如此。

編年詩：《讀東洲草堂集題語》、《舟中觀内子畫海天群島因題一
絕》、《題所居》、《壽義烏朱丈詩》、《西齋偶題》、《園花》、《哭王少
梅大令汝霖》、《庫頁島》、《秋暮游西山得詩三首》、《文儒吟》、《招
鼎父》、《方烈婦詩有叙》、《槐廬前示尊甫翰臣先生經德堂集校畢
招飲兼示新詩牽勉奉和並簡韋君伯嗛》、《雪中簡松岑院長用韓
集寄崔二十六斯立韻並呈謝夢漁給諫》、《戲書壁》、《懷桐君山中
歌》、《二十八宿研歌效涪翁體爲張生作》、《戲題學舍》。

編年文：《孝靖遺札跋語》、《朱丈壽叙》（佚）、《桐城方存之令君
六十壽叙》、《哀王君述》、《與家敬孫處士遂論馮氏抗議得失互見
書》、《游西山記》、《游西山後記》、《致陳豪書》（丁丑春仲弟適楚
游）、《致袁遂書》（廿四晚拜奉手教並示所刻《鄉塾正誤》一册）、
《致袁遂書》（兩次晤教）、《致袁遂書》（屢晤教益）、《致袁遂書》
（弟近日屢發眩暈之症）、《致袁遂書》（廿四晚拜奉手教）、《致袁
遂書》（前示善堂擬稿）、《擬簡某君》（處今日而與群屢少年交際）、
《答李君》（昨尊使至）、《答謝夢漁給諫》（昔陶士行初辟孝廉）、《與
東門隱者書》、《訾衡説》、《答謝夢漁》（《鶡冠》柳儀曹以爲僞撰）、
《印孝婦碑》（佚）、《楊枌園墓誌銘》、《莊中白哀辭》、《致許振禕書》
（冬初蕭上寸楮）。

　　【時事】清軍收復南疆。

　　潘曾瑩卒。李聯琇卒。莊棫卒。

光緒五年己卯（1879），三十四歲

正月二十四日，薛時雨書來，以六十後自叙詩見示。

《日記》："得桑根老人六十後自叙詩，曠達有逸致，甚想侍老人瓜門鎦喫萊菔飯，飯畢騎水牡牛上黑石嶺也。"

三十日，以瀨上舟名所居室，以桐廬有嚴陵瀨，因取義焉。

《日記》："始名所居齋曰'瀨上舟'，或喧或寂，或坐或卧，鼹飲於河，蝸休於殼，無過而問者。一舟以外，將非吾履足之地邪。舟不行而岸自逐，予殆沈於陸也。"

《漸西村人初集》詩九《瀨上舟雜興》小序云："瀨上舟何以名？因所居學舍詰屈如舟而名之也。汎兮若無止，漻兮若不繫，虚己以游，容身而居。走少家富春之渚，紫巖綠岫，潭碙淙流，繁花覆溪，數里一曲，春松垂蘿，雲壑萬態，久矣不與吾目相接。吾淡然無爲而神游焉，斯不齎糧而至矣，何處不可作瀨上觀乎！"

三月初八日，往訪李慈銘，未見。

《越縵堂日記》："袁爽秋來，不見。"

二十一日，光緒帝奉兩宮皇太后赴東陵，奉安同治帝梓宮於惠陵。

《日記》："駕謁東陵，是日卯刻啓鑾。"

《越縵堂日記》："是日卯初刻，上奉兩宮啓鑾赴東陵奉安惠陵。"

閏三月初六日，聞王炳燮卒訊。

《日記》："知樸臣凶耗，驚悼不已。樸翁篤志立身經世之學，勇於爲善，哲人殂謝，使人短氣。君所著有《國朝名臣言行錄》，正編、二編已脱藁，三編尚未就。《國朝孝義傳》、《讀朱求是》等書，通方藥，喜鼓琴，能開方測量輿地。其居吳中，所有善舉皆君任之。同治辛壬間，襄辦直隸賑務，炎天烈日之中，手一繖，親查户口，編之於册，分極貧、次貧等目，案户分給，均

霑實惠。蒙撫帥李公優禮，丙子以知縣分直，未幾即署天津劇
符，鉏奸詰暴，摘發如神，立自新所以格小眚，嚴立義學章程
以敦儒品。已奉檄題補邯鄲令，方謂弦歌小試，可期丕著循
聲。不意去年春間遘疾，積勞況瘁，咯血痰嗽不止，延至今春，
竟致不起。回憶泡子河頭同車出入，曾公祠里聯榻宵談，倏隔
幽明，無與爲質，可哀也已。嗣子景枠必能承其家學，君爲不
亡也。"

　　楊澄鑒《紹恭齋詩鈔》卷五《輓同年王璞臣大令》云："金
章新放海疆衙，上第兼陪上相車。君本在傅相幕府。見説訟庭消雀
鼠，何因厄歲值龍蛇。淒涼桑戶還元化，浩博葑亭衍一家。銀臺
葑亭先生爲君族祖。文正祠堂依傍處，光芒應上斗邊槎。聞附祀津門
曾公祠。"

　　案：王炳燮任天津縣令有惠政，故光緒九年（1883）八月
十七日李鴻章《劉秉琳王炳燮祔祀曾國藩專祠片》稱："據天津
府紳士四品銜吏部主事李世珍等聯名呈稱……原任天津縣知
縣王炳燮，講求理學，文教聿興，崇儉黜奢，風俗立變。救荒挑
河，諸政必躬必親。舉辦鄉甲，禁暴鋤奸，勸善規過，津邑強悍
之風爲之斂戢。采訪節孝，建立善堂，凡有義舉，不辭勞瘁……
清正廉明，閭閻至今感戴，呈請祔祀前督臣曾國藩專祠前來。
臣查劉秉琳、王炳燮皆由進士出身，品學端粹，饒有風力。在
任數年，地方政事綱舉目張，無時無事不以休養民生、扶持名
教爲己任。茲已先後病歿，臣每接見紳耆，道及該員等善政遺
愛，莫不同聲感佩，歷久不渝，無愧循良之選。茲據合詞呈請，
相應籲懇天恩，准將……前任天津縣知縣王炳燮祔祀前大學士
直隸督臣曾國藩天津專祠，由地方官春秋致祭，以順輿情而彰
治行。"《清實錄·德宗景皇帝實錄》九年八月丁卯："予故天
津兵備道劉秉琳、知縣王炳燮祔祀故大學士直隸總督曾國藩
專祠。"

是日吏部主事吳可讀自縊於薊州，遺摺由吏部代奏，爲同治帝立嗣承統事也。

《翁同龢日記》閏三月初十日："聞吳柳堂可讀於馬仲橋逆旅服毒自盡，遺有封摺一件，直隸總督將原摺咨吏部辦理。"

《越縵堂日記》閏三月初十日："紫泉來，言吳吏部可讀於初六日自縊於薊州野寺中，有遺疏及副封，交薊州知州，以呈順天府轉咨吏部代奏。且以家書寄其子，言即葬薊州，已自擇墓地於某山。其意蓋以穆宗立嗣事爲尸諫也。家書中有惠陵風雨薊門東一詩，中聯云：‘抔土已成黃帝鼎，前星還祝紫微宮。’是猶廣安潘敦儼之言矣。聞其人素忼慨，喜爲詩歌，不飾邊幅。及以爭成禄事，鐫秩歸蘭皋，左湘陰甚重之，延主書院。比再入都補官，年已將七十，人竊以其再出爲疑，而閉門謝客，不復賦詩飲酒。前月十七日大雪，忽戒車告其子以獨游盤山，如久不歸，當至山相迎也。蓋其再出山時，志已早定，欲俟山陵畢役，從毅皇帝於地下。孤忠獨行，二百年來所僅見者。然其疏指如專爲穆宗紹統，則帝王立後與臣庶異，凡嗣位者皆爲子道。今上宮中已如世及故事，三年素服，又山陵告竣已踰五年，奉安以前尚行過密。吉主祔廟，百世不祧，豈若民間，必別立後人承祧傳嗣方爲父子乎！"

十四日，偕張之洞二子仁權、仁頤游花之寺，時課二子讀也。

《日記》："偕君謀、小頤游城外花之寺，海棠盛開，花大如銀杯，自杪達根，繁纈無隙，炎洲所未有也。丁香亦甚爛漫。寺本名三官廟，嘉慶中南城曾賓谷更名，有《花之寺觀海棠歌》張壁間。中院二株，勁幹屈鐵如虬髯怒張，高出梵殿欄際。西院軒户涼豁，有二株，不甚高大，而娟深如靚女對立，無言自媚，皆佳品也。入城，復之龍樹寺少憩，上樓見西山作空濛疏壑之態。蒹葭葰前，蘆笋四苗，春水東西，洲渚紆曲，有垂釣者。日斜時始歸。"

二十二日,偕潘存往詣李慈銘,二人前嫌漸釋。

《越縵堂日記》:"孺老來,袁爽秋來。"

案:此後《越縵堂日記》載六月十五、二十八日、七月初九日公三至李慈銘宅相訪,顯係在朋友調處之下又復相交。然數月中皆公往訪,未見李慈銘回拜,且僅述爲"袁爽秋來",並無它語,蓋李氏仍心有芥蒂也。直至七月二十六日公邀其讌飲,相交方復如常。

二十三日,長子允櫍生。

《日記》:"閏三月二十三日亥時,長子允櫍生。"

五月初六日,張錫申卒,公有挽詩。

《漸西村人初集》詩九《哭張牧莊》云:"磨君百跡帝京塵,君直内閣十餘年,從不賃車代步。綴玉流温見性真。一自越吟餘響杳,蕭閒閣吏更何人。"

《越縵堂日記》五月二十五日:"得敦夫書,言昨得家書,牧莊以是月六日暴患氣逆,辰刻遂卒,爲之驚愕,出涕不止。"

六月二十三日,游法源寺,觀唐碑、遼經幢。餞濮子潼行,晚宿黄再同處,與濮子潼、朱一新同榻夜談。

《日記》:"餞止潛。夜大雨,宿黄再同齋,與鼎、止兩君共一榻,對床風雨,潭柘而後僅見此。是日游法源寺,松杉落竹,森寒之氣襲人。看唐雲麾將軍殘碑、遼經幢。"

七月初九日,詣李慈銘談。

《越縵堂日記》:"袁爽秋來夜談。"

初十日,聞甘肅地震。

《日記》:"聞五月十三日隴坻地大震,陷没數百户,而高郵湖水同日無風自嘯,斗漲一二丈,上天垂警甚矣。"

左宗棠《查明甘肅東南各州縣地震大概情形現籌撫卹摺》云:"竊據甘肅藩司崇保詳稱,案據階州、文縣、成縣、西固州同,秦安、清水、禮縣、徽縣、兩當、三岔州判,涇州、崇信、靈臺、安化、甯州、固原、海城、平涼、静甯、隆德、化平、西和、洮州、隴西縣丞、會甯、安定各廳州縣先後馳報,本年五月初十日午時地震,至二十二日始定。中間或隔數日微震,或連日稍震即止,惟十二日寅時階州及文縣、西和等處大震,有聲如雷,地裂水涌,城堡、衙署、祠廟、民房,當之者非徹底坍圮,即傾欹拆裂,壓斃民人或數十名及百餘名,或二三百名不等,牲畜被壓傷斃甚多。”

案:該次地震震中在甘肅武都、文縣之間,其震級據後世測定爲里氏八級,各府縣奏報死亡人數幾二萬余。

二十六日,於樂椿園招讌同人,李慈銘、潘存、朱一新、王懿榮、許振褘、龍繼棟等在座。

《越縵堂日記》:“下午赴爽秋樂椿園之招,同坐爲孺老、朱蓉生、王廉生、許仙坪編修、龍松岑戶部,園中頗有桂花秋卉。傍晚詣萼庭小坐歸。”

八月初一日,改削詩集。

《日記》:“改《劍映集》删修畢工,將次及《駢枝集》。”

初五日,李慈銘函來並饋,補賀得子之喜。

《越縵堂日記》:“作書致袁爽秋,饋紅緑縐紗一丈,補賀其生男,得復。”

是日聞石宗建卒訊。

《日記》:“聞石子韓卒於監利任所,予游楚時曾主其家。石君喜交游,耽碑帖名畫,是其所長,然少絆宦情,投贈泛濫,終日勞勞,壯年竟夭,亦可爲簪仕競進者之蓍鏡矣。”

十二日,於謝枋得祠招讌同人,聞寶廷談其家世。

《日記》:“是日觴客於謝祠,座中與竺坡學士談次,始知其爲鄭親王濟爾讀如辣駕切。哈朗大宗之後,今嗣爵者非大宗。”

十五日,李慈銘函來,以茶鏡等物贈薛時雨,託公轉寄。

《越縵堂日記》:“以致薛慰農茶鏡珊書,託袁爽秋轉寄金陵，作書與之，得復。”

二十五日，招朱采、錢振常、朱一新、黃國瑾小集寓齋。

《日記》：“招亮公、笙仙、鼎父、再同小集漸西村舍。”

二十九日，赴潘存招飲，李慈銘、劉錫鴻、許振褘、潘衍鋆、鄧承修在座。

《日記》：“孺初招集，座有鎦雲生常少錫鴻，曾使英、德二國，談西事甚悉；鄧鐵香侍御□□氣宇淵穆；潘□□太史衍鋆與陳逸山素識，餘並知舊。”

《越縵堂日記》：“下午詣褆盦不值，詣樂椿園赴孺初之招，坐客爲許編修振褘、劉光禄錫鴻、潘編修衍鋆、鄧鐵香、袁爽秋，晡後散。”

案：劉錫鴻（？—1891），原名錫仁，字雲生，廣東番禺人。光緒二年（1876）任駐英使館副使，後任出使德國大臣，並兼任駐奧、荷等國公使。駐洋期間，與正使郭嵩燾不合，互相參詰，遂同時被召回國。著有《英軺私記》、《日耳曼紀事》等。

九月初三日，偕朱采往觀馴象。

《日記》：“和秀水朱公觀馴象，一牝一牡，能屈一足作長跽狀，又能吹鼻如掌號聲。”

十五日，順天鄉試榜發，王懿榮得雋。

《越縵堂日記》：“是日順天榜發，紹興中三人，馮彬蔚、石庚、沈楨皆會稽籍，不知何處人也。王廉生獲雋，出繆小山房。”

繆荃孫《藝風老人年譜》：“福山王廉生戶部懿榮，以經策補薦。徐中堂桐多疑，欲置之副榜，力爭始得之，舊友也。”

十九日，以事與錢振常失和，遂至絶交。

《日記》：“因一妄人衡逆之故，不勝忿懣，肝氣疾大作，幾蹈黑風吹船氣象。然箭在弦上，倘一遇吠聲，不得不隼擊電發矣。”二十：“□□□□□□（案：原文塗去）枉過，與之言，乃爲妄人作説客者也。□□□□□□君寧以是非動我，不煩以利

害動我。僕向來計是非,不顧利害,苟自反而不直,雖衣褐之夫,
吾亦畏之;自反而直,雖貴如趙孟,其奈我何? 所以治此妄人之
法,亦惟以兩觀之誅加之而已。"

　　案:公日記及其他文獻中未提及此"妄人"之名,然據公十
月初十日日記:"連日謀制一瘈狗,頗覺殺機太多。"參照《翁
同龢日記》十月二十五日所載:"錢筤仙來長談,飯而去,今日
住城内矣。伊與袁君昶爽秋者以口舌有隙,袁欲殺之,並作醜
語痛詆。余力勸不足介意,將往平之。"則其人即錢振常無疑。
緣翁同龢係錢振常之兄錢振倫妻弟,錢、翁兩家實爲姻婭,以是求
助於翁氏。又公日記中此後再無言及錢振常之處,顯係徹底絕交。

二十一日,辭去張之洞家教讀之事。

　　《日記》:"辭館。"

　　案:公辭張氏教讀之事,主要原因在於身疲多病、公事又
繁,恐有妨張氏二子之功課。然八月二十七日公所作《書張氏
塾壁》云:"凡門生於舉主之禮,舉主以手札,或折簡,或一刺招
之,則即至,此二百餘年相沿之俗禮嚜也。若舉主但令奴輩傳
呼趣之,則雖無行駔儈、寒舍乞兒,亦不敢至,此卑賤所守之定
分嚜也。謹發其凡於此。"此文當非無因而發,細考文中語意,
似亦覺張氏未能相待以禮,故不願久處西賓之位。幸而此次辭
席並未影響到二人之間的關係。

二十三日,聞浙省鄉試榜發,袁澍楠、袁炯二從兄皆未售。

　　《日記》:"聞浙省放榜,新之、義亭二從兄又落孫山矣,爲之
太息。"

　　《越縵堂日記》二十二日:"是日知浙榜消息,會稽中十一
人,山陰中三人,皆不知誰何,少年也。解元李鵬飛,仁和人。"

二十四日,偕朱采往訪李慈銘,晚共飯暢談。時朱采以事至京,借
寓公宅。

　　《越縵堂日記》:"朱亮生來,袁爽秋來,亮生以明日行,留之

小飲暢談，至傍晚去。”

二十八日，唁張之洞繼室之喪，以難産而逝。婦名懿嫺，王懿榮之妹，光緒元年張之洞於四川學政任上迎娶，時王父祖源任龍安知府。

《日記》：“唁南皮舉主，晤幼樵丈。”

《張佩綸日記》十月二十八日：“聞香濤繼室亦以娩逝，走慰之。”

《越縵堂日記》十一月初一日：“張香濤以婦喪來赴，已三娶矣，王廉生之妹也……香濤任四川學政時親迎於婦翁龍安太守署，生兩女，以娩後亡。”

張之洞《永歎詩》云：“重我風期諒我剛，即論私我亦堂堂。高車蜀使歸來日，尚藉忠穰斗面香。”“妄言處處觸危機，侍從憂時自計非。解識篝燈悲憤意，終羞攬袂道牛衣。”“門第崔盧又盛年，饁耕負戴總歡然。天生此子宜栖隱，偏奪高柔室内賢。”

案：許同莘《張文襄公年譜》謂王夫人逝於本年二月間，此後作者沿襲不改，蓋誤。

是月致書譚獻，於莊棫所作《周易通義》少所許可。

《復堂日記》九月二十四日：“得飴澍、功甫、夢華書……飴澍書中附袁爽秋一紙，頗不滿於中白之《周易通義》，中白此書本不能以經生之業繩之。”

譚獻《周易通義叙》謂：“（中白）性玄穆，好深湛之思。少治《易》，通張惠言、焦循之學。又好讀緯，以爲微言大義，非緯不能通經……嘗寓書譚獻曰：‘僕所著不下十種，皆可散棄，惟《大圜通義》爲平生心力所注，以待後世子雲者。’獻時未見其書也……光緒三年七月，溯江來訪，始出《通義》之書。獻雅故也，又海内辱齊名之稱，亦不能不河漢其言，久之而始得其意之所託，爲定今名曰《周易通義》……四年四月，忠棫以連蹇死……乃以《周易通義》約劉壽曾共校讀之,雕木以傳……《通義》之書,當今世而出……非夫憂患之餘,曷爲而有此言與! 固非經生博士之家法也。"

潘雨廷《莊忠棫〈周易通義〉提要》云:"縱觀是書,實得於《繫辭》中'精氣爲物,游魂爲變'二句之義,即以是爲體,然後合消息而通貫全《易》,且及經綸天下之大法。語十九中肯,莊氏之學識,可云博焉。然全書以致用爲主,乃於《易》道大圜之象,未能詳加闡明,故既無若張惠言之消息圖,亦無若焦循之《易圖略》,以大義言,亦未若姚配中之明顯,故是書似略遜一籌。若原其悟得於《易》者,實亦無所多讓。"

十月初三日,全慶招觀劇,赴之。

《日記》:"小汀相國招集觀劇,夜分始散。"

案:全慶(1802—1882),葉赫納拉氏,字小汀,滿洲正白旗人。嘉慶二十四年(1819)舉人,道光九年(1829)進士,改庶吉士。歷任翰林院編修、詹事府詹事、喀喇沙爾辦事大臣、都統、護軍統領、廣東學政、刑部侍郎、戶部侍郎、倉場侍郎、工部、戶部、兵部、刑部尚書、總管內務府大臣等,進協辦大學士、體仁閣大學士。光緒八年(1882)卒,贈太子太保,諡文恪。

十一日,詣李慈銘談。

《越縵堂日記》:"袁爽秋來談竟日……夜月微黔雨,作書致爽秋,爲署中小事。"

十六日,以近作詩文各一首呈政李慈銘。

《越縵堂日記》:"得爽秋書,以所作詩文各一首見眎,即復。"

二十五日,許振褘來訪。李善蘭來訪。公久稔李氏之名,至近年始相交。

《日記》:"鄒仙老枉存。海甯李迎叔先生善蘭枉存,爲我語昔年曾寫贈海上客一聯云:'少師擊磬入於海;孔子棲樹尻九夷。'語殊有致。"

二十八日，游太學。

《日記》："游太學，觀辟雍圜橋之制，及拙老人蔣衡書石經碑。博士聽事前有測日影石表。右爲澤宮，靈星門内古柏參天，秫科進士題名碑林立。新石鼓在大成門外，字皆在面，舊鼓在門内，字皆在腹。癸鼓窪中若臼然。徘徊久之，太息而返。"

二十九日，李雲祥來，述其兄李雲麟生平行事。公前讀其書，慕其爲人，曾往訪未晤。

《日記》："李君雲祥來，述其兄雨蒼副都統之生平性行。副都護父母均殁，一兄已前卒。咸豐初補諸生，三試京兆不售，發憤讀兵家言及叢辰、占騐、術數之學，族中人皆笑其迂。副護乃挾白金二兩，累胝數千里，挾策干故鄂撫胡文忠公，公奇之，秫保至部主事、四五品京堂。既而奉命剿陝回，復授烏魯木齊都統，署伊犁將軍。以無功徵還，吏議革職，遣戍黑龍江，卜妾生男，至今其息嗣尚未歸也。會赦還，復奉旨發往左宗棠軍營差遣，開復花翎副都統銜。嗣以議邊事與相侯意忤，相侯奏稱李雲麟病類心疾，回旗當差。李氏故有田廬在灤州九百户，在國初隸屯旗，故雨蒼近年或居灤，或入京，足跡不常也。副督護入都，多厲東華門内沙灘關帝廟。"

十一月初三日，張之洞繼室王夫人出殯，往奠龍樹寺。

《日記》："喭南皮師，先往後罷。"

《張佩綸日記》："晨起，往奠張孝達繼室王恭人於龍樹院。"

初十日，閱黄遵憲《日本雜事詩》竟，又知其創《日本國志》，頗予贊賞。

《日記》："宿曹署，閱《日本襍事詩》畢，知黄君公度又草創《日本志》，於地形、政事、風俗、物産、官制、刑法勒成媷書，已得十四卷，如能削藁，可補《吾妻鏡》之扁略矣。"

黄遵憲《日本雜事詩序》："余於丁丑之冬，奉使隨槎。既

居東二年,稍與其士大夫游,讀其書,習其事,擬草《日本國志》
一書,網羅舊聞,參考新政,輒取其雜事,衍爲小注,串之以詩,
即今所行《雜事詩》是也。"

　　案:《日本雜事詩》於光緒五年(1879)冬由同文館刊行,
公所讀即此初刻本。

十四日,接友人書,知劉履芬自殺身死,以詩悼之。

　　《日記》:"得友人吳淞信,報云劉泖生丈署嘉定令,以命案
相驗不得實自盡,聞之駴歎,作令之難如此。兼悼泖生之夙學
方聞,鄰州俊彥數奇不遇,母老子幼,令人雪涕也。"

　　《漸西村人初集》詩九有《哭劉泖生》三首。

　　《清稗類鈔·獄訟類》"劉泖生欲解疑獄而死"云:"江山劉
履芬字彥清,以生於雲間,因號泖生。以同知直隸州充蘇州書
局提調。光緒己卯江南鄉試,嘉定知縣程其珏調分校,往代之。
受事之日,民先有逼嫁致死,督部檄一幹下縣決殺者。劉不懌,
此幹笑侮之。因跡求民間數事,密聞諸臺,勾捕盡得。劉性慈
恕,不忍文致,親送囚至行省,且陳其疑。此幹請必盡殺乃止。
劉痛悔失圖,若懵危,遂不自勝,反嘉定疾作,滿有日矣。或詐
告殺人,需詣驗。劉神明已傷,仰天言:'吾德薄,災殃及民,不
如死也。'其日不食,夜分不寢。遲明,從者叩扃無聲,翹而入,
僵於地,喉骨斷裂,血污被膺,右手有短翦,握固未脫,几燭將
跋,《洗冤錄》端展宛然。事上,撫部固始吳某重其所以死也,
厚恤之。"

十二月初五日,崇厚使俄辱命,奉旨嚴議,京官紛紛排擊。本日同
好約公聯名上書,公以於邊務情形未諳其要,未允。崇厚旋著革
職,下刑部治罪。

　　《日記》:"友人屬連名上書,予自揣邊務情形未能得其褓
領,辭之。"

　　《越縵堂日記》:"雲門來夜談,近日因議俄羅斯條約,部院

庶僚多發憤相約合疏擊崇厚,知好中亦有與其事者,此亦公議之僅存也。"

《清實錄·德宗景皇帝實錄》十一月庚寅:"諭內閣:都察院左都御史崇厚,奉命出使,不候諭旨,擅自起程回京。著先行交部嚴加議處,開缺聽候部議。其所議條約章程,及總理各國事務衙門歷次所奏各摺片,著大學士六部九卿翰詹科道妥議具奏。"

《清史稿》卷二百三十三:"四年,俄界回寇擾邊,與其外部格爾斯合力禁止。其秋,授出使俄國大臣,加內大臣銜,晉左都御史。明年,赴俄。初,左宗棠進兵伊犁,乘俄土戰爭,要俄人退去庫爾札,俄人多所挾求。至是,崇厚抵利伐第亞謁俄皇達使命,貿然與訂和約:一、自嘉峪關逕西安、漢中達漢口,俄有通商權;一、自松花江至伯都訥,貿易自由;一、自蒙古及天山南北輸入商品,不課稅金;一、自西伯利亞至張家口,歸俄敷設鐵道;一、自陝甘至漢口,既榷常稅,其雜稅概免;一、嘉峪關、科布多、哈密、吐魯番、烏魯木齊、庫車置領事官;一、凡俄國臣民旅華,許攜銃器;一、伊犁城及旁近地,凡俄所有土地及建築物,不在還付例。約成,朝野譁然,於是修撰王仁堪、洗馬張之洞等交章論劾。上大怒,下崇厚獄,定斬監候,以徇俄人請,貸死,仍羈禁。更遣曾紀澤往俄更約,爭回伊犁南路七百餘里,嘉峪關諸地緩置官。十年,崇厚輸銀三十萬濟軍,釋歸。遇太后五旬萬壽,隨班祝嘏,朝旨依原官降二級,賞給職銜。"

　　案:崇厚(1826—1893),字地山,完顏氏,內務府鑲黃旗人,河道總督麟慶次子。道光二十九年(1849)舉人,歷官長蘆鹽運使、吏部侍郎、署直隸總督、盛京將軍等。光緒四年(1878)充出使俄國大臣,加內大臣銜,晉左都御史。

十三日,李雲麟來訪,公察其人志氣豪邁而有粗疏之病。

　　《日記》:"李雨蒼將軍枉談,觀其為人,氣體雄鷙,邊情亦熟悉,而稍有果悍敢為不可一世之病,深慮其志壯而慮疏也。移時始別去,住東華門内沙灘上關帝廟。”

《觀物外編》:“李雨蒼副都護雲麟,遷安人,前布倫托海辦事大臣,失地戍邊。氣韻豪邁,佻易無範,少器局,闇而無識,又難駕馭。”

沃丘仲子《近代名人小傳》:“李雲麟,漢軍旗人,字雨蒼。少習宋儒書,刻苦自勵。吳廷棟等言其賢於曾國藩,召參戎幕,由是師事國藩,漸爲古文及經世之學。歷官至郎中,復以駱秉章、左宗棠薦,擢四品京堂,督陝西漢南軍務。時回勢方熾,興漢皆深山大壑,易藏寇,雲麟欲行清野,而樞府以其迂緩,代以黄鼎。已而授托倫海辦事大臣,屢以更張防地爲請,孝欽疑其規避,後竟假事拿問,戍黑龍江。雲麟居轉兵間,艱苦卓絶,而好先事計利害,自明遠識,竟以是敗。”

十七日,往答拜李雲麟。晚詣聚寶堂赴潘存之招,鄧承修、李慈銘在座。

《日記》:“答候李雨蒼副都護。雨蒼舊隸多禮堂將軍隆阿部下,談及淮楚諸軍宿將,屈信指而數其才否。又言欲續萬里西征圖,圖所目諗之山川形勢。又言凡治國行軍之道,須熟於涑水《通鑑》、顧氏《讀史方輿》二書。所言多中肯。雨蒼今年四十有七,善占六壬。晚潘孺老招集,座有鄧侍御,言新得日本地圖甚精,二更歸。”

《越縵堂日記》:“晚詣聚寶堂赴孺初之招,夜一更後歸。”

案:鄧承修(1841—1892),字鐵香,號伯訥,廣東惠陽人。咸豐十一年(1861)舉人,歷任刑部郎中、雲南道監察御史、鴻臚寺卿,兼充總理各國事務衙門大臣。光緒十一年(1885)出使安南,與法人會勘中越邊界。十四年,以疾乞歸,主講豐湖書院。有《語冰閣奏議》。

二十二日,往弔沈葆楨喪,有聯挽之。

《日記》:“弔兩江制軍沈公之喪,謚文肅。予製贈挽聯云:‘斗

南虛願，臺北雄圖，冰玉何慚俟邨節；制軍林文忠之婿。漆室私哀，
長城遽壞，風雲猶護蔣山青。'"

二十八日，聞施補華被參劾謫官，爲之慨歎。

《日記》："聞均父謫官，萬里從軍，牢落不偶，爲之惋歎
不寐。"

《申報》十二月二十七、二十八日"京報全錄"載左宗棠片
云："臣軍前營務處隨員花翎留甘補用同知施補華，本年正月准
統領嵩武軍廣東路提督張曜咨，謂該員赴調阿克蘇軍營。臣飭
前往，並札令沿途密查多處局務及地方情形，據實徑稟，聽候核
辦。三月初間，該員路過闢展，訪聞署闢展巡檢、補用知縣、浙
江候補縣丞楊培元，於去年冬奉吐魯番同知奎綏札委，查訊纏
回案件，案經了結，其家丁曾福有事後詐索銀兩情事。即傳楊
培元到寓，與纏民質訊。楊培元倉卒未及分辯。施補華不知前
案已結，楊培元業將家丁責勒追贓原委，遽以盛氣相加，聲色俱
厲。楊培元出，見回民路旁訕笑，益覺無顏，即於三月十二日赴
吐魯番廳呈繳巡檢木質鈐記，稟求撤委離任。署同知奎綏未及
接晤，詎楊培元愧忿莫釋，遂於十五夜在吐魯番巡檢署自縊身
死，當經奎綏驗明棺殮，並據稟報前來。……臣查署闢展巡檢
楊培元初雖失察家丁曾福得贓，辦理原無不合。施補華奉調赴
阿克蘇，經臣飭令沿途密查局務及地方事件，遇事詢訪，原其分
所得爲。惟原札只令其查事，並非委其辦案，施補華因風聞一
面之詞，不加細察，輒傳回民與巡檢質訊，既非體制所宜，又不
容楊培元置辦，聲色交加，致楊培元自縊。雖死者愧忿輕生，非
施補華意料所及，而其種種謬率，任性妄爲，實屬咎無可辭。除
飭楊培元親屬將屍棺領回歸葬外，理合據實奏參，應請旨將花
翎留甘補用同知施補華拔去花翎，仍留甘肅，以府經歷、縣丞降
補，聊示薄懲。謹附片具陳，伏乞聖鑒訓示施行。謹奏。軍機
大臣奉旨：'著照所請，吏部知道。欽此。'"

案：施補華《澤雅堂文集》卷二《復陳藍洲書》云："辟展之事，足下但見彈章，故前書有追咎之詞。是非日久而愈明，此事之有無，凡湖南北，江左右，浙東西，文武將吏，游士遺卒，自南疆歸者，道出武昌，足下執一人以問之，即知其誣，不待華之再辨也。至於左相見劾，華亦不甚憾之。韋處厚在中書，而爲裴度所逐，裴度固君子，處厚豈小人哉？一時之偏聽，賢者有所不免耳。若夫讒人側目，鍛煉媒孽，又自古有之。……避之不及避，適與之相值，亦命而已矣。"似乎此案另有隱情。

編年詩：《瀨上舟雜興》、《續咏》、《戲簡松岑趣作篆》、《哭張牧莊》、《禁城》、《寄從兄新之》、《張君立生日詩以勛之》、《送友人之粤》、《名子詩》、《座師孝達張公生日作》、《寄孫太僕丈》、《答全椒譚令君》、《壽休甯吳學士》、《李壬叔善蘭七十初度》、《贈寂照寺法雲長老》、《久不作詩拈筆短述》、《哭劉泖生》、《太息一首贈李雨蒼副都護》、《效吾鄉田歌爲秀峰村趙丈六十壽》。

編年文：《徐公神道表》（佚）、《瀨上舟中戒學者語》（佚）、《書張氏塾壁》、《故孝廉方正楊君墓誌銘》、《贈奉政大夫陳君墓誌銘代》、《藤香館詩删存書後》、《致李慈銘書》（奉上薲貝、陳皮一小餅）、《致薛葆楷書》（久隔南北，無由握手）、《咸同中興間氣集叙》。

【時事】日本侵占琉球，改置沖繩縣。延平教案發生。

沈葆楨卒。錢振倫卒。王炳燮卒。劉履芬卒。

光緒六年庚辰（1880），三十五歲

正月十二日，讀譚獻所寄新詩，論其詩病，謂多浮榮而少枯實。

《日記》："覽仲脩寄來詩四章，詞藻甚工，而按之字句之間多浮榮而少枯實，非讀山谷內外集，不足以藥斯病。且似由素不信誼理之學，故其發於言者如此。然仲脩齒長於予，未敢自坿於諍友之列也。"

二月初一日，詣李慈銘談，以百合相饋。

《越縵堂日記》："爽秋來，惠百合三斤，談竟日去。"

初六日，洪鈞招觀劇，赴之。

《日記》："洪侍講招觀劇，筵間氣蒸如釜，演劇甚佳，而不耐久坐，逮闇而歸。"

　　案：洪鈞（1839—1893），字陶士，號文卿，江蘇吳縣人。同治七年（1868）中一甲一名進士，授翰林院修撰，後任湖北學政、江西學政、侍讀學士、內閣學士。光緒十三年（1887），充出使俄德奥和四國大臣，十六年歸國，以兵部侍郎兼總理各國事務衙門大臣。熟於西北地理之學，有《元史譯文證補》等。

十二日，劉恭冕來訪，時來京應會試也。

《日記》："叔俛先生過談。君家父子嫥孴《魯論》之學，成《正誼》二十卷，不朽盛業也，與陳碩甫《毛詩疏》、胡竹村《儀禮正義》、陳卓人《公羊正義》、邵二雲《爾雅正義》、焦禮堂《孟子正義》並敳孔、沖遠，《詩疏》。賈、公彥，《儀禮疏》五十卷。徐、彥，《公羊疏》廿八卷。邢、昺，《爾雅疏》，又《論語疏》。孫奭，《孟子疏》，朱子云邵武士人偽撰。諸家之席。經生事業，經兩世而後蕆，良不易矣。其先元城府君楚珍先生諱寶楠。又箸有《釋穀》、《漢石例》、連筠簃刻。《寶應圖經》諸書。"

《越縵堂日記》："寶應劉君恭冕來，此君字叔俛，早傳家學，爲江南經生之冠。去年始舉於鄉，年已五十七矣。"

二十七日，聞柳興恩卒訊。

《日記》："聞柳賓叔先生逝世，江南一老，經師云亡，可痛也。其遺書《穀梁長編》、《日月例》、《傳經表》等凡七種，不知付與誰手，儀徵阮公曾爲作叙者也。見《揅經室集》四。"

二十九日，薛葆楷以優貢來京。

《日記》："飴澍入都，下榻東齋。"

三月初六日,以桐廬土物餽李慈銘。

《越縵堂日記》:"得爽秋書,餽湖蓮、南棗、桐君菌、子陵魚,作書復謝,犒使四千。"

十八日,次子梁肅出生。

《日記》:"料理山婦蓐室甚忙,是日酉刻舉一子。乳名祺海。彭澤令命子成詩,玉川妄添丁寅志,正恐其不免似乃父飢寒耳。"

二十三日,李慈銘餽以壺、茶二種。方宗誠來函,以姚鼐遺書三種相贈。

《日記》:"蓴老遺曼生壺、密雲龍二器。得存之棗強書,餽惜裒遺書三種。"

《越縵堂日記》:"作書致爽秋,餽以曼生壺一柄、龍井茶兩餅。……得爽秋書。"

四月初三日,偕胡光甫游畿輔鄉賢祠。

《日記》:"與筱湄游圻輔鄉祠,觀壁上所懸左浮邱、孫高陽文正書、寒松老人魏公行書,李文勤霨集杜五律壽某詩直幅、梁清標玉立壽某截句直幅,皆行書。張帆齋霨行書極縱橫抽掣之勢。又有《屈左徒卜居圖》,圖中左徒趨於堂下,詹尹拱竢堂上,髯奴繫馬,厨童䕷泉,修竹高桐,映蔚寒肅,極蕭曠之致。予短眎,不能辨其署字,決爲蕭雲從手筆也。又中間香案陳趙忠毅公鐵如意一,古鐵黝然,如有涼颼灑晰毛髮,清風亮節之所感,百世興起,豈特啼鵑化碧哉! 是日天新雨,道少人,游樂甚,抵暮始各歸。"

初九日,以食物餽李慈銘。

《越縵堂日記》:"得爽秋書,餽廣東蜜漬青果一器,即復謝。"

十二日,至琉璃廠聽紅錄,知李慈銘、王詠霓、陳與冏等人皆得雋,往賀。楊守敬、龍繼棟、黃以周等均落第。是科汪宗沂、黃紹箕、朱福詵、王頌蔚、王懿榮、沈曾植、于式枚、徐琪、丁立鈞、梁鼎芬、左紹佐等亦得中。

《日記》:"之海王村聽紅錄,蓴老、子裳、弼丞皆獲雋,可喜

之至。星吾、松岑、元同諸君皆被斥，可惜。"十三日："此榜知
名之士又有汪仲伊_{宗沂}、黃仲弢_{紹箕}、何冶夫_鎔、朱桂卿_{福詵}、王茀
卿_{頌蔚}、王廉生_{懿榮}。仲伊，王子懷少農之婿也，通知律吕、區田、
聲均、醫藥，著書八九種，仿程易疇_{瑤田}。其所箸《禮樂一貫論》
嘗爲曾文正公所稱，《握奇經注》，戴君子高嘔述之。"

《越縵堂日記》："上午岑福自闈中遣人報信，云内中已填
榜，余中第一百名。日加午，琉璃廠報紅録。加未，報喜人至，
名數皆同。雲門來，蕚庭來，仲白來，心雲來，彦清來，爽秋來，
弢夫來，孺初來，肯夫來。"

十八日，李慈銘函來，託轉詢翰林院以郎中歸本班事。

《越縵堂日記》："爲呈請歸郎中本班事，作書致肯夫轉詢
吏部，又致爽秋轉詢翰林院，又致李玉舟詢之禮部，以或云向
章在殿試後，或云去年新例在殿試前，言人人殊也。……爽秋
來。……作書致爽秋，得復。"

二十二日，朱之榛託人攜贈《續資治通鑒》、《明紀》等書，作函謝。

《日記》："竹石爲致畢氏《續資治通鑑》六十册、陳氏鶴《明
紀》二十册，擬作書報謝。"

二十四日，廖廷相餽贈陳澧所著書數種，以《李文公集》、《皇甫持
正集》爲謝。

《日記》："廖直群餽予書數種，_{陳先生澧所著十册}。報以《李文
公集》、《皇甫持正集》五册。"

案：廖廷相（1842—1897），字子亮，一字澤群，廣東南海
人。學海堂肄業生。光緒二年（1876）進士，改庶吉士，散館授
編修。後歷主潮州金山、廣州羊城、應元等書院。二十年，任廣
州廣雅書院山長，卒於位。廖氏爲大儒陳澧弟子，長於三禮之
學，著有《禮表》、《群經今古文家法考》、《廣雅答問》等。

二十七日，李慈銘來函，請公轉託温紹棠代納翰林院朝考卷。

《越縵堂日記》："作書致爽秋，以轉託温棣華代納翰林院朝

考卷也,得復。……再作書致爽秋,得復。得爽秋書,即復,並朝考納卷銀五兩託其轉交温棣花。"

三十日,賴豐烈攜來高行篤所贈遼、金、元三史,又以《河嶽英靈集》見惠。

《日記》:"賴樹臣豐烈,閩漢軍駐防兩淮大使。將叔遲所寄五十金及遼金元三史至,提攜數千里,極爲可感。賴君又以仿刻《河嶽英靈集》見詒,報以齊紈一枋。其弟乙亥舉人,字葆臣。"

五月初三日,往訪薛葆楹,始晤張謇。張氏以文稿見示。

張謇《柳西草堂日記》:"詣飴澍,並與袁爽秋譚。歸,録稿示爽秋。"

案:是年張謇隨浙江提督吳長慶入覲至都門。

初五日,招讌同人,張謇在座。

《柳西草堂日記》:"爽秋招飲。"

十六日,觴客於市肆,袁遂、張謇、凌紱曾、薛葆楹在座。

《日記》:"山人觴客於肆,會者家敬孫、張季直、凌初平及飴澍四人,車回。"

十七日,張謇來,共飯。

《柳西草堂日記》:"與禮卿至琉璃廠訪張星者,詣竹潭久話,反,飯於爽秋。"

十八日,李慈銘書來,餽以食物二事。

《越縵堂日記》:"作書致爽秋,饋以金橘脯一餅,普洱茶一餅。"

十九日,以《河嶽英靈集》一部贈李慈銘。

《越縵堂日記》:"得爽秋書,贈揚州新刻《河嶽英靈集》一部。"

二十四日,偕袁遂等游中海、北海。

《日記》:"蚤起詣敬孫,同入西城瞻禮大光明殿,有道籙司尸之。大光明殿正員如太極圖,明世宗嘉靖中建青詞醮籙之所。復因苑吏導游中海，敬觀武成殿平定準噶爾、回疆、緬甸、臺灣、金川、安南、廓爾喀諸畫壁，兩廊刻石則純廟御製詩碑。又御製十全志事詩碑，富陽董蔗林相國敬書。登紫光閣，敬觀乾隆中受俘、郊勞、飲至諸圖及功臣像。旋下，出苑門，度玉河橋，入團城，謁承光殿。觀玉蝀，空內員缸如墨池，約受水五石許，旁珊龍馬作挾負勢，山玄玉也。殿內諸葛銅鼓一，有幕無底，窰變磁缸一。西階下白皮羅漢古松一株，蔭可數畞，乾隆御製詩以爲五百年物也，封徹侯俸，以施南城外粥廠，視五大夫空爵爲榮矣。顯廟題承光殿一聯云：“九陌紅塵飛不到；十洲清氣曉來多。”字大徑二尺。茶數巡，復由蘇喇導下，入承光左門，度石橋，有堆雲、積翠二坊，過此即北海矣。循山徑過永安寺，觀艮嶽，即宋徽宗日朱勔迻至汴梁，金人入汴，復迻之瓊島。金之瓊島，今白塔山也。觀昆侖、嶽雲諸石，有高宗御碑亭二，一記塔山四面可游者，一記瓊島源流，滿、蒙、漢、唐古忒四體書。循石磴而上，北爲悅心齋，蒼官青士，黛色參天，有靈璧樂石二，扣之聲硜硜然。稍上爲觀音堂，御榜‘慧機圓相’四字。同治末敕估修三海，將作已啓工，斲礱楹柱而丹漆未施，會上晏駕，遂止。稍南登絕頂，爲磁佛閣，白塔廣輪皆十丈，如竹西小金山之制而更大，較他處窣堵波不同。聞內有石匣，鍵鑛甚固，導者云藏國初紅衣大將軍奇，謂之信奇，南懷仁製也。欄楯四圍皆白石，四望得全燕地勢，西則玉泉、翠微在眉睫，東則潞河、渤碣若積氣，日月五精，出入閶闔，素威青珂，翔而左右，百雉之內，千門萬户，蠔山鱗阜無論已。石壁千丈，俛視玉河，震心蕩魄。甚矣，今乃知大都之壯麗也。元世祖、明成祖之遺烈猶見，而況聖德神功，事監前失，葺因囊基，如李唐以仁壽爲九成，因仍舊觀，而勿勞民以事土木乎！由東路下，瞻智珠殿，循宮墻下山。後山平遠，較前山之斗峭不同，林衣沐人，嵐氣陰夕，上有御碑曰‘瓊島春陰’。稍折而西，入倚晴樓，或曰遼聖宗蕭太后梳妝臺故阯也。過此即迴廊一帶，平臨大湖，

望對岸瑤亭貝闕,如入十洲路,荷葉覆湖,一綠千頃。對岸即大
西天、小西天,多喇嘛廟。又有廟祀先蠶,皇后祭高禖、行親蠶典禮於此。又南
入苑門,額曰'洞天浮玉',館宇窈深。穿户出,取微徑上山,葛
弱苔滑不可捫。步經承露盤,憩延南薰閣,坐石棋枰。由閣下
入七十二洞,詰屈如湖上耆闍崛諸洞,時有石窗,故不甚闇,然
蒼寒已甚,殆不可久留,或云姚道衍意匠之所營也。出洞,經苑
門,循湖復南,度野橋,經三希堂,石刻法帖庋焉。大約此山面
面可游,南多亭榭奇石,北多洞,中高明,西疏野,惟東隅無水不
靈,差遜耳。同游六七人,再返團城,茶罷告歸,重犒導者,咸相
際笑曰:'此禁地,非奉敕不敢游,我輩其靈囿中之芻蕘雉兔者
乎!'折古松一釵而返。日未暮,迴視塔山蒼蒼,沈煙靄中矣。
惟南海以日力不及未往。"

六月初三日,李慈銘來訪。

　　《日記》:"蕁老枉談。"

　　《越縵堂日記》:"晡後出門答客十一家,晤爽秋、介唐、肯夫
及諸暨同年金琴舫,傍晚歸。"

十七日,凌紱曾來爲診脈,並以林則徐《畿輔水利議》見贈。

　　《日記》:"延初平兄际㼊,餔後見過,並以林俟村先生《畿
輔水利議》一册見贈。"

十九日,作函致李慈銘,以新作山谷生日詩呈政。

　　《越縵堂日記》:"得爽秋書並山谷生日詩,即復。"

　　案:《漸西村人初集》詩九有《集槐廬齋中作山谷道人生
日》,即是此詩。

二十六日,廖廷相來,與論天下不治之故,在於士人爲學,務名而
不務實,當政用人,求通而不求專,是以坐而論道者多,盡心實行
者少。

　　《日記》:"廖直群枉存,與直群深論後世天下所以不治之
故,由於通人太多,聖人太多,而嫥治一業、成名一蓺者轉少。

如棄教稼，辨土宜五種，未嘗自言兼通明倫。夔典樂，能辨八方之風，未嘗自言兼通治水。輪匠名官，倉庾世氏，顏子四十餘不著書，子夏傳《詩》、《易》、《春秋》，由、求善治千乘之國、百乘之家，才性大小各有所宜，量而後入。子貢、公西華束錦結馴，不強以原憲之苦節。葳狂啓狷，各行其是，三代風俗之所以日厚者，此也。自後世仕者莫不談王道、述禮樂，皆欲復三代、追堯舜，而責其治效，僞王道反不如管商之真富強。學者莫不論天人、推性命，皆欲陳聖道、躋孔顏，而叩其學術，元明以來思纂兩廡之儒，反不如東京一博士。無他，務其名不務其實故也。國初取士，五經各設專房，及其用之，六官州縣皆務久任，如魏環極長臺諫者十年，加尚書銜，仍居原官。良法猶在，乃後人不善師前人立法之意，爲牧令者朝簡而暮煩，掌六曹者春刑而秋禮，果其才足淹貫庶務乎？黃霸典州之才，至其作相則憒憒。王介甫知鄞立青苗法，朱子在崇安立社倉法，而推行之天下，則適以擾之。朝廷善用人固難，人之自知亦不易矣。走嘗游西人機器廠，冶鑄者、測績者、磨治者、錐鑿者，人執一技，辰而入，酉而出，各勤其事，無敢譁者，禮失而求諸野，是可以知政矣。韓文公《通解》、東坡《上兩制書》、王陽明《拔本塞源論》，此數説者，蓋深中今天下之痼病矣。先師有言，近湯文端講學嚴於湯文正，而事功反遠不逮者，知壁立千仞之爲位尊，而不知平地築牆之爲功大也。魯語曰：‘平易近民，民必歸之。’安得有明於陰陽而四境咸治者乎？安得有終日靜坐而坐致位育者乎？故後世文集不如賈山、仲長統之一鱗片甲，後世學術不如周秦兵法醫農九流家言之各適其用。材不古若，政不古若，上下之情不通，文武之材不出，其不淪胥而入於專攻一藝、務精不務通之夷也幾希。”

七月初二日，送薛葆楷引見，得試用知縣。

　　《日記》：“送飴澍引見，敕目除令。”

初八日,得高行篤書,聞董對廷卒訊。

《日記》:"得叔遲信,知董筴三作古,愴然出涕,心甚不甯,竟日不能作事。"

《漸西村人初集》詩九有《哭董策三戶曹》。

《(光緒)再續高郵州志》卷四:"董對廷,字策三,同治甲子舉人,乙丑進士。幼穎悟,文章不屑屑拘繩尺。年十七,補弟子員,古文詩詞無不習,落筆輒與古人神會,立志不淺就。讀史留心地輿,於西域山川能鑿鑿言之。……時賊踞省垣經年,鄉試不行,甲子四月赴都,遂聯步捷南宮,官戶部廣東司。郎署事繁,謙退不與同列爭,惟日購書史,朝夕孜孜以求通於當世之務。適朝廷求直言,對廷疏二事,一請停止同文館,一請嚴束內監。部曹上言,例由尚書、侍郎代奏,勘明無違悖字樣,以是不得上達,遂告養回籍,資館穀以奉親。往來淮揚、吳門間,主講鍾吾、敦善各書院,分校淮南、蘇郡各書局。蘇揚兩郡志書,皆與修纂。……有《湖上漁唱》二卷、《意園古文詩鈔》六卷。卒年四十七。"

二十二日,游南泡子、北泡子,有文紀之。

《日記》:"游南泡子、北泡子,泛小舟觀荷,甚樂。偕乏人飰於野店。申刻入城,憩慈仁寺,喫齋麵。暮遣痟傁奚負荷花、蓮蓬而歸。"

　案:公日記中錄有《游南池北汜記》一文。

二十四日,李慈銘招飲,赴之。

《日記》:"蓴公招夜集,三更歸。"

《越縵堂日記》:"傍晚偕敦夫、爽秋、叕夫、雲門、緹盦小飲,招霞芬諸郎,夜三鼓始散。"

二十七日,拜桑春榮生日。

《日記》:"詣祝桑百僭先生八十上壽,計壬午重賦鹿鳴矣,觀劇至三更回。"

二十八日，詣吳廷芬談，吳氏爲論近年外交情形之得失。

《日記》："與休甯論事，休甯言譯館自文文忠主持以來有二大失，始定夷使與大臣相見用敵體禮，久之彼參贊以下散員來館，章京與之周旋，輒不見答，直云：'請汝堂官面議。'遂亦抗禮相見，是大臣不足以養威。雖文忠創議，恭邸不必常常到館，小事稟報，大事廷決，以養威重，然已無救於大臣之失體，一失也；章京有才幹膽識者，儘可與夷使爭執駁難，俾行其志，使彼亦知國未嘗無人。乃不得行其職，聽其老死抱牘之吏，二失也。即此次湘陰外握重兵，始足以壯國威，一召來京，無論安頓樞垣、譯館兩處，不過朝畫夕諾、春朝秋請，委她班行之内，如猛虎離山林、入罾圈，則百獸亦將狎而玩其爪牙。何也？失所恃與所習也。且語曰：'臨三軍者，或懼朝廷之儀。'將才相度，視其才性，鳧鶴長短，易之則憂，故周德潤、周開銘奏請止其來京，不爲無見。又言峨汗向來六七月後駕游黑海避暑，去年崇厚出使，遷延未見，亦由於此。此次曾紀澤六月廿四到峨，七月十七始遞國書，觀見彼汗，据電信云汗顏甚和，並告我使云'崇厚已釋，甚是。我現將往黑海，爾十八日可與外部面議'云云。是此次彼汗因曾使將來之故，展期待發，其情或不欲遽開大釁，亦未可知，此則款局一綫之機耳。特聞彼已借鄰國之兵、鄰國之餉，將來十八條之外，兵費一節，恐終費口舌耳。"

八月初一日，赴天甯寺公餞鄧琛南歸，譙罷同游南花泡子。

《日記》："刑部檢校郎中前介休令黄岡鄧琛獻之將南歸，史館編修奉新許振禕仙屏、户部檢校主事文昌潘存孺初、户部檢校郎中會稽李慈銘愛伯、監察御史歸善鄧承修鋗香、監察御史黄岡洪良品右丞、刑部檢校員外郎羅田陳錦芸舫、前庶吉士梓潼令恩施樊增祥雲門、户部檢校主事雲騎尉桐廬袁昶重黎，同集天甯寺，爲鄧君軷餞。會食訖，泛舟於南池，觀翠微、石經、潭柘諸山，抵暮乃歸。"

《越縵堂日記》:"午出城,詣天甯寺,以今日與爽秋、雲門、孺初、鐵香、仙坪、右臣、雲舫期餞獻之也。集於山下聽事,竹樹妍靜,炎歊滌除,所惜客好談詩,山憎俗狀耳。傍晚驅車至南灤,都人所謂南花泡子也。舊有亭,久破斁,數年前袁侍郎保恒葺小屋三間,爲庚戌同年消夏公讌地,而太湫隘,又不臨流,無足延憩。池分左右,其左少廣,周圍約里許。荷花已老,略有餘紅,因偕仙坪、鐵香坐小舟泛之。水清可鑑,薲藻交縈,其下出泉,魚游空際。夕陽返映,荷葉弄香,延緣葦間,足以清心洗俗矣。以迫曛暮,不克勾留,匆匆及岸,遂即入城。"

李慈銘《越縵堂詩續集》卷六《八月朔日偕潘孺初袁爽秋兩户部鄧鐵香洪右臣陳雲舫三御史許仙坪樊雲門兩翰林集天甯寺餞鄧獻之還黃岡》。

初二日,李慈銘來函,還前所借《隋書》,又借《新唐書》。

《越縵堂日記》:"作書致爽秋,還《隋書》六冊,借《新唐書》三冊,得復。"

初七日,李善蘭來談,論養氣之法。

《日記》:"李壬叔員外善蘭來,言近服西人鐵汁水,即磺强水也,每服一杯,能養血益氣。予謂此如服五石散,恐金性躁烈,非不壯健,而害亦隨之。無已,不如調息止觀一門之穩實無流弊。壬老不謂嘫也。"

十七日,沈曾植來訪,未晤。

《日記》:"沈子培來,名(恩)〔曾〕植,鼎甫先生維鐈孫。有事未見。"

是月,作文論俄事失機,指樞臣辦理有四誤。

《日記》十一日《論俄事失機》:"丁禹生中丞去年拜疏,言洋務駕馭得宜,則數年內或不至驟有戰事。僕論近日辦理俄事有四大誤:措置乖方,一著輸而全局震動,即所謂駕馭不得宜也。微特駕馭外夷不得其宜,即駕馭中國將帥士大夫亦勸懲未盡條理、操縱未合機宜也。何以言之? 新疆南路惟喀什噶爾一城枕烏蘭烏蘇河,農田肥美,物産憤盈。北路惟伊犁多溝渠水利,向有旗、緑、回、民四種屯田章程。其他則南自吐魯番至庫車,皆所謂風戈壁、樹窩子,不生五穀,積淖難行。北自巴里坤至塔爾巴哈臺亦多戈壁,土廣人稀,皆萬不可設立郡縣之地。乃湘陰奮其私智,欲張大其事業,毅然堅請於朝,朝士亦無據地圖以駁詰者。就其所奏明現在情形而論,迪化大州以下,招漢、回耕墾者,多僅三千户,少止數十户。古今通制,萬户爲令長,今乃欲設齊梁數十百户之邊遠令長,雖甚愚,計不出此。因議設郡縣,而索還伊犁之議遂起,以爲新疆北路之可墾者惟伊犁耳。不知伊城自同治十年五月俄人入踞以來,得之於逆回,非得之於我,且閱今九年,布實已周密,建築已完整,哈薩克、布魯特諸部及各路商民俱已便其政令之簡易,塔勒奇、巴顔岱等六七城堡,向之環峙掎角者,俱已毀撤。其不肯歸我,情也。其權詞歸我,而索厚償,變本加厲,而出於十八條之約,又勢之所必至也。湘陰爲一己之聲名計,獨不爲國家之利害計乎!乾嘉盛時,新疆兵費歲糜三百萬,是時中國不甚空虛,松筠及龔自珍等公私著議,以爲西域當置行省,大開軍屯,以節歲餉,則可;以今日凋敝内匱之情形計之,則不可。爲今之計,惟有督勅張曜、劉錦棠等軍興屯養士,俾得漸減七百萬之歲餉,則可;空設督撫州縣,食税者多於民,實同旅人,而名設長吏以擾之,則大不可。因議設行省而索伊城,因索伊城而開俄釁,一誤也。

"郭嵩燾議外洋有我國商民之處,應設公使、兵船護之;無我國商民之處,則不宜虛設,以節縻費。是文文忠公初議遣使章程,未爲精密,今按郭公言是也。就令遣使,宜如何慎重簡選,必得通達沈忍之員,始足以覘敵情而存國體。乃以屬之曾辦三口通商不效,致津民焚毁教堂,疲頓無耻之崇厚,二誤也。

"子貢曰:'無報人之志而令人疑之,拙也。有報人之意而使人知之,殆也。事未發而先聞,危也。'《易》稱'幾事不密則害成'。劉子揚對魏主言吳可伐,對群僚則言吳不可伐,此兵家要訣也。自道光庚子、咸豐庚申兩役失機以來,或款局粗成,或換約未屆,於斯時也,暫得閒暇休息,正當及時明我政刑,師彼長技。乃中外誳踖,病在晏然,全無報人之志,臥薪蓄艾者誰乎?今則廷議蜩沸,病在闃然,事未發而先聞於鄰國,圍碁折屐者又誰乎?此皆拙謀而坐取危殆之道也。我朝與俄國從未浪開邊釁,仁廟設俄羅斯學隸理藩院。以通邊情,純廟設庫倫辦事大臣以通商情,征之盟之,閉關開市,剛柔互用,以維縶之,仁育義正,大哉柔遠之謨也。俄之國勢,重在波羅的海以西,不重在烏拉大嶺以東,故亦就我羈縻,從不與我構釁。黑龍江以西索倫五千里之地,本非我有,自康熙二十九年定界額里古納河以後,而尼布楚、雅克薩以東之地入我版圖。是時俄國政教粗立,不與我爭地。康熙十五年、二十五年,兩由俄商及荷蘭貢使貽書俄汗。仁廟遠略,外以羈縻俄汗,而內以斷準噶爾逆賊噶爾丹之接濟外援,是俄有大益於我,不與我爭利。乾隆三十六年,俄屬部土爾扈特十餘萬眾畔俄而投我,我納其降,而俄不問,不與我爭民。人有德於我三。即咸、同之間棄黑龍江以西地數千里,乃奕山辦理不善,赫哲、費雅喀諸部落、庫頁一島為俄所開闢經營,繞出吉林興京之背,而我東三省大吏真若罔聞。譬之子弟不肖,而責言強鄰,其誰憚之?而乃不揣國勢,不譴邊臣,聚佻易夸誕之文士,盈廷交閧,未見敵而神王,將見敵而轉怯。大臣不請旨力加申斥痛戒,而耳目為之眩、心志為之奪,倉卒瀕怒,不可終日,如酒人指迹狂詈,比稍醒而知勁敵將至,則又却避嗒然若死灰,向之助閧者亦寂然不振,徒為四裔竊笑,以為仍不脫科目文士窠臼耳。何人才不競至此?總之群議宜陰嗇其平實有條理可用、不張大形勢者採之,而不可盡採,或事急又盡棄之。戰備宜託以防他盜與非常為詞,而趣修之,不可顯喻以因某國而設。謀國者當內定廟算,外靖浮議,乃劫於眾夫叫囂

之論，而自蹈未發先聞之危道，坐使西鄰責言，自貽口實，此三
誤也。

「兩敵相持，先退者情見勢絀，敗之道也。我能御敵，則當
參用敵法以制彼之長。敵苟蔑我，則當純用我法以壯我之氣。
今平日不講求彼國公法，而違訓越權之語，忽用彼法；崇厚之
一掌交，一釋放，又方用我法，而旋屢以彼法，是之謂手足無措。
且彼方以兵臨我，欲城下要盟我，而我遽示怯而釋罪人，將帥因
而寒心，吏士聞之解體。譬如巨室有奴，說盜不從，反挾盜要索，
主人縛而數之，法當如是也。懾於盜言而遽釋有罪之庸奴，彼
狡焉思啓之謀，更撫掌而得之矣。此四誤也。

「以老謀積慮、深習洋務之丁禹生，而策其無戰事；以顛倒
輕重坐失事機之當軸，無戰事而激之蹄之使有戰事。於此欲仍
保全通商之局，太阿在彼，我無與焉，而國勢岌岌矣。善弈者之
於拙弈，下一子而利害相百，可不畏哉，可不察哉。」

九月初七日，李慈銘來談。游琉璃廠，買書數種。

　　《日記》：「蓴老過談。游廠肆，買《元秘史》、《碑版廣例》、
王惕甫《讀史方輿論略》單刻。共三種。」

　　《越縵堂日記》：「傍晚詣爽秋小坐，即赴餘慶堂鐵香之招。」

初十日，至琉璃廠，買《宋元學案》、焦循《孟子正義》。

　　《日記》：「之廠肆，買《宋元學桉》、焦氏《孟子正義》。」

二十五日，至琉璃廠，買《元名臣事略》。

　　《日記》：「游廠肆，買得《元名臣事略》四本，蘇天爵武英殿聚
珍本。喜心翻倒。」

二十七日，詣李慈銘，偕訪陳薵不值，又訪鄧承修談。

　　《越縵堂日記》：「袁爽秋來，偕訪汝翼不值，詣鐵香久談，晡
過敦夫齋頭小坐歸。」

十月初五日，答拜王汝純，於其齋中看前人書帖。

　　《日記》：「答詣王粹夫，於其齋中觀張文端公英行書，秀逸

多姿。張文和書同派，而靜氣遠不及文端。又張碩洲穆行書，極倔強瘦硬之致。據王君言，碩洲多用水筆，嘉道老輩每喜用之，曾文正亦爾也。又玉谿生五律三十首，小真書秀而勁，有字外出力鋒藏棱之意。又廠肆觀棗本《淳化閣帖》、東晉諸帝及王茂宏、謝文靖書、唐太宗書、王大令書。唐太宗最得筆，龍跳虎臥，不虛也。"

十一月初二日，楊昌濬函來，並以《淳化閣帖》見惠。

《日記》："得楊石泉欽使書，並惠《淳化閣帖》。"

初三日，聞許景澄拜使日本之命。

《日記》："竹篔於初一拜使倭之命，予據富鄭公之義例不往賀。"

《清實錄·德宗景皇帝實錄》十一月乙丑朔："賞翰林院編修許景澄侍講升用加二品頂戴，充出使日本國欽差大臣，命前出使大臣何如璋回京。"

初四日，作復楊昌濬函數千言，論守戰之宜。時左宗棠奉詔入都，楊昌濬護理陝甘總督。

《日記》："作隴信，細字盡十二紙，手擘欲脫。友人招飲，不能去。湘陰相侯奏遵旨來京陛見，聞於本月初十日治嚴，石翁拜權督關隴之命。"

公日記中錄有《復幫辦新疆事宜湘鄉楊公書》云："記自癸酉摳衣節次，至今星霜屢變，已閱八年。公則蒼顏元老，某亦馬齒加增，時事波流，迄無甯局，言之慄然。往昔從游，如孫復秀才之於高平范公，不嫌攀附，惟相勖以道義。仕途速化，非所當營，學術藏修，患不精實，媿負平生，非言可罄。昨隴使來此，蒙賜書存問，並拜《淳化閣帖》之惠。軍書旁午之中，乃復遠念不肖，燕隴五千，精誠何極！

"某自戊寅挈家入都，以計曹待闕，散員多暇，得以及時繕治舊業，研究時局。雖龍荒未剪，而彝翟憑陵，此志士發憤之秋，進不欲苟祿於朝，退亦無可懷安之一日。是以深根甯極，誓修身待時，學在不止，以仕代農，没世而已，其他又何所希望非分邪？竊惟君相目前所旰食以圖之者，俄務耳。謀國者未得内治自强之要領，不揣其本而齊其末，望洋生歎，何如退而修舟楫之具？如此而因循寡衍，以求苟安，誠恐將來並無苟安之一日也。程子云：‘道之浩浩，何處下手？惟立誠裁有可居之處。’今則亦可轉下一語，曰洋務之浩浩，何處下手？惟開誠布公，整飭吏事民事、農餉兵屯，先圖自强，以爲不可敗之道，而後有可以自立之處。少康一旅，勾踐五千，可以奮興。楚懷以六千里之地而爲讎人役。葛公《正議》曰：‘萬人必死，橫行天下。’誠欲自强，視乎立國之本，不問地之廣與狹、兵之弱與强也。政清則弱國可强，政濁則强國可弱。處高位之人皆仁知明强，則骫骳積弱之體變而爲鐵漢，隱然大敵，誰敢犯之？處高位之人苟一無仁智明强，則地雖廣，民雖衆，腹心既腐，不足以謀安圖存，手足既腫，不足以同仇敵鏑，眈眈之鄰，皆得伺其隙而蹈之齮之矣。

“大抵今日之敵情國勢，徒擁空名者先敗，張大形勢者次之，綜覈名實者，兵强而力勝。以夷情論之，法志在傳教，騖虚名，故先削弱；英志在通商，爭形便，務厚實，故能與俄挈長比大；日夷蕞爾島國，南北長，東西狹，國債累累，變法以後，税苛政暴，島民積怨。然以其興西學、造兵艘、製器械、通商互市、締交强國，以爲脣輔，善於張大形勢，故爲諸强國之所親昵，懾而不亡，目前得免於瓜哇、暹、緬、安南之覆轍。若夫俄則志在侵地，有地則有人民，有地則有煤礦五金之利、有魚鹽畜牧之利，是其蓄謀更深，而其爲害亦更烈，無愚智皆能知之矣。故俄法與各國法不同，常因其地其民之教治政令，仍其君長，仍其土俗，第征取賦税以足國用而已。國勢偏重歐西，用希臘教、加特力教，近土耳其、克什彌爾、哈薩克，則用回教，近烏梁海蒙古則用喇嘛教，聞東部亦有儒教。善能簡易立法，因俗施教而宜其民，爭地利而務實得，故最爲歐洲之强國。今且西併霍罕，立以爲科干那省等八城，築建納林等礮臺，南距阿富汗，西距喀什噶爾，與我斥堠相望矣；南踰興安嶺、烏梁海，與我庫倫擊柝相聞；東則薦食尼布楚城以東五六千里之地。烏蘇里河、興凱湖以東，混同江、嫩江以北，從前貢貂部落，大鹿魚皮皆折而入膻腥之域。齊齊哈爾將軍治所，隔江相望，皆犬羊牙帳也。吉林山後淘金匪徒，甘心輸稅於彼。自琿春迤東北至哥薩部落，彼設陸路額兵四萬五千，納我逋逃，涎我金穴，侵我采蔍打牲部落，駸駸狙伺我松花江上游伯都訥腹地，非一朝夕之故矣。而我東三省大吏，猶在夢夢憒憒之中，廢駟站，弛武備，奢洸驕侈，政以賄成，無法度，無禮義，不恤敵人齒冷，甘受訕侮，龍興之地，腹敗枝披。凡我國爲彼所侵噬之地，東際海，南溯松花江，東三省形勢如在甕中，燼炭四圍，將歸糜爛，多壘之辱，疇任之歟？

"然而盛衰之運，天地鬼神有時不能易，而卒能轉移之者，人爲之也。强弱之故，視乎政之所積，而一旦能整飭規模維新氣象者，亦人爲之也。俄地雖大，中分十四藩部、五十一省，鞭長莫及。錢糧出於捐稅三之二，每年國計入銀五千四百五十八萬六千餘磅，每磅約銀三兩三錢。出銀六千一百八十萬九千餘磅，然則歲入不夐歲出者常七百餘萬，而大兵大役之費不與焉。外債民債，積累如山，償息不支，至造爲紙羅般以濟其匱乏，如中國鈔幣然。其國計之窮，而强自張大形勢以示有餘，槩可想見。兵雖强，地雖侈，連年動衆，平機窒，憚土耳，其結愛烏罕，似有長駕遠蹠之勢矣。然而其政未能盡綜覈名實以循其本，外不戢暴兵，內不靖亂民，上不張仁綱，下不除苛稅，則固大有可乘之隙也。

"竊以爲爲今之計，伊犁不足索，霍罕不足取，烏蘇里河以東、混同以北之侵地不足反，屯紮長崎、海參崴之兵艘礮艦不足懼，議和、議戰空言廷閧之局不足躊躇。第求返顧省寺之間，講明利病之所在，默省政令之所自出。果能抉去我疣癉，澡濯我腹心,戒敕我股肱,聯絡我指臂,以求培養我血哌,如是則國家人人皆敵愾同仇,處處皆金城鐵室矣,於敵國外患乎何有?

"夫所謂疣癃者何也?在上者不敢僭言,請言其在下者。官多則十羊九牧而擾民,一害也;吏多例繁則掣官之肘而救過不暇,遑言圖功?察弊不暇,遑言興利?二害也;自道光庚子塞漏厄之議興,而至今未塞。今律禁官士兵三等人吸食洋藥,而甘遺吾民以毒酖,使四境無力田之農、無務本之商。議者或欲重征之,以爲不禁禁之之法,迄無成議,三害也;自湘淮軍之名立,而餉目紛繁,無專指一省之的餉,移緩救急,截束補西。各省入出款項,名目猥多,易眩難稽,莫能鉤覈。邊省釐金,有延至二十餘年無報銷清册者。不若立一簡捷之法,各省關除臚陳本省用款外,釐定畫一章程,使某省專供海防淮軍、某省專供西征、某省專供固本京餉。機器局可併者併之。各國有我國商民之埠,立公使,撥兵輪船保護,抽釐養公使及弁兵,以節糜費。無我國商民之區則撤之。洋稅外留六成,用項年清年報,一切支銷,皆立有一定款目,使入出整齊。如是則十年以後,國計劑盈酌虛,搜剔耗蠹,可以預定。否則欠餉累累,大農智索,而究不知何省尚有餘力,何省實在虧空,題銷駁詰,吏緣爲奸,一遇變故,度支仰屋以爲無法,有兵無餉,譁潰立見,四害也。害之積於下者如此,而況涣汗出納之際,堂陛宣揚之間,壅閼不明,禍機所伏,依類而推得之矣。

"腹心,内臺也。股肱,外臺也。其位任得宜之故,非卑賤所敢妄議也。聯指臂之義有三,大臣於百職不宜隔膜,宜察其人之才否,考其業之勤偷,覈其事之辦廢,以時上下其糈而獎黜之,使智勇奮而耳目新,是聯大小臣工之指臂也。軍興以來,旗、綠無寸效,今湘淮軍制,優於旗、綠,何妨變通舊制領餉,採取湘淮營制,以舊日兩兵之餉養一兵,而使羸師皆練成勁旅哉,是聯中外將吏之指臂也。食爲民天,水爲穀母,自不肖州縣吏不講農田水利、溝閘蓄洩之法,旱潦無備,北五省奇荒,元氣未復,天下騷然。誠使講求農田水利如憲廟、純廟任用怡賢親王、朱文端、陳文恭時,歲不饑,民復業,民力有餘,國力自無不足,而後可與議武備矣,是聯臣民一體之指臂也。血衇者,精神所聚會,一氣流通則生理強,三焦隔閡則恒幹萎。賢才者,國家之精神;食貨者,度支之精神;禁令者,内省外臺之精神。必使在位者有勤能、無尸素,度支者有盈無絀,禁令有疏通、無凝滯,而後精神淵著,事業光昌,漸有振興氣象。否則索索無氣,袒臂之夫皆得而侮之矣。此所謂綜覈名實,以致内治自強之説,其目則未畢陳也。

"今之議者,動謂師夷長技以制夷,必購鉎甲船,買克鹿卜礮、來福槍,而後可議戰守。夫師之誠是也,其器不利,以卒予敵,兵法言之矣。然苟循其本,則在人而不在器,在内治,不在外之張大形勢。且其長技所以致富且強者,亦不止此。得半而失半,是仍以勝算予敵矣。然則師夷長技一語,毋亦誤解邵陽魏氏之説,而未達其深意也乎!不必遠引前代也,即以夷之往事論,拿破崙火器非不精,何以見摧於俄之比達王?英威廉汗之兵舶非不利,何以見困於美之華盛頓?近普法戰事,大略亦可睹矣。在人不在器,在内治,不在外之張大形勢,其明效大驗然也。若夫地勢形便之説,則亦不可不知。燕、齊、吳、越、閩、廣瀕海之土,用師角逐,多所牽掣顧忌,旰食之秋,必無甯宇。至於晉、秦、隴、蜀,去海極遠,根本之地,並非滇省已成英國通商之局者比。倘能勞徠生聚,經營墾闢,披艸萊、斬荊棘,數年以後,國家大利賴存焉。蕭鄭侯無形之功,我公其有意乎?此則深識遠慮之士所注意經營,而老成謀國者所當預籌度之,不可忽也。且獨不見咸豐十年冬,密敕將巡關中之已事乎?

"至於近日海疆情形,不敢具陳目論,恐蹈位卑言高之罪。且不當其位而言之,亦無益時局,而徒危身招謗。以某之愚,所

不敢出此,故擇言其大略,而不復論其節目也。京師交游雖多,
然浮華結習,多不足與語大計。顧辱執事旰睞以來,十有餘年,
相知不可謂不深,見禮不可謂不厚,謹略抒管肊,以貢採擇。

　　"相侯入朝,未審何日可達? 國人望之,有踰望歲。關內處
分,一以付公,想廟謨倚賴,益崇遠業。此東隅多事之秋,而亦
西陲大有爲之會也,惟執事實熟察之。"

初八日,删改詩集。

　　《日記》:"删改《駢枝集》,欲仿《元次山集》例補作網罟佃
漁等歌,以寄我黄農虞夏之思。如舊日欲作《飴牛歌》,謂牛歌
起於葛讀若蓋。天氏操牛尾而歌,亦可坿入。"

十六日,温紹棠爲代購《東華續録》,張華奎爲代購《通鑒目録》等
書籍。

　　《日記》:"柊華爲代購《東華續録》一百二十卷,親自送來,
媿無一鴟之報,以雞毛筆、《范式碑》並陰、六一居士畫像石拓
遺之。張靄卿爲代致《通鑑目録》,又劉道原《外紀》、錢竹汀《補
元史萟文志》、《氏族表》、《陸宣公集》等七八種,今夕何夕,驟
添佳客數輩,欣然無已。"

二十四日,以觀政期屆滿,遞呈户部堂官景廉、董恂並郎中奎順。

　　《日記》:"是日以觀政將次報滿,遞呈見景、董、奎三堂上
官。"

十二月初七日,奏留户部,入署投牒,十五日驗放。

　　《日記》:"試職三年期滿,合奏留矣,入署投牒。"十五日:
"循例謚放,辰刻歸。"

十四日,往訪龍繼棟,觀其所藏碑帖。

　　《日記》:"之松岑齋中,觀吳越武肅王投龍簡何貞老詩極佳。
及錢宏俶金塗塔文拓本。竹垞老人有跋。"

二十五日,以新作《宅中竹》詩呈政李慈銘。

　　《越縵堂日記》:"袁爽秋以新作詠宅中竹七古一章送

閱。……夜作書復爽秋。"

《漸西村人初集》詩九有此詩。

二十六日,龍繼棟贈以《爨寶子碑》拓本。

《日記》:"槐老以《爨寶子碑》拓本見詒。"

編年詩:《張芝浦丈出爲陝安兵備作詩送之》、《題薛十九神山訪碑圖》、《詠齋前竹》、《偶然作》、《幽棲》、《集槐廬齋中作山谷道人生日》、《偶題》(高密未遇時)、《與老飴談北譙舊事詩》、《贈薛十九五首》、《夜》、《愁臥一首》、《送鄧獻之歸黃岡》、《獻之次均枉答姪其鄉竹田魚蕩之勝所居去寒溪西山隔衣帶水耳欣然會心遂復和之》、《碣石行次前韻》、《壽桑大寇》、《棒喝語》、《夜集》、《戒壇松》、《送汪仲伊作令山西即題其所箸書卷尾》、《題仲伊後緹縈傳奇》、《哭董策三戶曹》、《欲歸三十均》、《送辛楣郡倅南游四絕》、《燭栗示女》、《九日城西登高》、《又至畏吾村茶陵李文正公墓》、《雜言》、《槐》、《後寰海二十首》、《潘孺老著新帽曉行隘巷間爲人攫去戲賦新詩將以獻嘲》、《買菊》、《題瀨上舟》、《丁氏》、《答和譚全椒》、《懷鄭令君》(時從軍渝關)、《掾曹》、《客坐》、《腐儒》、《街東》、《閑中》、《巷南》、《聞亮生不作亶州之游》、《少宰仁和夏公挽詩二首》、《地用莫如馬三首》、《孺老嘲予曰不如逐伴歸山去長嘯一聲煙霧深云云戲答一絕》、《宅中竹》、《朝市》。

編年文:《致李慈銘書》(拜賜餅凡十數枚)、《曾母孫宜人壽叙》、《墨合銘》(爲吳農山)、《重脩嚴州郡館啓》、《復朱竹石觀督書》(入夏漸溽)、《致李慈銘書》(積潦閉關)、《致譚獻書》(二月十七日曾奉一楯)、《淩曉五丈六十壽叙》、《秣陵小西湖薛廬記》、《扶木頌爲大司寇大興桑公作》、《游南池北沜記》、《汪仲伊所箸書叙》、《論俄事失機》、《謝吳太僕》(蒙惠各書,甚蒙啓藥)、《復洪文卿學士》(江右使來)、《桐廬芳郭袁氏譜叙》、《梓里詩存叙》、《致薛時雨書》(昨未刻奉讀手諭)、《與外姑書》(俄事或和或戰)、《丁秀才壙銘》、《潘達字伯仁説》、《復幫辦新疆事宜湘鄉楊公書》(記自癸酉摳衣節次）、《顧府君家傳》、《邊海鏡筌序》。

【時事】曾紀澤任出使俄國大臣，交涉改約。中國電報總局成立。《中美續修條約》簽訂。

柳興宗卒。沈桂芬卒。董對廷卒。

光緒七年辛巳（1881），三十六歲

正月十二日，偕李慈銘游琉璃廠。

《日記》："偕蓴老游廠甸，見《皇朝經籍志》二册，計六卷，三長物齋刻，索直六千，詶以五千不售，暝歸。"

《越縵堂日記》："袁爽秋來，午後偕游廠市，自廠甸至火神廟，攤場不多，人物寥落，一無所得。惟以錢四千買得太平戚學標《鶴泉文鈔續集》而已。戚氏博學好辯，而無家法，文不能工，間坿考證亦多肊決不近理。晚歸。"

十四日，作函致李慈銘，爲公餞許景澄事。

《越縵堂日記》："得爽秋書，爲公餞竹篔事，即復。"

十八日，潘存、曾培祺來訪，曾氏新自瀋陽來，談中俄邊界情形。

《日記》："孺老來，曾與九來。與九新自瀋陽來，言中俄交界地方尚屬安静，惟防兵驟添，百物騰貴，商旅觀望，有銀錢兩荒之病。蓋東省錢少，全資晉商爲挹注，西估居奇，故本地商人不敷周轉也。"

二十四日，與李慈銘、潘存、朱一新招餞許景澄於聚寶堂，許景澄以新喪子未至。

《日記》："蓴老、孺老、鼎父暨予祖餞竹篔星使銜命東征，星使以新喪殤子之痛不至，二更散，布路而歸。"

《越縵堂日記》："黄昏至聚寶堂赴爽秋、蓉生之飲，招霞芬、玉仙，夜二更歸。"

案：《越縵堂日記》二月初二日："昨聞竹篔又喪一女，作書

慰之。……得竹簀書,言是夕幼子又殤,十日之間,連喪三子,
可慘之甚。"又高樹《許文肅公年譜》云許景澄"子嗣仲、維源、
維品、維良,皆早殤。"

三十日,鄧鐵香來,談左宗棠陛見事。時左氏奉命入直軍機兼總
理衙門大臣,並管理兵部事務。公以爲樞臣不宜兼領外交,否則
日與各國使臣周旋,不足以養其威重。

《日記》:"是日相侯湘陰左公奉命入直樞廷,並在總署行
走,管理兵部事務。……鄧侍御來談,云湘陰初召對日,東聖詢
諭時局,不覺慟哭,備言主少國危,倚仗中外大臣戮力同心之
故。退而路過醇邸,王下馬相見,勞問久之,語以:'公入朝,峨
人聞而釋兵就款,威望甚好。'湘陰答云:'此虛聲,非實事也,
不敢當。'朝士或傳言湘陰入參機務之命甫下,旱滋久矣,而得
大雪,歸美於公。夫子産立朝之日甚淺,而得籍手於族悍言哤
區區之鄭者,以有子皮爲之左右也。故傳曰:'虎帥以聽,誰敢
犯子。'使相侯明於治國如子産,而賢王爲之棟桷如子皮,而後
詘群策,以及乎群力,不亦善虖!湘陰次日謝恩不及總署,聞婘辭此席,
審爾則所見甚卓。樞、譯聯爲一氣,乃自郭筠仙條陳始。使夷使屢與大臣接見,
既不足以養威重,又彼此封駁,互利之法全廢,不足以交相稽察。故合樞譯兩署
爲一,乃杜絕人言,援清入濁之術,其立法之意至不善也。使稍欲立異者,亦拖泥
帶水,誰之咎乎?樞密唐以宦者爲之,宋始爲重職,不聞其兼鴻臚、行人、典屬之
職。且英、俄各國成法,外部自外部,政府自政府,亦嚴定限制。奈何中夏立法,
轉不如彼氊裘之長乎?湘陰如能始終堅持,亦尊國體之一端也。第恐爲衆咻所
牽制搖動,難以堅執耳。二月初九湘陰總署到任,前語訛也。"

《清實錄·德宗景皇帝實錄》正月壬辰:"命大學士左宗棠管
理兵部事務,在軍機大臣上行走,並在總理各國事務衙門行走。"

二月初一日,鄧承修招飲,李慈銘、潘存在座。

《日記》:"鐵老招同蓴翁、孺翁小集。"

《越縵堂日記》:"傍晚孺初、鐵香來,邀同爽秋夜飲宴賓齋,

暢談至燭再見跋，二更後歸。"

初三日，訪朱一新、黃雲湄。詣許景澄談，許氏爲言日本駐華公使
宍户璣以琉球和議難成，已下旗歸國。

《日記》："出門看鼎父及黃徵君雲湄，還過鄒侍講談，共晚
飯訖歸。鄒君言倭使宍户璣以球事翻案，下旗歸國。威妥瑪從
中調處，不爲之止。劉省三已奉旨准其回籍調理，俟病痊時再
行來京聽候簡用。"

總理各國事務衙門《奏日本使臣宍户璣回國摺》云："光
緒六年九月二十五日，臣衙門具奏'與日本使臣宍户璣擬結
球案'一摺，欽奉上諭'前據總理各國事務衙門奏擬結琉球一
案各摺片，著交南北洋大臣等妥議具奏。俟覆奏到日，再降
諭旨'等因，欽此。當即恭録照會日本使臣宍户璣去後。旋
即照覆：'已抄録咨報本國。'嗣又屢次來署催詢，臣等語以俟
南北洋各處覆奏到齊，奉旨之後即行知照。近又接其先後照
會四件，大致謂此事遲擱不定，無復期於必成；並以爲中國自
棄前議，今後琉球一案理當永遠無復異議等語。均經臣等據
禮答復。本月十二日，接其照會稱：'奉咨回國，飭其參贊田
邊太一暫署使臣。'又函稱球案不敢使他人代理各等語。察
其詞氣，頗有悻悻之意。其究竟因何出京及是否别有意見，
殊不可知。臣等亦未便强爲挽留。兹已於二十一日由陸路出
京矣。"

初八日，在友人齋中觀日人所繪中國、朝鮮、日本地圖。

《日記》："在一友人處見倭人所繪支那、梵言中國。朝鮮、日
本合圖一，日本全境圖一，其於東三省、蒙古地名多舛誤。惟日
本迤北有一洲甚長，名樺太洲，直接墨令海峽，與庫頁島相對，
爲各圖所無。此洲在冷帶之南，赤道之北，大約物產必不甚多。琉球三部
三十二島，王尚氏，係明永樂中賜姓。中部沖繩島及北部稍殷
阜，若南島、宮古山、一名太平山。八重山，廣袤率不越五十里，居

民三百户,約七百餘口,原設土官名宰番,以筆者職一人若筆帖式然。典文字。吏民皆無屋宇,蘆蓋繩户,甚畏海風。惟啖番薯蕷,土人名地瓜。間有小米,即爲貴品。大約去臺灣後山不遠矣。"

十三日,赴潘存招飲,李慈銘、張楷、鮑臨在座。

《日記》:"夜孺老招同尊翁、仲木、敦夫小集。仲木張中允楷,蕲水人,鐵翁之所取友。"

《越縵堂日記》:"孺初來,爽秋來。傍晚孺初邀同敦夫、爽秋及張侍講楷飲宴賓齋,談至二更歸。"

十五日,張華奎來,以魏源《道光夷艘議款記》底稿相示。

《日記》:"張靄卿農部來,手持魏舍人《道光夷艘議款記》底稿一册相示,此欲纂入《聖武記》而未刊者。"

十七日,丙子同榜公讌座主桑春榮、董恂。

《日記》:"丙子同榜公讌座主桑、董兩尚書,設百戲,久坐甚疲倦。乙夜攜女枸略觀,乘月而歸。"

二十三日,鄧承修來談,論及劉錫鴻前陳鐵路不宜興建奏疏,謂能洞悉中西利病。又論奏疏體裁,條陳與彈章有別,當各有所側重。時劉錫鴻以參劾李鴻章不實,交部議處。

《日記》:"鐵翁來談,述鎦參議前陳鐵路疏有七忌之説,於中西利病言之甚詳。又論奏疏體裁,條陳與彈章不同,條陳可以獨抒己見,祇説一面話,彈章則立言緩急輕重,各有所宜,國法人情,須面面都到,或似寬而實緊,或欲抑而先揚,至於中肯語不在多。語曰:'二刃不斷,四刃不入。'自古惟操寸鐵乃能殺人耳,此立言之難也。又凡陳言視其人所處之位何等,位卑者不妨忼慨激昂,位高者則須寓嚴正之氣於和厚之中方合。鐵翁又言,自處必當廉介寡欲,不營一私,然後以正治心,以直養氣,養之既久,遇事發言,自能一言當百,卻旋即沖静收斂以養之,一味渾含,絲豪不露。知此方與壯頄夬愪,自蹈危機者,迥乎不同。"

案：劉錫鴻雖曾任出洋使臣，然思想頗爲守舊，其論鐵路諸條，如破壞風水，驚擾山川神靈等，率多荒謬之説。然劉錫鴻動輒以曾經出洋，洞悉東西方情形自居，故在保守派中，其言論影響頗大。

二十六日，夜赴李慈銘招飲，潘存、鄧承修、朱逌然在座。

《日記》："夜蒪老招同鐵、孺兩公、肯夫學士小集。"

《越縵堂日記》："夜詣豐樓，以是日約孺初、鐵香、肯夫、爽秋飲也。諸君已先至，暢談至二更後歸。"

三月初三日，聞許景澄丁外艱。

《日記》："聞竹篔丁外艱。"

《越縵堂日記》初五日："前日聞竹篔行抵上海，已丁父憂。"

許景澄《致郭筠仙侍郎》："景澄以辛巳春孟，奉使日本，會遘嚴諱，未及東渡。"

案：許景澄奉使日本，甫抵上海，即接父喪之訊。出使日本大臣改由黎庶昌接任。高樹《許文肅公年譜》謂其丁父憂在本年正月，不確。

初五日，聞樊增祥丁外艱，走詣圓通觀唁之，並書挽聯。

《日記》："樊雲門丁外艱。……挽樊鑑庭年丈：'身是故將軍，溯鐫銘五管，晚遇數奇，客土危根，老公奇氣；丈以蔭任，歷官廣西、湖南鎮協，緣事落職，晚僑宜昌，貧不得歸。望深克家子，歎甫得一名，遽摧風木，零丁歧路，觸我悲懷。'謂予少丁大故，年未成立，酸辛荼毒，有甚雲門。"

《越縵堂日記》："下午走唁雲門於圓通觀，晤肯夫、爽秋、黄再同、潘伯馴及張之洞，晚歸。"

案：樊增祥之父樊燮，字鑑庭，嘗任永州鎮總兵，並短期署理湖南提督。時左宗棠任湖南巡撫駱秉章幕僚，與樊有隙，互相控告，咸豐帝著錢寶琛、官文等查辦其事。曾國藩、胡林翼、潘祖蔭、肅順等皆袒左宗棠，樊燮遂遭嚴議落職。

初六日，仍詣樊增祥，李慈銘、鮑臨亦至。

《越縵堂日記》："傍晚偕敦夫走視雲門，晤爽秋，夜歸。"

初七日，聞劉熙載卒訊，驚疑莫定，後得確耗，爲撰祭文。

《日記》："或訛言融齋師化去，驚痛，當屬書南友問之。廖直群、王粹甫皆及師門，鹿畦則有執摯之意而未遂，擬同爲位於野寺以祭。記師曾住長椿寺側，即於此寺可也。"

公日記五月中録有《祭劉中允文》，並作《劉中允傳》。

俞樾《春在堂雜文》四編卷三《左春坊左中允劉君墓碑》："君自上海以疾歸，微語諸子曰：'如我死，則志墓之文以屬德清俞樾。'君卒，諸子以狀告於樾。樾亦病，因循未作，而君已葬矣，埋幽無及焉。乃爲譜其系，叙其出處，述其行誼與其學術，紀其生卒，因及其所生而係以銘。……其生卒曰：君生於嘉慶十八年正月癸巳，卒於光緒七年二月乙未，年六十有九。"

《清實録·德宗景皇帝實録》七月癸卯："准故詹事府左春坊左中允劉熙載學行事蹟，宣付國史館，列入《儒林傳》。從江蘇巡撫衛榮光請也。"

初十日，詣李慈銘談。

《日記》："詣蓴老，蓴老言梨洲、亭林、潛邱、慎修、松厓、竹汀六公有功經學，宜祀澤宮。曾文正嘗言王石渠宜從祀，皆國朝大儒也。又論望溪爲文誼法，望溪譏吳越間遺老無一雅潔者，誠然誠然。王子雍有三反，徐仲車有二反，釋道潛有五反，生性之不同如此。今蓴老動輒經旬不出門，而於世事，雖新且密，無不周知，是得徐仲車先生之一反矣。"

《越縵堂日記》："爽秋來談竟日。"

十一日，聞慈安皇太后崩逝。

《日記》："驚聞昨日戌刻，大行慈安皇太后仙馭上賓。天步艱難，國家多故，焦勞聖慮，遽掩玄堂，晝翣無輝，宮車晏出。兩朝斡運，扶琁極於委裘；廿祀恩勤，奠丕基於訪落。任姒興姬，麗重輪而半晦；邰娥配帝，韜一鑑以潛淪。角貒裁馴，麒麟俄鬥。厭東朝之仙仗，慘淡因山；陳便殿之容衣，神明配地。哀風振乎閶闔，蒙氣軒於旋機。彌天頌德，厚軸偏傾；率土銜悲，高穹曷極。珠襦服大，瞻武帳以何從；漆室忱微，蹋麻輀而更痛。是時連日大風，沙霾黔晦，日轂冥濛，陽景罕曜。”

《翁同龢日記》初十日：“夜眠不安，子初忽聞呼門，蘇拉李明柱、王定祥送信，云聞東聖上賓。急起檢點衣服，查閲舊案，倉猝中悲與驚併。”十一日：“待至丑正三刻開乾清門，急入，到奏事處，則昨日五方皆在……酉刻一方云六脈將脱，藥不能下，戌刻仙逝云云。”

十二日，往視樊增祥於圓通觀，至晚李慈銘、鮑臨、張之洞亦至。以樊增祥將於明日離京也。

《越縵堂日記》：“夜月出後，偕敦夫詣圓通觀視雲門，以雲門明早即行也。爽秋亦在，而張之洞復來，避之歸。”

十五日，潘存來訪，同往詣李慈銘，作竟日談。

《日記》：“孺翁來談久之，同往看蓴老。”

《越縵堂日記》：“孺初來，爽秋來，暢談至晚去。”

十七日，偕朱壽熊赴慈甯宮外隨班行禮。

《日記》：“偕蘭階駕部天未明入城，恭赴慈甯宮門外沙墀下隨班行禮。早奠辰正一刻，中奠午初，晚奠申正三刻。詣曹，暮歸。”

十九日，嚴玉森邀游崇效寺。

《日記》：“嚴居士邀游崇效寺，觀國初智樸和上青松紅杏行看子，有漁洋題詩，竹垞、初白題字，後有磐陀老人及吳蘭雪嵩梁題詩，名人加墨甚多。座客或言蘭雪後官貴州黔西州知州，卒之日，孝達座主即於是日生於遵義旅廡，或述座主蘭雪後身，頗記前事。殆好事者所説，牽連記之。寺一名棗花寺，棗花殆取晏子對景公語。有北藏三乘經律。有大楸樹二，腹中積土塊然，蟻穴其内。有棠梨、丁香、梨花，墮地如珠璣。海棠則蓓蕾,須旬日乃開。桂未谷、周書倉皆曾卜居於此。還憩居士廎,敬觀世宗御選《宗門語録》,計十二册,自達摩至惠能六祖,下逮蓮池法語,全行摘録。後有御製《圓明居士語録》一册、《當今法會》一册,抽閲内選寒山、拾得、豐干三集及黄檗心印。暮歸。"

二十六日,慈安皇太后梓宫奉移觀德殿,是日往謁,隨班行禮。

　　《日記》:"昧旦恭詣景山左門觀德殿隨班行禮,巳刻歸廎。"

　　《翁同龢日記》二十日:"是日卯刻梓宫奉移觀德殿。"

二十七日,過陳壽談,與論閩海學派。

　　《日記》:"過汝翼,談閩海學派,自黄忠端而後,李文貞、蔡文勤、雷翠庭、孟瓶庵,皆犖犖大者。陳恭甫壽祺《左海文集》、《尚書大傳疏證》、《駁五經異誼疏證》。及子喬樅,則爲故訓之學。陳頌南則以直言鳴。劾奕山、奕經、琦善疏。黄莘田任,箸《秋江集》。及近人林穎叔、謝枚如,則以能詩鳴。"

二十八日,往晤李慈銘談,趙銘在座。

　　《日記》:"蕘老約游慈仁寺,往晤,桐孫太守在座,叙談良久,不果游。"

　　《越縵堂日記》:"爽秋來。……是日小極,游事復阻。"

四月初四日,三子松喬生。

　　《日記》:"第三男松喬生。古者三月咳名,改爲三日,亦猶嘉禮廟見本三月,後以日易月,其可從乎!"

初八日,看除目,韋業祥出爲河間守,朱逌然新授四川學政,公爲作贈行詩、序。

　　《日記》:"是日見勅目,韋伯嗛出守河間,朱肯夫學士拜畀蜀學之命。"

　　《漸西村人初集》詩十有《送韋伯嗛出守河間》。

　　二〇一九年西泠拍賣會有公手稿《送餘姚朱學士肯夫先生督學蜀中叙》。

十一日，過李慈銘，鮑臨亦至，李宅庭中藤花盛開，坐其下談久之。

《日記》："過蓴老，其階前藤花開甚爛漫，露坐其下談久之始歸。"

《越縵堂日記》："敦夫來，爽秋來，傍晚偕兩君坐藤花下吃藤花糕及瀹麵。"

十二日，李善蘭來，言涿州人李若昌有燒金之法，能鍊黄銅爲白金。

《日記》："李壬叔丈枉存，言涿州李小泉若昌因讀《參同》、《悟真》而悟燒金之法，能鍊黄銅十二斤爲白金十斤。然李君頗蕭然物外，不輕試其術，清苦食淡，稍有餘則以施道路之廢疾貧者，棄其所得粤東某縣令，獨來日下，閉户窮居，殆知道者邪！住梯紫術術，又善作竹木水石。昔元太祖西征，伐回教五十國，時度支不給，延邱長春真人鍊金以濟軍餉。安得如耶律文正當國，能用斯人邪！壬翁仍日飲鐵水，顔如柔童，云鐵最能養血，用三保蟲之血鍊之，能造洋槍一桿。翁所言蓋泰西化學也。"

十五日，晚邀李慈銘、潘存、鄧承修、鮑臨同飲便宜坊。

《日記》："夕蓴翁、孺老、鐵香、敦夫會食。"

《越縵堂日記》："今日藤花極盛，香滿庭中，坐其下讀書。爽秋來，孺初來，同坐花下久談。傍晚爽秋邀同孺初、敦夫、鐵香飲便宜坊，吃燒鳧，夜一更後歸。"

二十三日，鄭襄自渝關來京，往訪之，頗感慨其遭遇。

《日記》："晚飾訖，命車過訪湛老。湛老以盜課爲文法吏所持，失江南萬家縣，鬱鬱不自得。從軍渤碣間，冀一伸其無俚不平之氣，旋值諸軍解甲撤防，抱奇筴無所發抒，千里走日下。出其医中詩，猶戢戢如束笋，其蘊畜於中者何如哉！三更歸，雨霑衣，空齋燭跋，目眚病，淚交頤也。"

五月初二日,鄭襄、嚴玉森來訪。鄭氏爲評公所作詩,謂密麗多而少疏宕之氣。

　　《日記》:"湛侯、鹿溪見過。湛侯評《劍昤集》,謂密麗多而少疏宕之氣,真説着病痛。姝。湛翁又述《太平廣記》有云:'山鬼伎倆有限,老僧不見不聞。'此二語可爲處流俗毀譽之法,甚有理趣。"

初三日,松喬生彌月,李慈銘饋食物。

　　《日記》:"越縵老人猥以添丁彌月,損餉餅酒、筆櫻,函謝。"

　　《越縵堂日記》:"作書致爽秋,饋其第三郎彌月酒麵筆梭,得復。再作書致爽秋,得復。"

初九日,全慶命作《重宴鹿鳴圖》詩叙。

　　《日記》:"筱汀相國以圖命題。"

　　《漸西村人外集》有《全小汀相國重宴鹿鳴詩叙》。

十五日,過李慈銘,偕訪鮑臨、朱逌然。

　　《日記》:"過尊老,相約過敦夫、晤肯翁,暮歸。"

　　《越縵堂日記》:"爽秋來,偕過敦夫談。"

十七日,鄭襄來,與同游慈仁寺,禮顧亭林祠。

　　《日記》:"欲作高、劉、鍾三先生狀,並仿昌黎《季漢三賢贊》繫以贊三首。未把筆而湛侯至,共飣訖,命車游慈仁寺,參禮顧祠,還布路各別。"

二十五日,丁丙函來,述武康、安吉民亂事。

　　《日記》:"得松生徵君訊,兼述武康、安吉山越竊發事。聞浙帥督州縣清賦甚急,每年京漕驟增十萬石,此踵菏澤故智,恐不免有抑勒下户强荒作熟之弊,民間生計益騷然矣。"

六月初一日,李慈銘、鮑臨來訪。晚鮑臨邀飲聚寶堂,筵散後,李慈銘又邀飲霞芬家。

　　《日記》:"暮尊老、敦夫枉談。敦夫招夜集,尊老又邀至一伶官家參米汁禪。時斗轉參橫,予方目瞑意倦,顧眎尊老猶婆娑甚樂也。歸時雞初鳴,彗星見。"

《越縵堂日記》:"敦夫來,偕詣袁爽秋,傍晚敦夫邀同爽秋飲聚寶堂,招霞芬。夜二鼓時,余邀飲霞芬家,四更後歸。"

初二日,作函致李慈銘,以所鈔《夷舶入寇記》上下篇及《庚申北略》借閱。

《越縵堂日記》:"得爽秋書,以近所鈔得《夷舶入寇記》上下篇及《庚申北略》借閱,即復。《夷舶入寇記》傳是魏默深作,即《聖武記》目録所載之《道光征撫夷艘記》。或又云張亨父作。觀其文筆殊沓拖,不及前記之叙次簡老,惟上下篇之論皆似默深所爲。上篇之論,頗引《春秋》公羊義,亦默深家法。然其文過長,無廉悍橫峭之勢,或出亨父手也。《庚申北略》不知何人所作,記咸豐庚申英夷入京師事,文拙俗而簡率,其事亦頗不覈,如云八月初八日閉城後米蔬皆不得入,二十九日夷酋巴雅里於安定門樓駕礮内向,居民盡爲灰燼,皆絶無其事。余時在都,知之最真耳。"

是日何如謹來,新自烏魯木齊入都者,爲述陶模、施補華消息,並談新疆回漢情形。

《日記》:"何厚卿大令自烏魯木齊來,詢知子方、均父消息。何言新疆北路承平日漢民户口三百數十萬,五倍於回民。自漢回交鬨以後,漢民被屠甚慘,今止有五萬餘,且大半係湖南北人招往開墾者。而回民猶十餘萬,仇猜未泯,將來恐終不相安也。左、劉各軍皆湘勇,招墾多湖南人。金順所部多鄂勇,招墾多湖北人。"

案:何如謹,字厚卿,廣西灌陽人。同治六年(1867)舉人,以知縣分發烏魯木齊差遣,署綏來縣事。後歷任福建壽甯、福清、長樂、莆田、臺灣恒春知縣。著有《西域磨盾草》《東歸草》、《于役賸草》等。

初七日,詣李慈銘談,李氏爲論宋學得失及國朝古文。

　　《日記》:"詣蓴老請教,蓴老論宋學得失極其平允,又言學必歸於怡然自得於心,方筭爲己,予深喜得聞善言也。又言國朝古文當推魏叔子勺庭、方靈皋、惲子居三家。又於北宋推重涑水及劉道原,南宋推沈溪及王深甯、李心傳,極爲有見。"

　　《越縵堂日記》:"爽秋來談。"

初八日,朱一新來,邀同往詣李慈銘。

　　《日記》:"鼎父來,邀同往看蓴老。"

　　《越縵堂日記》:"朱蓉生來,爽秋來。"

初十日,以新作藤花盛開詩呈政李慈銘。

　　《越縵堂日記》:"得爽秋書,以夏初坐余寓齋藤花下五言古詩一首見詒,詩淵雅有古澤。即作復,且還其近文一册。再得爽秋書,即復。"

　　《漸西村人初集》詩十有《李蓴老家藤花盛開》。

十八日,朱一新來,與其商榷删改舊詩事。又偕訪李慈銘。

　　《日記》:"鼎父過談,與之商榷改舊詩。君言凡文事入手須專意臨撫,惟恐不似古人;及成體以後,須擺落窠臼,自成氣格,惟恐不自己出。此參用劉文清、翁覃溪論書之法。又同訪越縵老。"

　　《越縵堂日記》:"晡後蓉生又偕爽秋來,留之小食,談至晚去。"

二十日,至張華奎齋中看其所藏錢泳重雕《熹平石經》、王芑孫《蕭寺讀書圖》。

　　《日記》:"至藹青齋中觀錢梅溪泳重瑂熹平石經六紙,較黃小松易小蓬萊閣刻尤有精采,寓和平於峻整之中,塙是中郎隸勢,乃知傅青主所摹《郭有道碑》,狂禪耳。又觀王惕甫芑孫《蕭寺讀書圖》,有記文甚佳,真不染乾嘉士人習氣,與所作《洴澼百金方叙》袁宮桂著,自隱其名曰惠麓酒民。立論如出一轍,洵豪傑之士也。"

二十八日，至温紹棠宅，始晤王先謙。

　　《日記》：“至栘華侍講家道喜，飯於賜詩堂中，晤王益吾祭酒先謙。”

二十九日，王先謙來訪。

　　《日記》：“王祭酒枉存，論王定甫詆毀河間、儀徵兩文達未能得其窾要。”

七月二十一日，得高行篤書，寄來譚獻所刻莊棫《易説》。得朱之榛書，寄來秦蕙田《五禮通考》。

　　《日記》：“得叔遲書，並仲修所刻莊中白《易説》。得竹石書，寄贈秦氏《五禮通攷》二百六十二卷一百册，云徐氏《讀禮》當續寄，感謝重疊。”

二十九日，作函致李慈銘，以普洱茶、徽墨相贈。

　　《日記》：“得爽秋書，並惠洱茶、徽墨，即復謝。……得爽秋書，言趙桐孫見署易州牧。”

閏七月初七日，蕭韶以新刻書見惠。

　　《日記》：“蕭杞山侍御送新刻《功過格》、《心相編》諸書。”

初九日，偕龍繼棟、朱少韓游釣魚臺。

　　《日記》：“過松岑，道逢急雨，入林齋稍憩。飯訖，與松岑、少韓出平秩門四五里許，游釣魚臺。園荒亭圮，池茭淤塞，與宫牆外之水不相流注。古木多空心者，退之云‘猶堪持改火，未肯但空心’，殆謂是邪！臺已廢坼，前有隄閘，湖中有舟，可汎可沿，荷芡房實皆熟，可解煩渴。惜岸多水少，失蕭疏淡遠之趣，無江南水村樂也。此本元承天護聖寺故阯，亦云功德寺，亦云看花釣魚臺，蓋沿宋代賞花釣魚故事而失其初意者。今‘釣魚臺’三大字牓，純廟御書。是日車中思嚴陵瀨上風景不實。未晡而歸，二君亦别去。”

十一日，李慈銘來函，餽以藥物數種。

　　《日記》：“蓴老餉藥物。”

《越縵堂日記》："作書致爽秋，贈以藥數種，得復。"

十八日，在鄧承修齋中觀日本地圖、日本刀，有詩紀之。

《日記》："入署，還之鐵翁齋中觀日本地圖，觀日本刀，觀古鬶茶鐵鐺。亦東亶州物也，形模奇古，極可玩。"

《漸西村人初集》詩十有《鄧侍御齋中觀日本刀》。

二十三日，李慈銘來，觀新購書籍。

《日記》："蒪老枉過談，久之去。"

《越縵堂日記》："上午過爽秋，閱其新購總理衙門新譯《中俄交界圖》及天津鈔得吳大澂《經理甯古塔防務疏》，皆不佳。又見江寧翻刻《五禮通考》，亦不精，即歸。"

二十五日，入琉璃廠，購《玉海》。

《日記》："入廠肆，買得《玉海》一袠十二函百廿本。值朱提一流。"

八月初十日，王先謙贈以《東華續錄》。

《日記》："王祭酒惠贈《東華續錄》五十卷二十册。嘉慶朝。"

十三日，往謁左宗棠，左氏以手書印行《孝經》等物見贈。

《日記》："往見浮邱公，見贈手書刻石印行《孝經》及張子厚東西銘、程子四箴各四本。"

《袁忠節公遺稿》有《答湘陰相侯》云："憶庚辰秋謁公於北池子私第，辱教之曰：'無論爲學，以至治事，工夫皆須有階級。十駕之行，積於一舍；百仞之臺，基於一簣。若凌節而施，躐等自飾，非僞則殆矣。'聆斯言也，如瞽得導，如客得歸，退而精思，稍有入處，熟存而孱守之不敢忘。"

案：公致函左宗棠，云謁見在庚辰秋。是時左宗棠尚未入都，蓋謁見實在辛巳秋八月，公誤記耳。

十九日，聞安吉、孝豐等地土民與客民相仇殺，思其致亂之所由，在牧令貪鄙，不能調處，且有以激之。

《日記》："聞安吉、孝豐一帶客民與土民相仇殺。今年夏間，客棚煽亂,突至武康、餘杭交界之窯鎮,去杭省八十里,焚燒民房,劫殺土民數十百人。撫部、藩司聞之怔怯,遽陳兵内牙自衛,並不出奏,亦不嚴辦。如果實然,誤國殃民甚矣。推其致亂之由,十餘年中,湖屬令長多貪婪,遇客民開墾之田,但計畝私征,並不升科,取肥已橐。土民則加重升科,以應正供。民不堪命,紛紛棄產,以資游手。客强主弱,構怨不已,寖至仇殺,而吏不過問,益使桀黠者生心,情事然矣。甚至遇有客民佔霸田產,涉訟械鬥之案,往往反袒客佃而凌虐土著,浸至養成山越癰毒,亂萌屢開,將來恐遂不可復制。"

二十四日,詣潘存談,聞其論廣西提督馮子材之爲人,肅然起敬。

《日記》:"詣孺初丈,談次盛稱今廣西提督馮開府子材之賢,廉州人,年六十餘。此次趁海舶入都,襆被蕭條,終日食飽,攜一大千里鏡測瞭海礁沙綫,貌極村樸,游行自如,同舟人莫知其爲開府入覲也。有叩之者,則曰將北行訪友,殊有曹武惠勾當江南公事風味,寂然大耐官職。京華服御奢靡,百玩畢陳,馮公並不購一履一韈,清苦澹薄,想見其爲人,不禁愓之重之。"

二十七日,張華奎爲購致三典及《粵雅堂叢書》。

《日記》:"靄青曹長爲郵致三典及《粵雅堂叢書》兩編至,闢書齋以延佳客,不覺喜形於色。"

二十九日,晤劉錫鴻,談歐西各國情形。

《日記》:"晤鎦雲蓀參議,談英、俄、德、佛四國情形甚悉。英國度支甚急,印度年收丁稅八百萬磅,每磅三兩三四錢。兵費耗至二千一百萬磅,不敷一千三百萬,歲仰倫敦津貼。論英事者,動云英以印度爲外府,國用所給者,大非也。新金山亦歲需英京津貼,入款不足自給。英畿三島,稅目繁苛,民間騷然,彪外枵中,無復能預於興兵構怨,與各國鹿逐之事矣。退老之賢卿大夫皆斥當國者爲非計,蓋徒夸示地廣,而不恤民勞,殆將勿堪也。英、法養兵之費,每名月給約中銀卅兩,七倍於中國一兵之費。而俄、德二邦甚貧乏,寓兵於民,養贍寡薄。德地小,兵數與英相埒,俄地大,兵數倍於德,然較之泰西各國勢力反較强,則體制情形各不相侔也。"

九月初十日,潘存邀赴開皇寺補登高。

《日記》:"孺老招同開皇寺補登高,塔下有可宴坐處,道人天眼識王氣,天女下試顔如蓮,清寒殆不可久留,惆悵而歸。"

十三日,入琉璃廠,購書籍數種。

《日記》:"抄書畢,入海王村,偶購得《儀禮正義》四十卷、《抗希堂集》古文十八卷、集外文十卷、年譜及補遺各一册、《胡文忠公集》十卷。"

十九日,毛繩武招飲,觀湯金釧、杭世駿、曹秀先、惲壽平、劉墉所作書畫。

《日記》:"毛户曹繩武字荔生招集,觀湯敦甫協揆真書、杭堇浦行書、曹地山行書、惲壽平淡墨山水、鎦諸城牓書。"

二十一日,丁丙來書,告以杭州新修文瀾閣,鈔補四庫全書事。

《日記》:"得亮生津門書,敏丈、松生杭州書。湖上新修文瀾閣,松生言諸大吏,將以五稔之期,董集寫官,鈔補四庫全書,計盡出其所藏,十當得八九,大吏韙之。此舉若成,洵盛事也。"

俞樾《丁君松生家傳》:"咸豐十年,粤寇犯杭,君出城時與竹舟徵君相失。至陶堰,見題壁字,始知其在留下。留下市上賣物,率以字紙包裹,取視之,皆《四庫》書也。驚曰:'文瀾閣零落至此乎!'隨時檢拾,得數十大册。君之搜輯文瀾閣書,實始此矣。……光緒六年,巡撫譚公建復文瀾,爰有補鈔閣書之議。君悉出其家藏書,按籍征求,歷七年之久,得三千三百九十六種,求而未得者僅九十餘種。"

王同《文瀾補書記》:"茶陵譚公奉今天子命來撫是邦,倡議建閣補鈔,冀復舊觀。君(即丁丙)又條上章程,悉出八千卷樓珍藏之舊本,倩人恭繕。……凡他人插架之書,一一探索……其間或函商須時,或借告備禮,或酬以縑帛,或易以琅函,或裹糧而往，僦屋傭鈔，或航海而歸，頻年借補。……是亦可謂盡力者矣。計自壬午迄戊子，凡七年，實支錢五萬一千六百緡有奇。其所藏原本庫書三百三十一種外，其殘編恭配者八百九十一種，補鈔者二千一百七十四種，合計四萬四千七百六十九冊。一律分類排比，裝櫥尊藏。其餘求而未得之書，另刊新目，所謂十得八九者非耶！……自戊子至今，又補三十八種。其未得者九十餘種，一千四百餘冊，又安知數年以後不完備如昔耶？"

　　案：丁氏昆仲嘗於光緒八年（1882）至十四年、十四年至二十四年兩次補輯文瀾閣《四庫全書》，雖所得甚巨，但仍未恢復原貌。至民國，有錢念劬、張宗祥等人迭次補鈔，始勉成全帙。

二十八日，游琉璃廠，購書籍數種。

　　《日記》："游海王村，欲買《畫贊》《郭家廟》二碑，主者索直太昂，不可得。得《歐陽文忠公集》、《司馬溫公集》、《續夷堅志》、朱子古文、《王陽明先生集》、《王荊公年譜》、蔡中郎《獨斷》，凡七種。日將夕，飢甚，匆匆遂歸。"

十月初一日，代薛時雨作江寧武侯廟碑。

　　《日記》："代桑根丈作《武侯廟碑》。"

　　《漸西村人外集》有《江寧府建諸葛忠武侯祠堂碑》，即此文。

十二日，上左宗棠書，乞爲先隴書丹，並述世紀公行狀。

　　《日記》："勾浮邱公書丹。"

　　《漸西村人外集·上兩江督部使相左公狀》云："顧竊聞先大夫於辛酉春曾侍幕府軍諮，後因練團保衛鄉里，挫衄之餘，竄身荒谷，懣遘兵亂，賚志入冥。某以少孤銜恤，湠忍偷生，不忍空具行狀牒之史館。每思李中孚栖先塋之誼，嘗乞亭林先生銘墓，自顧行詘顧贏，欲得當代名惠援李氏前事，大書'誼林'二字，以資表章幽隱。徬徨累年，未有所遇。苟非冒恥求公，失今不圖，則某填溝壑無日矣。……倘得歸捧名書，伐石表墓，上慰靈爽，下示方來，則孤生弱植，結艸銜環，感且不朽。"

二十三日，夜訪沈曾植、沈曾桐昆仲。

《日記》："暮訪沈子培、子豐兄弟，此亦今之王逢原、深父也。"

二十六日，朝例追贈先世，以祖、父母明誠公、世紀公已得告身，遂請移贈伯父母袁世經、外祖父母徐能讓等。

《日記》："以定東陵上尊諡暨升祔顯廟恩，例得追贈先考、妣，並牒中書科，乞貤贈先伯父母藝圃明經府君、徐孺人，並外祖父母謙益生員太府君、俞孺人，緣大父母業已請得告身故也。"

二十七日，作之罘刻石文。

《日記》："作之罘刻石文。所以風泚陽也，公開歲五日開第七秩矣。"

案：即指光緒二年李鴻章赴煙臺商辦滇省戕殺英教士案事。

十一月初七日，偕潘存過劉錫鴻談時務。

《日記》："偕孺老同過雲薌問時務，還貰酒共飲，歸已暮。"

十六日，往賀張之洞授山西巡撫。

《日記》："例賀南皮座主外除。"

《清實錄‧德宗景皇帝實錄》十一月壬寅："以內閣學士張之洞爲山西巡撫。"

二十二日，得薛葆槤函，告得一女。晚偕潘存過李慈銘談。

《日記》："得內弟信，報舉一女。偕孺初丈過尊客，觀蕭梁中大同二年造像。"

《越縵堂日記》："潘孺初來，袁爽秋來，談至夜去。"

二十三日，以七言絕句一首柬李慈銘，次日李寄來和詩。

《漸西村人初集》詩十有《贈李尊老》，即此詩。

《越縵堂日記》："得爽秋見懷七言絕句一首。"

二十四日,李慈銘以和詩寄來,作書報之。

    《越縵堂日記》:"和爽秋絶句,寫致之。……得爽秋書,即復。"

    案:公《日記》本日記有李慈銘《誚袁五十八重黎冬日見懷》:"漸水東西兩釣徒,誰令索米逐侏儒?何時仍著漁簑去,九里梅花十里湖。十里湖塘,吾鄉語也。"

十二月初二日,晚赴鄧鐵香寓作消寒第一集。

    《日記》:"夜鐵翁招飲。"

    《越縵堂日記》:"傍晚詣鐵香,赴消寒弟一集,孺初、仙坪、叔平、雲舫、爽秋、張仲模侍講先後至,談燕甚樂。夜微雪,二更歸。"

初三日,李慈銘以詩來柬。

    《越縵堂日記》:"午前歸,車中賦一詩寫致爽秋。"

    案:即《辛巳十二月三日赴署過京察歸書感》。

初五日,過龍繼棟,談法人侵越事。

    《日記》:"過松岑,談及法人將圖安南,雲貴督部劉公長佑六月抄有疏,論宜辦邊防事,執政雖心善其言,而未能從也。浮邱公亦深知疆力日蹙,欲圖此舉之難。"

初九日,夜赴許振禕寓,作消寒第二集。

    《日記》:"夜集仙屏丈齋中,二更歸。"

    《越縵堂日記》:"傍晚詣沈子培、楊雪漁,俱晤談。晚赴許仙坪消寒第二集,孺初、鐵香、雲舫諸君已早至。仲模侍講、叔平給諫兩張君後來。觥籌賭飲,盡醉極歡,酒罷復縱談,至四鼓始歸。"

是日,作《更名昶字重黎説》。

    《日記》:"《禮》:'君子已孤,不更名。'不肖舊名係丙午秋闈中世父菽圃府君所命,故癸酉秋作告墓更名文。昶者,高明之誼。黎與䵣通,取守玄之戒。早服謂之重積德,《朱子語類》諸子門説此文甚明。重積德者,斂之又斂,法隆冬閉凍之象。故苟於治心養氣之學，既有所明，而又謙沖靚慎，重守玄默，以孚養之也。又自以少孤多病，强求攝生，《參同》妙蘊，不外二抱一、火守水之術。虞氏《易》所謂既濟定，六爻皆得位者，水升火降而已，謂九升居五，六降居二。其功候在損。懲忿者，火降也，所謂‘五行俱倒術，龍從火裏出’也。窒欲者，水升也，所謂‘五行不順行，虎向水中生’也。水月内景，火日外景。於文，永字形似二、水，二，古上字，水自下而之上，則日從火類，自上而之下，而損與既濟之道得矣。説雖不合六書，要亦自比於古者吹律定姓、籈漸得名耳，此制名竊取之誼也。”

十三日，以送潘存歸粤詩寄李慈銘請評削。

《越縵堂日記》：“得爽秋書，以所作送孺初歸粤五古二首相商。詩騷雅有骨格，意味亦長，佳作也。惟次首用‘江’韻近僻，有未穩處，復書告之。”

《漸西村人初集》詩十有《潘叟孺初將歸海南叟於朝士中可謂不肯録録自安抱關者矣於其去國也殆猶深媿不能忘情而繫以詩》。

十八日，張楷招作消寒第三集。

《日記》：“夜仲木招集，二更歸。”

《越縵堂日記》：“晚詣張仲牧侍講，赴消寒第三集。張叔平以病先歸，仙屏以腹疾後至，夜飲於蘄水館。余以與敦夫諸君有約，未及酒闌，驅車詣聚寶堂，門已閉矣。”

二十二日，鄧承修邀游琉璃廠，買《寒松堂集》、《古文苑》。

《日記》：“鐵翁邀游廠肆，買得《寒松堂集》及《古文苑》。”

三十日，游琉璃廠，購得顔真卿《郭氏家廟碑》、《八關齋》碑帖。

《日記》：“出游廠肆，得顔書《郭氏家廟碑》，又《八關齋》石刻殘本，搨殊完紗，神采赫然。魯公變法出新意，隨事寫真，心手兩喻，龍蹲鴻騫，不主故常，故於《顔廟》則體裁謹嚴，如宮懸法物，令人氣肅；於《畫象》則韻度超遠，如姑射神人，無言心

悅;《元道州志》則意存幽逸;《浯溪頌》則出以沖舒;《八關齋》
則涉乎宗趣。是知寓物達性,隨感肖神,廟墓敬戚,心緣事冥,
盂水員方,迹與筌化,志故能通惟深也,誠不可掩如是夫。"

是年三月至閏七月,删改舊詩。

> 《日記》三月初八日:"改舊詩。"三月初十日:"删録舊
> 詩。"六月十六日:"改舊作。"七月初一日:"芟録舊作,魏舍人
> 所謂'閉户文章敗葉删'者也。"七月二日:"抄舊作。"閏七月
> 二十一日:"鈔改舊詩。"

編年詩:《調樊雲門》、《簡孺初五六七言斷句》、《送許竹篔侍講
奉使日本四首》、《答松岑》、《偶作盆池欣然會心成絶句二十首》、
《寄亮生時監直沽稅》、《恭擬上大行慈安皇太后挽歌詞四首》、《哭
馮大》、《憶洲上》、《鄰寺》、《送韋伯㕧出守河間》、《五月十四夜讀
坡公咏李臺卿詩有云垂頭老鸛雀煙雨霾九竅敝衣偶過我危坐若
持釣予友凌塵遺形容酷似之意者凌前身乃臺卿邪思之不禁失笑
凌時在維揚作詩寄之》、《楊心物自日本寄予摺扇上作草隸絶佳卻
寄》、《寄題桑根丈新作小西湖茅亭》、《書慈仁寺壁》、《予規爲松
岑布真園中石作嶺外劍鋩山形而空其中畚土實之課僮雜種花藥
竹樹使仍有紆餘平遠之觀君答云主者近卜賣此屋是將不爲吾有
子猶以爲牛奇章物邪則相與拍手大笑姑作詩記其語使如國初吴
慶百徵君畫圖梧園記故事以待後有好事而居此屋者貽之可乎》、
《贈鄭襄》、《松岑諍予云習静有静障猶好動有動障均之障也因而
思先輩云事障馳利名理障窟文字亦均之障也夫障即空根垢含净
理畛一刹那念之著離爲凡聖仁者何爲强生分別方當以障掃障然
後如水洗水同歸一净耳予適小極而君招之不出故見嘲云然書此
戲答用送韋韻》、《題蕭寺尋春圖》、《夏日》、《李尊老家藤花盛開》、
《喜鼎父至》、《醉後觀道旁鬥者》、《廌廬遣興》、《鄧侍御齋中觀日
本刀》、《過松岑廌園歸以揀芽一器餉之乞取篆刻二盆覓花栽二
首》、《君子陽陽二首》、《效遺山集作休道不蒙稽古力三首》、《秋

日思江上村居》、《鑷白髮拈筆戲述》、《次韻王無功野望》、《八月
十四夜鄰人徵謳者其聲哀曼動人憶往者同治辛未與同年生錢蔚
也計偕行山東道中道旁里歌其聲相似今蔚也下世踰八九年矣惻
然有作》、《夜起》、《甚欲》、《贈劉雲蓀錫鴻》、《大徐篆牓詩有序》、
《獨坐》、《示謝中舍》、《寄題晦村田居》、《存沒口號》、《潘孺初餽
椰子盌率謝》、《冬日偶題》、《再懷晦村》、《招松岑明日游花市斜
街》、《上義庭兄》、《寄義庭》、《城居》、《地藏庵二絕》、《藜床》、《寄
西山隱者》、《送蕭侍御出守嶺南用昌黎送鄭廣州韻》、《洪中舍獨
釣圖》、《送座主南皮公巡撫山西》、《贈李藬老》、《聞高陶堂令君
亡》、《潘叟孺初將歸海南叟於朝士中可謂不肯錄錄自安抱關者矣
於其去國也殆猶深媿不能忘情而繫以詩》、《入杪冬十六日立春》。
編年文：《送餘姚朱學士肯夫先生督學蜀中叙》、《全筱汀相國重
宴鹿鳴圖詩叙》、《致李慈銘書》（頃有人送吐鐵二盎）、《學山淺
語》、《祭劉中允文》、《答署陝甘督部楊公書》（去年因值疆事戒嚴
之際）、《槐屋銘》、《送鄭襄叙》、《致座主南皮公書》（久未得承謦
欬）、《赤谷城阽牌銘》、《跋經籍舉要》、《擬編法戒鉤玄叙例》、《江
寧府建諸葛忠武侯祠堂碑》、《壺銘》、《上兩江督部使相左公狀》
（前值相國休告之日）、《黃縣丁夫人持經苦空垂化鼻懸玉筯讚》、
《之罘刻石辭》。

【時事】《中俄改定條約》及《陸路通商章程》簽訂。濟南
教案發生。我國第一條電報綫——上海至天津陸路電綫通電。
慈安皇太后卒。劉熙載卒。

光緒八年壬午（1882），三十七歲

正月初二日，出門拜年，晤李慈銘、龍繼棟、潘存。

《日記》："出詣常所來往，晤藬老、松岑、孺翁，餘俱不值。"

《越縵堂日記》："爽秋來，沈子培來，是日已漸有賀年者。"

初八日，往訪朱一新、朱懷新昆仲，聽其論古今學術之升降。

《日記》："詣鼎父、苗生談。鼎父論金華六先生范香溪、呂成公、何北山、王魯齋、金仁山、許白雲之學甚悉。魯齋師北山，黃直卿再傳弟子也。仁山兼師何、王，白雲師仁山。凡宋元以後諸老先著書，采入四庫書目及存目者三百餘種，此東萊、龍川之遺澤也。嗚呼！可謂盛矣！又言古文家如唐宋八家及李習之、杜牧之、皇甫持正、李元賓、孫可之、穆伯長、劉貢父、原父、葉正則、虞伯生、歸熙父、方靈皋，皆童而習之，志趣不懈，於是學，於是行，寢饋枕葄，不見異物而遷焉，故皆能獨造機軸，別成氣格，以自名其家，心與術化，藝與道忘故也。今之學者，少則汩沒於講師之陳言，長則蜎縮於舉業之庸調，及其僥得科第，心力已荼。稍知自振者，一再變而故伎未盡捐，俗調未盡洗，穢已入骨，洗伐俱窮。及至成聲，窮老氣憊，而又世故眯其性靈，人事麋其精力，故無惑乎學者如牛毛，成者如麟角也。然則學術與世升降，世教衰，故文章蟬噪，益不足觀矣。"

初十日，得高行篤書，寄到高均儒遺集。

《日記》："得叔遲寄示孝靖先生遺集。"

十二日，繆祐孫以續刻莫友芝詩集見贈。

《日記》："櫟岑餽續刻《郘亭詩集》。葊老頗嫌子偲翁詩謷确詰詘，令人觖憾，於此知清新俊逸廣大精神之難。昌黎云建安能者七，山谷云開元數兩三人，以一菽自名其家，亦殊不數數也。道園漢庭老吏，遺山氣挾幽并，皆以得中原文獻之傳故也。貫斂山陬，瘴烟箐雨，雖有學人，殆猶未能超然風氣之外邪！"

十四日，晚李慈銘招赴聚寶堂作消寒第四集。

《日記》："夜葊老招集。"

《越縵堂日記》十一日："寫單約孺初、仙坪諸君十四日作消寒四集。"十四日："晚赴聚寶堂爲消寒弟四集，仲模、孺初、鐵香、爽秋、叔平、雲舫、仙坪先後至，夜二更散，月甚佳。"

十六日,作函致李慈銘,乞爲朝鮮使臣金秉善題畫。

　　《越縵堂日記》:爽秋爲高麗使臣金秉善乞題其母朴氏《世講圖》,圖名既甚不經,叙次尤極可笑,蓋彼國人士近日荒陋較甚中朝矣。往時張香濤、吳清卿諸人噉名嗜異,喜與高麗人往還,余嘗笑之。今日纖夫小人如龍繼棟、黃國瑾等出於黔桂邊徼,羨吳、張所爲,冀以惡札流布海外,爲之光價,尤可歎也。因致書爽秋還之。"

十七日,晚於聚寶堂招作消寒第五集。

　　《日記》:"夜逐隊作消寒五集,二更歸。"

　　《越縵堂日記》:"月皎如畫,坐車赴聚寶堂,爽秋爲消寒弟五集。諸君早至,酒已行矣,縱談至二更後散歸。"

二十二日,陳錦招赴聚寶堂作消寒第六集。

　　《日記》:"夕謝子石招集,陳雲舫招集,三更歸,腹痛。"

　　《越縵堂日記》:"晚詣聚寶堂,赴雲舫消寒弟六集,仙屏、孺初、爽秋已先至,夜一更後歸。"

二十五日,過李慈銘,又偕過鮑臨談。

　　《日記》:"晚過蓴老、敦夫。"

　　《越縵堂日記》:"爽秋來,晚偕過敦夫齋中談,即歸。"

二月十四日,詣李慈銘視疾。龍繼棟約出遊,未果往。

　　《日記》:"看蓴翁病。松岑約郭外尋春,不果往。"

　　《越縵堂日記》:"爽秋來。是日上脣突起,北地人謂之雷公風,幾不能食。改服三香茶橘甘朴湯,且以井底泥時時拭之,夜始少瘥。"

十九日,晚赴潘存福隆堂之招,作消寒第八集。

　　《日記》:"夕孺老招集,夜歸逴床,臥疴習靚。"

　　《越縵堂日記》:"晚詣福隆堂,赴孺初消寒弟八集,夜二更歸,大風。"

二十一日，過陳喬，知劉熙載事迹並所著書已牒送國史館編入《儒林傳》。

《日記》："晚過蕙梁，知興化老人事迹已由江蘇學使具狀，並所著書牒送國史館編入《儒林傳》矣。緣去年史局總裁潘公奏准采訪儒林、文苑、孝友、循吏四科事實，仿阮文達例續纂列傳，奉旨俞允故也。"

二十二日，嚴玉森來，聞梅毓卒訊。

《日記》："鹿溪來，知江都梅仲儀作古。梅治《穀梁春秋》，丹徒柳先生素爲《穀梁》老師，仿康成授服子慎《左氏解詁》例，悉以長編大誼授之。曾見其所撰《鎦子政年表》。未卒所業，竟夭天年，惜哉！"

支偉成《清代樸學大師列傳》："梅毓，字延祖，江蘇甘泉人。道光中舉本省鄉試詩人稽庵子也。稽庵名植之，通經術，工詞章，與劉文淇、包世臣、薛傳均、劉寶楠、陳立輩爲友。嘗同試金陵，爲著書之約，文淇任治《春秋左氏傳》，稽庵任治《穀梁》，寶楠任治《論語》，立任治《公羊》。嗣後立作《公羊疏》，垂老僅就。寶楠《論語疏》，及子恭冕始克寫定。文淇《左疏》，則三世未有成書。稽庵疏《穀梁》，更止發凡起例而已。延祖繼之，亦甫草創長編數卷，遽卒。"

案：梅毓（1843—1882），字延祖，江蘇甘泉人，經學家梅植之之子。據光緒九年（1883）刊《江都縣續志·梅植之傳附梅毓傳》云延祖生一夕而父卒，"同治五年補郡諸生，九年舉於鄉，三上春官不第。光緒六年大挑二等，以教諭注選吏部。又二年，以疾卒，年僅四十"。

二十八日，沈曾植來，暢談而去。

《日記》："子培枉談，僕與世俗混混相處久矣，惟與此君談，乃意氣相入也。"

二十九日,偕李慈銘、鄧承修過劉錫鴻寓看花,又至嚴玉森所寓揚州館看花。旋同游慈仁寺,觀窰變觀音、九蓮菩薩畫像。又至長椿寺,觀所藏明孝純劉太后像。

《日記》:"偕尊客、伯訥同過雲蒢,頃之過鹿溪,憩小竹西水厄。復同游慈仁寺見山臺,晚憩長椿寺。二寺海棠、丁香盛開,茗飲久之乃歸。"

《越縵堂日記》:"作書致鐵香,致爽秋,俱約今日出游,得爽秋復。……午詣鐵香,即偕爽秋同訪鐵門劉雲生通參寓看花,楸梅、丁香頗盛。此宅已敝漏,余辛未賃居時曾過視之,後爲胡侍郎瑞瀾所賃。雲生繼胡而住,其庭院頗曠,花樹皆其手植也。旋詣嚴六谿所寓揚州館看花,由西偏射圃入房,奧三重,甚爲華潔,花石楚楚,足以勾留。又裴回蒼屏閣下,至東偏團雲書屋,皆小有花竹。夕陽時詣慈仁寺,白丁香尚未盛開也。觀窰變觀音,再瞻九蓮菩薩像臨本。傍晚入長椿寺,坐佛殿前,冥色在花,禮豔尤絕。寺僧出所藏明孝純劉太后像,絹繪甚舊,戴毘盧帽,衣紅錦袈裟。左幅黏一紙,云乾隆二十八年癸未編修蔣士銓、刑部員外郎王顯曾稽首重裝。右幅黏一紙,云嘉慶六年實錄館校對官、宮史收掌官、刑部郎中查有圻重裝。有圻即世所稱查三僷子,以長蘆鹽商致富數百萬,大庾相國戴文端之戚也。"

《越縵堂詩續集》卷八有《仲春二十九日偕鄧鐵香嚴鹿谿袁爽秋看花至慈仁寺觀近人所橅九蓮菩薩畫像晚入長椿寺觀明孝純劉太后續象爲長歌紀之》。

三十日,偕李慈銘、鄧承修、嚴玉森游極樂寺看花,又至可園,即俗呼三貝子花園。

《日記》:"偕尊客、伯訥、鹿溪出西秩門二里許,游極樂寺勺亭,殊有野趣。佛屋前梨花開甚爛漫,偃坐其下,伯訥談羅浮西樵之勝,令人企羨。飯訖,還度一野橋,訪可園,俗呼三貝子花園,不知何時闢也。一望蕭曠,廣可數里許。紅欄略彴,橫臥溪河,小閣敷坐，隨處而有。西枕土山，再渡一木杓，入院落，旁出迴廊，傍湖迤邐數百步，入高齋，可垂釣，可遠望。夏水生時，荷花當彌澤也。茗飲久之始返，抵家將暮矣，覺其疲頓也。昔聞可園之勝，以藤花、松石爲最，今已廢爲賣花傭所居，蜜房花窖，縱橫其中，松摧藤斧，惟數堆山石僅存耳。"

《越縵堂日記》："嚴六谿來，爽秋來，鐵香來，即延之看庭中花，留共早飯。午偕入宣武門，出阜成門，沿西直門過廣通寺，至極樂寺看花。海棠未開，佛殿前梨花一樹，香豔正絶，坐花下階石久之，聽鐵香談羅浮之勝。復至西圃勺亭小憩。是日驟煖，有煙雲，不能見西山翠色也。餔後游可園，所謂三貝子花園也，頹廢已久，近有文某稍修葺之，爲業賣花者所居，以大半爲煖窖藝圃。其後小設堂榭，東有長廊一帶約百餘間，屈曲循土山，碧檻朱闌，沿植花柳。其下臨池種藕，最爲佳處，夏日追涼，尤其選矣。久坐啜茗，夕陽時回車入阜成門，歸已暮矣。"

案：公《漸西村人初集》詩十一有《游可園》詩。

三月初九日，潘存來，同過李慈銘茗談。

《日記》："孺老枉存，同過蕁翁，坐藤花下迴思去年春暮，三人花下瀹茗清談，殆如隔一炊黍頃耳。"

《越縵堂日記》："孺初來，爽秋來，坐花下茗話，至晚去。"

十三日，朱之榛以《讀禮通考》見寄。

《日記》："竹石寄餽《讀禮通攷》一部至。"

二十八日，過李慈銘不值。

《日記》："出訪友人，入門復愁，蓋老潛缾中粟將罄矣。"

《越縵堂日記》："鍾西筠來，爽秋來，均不見。"

四月初一日，過李慈銘。

《日記》："詣蕁老，又過蕙梁、敦夫。"

《越縵堂日記》："爽秋來。"

初三日,得袁遂書,言安南都城失守事。

《日記》:"得家敬孫書,云安南三月八日失守,法國兵萬八千人踞而收稅,國王百官,逐誅一空。琉球事恝置於前,斯本意中事,若再置之度外,恐緬、高、臺、瓊將蹈覆轍。聞廷旨交南北洋會議速奏,不知作何設施云云。"

初四日,過龍繼棟。晚李慈銘來,鮑臨來,同至鄧承修寓談。

《日記》:"入署,鬱悶頭眩。歸過松岑及同郡張君。傍晚蕚老降趾,敦夫繼存,復同集伯訥侍御齋中作夜談,蕙梁亦至。蕚老善持論,襍以詼諧,奕奕有風神。君老數奇,而旰衡時局,稱述本朝之嫩不實,心甚義之。"

《越縵堂日記》:"傍晚約敦夫詣爽秋談,夜同過鐵香,並邀汝翼共話,至三更後歸,始夜飯。"

初六日,李鴻章母李太夫人逝世,與李慈銘、鮑臨、吳講、胡仁燿合送素幛挽聯。

《越縵堂日記》:"譔合肥相國李太夫人輓聯,以綾書之……余與敦夫、介唐、光甫、爽秋合送素幛輓聯,報其去年十二金之贈也。……作書致爽秋,得復。"

十二日,沈曾植來,與談安南事。

《日記》:"子培見過,言安南事。"

十九日,全慶卒,予諡文恪。

《光緒朝上諭檔》八年四月十九日:"內閣奉上諭:'致仕大學士全慶,學問優長,老成恪慎,由道光年間翰林受先朝知遇之恩,洊涉正卿,協贊綸扉。朕御極後,擢授大學士,歷管部旗事務,疊司文柄,宣力有年,克盡厥職。前以重遇鹿鳴筵宴,賞加太子少保銜。嗣因患病,奏請開缺,准予致仕,賞食全俸。方期克孚遐齡,長承恩眷,茲聞溘逝,軫悼殊深。著賞給陀羅經被,派輔國公載濂帶領侍衛十員,即日前往奠醊,加恩晉贈太子太保銜,照大學士例賜卹,入祀賢良祠。……伊子吏部郎中麟祥,著賞加四品銜，用示篤念耆臣至意。欽此。'"

《清史稿》卷三八九《全慶傳》："八年，卒，晉贈太子太保，祀賢良祠，謚文恪。"

二十五日，龍繼棟來，談雲貴兩省邊防事。

《日記》："松岑言雲貴辦邊防，部議請飭下四川省年撥餉銀二十萬，添設練兵六營。"

五月初二日，鈔録舊詩得五卷，自覺神韻、神味有所不足，匠刻之氣太重。

《日記》："前鈔村叟詩，至此得五卷，讀之嫌於神韻、神味二義，太欠領悟，故一望而知匠刻之氣太重。坐有意求深競緛，故犯此病，當思以清靈圓妙之格矯之。"

六月初四日，李慶雲以《續資治通鑒長編》相贈。過李慈銘談。

《日記》："僚聳李景卿觀督以《續資治通鑒長編》五百廿卷浙局重栞本相餉。過尊老，尊老言吳中一快士某久困於客游，橐筆嘗云：'眼前無可託死生者，惟無日不作死地觀，竟得不死。'語絶沈痛，然外其身而身存，理固然也。"

《越縵堂日記》："爽秋來。"

十八日，與同人雅集天甯寺，公餞張楷，時將出知浙江金華府。李慈銘、許振褘、潘存、張觀準、鄧承修等在座。宴後游南池。

《日記》："仙屏先生、孺老、叔平、尊客、伯訥同集天甯寺餞仲模。晚游南池，觀荷花盛開。每逢佳集，意緒頹然，既飽歡娛，不免仍形蕭瑟耳。"

《越縵堂日記》："傍午出廣甯門，至天甯寺。仲模、仙屏、孺初、鐵香、張叔平已早到，爽秋後來，偕入西院看山，晴翠滿窗，野綠平几。午集於塔射山房，飲酒甚佳。餔後坐室前石上，倚檻俯園，上下樹色，蟬聲不歇，清風自來，茗話久之。出寺登車，行二里許，游南荷花池，俗所呼南花泡子也。新添闌榭數間，有士女飲其地。荷花正盛，涼樹夾隄，綠蓋萬行，吹香風際，時見鳧鴨出没池中。偕諸君列坐水次,傍晚始歸。”

李慈銘有《偕孺初仙坪叔平鐵香仲模爽秋由天甯游南荷花泆日落追涼是日有游女飲池上》詩。

案:張楷(?—1904),字仲模,號則軒,湖北蘄水人。同治十年(1871)進士,選庶吉士,散館授編修,累遷至侍講。光緒元年(1875)充雲南鄉試主考官。八年,出任浙江金華府知府,歷知山西汾州、河南開封等地,以道員候補。

二十一日,謁見户部尚書閻敬銘。

《日記》:“因公謁見大農閻公,公有聞向來講究學問之諭,自耻虚聲過實,悚然敬謝,遂退。”

二十二日,過吴講、李慈銘、鮑臨談。

《日記》:“過介唐、蓴老、敦夫,暮歸。”

《越縵堂日記》:“爽秋來。傍晚詣敦夫談,並遇爽秋。”

三十日,晤周家禄,時在吴長慶幕府,新自登州來,爲言遼海、膠澳軍事。

《日記》:“答晤周彦昇文學,新自登州軍中來,云吴提督長慶駐蓬萊,宋提督慶駐營口。北洋大臣以新購德國鐵甲兵船將到,派員在旅順口挖築船隖,延德國機器匠爲之。海岸多礁石,人力難施,估工費近百萬,當軸頗憂,計無所出也。又聞高麗民人不願通商,與美日各國有違言,中國將遣官調處。又言煙臺海防僅泰安兵輪船一隻,月費已數千金,歸登萊青道筦轄云。”

案:周家禄(1846—1909),字彦昇,一字蕙修,晚號奥簃老人,江蘇海門人,祖籍浙江山陰。同治九年(1870)優貢生,歷官江浦、丹徒、鎮洋、荆溪、奉賢等縣訓導。後入吴長慶、張之洞幕府。歷主師山書院、白華書塾、湖北武備學堂、南洋公學講席。著有《壽愷堂集》。

七月初四日,代許振禕作《寰鏡序》。

《日記》:“夕代仙老作《寰鏡序》一首。”

案：此文未見傳。

十二日，劉秉彝來，詢知孫衣言消息。

《日記》："劉藥川同年大令秉彝自湖北來，詢知孫琴西年丈居永嘉，文興甚豪，手不廢書，但耳微聾耳。"

十四日，龍繼棟來訪，告以韋業祥卒訊。

《日記》："松岑見訪。日來耳鳴頭眩，鼻淋交作，頹唐已甚。崔駰以不樂損年，吳質以長愁養病，旅食之況如是。是夜月甚佳，出訪介唐不值。又過尊老，則病矣。門前點蒿子燈，頗有野趣，一星星如撒沙出也，徘徊久之而返。聞韋伯嗛作故，心焉傷之。黃雞將白日，日覺死生忙，真耳目間無一快意事也。"

公《漸西村人初集》詩十一有《挽韋伯嗛》詩。

案：龍繼棟與韋業祥爲中表兄弟。

二十三日，往視李慈銘疾。

《日記》："訪尊老，病稍差矣。"

《越縵堂日記》："作書致爽秋……爽秋來。"

八月初一日，過濮子潼。

《日記》："喜止潛至。……晚過止潛。"

案：濮子潼七月二十七日自杭入都，《越縵堂日記》七月二十八日："濮紫泉來，昨始自杭入都者。"可參看。

初二日，得高行篤書，知劉壽曾卒訊。

《日記》："得叔遲書，報劉恭父同年壽曾作古，傷之。"

孫詒讓《劉恭甫墓表》："嘉慶之際，爲義疏之學者，又有劉先生孟瞻，治《春秋左氏傳》，謂鄭、賈、服三君古義，久爲杜氏所晦蝕，孔疏不能辨也，乃鉤稽三君佚注，精校詳釋，依孫氏《尚書義疏》例爲《左氏疏證》。凡杜、孔所排擊者糾正之，乾没者表著之，草創四十年，長編哀然，疏證則僅寫定一卷，而先生遽卒。其子伯山先生繼其業，亦未究而卒。伯山先生長子恭甫知縣，紹明家學，志尚閎遠，念三世之學，未有成書，創立程限，銳志研纂,屬稿至襄公四年,而恭甫又卒。千秋大業,虧於一簣,斯尤學人所爲累欷而不釋者已。恭甫名壽曾,世爲揚州儀徵人。曾祖錫瑜,國子監生。祖文淇,優貢生,候選訓導,即孟瞻先生。父毓崧,優貢生,薦庭詁,遂通許鄭之學。資材開敏,行誼純篤,事繼母黃以孝聞。姑適田,嫠而貧,歿爲經濟其喪,又謀所以恤其孤,皆人所難能者。湘鄉曾文正公開府江寧,重其學行,延入書局,所校刊書史多精善。同治甲子、光緒丙子,兩充江南鄉試副榜貢生。既不得第,乃以佐戎幕保舉知縣,加同知銜,非其志也。體素充實,既領精《左疏》,而兼治局書校讎文字之役,精力耗損,猶不自已。光緒辛巳秋,由江寧返揚州,遘微疾竟卒,年正四十有五,謂非經生之厄與!……其卒之前兩月,猶詒書詢笠轂疑義,詒讓爲據《考工》輪轂度數,考定其説以復之。恭甫得之則大喜,報書謂編《左疏》已至襄公,而以早成《周官疏》爲勉。方歎恭甫勤敏,其書旦暮且有定本,自顧庸窳,六官疏未及半,深恐不能速成,以副良友之望,而孰知恭甫之遽止於斯乎!"

十三日,**費延釐招集嵩雲草堂。筵散,又訪陳蕘談。**

《日記》:"費芸舫招集嵩雲艸堂,清夜月色甚佳,婆娑竹樹下久之。乘興出門,訪蕙老劇談,久之方歸,家人已掩扉熟寢矣。"

案:費延釐(1835—1893),字雲舫,一作芸舫,號莪庵、知修老人,江蘇吳江人。同治四年(1865)進士,選庶吉士,散館授編修,曾充福建鄉試副考官,官至河南學政、詹事府左中允。

十五日,**朱之榛託人寄來《資治通鑑長編》十二函。**

《日記》:"竹石託其屬吏寄餽《資治通鑑長編》十二函,堆案盈几,頓使陋室新得良朋,喜感交集。"

二十日,**錢應溥以《衍石齋記事稿》相贈,往謁。**

《日記》:"錢子密吏部餽《衍石齋記事稿》一部,今日詣之,

張壁有衍石老人手書楹帖云：'常以讀書養性爲務，庶幾德攘君
子之風。'皆班孟堅語也。"

　　案：錢應溥（1824—1902），字子密，別署葆真老人，浙江
嘉興人。拔貢出身，朝考一等，用爲七品小京官，分發吏部。後
入曾國藩幕府，以積勞薦晉四品卿銜。後入都，歷任太僕寺少
卿、太常寺卿、署都察院左副都御史、宗人府丞、禮部右侍郎、轉
左侍郎，並兼署工部右侍郎、刑部右侍郎、户部右侍郎、吏部右
侍郎等。光緒二十一年（1895）入直軍機大臣，充方略館總裁
官，任都察院左都御史、工部尚書。

二十三日，爲應試諸君接場。李慈銘來函，復之。

　　《日記》："假座酒家爲君立、季輝、贊鄒、蓮舫、崑玉、子豐諸
君接場。歸齋，復出弔於坿郭，又送藹青行。"

　　《越縵堂日記》："作書致爽秋，問泥製新樣博古花盆買處，得復。"

二十五日，汪錫采餉物，復謝以送行。遊琉璃廠。過李慈銘。夜
潘存、鄧承修招集，張華奎、濮子潼在座。

　　《日記》："贊鄒餉物，收研一方、墨二螺、黄獨苗一器，餘璧，
書紈扇坿以它物送行。游廠肆，與書店、紙店、裝池匠算賬。……
夜孺翁、伯訥招陪藹青集，止潛後至。藹兄説其叔父大同總兵
君近得一好馬，乘是馬者行花樹陰翳中，初若徐行翔祥，然駛如
風雨，凡馬勿能及，試左右顧，但見一片飛紅滚綠而已。此正所
謂'不動塵'，所謂'顧际清高氣深穩'也。不稱其力而稱其德，
馬誠有之，人亦宜然。"

　　《越縵堂日記》："爽秋來。"

二十七日，接薛葆槤書，寄到《吴山尊集》、譚獻《篋中詞》。陳燾
來，與同過李慈銘談。

　　《日記》："得内弟慕淮書，寄來新琱吴山尊學士集，又仲修
所選《篋中詞》。《篋中詞》凡採録國朝詞人無慮數百家，其意
常右成容若、項蓮生、蔣綠潭三家，以爲始得爲詞人之詞，流別

甚正也。予不解倚聲,姑記其宗趣如此。夜作信與内弟及仲修。蕙梁見存,與同過蕈老。蕈老真是一世異人,接其風采言論,輒爲歎息絶倒,令人不復思張茂先、樂彦輔。"

《越縵堂日記》:"汝翼來,爽秋來。"

九月初一日,李慈銘來,即同過陳蕒談。周壽昌招集。

《日記》:"越縵老人見過,同詣蕙梁。荇農先生招集,晚復在蕙老許,二更歸。"

《越縵堂日記》:"晨過爽秋,即偕詣汝翼談,上午歸。"

案:周壽昌(1814—1884),字應甫,號荇農,晚號自庵,湖南長沙人。道光二十四年(1844)中順天鄉試舉人,二十五年成進士,改庶吉士,授編修。咸豐二年(1852)擢侍讀,充日講起居注官。後歷任實録館纂修、侍讀學士、順天鄉試同考官、詹事府詹事、署户部左侍郎。光緒初任内閣學士,署户部。四年,以足疾辭官,遂不復出,著述以終。有《前漢書注校補》、《後漢書注補正》、《思益堂文集》、《思益堂詩集》等。

初三日,過李慈銘談。晤李雲麟、朱一新。晚陳蕒招飲,赴之,李慈銘、潘存、鄧承修、鮑臨、繆荃孫在座。

《日記》:"過蕈老。入署。答候李雨蒼。晤鼎父。蕙梁邀夜集,二更歸。"

《越縵堂日記》:"爽秋來。……晚詣便宜坊赴汝翼之飲,坐有孺初、鐵香、敦夫、爽秋、繆筱珊,談甚暢,夜二更後歸。"

初四日,晚李慈銘招飲,潘存、陳蕒、濮子潼、梁鼎芬在座。

《日記》:"夕蕈老招集。"

《越縵堂日記》:"爽秋來,晚同詣便宜坊,邀孺初、汝翼、紫泉、梁星海飲,二更後歸。"

初七日,唐景崧來辭行,將赴越南聯絡劉永福黑旗軍,以《萬里請纓圖》乞題。

《日記》:"微卿將有滇南之行,來告別,以《萬里請纓圖》

索題。"

《漸西村人初集》詩十一有《微卿將使越南即題其萬里請縷圖爲別》云："曹署困常格，沈冥垂十年。唐君不可測，鑿空開龍編。上書自諤諤，銜使遂縣縣。箐霧愁沙虺，瘴雲侵跕鳶。行人説還恐，君乃意超然。忼慨懷主恩，翕張洞兵筭。志存扶微國，空拳瞉黄肩。氣懾山越隊，身輕窮塞煙。待君宣慰畢，吉語徹殿前。屈指還漢日，節旄猶未穿。烽行北户熄，圖欲南薰懸。丈夫四方志，惡能坐拘攣。"

《光緒朝上諭檔》八月初五日："内閣奉上諭：'吏部候補主事唐景崧，著發往雲南，交岑毓英差遣委用。欽此。'"

《清史稿》卷四六三《唐景崧傳》云："唐景崧，字維卿，廣西灌陽人。同治四年進士，選庶吉士，改吏部主事。光緒八年，法越事起，自請出關招致劉永福，廷旨交岑毓英差序。……明年，抵保勝，見永福，爲陳三策，謂：'據保勝十州，傳檄而定諸省，請命中國，假以名號，事成則王，此上策也；次則提全師擊河内，中國必助之餉；若坐守保勝，事敗而投中國，策之下也。'永福從中策。戰紙橋，敵潰，爲作檄文布告内外，檄出，遠近争響應。越嗣君爲法脅，莫能自振，景崧乘間勸内附。永福意猶豫，景崧曰：'子能存亡繼絶，即所以報故主也。且阮福時已薨，無背主嫌。'永福意稍動，於是廣招戎幕謀大舉。上念景崧勞，賞四品銜。"

案：唐景崧以率軍抗法事，賞霍伽春巴圖魯，晉二品秩，除授福建臺灣道。後轉布政使，又代邵友濂爲巡撫。甲午海戰失利，議割臺灣，臺民奉景崧爲大總統，建臺灣民主國以拒之，事敗内渡，隱居桂林終老。

初九日，偕楊晨、沈曾植、沈曾桐、戚人銕游崇效寺、聖安寺，約李慈銘不至。晚歸，楊晨招飲。

《日記》："同人約游棗花寺，重觀智樸手卷，有越縵先生絶句七首,語妙天下,當稽首樹降旗。又至聖安寺,歸途已暮。夕楊定夐招集,二更歸。棗花寺有唐碑,記幽州節度使劉濟捨宅爲寺事,則唐時寺在城中可知也。寺左右曰東柳河村、西柳河村,今水涸村墟,惟略彴猶存,亦斷石枯木,不得冒居河名耳。"

《越縵堂日記》:"爽秋、楊定夐、沈子培兄弟及德清戚刑部人銛同來,邀游花之寺,辭之,且告以花之須出郭,又無高可登,不如游崇效。"

初十日,晚餞唐景崶,期龍繼棟、温紹棠皆不至。散後過陳壽談。

《日記》:"夕爲唐微卿餞行,芸舫亦至,復以事去。松岑、杉花皆不至,與微卿舉觥對酌而已。是日霜風作冷,散後復過蕙老,月色凄清,令人不耐。"

十一日,李慈銘函來,邀公餞許振禕於陶然亭。

《越縵堂日記》:"寫單約孺老、鐵香、張叔平、洪右臣、陳芸舫、爽秋陶然亭公餞許仙坪。"

十三日,順天鄉試放榜,繆祐孫、張華奎、文廷式皆中式。

《日記》:"京兆榜發,樾岑、藹青皆獲雋,可喜。金嚴同鄉無捷者,又爲之不釋也。"

《越縵堂日記》:"是日順天鄉試揭曉,閱《題名録》,解元天津人黃耀奎,第五、第六、第十皆天津人。第三江西人文廷式,云是近日有文譽者。浙江祇四人,紹府僅山陰朱仁輔一人,見官兵部主事。南官卷二名,一張樹聲子刑部主事張華奎,一雲南按察使新陽人李德莪子兵部主事李傳元。北官卷一爲桑柏儕尚書孫桑寯,庚午優貢也。柏翁道光壬午舉人,亦足稱佳話。"

十五日,以許振禕託購書交去。晤沈曾植、沈曾桐、洪良品。李慈銘復函來。

《日記》:"仙老屬購書十餘種,今日始交去。過子培、子豐。入署。歸晤洪右丞侍御。"

《越缦堂日記》:"作書復爽秋。"

十九日，與同人雅集於陶然亭作展重陽之會，並餞許振禕，時新除河北道。

《日記》:"偕孺初、葦老、叔平、右丞、鐵香、雲舫集江亭作展重陽會，餞鄰仙坪丈。木落蘆枯，望西山濛濛，了不可見，顧見一片塵寰，如蜂房蟻垤而已。明窗大几，野色環繞，使人塵慮銷歇也。薄暮散歸，雨。"

《越缦堂日記》:"午詣陶然亭，偕孺初、右臣、雲舫、鐵香、叔平、爽秋餞仙坪赴河北任，主客皆早至，暢飲縱談。右臨南窗，野色萬頃，畢攬秋色，荻黃四圍，間露紅剎。酒罷雨作，驅車而歸。"

二十二日，訪朱一新，看本年浙江鄉試題名録。

《日記》:"訪鼎父，適看浙江今科題名録，上六府中式十一人，吾州乃無一人，自丙子、己卯至是連脱三科矣，悶悶。"

《越缦堂日記》:"聞浙江以十一日揭曉，今日見題名録，解元慈谿陳翊清，第三山陰陳庚，第五山陰朱秉成，皆不知何人也。紹郡共中二十四人，山陰七人，撥府學者二人，會稽二人，撥府學者一人，大半乳臭槍替者。聞今年浙闈縱弛非常，試卷有在外寫進者。順天榜廣東中三十人，惟六人真姓名，餘皆頂冒，至有一人而顧倩六人入闈者，科場之敝極矣。"

十月初三日，訪黃國瑾，觀其所藏《洪範政鑒》。

《日記》:"晤黃再同。……觀再同所藏影寫明刻宋仁宗《洪範政鑒》五卷，是書枀采伏生今文大傳及《漢書·五行志》、董、京、二劉説，分隸各條下，又傅以東漢後隋唐前各史《五行志》文，四庫存目未收。劉子元極詆《洪範·五行傳》，謂作《五行志》者，但當記災異，不應傅會五行五事曲説。《新唐書》以下俱從其説。"

初七日，閲《申報》所載江南鄉試題名録，知内弟薛葆楎中舉人。

《日記》:"今日見《申報》中江南題名録，内弟似中式弟九

名,而姓誤刻,喜甚,再待搞報。馮夢花亦獲雋。"初八日:"藹
兄送來試録電報,慕淮果領鄉薦,喜不可支。"

十三日,訪周壽昌,以《漢書》顏注校補定本見示,並論龔自珍之
爲人。公亦目龔氏爲文妖。

《日記》:"謁荇農先生,示以《漢書》顏注校補定本並自叙。
先生斥言定庵龔氏製行之非,根器憸薄,誤後生不淺。某答言朱
子稱涑水之文如桑麻穀粟,竊謂爲文得此意始有裨世教,定庵則
失之太遠矣。殆文中之妖,並不得與楊鋹厓之詩同年而語乎!"

是日,接高行篤來書,知吳昆田卒訊。

《日記》:"叔遲書來,報吳稼軒丈下世。"

《碑傳集補》卷十一高延第《刑部員外郎吳君稼軒墓誌
銘》:"光緒八年十月初一日,吳君稼軒卒於清河崇實講舍,年
七十五。十二月初八日,其孤涑將葬君於邑之吳城鄉新隴之原,
先一月以狀來乞銘。"

十四日,作函致周壽昌,辨鄲、單二字之義。

《日記》:"與荇農閣學先生辨鄲單二字書。"

《漸西村人外集》有《與周荇農先生書》,即此札。

二十日,晚過李慈銘談,李氏論所欲纂《古今音字要略》一書之
旨。鄧承修、陳啓泰亦在座。

《日記》:"薄暮過蓴老,蓴老論欲纂《古今音字要略》一書,
以刊正俗體之指,以《廣韻》部目爲據,取其同組。而以古今篆隸
章程書應用之字緯之。書若成,信馬援、江式之遺意也。是日
伯訥及陳伯平侍御同年啓泰在座。"

《越縵堂日記》:"鐵香來,陳伯平來,爽秋來。"

二十四日,桑春榮卒,往弔。

《日記》:"座主大興桑柏儕先生薨逝,以病在告。本日遞遺摺,
奉旨照尚書例賜卹,薄暮往弔。"

《光緒朝上諭檔》十月二十四日:"内閣奉上諭:'前任刑部

尚書桑春榮，老成練達，品學兼優，由翰林、御史外任知府，洊涉封圻，旋經擢授正卿，在刑部十有餘年，克盡厥職，敭歷中外，迭著勤勞。前因年近八旬患病，奏請開缺。上年重遇鹿鳴筵宴，賞加太子少保銜。方期頤養天和，長承恩眷，兹聞溘逝，悼惜殊深。加恩著照尚書例賜卹，任内一切處分，悉予開復……伊孫附生桑宷，著賞給主事，分部學習行走。刑部員外郎桑寶，著賞給郎中。用示篤念耆臣至意。欽此。'"

二十六日，潘存過談，述閻敬銘罷官家居授讀事。復同詣李慈銘，以《高陶堂遺集》屬其閲定。

《日記》："孺丈枉存，述朝邑公罷官村居，訓蒙十六年事甚悉，約身力行，具可法則。過蕁老飲。"

《越縵堂日記》："得爽秋書，以新刻《高陶堂遺集》屬閲。……孺初來，爽秋來久談，留共午飯後去。"

案：公《止齋文》稿本有《與李蒓老》一札云："昨夕，吴中寄來新刻高陶堂大令詩集，寒燈昏花，略一展覽……庚桑操術淺，還乞苦縣老於文事者强披尋之，一定其品格爲幸，毋使後來譏彈者掩真、喤附者過情也。"

是日具牒禮部，爲邑中節婦烈女請旌表。

《日記》："爲邑中節婦袁徐氏、烈女朱氏具狀牒禮部，請旌其門。乞紫泉署狀。"

二十八日，李慈銘還《高陶堂集》，並函論其得失。

《越縵堂日記》："作書致爽秋，還《高陶堂集》，論其得失處，得復。"

十一月初五日，李善蘭卒，作聯挽之。

《日記》："李壬叔户曹善蘭作古，今年七十三，《疇人續傳》中又添一席矣。製十字輓之云：'餘論及宗灈；君好禪悦，習曹溪宗，又喜《宗鏡録》。遺書通中西。'"

《越縵堂日記》十一月二十日："是日李壬叔開弔，以其喪在東四牌樓十錦花園胡術,路遠日寒,不及往弔,然心甚歉之。
余與壬叔未嘗往還,而曾識面,且蒙以所著《新譯幾何原本》見
贈。今缺一束之奠,它日當悉搜其遺書,爲作傳以報之。壬叔
名善蘭,海甯人,附貢生。……以是年十月二十九日卒,生於嘉
慶十五年十二月八日,年七十有三。"

十六日,龍繼棟以牽涉雲南報銷案,遭解任傳訊,公以手書慰之。

　　《日記》中録有《答松岑》一札云:"昨辱手書示狀,不意株
累遂及吾兄,令人酸楚。區區之愚,既不能諍論於事先,又未辦
營救於事後,亦爲人友者之過也,抱疚何已。此時願且順時葆
攝,以上慰慈侍倚閭之望。臨楮瞻切。"

　　《光緒朝上諭檔》十一月十六日:"内閣奉上諭:'麟書、潘
祖蔭奏查辦雲南報銷一案,請將孫家穆革職審訊,潘英章革職
嚴拏,並户部主事龍繼棟解任傳質各摺片。户部主事孫家穆著
先行革職審訊。雲南永昌府知府潘英章迭經催提,延不到案,
著即行革職,並著雲南督撫及該員原籍湖南巡撫、沿途各督撫
一體嚴拏,送部歸案審辦,毋稍遲延。户部主事龍繼棟著先行
解任,聽候傳質。欽此。'"

二十三日,往訪崔國因,論近世學派。又晤劉思謙,爲劉長佑子,
新自烏魯木齊來,詢知施補華、陶模近況。

　　《日記》:"過崔惠人編修國因,太平縣人,奇士也。論近日倭、
吳、何、曾學派語,評騭得失,有見解,有分寸,非漫然也。晤劉谷懷,新自烏
魯木齊來燕中,談西陲事,並知均父近狀。子方不赴寧夏郡將
之任,將乞病歸矣。"

二十四日,龍繼棟羈於刑部,往探視。李慈銘函來,詢李善蘭身後
事,即復。

　　《日記》:"松岑羈笮刑部,往慰际之……今日之比部慰际友
人,始歎孟子'有終身之憂,無一朝之患'二言,蓍龜之智,殆不
如也。人生於地上,寓也,安往而非危機哉。夜答蕅老札。"

《越縵堂日記》："作書致袁爽秋，詢李壬叔身後事，復書言壬叔無子，訃中繼光蓋新以弟子爲嗣者。"

公復札見國家圖書館藏《白屋尺牘》云："連旬爲吏牘所嬲，是以未克專詣起居。鹿溪嵩少之游，亦未及走送也。頃捧手教，壬老已刻則古昔齋算書三種，此外靈星皆測祘文字，未審其家有定本否。壬老身後止有弱妻，無子息，恐未必能收拾也。容訪之其高足，再以報聞。此老平日自謂深於曹溪宗，不佞前有一聯挽之云'餘論及宗瀋，遺書通中西'十字云云，未審有當否？近有人新刻《疇人傳》及羅茗香續傳，先生爲作小傳，即以續羅氏士琳，亦佳事也。凍禿毫，遂不成字，匆匆謹復，叩請越縵先生道安。袁昶叩上。"

二十九日，張覲準招作消寒之會，李慈銘、鄧承修、洪良品、陳錦、胡仁燿在座。

《日記》："夜張給諫招集。"

《越縵堂日記》："夜赴張叔平消寒之集，坐有鐵香、洪右臣、陳雲舫、光甫三侍御、袁爽秋，二更時歸。"

十二月十三日，四子榮叟生。

《日記》："未明即起，日加巳第四男生。"十五日："弟四男取名榮安，字道沖。古者子生三月，咳而名之。既冠，而後字之。予不學，又太蚤計，吾過矣，吾過矣。"

十六日，左宗棠餽歲，璧還，並報書答之。

《日記》："湘陰相侯以百金餽歲，賤士瑣末，遠蒙記憶，伏增皇恐。惟自省魯連生强作之者，若徑受則方寸殊未安耳。原函由徐侍郎交來，仍寫簡託侍郎返之。"十八日："答浮邱公書。"

《袁忠節公遺稿》有《答湘陰相侯》，即此札。

十九日，作致李慈銘函，述訪李善蘭行狀事。

《越縵堂日記》："得袁爽秋書。"

案：國家圖書館藏《白屋尺牘》有公《致李慈銘》一札："惡

伯先生道席：吏事重俗，返則極疲，是以久未過候，不審履候何
似？歲晚，衣得無寒乎？念切，念切。年節養廉聞祀竈前後有發
十成也，又有加奉之議，窮官聞之可喜。前命訪李壬老行狀，昶
往拜其徒兩次，來亦不遇，僅得其九日抄測星一咮，謹以呈覽以
後求擲還。率啓，敬維頤衛百福。袁昶頓首。十九鐙下。"此札
未署年月，考其語意，當繫於此。另《越縵堂日記》本月二十一
日："作書……致袁爽秋，還李壬叔九月所測彗度。"可參看。

二十四日，李慈銘函來，轉致王先謙所寄贈《續古文辭類纂》。

　　《日記》："逸梧祭酒自湘中寄予《續古文辭類纂》一帙。"

　　《越縵堂日記》："得王益吾祭酒九月十七日長沙書，並詒新
　　刻《續古文詞類纂》三部，屬以二分致鐵香、爽秋。……夜作書
　　致爽秋幷《續古文辭類纂》。"

二十八日，閱邸報，知譚獻權懷甯令，又聞朱逌然卒訊。

　　《日記》："閱邸報，仲修權懷甯令，可喜。肯夫學士歾於蜀，
　　又可愴然也。"

　　《越縵堂日記》："今日光甫入直歸，言川督昨日急奏至，肯
　　夫以是月十二日病卒，眷屬猶未至蜀也。"

三十日，游琉璃廠，購書籍二種。

　　《日記》："游海王村，得《劉文清集》、《遂安縣志》而歸。"

是年八月至九月，編鈔舊詩數卷。

　　《日記》八月初六日："抄《劍映集》。"九月初六日："繕寫
　　《劍映集》弟八卷。"九月十四日："近日以編鈔舊詩爲日課，今
　　日得五紙。"

編年詩：《春雪》、《題朝鮮金梅隱母朴氏授經圖後》、《偶題》、《釋
惑》、《屋西》、《贈鹿溪》、《適志二首》、《自同治末至今燕中俗樂咸
尚嘄殺促數之音此羽聲也羽於五音爲物所謂其細已甚殆勿堪矣
豈將淪於島索窮爲龍沙蠥天下之生民失群倫之正性乎少寇六安
吳公昔嘗與子踽觚語此良用深憂也夫聲音之感非一日之積貞符

之啓有革除之漸待河清而製頌思古樂以導和不無勞者之歌竊取正音之義云爾》、《訪沈子培昺季不遇》、《懷劉雲蓀》、《游可園》、《送陸漁笙提學甘肅》、《食枸杞葉》、《得家書》、《石屏風》、《雨》、《唐微卿吏部家新種竹數十本一雨三日竹萌怒生舉酒觴客予亦同作》、《送張仲模侍講出守金華三首》、《幽居四首》、《挽韋伯嗛》、《致仕相國納拉公挽詞》、《尊老敦夫枉訪不值》、《中秋》、《儒史》、《行年》、《張君藹卿將之保陽省覲作詩送之》、《寄賀李景卿生子》、《許仙坪丈新除河北監司有贈》、《八月晦日夜記彗星狀》、《寄朱竹石觀察四十四韻》、《挽王子恒比部丈》、《梅延祖挽詞》、《劉恭父挽詞》、《微卿將使越南即題其萬里請纓圖爲別》、《寄題從外舅薛夫子黃葉村莊》、《街西一椽屋》、《送許仙坪丈》、《微雪獨坐》、《憶舊》、《雪》、《朱兵曹移居戲贈》、《寄從子德正》、《懷松岑》時君緣事下吏對簿、《招朱兵曹》、《上周自庵閣學》、《吾將篇》、《除夕口占二首》。

編年文：《困學廬記》、《陳一吾學士像贊》、《送陸漁笙提學甘肅》、《國子祭酒王君母鮑太淑人誄》、《高先生像贊》、《寰鏡序》（佚）、《劉中允傳代史官擬入國史儒林傳稿》、《漸西村舍自課律》、《書韓文公示兒詩後》、《致聶子樗秀才書》（弟齯虞削跡）、《答許仙坪丈》（不肖以單門弱植）、《致周荇農先生書》（十三日示讀小顏注校補）、《徐封翁七十壽詩叙》（佚）、《上座主晉撫張孝達先生》（君立赴京兆試）、《致李慈銘書》（昨夕吳中寄來新刊高陶堂明府集）、《致朱竹石觀察》（伏暑久不馳問）、《致陳豪書》（甲戌判襏）、《上兩江督部左公書》（司員自上年孟冬十八日敬送鈞庱）、《致楊石泉方伯》（於去年十月十二日以先世行實爲狀上湘陰相侯）、《答松岑》（昨辱手書示狀）、《致李慈銘書》（連句爲吏牘所嫪）、《答湘陰相侯》（昨由許副都枉示鈞賜批答牘尾）、《駢枝集叙》、《復徐小雲侍郎》（殘臘事叢）、《致陳豪書》（雪漁奉使還）。

【時事】朝鮮政變，吳長慶執大院君李昰應送天津，復閔妃主政。中朝簽訂《水陸通商章程》。法軍再陷河內，中法簽訂越事備忘録。

　　陳澧卒。吴昆田卒。全慶卒。桑春榮卒。李善蘭卒。朱
逌然卒。劉承幹生。

兼差總署（1883—1892）

光緒九年癸未（1883），三十八歲

正月初一日，始入戶部雲南司兼差。

《日記》："前奉派兼在滇曹看詳文字，今日始上，屢次函託曹長辭之而未獲。"

是日聞寶廷以典試歸途買妾事自劾，交部嚴議，尋革職。

《日記》："竺坡閩中使還，以中途買妾自劾，奉旨下所司嚴加議處。"

《光緒朝上諭檔》八年（1882）十二月三十日："內閣奉上諭：'侍郎寶廷奏途中買妾，自請從重懲責等語。寶廷奉命典試，宜如何束身自愛，乃竟於歸途買妾，任意妄爲，殊出情理之外。寶廷著交部嚴加議處。欽此。'"九年正月十二日："內閣奉上諭：'吏部奏遵旨嚴議處分一摺，禮部右侍郎寶廷著照部議即行革職。欽此。'"

初二日，往刑部獄探視龍繼棟，還過沈曾植談。

《日記》："眎松岑於非所。還，過子培。"

初三日，往詣鄧承修談竟日，潘存在座。

《日記》："答候伯訥，論事竟日，孺丈亦在座，暮歸。"

初五日，作書與張佩綸，冀其施救龍繼棟。

《日記》："以帷簿失檢，而其居心猶知不欺君者，與簠簋不飾，而敢於欺妄君上者，兩案互校，心跡之辨易明也。心跡既辨，則其科皐之孰應輕，孰應重，三尺童子皆知判斯獄矣。今應重者猶蒙恩澤，而猶知不欺者反不得援末減，是豈用法之平邪？

既而思之,今方得皋陶爲大理,吾無慮矣。以上皆與横浦書中語,冀其上言營救,故云爾也。"

　　案:此札未明言寫與何人,所云"與横浦書",乃隱語也。考南宋張九成有《横浦集》,别稱張横浦,則此札所致之人當爲張姓。又札中有"今方得皋陶爲大理"等語,查《光緒朝上諭檔》八年(1882)十一月十一日:"内閣奉上諭:'都察院左副都御史著張佩綸署理。欽此。'"且公日記於初六日記載:"得張六文答書。"則此札係寫致張佩綸無疑。

初六日,得朱之榛蘇州書、高行篤揚州書,高氏以汲古本《説文解字》見寄。

　　《日記》:"雪中得竹石吳中書,並饟朱提三十兩;叔遲竹西書,並影刊汲古本初印《説文解字》。"

十六日,游琉璃廠,購得書籍數種。

　　《日記》:"之廠肆,買得汲古本《漢書》、《後漢書》、《續漢志》及王虚舟史部《閣帖攷正》三種而歸。"

十九日,過陳崇,觀岳飛行書《出師表》、《送吳將軍南行詩》。

　　《日記》:"暮過蕙梁,觀岳忠武王行書《出師表》及自著《送吳將軍南行詩》,結體肥而含飛動之勢,全步武蘇文忠。汲宋四家,世有描塗餕刷之譏,醇古專謹之意全失,非唐法也,际晉人風格則尤遠矣。"

二十三日,謁座主張澐卿。又過李慈銘,不值。

　　《日記》:"座主少秩宗張公滿任還朝,往候之,述臺匪事甚詳。過尊老,不值。"

　　《越縵堂日記》:"爽秋來。"

二十四日,往詣徐樹銘,論桐城文派。

　　《日記》:"詣徐壽衡大理,論桐城文派,又見案頭有湘人王之春所輯《國朝柔遠錄》藁本。分年述事,曾經彭雪琴侍郎閲定。"

　　案:徐樹銘(1824—1899),字壽衡,湖南長沙人。道光進士，授編修，歷任吏部、工部侍郎，福建、浙江學政，太常寺少卿、左都御史、工部尚書等。

二十五日，游琉璃廠，購得《墨池編》、《萬素堂集》。

《日記》："入署。游海王村，得《墨池編》二十卷及《萬素堂集》殘本而歸，夜觀書所得書至二更。"

二十六日，李慈銘、鮑臨來談。

《日記》："薄暮，蓴老、敦夫枉存。"

《越縵堂日記》："晡後詣敦夫談，偕至張相公廟街看屋，便過其對門袁爽秋小坐。"

二十七日，沈曾植來，復同過李慈銘，不值。

《日記》："子培枉存，復同訪蓴老，不值。"

《越縵堂日記》："袁爽秋來，沈子培來。"

二月初一日，游琉璃廠，得《九老唱和詩》一卷。

《日記》："復出游海王村。……得乾隆中南蘭陵莊氏《九老唱和詩》一卷，人繫以傳，洪更生、張皋文、惲子居皆有序。林皋適志，昇平引年，足以生羨。"

初十日，彭仲田以彭定求、彭紹升、彭績所著書見贈。

《日記》："彭仲田秋曹餉重刊南畇、尺木、秋士三先生遺集，並《姚江釋毀錄》、《儒門法語》，作函並物爲謝。"

十一日，獨游地藏庵。

《日記》："獨游地藏庵。按碑記，庵創建於嘉靖庚子，重修於嘉慶庚申，董其役者監察御史章守勳。庵故祀地藏菩薩，旁列十閻羅像，冶鐵爲之，乃前明物，後亡其一，範土補壤，故庵又名閻王廟，俗呼爲延旺廟者，聲誤也。阿鼻十八鬲之説起於西方，楚詞《招魂》'土伯九約'亦其椎輪。《首楞嚴》以三十六天對治三十六地，《地藏十輪經》琰羅即閻羅也。《翻譯名義》云琰魔，或云琰羅，此云静息，以能静息造惡者不善業故，鬼官之總司也。亦云閻羅，聲之轉也。衆生有十惡行，故監伺名號有十。實則魂生於陽，有神守之，魄生於陰，有鬼司之。動静呼吸，一出一入，一消一息，神鬼之理，具於吾心。屋漏不形，左監右史，人能以此心爲嚴師，則察莫察於是矣。後世復有賀若弼作閻羅王之説，意者如宋人稱包孝肅爲閻羅，康熙朝士稱趙恭毅爲冷廟龍王之比耳，非實然也。嘗論六根六塵六識，因而重之，即爲十八阿鼻無間。一切苦海，皆由意造。一切浄土，悉本心行。故曹溪云：‘斬邪心，海水滅。去煩惱，波浪竭。’半山詩：‘利瞋汝刀山，濁愛汝灰河。汝痴分别心，即汝琰魔羅。’謂瞋、貪與痴三毒浸淫，積成罪業，梏之反覆，實無成形也，斯得其懸解矣。天堂無則已，有則君子登。地獄無則已，有則小人入。奚取蛆蟲僧廣張罪福，恣其誘脅哉！”

十三日，拜周壽昌生日，與同人小飲。

《日記》：“敬祝自庵先生生日。尊老製四六壽叙，風格極蒼老。”

《越縵堂日記》：“詣荇翁，拜七十壽，晤徐壽翁、徐叔鴻、陳伯平及心雲、爽秋諸君，小飲久談。”

十七日，應户部咨送總理各國事務衙門章京考試，題爲《不貴異物論》。

《日記》：“入署。省試《不貴異物論》。隨人獵較，道污從污，時事可知矣。”

案：《袁忠節公遺稿》有此文。

二十五日，寒食節，有懷先塋。

《日記》：“禁烟時節，惘惘出門，馬磨牛醫，皆得賷寒具紙錢上父祖邱隴，獨予塊然行役，自丁丑至今七年不得展禮丙舍矣。睹兹景物，黯然神傷。”

二十六日，孔昭案來，以其祖、父所著書相贈。

《日記》：“孔印川昭案來，以令祖宥函先生《和陶》一卷、吳攘之隸書極佳。尊甫力堂先生《禮記算學述》一卷見遺。”

三月初二日，復應總理各國事務衙門章京考試，題爲《惟斷乃成論》。

《日記》："食時入城，省試《惟斷乃成論》，繕稿四刻而畢。"

案：《袁忠節公遺稿》存此文。

初六日，送薛葆榑入場，始晤鄭孝胥。李慈銘函來，即復，並奉閱應考總理衙門章京所作文。

《鄭孝胥日記》："午後，薛慕淮來，遂移行李同入小寓，假火神廟傍藍旗佐領榮宅，去貢院約里許。同寓者爲章幼叔、王萊卿、汪如海、并慕淮及余而五。袁磒秋爲慕淮姊丈，供職户部，是日亦來送場。"

《越縵堂日記》："作書致爽秋。得爽秋書，並近日送總理各國事務衙門章京户部所試《不寶異物論》、總理衙門所試《惟斷乃成論》，皆甚佳。自來試軍機及此衙門，皆限時四刻，以寫字十三行爲入格，行二十字。其文絕不成理。爽秋兩論皆至五百餘字，經史紛綸，蓋絕無僅有者也。户部試者三十四人，得送者八人，爽秋第一。總理衙門試者五十餘人，取廿八人，爽秋第三，其餘殊非佳士。惜哉，以此手試此論，故來書辭甚抑鬱，若不自堪，復書慰之。"

初七日，作函致李慈銘，並奉閱所校《四十二章經》、《遺教經》。

唐薇整理《袁昶致李慈銘未刊手劄廿通》第七："《四十二章經》一帙奉覽。寫經功德無涯也，卞田居、傅鼉室之高燭，令人退企。昶頓首上越縵古德侍者。初七日。"

《越縵堂日記》："得爽秋書，並所校《四十二章經》及《遺教經》共一册，即復。"

案：《越縵堂日記》次年二月初二日："跋爽秋所校《四十二章經》、《遺教經》各一通。"可參看。

初九日，李慈銘函來，借浙局新刻書。

《越縵堂日記》："作書致爽秋，借浙局新刻《新唐書》方鎮表、地理志、藩鎮傳,得復。"

初十日,接薛慕淮首場出,晤鄭孝胥。

　　《日記》:"接慕淮出場。……晤鄭蘇龕孝胥。晡後風沙四塞,目疾未已。"

　　《鄭孝胥日記》:"寫正已,檢具荷之而出。到寓甫九點,臥久之。袁碩秋來。有頃,諸同寓續出,王掌櫃亦來接場,意肫摯可念。"

十二日,購《戴東原集》、《司馬溫公傳家集》。

　　《日記》:"買得經韻樓刊《戴東原集》、培遠堂校刊《司馬溫公傳家集》。"

十五日,過沈曾植、沈曾桐談,並借書二種。

　　《日記》:"過子培、子豐,借七十一《新疆輿圖風土攷》、椿園。汪曰楨所輯《蓮漪文鈔》。謝誠。"

二十七日,過李慈銘,談婦病事,潘存亦在座。

　　《日記》:"詣蓴老,齋頭藤花又開矣,孺丈亦在座。"

　　《越縵堂日記》:"爽秋來,言其配薛宜人病風。"

　　案:公《日記》二十二日:"內舍病狂已七日,似有外舅及婦之從母憑之爲厲。予平生好奇偉而病於庸行多疏,故有以召之邪!僕不得甘暝久矣,今夕病婦稍靜,始得眠。是日入署。延陳君察蚳,處置方劑。"可參看。

四月初二日,李慈銘函來,問薛夫人疾。

　　《越縵堂日記》:"作書致爽秋,問其夫人病狀。"

初九日,閱署中所藏《欽定大清會典》,以是爲常課,以其有助於史事也。

　　《日記》:"恭閱曹廨所藏《欽定大清會典》,以是爲公餘日課,勿惰而中輟也。"

十一日,聽紅録,內弟薛葆樨落第。

　　《日記》:"入署銷委。還小憩,復之廠甸聽紅録,慕淮落第。

夜不寐。”

十九日，沈秉模來，言去年潛山縣水災事。

《日記》：“沈芸閣之長郎樹人運判^{秉模}來，言去年潛山縣蛟水爲害事甚悉，傅城漂没數千家，傷心慘目甚矣。”

二十日，得朱采來書，以《續山東考古録》見贈。

《日記》：“得亮生書，並以《續山東考古録》見餉。”

二十五日，過李慈銘，以歐陽文忠像拓本相贈。

《日記》：“詣蓴老不值。”

《越縵堂日記》：“爽秋來，以滁州石刻歐陽文忠像朱拓本爲贈。”

二十六日，總理各國事務衙門新章京引見。

《日記》：“日加辰，由譯署司員帶領引見，卬覿天容徽瘠，知勞心時局者深矣。雖在掾曹之賤秩，敢忘獻替之迂忱哉。”

五月初五日，以詩寄送李慈銘，並問《東方畫贊》碑拓事。

《越縵堂日記》五月初六日：“昨爽秋雨中送詩，並問舊拓東方朔畫像贊之直，匆匆未得復之。”

案：紹興市圖書館藏公《致李慈銘書》有此札：“佳節忽忽不樂。雨至，室中仍蒸熱悶悶，然差幸索逋者絶跡也。不審道履安適何似？前月尾作一短句《小窗兀坐》，録以呈正，不足一笑也。袁昶叩上愛伯先生饌席。午節。久欲買《東方畫贊》，舊拓本甚稀，今日見一本，仍未能定買。須費金幾何方佳？乞指示爲快。”

十五日，聞王頌蔚散館授部屬，將入户部雲南司同事。

《日記》：“昔吾友劉彦清、高伯足時時稱道吴人王弗卿^{頌蔚}之賢，今聞其散館改授部屬，將入滇曹，喜不寂寞矣。”

二十九日，閲邸報，知雲南報銷案奏結，龍繼棟遭遣戍。

《日記》：“晚見邸報，滇案奏結，松岑謫遣察哈爾軍臺，不出三年，可蒙恩赦還也。”

《光緒朝上諭檔》五月二十九日：“內閣奉上諭：前據御史陳啓泰奏參太常卿周瑞清包攬雲南報銷，該省糧道崔尊彝、永昌府知府潘英章來京賄託，復據御史洪良品、給事中鄧承修奏以此案牽涉景廉、王文韶，先後降旨派惇親王、閻敬銘、潘祖蔭、張之萬、麟書、翁同龢、薛允升會同查辦。……此案崔尊彝承辦雲南報銷，潘英章輒爲代託周瑞清轉囑龍繼棟向孫家穆說明津貼公費銀八萬兩，司員、書吏得受銀數多寡不等。雖經該部覆覈，所報均悉應銷之款，惟輾轉賄託，數至盈千累萬，官吏通同朋分入己，情節較重，自應從嚴懲辦。……孫家穆、周瑞清均著發往黑龍江效力贖罪。……已革戶部主事龍繼棟聽從周瑞清說合過付，事後並得受酬謝銀二百兩。……著發往軍臺效力贖罪。”

六月初九日，過李慈銘，沈曾植亦在座。是日王先謙寄贈《魏書校勘記》。

　　《日記》：“詣蓴老，子培亦在座。逸梧自湘中以《魏書斠勘記》見詒。”

　　《越縵堂日記》：“沈子培來……袁爽秋來。”

十五日，以李善蘭事略寄呈李慈銘。

　　《越縵堂日記》：“得袁爽秋書，並李壬叔事略。”

七月初一日，李慈銘以詩相寄。

　　《越縵堂日記》：“寫感事諸詩貽爽秋。”

初三日，鄧承修來，述陳國瑞事跡。

　　《日記》：“伯訥給諫至，爲述故提督陳公國瑞事，云提督睥睨當世人才，無可意者，而其舊部曲一校云，未嘗見公軍中折節禮人，惟其逐捻於燕晉之間日，有一異僧，偶來營次，公必延登上座，伏謁甚謹。此僧不審挾何道術，足以折介冑不可犯之氣。噫，亦異矣。”

初八日，作函致李慈銘，並示近詩。

《越縵堂日記》：“得爽秋書並近詩五首。”

十九日，往晤龍繼棟，時將赴戍所，公贈以詩、序。

《日記》：“過松岑，嚴裝將發矣。夜復往話別，三更歸，四顧沉寥，不能成寐。”二十日：“重送松岑別，念君濩落長安中二十年，猶一夢耳，臨歧不勝惘然。”

《漸西村人初集》詩十二有《送松岑赴戍所》詩。

《漸西村人外集》有《送龍松岑序》。

二十一日，是日陳燾卒。

《日記》：“是日平旦，汝翼下世，一官落拓，年未五十。平生能詩，稿皆隨手散佚。素性不肯與時俯仰，不悅人，不喪己，與之處，時復得善言。居止與予密邇閭里，知識亦足解愁顏也。一旦長逝，踽踽涼涼，如何如何。甲夜往际珍斂，王深父之艱劬，著書未就，魏冰叔之刻屬，弱息無聞，可哀也已。”

《越縵堂日記》：“早起盥漱方畢，欲往視汝翼，則已來訃，云辰刻逝矣。即偕敦夫往哭之，悲甚。”

是月，以龍繼棟遣戍，爲作書告貸於譚獻，未獲允。

《復堂日記》：“七月十九日，得袁爽秋京邸書，云龍松岑遣戍出關，告貸於僕。士大夫持身不慎，至以賕敗，殆不在周急之數矣。”

八月初四日，唐景崇來，談法越兵事。

《日記》：“唐春卿來，談法越兵事。”

九月初二日，李慈銘函來，晚過李宅晤商祖餞潘存事。

《越縵堂日記》：“作書致爽秋，得復。……爽秋來夜談。”

國家圖書館藏《白屋尺牘》有公《致李慈銘札》：“昨長者玉趾枉存，有失倒屣爲罪。夜出詣孺初丈相左，並敏几席，亦擬商餞別之舉。頃奉手教，正愜鄙心。棗花寺作重九尤妙，客以鄧、朱、黃作陪足矣。適欲出匆匆，晚間走商一切也。身世之感，正所謂'樹樹皆秋色,山山惟落暉',公若買山,請從而後也。前拙作汝翼哀詞,未審曾經元晏品定否? 此復,即頌越縵先生道安。昶再拜。"

　　案:此札未題月日,考本月朔日公日記"蕘老、子密、鼎父、再同俱見過。夜出訪孺老問行期,不值",《越縵堂日記》"下午詣爽秋不值。……爽秋來",初三日"作書致爽秋,約重九日於崇效寺同餞孺初也,遣人至寺定坐"等語,適與此札所述相符,故繫於本日。

初三日,李慈銘函來,約重九日崇效寺雅集。

　　《越縵堂日記》:"作書致爽秋,約重九日於崇效寺同餞孺初也,遣人至寺定坐。……得爽秋書,即復。"

初六日,李慈銘函來,即復。

　　《越縵堂日記》:"作書致爽秋、伯循。"

　　《白屋尺牘》有公《致李慈銘札》:"昏黑歸,得手教,重九蕭寺之集,星海不速而來,甚妙。已面訂,想不須再折簡速之也。道太遠。鼎父陳越南事,文字曲盡事會,所嫌發之非其時耳,先生以爲何如? 夜中稍得憩息,抄近日打油詩得數紙,一呈指削,幸甚。明夕雲舫處侍教也。此上,即叩越縵先生晚安。袁昶頓首。初六夕。"

　　案:此札未題年月,考其語意,並參以初七日陳雲舫招飲、初九日崇效寺之集有梁鼎芬在座二事,則當繫於本日。

初七日,李雲麟來。夜陳錦招飲。

　　《日記》:"雨蒼來談。治吏牘。夜陳芸舫侍御招陪孺丈讌集,二更歸。"

　　《越縵堂日記》:"陳雲舫侍御迻居椿樹頭條胡衕,邀同孺初、鐵香、右臣、爽秋、費雲舫夜飲,傍晚赴之,夜二更歸。"

初九日,與李慈銘同餞潘存,將辭官歸文昌也。邀沈曾植、沈曾桐、朱一新、黃紹箕、梁鼎芬同集崇效寺,登藏經樓、西來閣,並觀《青松紅杏卷子》。

《日記》：“與蕓公招同朱鼎父、黃中弢、梁星海、沈子培、子封、鄧伯訥同迓孺老，祖餞於城西白紙坊之棗花寺，伯訥不至。登藏經閣及西廡，開窗望西來諸山，剝落讀唐王仲堪墓誌，已採入《全唐文》。重展智樸開士《紅杏青松》長卷。觴炙既行，日已西趄，遂不及游聖安寺而返。聖安寺乃金源古刹，有明昌中李宸妃石刻畫象，今寺廢爲叢林矣。是日蕓老氣象爛漫，予意思彫疏，既飽歡娛，亦殊蕭瑟。”

《越縵堂日記》：“午詣崇效寺，偕爽秋治具餞孺初，邀朱蓉生、黃仲弢、梁星海、沈子培、子封作陪，諸君皆已至。午後登藏經閣，有溫惠皇貴太妃長生祿位，其經紙印皆已舊，蓋北藏本也。……又登寺西偏之西來閣，中祀文昌神，觀《青松紅杏卷》於靜觀堂。晡在堂設飲，日暮始散。”

初十日，夜詣潘存話別，李慈銘亦在座。

《日記》：“夜詣孺丈處送行，蕓翁亦在焉。三更始返，不能成寐，殆友朋寥落、身世艱劬之感使然邪！”

《越縵堂日記》：“夜飯後步詣雷陽館送孺老行，爽秋亦來，久談至更深燭炧，悵然言別。少陵詩云：‘今夕復何夕，共此燈燭光。’余舉似二君，益增淒黯。乃復舉少陵詩云：‘清夜沈沈動春酌，燈前細雨簷花落。’天涯翦韭，安知不尚有時邪！且以久客窮子，歸吃故鄉飯，飲故鄉水，必增老健、蘇宿疾。余所見士夫挈眷入都，有五六人，或八九人，甚或十餘人，而無一人歸者，有數十人而祇一二人歸者，其舉家不歸者無論矣。今君以貧瘁一人入京師，而歸時眷屬五人，不大可賀邪？孺初爲之破涕，遂坐車還寓。涼月在樹，蕭森滿懷，此別茫茫，遂當千古。”

十二日，夜訪沈曾植、沈曾桐，歸思故交零落，頗悵惘。

《日記》：“夜過子培、子封，乘月夜歸，淒寂萬狀，尋思其故，殆由故交如落葉晨星，獨守空甑長安中，積然無所向也。”

十四日，李慈銘函來，囑爲代請假。致函李慈銘。

《越縵堂日記》："作書致爽秋，屬其入曹注感冒假。"

《白屋尺牘》公《致李慈銘書》："重九游棗花寺，展觀長卷，上有公絶句七首。出其餘事，直欲壓倒朱王諸老，巾山而後，代興無疑，皇甫持正但有洗心樹降旗耳。今日忍飢不出門，先生道履安否？昶叩上越縵先生侍者。十四夕。"

案：此札未題年月，考其語意，當繫於此。

十八日，陳錦來話別，將歸吴中。

《日記》："芸舫將歸吴中，過茅齋話別。"

案：《漸西村人初集》詩十二有《芸舫乞病歸吴江追送不及悵然有寄》，小注云："君以兄喪棄官持服。"可參看。

二十一日，陶然亭公餞楊文瑩，李慈銘、吴講、胡仁爛、朱一新等在座。筵散，復與朱一新同過沈曾植談，聽二君論洋務。

《日記》："江亭小集餞雪漁，斷雲銜日，一望蕭遠，寒蘆未作花也。比晚始散，與鼎父同車叩子培郊居，瀹苦荈清談，聽鼎父、子培論夷務形勢利害，往復數千言，旗鼓相當，令人忘倦。三更歸。"

《越縵堂日記》："作書致爽秋。……下午詣陶然亭，公餞雪漁也。雪漁、介唐、光甫、蓉生俱已至，爽秋後來。晡設飲，清談甚歡。酒半，夕陽忽晴，野色彌秀，縱覽百頃，盡納一窗。日落飲畢，循西廊倚平檻流連眺望，至晚而歸。"

二十三日，胡傳自東北來，談中俄邊事。又晤唐景崇，談法越事，甚慨疆吏之畏葸。

《日記》："胡守三大令自綏芬河領餉來都，談東三省事，云寧古塔三姓戍兵近萬人，歲需部庫給餉銀九十餘萬兩。現沿邊辦招墾事宜，應募者多徒手客民，聚散無常，地苦早寒，又無牛種籽糧以給之。老滿洲人多尪孱，無壯佼者。而烏蘇里江、興凱湖以東俄人設兵僅四千餘人，政令簡捷，計丁授墾地，招徠甚衆，皆有妻子，土著有安居樂業之心。年十八以上籍爲土兵，三年後仍遣歸農，人予一火器，農隙操演。歲餉甚微，而土兵之籍計數十倍於額兵。又多佔膏腴之區，得明人用鄉兵成法。自混同以北，則索倫部人多爲之用。東西兩西伯利部，又有火車、鐵路、電綫之利。海參崴每月有上海輪艘開行一次。日内督辦吳太僕自陳練兵可用，密諭帥三千名來天津幫辦北洋軍務，東事交署吉林將軍希元兼理，不審布寘若何也。晤唐春卿，言滇軍防交駐紮山西之林、張兩軍，退屯大灘。在保勝上游。法人決隄灌劉淵亭即鐔永福。軍，幸劉軍預徙高皇避之。法又以水艘火器力攻山西省屬之丹鳳縣。滇撫唐炯稱疾，徑退歸滇省，奉嚴旨詰責。劉軍四千餘人，原約滇軍月餉一萬，滇止給五百金，而又靳之。越南受法成，與劉絶，孤軍飢疲，苦戰不支，有退回保勝之説。法人以河内爲重成，屢遣兵輪艘測量紅江上游。山西、北甯當其極衝。山西旦夕垂陷，而蠻眊、蒙自一帶俱震。滇之門户既失，北甯粤防之軍亦將潰退，由諒山入關矣。謀國者諄諄以憚開邊釁，啓疆吏不恤軍務之心。聞粤西帥亦徘徊在龍州，怯出鎮南關一步。軍情渙散，殆同兒戲。"

十月初一日，作致李慈銘函，並和其重九日棗花寺詩一首。

《越縵堂日記》："得爽秋書，並和重九之作。"

《漸西村人初集》詩十二有《尊老見示重九棗花寺集送孺初詩奉和一首兼以寄孺翁》。

初二日，張濂卿卒，往視珍殮。

《日記》："座主太和張公辭世，往會哭际珍殮，四更歸。"

《光緒朝上諭檔》十月初三日："内閣奉上諭：'禮部左侍郎張濂卿由部屬洊陞卿貳，持躬謹慎，克勤厥職，兹聞溘逝，軫惜殊深。著加恩照侍郎例賜卹。任内一切處分，悉予開復。應得卹典，該衙門察例具奏。欽此。'"

初七日，晚詣胡傳，談東北情形。

《日記》："晚詣守三兄。守兄樸實能耐苦，可敬，談吉林甯古塔、三姓、琿春各處山川形勢風土。又言吳太僕生長吳郡，而治事極幹敏，能喫苦習勞，善鞍馬、工火槍，有前明唐忠文、盧忠定之風，是可敬也。"

二十五日，詣唐景崇談，論滇越之事。旋即作書致唐景崧，與論劉永福黑旗軍進止。

《日記》："晚晤春卿，始知劉誼仍駐軍山西，粵軍黃卉亭提戎仍留防北甯。八、九兩月，法越無戰事。法巴黎司上下議院不協，聞有議罷攻山西者，有仍執前議，以助理越南國政爲名，與劉決戰者。丹鳳仍爲劉守，劉軍半逼紅江南之懷德府而營，去河內數十里耳。越人所在屯聚，義兵白隊亦不下萬人。中朝前允犒劉軍之資械銀十萬兩已給外，又滇省許月協五千兩，粵省月協五千兩，經滇、粵大吏先後奏准。劉誼遣員入鎮南關添募新軍，滇軍亦將由大灘回紮山西。滇將現易以廉姓者，不用林、張矣。如是則劉軍粗安，出關各軍聲勢稍聯絡矣。鄙意欲乞微卿吏部從中布實，督令劉誼招商買穀，堅壁勿浪戰，靜伺其局勢之變。如法人挑戰，第令偏裨率游擊之師據便利以應之，勿窮追。法人案甲，則多方以擾之，萬勿頓兵河內堅城之下，投彼之所必爭。使紅江以北越民安堵，市易漸復，則屹然成一重鎮，擅権場之利，繫義旅之心，我氣方張，彼謀稍挫矣。不審微卿以爲如何也。現越南王阮福時已病薨，國人立其從弟，敏關請敕封。黃佐炎一軍，亦尚有與大軍夾攻河內之志。櫽聲相聞，而中、法方驟有決裂之照會，將來戰事當不在河內，而在腹省矣。惜左、李、彭、張諸帥持議不可合併，恐局勢散漫，一旦內地有堤決蟻堋之處，不易收拾耳。"二十八日："作與唐微卿弟二書，論劉軍進止。"

案：該札不傳，然其大指當與詣唐景崇時所論者相合。

十一月初一日，詣朱一新談，李慈銘亦在。

《日記》："晚過鼎父。"

《越縵堂日記》："至蓮花寺訪朱蓉生，爽秋亦來，談至晚歸。"

初四日，以詩簡沈曾植、曾桐昆仲。

《漸西村人初集》詩十二《戲簡子培子封》："南城地勢何所似？鱗甲千檣劈高浪。君今新居蹋龍尾，喜得西山拓屏障。坡陀起伏作波濤，叢荻蕭疏時一望。道旁擔夫相汝爾，真俗參差誠兩忘。無酒開顏意缺然，築堂背郭甞誰餉？長安國工囊豨苓，方與雞癰迭爭王。聞君亦蓄千金藥，乞取吾家甕頭釀。"

案：沈曾植《家傳稿》："光緒□□自潘家河沿徙珠巢街，徙老墻根，家業粗完而太夫人見背。戊戌出都，自此與南城緣盡矣。"是沈氏新移居珠巢街時。又公日記十一日："昨夕詣子培、子封新居，作夜談。"可參看。

初五日，李慈銘來函，約初八日夜飲，後以病改期。

《越縵堂日記》："作書致雲門、致爽秋、致星海，俱約初八日夜飲。……爽秋來。"初六日："以病不能即瘉，作片致爽秋、星海，改後日飲期。"

初六日，張澐卿出殯，往助執紼。

《日記》："張宅送殯，助執紼。"

初七日，黃國瑾招飲，樊增祥、許景澄、朱一新、濮子潼在座，觀所藏書畫。

《日記》："再同招同雲門、竹篔、鼎父、止潛小集，觀鹿柴主人蓄明賢及國初諸名人方外書畫甚夥，遂出徧觀之，中有楊升庵小行書手札一通，風致絕佳，在六詔時作，有張船山跋尾。昏黑方歸。"

初九日，李慈銘來函，晚往晤，朱一新亦在，觀李氏日記中論學語。

《日記》："晚與鼎父俱在蓴老處，觀蓴老日記中有辨正《公羊》郜大鼎傳器從名、地從主人之說，又駁尹氏卒當從左氏作君氏卒爲正,其詞甚辨。"

《越縵堂日記》:作書致爽秋,爲劉宅請陪上學酒。……朱蓉生、袁爽秋來,夜談至三更後去。

十三日,唐景崇來訪,言滇越情形。

《日記》:"春卿來,言滇督岑公自請督師出關,從征二十營,計萬餘人。微卿幫辦徐中丞營務,所統六營計三千人,紮山西省,依劉爲固。"

十四日,接友人書,聞秦緗業卒訊。

《日記》:"得仲修皖中、芸舫吳下、修甫湖上各書。聞秦都轉下世,身後況瘁,不勝愴然。"

《中國家譜資料選編》第四卷秦光簡《秦緗業行狀》云:"府君姓秦氏,諱緗業,字應華,號澹如,江蘇無錫縣人。……幼稟至性,八歲居侍郎公喪,哀毀如成人。……既少孤,懼隕先緒,重以母教,益刻苦攻文章,餘事作詩,舉業則不甚講習。……舉道光丙午科副貢,歷游山左、安徽學使幕。……由副貢充國史館謄錄,議叙鹽課大使,循例爲府同知,以辦海運功保留浙江補用。……同治元年,謁今相國李公於滬上,留辦文案。蘇常肅清,奉旨擢道員,加鹽運使銜。甲子檄調回浙,督辦浙西鹽務。……丙寅攝兩浙鹽運使事。……今上元年,督辦釐捐局務。己卯檄署金華、衢、嚴三府分巡道任。……其冬回省提調書局。……卒以局務更張忤當道,遂拂衣歸,時八年春也。……初浙紳士聞府君歸貧甚,延主東城講舍,既又聘纂《杭州府志》,行有日矣,而疾作,遂以光緒九年十月十二日卒於邑東南蕩口鎮寓室,距其生嘉慶癸酉,享年七十有一。"

十七日,始以總理各國事務衙門章京入署兼差。

《日記》:"初入譯廨,庶人召之役則往役,往役義也。暮歸。"

《漸西村人初集》詩十二有《將掾於典客署書懷三絕》。

十八日，謁見恭親王奕訢及軍機大臣兼充總理衙門大臣寶鋆、景廉、李鴻藻、麟書等，復至總理衙門各堂官宅投刺。

《日記》："四更赴隆宗門外謁見邸堂、樞堂，旋之各堂官私第例投手版。所治瘳下而並不得車，不益爲漆園傲吏所笑乎！"

案：時任總理衙門領班大臣爲恭親王奕訢。軍機大臣中兼在總理衙門大臣上行走者爲寶鋆、景廉、李鴻藻、麟書，是爲身兼樞、譯兩署者。總理衙門大臣此外尚有周家楣、陳蘭彬、張佩綸、吳廷芬。

二十三日，濮子潼、朱一新招飲，許景澄、樊增祥、黃國瑾在座，諸人勸公辭戶部會計國簿差，以資攝養。翌日赴部謁見尚書閻敬銘，即辭差。

《日記》："夜止潛、鼎父招同竹篔、雲門、再同小集，諸君閔我筋力疲憊，兩鬢垂白，苦口勸自謀辭退計簿之役，甚感相厚之意。夜歸，不寐。"二十四日："晨謁朝邑尚書，辭鈞考國計之役。"

十二月初四日，過訪戚人銑，看方東樹所著《漢學商兌》，謂有門户習氣。

《日記》："夜過潤如，看方氏東樹所著《漢學商兌》，不免門户習氣，陳清瀾《學蔀通辨》之流也。三更歸。"

十二日，以詩簡李慈銘，李氏有和詩。

《日記》："蓴老以和詩遣小奚相報。"

《越縵堂日記》："夜作酬爽秋詩二首。"

《越縵堂日記》本日有《袁爽秋以冬夜直理俄館賦詩見懷並示館中即事四絶句酬以二首》

案：《漸西村人初集》詩十二有《有懷蓴老》即所謂見懷之作，然公所作館中即事四絶句詩不見於集中。

十七日，高行篤書來，以《東都事略》、《穀梁大義述》、《山右金石録》寄贈。

《日記》："得叔遲手札，以影刊《東都事略》、柳先生《穀梁大義述》、《山右金石録》遠寄茅堂,快慰之至。"

十九日,赴總理衙門監考同文館學生,始晤丁韙良。

　　《日記》:"是日戴星即出,往東署監考同文館學生,始晤美國紐約人丁教習,與談譯音及各國教俗。人臣無外交,此次公會相見,且從陸三魚先生見湯若望例也。"

　　案:丁韙良(1827—1916),英文名 William Alexander Parsons Martin,漢名丁韙良,字冠西,美國印第安納州人。以長老會牧師身份入華傳教,曾翻譯《萬國公法》。同治八年(1869),以赫德推薦,任京師同文館總教習。光緒二十四年(1898)任京師大學堂西學總教習。

二十一日,夜赴樊增祥招,作消寒之會。

　　《日記》:"夜詣雲門消寒五集之約。"

二十三日,李鴻藻奏設總理衙門海防股,公奉命典機宜文字。

　　《日記》:"奉批教量迳在海防股檢詳文字。"光緒二十三年(1897)七月初五日《輓參知太宰高陽李文正公》云:"癸未越南告警,公奏請主客署西院特設海防文案處,以昶典機宜文字。開辦之日,公親臨勉勵僚屬。昶書壁云'填海移山',務在集思廣益,積勤耐苦爲之耳。每擬草章奏咨札,呈公勘定,深加獎借。"

二十七日,草擬海防檔事宜遞呈張佩綸。晚許景澄招作消寒之會。

　　《日記》:"是日草擬海防檔事宜七門五十目,仿班《志》兵書略意也,持上副都豐潤丈。……夜竹簹侍講招入社作消寒四集,主人蓄佳書名畫甚多,惜展看匆匆,殊殺風景耳,三更歸。"

是年冬,與樊增祥等人詩酒過從甚密。

　　樊增祥《樊山詩集自叙》:"癸未冬,與愛師、敦夫、辛楣、爽秋、會生、伯熙昕夕過從,飛箋賭韻。"

本年沈曾植題公詩集二首。

　　沈曾植《題漸西村人初集》云:"此士不今有,曠世一遇之。炎天抱冷雪,苦志娛文辭。手作天馬馳,心窮溟漲窺。不知人世短，長意攀皇羲。城南數間屋，日日哦清詩。詩或能窮人，人窮詩愈奇。陶陶卒歲樂，戚戚童年悲。悲樂兩無朕，聲文起相持。君然天殼解，至樂乃在茲。我病拙細書，薑芽未能胝。但爲鼠飲河，滿腹忘其飢。蒙閬不工言，乃知言者非。商清雜徵變，喻角疑非宜。譚君仲修評大集，有云譚藝者以李西涯詩爲宮聲，此於五音當屬角云云。讀君千瓊琚，引我無涯知。移情成連操，榜舟海之湄。”“櫟社有瘣木，扶疏三十年。不知用何直，且自希天全。喟然見君子，喪我平生焉。冹素蘊元鑒，神瑩萬靈先。冥觀洞性韻，伐材鏐瑕堅。聽音且知弦，得魚不離荃。豈無萬全藥，醫此腒肩肩。斫木貢匠門，將車奚仲前。不辭臃腫醜，所冀高庫便。矢詩作先容，叩關君勿鍵。”

編年詩：《癸未元日作》、《春游》、《懷楊西華丈長年》、《薑丁一首》、《西山隱者》、《吳宗丞使還餽研甎》、《戲題白門新柳記册面》、《竺坡侍郎獲嚴譴以長句贈之》、《層臺一首》、《松岑獄中用蘇文忠韻作詩見示次韻答之四首》、《黟》、《壽周荇農先生七十》、《上大理卿前侍郎長沙徐先生》、《再酬湘陰相公一首》、《晦巖村》、《寄顧秀才》、《蕭寺》、《次韻薛十八題圖二絕》、《智凝上人新闢睡軒》、《酬洪右臣給諫朱鼎父著作》、《題洪大詩集》、《細雨》、《故提督陳公國瑞湖北應城人敢決善戰同治初立功淮穎間曾執摯受書於孝靖高先生介胄之士而折節韋布其爲名將宜哉後緣案讁戍黑龍江庚辰俄事未決南皮張公材而薦之於朝未果用聞其卒於戍所也哀之以詩二首》、《答人問京華耆舊》、《馮夢華失足墮溝中作此獻嘲》、《偶題》、《長句八韻爲縉雲王母壽》、《夜起》、《夢中作不知何解姑書之》、《頹牆下枯竹復活》、《送松岑赴戍所》、《夜讀柏峴山房集》、《臥聞吹笛》、《寄薛十八》、《秋日書感》、《漆園》、《送楊雪漁使黔中》、《重送潘孺老》、《壽昌校官楊丈年六十詩》、《棗花寺》、《芸舫乞病歸吳江追送不及悵然有寄》、《次韻子培古詩二首》、《雨蒼將卜隱田盤山戲贈一絕》、《漫書》、《寄山中道流》、《雜言》、《悲日南三首》、《尊老見示重九棗花寺集送孺初詩奉和一首兼以寄孺翁》、《簡王弗卿》、《次韻答希梅員外四絕句》（佚）、《座主禮部侍郎張公挽詩》、《招胡繡山時君自琿春入都》、《登城野望》、《答張仲模》、《竹影》、《次韻答希梅用蘇集均時同治國計簿主者督趣方亟》、《廢圃》、《畏人》、《適俗》、《戲簡子培子封》、《將掾於典客署書懷三絕》、《瀨齋偶題》、《咏道旁廢池》、《閒居璪述二首》、《有懷尊老》、《東廂頗有竹樹假山之勝顧而樂之》、《寂寂集唐人句》、《馮侍御西山探梅圖》、《歲除獨謠》。

編年文：《硯合銘》、《駢枝集後偶書》、《省試不貴異物論》、《省試惟斷乃成論》、《觀乎人文以化成天下論》（佚）、《書倉曹掾聽事壁》、《致譚獻書》（人事卒卒）、《送龍松岑序》、《武林掌故叢編叙》、《讀揚子法言》、《嵊浦袁氏族譜叙》、《陳君汝翼哀詞》、《廣豐顧先生壽序》、《致李慈銘書》（《四十二章經》一帙奉覽）、《致李慈銘書》（佳節忽忽不樂）、《致李慈銘書》（昨長者玉趾枉存）、《致李慈銘書》（昏黑歸，得手教）、《致李慈銘書》（前夕雨後遂稍涼）、《致李慈銘書》（吏事重俗，返則極疲）、《致李慈銘書》（連句爲吏牘所嫪）、《上黃提刑丈》（前侍傔從赴闕覲對之日）、《致粵督張》（二月初六日接准正月二十一日大咨）、《答張振軒制府》（不佞人地蔑瑱）、《致劉毅齋欽使函》（正月二十一日奉書）、《茗廔詩集題語》。

　　【時事】中法戰爭爆發。

　　潘曾綬卒。張澐卿卒。陳鸁卒。秦緗業卒。

光緒十年甲申（1884），三十九歲

正月初一日，爲大女、大兒延請蒙師。

　　《日記》："是日爲允枸、允㷴延啓蒙之師，拜金華傅先生。"

初三日，作函致李慈銘，並以詩贈行，時將往主天津問津書院講席。

　　《越縵堂日記》："得爽秋書，並豫作送余赴天津講席七古一章。”

《漸西村人初集》詩十三《尊老將之析津作詩送之》。

案：《越縵堂日記》光緒九年（1883）十月初九日：“得趙桐孫是月五日天津書，言天津問津書院新設北學海堂，合肥使相欲延余主講席，歲脩約千餘金。”可以參看。

初十日，邀許景澄、朱一新、樊增祥小集，席間談同治初洋將助剿太平軍於甯波、紹興事。

《日記》：“夜招竹篔、鼎父、雲門三君小集，濮、黄、潘三君以病不來。酒酣耳熱，談壬戌、癸亥間洋將助剿粤賊於明越二郡戰事。三更歸，坐梅花下，殊得清娱。”

是日料理家塾，安放先師、先賢牌位。

《日記》：“屏當家塾事宜，於塾中恭安先師神位、晦庵朱子配位、機仲侍郎府君祔位，因府君爲朱子深友，故用束帛依神禮奉安此室中。跪敏率兒輩行禮。”

十二日，閱邸報，左宗棠以目疾開缺，裕禄接署兩江總督兼南洋通商大臣。旋又降旨，兩江總督著由曾國荃署理。

《日記》：“是日見邸報，湘陰相國以目疾增劇請告，蒙恩准其開缺，賞假四個月，回籍調理，代之者皖撫裕公也。由今之制，無變今之俗，雖貴爲卿相，仍有抱巷遇無期之歎者。多制而衆忌諱，使賢者謀之，而與馮城社者議之，故使上下不交，老成失志至此也。”

《光緒朝上諭檔》正月十二日：“內閣奉上諭：‘左宗棠奏假期屆滿，病尚未痊，仍懇開缺回籍一摺。左宗棠宣力疆圻，勞勩懋著，朝廷深資倚任，屢次陳請開缺，均經賞假調理。兹復疊據奏稱目疾增劇，氣血漸衰，非靜心調攝，斷難見效，情詞懇摯，不得不勉如所請。左宗棠著准其開缺，賞假四個月，回籍安心調理。兩江總督著裕禄署理，兼署辦理通商事務大臣。左宗棠著俟裕禄到任後再行交卸起程。安徽巡撫著盧士傑暫行護理。欽此。’”二十日：“內閣奉上諭：‘曾國荃著署理兩江總督兼辦理通商事務大臣。裕禄著毋庸署理。欽此。'"

案：公日記本月十八日："裕某之督兩江也，朝邑云係湘陰
密薦於朝以代己，兼薦譚、楊，稍賢於裕。殆用劉韻珂保耆英、
伊里布故智邪，知其庸愚而誤，舉之以形己之長。此一事於湘
陰有盛德之象，似非純臣之用心也。"可以參看。

十三日，以詩贈樊增祥，樊有答詩。

《漸西村人初集》詩十三有《贈樊雲門同年》云："珠鈐家世
出河西，楚國才名孰與齊？白雪樓中難買價，黃金臺上徧留題。
無情碧稍還燕草，喚夢聲先斷越雞。且向樽前鬥身健，花茵並
臥醉如泥。"

樊增祥《樊山集》卷八有《次韻答袁爽秋户部見贈時兼領
總理衙門事》云："大秦通貢海天西，主客聲名宗鄧齊。早有相
才儲左户，屢煩文檄諭雕題。時越事方棘。東方大隱依金馬，莊叟
元言託甕雞。猶與閒官鬥茶事，青鞋每日踐春泥。"

二月初二日，作函致李慈銘，得復，並寄到所作《四十二章經》、
《遺教經》跋文。

《日記》："曉坐東齋，答竹篔侍講、愛伯曹郎手簡。"

《越縵堂日記》："得爽秋書，再約初四日之飲。……跋爽秋
所校《四十二章經》、《遺教經》各一通，即作書還之。"

初四日，晚在鄧承修寓小集，李慈銘、洪良品、陳錦、許景澄、樊增
祥在座。

《日記》："夜伯訥黃門家集，祖餞宜川令君。酒食淋漓，饜
飫過度，歸塗在車中已覺腹痛，因誦陸放翁詩云：'倩盼作妖狐
未慘，肥甘藏毒鴆猶輕。'洵得養生之真訣者也。不肖是夕有
失言，黃門正色靜之，是即吾之師也。"

《越縵堂日記》："夜赴鐵香、爽秋之約，坐有洪右臣、陳雲
舫、竹篔、雲門，二更後歸。"

初五，與李慈銘、許景澄、朱一新、黃紹箕、楊晨、于式枚夜飲於沈曾植、沈曾桐珠巢街寓廬。

《日記》："夜飲於子培家。"

《越縵堂日記》："一更時赴珠巢街沈子培兄弟之招，竹篔、蓉生、仲弢、爽秋、定敔諸君俱已至。而有廣西人于式枚狀似風狂，舉坐笑之，亦不知也。此人庚辰榜下頗有才名，余曾兩遇之，恂恂自下，三年不見，怪狀如此。聞其歷游合肥督相及粵督張樹聲幕下，去年詒書都門，極稱王文韶侍郎才器爲當今第一人，而以攻擊者爲小人。性識善變，遂爾披猖，惜哉。三更歸。"

十一日，至東城索逋，遂留居焉。

《日記》："昨暮直歸，因索逋至東城賈胡家，遂留居焉，一奴子，一輿夫實從予也。早起誦融齋老人華嚴偈。日午歸。坡公二帖裝池竟，在几上暫一展玩，使人神聳，如見小秦王，真氣驚户牖也。後有石庵篛林跋，俛首無顏色矣。作與外姑楄。舌上生瘡，頗苦之。夜宿東城人家小齋，亦殊僻静，剪燭讀惜裹老人詩，盡一卷。"

十八日，張佩綸述以北甯失守之信，緣諸軍不合，號令不一故也。公上言長官，力陳馮子材雖年老，仍可用。

《日記》："日加申，副都張公見示二月十五日北甯失守之信，黃、趙兩軍傷亡及拋失軍資甲仗甚多，潰軍退屯太原。徐巡撫擁兵諒山，去北甯三百五十里，坐际不救。岑總督駐軍興化，先命劉永福爲前鋒，領兵十二營東援北甯，徐巡撫檄沮之，令迴攻嘉林縣。諸軍參差不和，以致敗衂。予向不敢妄信天文，今不幸而諰矣。王德榜招湘勇八營計四千人，尚在龍州一帶，未出鎮南關也。是日言於長官，力諍馮提督年雖老，可用。"

二十五日，方恭釗見示邵懿辰手書詩卷，爲作跋語。

《日記》："勉父示邵位西先生遺詩手卷，機軸新妙，與吳西林、厲樊榭派別。"

上海圖書館藏公詩文稿中有《跋邵位西比部丈手書遺詩》。
二十九日，訪樊增祥，觀所藏書畫。

《日記》：“晤雲門，觀所藏陳白沙、倪鴻寶諸先生手跡及明
人畫。”
三月十三日，慈禧太后頒布諭旨，軍機大臣奕訢、寶鋆、李鴻藻、景
廉、翁同龢盡遭罷黜，禮親王世鐸、戶部尚書額勒和布、閻敬銘、刑
部尚書張之萬、工部左侍郎孫毓汶等入直軍機，是爲“甲申易樞”。
公上言張佩綸，冀其能有所建白。

《日記》：“是日國有大事，前年彗象讖矣。”

《光緒朝上諭檔》三月十三日：“內閣奉硃諭：欽奉慈禧端
佑康頤昭豫莊誠皇太后懿旨：‘現值國家元氣未充，時艱猶鉅，
政虞叢脞，民未粻安，內外事務必須得人而理，而軍機處實爲內
外用人行政之樞紐。恭親王奕訢等始尚小心匡弼，繼則委蛇保
榮。近年爵祿日崇，因循日甚，每於朝廷振作求治之意，謬執成
見，不肯實力奉行，屢經言者論列，或目爲壅蔽，或劾其委靡，或
謂簠簋不飭，或謂昧於知人。本朝家法綦嚴，若謂其如前代之
竊權亂政，不惟居心所不敢，亦實法律所不容。只以上數端，貽
誤已非淺鮮。若仍不改圖，專務姑息，何以仰副列聖之偉烈貽
謀？將來皇帝親政，又安能諸臻上理？若竟照彈章一一宣示，
即不能復議親貴，亦不能曲全耆舊，是豈朝廷寬大之政所忍爲
哉？言念及此，良用惻然。恭親王奕訢、大學士寶鋆，入直最久，
責備宜嚴，姑念一係多病，一係年老，茲特録其前勞，全其末路，
奕訢著加恩仍留世襲罔替親王，賞食親王全俸，開去一切差使，
並撤去恩加雙俸，家居養疾；寶鋆著原品休致。協辦大學士吏
部尚書李鴻藻內廷當差有年，祇爲囿於才識，遂致辦事竭蹶；兵
部尚書景廉祇能循分供職，經濟非其所長，均著開去一切差使，
降二級調用。工部尚書翁同龢，甫直樞廷，適當多事，惟既別無
建白，亦有應得之咎，著加恩革職留任，退出軍機處，仍在毓慶

宮行走,以示區別。朝廷於該王大臣之居心辦事,默察已久,知其決難振作,誠恐貽誤愈深,則獲咎愈重,是以曲示矜全,從輕予譴,初不因尋常一眚之微,小臣一疏之劾,遽將親藩大臣投閒降級也。嗣後內外臣工務當痛戒因循,各攄忠悃,建言者秉公獻替,務期遠大。朝廷但察其心,不責其跡,苟於國事有補,無不虛衷嘉納。倘有門戶之弊,標榜之風,假公濟私,傾軋攻訐,甚至品行卑鄙,爲人驅使,就中受賄漁利,必當力抉其隱,按法懲治不貸。將此通諭知之。欽此。'"三月十三日:"內閣奉硃諭:'禮親王世鐸著在軍機大臣上行走,勿庸學習御前大臣,並勿庸帶豹尾槍。戶部尚書額勒和布、閻敬銘、刑部尚書張之萬均著在軍機大臣上行走。工部左侍郎孫毓汶著在軍機大臣上學習行走。欽此。'"

三月初八日日講起居注官左庶子盛昱奏《爲疆事有攸歸請將軍機大臣交部嚴加議處責令戴罪圖功以振綱紀而圖補救摺》謂:"竊越事失機,議者皆謂咎在雲南撫臣唐炯、廣西撫臣徐延旭,現已奉旨拏問。奴才謂唐炯、徐延旭坐誤事機,其罪固無可逭,而樞臣之蒙蔽諉卸,罪實浮於唐炯、徐延旭。……唐炯、徐延旭自道員超擢藩司,不二年即撫滇粵,外間眾口一詞,皆謂侍講學士張佩綸薦之於前,而協辦大學士李鴻藻保之於後。張佩綸資淺分疏,誤採虛聲,遽登薦牘,猶可言也;李鴻藻內參進退之權,外顧安危之局,義當博訪,務極真知,乃以輕信濫保,使越事敗壞至此,即非阿好徇私,律以失人僨事,何說之辭?恭親王、寶鋆久直樞垣,更事不少,非無知人之明,與景廉、翁同龢之才識凡下者不同,乃亦俯仰徘徊,坐觀成敗,其咎實與李鴻藻同科。然此猶其咎共見共聞者也,奴才所深慮者,一在目前之蒙蔽,一在將來之諉卸。……"

《翁同龢日記》三月十一日:"發兩封奏,而盛煜一件未下,已四日矣,疑必有故也。"十二日:"凡五起,而前日封事總未下，必有故也。"十三日："聞昨日内傳大學士、尚書遞牌，即知必非尋常。……始聞有硃諭一道：……。是日未正一刻退，退後始由小軍機送來諭旨，前後數百字，真洞目怵心矣。"

公日記録有《上某公奏記》云："今日朝廷有大處分，降旨盡譴讁樞輔舊臣，而擢用新輔。疏賤聞之，不勝驚異。竊以方今主少國疑，凡有革除，皆當以漸，且宜鎮静處之。若一日之間，大寒大暑相狎而至，則是天道逆行，人情群絞矣。且中國以弁髦空名建立於上，架漏過時久矣，國有重臣則主術愈尊，而疆圉遠臣之心自附，能陰戢其跋扈之謀。今進退大臣如僕隸然，是使人人自危，主上之勢益孤，而疆吏益生輕量朝廷之心，坐懷觀望，肆行無忌，不可復制矣。況肘腋之間，且爲强鄰所竊笑耶！公執法之臣也，何以閉閣深念，密籌匡救之笑乎！某處積薪之下，無官守，無言責，本不當越俎妄議，然憂心悄悄，實爲大局危之，如何，如何！昨與陳守備文祺議續圖事，其人果謹愨有器幹，可用坿慰。"

案：公所云《上某公奏記》未明識其人，然據文中"公執法之臣也"句，時張佩綸以左副都御史兼充總理衙門大臣，其職守與信札所言適符。而公爲總理衙門章京，與張氏係隸屬關係，以僚屬上言堂官，亦屬合規。然易樞之背景爲越事失利，而其發軔則在盛昱之奏章，其中所彈劾者，首列張佩綸之名，其次爲李鴻藻，至於恭親王等人，非盛昱注目所在。而樞臣盡斥，顯係慈禧太后藉端發難，而張佩綸則安然無恙。然既爲朝官指目，張氏自然應小心將事。公上書冀其直言疏救樞臣，顯係未曾寓目盛昱奏章，不知内情。

二十二日，過訪樊增祥，觀所藏書帖。又訪沈曾植，同往蓮花寺詣朱一新談。

《日記》："詣雲門許，敬觀黄石齋先生手書詩卷，又覽劉諸城行楷。飯訖走候子培，同至蓮華寺鼎父許論事，至晚方回。

子培語我劉中允一生深得簡字作用,此知言之論也。"

四月二十三日,張之洞入京陛見,往謁,論當務之急,謂治腹省宜用農戰,治海疆宜用商戰。又訪張佩綸談。

《日記》:"座主南皮公自晉入朝,次天甯寺,往迎謁。夫子垂問目前當務之急,遜謝不敏,謹以治腹省宜用農戰,治海疆宜用商戰對。頃之雲門至,倉卒未能盡之。時已昏黑,遂入城歸。詣繩庵六丈,丈命燈留飯東齋,語至三更告歸。"

《光緒朝上諭檔》三月十七日:"內閣奉上諭:'張之洞著來京陛見。山西巡撫著奎斌護理。欽此。'"

是月,爲丁丙妻陸太宜人作哀辭。

《日記》四月初六日錄有《丁徵士妻陸孺人誄》。

丁立中《先考松生府君年譜》二月:"先妣陸太宜人棄養。先妣嘗曰:'吾生值亂離,七死三生,以至於今,幸而家室復完,婚嫁粗畢,吾願足矣。'未幾風痰襲入經絡……光緒九年冬,疾加甚,強起治歲事。踰年正月,猶力疾拜先人影堂。既生霸,病遂篤。……十二日酉時,遂卒,享年五十有二。"

五月初七日,謁見張之洞,始晤楊銳。

《日記》:"謁座主南皮公,晤楊叔嶠大令銳,綿竹人。"

案:楊銳(1857—1898),字叔嶠,又字鈍叔,四川綿竹人。張之洞督學四川,奇其才,招之入幕。光緒十一年(1885)中順天鄉試舉人,考取內閣中書,晉侍讀。後參與發起強學會、蜀學會、保國會等。又得陳寶箴舉薦,以四品卿銜軍機章京參預新政。變法失敗後被殺,名列"戊戌六君子"。有《說經堂詩草》等。

十一日,送張佩綸行不及,製序贈之。

《日記》:"再送繩庵丈,已成行矣。草一贈序追送之,殊悵悵。"

公日記中錄有《送張副都叙》。

案:《清實錄·德宗景皇帝實錄》四月戊午:"翰林院侍

講學士張佩綸,著會辦福建海疆事宜,均准其專摺奏事。"可
參看。

十三日,丁卯同榜公餞張之洞於松筠庵,時將赴署兩廣總督任。
兼筵許景澄,時以二品頂戴充法國、德國及義、和、奧國大臣。

《日記》:"是日同榜在松筠庵公餞孝達座主節制嶺南,將往
蒞所治。竹篔出使拂筴,子裳參其使事,會者二十人,屋小届
屋,氣蒸如炊。予近多心氣之疾,是日覺不可支。日加申,始各
散去。"

《清實録·德宗景皇帝實録》四月戊申:"命二品頂戴升用
翰林院侍講許景澄充出使法國、德國暨義、和、奧國大臣。未到
任前,出使法國大臣命出使義、和、奧國大臣李鳳苞兼署。"

《光緒朝上諭檔》十年四月二十八日:"內閣奉上諭:'張樹
聲奏因病籲懇開缺,專治軍事一摺,據稱該督患病未痊,兩廣事
繁任重,現在辦理防務,恐難兼顧等語。張樹聲著准開兩廣總
督之缺,仍著督率所部辦理廣東防務。兩廣總督著張之洞署理。
張樹聲俟張之洞到任後,再行交卸總督篆務。山西巡撫著奎斌
暫行署理。欽此。'"

十五日,隨長官赴使館。

《日記》:"今日忽入羅刹國,予以爲耻,座中峨冠而佩魚者,
似亦有愧色也。國之蒙耻久矣,而不思振,悠悠蒼天,誰實爲之。
欲挂冠神武門而不能決,爲升斗之水故也,柳下惠、少連志豈肯
終降哉。"

十八日,上署兩廣總督張之洞書,論當世取材之弊,並薦強汝詢、
廖廷相、袁遂、勞乃宣、鮑昌照、胡裕燕、貝錦泉、董毓琦等文武
人才。

《日記》:"上南皮張夫子書,前因垂詢堪勝幕職及差遣人
員,僭疏八人。"

《止齋雜著》有《上署兩廣督部南皮公書》云:"昶早衰多

病，少壯所習與游者，多嚮所謂考據詞章之流，未足以適時用。久處門下，自顧無尺寸可效，舉爾所知，義不敢隱，耳目苦隘，未知所裁，敢擇陳如左，上候夫子之遴訪稽決焉。江蘇溧陽縣舉人强汝詢，孝友力學，澹於仕進，鄉里化之。嘗於邱文莊《大學衍義補》本書之外改輯一書，於政治特詳。平日留心當世利病，陳仲弓、管幼安一流人也。南海縣在籍編修廖廷相，篤好禮學，沈默寡言，文筆亦翔實可觀。以上二員可備教育人材之任。直隸候補通判袁遂，才長守潔，初師王炳燮、萬斛泉，講求義理之學，而心力精鋭，於吏牘往往能達其腠理，歷辦直隸河工、賑務、船捐各事宜，著有勞績。直隸候補知縣勞乃宣，婧静純壹，講求時務，兼通算學。浙江嘉興縣已革舉人鮑昌照，才堪肆應，論事條暢，於吏牘亦有條理。以上三員可勝幕僚之任。江蘇候補知縣胡裕燕，久次洋務局，遇事能往復持正力爭，卒伸其説。沈文肅曾以熟諳條約交涉事宜薦諸朝。以上一員可勝洋務局之任。浙江在籍總兵貝錦泉，聞該員熟於水師操練事宜，兼能測繢海道，駕馭士卒，深得軍心，曾在臺北立功。江蘇候補同知董毓琦，聞該員性耽製造，長於巧思，曾自造水激氣輪，雖機法未備，若使其與洋匠習處有年，必能工巧與之相埒。以上二員係由訪問得之，可備訓練水師、督理機廠之任。”

閏五月初八日，張筠自嚴州來，爲言鄉事。

《日記》：“碧岑自鄉郡來，言吾州民風益敝，物力尤艱，並不如甲子、乙丑間初克復時情形，大約由俗耆鴉烟、力田者少所致。凋敝如此，士尠爲學可知，此旅人之所憂也。”

十三日，謁見左宗棠，論浙中情形並目前夷務。

《日記》：“是日謁見湘陰相公，詢及浙中情形。對以近日四民俱形困悴，物力彫敝，皆通商之害也。公垂念舊治，爲之憮然，因論目前夷務。公之議論風采，非復曩年精悍矣。”

十五日,蕭穆來京,往晤談久之。

《日記》:"答候景孚文學。"

《敬孚日記》:"爽秋來回候,歡談久之,自丙子冬在上海一別,今九年矣。"

二十日,蕭穆見贈王芑孫批校本《金石三例》。

《日記》:"敬孚過別,以《金石三例》王惕夫批本新刊見贈,予以朱提半流賣行。"

二十二日,以書數種贈李慈銘。

《越縵堂日記》:"得爽秋書,贈揚州李氏新刻柳興恩《穀梁大義述》、歸安石氏新刻高郵夏寶晉《山右金石録》、杭州丁氏新刻周淙《乾道臨安志》三卷、宋人董嗣泉《西湖百詠》、屬樊榭《湖船録》,即復書謝。"

六月,錢應溥以公能詩稱道於翁同龢。

《翁同龢日記》六月十六日:"錢子密來,以尊甫警石先生《冷齋勘書圖》屬題。子密稱袁爽秋能詩,沈子培力學,其弟亦博學,今在合肥幕。"

七月初二日,以《朔方備乘》贈丁丙。

《日記》:"答松生書,並送《朔方備乘》一部。"

十一日,復袁遂書,論中法戰事。

《袁忠節公書札鈔略》有《致先大父敬孫公》:"幼丈剛正屈強,然不知兵而強爲之,是其一短。管、蕭忖己不能兼知兵,而舉王子城父、韓信,古人識量閎實,不可及也。弟謂目前夷務之不可收拾,在科舉弊,無一可用之材;例案密,無一通情之法。不變立國之法,不變求才之格,天下終不可治,縱勝法亦必敗。宋明至今,文學太盛而武功不競。金元以前,中國之力常能勝外夷,金元以後,雖有忠義不能阻夷之不入中土,世變人材,可以觀矣。故弟謂試士之法,尤宜亟改也。豈非吾杞老所云匪惟天意,抑由人謀之不臧故耶!示專致力陸路,沿海二十里內徙居民悉入内地之策，國初姚公啓聖馭臺灣鄭氏之法即如此。然海禁嚴則沿海居民無所得食，勢不可遏，遏之生亂。又徙民而不禁互市，是爲叢驅雀，其害益甚。此事真難得善策，故文文忠以來許市埔二十餘口，許建公使署於京師，真乃功首罪魁，不恤後患之至於此也。至現在法人毀閩砲臺而不踞，竊料法非有大志，亦非流寇比，殆始終欲以兵力脅取償款。閩破而大吏不應，將來正恐連艘壓南北洋之境，毀一要隘以脅取償費，始終一要索之謀而已矣。爲今之計，非南北洋合縱，聚集兵船於一處猛攻之，決一死戰不可。若分兵力於各隘，散水師於各口，一處破則處處大震，將來滿盤死棋，國無立錐之地，而將相大臣亦終何能委蛇而旰食乎！至巧以至拙禦之，尊論雖聖人復起不易。”

十三日，草議覆金順奏喀什葛爾西邊界務摺。

《日記》：“草議覆金順奏南路喀什葛爾西邊界務摺稿。是日宿椽廨。”

《參軍蠻語》有《議覆金順喀什噶爾西邊界務摺》：“奏爲遵旨覈議具奏事：竊據幫辦軍務革職留任伊犁將軍金順奏，查明南路喀什噶爾西邊界務情形，據實覆陳一摺，光緒十年六月二十四日，軍機大臣奉旨：‘該衙門議奏。欽此。’欽遵抄交到臣衙門。臣等查新疆南路喀什噶爾西邊界務，經欽派勘分之領隊大臣沙克都林札布，會同俄官，照依圖綫，勘立牌博，彼此互換圖約，自喀克善山起，至烏斯別里山止，共設牌博二十二處，指山梁爲界者七處，業於光緒九年九月由分界大臣長順奏明在案。惟前據張曜奏稱，其中惟依爾克池他木一處，地方舛錯，當以現管喀境正西界綫外之帖列克達灣立界。而長順奏稱，會同沙克都林札布，係案照臣署原頒地圖，依紅綫，在依爾克什唐立界。彼此往返商榷，意見參差。經臣衙門於上年十一月二十五日覆奏南段界務，請飭劉錦棠、金順確查具奏一摺，同日奉旨：‘依議。欽此。’欽遵分別行知各該大臣。復經劉錦棠奏准，應由金順就近查奪,主稿覆陳各在案。

“茲據該將軍等覆奏稱,總理衙門原奏謂帖列克達灣是否係西邊要隘?又岳瓦什種人是否捨此別無牧場?未能懸揣,奏請飭下確查,自應欽遵確切查明,豈敢稍涉輕率。茲據沙克都林札布咨呈,帖列克達灣在喀城極西,距依爾克池他木界綫二百餘里,曾親履其地,形勢孤懸一隅,實非要隘。而伊爾克什唐,載在新約卡倫單,依此立界,設卡置兵,以謹出入,險要固未失也。岳瓦什部衆均住綫内之烏魯克恰提游牧,距帖列克達灣迤東三百餘里,地勢寬闊,水草饒足。當領隊履勘帖列克之時,並無岳瓦什一房一人在彼住牧。又接劉錦棠函稱,布魯特游牧爲生,春東夏西,迄無定所,該處尚非要隘。沙克都林札布與俄官爭辯,堅執不從,似不必以區區一隅致礙邦交等語。奴才查帖列克地方,經沙克都林札布會同張曜、長順與俄使反覆辯論,屢次力爭,該使以圖約藉口,堅執不從。奴才照會俄領事李奇,輒稱分界事務不能管理等語。帖列克一處,既非要隘,又岳瓦什種人捨此尚有游牧之場,即將該布民另籌安插,未爲不可。且南段界務,業經特派大臣會勘,幾費唇舌,始得照圖綫定議,似未便重招俄使,再費周章,轉致有礙大體等語。

“臣等查曾紀澤原定約章内第九條,雖有西邊以現管爲界一語,然其後臚列中俄卡倫,明載伊爾克什唐之目。該處即依爾克池他木,今所依圖綫畫分之界也,特譯音小異耳。帖列克達灣一處,歷據張曜稱,係現管之界,察其山勢水源,與同治三年塔城舊約内‘行至葱嶺靠浩罕爲界’之語相符。中間廓克蘇至依爾克池他木一帶,係喀屬岳瓦什布魯特牧地。夫邊疆尺土,所係甚大,屬部游牧,尤宜體恤,苟能據理直爭,所全益者原非淺鮮。第該處在喀城極西,距依爾克什唐紅綫外已二百餘里。此次重勘邊界,該俄使咩登斯克祇肯據新立圖約内之卡倫,若以塔城舊約所管之界繩之,勢本齟齬,難以就範。且使該大臣等,當奉旨與該使會勘之時,苟能堅執舊約及新約現管一語,竭力争回,然後勘立牌博,互換圖約,則可收一勞永逸之規。今則牌博已立,圖約已換,彼更有所執言,勢難再訂久已歸國之俄使,重履窮邊,廢前勞而改後約。自來中外設藩分茅,片詞限斷,宜簡捷以示大信,不宜煩擾以啓爭端。既據該大臣等合詞稱帖列克尚非要隘,岳瓦什部落捨此尚有游牧之場,似未便以已定之約,日久虛懸。況喀邊全界牌卡,久已竣工,尚無舛錯,不值因此一隅,更張全局。際此中外百端膠轕之時,尤宜早日完結。惟是鄰柝與我相聞,邊備更宜預庇。應請飭下該大臣等自立界後,益當遠斥候、徙屯戍,控扼内隘,務得地形,安插外藩,俾無失所,以昭信守而奠邊情。所有臣等遵議該大臣等現定南界設立牌博之處,應否照准,伏候睿裁。理合恭摺覆陳,伏乞皇太后、皇上聖鑒訓示遵行。謹奏。"

十五日,作函致李慈銘,並寄詩一首。

《越縵堂日記》:"得爽秋書,並見懷七古短歌一章。"

案:《漸西村人初集》詩十三有《寄蓴老》,即此詩。

十九日,李慈銘以詩來贈,公有和章。

《越縵堂日記》:"夜賦七律一章酬爽秋。"二十五日:"得爽秋見和前日七律一章。"

《漸西村人初集》詩十三有《答蓴老見贈詩有一臺二妙之句》,即此和詩。

案:李慈銘之詩今不見傳。

二十五日,左宗棠以欽差大臣奉命督辦福建軍務,往送出都。

《日記》:"浮邱公奉督師援閩之命,將陛辭出都,往送行。暮歸疲甚,道泥濘,車中撼頓故也。"

二十七日,李慈銘再作詩相答。

《越縵堂日記》:"夜作詩答爽秋。"

《日記》二十八日:"蓴老示以懷越中山水詩。"

案：李慈銘《杏花香雪齋己集》有《再酬爽秋詩道會稽富春之勝》，即此詩。

八月初三日，草議覆陳寶琛條陳時務奏稿。

《日記》："代草議覆陳學士條陳時務奏稿，病不能苦思，竟日不就。"初五日："夜宿掾曹，草奏始就。又別爲六條，切直言之，一偵敵情，二扼要隘，三就地籌餉，四就地練兵，五聯絡邦交，六牽掣敵勢。又反覆指陳利害，及時政之弊，都凡五千餘言。"

《參軍蠻語》有《議覆陳寶琛條陳並密陳目前應行規畫事宜摺》："奏爲遵旨議奏並密陳目前應行規畫事宜，恭摺仰祈聖鑒事：光緒十年七月，會辦南洋內閣學士陳寶琛奏，法氛未平，請飭中外臣工，密籌持久之策，并條陳管見四事一摺。二十四日，軍機大臣奉旨：'該衙門議奏，單併發。欽此。'欽遵抄交到臣衙門。臣等公同商榷，該學士所奏情形及條列四事，指陳利害，深切著明，誠目前應辦之急務。惟是二十年來，議軍儲，議海防，竭天下之物力人工，目注心營，非一朝夕。臣衙門於光緒元年分奏陳練兵、簡器、造船、籌餉、用人、持久六條，請飭下疆臣分年布置，扼要預圖，固嘗先該學士而言之。或久拓成規，或甫引端緒，歲稽帑藏，糜耗已多。然而一旦猝臨大敵，遂致情見勢絀，穴蟻潰隄，一若向籌扞患之具，全無足恃者，何也？夫人材以用而見其能否，兵食以用而見其盈虛。古來事局之變，於今爲烈，譬人元氣凋瘵，非一投方劑，即可奏功。抑亦任未得其材，事未覈其實，平日侈百廢具舉之名，諸涉因循粉飾，則臨事安得收一壺千金之效，得以鎮靜從容？臣等請度時消息，熟權利害，爲我皇太后、皇上敬陳之。

"自古夷夏設防，皆有限制，今則島族馮陵，口岸林立，險障盡失，遇事把持，朝啓微嫌，夕事要挾。緩則外託互市之名，內實朘中國之脂膏，歲鉅萬計；急則陽守局外之例，陰乃濟凶夷之資實，究詰難施。彼之詭謀，多方諱飾，我之臥榻，纖悉環偵，此漫無限制之害也。

“國朝盛時，歲入財賦不過四千餘萬。今地丁、常關雖不及承平舊額，而新增貨釐、鹽釐、洋稅，歲入踰三千萬，財力迥視往日爲贏。乃歲出經制之外，西征、淮軍、東三省練餉、各界邊防、河工、海防、船政、各省機器局、出使經費，動需鉅款。斂之者多方，閭閻之脂膏已竭；耗之者百孔，帑藏之厄漏方殷。今敵衅非可弭崇朝，軍糈則後難爲繼，此度支垂竭之害也。

“閩廠造船二十四艘，各省自購外洋之船又五六十號。乃疆吏平日毫無遠慮，擲費不貲，取便目前，視同玩具。及至用兵之際，則或稱年久失修，或稱窳漏無用，或木殼商式，難禦礮彈，或規模狹小，不任風濤。馬尾一戰，水師全燼，而各省兵船遂不敢拚命一擲，如牆而進，以攖其鋒。雖敵船零星散泊之區，亦憚於先發制人，稍挫驕燄。我不能合力併攻，敵遂得縱橫自便；我犯備多力分之忌，敵挾亟肆疲我之謀，此反客爲主之害也。

“中國與各國講信修睦，業有年所，歷辦購買軍械之夥，亦成案累累。乃各該大吏報購之日，則稱犀利無敵，及臨敵之時，忽又稱鏽澀不靈。至不得已而出重貲急購，非執公法兩拒，阻滯而不來，即稱製造需時，遷延而未至。而各商之接濟敵人者，方且明輸暗助，層出不窮，此無以制強敵死命之害也。

“且善謀國者，常蓄足以勝人之勢，建威銷萌，而不肯久暴師於外，疲全力爭之，以啓他人窺伺之衅。今將以全力制法，戰久則兵疲，防多則餉絀，設有爲乘弊之謀，坐覬漁人之利，齊交甫絶，秦患又起，將來利害，不可不防，此慮他國從而生心之害也。

“然則盱衡時勢，求所以變通之策、措注之方宜如何？一曰覘敵情。彼外雖示武，內實困窮，議黨紛紜，久且中變，連年暴露，國債如山；彼營越之利未興，市舶之貲又少，徒覬祖教自強，而德復饟教以齮齕之，國耗兵疲，支離可想。且其國地居四戰,船礮兵額雖多,衹敷分防英奧俄德諸國,其能遠調者不過十之二。然涉重洋四五萬里,率費十人之餉而致一兵,日來動稱大舉,自係恫喝虛詞,公司日報復爲張大。竊料彼悔失互市之利,陰厭黷兵之害,要挾不遂,怨及首謀,久將自請轉圜,就我銜轡,機有可乘,應籌者一。

"一曰扼要隘。禦內盜則一聚一亭,不容棄以資賊;禦敵國則尺寸之地,似有所不爭。方且拓形勢以誘敵,豈煩枝枝節節而守之?兵分力薄,啓敵蹈瑕,軍謀所忌,莫先於此。且我內地晏然,非有奸民爲其耳目,與前代之倭患異。彼單師深入,不肯鈔掠以激民怨,與近日之髮捻尤異。沿海地段雖廓,礁沙天險,所在多有,深水大洋,則又離岸絕遠。彼族有必至之處,有必不至之處,是在督兵大臣,高下在心,默察形勢。古名將於敵攻東南者,使備西北。藉非深明方略,縱我有百萬戈船,敵至則俱靡耳,奚足恃耶?夫南洋宜扼狼山、江陰、劉聞沙諸險,而焦山、圌山關之次要,似可緩圖。北洋宜飭丁汝昌水軍橫亙於旅順、北隍城島之間,而登郡、威海之瘠區,猶非必爭之門户。應請飭下南北洋大臣,沿海將軍、督撫,先審地勢,併力首衝,勿以多備而力分,或可出奇以決勝,應籌者二。

"一曰就地籌餉。受協鄰疆,緩急難恃,且甲款乙挪,侵蝕遂啓。分省自籌,責成既專,則入銖出黍,撙節轉多。假貸於鄰,則揮霍自恣;出財於己,則珍嗇倍加,此乃人之常情,可以借喻兵事。但使主者得人,必能條理畫一,哀益互權。前鄂撫胡林翼以殘破之區,經營漕折釐金,絲髮不以病民,衹祛官吏中飽,不數年而本省軍實有餘,兼出其餘以贍臨省,此成法之可師者也。昔曾國藩嘗論各省綠營弛敗之故,咎在東調五百,西調一千,將不習兵,兵不附將。今餉章煩擾,弊亦類茲。出財之省,吏持簿請曰:應協西征若干成,協海防若干成。受協之省,吏以匱乏告曰:某省解不足者若干成,某關若干成。授受互訾,催候煩費,解匯不貲,取之有常,耗之無藝。甚且有此省甲款協彼,彼省丙款復輸此者,紛紜膠葛,徒眩心目而啓吏奸。節財之道,焉取乎此？應請飭下計臣、疆臣,通加釐整,除甘肅、雲南極瘠苦之省,應明撥就近鄰省,出大宗餉需解給外,其餘省關,歲供京餉八百萬,不准絲毫蒂欠。自俸工裝支、旂綠常餉,自給而外,餘如募勇設防、購船置械,概由本省自行分年籌款。即使意外之災,萬不得已而請撥,祇許緩商鄰省鄰關,不得擅指遠省遠關,俾運不勞而費較省。乾隆中,西師出關,糧臺常設川陝總督一員監之,飛輓督率,取財該二省為多,此良法可推仿行之者也。

"今姑就閩臺一隅而論,歲入地丁、鹽課垂二百萬,釐金二百二十餘萬,洋稅三百五十餘萬,共歲入七百七十餘萬而贏。內計臺灣臺北二郡,一歲所入,已及百數十萬。藉使大吏力加整頓,則以閩養閩,以臺贍臺,力自有餘,何煩他請？又如吉林練餉,吳大澂一軍已歲糜部帑百五萬矣。乃東三省邊防,復歲索各省協餉九十餘萬。夫奉天、吉、江,國朝湯沐地,世世復除,絕無江浙丁漕輪輓之困。三省士民渥被列聖無涯之澤,該將軍、都統等量興榷鹽、科畝、裸課之利,不為苟且,正宜及時完繕自立,以紓東南已竭之民力、大農有限之帑儲。無政事則財用不足,豈貧弱之足患哉？應籌者三。

"一曰就地練兵。法人倚舟楫為巢穴,往來飄忽,出没無常。援閩之師已集,此外不煩多調,截陸苟足敷用,争海終覺非便。倘調遣太廣,事既無益,供應之源易竭,客土之情難安。且彼湘將調湘人,淮將調淮勇,各争言其利者,特挾以自重,便己指使,而忘國家之害耳。實則師老氣衰,久成弩末。今宜略予變通,一意召募,如粤之潮惠,閩之漳泉,漁户棚丁,動資訓練,事急則各有扞衛鄉井之心,事平又易於給貲遣散。又用疲官不如用豪紳,徵客將不如徵鄉甲,倘民兵之風氣漸開,即沿海之長城攸賴，應籌者四。

"一曰聯絡邦交。德兵力僅敷自衛；美養兵之籍甚微，雖親我而去我絕遠，事急不足倚以為援。俄與日本壤連勢逼，雖猜我而亟當聯絡其情，以伐敵人交煽之隱。若夫防英濟法，尤當降心相與，以徐圖之。至夷人素愛體面，苟浹以禮貌，縻以儀文，雖倨傲武夫，猶將平氣以聽，何況逐利徇得之埔商？宜使所在通商口岸地方官弁，與各國領事商民，賓接籠絡，務得其情，則暗通接濟一層，或可設法斷絕。蓋各國上下官商之分不嚴，強外部禁其為非，勢格而難行，不若結領事使就近約束，情通而易入，應籌者五。

"一曰牽掣敵勢。全臺衍沃奧區，孤懸外海，或謂援守兩難。不知臺南安平，地險難犯；澎湖土瘠，野掠無資；臺北淡、蘭一帶，溪山重阻。劉銘傳、劉璈守臺之兵，已及二萬人，倘誘敵深入，連壘相距，彼捨舟登陸，失其長技，急切難下。臺餉雖資閩力，蔬穀自有餘饒，但得牽掣敵人進退不便，正可紓我內地兵力稍藉息肩，此以梁餒吳之策也。且安知將士用命，危而圖存，不建姚瑩、達洪阿之奇功於今日哉？應籌者六。

"其他若腹地宜屯大枝勁旅，以固形勢；海疆宜任知兵道府，以結民心。宜裁上供不急之浮費，以裕餉源；宜汰泛兵無用之額糧，以籌軍火。將來棱威震疊，懲討以後，剛柔互施，必能就我羈縻，俾此事漸有歸束，弭鄰壤窺覬之衅，便閉關生聚之謀。

"抑臣等尤有請者，守成之朝，用法宜繁而曲，非繁曲無以收居重馭輕之權；撥亂之世，用法宜簡而直，非簡直何以作同仇敵愾之氣？公家積牘二百餘年，禁令由疏廓而周詳，例案由簡易而煩密，馴至百司庶職，避處分之不暇，何暇圖功？豈無人官物曲，材力心思，忠謀碩畫，乃卒因循架漏，隳壞於冥冥之中者，皆由此太周太密之故。泰西島國也，故以商戰為立國之本。惟其立法簡易，上下併力一心，廣商埠以養兵，治兵艦以衛商，用是藝術精強，得以恣睢於海上。我陸海之國也，自宜刪併禁令，以農戰爲立國之本，盡革虛浮之積習，廣求忠樸之真材，而務上下一心，從事於勸課水利農桑、經營畜牧茶礦，日討國人而申儆武備，以維世變之窮。彼力術雖強，終絀於義術而自敗。敵國外患之乘，乃吾發憤修政之藥石也。天人祐順之理，感格至微，抑又不待蓍蔡而知矣。以上就臣等愚慮所及，披瀝上呈，是否有當，伏候聖明採擇。至該學士條陳，或應擇要興辦，或係窒礙難行，謹逐條分別覈議如左。

"議覆籌餉條

"此條應由户部出語會奏。

"議覆選將條

"一、原奏稱擬練將才，請於水師學堂出身之兵官中酌任水陸總統、分統，此外募洋員司兵事，以收蓄將、客卿之用等語。查閩廠設立水師學堂，天津仿而行之，選樸幹材穎子弟肄業其中，習柁水、管輪、氣機、帆纜之能，及燃放槍礮水雷、行軍布陣之技，法良意美，原爲創立外海水師根本。前沈葆楨、丁日昌歷保將才，請以總兵吳奇勳爲統領，而以學生之技優者張成、呂濟、劉步蟾、林泰曾、蔣超英等副之，俾資歷練。並聲稱該學生於戰陣之事，尚欠實歷等語。茲該學士奏保，惟北洋學生之方伯謙、嚴宗光、薩鎮冰係初次列保，其南洋管駕之兵官蔣超英，屢登薦牘，閩省管駕之兵官張成，則昨已緣案奉恩旨革職留營效力矣。夫一年之技與十年之技角，則十年者勝。以上歷保各該員，既久在練船，漸有成效，自應請旨飭由南北洋大臣、閩省大吏分別察看，出考保奏，酌委總統、分統，並隨時訓厲，以成其材。至學堂、練船，尤宜亟求整頓，以爲儲養人才之地。

"其募洋員一節，據稱英屬印度之水陸兵官，退任家居者極多，但優予月俸招之，如願入華籍，彼國不禁等語。查訂僱西弁

教習,歷經疆吏奏咨辦理。至襄司兵事之大員,同治初洋將助
剿案内,雖曾收其馳驅效命之功,而桀驁難制、貪婪無厭如李泰
國比者,流弊亦多,且並有通賊陰濟軍火者。夫國初推步臺官,
擢用西術者,文員耳。武員則性粗氣浮,假以權勢,易爲反覆。
今倉卒召募,未知能否得力,占籍入伍,又虞常例俸薄,未必甘
受羈縻。其現在應否僱募,無礙公法戰例,及是否有利無害,並
請飭下南北洋大臣,酌度情形,奏明覈辦。

　　"議覆練兵條

　　"一、原奏稱砲臺必經年累月始成,壘則旦夕可就,宜分練
守臺、築壘及游擊之兵。洋法燃礮,皆以勾股礮尺,較準高低,
故多命中,宜多派深諳礮學之員等語。查滬廠刻有克鹿卜礮操
法及礮準、營陣法諸書。淮軍於炮隊、槍隊測碼打靶之技,屢改
新式,講練頗精。考測算家言,凡聲光並見之物,無風時,率七
秒而行五里。風有逆順,則時有加減。欲知加減定率,先攜尺碼,
量地之遠近,用槍礮於風逆、風順及無風時屢測之,即可得其斜
行曲綫、由疾而遲之差數矣。然操兵束伍之法,練膽與練技,不
可偏廢。技貴習於平時,膽實生於閱歷。觀於咸同間兵事,經
戰陣久,則始怯終勇,將才日出,兵氣自張。當十年之寇,固非
積十年訓練之力,不足以殄之也。至所稱游擊之師,當有輪船
隊,有開花礮隊,有格林礮隊,有馬梯尼槍隊,有哈乞開司槍隊,
習久巧生,則視平日所專門而用之,勿捨長就短,參差間用,以
犯兵家之所忌。現在輪船是否足成排隊,及陸操各陣式,請飭
各路統兵大臣,督率將弁,講求操演之精,以待事機之變。

　　"議覆簡器條

　　"一、原奏稱此後各省添購軍火,宜專用三十五噸及
二百四十磅子、一百八十磅、八十磅子之克鹿卜後膛炮、糯等飛
之排礮、嘉得諾之快礮,馬梯尼及哈乞開司之洋槍,庶期一律
精良等語。查德國克鹿卜廠所造之後膛螺絲鋼礮精而貴,英國

商廠之烏理治瓦瓦司、回特活司前膛炸礮大而廉。各國槍式，英以馬梯尼爲良，而機件太繁，艱於攜帶，乃其一病。德以毛瑟爲最精，美以哈乞開司爲新式，俄以俾爾達岐爲上品。沈葆楨開山撫番之役，曾奏言仰給於人，終虞受制，器由我製，始則師彼之長，繼乃爲我之利，取無禁而用不竭。故該前督行軍，專用金陵廠所鑄田雞礮、過山炸礮，滬廠所鑄之林明登槍，良爲深識遠慮之論。應請諭令各省，飭機器局考求以上各火器，擇其最精且便者，立一定式，一則匠智習而工巧生，一則教練專而耳目壹，行之既久，成效冀可漸收。至購買一層，查臣署去年冬函商北洋大臣，奏明籌撥出使經費項下，訂購克鹿卜礮一百二尊，毛瑟、哈乞開司槍合一萬桿，刻期運解。現在能否破各國局外之例，設法由商潛購，請密諭沿海各省統兵大臣，察度辦理，以贍軍資。所有臣等遵議緣由，謹合詞恭摺覆陳，伏乞皇太后、皇上聖鑒訓示施行。謹奏。”

初十日，入譯署，隨長官交涉俄國使臣要索安集延人入喀界貿易事。

　　《日記》：“入東廂，俄使要索安集延人入喀界貿易事，中晡爭之，至暮不決。長官及僕輩俱疲，討厭已極。以前日記每恥言之不書，今則積憤攻心，不能不直書矣。且志國恥，亦見予終不欲久留於此也。”

二十日，李雲麟來訪，爲其作詩叙。

　　《日記》：“李雨蒼都護出盤山，游濟南，頃自游太山南北谷歸，過我茅堂閒話。……入倉曹，夜草一序。”

　　上海圖書館藏公詩文稿有《李雨蒼詩集叙》，云：“雨蒼將軍崎嶇關塞，老於兵事，州有九，涉其八，嶽有五，攬其全。予不獲見君盛時，乃數數傾蓋於其詘而將隱之候。一日出所爲詩示予，予受而讀之，其行氣遣詞，一何易直而雄深，似陽明子語也。君既卜隱於田盤山，世方多故，龍蛇起陸。昔湘鄉曾公贈劉孟容詩云：'此士臥深山，静氣卻豺虎。'又云：'他日予能訪，千山捉臥龍。'世變之亟，易之在人，故安所得觀理深，養氣厚，静若山寒，動若雷震者，出而與之圖事？君幸勿以詘信於時，遂自放浪於山水之間，他日安知無被濯而謀出之於嚴棲谷汲、雲煙杳靄中者？固將礲礪學術，嗇養剛氣，以善其藏而有待邪！雨老聞予言，謂何如也？"

九月初一日，日人岡千仞以楊守敬手書來訪，並贈所著史書，未值。

　　《日記》："九月壬寅朔，始自戶曹歸，過濮、朱二友，皆不值。是日姓。東國岡君鹿門名千仞。以星吾手書見訪，並饋所著《東國近事本末》二本，記載筆亦不俗。彼土文人體格多生澀而饒古致。惜予未歸，不及把晤作筆談，擬寫紈扇一頭並字書一冊報之。"

　　案：岡千仞（1833—1914），號鹿門，日本國宮城縣人。嘗為史館編修官，以病辭。建綏猷堂，培植人材甚衆。又著《尊攘紀事》《米利堅志》《法蘭西志》等書及詩文集。本年來遊中華，遍訪當時名流。

初八日，岡千仞再來訪，未晤。

　　岡千仞《觀光紀遊·燕京日記》："訪鄧鐵香、袁爽秋，皆不在。"

十二日，往訪岡千仞，筆談久之。

　　《日記》："答詣日本處士岡鹿門，與之筆談良久。其人抗志不仕，憤世道之衰，裒説橫流，乃東夷之賢者也。又云大秦以西三十年前譯四書五經至彼，今頗盛行，近復譯《大清律例》。經常之道，其將通於海西乎！又贈予袖珍地圖一幅。其從子萬里亦好文字，出縑索予作書。"

　　《觀光紀遊·燕京日記》："袁爽秋來訪，談及翰林連署彈劾張佩綸之事。余曰：兵，專門事業，非倉卒嘗試可能。彼以善八股，取巍第，入翰林，又弄筆舌、論時事，遂握兵權，當方面。兵

豈可以筆墨口舌爲乎？其一旦變起，先衆遁去，固其當然。魏
源曰：方今急務，在綜核名實，綜核名實，在捨楷書帖括。胥吏
例案，專講朝章、討國故。余以爲朝章國故，與帖括例案，相距
幾何？今日綜核名實，唯有仿歐米，興各科學術而已。”

十七日，外姑郭太夫人及薛葆楗自全椒來京。

《日記》：“外姑、内弟自北譙來都下，下榻西榮，翦鐙夜話。”

二十二日，岡千仞偕日本駐華公使中島雄來訪並辭行，未值。

《日記》：“岡君來辭行，與中島行人雄偕至，予未歸，不相
值。聞中島極有才氣，其論曾、李優劣，使人心折。敵國有人，
吾之憂也。”

二十四日，岡千仞今日離京，公侵晨往訪，倚裝筆談而別。

《日記》：“是日與鹿門話別。”

《觀光紀遊》：“平明，袁爽秋來訪，曰余三訪，止一見，聞今
發，冒曉來。余深感厚誼，倚裝筆話，衆促發，乃謝出。”

案：公有《送岡鹿門處士歸日本》、《重送岡君二絶》等詩，
其一云：“水仙雅操續微茫，此去名山闢講堂。擔得西山雲滿笈，
散爲花雨灑扶桑。來時徧游翠微、潭柘諸山，故云爾。”

二十五日，聞朱壽熊卒訊，撰聯挽之。

《日記》：“同歲生平湖朱蘭階兵曹嘗欲撰《宋會要》未成，
聞赴驚歎，製一聯挽之云：‘不喪己，不悦人，熟精汴宋遺聞，雅
操如君亦罕矣；亦任真，亦醫俗，時見南窗獨酌，懷舊令吾益
慨然’。”

十月初八日，作函致李慈銘，並寄閲所擬奏公牘各文。

《越縵堂日記》：“得袁爽秋書，以所擬總理衙門覆議陳寶琛
條陳洋務疏及公致甘肅新疆巡撫劉毅齋書送閲。寶琛七月所
上四條，簡器械、備海口、用洋將、籌軍餉，皆張大夷情，空言塞
責。而謂器械必購洋人槍礮，弁備必用船廠學生。又英國諸將
之嘗征印度者，近皆退閒，可以重資延之，尤謬妄喪心。總署頗

駁之。而亦言各疆臣之機器糜費,其購之也,俱極言精良,至將應用,則皆稱窳敝。又言各省撥餉移甲就乙之害,多中事理。"

十一日,聞張樹聲卒訊,撰聯挽之。

《日記》:"前兩廣總督宮保合肥張公殂於軍,製聯爲挽云:'任勞臣以長城之重,倚如涼部三明,誰識吏民攀慕,部曲哀思,銅柱南荒成挫折;交賢嗣知家法之嚴,惟守孝經一卷,況承刀布垂存,芻茝下採,淚河東注有孤寒。'"

十四日,李慈銘函來,論公前所擬奏稿事。

《越縵堂日記》:"作書致爽秋,還其所擬奏稿,且與言陳寶琛原疏之謬……得爽秋書。"

十六日,託朱一新删訂詩文稿。

《日記》:"鼎父過存,予以芟訂文字相託。"

二十八日,周壽昌卒。

《日記》:"內閣學士致仕周荇農先生於昨日酉時作古,都下又失一老輩矣。"

是日得岡千仞來書。

《日記》:"得東瀛岡處士書。"

《觀光紀遊·燕京日記》:"瀨川、仁禮二姓北歸,囑與徐、袁二氏書。"

案:徐,即徐琪。

十一月初一日,作祭周壽昌文。

上海圖書館藏公詩文稿本有《祭周自庵先生文》。

案:此文又見本日日記。

十七日,往弔周壽昌。

《日記》:"赴弔自庵先生,方今人物眇然,老學凋謝,令人短氣。挽聯甚多,中有蕘老一聯云:'仕官皆虚,衹平生三史千秋,豈特補遺刊貢父;風流頓盡,想地下七賢再聚,定應後至笑王戎。'沈痛之懷,以頓挫夷猶之筆寫之,如讀老杜入蜀後七言長句。"

十八日，復洪良品書，論世道衰弊之由。

　　《止齋雜著》有《答洪給諫書》，論中弱敵強之原因，謂："一曰近世士大夫多從帖經墨義進身，無學術磨礱以擴充其才識，無師友克治以涵養其器局，其智不離苟且竿牘，故不足以達古今之變而赴事機。一曰國無重臣。天下大器也，措之安處則安，措之危處則危，非有捨細故、持大體，裕長駕遠馭之規者不可。今大臣率以侵庶司百職之事為報稱，未暇為十年二十年之計，牽補過時，架漏度日，於是百司庶職，亦遂承望風旨，以奔走從令、析及牛毛為事，而國之大利害、大措置，多隳壞於冥冥之中矣。古云一羊三牧，譏政繁而無體也。今制要者為樞廷，冗者為六部，率置五六大臣，互相牽制，數牧而共持一羊之政，故推諉模棱，阿諛順旨，而求其當於事理則希矣。一曰分數不明。耕問奴，織問婢，履屨之間，宜各審其才用。帝者治大吏，大吏治百司，大小相維，長短各適，皆宜周知其賢否而進退之。韓信所以能將多兵者，分數明故也。分數謂條理區分，明有意算。范希文進百官圖，以簡馭繁，以一馭百。條例明則物無遁情，才皆適用，而闒茸之子，自不容廁足於其間，故人存而政舉。蓋第因分數之自然，相其脈絡，導其腠理，而施斧斤耳。不煩家稽而戶諭之，如邏者然，而後為功也。今制臺省長官及其屬不由踐更外吏而得，行取之制久廢，故事理多闇。邊城將軍、都統、副都統不由閱歷邊事而得，率以紈袴世族為之，故戎機失律。為人擇官，不為官擇人，廣交遊、通聲氣者多得善地，而忠實者氣沮。蓋用人分數既淆，耳目視聽熒矣，事奚由治乎！一曰君子小人不分。剛正識事變者與圓融守成法者倚任惟鈞，直言訟得失者與婾嫿習世故者禄位相等，事多拘牽，莫敢執咎。雖有良庖，末由獨奏其技；雖有和扁，亦趨帶下之工。昔陸忠宣與竇參等四相迭日秉筆，尚且廢事，況才不逮忠宣者乎！一曰上下之情不相貫徹，不相聯絡。彼諸夷立國，無上下層層壅蔽，故衆情達而士氣暢。以之謀理財，食貨具；以之謀用兵，器技良。今文告塞路，郵羽相銜，而糧臺主者，偏裨軍吏，一方紳士之豪儁，其情且不得自達於疆吏，況朝廷乎！高宗用師回疆、金川，賜予慰勞，百驛相望，仍敕勵其餘將吏曰不能遍及也。而功罪纖悉上聞，誅僇亦旋隨之。苟非上下之情貫徹無壅蔽，將雖有賞不知勸，雖有罰不知懲矣。"

十二月二十一日，上書閻敬銘，冀其疏救鄧承修。時鄧因言事獲咎，交部議處。

《日記》："與文户部書，略云近鄧鴻臚將得罪去國，傳曰：'善人國之寶也。'朝邑公負天下清望，有護持善類之責，想能力爲斡旋。若使九流溷濁，君子道消，則夸毗將長，授佞臣以諧媚進身之階；耳目不靈，予疆吏以肆行無忌之漸。如是則上下雷同，是非相蔽，亂亡之徵，於斯兆矣。相國縱不爲救時計，獨不畏千秋物議，追咎當國之人乎！幸爲我語公，勿貽後人口實也。"

案：《止齋雜著》有《上協揆閻公書》，内容與此札相類，蓋公同時所作，一札徑呈閻敬銘，一札與户部司官，冀其能從旁建言也。日記二十五日："投書時宰，極論諫官不宜輕黜。"可參看。

《光緒朝上諭檔》十二月十六日："内閣奉上諭：'鴻臚寺卿鄧承修奏講官被議，罰重情輕，請將樊恭煦降調處分寬免一摺，所奏非是。近來言事諸臣，每多肆口譏評，並不平心論事……該京卿自負敢言，竟以言出禍隨等語登諸奏牘，純臣忠愛之心，必不出此，是直故激朝廷之怒，以博直諫之名，此等伎倆，難逃洞鑒。著將原摺擲還，並交部議處。欽此。'"十二月二十五日："内閣奉上諭：'吏部奏遵議處分一摺，鴻臚寺卿鄧承修應得降三級調用處分，加恩著改爲革職留任。欽此。'"

二十四日，聞陶方琦卒訊，往弔。

　　《日記》："是日路遇介孚，知陶子珍同年下世，不勝惋惜。丁卯同榜作古者已不少，歲月驚人，殊可念也。夜往弔之，門已閉，遂歸。"二十五日："挽陶子珍同年：'少同鄉舉，壯習交游，荏苒十年間，吾亦不爲妄歡者；晁論崢嶸，秦詞蒨麗，英華一朝謝，世豈復有斯人乎。'"

　　《越縵堂日記》："上午子縝家人來，告以巳刻化去矣。不及握手一訣，哀哉！子縝今年四十有七，子長者年十九矣，俱在南中，隨至北者惟一妾及所生三子兩女，皆孩提也。"

二十八日，游琉璃廠，購《祥刑要覽》、《蔡中郎集》、《説文聲系》數種。

　　《日記》："薄游海王邨，偶於書肆買得《祥刑要覽》、《蔡中郎集》、《説文聲系》等數種。"

三十日，游琉璃廠，購書籍、碑拓數種。

　　《日記》："今年杖頭錢頗有餘饒，遂復游廠肆，購得安刻徐堅《初學記》二函十二冊、顏魯公《自書告身》一冊、集柳書《瑯琊碑》一冊。"

是年末，奉命管領總理衙門電報班。

　　《日記》十一年（1885）正月初一日："前派充東廨電報班，不分晝夜，隨到隨譯，頗以起居無節爲苦。然此亦坐予懶惰成性，不耐勞，故轉以爲病耳。充此惡勞好逸之衷心，幾何其不棄君子而流爲小人之歸乎！'貧賤憂戚，玉汝於成'，橫渠斯言，不吾欺也。"

編年詩：《甲申歲朝試筆》、《尊老將之析津作詩送之》、《贈子培》、《寄座主張中丞》、《宿東廨書感呈張副都佩綸》、《尋春三絕》、《又題一絕》、《戲簡竹篔侍講》、《贈樊雲門同年》、《聞庭鳥下》、《穨寺一首贈雲門》、《次韻竹篔送陳伯平同年出守大同二首》、《西軒睡起》、《寄懷從外舅薛先生江上精舍》、《二月十三日自庵公生日雪》、《謝方勉夫惠柿霜》、《予前致雲門書有以樊名寺之戲君將出都因復贈之》、《閉門》、《無錫秦公下世》、《以詩問鼎父寺廡海棠花發未將攜酒過之》、《海棠已謝》、《詩後別題三絶句》、《望西山》、《松生爲買書甚多遠致京邸以詩寄謝》、《聞樊子游豐臺看花》、《送雲門二首》、《贈薛叔耘同年觀察浙東》、《寄張學士閩中》、《哭表兄王芹父》、《何處迎秋早》、《東廡三絶》、《寄尊老》、《答尊老見贈詩有一臺二妙之句》、《感秋一章呈子培秋曹鼎父侍御》、《秋日思鼎父》、《窮巷》、《龍泉寺薛荔牆》、《游土山口號》、《送岡鹿門處士歸日本》、《李將軍餉予佳柿及梨云自盤山攜來》、《重送岡君二絶》、《示兒詩》、《題徐亞陶環翠軒賞菊圖》、《訊洪給諫》、《楊心眠銜使江西作詩送之》、《曉坐東窗下漫題數語》、《嶧縣王君六十壽詩》、《憶山居吟》、《璨璨》、《水仙》、《寄松岑》、《東皋子》、《十二月十三夜月》、《寄鄧鴻臚》。

編年文：《測地正名事宜》、《浄土贊》、《跋邵位西比部丈手書遺詩》、《劉融齋先生像贊》、《書劉中允採桑子詞後》、《李雨蒼詩集叙》、《上某公奏記》（今日朝廷有大處分）、《自庵周先生七十一歲像贊》、《丁徵士妻陸孺人誄》、《上副都張六丈》（日來私心憤懣已甚）、《上張六丈》（昶性疏曠）、《送張副都叙》（井臼之利）、《上署兩廣督部南皮公書》（前奉函丈面諭）、《答朱竹石觀察》（前奉四月十六手教）、《答洪給諫書》（前日辱手畢和詩）、《與袁遂書》（廿六日接奉先生二十日手教）、《與袁遂書》（十一日申刻恭讀先生初八戌刻手諭）、《與袁遂書》（久不獲手札）、《致薛時雨書》（吏役侘傺）、《送蕭敬孚叙》（居深山中）、《議覆編修劉海鰲條陳新畺屯田事宜並請飭下大臣劉錦堂等籌辦摺略》、《議覆吳大澂請多購礮位摺》、《議覆金順奏南路喀什葛爾西邊界務摺》、《議覆陳寶琛條陳並密陳目前應行規畫事宜摺》、《議覆徐承祖條陳出使事宜摺》、《祭周自庵先生文》、《答洪給諫書》（前日辱手畢和詩）、《上協揆閻公書》（竊惟人主聽言納諫）、《議覆謝御史奏請派員游歷

外洋摺》、《議覆吉林省試鑄銀錢片》、《道橄》、《讀甲申十二月邸
報私記》、《與文戶部書》（近鄧鴻臚將得罪去國）。

【時事】《點石齋畫報》創刊。《中俄續勘喀什葛爾界約》簽
訂。馬尾海戰爆發。新疆設立行省，以劉錦棠爲甘肅、新疆巡撫。
周星譽卒。周壽昌卒。陶方琦卒。趙之謙卒。高行篤卒。

光緒十一年乙酉（1885），四十歲

正月初二日，第五子生，三日即殤，埋於浙江義園。

《日記》：“是日日加巳，輿夫來言，内舍又舉一男，寅刻生。
鑛巖府君弟五孫也。予方自東廨至戶曹牙參畢，還家叩拜影堂，
料理一切。此次幸有外姑照笐，山婦及嬰倪賴以無恙。”初四日：
“季子生數日即殤，家人欲裹以草簾投諸郊外飽狼犬之口。予
甚怒，《禮》周人以有虞氏之瓦棺葬無服之殤，雖生未三月不爲
殤，然似可以殤例。君子於犬馬猶垂帷蓋之仁，今乃人道並不
如犬馬，可乎？時同年吳介堂太史督理吾浙義園，因夜往商之，
取券歸，預戒用人明早蕤之。”

初六日，李慈銘函來，即復。凌瑕來函，談高行篤近事。

《日記》：“得藝老手札，即作答。……嚮夕得凌子與手札，
述叔遲病狀，復代叔遲厪書於予，與予訣別，以弱子相託。省覽
其書，署臘月十二日，屈指迄今已二十餘日，不知存亡，爲之墮
淚。夜作答子與書，託以叔遲後事，並厪書高宅。”

《越縵堂日記》：“作書致爽秋，得復。”

初七日，游琉璃廠，購碑拓數種。

《日記》：“游廠肆，買得顔書《元次山碑》、《多寶塔》、陶貞
白書《瘞鶴銘》、北魏《高貞碑》、《始平公造像記》。”

十一日，中島雄以所作文請質。

《日記》：“亶洲中島行人以所作論二首索評乙。”

　　案：中島雄(1853—1910)，幼名太郎一，日本江户人。嘗
於同人社學習，主修漢語與英語。光緒四年(1878)任日本駐
華公使館見習二等書記官，歷任外務三等書記生、交際官試
補、三等書記官、二等書記官，至光緒二十九年始返國，在華任
職前後長達二十五年，與中華士人多有交往。有《隨使述作存
稿》等。

十二日，往賀額勒和布生日。

　　《日記》："例賀長官額相生日，其第中有鹿砦，予獨游片時，
鹿見人驚避，饒有野趣，殆亦如貧道遊朱門若蓬户者邪！"

二十二日，王先謙以《道光朝東華續録》見贈。

　　《日記》："逸梧祭酒以新刊《道光朝東華續録》六十卷
見餉。"

二十八日，李慈銘來函，邀作陶然亭之會。

　　《越縵堂日記》："袁爽秋來。……作書致爽秋，致朱蓉生，
俱約以中龢節至陶然亭公飲均甫。"

三十日，得吳涑書，知高行篤卒訊。

　　《日記》："得大兄桐中來札，書次述及親知作古者累累，適
吳世兄涑函至，言叔遲於臘月十五下世，不勝歎息，使予如獨行
太行山雪中也，哀歎哀歎。"

是日作函李慈銘，並呈近作詩九首。

　　《越縵堂日記》："得袁爽秋書，並近詩九首，頗清逸可愛。
其詩多爲別調，一意求新，佳處在此，病亦在此。……夜復爽秋
書，並答以四絶句。……再得爽秋書。"

二月初一日，施補華自新疆回都，與同人公宴於陶然亭，李慈銘、
瞿鴻磯、朱一新、王蘭、沈曾植等在座。

　　《日記》："陶然亭小集，會者七人，施均父直牧、瞿子久學
士、蓴老、鼎父、赭鄉、子培及余也，惟莆卿以家祭持齋不至，黃
昏始歸。"

《越縵堂日記》："上午詣陶然亭，偕蓉生、爽秋期施均甫、瞿子九、王醉香、沈子培飲於此。諸君皆先余至，惟子九後來。是日輕会，野色蕭澹，西山殘雪不可得見，然窗檻之外，四望靜深，清談暢襟，昏暮始散。"

《澤雅堂詩》二集卷十五《愛伯招飲即席有作》："萬里西來一笑迎，舊人同覰米嘉榮。酒澆燕市愁中月，詩帶陽關意外聲。枯蠧乾螢餘宦味，小桃初柳各風情。家鄉只隔江如帶，相約歸篷箬葉輕。"

案：李慈銘《杏花香雪齋詩集》卷己《乙酉二月一日偕爽秋鼎甫飲施均甫及瞿子九學士王者香庶常沈子培刑部四同年於陶然亭時均甫新自喀什葛爾至》一詩可參看。

初二日，解除總理衙門電報班職守。

《日記》："是日長官鑒其況瘁，免其譯電之役，稍得嗇養目力矣。此後每日吏牘之暇，可以溫理舊業，雖不能日知所亡，庶獲涵養新知之益。"

初五日，至琉璃廠購碑帖。又以和李慈銘詩相寄。

《日記》："小憩海王村，得顏碑二種及孔宙八分歸，史作孔仙，少府孔融之父。聊慰數日奔馳侷促之苦。"

《越縵堂日記》："得爽秋和中和節詩塵字韻。"

案：《安般簃集》詩續甲有《次韻蓴老陶然亭小集之作》。

初八日，得江寧信，知薛時雨卒訊，以聯挽之。

《日記》："鐙下得秣陵來信，桑根夫子於正月廿二日棄世，傷哉。壽六十又八。"初九日："薛桑根先生守杭日有惠政，掛冠後主講名山垂二十年，晚乃定居白下。其殁也，挽以長聯云：'晚作經師，早爲循吏，酹寒泉一勺，上追白傅諸賢，那堪憶載醪祛惑，雪艤湖壖，精舍少年今白髮；我慚早負，公竟山積，攬烽燧四溟，空閟黃公三略，媿未能填石徙薪，東求滄海，異時腹痛古西州。'"

譚獻《皇清誥授資政大夫二品銜浙江糧儲道杭州府知府薛先生墓誌銘》："先生名時雨,字慰農,晚號桑根老人,安徽全椒人。祖鳳壽。父鑫,以古《禮經》、《周官》、《小戴記》教授鄉校,稱大師。伯兄暄黍,道光二十六年舉人,官安慶府教授;仲兄春藜,咸豐三年翰林,官山東道御史。昴弟以經義治事,相師友也。先生與仲兄同榜進士,分發浙江,授嘉興知縣。……湘陰左公疏授杭州知府。……署糧儲道。……既去官,掌教崇文書院。……馬公(案:馬新貽)督兩江,聘府君掌教惜陰書院。……謝官後優遊山水,色益晬然。五十七歲舉一子,人以爲坐致期頤矣。六十後稍稍衰,然健飯談笑不異疇昔。光緒十年冬,感末疾,慂甚。十一年正月廿二日,遂捐館舍。……卒年六十八。娶楊夫人,無子,嗣教授君少子優貢知縣葆楹,孫三人;側室汪氏生葆樫。婿監利李慶雲、北通州胡秉鑒。"

二十七日,陳彝置酒招話別,時將赴甘肅按察使任,公作贈序送之。

《日記》："手抄贈叙並書送陳六舟丈,丈寘酒長春精藍,招予話別。蒼顏白髮,自丙子春一別,屈指已十年矣。六翁爲人清修樂易,晉人謂清修寡欲,萬物不能移也。此境不易到,六翁殆爲近之。宋賢詩:'不作風波於世上,自無冰炭到胸中。'殆爲此老咏也。"

案:公日記中録有《送陳六舟丈按察甘肅序》。

二十八日,赴徐樹銘招飲,趙佑宸、錢應溥、李慈銘、施補華、朱一新等亦在,座中觀其所藏書畫甚富,皆周壽昌家故物。

《日記》："食時,長沙徐公招集洛川花社,坐次展觀丹霞今釋明給事金堡甲申後遯入緇流之名。自製茅筆所作狂行書絕句七首,野逸陵厲。蕚老贊歎不實,且曰其集乾隆後已奉勅銷毁,已爲違禁物矣。又有吳仲圭墨竹卷,絹二丈許。錢籜石家物。趙楷所作《袁邵公臥雪圖》。疑贋物。又《右軍籠鵝圖》,不著色,淡墨渲染,著筆不多。卷中一山陰道士,一王會稽,一童奴抱鵝欲歸,瀟澹如

生。晉人人物清峻，風流高致，淖約至此，使人意消，不識世間
何者爲機事也。蕁老言觀卷中雙鉤袴褶皆作篆籀勢，此言賞鑒
殊精也。後有文衡山待詔跋尾，行楷極勁媚，下筆時欲以晉法
書之而未能，然足使吳興及鮮于太常俛首矣。署八十四歲作，
頭白有眼力，炯如浮秋光，亦異人哉。以上皆苕農周先生家故
物也，不勝慨然。”

《越縵堂日記》：“詣樂椿園，赴徐壽老之招，坐有趙粹夫太
常、錢子密員外及均甫、爽秋、蓉生，皆浙人也。飲間閱周荇老
所藏書畫，有黃荃瓜卉長卷、趙仲穆《袁安臥雪圖》長卷、吳仲
圭墨竹長卷。黃、趙皆雁作，吳卷亦不能定真僞。《右軍換鵝圖》
墨畫長卷，衣冠疏落，寥寥數筆，皆有古法。文待詔一長跋，行
草書，末題時年八十有五。釋澹歸製茅筆詩長卷凡五絕句，末
題爲少文長者作，下署癸卯三月丹霞今釋，字作行艸，以茅筆書
之，極飛舞之觀。”

三月初六日，張佩綸將赴戍所，晚過談。

《日記》：“夜晤幼樵學士，剪燭相對，傾談久之，時將赴戍。”
是日錫珍、鄧承修奉旨往天津與法人商辦條約，奏請以公及成章
隨行，典機宜文字。

《日記》：“是日聞有密勅尚書錫、鴻臚鄧前往天津商辦事件
之命，兩公奏請以予與郎中成章隨往，典校行臺機宜文字。”

《清實錄·德宗景皇帝實錄》三月乙巳：“諭軍機大臣等：
大學士直隸總督李鴻章著作爲全權大臣，與法國使臣辦理詳
細條約事務。刑部尚書錫珍、鴻臚寺卿鄧承修並著馳驛前往天
津會同商辦。”又諭：“本日已有旨派李鴻章爲全權大臣，與法
國使臣辦理詳細條約事務，並派錫珍、鄧承修前往天津會同商
辦。法使巴德納不日到津，所有應議事宜，關係重大，李鴻章務
當與錫珍、鄧承修會同詳細妥籌，臨機因應。上年曾將應議各
節諭知李鴻章籌辦，著該大臣等參酌現在情形，懍遵辦理。張

之洞電奏二件、趙爾巽摺一件,均著鈔給閱看。該大臣等當悉心籌畫,力與法使據理辯論,毋得意存遷就。總期無傷國體,不貽後患,是爲至要。仍隨時奏明,請旨遵行。儻草率訂議,不能妥協,致滋貽患,如上年福祿諾瀕行歧誤故事,定惟該大臣等是問。本日簡派全權大臣諭旨一道,一併發往。如該使臣索看憑據,即著另行恭錄,給與閱看。俟議辦事畢,此旨仍繳還軍機處備查。將此諭知錫珍、鄧承修,並由五百里諭令李鴻章知之。"

初七日,治裝,將赴天津,向同人告行。

《日記》:"是日四更前赴景運門恭候批旨,並參見兩星使,即歸治嚴,告行於常所來往。"

《越縵堂日記》:"得爽秋書,言今日偕郎中成某從錫尚書、鄧鴻臚赴天津,佐合肥議法人詳細條約,即復書送行。"

初十日,抵天津。

《日記》:"至天津府城外行臺。大吏以十兵建纛鼓吹迎兩星使,頗熱鬧。予與端甫先至行館,星使少駐驛亭,竢大吏恭請聖安禮畢,即至館。"

十二日,謁見李鴻章,並晤沈曾桐,時在李氏幕中。

《日記》:"謁見使相合肥公,晤沈子封,旋歸寓館。興中受熱,頭昏眼暈,殊覺疲勞無謂。相國以丙子在樊興節廨一見後,十年未通謁矣,今日垂詢家計米鹽瑣雜甚悉。公白鬚紅頰,目光炯炯,固依然健者也。"

十四日,購問津書院所賣各官局所刻書一二十種。

《日記》:"問津書院官賣各局所刊群籍目錄已不全,予亦發興添購一二十種,其值視廠市爲廉也。"

二十一日,謁李鴻章,談時事,晚出席外交宴會。

《日記》:"日加巳出門,趨謁使相合淝公,使相甚以朝鮮巨磨島爲憂事。案日本所續朝鮮地圖名巨文島,在濟州東北,與安島相連,東南斜岊倭之對馬島。是日竊論二百年來立國形勢,及政治利病、人材消長之故，大要言人材具有撥亂反正氣象者，莫盛於康熙朝，其次則咸豐朝。……日嚮夕，大吏有筵讌蕃胡之事，命予隨往，予不得不一往。左言侑食，前後屢屢，始則皆我讎也，可勝憤然。二更歸。"

二十三日，周壽昌靈柩南歸，道過天津，往奠。

《日記》："周荇農先生之櫬自都下歸長沙，道出津門，予往奠醊行禮，先生冢孫衍齡字春圃。以遺著《漢書注校補》二函五十餘卷。見詒。"

是晚盛宣懷來談，留共飯。

《日記》："夜莕孫來談，即留共晚飧。"

二十五日，夜陪李鴻章、錫珍、鄧承修赴法人宴會。

《日記》："夜陪節相、星使赴拂箖行人杯酒之約，二更始得歸。"

二十八日，陪錫珍、鄧承修往觀天津機器局、水師學堂。

《日記》："陪錫尚書、鄧鴻臚至去析津十八里之賈家沽觀機器局、水師學堂，日晡始歸寓館。"

《安般簃集》詩續乙有《陪錫尚書鄧鴻臚游賈家沽觀機器廠用前韻》。

四月初三日，隨錫珍、鄧承修二欽差往看淮軍、練軍合操。

《日記》："隨節往城西二里看淮軍、練軍合操。晤張筱傳同年紹華，文和公曾孫。氣味澹静，不似皖北人氣局。旋在黃麓川提戎營中飧。"

初七日，晤吳大澂，談東北情形，並論當世人材。

《日記》："晤吳清卿副都，論東三省八旂生計、學塾及練兵、招墾、分界各事宜，又言方今人材衰少、風氣浮窳之日，極難得者，誠樸堅苦之士，非加意培養，不能挽回習氣一二。國朝馮益都、魏蔚州、朱大興數公，皆以培養人材爲事，規模氣象始能閎遠。副都位雖不在於斯，豈有意乎！吳君問當今人材爲誰？予言以予所知京員如朱一新、沈曾植、王頌蔚，外吏如朱采、胡傳、袁遂,皆立身有本末,力學有根柢,不可多得之士也。培養之道不在籠以官職,使之磨礪世事,發攄學術,返入澹泊甯静一流,以成其器,取善相益,蒸爲風俗,則天下陰受其福矣。"

初十日,與周馥、成章陪錫珍、鄧承修泛舟西沽,觀軍資庫。夜赴吳大澂招飲,觀其所藏古董。

《日記》:"偕玉山、端甫陪二星使泛舟,溯河而上,作西沽之游,觀軍資庫,尚可得十萬人仗,筦藏者張次韓席珍也。薄暮,吳愙齋中丞招讌集,觀所藏秦權及鼎彝刀布甚多,二更歸。"

十五日,李慈銘至天津,來校問津書院課卷也。往晤,趙銘亦在座。

《日記》:"蓴老來校問津講院望課卷,自京邑來,夜往見之,桐翁在座,談至二更,始出城歸寓齋。……蓴老言近都人士與人簡札,往往作大字行草,此傲惰輕浮之氣無心敗露,要知極害事。以此輕浮傲慢之心作吏則必獲咎,處己則必喪身,不可不痛戒。予思君言是也。"

《越縵堂日記》:"昧爽開船,下午抵天津丁字沽,風,逆水駛,小泊。晡至東門外,桐孫以肩輿來迎,遂入城住書院。……桐孫來,爽秋來,夜留二君共飲清談,至二更後去。"

十九日,與法約議成,命公移録文字,公頗有憾於約文,然亦無可如何。

《日記》:"此次拂箂新約,其事始末嚴祕,椽簿下士莫能得其詳也。昨始奉欽使喻迻録,亦祇得其七八。其中關係利害之處甚多,然已定案,無可力静,爲之奈何。既而獨坐誦柳儀曹句云:'多壘非予耻,無謀祇自憐。'仰屋竊歎,天生魯國男子亦何益國家絲髮哉?"

《越縵堂日記》四月二十二日:"聞法夷和議已成,於二十七日畫約,皆中旨裁定,實閻朝邑及許、徐兩侍郎從臾醇邸及慶郡王悉聽赫德爲之也。越南界分、封貢兩事,皆以含糊了之。商務條例紛雜,亦不清晳。惟言畫約之日,彼夷即停海船搜查之令，我之糧運可以即到，官民相慶，便如更生。至臺灣撤兵，須俟一月以後。其中變故，不敢問矣。”

二十日，往弔李元華喪。

《日記》：“弔李方伯。方伯佐剿髮、撚有官勛，垂老謫官，竟客死津門。一子裁四歲，孤孫爲喪主者裁五歲，妻妾皆在南也，人生至此，可爲太息。賴合肥師相與方伯交素厚，語僚吏曰：‘生於我乎館，死於我乎殯。’世之由五交生三釁，乍合乍離者，可以聞而内愧矣。”

案：李元華（1823—1885），字采臣，安徽六安人。咸豐三年（1853）以舉人在家鄉督辦團練，對抗太平軍，以功升直隸州知州。五年，以助攻盧州升知府。六年，以道員記名簡放，賞加按察使銜。十年，以解壽州圍，記名鹽運使。同治五年（1866），李鴻章奏調主持清淮善後局，奏保賞加布政使銜。六年，升兩淮鹽運使。後歷官江蘇按察使、山東按察使、山東布政使。光緒三年（1877）署山東巡撫。後以隄工報銷案革職。十年，中法戰事起，受命辦理天津團練，改任總理海防各軍營務處翼長。

二十三日，張蔭桓來，公以詩稿請質。晚周馥招飲，李慈銘、季邦楨、高驤麟在座。

《日記》：“予每逢節氣則發舊疾，今日復然。正在臥病，樵翁枉存，傾談久之，以《一鉢集》請商訂。同飯訖，頃之復煮茗縱談，日高舂始去。玉山招夜集。”

《越縵堂日記》：“晡後答拜張觀察蔭桓不值，即赴玉山之飲，坐有士周、爽秋、高仲瀛觀察，夜二更歸。”

二十七日，隨同李鴻章、錫珍、鄧承修於水師軍營與法人簽訂約章，即《中法會訂越南條約》。

《日記》：“日加申，在水師營次隨同使相、星使訂定載書，事畢，大讌文武蕃胡，至二更始散。予微秩也，不能爲玉貌之魯連先生，乃亦與平原君之客十九人爲伍。修煉半生，一朝泥涴，豈將詘尺伸尋，徘徊有待乎？事會有時，豈璅璅之徒所能料乎？"

二十八日，謁辭李鴻章，論時務。夜隨李鴻章、錫珍、鄧承修赴法國公使宴會。

　　《日記》："謁辭使相合淝公，諮公以時務所疑。公言爭界似無益，譬人身內不自治，藏府受病，雖養其榮衛，飾其皮毛，無益也。若元氣既壯，我且整軍經武，以討不庭，何界之足云？予思公言殊有理，且越南朝貢之國也，非中俄敵國比，故中俄可分界，中越不可分界，中越分界是棄屬國於界外也，於辭不順，此未爲計之得也。……夜拂筵行人招讌三節使，予亦隨往。席散，觀張燈及放煙火，二更歸。"

二十九日，自津門發，五月初一日入都。

　　《日記》："將偕星使馳驛還都，自津門行館早發。"五月初一日："早行二十五里入沙鍋門，抵家。"

五月初九日，作與朱一新函，託刪定舊詩。

　　《日記》："與鼎父書，以刪定舊詩相託。"

十三日，以海防檔案並沿海地圖、兵輪部署圖呈遞慶郡王奕劻，時爲總理各國事務衙門領班大臣。

　　《日記》："前奉慶邸教，命予草創沿海防守事宜，已檢汰抄呈檔案一厚卷，兹復呈上沿海地形圖十三紙、用楠木匣裝。兵輪布陳圖說二冊。用布套裝。"

二十一日，晤沈曾植談，與論古今事變不同，人材隨學術而異之故。

　　《日記》："晤子培，論古今事變不同，人材亦隨學術而異云云，往復數百言。大致謂一代之人材，苟大有力者能聚之，即足以撥一代之亂。至於晚近士大夫空言相軋，以道形而上爲貴，器形而下爲賤，德成而上爲精，藝成而下爲粗，於是右文輕武，是非之論偏勝，而事變紛乘，遂囂然莫能禦之矣。固人材之衰少，亦由學術之任偏而弊也。又論康熙朝人材之盛，由仁廟培養致然。其時安溪李文貞公維持風會，調護善類之功爲多，如論救張公伯行、方公苞，拔施琅於降將之類。有以贊上知人之明也。安溪相業，馮益都、魏柏卿、朱高安及近世朱文正公，皆遠不逮。其著書亦透澈事理，言言皆如布帛之有幅、藥石之中病也。後來惟曾文正公爲能教育人材，根本深厚，故魄力亦大，智中隨學隨養，積理宏多，所以能應物不窮，每一事入手必有一穩實處寔之義法，非平日集義養氣、積銖累寸之功，惡能然耶！"

二十四日，岡千仞來書，屬題牓。

《日記》："昨得東瀛高士岡君鹿門書，云此次游中土歸，有客贈以古研，又得石鼓拓本，將築亭庋此二長物，牓曰'石鼓亭'、'硯癖齋'，萬里書來，屬予署之。予聞之亦殊欣然。今日偶料檢架上，有元魏龍門造像拓得十五紙，欲併以寄岡君，君又將作金像閣耶，呵呵一笑。"

六月初五日，訪嚴玉森，觀其所藏刁惠公墓誌銘拓本。

《日記》："出門訪鹿溪，觀其所藏刁惠公墓誌拓本。元魏侍中咸陽文公高允伯恭之壻。此碑真書，未可徑定爲鄭道昭書，竟不審爲誰筆也。如德人靜士，智涵典禮，右宜左適，而被褐懷玉，芒角不露，雖使鍾、王妙迹今復有真本存於人間，恐無以過之也。包安吳評爲魏石第一。宋以後士大夫除蔡忠惠公而外，結體無大小，只辦作行書，皆出卷軸之精神，發庋谷之幽恠，英華内竭，姿采外淫，蓋楷、隸及章草之亡久矣。一世耆好，尊尚李北海、徐季海，最上者僅能得顔平原、楊少師之皮貌，爲其與己相肖也，而書之德隱矣。伯施、率更楷法之嫡㳎，皆源出隋之《龍藏寺》、《啓法寺》，今觀刁誌，殆又兩寺之源出邪！走於此事無能爲役，井黿之見，聊以一隙讚海若之不可涯而已。"

十二日，朱一新充湖北鄉試副考官，往賀。

《日記》："鼎父典試湖北命下，往賀。稽古之力，儒臣之榮，因以勖之。"

《清實録‧德宗景皇帝實録》六月丁丑："以詹事府少詹事承翰爲湖北鄉試正考官，翰林院編修朱一新爲副考官。"

十四日，草上總理衙門言中法新約流弊書。

公日記中録有《代李錫鄧三節使上總署言新約流弊書》，略云："密啓者：法約前已訂定各條，流弊尚少，惟續譯之第五條言口岸、第六條言税則，措詞似平，隱患極大，必應竭力爭改，縱不貪小益，亦應預防大損。利害所係，不敢默然，敬告諸下執事，惟裁度焉。何以言之？據第五條内開'通商處所，必在中國邊界地方指定兩處，一在保勝以上，一在諒山以北'一節。查合衆通商之害少，以互相牽掣故也；一國通商之害大，以操縱在彼故也。滇桂甌脱之地，既尺寸不能爭，乃口岸又設在我界内，則租界利益彼專之，鐵路侵軼彼專之，領事之圈佔、兵船之保護、埠頭之巡邏彼專之，而我有界如無界矣。試問一關道、一税司之力，能彈壓控制之乎？且諒山地猶寬展，若保勝以上，則即在蒙自、蠻耗境内，爲地太蹙，我能晏然而已乎？此條之害，非訂明兩國讓出隙地，作爲通商處所，不足以補救其害也。碼頭必須在邊界以外，與各口辦法稍有區別，預立限制，似較穩實。

"又據第六條内載'所運貨物進出雲南、廣西邊界，應納各税，照現在通商税則較減'一節。此條流弊有三：南洋新加坡、香港各埠，英專其利，法欲與英爭，故亟於別開捷徑，顯爲蠶食滇地、狼睨礦產之根基。將來滇桂兩路，税則輕減，洋商恃洋票爲護符，厲至沓來，勢必於正子口税完納後，由廣西浸銷湘、鄂，由雲南浸銷川、黔，馴及長江地面，水陸蔓延，散無限制。關局勢難究詰，腹地税必驟衰，害一也。華商緣爲奸利，避重税就輕則，趨之若鶩，情僞易明，必且冒法商之名，運貨轉輸内地，洋票廣行，貨釐立減，害二也。現在約内雖無均霑之文，然三四年後，法人獨擅大利，各國領事商人因妒羨生覬覦，就使修約屆期，不遽請改他口税則，但群趨滇桂口岸，則腹地口税，已大有衰減之

虞。況每屆十年訂約之期，難保無藉口偏枯，嘵嘵置辯。且英
人久已包藏禍心，蹈釁即發，亦欲由緬邦阿瓦開通蠻暮、新街、
金齒關之路以通滇，將援法約爲口實，彼時又何以應之乎？夫
中國華洋各貨出入口稅，從前歷行之則，視各國爲最輕，已患利
權倒持，方亟謀改訂量增，逐漸收回之策，況又以輕減之權利予
彼乎！害三也。爲今之計，似宜訂改數語，曰：'酌予三五年内，
暫減稅則，數年以後，應由中國各關監督，察度情形，申請該管
通商大臣，奏明照彼時通商各口現行稅章，改歸一律，以杜趨避
而免參差。'如此似流弊較少。大抵十條内，惟此兩條有萬難
遷就之字句，豪釐不慎，貽誤無窮。現在漕糧業已霉變，搜查又
並未停撤，似無所用其迴護顧忌。事關大局，激切上陳，伏乞據
情代奏。"

十五日，朱之榛寄贈《古逸叢書》四十九册。

《日記》："竹石兄遠惠《古逸叢書》四十九册，今日寄到。"

十八日，許景澄自柏林作函寄公，詢政府訂造鐵甲艦意見。

《許文肅公日記》："致爽秋，遵旨造鐵甲快船，政府意何如？
濟遠穹甲太低。"

二十日，公餞朱一新於松筠庵。

《日記》："公餞鼎父於松筠庵。僕心氣疲茶，一遇稠人廣衆
之中，則耳鳴目眴、頭暈肺疾一時俱作，未必有裨世務，祇宜傭
治研田，自食其力，以斂退養拙矣。"

是年夏，作詩贈王先謙，王氏答詩有"文壇二妙"之語，即指公與
樊增祥也。

《文獻》2008 年第 1 期《王先謙書札十一通》第七《重黎以
書與詩來寵飾過望作此答之次前韻》："李侯長安作中隱，謂尊
客。廿載高名溢觴俎。避居氣壓萬家侯，僕邀諸曹誰復數。先
生卑官意不樂，頃亦遲遲思去魯。文壇二妙世所希，不放銜書
入天户。固知得失互盈絀，幾見鴟雛甘腐鼠。"

七月初二日，作議覆東三省邊防大略情形摺並籌護朝鮮片，規劃
形勢甚備，海軍衙門照准其事。

　　《日記》："力疾代草遵議東三省邊防大略情形摺子。治邊外
之盜非急務也，所患者在内治骩敝耳。如詳外而略内，終不得病根。此摺所列，
非其本病也。"十三年十月初七日："予乙酉秋承府公命艸奏東三
省邊防布實練兵事宜，後經海軍牙門覆准，敕以福州將軍穆圖
善董其事。嗣據奏報，奉天、吉林、黑龍江各練四千五百人，業
已成軍，歲餉由海署籌撥。今聞穆將軍作古，初六日奉電，諭已
改派各該省駐防將軍，分省接統，隨時訓練矣。冬月中，朝廷又起前
黑龍江將軍定安接統三省練軍云。予曾私詢吉林王委員，云此軍殊未可恃。且
大帥一歲中往來南北，徒增供張之費，新設各州縣益不勝其煩擾云。"

　　《參軍讞語》錄有《覆陳東三省邊防大略情形摺》云："奏爲
遵議東三省邊務，覆陳大略情形，恭請聖裁事：光緒十一年六月
十八日，欽奉慈禧端佑康頤昭豫莊誠皇太后懿旨：'東三省邊防
事宜，著軍機大臣、總理各國事務衙門會同神機營、王大臣妥議
具奏。欽此。'仰見聖心厪念邊陲，防微慮遠，欽佩莫名。

　　"臣等竊惟防邊之要，首在審地勢、察敵情。形勢既得，選
將爲先。將得其人，軍儲宜亟。而練兵、制器、招墾、興屯，則其
節目也。東三省統轄至廣，盛京十四城，爲邊門者二十餘；吉林
八城，爲邊門者四；黑龍江六城，舊設卡倫之區七十一。承平
時，東際大海，北限混同，榛狉之民，多我屬部，歷朝奉勅編入八
旗。凡居近吉林之巴爾呼人、錫伯人，居近伯都訥之卦勒察人，
居近琿春之庫爾喀人，居近額爾古訥河之索倫部、達呼部，其最
遠者爲鄂倫春部，皆審户比丁，隸入軍伍，擢彼材勇，効我扞撤。
而八旗猛將，吉林兵丹，常率諸部四出征剿，以精鋭聞天下。其
時中俄立界於尼布楚，開市於恰克圖，斥堠之設，多在中路北
徼，而東方則晏然無事也。自咸豐以來，中原多事，東三省精兵
徵調四方，腹内虛耗，餉減差繁，勢成積弱。參佐領以下，又不

恤兵丁，層層剋扣，以致生計日蹙，土地日荒，風氣日敝。彼時國家方治內盜，無暇東略，潰一隙之隈，成數世之患。牧圉之吏，任非其人，遂使鄰國摘隙蹈瑕，蠶食東徼，侵踞我黑龍江以北，烏蘇里江、興凱湖以東數千里之地。於是吉、江二省，遂無師船出海之口，腹背受敵，如處甕中，而邊事因之日亟矣。

今雖明訂條約，暫事羈縻，然邊情反覆，理難久恃。疆場之權，以公法論，亦彼此各自主之。查江省與俄之阿穆爾省一江之隔，其省城在海蘭泡，與我黑龍江副都統所治之城相望，沿江上下皆夷屯也。昔日跨江為守，今則江流之險，與我共之。額設水師船隻又皆糟朽狹小，不足以資戰守。吉省與彼之東海濱省毗連，其新設酋長，駐海參崴、雙城子，又別屯兵於巖杵河、摩闊崴諸處，而以駐紮伯力之重酋聯絡其間。其兩省額兵，通計不過萬人，常招徠屯墾客戶，編為民兵，以輔其不足。又收買麥糧，煮罕奇之鹽，販入內地，以為儲蓄之資。近且逼琿春為壘，開通圖們江東岸以窺朝鮮北境，行船松花江以窺三姓上游，勢亟亟矣。彼處處通海，便於轉輸，我陸運回遠，易致疲敝，似彼常處其逸，而我常處其勞。然以天時地勢揆之，冬春二時，江海冰堅，船不能駛，彼若深入，接濟維艱。夏秋二時，彼輓餫雖利，然甯古塔以東有無人之地六百里，群山糾紛，溪澗深淖，為之扼塞；三姓迤東至黑河口八百里內，江路多潢，陸路多潦，天然險阻，可以限長驅之足。然則我固不可漫然布實，致備多力分也。

"吉省所最要者，琿春一城，與彼逼壤，其西南接連朝鮮之慶源、慶興兩府，一葦可航，前無障隔，後可包抄。三姓一城，水路上距伯都訥之三岔口一千餘里，中間歷阿勒楚喀、拉林諸城。其三岔口西南陸路，則由蒙古郭爾羅斯界，徑從草地直抵奉天之法庫邊門，纔八百九十里，最為便捷。俄人地圖，惟於此數處畫一曲綫，他處則否，其久蓄窺伺之心，已有明驗。然則該兩處最宜注意，一以保護朝鮮北境，一以屏蔽我松花江上游伯都訥腹地。此吉省大略情形也。

　　"江省爲吉林脣輔,上游有內興安嶺一帶爲之阻隔,設防宜在下游。舊設卡倫,今存四十七處,多在呼倫貝爾以西。夫昔日之界在尼布楚,故卡倫在西,今日畫江爲界,江北旗屯,淪入異域,則卡倫宜改設東北。又將軍遠駐齊齊哈爾,北距黑龍江城尚八百里,今昔異宜,控制非便,似宜借行圍爲名,時至沿江巡閱,以壯聲威。鄰柝相聞,而我猶晏然寢於室中,可乎? 此江省大略情形也。

　　"奉、吉二省,皆界朝鮮。吉以圖們江爲界,奉以鴨綠江爲界。遼陽迤東,舊設鳳皇、靉陽、城廠、旺清四邊門,爲扼要之地。今水路則趨重旅順口、大連灣一帶。陸路則自同治六年奏明勘荒開墾以後,邊門而外,耕廛櫛比,設官置戍,直抵鴨綠西岸。非厚集兵力,水陸掎角,不足以顧根本而護藩邦。而腹地防營,似可酌量併省,以節餉力。此奉省大略情形也。

　　"臣等查光緒六年經戶部、總理衙門奏定,請飭下各省,每年協撥東北邊防經費二百萬兩,雖往往解不足額,然部墊部撥之款,數實相當。今試以東三省兵數計之,歷據該將軍等先後奏報,奉天經制額兵二萬二千八百餘名,練軍馬步隊及緝捕勇丁又一萬三千一百餘名。而雷正綰、宋慶等軍之食江、浙、河南餉者,猶不與焉。吉林額兵,現據冊報一萬一千餘名,烏拉牲丁四千餘名,銘安、吳大澂等新練靖衛綏安四軍,又靖邊防軍二十營零三哨,除綏字等營由吳大澂挑選,奉調移防灤、樂外,尚有萬六千人。黑龍江額兵,現據冊報一萬零九百餘名,外馬步練軍四千五百餘名。以三省通計之,共有土客兵籍幾及九萬人,兵力不可謂尚單。以餉數計之,奉省地丁、地租、貸鳌、洋稅、船規,歲入銀一百三十一萬四千餘兩。吉省歲入之款,約銀四十五萬六千餘兩。江省歲入之款,約銀三十六萬六千一百餘兩。三省通計,共有入款銀二百一十三萬六千餘兩,盡充俸餉之用外,由部庫每年撥銀一百四十八萬兩,又外省協撥六十八萬九千餘兩,實解到銀二十七八萬兩不等。是東三省歲需餉銀三百七十三萬,客軍之費猶不在內,較之承平時新疆歲餉之數,已有過之,餉力不可謂不厚。當此艱難支拄之秋,任兵事者,自宜加意撙節,兵歸實用,餉戒虛糜。若猶防務廢弛,營伍空虛,無事則虛報冒銷,有事則情見勢絀,豈該將軍等所宜出此乎?

"又查總理衙門上年正月間行文通查外省練軍火器,先後據盛京將軍咨報,捷勝、長勝等營練軍,及調駐客軍,計練習前後膛洋槍者四千餘名,礮兵一千一百餘名。吉林將軍咨報冊開,邊防馬步各營,練洋槍洋礮者,共五千三百餘員名;練軍馬步各營,則練洋槍者約三千人。黑龍江將軍咨報,所有練軍西丹,前經奏調洋槍洋礮教習,常川操演五千名。是三省大吏於近日操演要義,風氣日開,不至拘守成法。惟是三方布置,固建率然之勢,首擊尾應,使之互相掎角。然不思所以聯絡其氣脈,整齊其規制,恐將來局勢散漫,彼此不相策應。

"臣等酌度情形,思所以通變持久之方,相應請旨特簡知兵大員,會同三省將軍,籌議訓練章程。大要首籌大枝勁旅,合兵萬人,駐紮要害,為東西策應游擊雕剿之師。現在議設電綫,如有警報,相機因應,呼吸可通。次則每省練精兵五千,為分防之用,以佐汛地額兵之不足。凡錫伯、索倫、鄂倫春諸部,擇其材勇者,一體編入。又次則練閒散旗丁,作養育兵,以備隨時拔補,汰弱留強。三者相輔而行,餉有差等,一律操演新法,冀收實效。其每年練餉,加撥若干,需用火器子藥,應由天津機器等局撥解若干,應歸督兵大臣酌核定章,奏明辦理,再請飭下戶部、北洋大臣籌撥。

"此外若招客民屯墾,則可就近買糧,以充軍實;興畜牧之利,則可收其饒課,以助邊儲;招商開礦,則驅淘金之徒,編集而為礦丁;伐木通道,則開商販之路,量榷以益釐稅。且奉省沿海產鹽,市價最賤,誠能遠採金元時征收肇州、遼陽鹽課之法,近用各省鹽斤加價之例,官爲收買,量加課釐,就場征銀,以鬻於商,使轉販於關東諸路、蒙古各盟,亦籌餉之一端也。又從前伊犂養兵之費,半資屯田。其法以旗漢兵每年分撥四成屯田,六成差操,更番爲之,故可持久。吉林及呼蘭一帶,荒地極多,借使於經制兵內,仿伊犂成法,抽調若干成,授地墾荒,鑿渠灌溉,以資生計,雙城堡非其明驗耶?凡此皆邊務之要圖也。同一土地,敵人所至,則爲興利之腴區,自我處之,即爲耗財之瘠土,有是理乎?

"夫爲將之道,日討其部曲而申儆之,非家到而戶說之也,貴精神折衝耳。果能發憤有爲,則羸者可變而爲强。若仍委靡因循,則强者亦日趨於弱。宋臣李綱有言,精氣變痰,痰變精氣,非二物也,視乎元氣之强弱耳。國朝二百年來,良將勁卒,多出東三省,邊臣果得其人,豈有終於欹骳不振者哉?所有一切事宜,臣等第能略引其端,至詳細章程,應俟簡派大臣會同該將軍等因地制宜,與時通變,破除積習,力求整頓,察酌情勢,然後奏請次第開辦。務使三方隱然樹長城之勢,以伐敵國之謀。及今爲之,猶可表裏經營,完繕自立。謹將臣等遵議緣由,合詞恭摺覆陳,是否有當,伏候宸斷施行。謹奏。"

"又《附籌護朝鮮片》云:再,總理衙門以朝鮮防軍既撤,朝人頗有戒心,當密商李鴻章以籌備之筞。旋接函稱,奉天邊門僅有東邊道防軍兩營,未堪大敵,可否請旨飭雷正綰馬步九營,就近移紮鴨綠江西岸,扼要布置,以備朝俄有事,進據平壤,與北洋水陸各營互爲聲援云云。查俄人經營海參崴、摩闊崴諸處水師,該處與朝之元山津一帶,一水可杭,將來釁端一開,此一路必先喫緊。我欲以師船阻之,則繞越濟州重洋,力固不逮;欲以陸師援之,勢常不及,此不可不知也。

"至平壤爲朝鮮舊都,地居該國適中,在今漢江都城之北,貢道由義州逕達鳳皇邊門。現海道有丁汝昌等水師，與金州宋慶一軍互相掎角，兵船不時往巡仁川、江華一帶，以壯聲勢，而陸軍尚嫌單薄。目前海氛已息，營口、灤州、樂亭等軍，似可移防。應請旨飭下北洋大臣會商奉省將軍，酌調雷正綰等軍移駐邊門，以扼形勢而保屬藩。至琿春地處極邊，屏蔽朝鮮北境，極爲衝要。依克唐阿一軍，訓練多年，應著成效。並請飭吉林將軍，確查琿春近日情形，應否添絜勁旅，務即不動聲色，密籌布置。並將沿邊形勢，敵中要害，究探確鑿，繪圖貼説奏聞。

"又查張曜所部嵩武軍馬步十四營，及蔣東才所帶豫軍四營，馮南斌所帶甘軍二營，現在開挖城河，一俟工竣，亦可調赴東邊，以資後勁。至沿海水師，應先責成北洋三省，首創規模。現在定遠、鎮遠鐵艦，濟遠鋼艦，刻日來華，宜配以快艦、砲船，練成大枝水師，一旦有事，庶可逕扼元山津之險，以樹聲勢。所有籌護屬藩事宜，謹附片覆陳，伏請聖鑒。謹奏。"

初五日，張裕釗來訪。

《日記》："武昌張廉卿先生裕釗自樊輿來，送其二子鄉試，枉過瀨齋，談久之去。"

十五日，草覆奏與朝鮮勘定圖們江界址摺。

《日記》："草覆奏朝鮮北界圖們江勘定界址以安邊甿摺子。"

《參軍蠻語》有《覆陳吉林圖們江勘界摺》云："奏爲遵旨議奏事：光緒十一年七月初六日，禮部奏朝鮮國王請勘圖們江舊界，據咨轉奏一摺，軍機大臣奉旨：'該衙門議奏。欽此。'又附奏朝鮮貢使及賷咨官所帶貨物，分別免税、征税一片，同日奉旨：'該衙門議奏。欽此。'欽遵抄交到臣衙門。查原奏稱，據朝鮮國王李熙來咨，因圖們江舊界，請派員踏勘，以息邊擾等情，咨請代奏。事關疆界，應請飭下吉林將軍速派妥員詳細履勘，奏明辦理等語。並經臣衙門片行禮部，將該國使臣本年二月間所遞地圖、界碑各一張，照會一件，調取察核。正在核辦間，復接據吉林將軍希元咨稱,光緒七八年間,朝鮮無業流民,占墾吉林邊地,歷奉諭旨飭銘安、吳大澂會商該國,轉飭該處地方官豫籌安置,准寬予限期一年,悉數收回,以示體邮等因。欽遵辦理在案。乃該國至期並不收回,反肆侵佔。復指豆滿、圖們爲兩江,飾詞强辨,搨摹界碑,請爲勘界。當咨行琿春副都統,派員前往會勘。該國官員屢次藉詞推延。又據敦化縣稟稱,該國流民日多,至有佔踞房地,盜竊鋪户,及事主追捕,又被恃衆群毆各情事。經琿春副都統派兵彈壓,將新搭草棚焚毁數間,並將越墾之民,鞭責示懲,旋即撤隊回防。惟此項流民,該國既不肯令入我版圖,遵我政教,該國王於欽奉諭旨後,並不設法收回,恐越墾者益肆侵佔,且復滋生事端。自應咨請北洋大臣轉行該國王,速派妥員,定期會勘疆界,則地之屬吉屬朝,不辨自明。並據李鴻章咨稱,業已轉行該國王派員會勘各等語。

　　"臣等詳度以上各節,似朝鮮流民越界佔墾,該國王始終未能洞察情形,嚴行勒禁,妥爲撤回,第據邊吏一面之詞,輒行陳請。而琿春將吏於派兵彈壓之際,並不先移檄該國邊吏,責以縱民越墾之罪,遽行焚燬棚屋,辦理既屬操切,且亦非了事之法。原朝鮮世守藩服,恪供職貢,伊國邊界自應亟予勘定,俾無業游民各安耕鑿,以副聖朝字小之仁。惟該國所指圖們、豆滿爲二江者,實無依據。其所畫地圖,亦不明晰。考之載籍,厥證有三:恭查《欽定皇朝通典》'邊防門'、《欽定皇朝四裔考》,均明載吉林、朝鮮以圖們江爲界,別無豆滿枝流,一證也。《會典》地圖及《一統輿圖》,載在職方者,圖們、鴨緑二江,爲東西兩界,標畫分明,別有小圖們江,在經流之北,亦不得蒙豆滿之名,二證也。又朝鮮國人自著《地理小識》云,白頭山在中國、朝鮮之界,有大澤,周迴十里,西流爲鴨緑江,北流爲松花江,東流爲豆滿江。豆滿、鴨緑之南,則朝鮮也。又云咸鏡道以鐵嶺之東北豆滿江爲界,設茂山、會甯、鍾城、穩城、慶源、慶興六鎮營於江邊云云。蓋白頭乃長白之異名，豆滿即圖們之轉音，方言互殊，實爲一水，三證也。

"至該國咨稱，康熙五十一年，烏喇總管穆克登定界碑文一節。查康熙十二年始建吉林烏拉城，十五年，甯古塔將軍移鎮於此。雍正五年，增實永吉州。乾隆十二年，州罷。云總管者，沿順治初舊名稱之也。當日定界情形，正在移鎮之後，吉林將軍署内，必有檔案可稽。應請飭下該將軍查明界址，派委妥員，會同該國所派官，指證明確，俾免懷疑争執。並分別將流民收回安插，其難於遷徙者，奏明酌量隸入版圖，俾各安生業，以恤藩部而靖邊氓。

"至另片轉據該國王咨請，嗣後貢使及賷咨官來回所帶行李貨包，請照舊章，特准蠲征。至邊民私商交易，應照新章納税，以符定制一節。查向章該國貢使往來，所帶行李貨包，例准免税。自光緒九年十月，臣衙門會同户部、禮部奏准奉天與朝鮮邊民交易章程二十四條，内第八條定章，使臣及差官從人，行李藥物，寬予限制，准帶貨物紅蔘，量立定額，原與邊民私商一概納税者有別。此次業經禮部照章駁回，自係奏定通商之案，不容任意更動。第既據咨稱，虧累請蠲，自係實情。可否請旨飭下北洋大臣體察情形，於該國貢使及賷咨官行李往來，攜帶貨包，酌於第八條章程之外，從寬優予限制，以示體邮之處，出自聖裁。所有臣等遵議圖們江界址，及朝鮮貢使攜帶貨物量予免税各緣由，理合恭摺覆陳，是否有當，伏乞聖鑒。謹奏。"

二十八日，聞左宗棠薨。

《日記》："譯署得閩帥電報，本月二十七日子時湘陰左相國薨逝。公以一身繫時局安危，夷夏傾心，於當世有猛虎在山，藜藿不採之益。今長城遽頹，殷憂方大，中外倚賴，實勘賢能，此可憂也。"

《左文襄公年譜》卷十云："五月疾愈劇，以款議垂成，疏請回京復命，並懇開缺回里治疾。詔賞假一月。六月奏言臺灣孤注大洋，爲七省門户，關繫全局，請迻福建巡撫駐臺灣，以資鎮攝。……丙子公疾亟，復申前請。七月庚子諭：'覽奏病情，殊深廑念。左宗棠著准其交卸差使，不必拘定假期，回籍安心調理。該大學士吏治戎機，久深閱歷，如有所見，仍著隨時奏聞，用備採擇。一俟病體稍痊，即行來京供職。欽此。'癸亥薨於福州。"

二十九日，置酒招張裕釗，洪良品、王頌蔚、楊晨、沈曾植、張謇陪座。

《日記》："日加巳招張廉卿山長、洪右臣給諫、茀卿、定㝢、子培、季直小集。"

《張謇日記》："爽秋置酒陪濂師。"

八月十六日，作贈張裕釗詩，張有和作。

《安般簃集》詩續乙有《贈張廉卿》云："雞籠山下十年别，已是蒼顔白髮翁。世變驅人戰冰蘖，古心何日放昭融。朋游寥落存差幸，辛未壬申間，白下所見若吴竹如侍郎、戴子高、張嘯山、劉肅父、恭父諸文學，今皆下世久矣。文字沈冥癖偶同。年輩推排到耆舊，欣看一鶴蹋塵紅。"

張裕釗有《次袁爽秋郎中昶見贈原韻》："别來不記幾寒暑，憔悴時危一老翁。舊雨偶同雲會合，真愁能與雪消融。王城浩浩著君隱，世路悠悠誰我同。百感紛紜從掃卻，且拚爛醉荔枝紅。"

十七日，張裕釗來談。午後王頌蔚、沈曾植招飲，張謇等在座。晚晤李慈銘。

《日記》："廉翁口不臧否人物，不談時事，有先輩風度。今日枉過村舍，忽慨然言之，所言極中時病，非書生迂闊語也。蒿隱、子培招集城西寓廬，過蓴客先生，還晚飦訖，碧岑來夜談。"

《張謇日記》:"子培、黼卿置酒。"

《越縵堂日記》:"爽秋來夜談。"

十九日,作函致沈曾植。

《袁昶致沈曾植書》:"子培先生侍右:兩日宿漚簃,頃晚歸,始知辱手畢,並賜以李太僕山水墨妙長軸,此珍異之物,焉敢虛辱,無勞拜賜,實太厚顏。既思先生循循誘以遂初葆貞之意,使之進退曲全,勖其隱約以自守,則公之示我周行大矣,敢不拜嘉。別示具紉垂愛之切,惟朽殖久成荒落,而順德出之泥土,被以清波,過情之譽,清夜內疚。第呴涸魚以沫耳,譽過其實,汗出不止。所謂無善名已聞,深恐翰音之爲災也,望有道以藥石之言教之。此謝,叩請培、封老四、五兄先生道安。弟昶叩頭叩頭。十九夕。縵堂師當得繼竹垞校士,可喜。封兄必游轂中,能略示消息否?"

案:此札未題年月,文中詢沈曾桐應試消息,考知沈曾桐於是年九月十二日順天鄉試中式六十九名,故應繫於此。

是月,施補華爲公《一鉢集》題詩,並有《答袁重黎詩》。

《澤雅堂詩》二集卷十五有《題袁昶重黎一鉢集》云:"雙槐交戶夕陽綠,臥讀漸西村叟詩。功名蟻穴夢復夢,文字箔蠶絲引絲。一瓶一鉢覺來好,某水某山歸去遲。清風灑然庭宇淨,起看山栀花滿枝。"《答袁重黎詩》:"有形何處可逃役,貴賤營營同百年。萬事浮雲聊閱世,一心止水即通禪。彭殤易盡我長在,茶薺無窮天自全。空堂偶作駱駝坐,鳥語花開誰使然。"

九月初一日,建言洋商開辦銀行事。

《日記》:"度支長官方奉敕議夷商開設銀行事,予謹規畫利害數事上之。"

初三日,延陳丙森課允橚、梁肅讀,晚邀吳品珩、張筠陪飲。

《日記》:"是日延陳崑玉兄授經家塾,課允橚、梁肅。旋趨戶曹。夜招崑玉兄、佩葱、碧岑小集漸西村舍。"

是日，王詠霓自柏林來函，言所訂購德國船廠定遠、鎮遠、濟遠三鐵甲艦利病。

《日記》十一日："定遠、鎮遠二鐵甲船在德國伏耳鏗廠購造，濟遠鋼甲快船亦製自該廠，共靡金泉四百餘萬，係前使臣經手監造，未成時即有人議船式不合用者。去年冬廷寄敕出使大臣許侍講勘諗查辦，侍講以三艦完固覆奏。嗣曾侯來電云濟遠船有上重下輕，駕駛不利，臨敵必多窒礙之病。本月初三日，同年王比部詠霓，侍講隨員也，來書言三艦利病更詳。蒙反復思之，見今方大治海軍，曾於前月欽奉密敕諭曾、許兩公仿濟遠式再製四艦。如濟遠已非佳製，則重製不宜虛擲帑金。茲事所係甚鉅，遂將比部私函呈請長官審度，設法挽回。不意輔臣諸公遽將此函最鈔要語進呈御覽，初九日遂有欽派王大臣查辦三艦，其新造快船暫停訂造之命。知舊私函上達天聽，不勝皇悚。"

初八日，李慈銘函來，即復。晚濮子潼招飲，座有沈曾植、張謇、褚成博。

《日記》："止潛邀飲，至夕二更方散。座中聽子培、季直上下論議，混混有致，使人消憂。"

《張謇日記》："止潛招飲，子培、爽秋、伯約同坐，談至三更。"

《越縵堂日記》："作書致爽秋，致子培，俱約明日崇效寺作重九餞益吾學使。作書致徐壽蘅宗丞，致繆筱珊，俱邀飲。得爽秋復、子培復。……夜作片致爽秋、子培。"

初九日，與李慈銘、沈曾植餞王先謙於崇效寺，繆荃孫亦在座，施補華期而未至。

《日記》："與蓴老、子培餞逸吾祭酒於棗花寺，筱珊在座，遲均父不至，至暮方歸。"

《安般簃集》詩續乙有《重九集棗花寺送逸梧學使別》。

《越縵堂日記》："爽秋、子培來，下午同詣崇效寺，有祭酒盛

昱伯義等三十人餞梁星海於此，已占静觀堂，狂叫喧呶，旗漢雜
沓。余等賓主四人坐西偏禪室，嘿然勸釃而已。傍晚一登西來
閣，回車出寺，已昏黑矣。"

《文獻》2008 年第 1 期《王先謙書札十一通》第十一《乙酉
歲視學江蘇重黎仁兄大人及越縵子培兩兄以重陽日餞於崇效
寺途次賦詩奉簡録呈教正》。

施補華《澤雅堂詩》二集卷十六《乙酉九日袁重黎昶沈子
培曾植邀同王逸吾先謙李愛伯慈銘及余遊崇效寺即送逸吾江
蘇督學余以事未赴作詩道意》。

十二日，順天府試發榜，張謇得中。是科沈曾桐、李家駒、楊鋭皆
中式。

《日記》："今日京兆榜發，季直得南元，子封中式六十九名，
丁卯副貢獲雋者陳景墀一人。榜尾前一人永清張渭，予於甲戌
冬佐太和張府丞師閱順屬試卷，極賞其文，題爲《舜使益掌火》。
府丞師以張貌寢，欲黜之，予力静，遂得拔真冠軍，是年入學。
今列解名盡處，益彰先師俯采鄙言之美。"

《越縵堂日記》："至琉璃廠問紅録消息，久坐寶森堂閱書。
傍晚至廠東門吕祖閣看紅録，沈子桐、余誠格、屠庚、李家駒、姜
秉善、于式珍及廣東人梁于渭、四川人楊鋭皆得雋。……夜月
甚皎，閱題名録，第二爲江陰人張謇，所記皆一時知名士也，亦
皆有才氣。然屠、梁、楊三人皆輕肆，非國器。梁尤非端士，昔
年嘗來執摯門下，余以雲門言，力辭之。楊爲張之洞所賞拔，久
居其幕下，聞爽秋言，其險譎不可信。"

《柳西草堂日記》："看榜，錢新甫、沈子封、楊叔喬、屠晉三
皆同榜。"

二十日，料理移居老墻根，二十五日即移寓，與易順鼎對雷而居。

《越縵堂日記》："得爽秋書，並迻居老墻根七律六首。"

袁垚編《袁忠節公書札鈔略》卷一《致袁遂書》云："九月

二十接奉手教,欣悉一一。其時正值弟料理移居老墻根西頭路北。在順治門外校場五條衕衕稍西。廿五日家人輩皆至新居。新居約三層,面南,有花木十餘株,房二十七八間,頗爲寬綽,租金視舊居加二兩。公如來都時,可以下榻連床,不至如前宅之湫隘偪促,轊褻長者矣。"

《日記》二十五日:"家人輩俱負戴攜持來此新居,連日料檢搬移,不得休息,甚爲疲困。"

易順鼎《琴志樓編年詩集》卷十三《袁重黎贈詩二章依韻和答即仿其體》:"昔與君所居,同巷復對門。有時共燈燭,清談無酒樽。所居在何許,地曰老墻根。"

案:公《安般簃集》詩續乙有《移居老牆根漫咏七首》。

二十五日,李雲麟來,言張曜欲辟公入幕府,婉謝。

《日記》:"日暮,李雨蒼來,云張中丞欲招予爲入幕之賓。予思棄官從軍,未爲不可,但予性素迂鈍,乏應變之才,不習軍旅,於公事恐無所裨益。又居京師十餘年,習其風土人情,便於疏懶,弱累牽絆,未能遠離,因屬雨蒼善言致謝。"

十月十四日,往游琉璃廠,遇張謇,談朝鮮事。

《日記》:"往倉曹,歸途游海王村,遇季直,談新羅、百濟事。"

二十一日,乞吳品珩代寫祭左宗棠文。

《日記》:"過佩葱,乞代寫祭湘陰公文。"

公日記中録有《祭左文襄公文》。

二十四日,隨駕至西苑,得觀南海之勝。

《日記》:"力疾入禁門,隨駕至西苑,得觀南海子水石亭榭之勝,巳刻還東廨。"

二十八日,與同官商討駁法國通商草約條款。

《日記》:"拂箖通商草約要求多端,長官發下底本,命逐條指駁。孔、吕、達三君於商務稅則情形較熟,因得批綷掂摘,至四更方各散。”

十一月初一日，中島雄以《宕陰存稿》見贈。

《日記》：“亶洲中島大夫餉《宕陰存稿》一部，答以懷素《自叙》草書帖數紙、集《獵碣》字絑聯兩副。”

初三日，施補華以詩見示，公有和作。

《澤雅堂集》二集卷十六有《與重黎夜話》：“憶坐西湖第一樓，宵談凜凜氣橫秋。十年蹭蹬塵吹面，百事蹉跎雪上頭。石孕木瘦知物病，鼠肝蟲臂任天游。未知滄海橫流處，容得飄搖不繫舟？”

《安般簃集》詩續乙《均父以前夕話舊感懷詩枉示因次韻》云：“何事騎危百尺樓，雞豚自足讌春秋。高才不恤逢箕口，世議真堪唉劍頭。尚倚波濤生健筆，試盟魚鳥續前游。湖邊漁父應騰笑，萬斛船輸一芥舟。”“或寄軍諮或隱朝，夒蚿相習漫相嘲。且披金馬三千牘，勿學靈龜八九焦。水北清名陵石澔，市南削迹類宜僚。待君康濟還初服，檟木家山自足燒。”

初四日，越中先賢祠落成，李慈銘邀觀燈劇，與沈曾植、沈曾桐昆仲偕往。

《日記》：“夜蓴老邀觀燈劇，偕子培、子封舅弟同往，伶官演蔡忠惠公洛陽橋故事甚新□，實則泉州萬安橋之訛也。”

《越縵堂日記》：“午前詣先賢祠，拈香行禮，合樂團拜。……書演四喜部、三慶部，多昆曲；夜演四喜及西班瑞勝、元和兩部，《盂蘭盆》《洛陽橋》兩燈劇，皆新出者也。”

李慈銘《杏花香雪齋詩》己集有《乙酉仲冬四日都門新建越中先賢祠落成釋典和樂賦詩紀事二首》。

初五日，朱一新招作消寒之會。

《日記》：“鼎父招作消寒弟一集。”

初九日，晤施補華，談河工事。

《日記》：“晤均父談河工事。”

十二日,游琉璃廠,購《開元占經》。

《日記》:"晚之海王邨,買得《開元占經》舊印注疏一部,與坊友議直再三,幾不能就,乃拚以重金定購。後世子孫有鑒予買書之種種艱苦而寶守之勿失者,乃爲不負予苦心也。"

二十日,購新車。晚偕陳丙森訪濮子潼。

《日記》:"約孫户部至南市買得西較子三尺八寸深新車一輛,直幾及百金,支絀補苴,受累極矣。夜偕崑兄步月過瓦南街,訪止潛夜談,啜茗三四椀,歸時已丙夜,路少行人矣。予所居僻左,宛然負郭村落也。"

二十四日,鄭孝胥、王仁東來訪不值。

《鄭孝胥日記》:"同旭莊過袁爽秋,不遇,遂至文芸閣寓。"

二十八日,答拜鄭孝胥、王仁東,談閩中先賢事。

《日記》:"夜過鄭蘇龕孝胥、王旭莊中舍,談閩中先輩蔡二希、雷翠庭、孟鉼庵諸公。蘇龕言陳恭甫先生壽祺爲人頗不滿於鄉里,鉼庵先生則鄉人皆敬重之。"

《鄭孝胥日記》:"夜,袁爽秋來坐。"

二十九日,約李慈銘飲樂椿園,李氏來書商改期。

《越縵堂日記》:"爽秋、子培約初一飲樂椿園,作片致爽秋,屬其改期。"

是日晤張元普,諷其上言顧炎武、黃宗羲從祀澤宮事。

《日記》:"晤張給諫,談梨洲、亭林兩先生事,以國論有沮止兩先生從祀澤宮之請者,諷其上言糾正也。"

十二月初一日,沈曾桐、張謇來訪不值。

《柳西草堂日記》:"子封來,同詣蘇龕、爽秋、道希,不值。"

初二日,與沈曾植邀朱福詵、朱一新、黃紹箕、洪良品、王頌蔚餞施補華,時將隨張曜赴濟南也。李慈銘、王蘭期而不至。

《日記》:"與子培招同桂卿、鼎父、仲弢、右臣、茀卿小集洛川花社餞均父太守,惟尊老、者香均以小極不至。"

《越縵堂日記》："作書致爽秋,辭飲。"

初六日,與沈曾植約黃紹箕、朱一新、濮子潼、張謇、文廷式於廣和居讌集,鄭孝胥辭未赴。

《日記》："夜子培昴仲、鼎父、止潛、季直、芸谷小集。"

《鄭孝胥日記》："午後,季直來,邀赴廣和居袁爽秋、沈子培之約,余曰已卻之,乃已。"

初七日,赴徐樹銘招飲,李慈銘等人在座。

《日記》："長沙徐中丞招集。"

《越縵堂日記》："詣樂椿花園,赴壽蘅師之飲,晚歸。"

二十一日,李慈銘招飲越中先賢祠,以事辭不赴。陳丙森解館,晚招朱一新、吳景祺、吳品珩、嚴子屏、張筠等陪飲。

《日記》："夜爲陳先生解館備小酌,請鼎父、季卿、佩葱、子屏、碧岑作陪,二更各散。"

《越縵堂日記》："得爽秋書,言今日有曹事,不克赴飲。"

二十二日,以越釀一甕祝李慈銘壽。

《日記》："蓴老二十八生日,以越釀一罌爲壽。"

《越縵堂日記》："得爽秋書,餽酒一瓮,即復謝,犒使三千。"

編年詩:《徐柯墨寫牡丹數枝及行草書》、《東園十二韻》、《山雞行》、《春風》、《梅》、《龍女圖爲黃仲弢題一首》、《賒酒》、《租花》、《哭叔遲》、《慰楊華學士左遷》、《三李君詩》、《誚希夷》、《訊李臺郎家梅花戲呈一絕》、《漚簃夜坐六言絕句》、《次韻蓴老陶然亭小集之作》、《雲海二首》、《看鶴銘》、《吳筠軒觀察年八十餘重游泮水索詩作三首》、《吏不可爲》、《偶呈施均父》、《寄丁徵士一首》、《失題》、《階下海棠花盛開偶成一首遣興時在析津行館》、《興中口占》、《路遇海光寺僧戲作》、《喜晤趙桐孫太守高仲瀛觀察有贈》、《次韻答桐孫見贈長歌》、《桐老疊韻以近事見嘲有修羅設會主賓佽聚之語因復次韻答之聊附應聞之我云爾》、《陪錫尚書鄧鴻臚游賈家沽觀機器廠用前韻》、《謝李方伯送酒二罌絕句三首》、《和周使君》、《旅窗聽雨》、《西沽泛舟》、《登西樓》、《卻掃》、《夜聞吹角聲感異》、《漫興》、《謝人送羅浮竹扇江鄉枇杷二絕》、《寄仲瀛》、《江眺》、《簡同年張吏部》、《丁沽》、《憶定林寺》、《謁故人王璞臣令君祠堂》、《贈家敬孫通守》、《李方伯挽詩》、《喜雨》、《一瓢》、《莫嗔》、《析津武備院故皇船隝之基阯也新作高樓登臨慨然敬述一首》、《合淝使相招夜讌即席作》、《上榆園三兄》、《上義庭兄》、《留別仲瀛》、《西軒睡起偶成絕句》、《津門晤李尊老》、《寓館月季花盛開》、《津門曉發呈節使》、《偶題四言》、《朝陽寺小憩》、《安平驛遇雨》、《朱雲》、《和桐孫贈行之作卻寄》、《早發口號》、《將抵都門》、《東廂即事》、《瀨上家書至報聶秀才亡感觸舊遊遂作一首書於紙尾》、《憶昔一首》、《次韻答王逸梧祭酒》、《久旱得大雨曉坐漚簃作》、《逸吾祭酒來詩有一臺二妙之句因復戲答》、《均父遺我新作橫幅紅梅一株枝老葉硬氣勢蒼古因題句其上》、《和均父》、《放歌答施均父》、《調朱鼎父》、《省夜》、《新竹》、《詠箍桶叟》、《偶然作》、《伯蘭宗室戲畫一驢一車一奴星作趨曹之狀意態栩栩劇可笑也為題一詩》、《贈張廉卿》、《送梁節庵謫官歸嶺南兼寄潘孺初》、《題少司空徐公竹隱廬圖》、《送廉卿先生出都赴保定蓮池書院》、《贈徐亞陶》、《晚霞寄興》、《重九集棗花寺送逸梧學使別》、《移居老牆根漫咏七首》、《張季直捷京兆以詩賀之》、《均父太守以重九未赴棗花寺讌集詩見示因答》、《井泉》、《寄示從子觀瀾德劭古詩一篇》、《南村方古香丈先君行也年七十有八矣聞其尚健詩以寄之》、《送張樵埜太常奉使墨利加洲長句三首》、《陶然亭西軒》、《獨坐》、《朱竹石提刑遠餉古逸叢書二十餘種作詩報謝》、《均父以前夕話舊感懷詩柱示因次韻》、《臘月十九日自典客廂中西軒移榻東館感觸偶書絕句五首》、《逸梧學使蒞節三吳途中追述重九日崇效寺餞集作古詩二章郵示屬當歲闌遠垂光寵勔竭蕪音次韻奉寄》、《書東廂壁》。

編年文:《與薛時雨書》(久未接慕淮、飴澍兩弟手書)、《與袁遂

書》(頃奉元日手教)、《致薛葆楹書》(初九日黃昏)、《殤子甎銘》、
《請派大員會勘吉林東界牌博摺》、《致劉仲良撫軍函》(上年臺端
兩次奏調慶軍)、《曠游偶筆序》、《謝程秋曹啓》(黃氏楹帖承代
作隸書)、《致譚獻書》(去年九月初奉到手教)、《致譚獻書》(前
於春初托詹□□曾附上一函)、《送陳六舟丈按察甘肅序》、《散人
語》、《天津新設武備學堂廳壁記》、《上使相李公啓》(昶以樗散下
材)、《止齋記》、《答瞿學使鴻機問兩浙學派源流得失書》、《致瞿
鴻機書》(吳姓舫先生告示六條)、《與友人書》(昔汪堯峰言士大
夫出處之際)、《致沈曾植書》(兩日宿漚簃)、《與袁遂書》(九月
二十接奉手教)、《復朱竹石觀察》(聞柏臺權攝三月)、《答黃漱蘭
少司馬》(温蠖京國)、《擬議覆翻譯俄國進呈書目摺》、《代李錫鄧
三節使上總署言新約流弊書》、《湖北鄉試録叙》、《吳稼軒集序》、
《覆陳東三省邊防大略情形摺》、《覆奏朝鮮北界圖們江勘定界址
以安邊甿摺》、《請免朝鮮使臣中江蔆税牀片》、《武清董母倪太恭
人年百歲奉勅旌賚壽序》、《祭左文襄公文》。

【時事】李鴻章代表清廷簽訂中法新約。總理海軍事務衙
門成立,以醇親王奕譞爲總理大臣。

左宗棠卒。張文虎卒。薛時雨卒。

光緒十二年丙戌(1886),四十一歲

正月初一日,薛夫人舉孿生子女,越數日而殤。

《日記》:"日加酉,山婦孿生舉一子一女。公羊家説商人質
家據隱,先生者弟,後生者兄;周人文家據見,先生爲兄,後生
爲弟。吾將從質家乎。"初三日:"直東廨。至暮歸舍,甫入門
知嬰女已殤,不成殤也,命臧獲薶之浙江義園訖。"初四日:"夜
初昏,嬰兒又殤。莊叟謂朝菌榮於冥靈,殤子修於籛祖,夢幻
邪? 泡影邪? 今觀之如何也。無服之殤,並與殤女同瘞一處,
意怛然無慘也。"

初四日，家塾開學，以江寧人郭元善課子女讀。

《日記》："請塾師江寧郭寶堂先生開學。"

是日晤張謇，以勿論時事相規。

《日記》："出門拜客。"

《柳西草堂日記》："爽秋來談，以杜口勿論時事見規，可感也。"

初五日，王頌蔚招飲，李文田、文廷式在座，聽二人談元代掌故輿地。

《日記》："菶卿招集城西寓齋，座中仲約學士、芸閣孝廉熟於元代掌故輿地，聽之娓娓忘倦。"

十三日，李文田招飲，席間觀西嶽華山廟碑拓本。

《日記》："李仲約學士招集，出漢延熹八年袁逢建西嶽華山廟碑拓本相眎。此碑毀於地震，海內所存宋拓僅有三本，王山史本、宋漫堂本、四明全氏本。一本歸劉燕庭方伯喜海，後復爲湘文太守所得。小玲瓏山館馬秋玉家藏本，後歸張古餘。此本精采焕發，却在三本之外。徐季海云是中郎書，前人相傳結體與酸棗令劉熊殘碑正同，惜未見劉熊拓本也。"

十七日，沈曾植以《八關齋碑》殘本見贈。

《日記》："子培秋曹以顏公大楷《八關齋》殘本見貽，予先有不全半本真几上，當覼全文證之，如延平劍合，則是漸西村舍中一重墨緣，可喜也。"

十九日，草議覆同文館事宜，建議重設天文算學館。

《日記》："草議覆同文館事宜十一條，予建議復設天文算術館，以扶六藝之學。"

二十四日，至總署，議覆松花江俄商行船事。

《日記》："議復松花江俄商行船申明不准踰界事，未得歸。夜與江荔薌大令談宋元明學案。"

二十八日,晚集沈曾植寓,李文田、朱一新、張謇、黄紹箕、文廷式
在座,繆荃孫、濮子潼、王頌蔚期而不至。

　　《日記》:"仲約先生、鼎父、季直、仲弢、雲谷同集子培秋曹
　　家,筱珊、止潛、韍卿不至,二更歸。"

是日李慈銘送來《越中先賢祠目》。

　　《越縵堂日記》:"以《祠目》分贈絅堂、劬庵、醉香、筱珊、蓉
　　生、爽秋、子培、花農、桂卿、虎臣。"

二十九日,偕朱一新、張筠公讌黄體芳。

　　《日記》:"鼎父、碧岑邀同請漱丈集松筠庵,席散,同鼎父看
　　房子。"

二月初五日,赴朱福詵、王彦威招飲。

　　《日記》:"朱桂卿太史、王弢父水部招集松筠庵。"

初八日,赴李慈銘招飲,徐樹銘、黄體芳、許振禕、陳錦、繆荃孫
在座。

　　《日記》:"蓴老招集,抵暮始散。"

　　《越縵堂日記》:"午於寓齋設飲,邀壽翁及黄漱蘭侍郎、許
　　仙坪按察使、陳雲舫鴻臚、繆筱珊、袁爽秋,清談竟日,至夜始
　　散。"

十四日,作函致李慈銘,約讌飲事。

　　《越縵堂日記》:"得爽秋書,爲十九日江亭公讌之約也,
　　即復。"

十五日,以近詩數首呈質李慈銘。

　　《越縵堂日記》:"得爽秋書,並寫際近詩數首。"

十六日,檢閲康熙朝實録所載穆克登勘界事,爲與朝鮮重勘圖們
江源地界也。

　　《日記》:"爲朝鮮茂山以上圖們江源勘界事,與孔侍讀詣内
　　閣恭檢康熙朝實録内載五十一年烏喇總管穆克登履勘江界一
　　段,疑經當日編纂者删去,故始末闕如。"

二十一日,薛葆楏計偕入都。

　　《日記》:"内弟慕淮計偕入都,相見欣然,剪燭話舊。"

是日王景枑書來,屬爲王炳燮文集及所編《國朝名臣言行録》
作序。

　　《日記》:"王景枑書來,以其先集及《國朝名臣言行録》刊
成,屬不佞作叙。予媿恩於吏役,文筆荒落,倉卒無以應之。"

　　案:王景枑乃王炳燮之子。

二十六日,汪宗沂來書,以所刊《撼龍經注》、《葬書注》見示。

　　《日記》:"得汪仲伊書,並示所刊《撼龍經注》、《葬書注》。
仲伊向攻形法家言,故祈嚮者好如此。"

是日繆荃孫招飲,李慈銘、吕耀斗、王蘭、黃紹箕、徐琪、王頌蔚
在座。

　　《日記》:"筱珊同年招集,座中晤吕定子先生。"

　　《越縵堂日記》:"赴繆筱珊之飲,庭芷在焉,坐有醉香、爽
秋、仲弢、花農、王苔卿。傍晚散。"

三月初一日,晤孫詒讓,時來都預會試也。

　　《日記》:"詣倉曹,還晤孫仲容同年,知琴西年丈今年
七十二,甚健飫,杜門不出,手不釋卷,予聞而欣然。"

初四日,閱許景澄、王詠霓所輯《外國師船圖表》。

　　《日記》:"閱許侍講、王比部所輯《各國水師船圖表》凡七
册十三卷。"

　　許景澄光緒十一年(1885)九月《致總理衙門總辦函》:"弟
去冬奉旨勘收鐵艦,於船制利病,粗事講求。嗣經于役諸邦,稍
益見聞,因就使館舊存故隨員劉孚翊譯述《各國鐵艦表》,芟冗
補缺,增附圖説,分類相從,於製造之緣起,程式之變更,詳加考
索,輯爲一書,擬名《外國師船圖表》。印成英國二卷,鐵艦諸式
已備於此。"又許景澄《外國師船圖表總序》云:"凡爲國十九,
爲卷十三,未盡之緒,纂爲雜説三卷。新造小國,有船一二者則

略焉。隨員楊兆鋆暨同年王君詠霓，實助輯述，得觀厥成。”

初五日，晤俞樾談，時送其孫俞陛雲會試入都。俞氏以新刊《茶香室叢鈔》見贈。

　　《日記》：“德清俞蔭甫先生以送文孫會試入都，住潘家河沿井東，今日往謁，年幾七十而顏色敷腴，聰聰昳憭，此稽古之力，得道固非慧業丈人不辦耶。先生己巳、庚午間爲浙中書局祭酒，時不佞亦預分校，自違聲欬已十餘年，頃談往事，憮然動容。復以新刊《茶香室叢鈔》一部見示。”

初六日，呂耀斗來訪，談道咸同光四朝士人風氣。

　　《日記》：“呂庭芷先生枉存，語及所見道咸同光四朝士大夫風尚習俗之不同，即此可以覘世變矣。處此時艱，與其仕進而速謗，不如退耕而孱守。又言非堅苦澹泊不能做出事業，荊川唐先生山中讀書，自奉極薄，冬無重衾，食不兼味，最可法，此立身根柢也。”

初十日，慶郡王奕劻派署幫辦章京，辭不任。

　　《日記》：“本日西邸長官派署幫辦，不佞以素有眩悸之疾，不勝傳宣走趨要劇之役，具呈敬辭。”

　　《參軍蠻語》有《懇辭幫辦章京呈》謂：“竊章京少長孤寒，素有犬馬之疾，既乖毛義捧檄之願，久存右軍誓墓之懷。徒以竊禄有年，未敢遽耽安逸，擬藉吏曹鉛槧之勤，以爲世事磨礱之具。特稟性迂拙，拘執鮮通，自揣不勝傳宣繁劇之任。前在户部，曾蒙憲派署北檔房領辦，未能竭蹶藏事。去年十二月，蒙憲派天文、算學、製造、醫學、繙譯、方言等館提調，方慮督課諸生學業，未能日起有功，且兼管兩股，亦慮事多舛錯。此次復聞新諭，伏以量而後入之義，未敢遽膺要劇，深恐將來貽誤，轉有玷知人器使之明。敢請別授賢能，俾章京得就現在應盡之職，勉竭駑鈍，上圖報稱，則感荷裁成於無既矣。伏冀恩准施行，實爲德便。”

十一日，作《請覆勘朝鮮圖們江界摺》。

《日記》："草請再飭吉林將軍派員勘定圖們江西南界安插朝鮮越墾流氓疏，繕寫至四更始畢。"

《參軍蠻語》有《請覆勘朝鮮圖們江界摺》："奏爲朝鮮圖們江界履勘未定，謹陳大概情形，請旨飭下吉林將軍派員覆勘，以安邊氓而庇藩屬事：竊上年七月間，臣衙門因朝鮮北境流氓占墾吉林圖們江邊地，恐日久滋生事端，並據該國王咨請，遂有請飭吉林將軍派員會勘安插之奏。奉旨允准，恭録行知在案。本年正月初七日，准吉林將軍咨稱，光緒十一年十二月十六日，據派勘吉、朝邊界委員德玉、秦瑛等稟稱，會同朝鮮安邊府使李重夏，將圖們江兩岸山水原委，並前鍾城府使所執之石碑封堆，一一勘驗，詳具圖説，會印畫押，各執一紙。查圖們江，朝鮮呼爲豆滿江，由茂山而上，七十里至江口地方，江水分爲二流，其南流爲西豆水。上游至平甫坪之上，又分東西二源，其北流爲紅丹水。上游又分南北二源。又查長白山，朝鮮呼爲白頭山，山頂有大池，方圓數十里，北面爲松花江正源。山之南麓有小石碑，碑面漢文，有'康熙年烏拉總管查邊至此，西爲鴨綠，東爲土門'等字樣。碑西之溝，西南流入鴨綠江。碑東之溝，繞長白山東麓，朝鮮呼爲伊戞力蓋，譯云黃花松溝子。溝之東南岸，有石堆百餘。盡處至長白山正東，爲大角峰。碑之東南四十里，爲小白山。有溝由大角峰東北流，與斜乙水及黃花松溝子水皆合流入娘娘庫，折入松花江。此各水及碑、堆之原委也。總之，由長白山南麓，南至朝鮮吉州界之鶴項嶺，約四五百里，爲一大分水嶺。嶺西南之水入鴨綠江，嶺東北之水，小白山以南入圖們江，小白山以北入松花江。

"至論圖們江源，西豆水在朝鮮内地，兩岸居民繁衆，屋宇墳墓，均已年遠，此處斷非圖們正源。惟小白山東南發源三汲泡之東面之紅丹水，當年定界立碑，應在三汲泡一段之分水嶺上,方與碑文所云'西爲鴨綠,東爲土門'八字相合。而安邊府使終執碑堆爲據,且執碑文'東爲土門'四字,以爲黃花松溝子兩岸有土如門,並不以土門江爲土門,藉詞狡辯。卑職等無如之何,遂商定兩造各持圖回報等情前來。

"詳考圖説,所謂紅丹水者,即《直省輿地全圖》之小圖們江。其西豆水至平甫坪之上,有東西二流,東流發源於鶴項嶺,西流發源於蒲潭山。則知西豆水實即輿圖之大圖們江,蒲潭山即費德里山。援古證今,若合符節。乃該國上年既誤指海蘭河爲圖們江,今又執黃花松溝子兩岸有土如門之説,明明有定之地,游移於無定之口,猶謂必以碑堆爲據。豈知碑無定位,可因人爲轉移,而文有定憑,實以江爲界限。安知非該國民人佔據多年,潛移石碑至此乎?而況黃花松溝子,固松花江源,並非圖們江源乎?該委員等謂當年立碑應在三汲泡之分水嶺上,雖不如蒲潭山之確合輿圖,第因其居民繁衆,無事過激,似尚酌得其平,且不失朝廷字小之意。合將會勘情形並地圖咨送貴衙門代奏,請旨定奪等因。准此,又於正月十四日,據北洋大臣咨稱,准督辦朝鮮商務道員袁世凱,轉將該國議政府照覆及抄送承文院故實一件、圖一紙,申請到本大臣。又同日據北洋大臣咨,接准朝鮮國王咨辯,大略執碑堆、土門爲據,請查核轉奏各等因,咨送前來。

"臣等恭查《欽定皇朝通典》、《文獻通考》,均載明吉林、朝鮮以圖們江爲界。又《欽定會典》載有大圖們江出長白山東麓,二水合東流。小圖們江出其北山,二水合東南流來會。又東經甯古塔城南境,會噶嗒里河,折東南流,北合二小水,經琿春城西南等語。康熙五十年五月初五日,欽奉諭旨'前特差能算善畫之人,將東北一帶山川地里,俱照天上度數推算,詳加繪圖。鴨綠江之西北,係中國地方,江之東南,係朝鮮地方,以江爲界。土門江自長白山東邊流出,向東南流入於海。土門江西南,係朝鮮地方,江之東北,係中國地方,亦以江爲界,此處俱已明白。但鴨綠、土門二江之間地方知之不明,派出打牲烏拉總管穆克登往查邊界'等因。欽此。又是年八月初四日,欽奉諭旨'前差烏喇總管穆克登等查看邊界,業將所查地方繪圖呈覽。因路遠水大,未能至所指之地,著於來春自義州乘舟泝流而上,由陸路向土門江查去'等因。欽此。臣等反覆紬繹,自康熙年間派員勘界,而《欽定會典》、"三通",皆在乾隆以後,所繪《一統輿圖》,山川脈絡,自已考訂明晰,確可依據。第山名水名,方音不無歧異,且參校新舊各圖,準望衺直,亦互有參差。兩界聚訟,必有折衷,方能定勘。現在此案,應辨析者三,應考證者五,請爲皇太后、皇上陳之。

"去年朝鮮以圖們、豆滿爲二水,經臣衙門指駮。此次復牽合碑文,改爲有土如門之説,詞既屢變,理實難通。查穆克登碑文,明明以東西二水對舉,且圖們之爲土門,康熙諭旨已然,他處地志亦屢見,第爲方音輕重之殊,不煩强解,此應辨析者一也。朝鮮立國,當康熙時,地多人少,咸鏡道西北空爲甌脱。該國王來咨云,該處向非許民開墾之地,近來流民潛入耕種,官吏不能隨時覺察,此固敝邦之責云云。是該處逼近吉省,素係封堆禁地,如從前中江、呼蘭等處,封禁之山,不准私墾一例。該國素守藩封之義,不使游民闌入,情分顯然。近年地少人稠,日漸占墾,該朝官豈得顯背封山之禁,陰爲拓地之謀?此應辨析者二也。至吉林將軍來咨,謂紅丹水即小圖們江,西豆水即大圖們江,蒲潭山即費德里山,此則未能確鑿,尚待參求。蓋《皇朝一統輿圖》所列紅丹水,即紅丹河,在茂山之南,其與茂山迤北之小圖們江無涉可知。西豆水既在紅丹之南,且發源於彼國吉州内地之鶴項嶺,其非大圖們江可知。費德里山在黑山之南,圖們江之北,其非西豆水西源之蒲潭山可知。總之,此事必須佐證確實,方有以折朝官之心,應辨析者三也。

"自朝境茂山府以東，會甯、鍾城、穩城、慶源、慶興五府，東至鹿屯島海口，自有圖們江天然界限爲之劃分，毫無可疑。彼此斷斷未定者，茂山以西，上距分水嶺穆克登勒石之地，惟此二百八十餘里間，仍即康熙諭旨所指二江之間地方知之不明者，必應逐細考究，乃勘界之要領。該委員等所計道里，僅據土人之口，未足徵信，亦須測量緯度爲憑，方有把握，此應考證者一也。此二百八十里之間，迤西斗入吉境，迤南折入甑山。凡分界之説，或順山勢，或順水形，總以確尋圖們江源爲主，不在東西繩直，斬然齊整。至該將軍所稱界碑，不過數尺，有無爲佔墾之民潛移向北，亟宜徹底根究，此應考證者二也。《會典》所載之小圖們江，在大圖們江内地之北，自不必言。至云大圖們江，出長白東麓，二水合流。麓者，山足也。所謂二水，必有指名，按之方言，審其準望，是否即係紅丹上游之二源，抑或別有名字，此應考證者三也。詳穆克登碑文，第言奉旨查邊至此，審視西爲鴨綠，東爲土門，故於分水嶺勒石爲記，碑中並無分界字樣，不過記二水之源委，何以朝鮮人即執此爲分界確據？此應考證者四也。且碑文所載審視云云，自係欽遵聖諭二江爲界之指渾括言之，若必分析言之，則鴨綠江之上源，不名鴨綠，名曰建川溝，與圖們之上源不必即有圖們之名，事同一例。夫中國之濟源曰沇，漢源曰漾，而沇與漾仍得蒙濟、漢大川之名者，以大川得統小川故也。然則紅丹小水，獨不可以圖們江源統而目之乎？此應考證者五也。

"竊維該國世守藩封，恪共職貢，其流民占墾之地，屬吉者自應酌量刷還，或編入版圖，就我約束；屬朝者自應申明舊界，重勘勒石，永息紛紜。既據該將軍稱，該委員等意謂當年定界立碑，應在三汲泡一段之分水嶺上，似尚酌得其平等語。相應請旨飭下該將軍，即行派委熟悉邊情輿地之員，按照以上各節，逐細會勘，酌立界阯，妥籌安插，以折藩服之心，而靖邊氓之業。

所有吉林、朝鮮勘界緣由，理合恭摺上陳，並將文卷、地圖等件，封送軍機處備查，伏候聖鑒訓示遵行。謹奏。"

十五日，陶模以升任直隸按察使來京陛見，往晤。

《日記》："陶方之提刑赴闕，今日晤談。提刑德望清峻，似陸三魚一流，同牓得賢，此大可喜事。"

《光緒朝上諭檔》十一年（1885）九月初五日："內閣奉上諭：'直隸按察使著陶模補授。欽此。'"

十七日，與王頌蔚在寓廬招飲，邀呂耀斗、李文田、李慈銘、沈曾植、繆荃孫、朱一新等人。

《日記》："掃除寓齋，偕蒿隱先生招同呂庭芷、李仲約、李蒪客三先生、子培秋曹、筱珊、鼎父兩同年花下寘酒小集，日暮始散。"

《越縵堂日記》："晡，赴爽秋及王苪卿之飲。爽秋所寓，昔年鍾雨人學士居之，庭中頗有花樹，海棠已盛開矣。晚酒畢，庭芷及李文田先去，偕筱珊、蓉生、子培談至夜歸。"

四月十三日，會試榜發，沈子封、吳品珩中貢士。是科中者尚有鄒福保、馮煦、劉嶽雲、陳三立等。張謇、鄭孝胥、孫詒讓、薛葆楻等仍落第。

《日記》："春闈榜發，吾浙中式者惟沈子封、吳佩蔥爲最知名。"

《柳西草堂日記》："子培、止潛約聽録於萬福居，報罷。子封中六十九名進士，猶鄉試地位也。所可知者，馮夢華煦、劉佛卿嶽雲、李世兄翊煌、陳伯嚴三立、劉、蔡數人而已。"

《鄭孝胥日記》："市中紅録出，聞馮夢華、沈子封皆中。"

案：李慈銘《越縵堂日記》二十七日："閲邸鈔，二十四日傳臚，狀元趙以炯，貴州貴陽人；榜眼鄒福保，江蘇吳縣人；探花馮煦，金壇人。二甲一名彭述，湖南清泉人。聞常熟本定彭述第一，嗣得馮煦卷，煦不能書而策頗工，常熟與吳縣皆欲置第一，而南皮難之。趙以炯本第四，南皮所定者。常熟以彭述策有累語，乃與趙互易。雲貴兩省自來無登鼎甲者。馮煦年已五十矣，策爲駢儷，亦不過勝餘子而已。常熟、吳縣愛才之摯，數十科中所未見也。"可以參看。

是日，派充總理衙門幫辦章京。

《日記》："是日，邸堂長官派不佞充幫辦章京。爰居避風，本無情於鍾鼓，仰霑禄食，無補時艱，既不能潔身遠引，又不能竭誠所事，俯卬無以自適，獻替之術未聞，汗顏何已。"

二十六日，與同人集崇效寺，餞張謇南歸。

《柳西草堂日記》："子培、止潛、魏若、百約、蓉生、爽秋、新甫餞別於崇效寺，題名於《紅杏青松卷》後。"

二十七日，唁李慈銘喪弟。

《越縵堂日記》："得爽秋唁書。"

案：《越縵堂日記》本月十九日："得族弟品芳書，知季弟於是月六日未時病殁，以初八日丑時大斂，哀哉哀哉！ 自此骨肉盡矣！ ……弟生於道光乙巳三月十七日未時，得年四十有二。"可參看。

二十八日，過張謇話別。

《日記》："送張季直南歸。"

《柳西草堂日記》："子培、止潛、爽秋、勛臧、愛蒼、新甫同到話別。"

五月初二日，聞周家楣卒訊，以詩挽之。

《日記》："聞常州周公遂爾辭世，感念疇昔之言，不覺驚怛。"

《安般簃集》詩續丙《少宰宜興周公挽詩》云："鈔胥攣脱不能供，口授文書若撥䌴。曾活萬人門必大，見推一藝鑒何工。國山碑有重臨本，陽羡溪無半畝宫。廉吏可爲邊如許，隻雞他日酹橋公。"

初六日，弔李慈銘季弟之喪。

　　《日記》："弔蓴老之弟之喪。"

　　《越縵堂日記》："爽秋來弔，並送燭楮。……作書致爽秋，得復。"

初十日，謁見閻敬銘，時以病在告，其子閻迺竹出見。

　　《日記》："僕向來拘迂，未嘗詣私第求見執政。日內朝邑相國以病在告，聞將有乞休歸田之請。公剛勁不屈，洞悉吏偷民瘠之弊，如生當景陵盛時，磈是于清端、張清恪一路上人。際此危局，雖有賢者，亦難展布。然公居位一日，君子有所冀而可以平進，小人有所畏而不敢妄爲，則於世道人心，補救非一。是公之進退，煞有關係。今日往候，欲有所瀝，會公服藥臥，命公子成叔祠部出見。不佞遂以心所未安、時病之大者數端，諷公子爲轉啓告，亦以盡屬吏事長官之義而已，此殆未失蔚州魏公循理守法之戒乎！"

十六日，晤劉家立、劉家蔭昆仲，談揚州風物。

　　《日記》："晤東鄰劉建伯、槭仲。二劉京口人，新自揚州來北，仲爲內閣舍人。與言竹西舊游，什九物故，存者惟凌子與，缾無炊粟，差喜健在耳。又張子忠，一字乳伯。方外野航、海雲亦化去。道咸間遺老頓盡，令人短氣。紅橋小金山一帶頗復修築亭榭，游船甚多，真白頭想見江南樂也。"

二十五日，有詩寄龍繼棟戍所，並附寄懷張佩綸之作。

　　《安般簃集》詩續丙有《憶昨遊一首寄松岑戍所》、《又寄二首》、《懷繩庵學士》等。

　　張佩綸《出塞日記》七月初七日："袁爽秋《寄懷》一律，交松岑見示。"

是月，爲長子允樀求婚王頌蔚之女。

　　《日記》四月十九日："託祿卿説求親事。"五月二十三日："晤沈祿卿同年。前爲長男求昏長洲王氏，緣茀翁係倉曹同官，性韻清介，素所欽遲，又愓甫先生之族也。今日往叩沈君，申託前請。"五月二十七日："再託沈戶曹同年求親王氏事。"

六月初三日，汪鳴鑾贈《蔡中郎集》、《姚惜抱簡尺》二種。

《日記》："汪郎亭以海源閣刊《蔡中郎集》、先師高伯平先生手校足本。《姚惜裒簡尺》高先生手隸。二種見贈，又古拓數紙。"

初四日，以青浦人趙賢書授課家塾。

《日記》："梁心香先生以家信趣歸，明日將行，改訂青浦趙孟遴文學賢書課兒子讀。今晚往候趙，故王菽畦太守之姨甥也，問王蘭泉先生遺事及子孫，裁給衣食而已，無能世其業者。先生晚年以曾任滇藩銅政賠累，寄居祠宇，生產蕭然，身後衹餘《金石萃編》、《湖海詩文傳》等板片，諸孫藉以糊口耳。"

十六日，見考軍機章京名單，浙人中王頌蔚、王彥威、濮子潼、潘鴻皆取，沈曾植未被錄。

《日記》："前考軍機章京，今日始見名單，王芾卿弟六，王弢父弟十四，濮子潛弟十五，潘儀父弟十七，子培未見錄取，殊爲可惜。"

《越縵堂日記》："弢夫來言，軍機試列十四名，十一日試內閣、吏部，《內平外成論》；十二日試戶、禮、兵部，《智圓行方論》；十三日試刑、工部，《奉職循禮論》。浙人潘鳳洲、連文沖、濮子潼及弢夫共取四人，子培、蔚林皆不與。"

七月初四日，作致閻迺竹書，論大禮議事。

《止齋雜著》有《答閻成叔儀部書》："前奉手札云云，此大事，未敢私議。漢晉故事，國有議禮之事，博士雖微秩得預。今則庶僚無預議者。昶愚瞀無狀，識既不足以別嫌明微，欲言又非其職，是以未敢妄對。既而思之，兄禮官之屬也，預稽禮意，以待秩宗臨議時之諮問裁決，固其職也。然則敬獻所疑，以塞明問，亦庶士之職也，是以未敢終默然也。

"竊繹尊示，謂上親裁大政後，應議尊崇本生稱謂典禮，而有取乎正名之義。深惟名者所以飾實，然有時實見於此，而名繫於彼，實不可不嚴，而名不得不予，則斟酌乎名與實之間，而權生焉。權者何？禮窮而度於義，苟不盡其詞，名又惡得而正耶？尊崇之禮，歷代議者林立，其不悖於經而猶斷斷未定者，大要不出二端。其曰應稱皇伯考某國太王者，司馬溫公、伊川程子主之，實則發端於魏明帝太和三年之詔，皆據《公羊傳》'爲人後者爲之子'一語推勘立論者也。霍光奏議、謝弼封事，皆引《禮》曰："爲人後者爲之子。"漢人於《易》十翼、《論語》、《公》、《穀》皆稱傳，此引禮不稱傳者，係逸禮三十九篇中之文，所謂痛於推士禮而致於天子之説者，推此知《公羊》成十五年傳亦引《禮》也。其曰應稱皇考者，始於漢孝宣帝、光武帝，而歐陽子、韓魏公主之，皆據《儀禮》'爲人後者爲其父母報'一語推勘立論者也。

"夫議禮之詞，明是非難矣，而別嫌疑之難乃尤甚，何以言之？《禮經》喪服斬衰三年，其五曰爲人後者。傳曰何以三年？受重者必以尊服服之。今上於穆宗蓋行之矣。何以止曰爲人後者而不畢其詞曰爲所後之父也？曰所後其人不定，戴氏震引申先儒雷氏義。或後祖，若漢宣帝之於昭帝；或後兄，若明世宗之宜祖孝宗而禰武宗；段氏玉裁説。或後弟，若魯僖公之於閔公。僅舉三事，其義類則未盡。故曰爲人後者，而不曰爲所後之父也。

"《禮》服：諸侯爲天子，如濮王、興獻王曾居宋仁宗、明武宗朝諸侯王之列，則知興獻升祔稱宗之重悖馳繆，不臣之罪大矣。臣爲君，即如宋英宗、明世宗，其在仁宗、武宗朝，亦從臣列者也，應服三年喪者也，則知嘉靖於武宗稱皇兄之謬，宋太宗稱皇太弟亦謬矣。皆斬衰三年。此曰爲之子者何？臣子例也。《公羊傳》例。案後漢張純議引《禮》云：'既事大宗，則降其私親。'其曰應稱皇伯考者，明受重大宗而降私親，可謂別嫌矣。然服可降，而私親之名不可没也，欲議者之毋疑得乎！父曰皇考，古者上下通稱，如屈原《離騷》'朕皇考曰伯庸'是也。後人臨文，若李翱、歐陽公稱述其先，亦尚有曰皇祖皇考者。

第魏相議云：'上尊號曰皇考。'既曰尊號，自與古之通稱迥別，然與後來孝德皇、孝崇皇、孝仁皇之單稱一字曰皇者，仍大有徑庭也。王者尊本祖而重正統，故爲所後服斬衰三年，而降其父母朞。師丹議。《儀禮》喪服傳曰：'爲其父母報，服朞是也。'然定以降服之實，仍繫以本生之名，故孝宣考史皇孫，光武考南頓君，別立私親廟於旁郡國，而禮家不以爲非。是皇考之稱，無失經指，與哀帝追尊定陶、安帝追尊清河之僭稱皇，明世宗追尊之兼稱皇帝，同爲非禮之甚，難逃萬世詬病者，絕不相蒙，可以無疑矣。而大儒若程子、代彭思永上疏。司馬溫公以爲不稱皇伯，則涉於兩統貳父，是議者以爲猶有嫌也。然則嫌疑之間，究何所折衷乎？曰惟聖盡倫，惟王盡制，盡制者裁以義，盡倫者推以恩。自當以盡者爲法，而不當以不盡者爲準。《禮》服以降期爲詞，盡乎制也；不敢没本生之親之稱，盡乎倫也。《春秋》閔元年，《穀梁傳》曰：'不言即位，正也。'親之非父也，子般爲閔兄。尊之非君也。未踰年。繼之如君父也者，受國焉爾。受國者何？以旁支而受大統之重也。受國於先君，則不敢兄之而父之也，繼統即繼嗣也。父之者何？斬衰三年也，祭則稱嗣君某敢昭告於先君也。王者則當自稱曰孝皇帝某，於廟主稱諡曰某宗某皇帝。此謂閔公爲子般後之禮也。以古證今，此條近之，宋明人議禮皆未見及此。右光緒元年聞之《穀梁》大師柳先生興宗説。僖元年，《公羊傳》曰：'臣子一例也。'僖公未即位以前，固閔之臣也。以臣繼君，猶以子繼父，其服皆斬衰，故傳曰：'臣子一例也。'僖不敢弟閔也，故躋僖主於閔主之上，謂之逆祀，《春秋》以爲譏。此謂僖公爲閔公後之禮也。魏明帝太和三年，詔曰：'由諸侯入奉大統，則當明爲人後之義，毋敢妄建非正之號。'謂考爲皇，妣爲后，此皆盡制之詞宜然也。漢宣尊本生爲皇考，而未敢不後昭帝。光武尊本生爲皇考，而未敢不後元帝。或曰持重於大宗，降其小宗，此非天子諸侯禮，天子諸侯蓋絕朞。毛氏奇齡説。而不知天子他朞可絕，報服之朞不可絕，以未改乎父母之名故也。惠氏士奇說禫服禫後仍持心喪三年。佗若私親廟之制，則虞舜實始之矣。秦氏蕙田說。蓋聖人制禮之指，若曰降其私親可矣，未聞絕其私親也，此又盡倫之義宜然也。苟明乎兼盡之道，而尊崇所生之儀文稱謂，庶可得而嫌疑既析，是非憭然矣乎。

“夫禮窮而權以義，實窮而權乎名，名窮而權乎詞，詞不慎則名不正。稽之往史，皇考追稱皆施之既歿，若夫生存之義，可得準此而推。將來恭逢親政禮成之日，皇太后特降懿旨，命廷臣集議，與議者應遍考歷代追崇得失，返而證之經義，比例求合，審所折衷，於歐、馬、程子之疏，存其兩是，於定陶、興獻之議，決其兩非，議既上，恭候懿旨裁定，如是而有不合於禮者殆希乎。且立乎本朝而議禮，宜奉本朝聖訓以爲權衡。高宗皇帝御批《通鑑輯覽》，辨古今之是非，正名百物，至精至當，一則繫詞於宋濮王議，再則繫詞於明興獻王議矣，曰：‘以本生之親，改稱伯父，固非所安。而加皇於伯，名亦不正。’御批以歐陽子說爲得之。謹案孟子曰爲天子父，尊之至也。天子父之稱與皇考、皇父之稱有以異乎？無以異也。然則孟子固未嘗以舜後堯之故，而改本生之稱曰天子伯父也。曰：‘以毛裏至親，改稱叔父，實亦情所不安。使嘉靖集議之初，即早定本生名號，加以徽稱，謂若既歿則宜稱曰本生皇考某王，生存則宜稱本生皇父某王。徽稱二字之義，猶魏相疏中所云尊號。則張璁等亦無由伺間陳言，轉可隱全大義。’大哉聖言，非萬世倫制兼盡名實兩權之極則乎！然則揆諸禮無加爵之文，則宋儒改封大國之說，實不可從。求諸孟子尊養兼至之義，則築宮奉養，一月數朝諸儀，亦宜預定。先朝藩爵分定，不敢有所加，本生私親名存，不敢有所假，如是而庶幾仁之至、義之盡乎！而膺尊崇之典者，德盛禮恭，泊乎無爲，於以確守先朝肺附之榮，仰惟純廟定名之訓，稽經立教，萬世瞻仰，垂諸史冊，不亦庥哉。瞀妄私肊，粗述所聞如此，未審有當否，無任惶悚，惟辱教之。不宣。”

二十三日，謁李文田，聽其談林則徐事。

《日記》："又謁仲約先生，先生語以道光庚子、辛丑間林俟村先生總督兩粵事本末甚詳。"

是月，作函致江蘇學政王先謙，論其續刊《皇清經解》事，有所建白。

《止齋雜著》有《答王逸吾學使書》，即此札。

案：此札未署日期，據札中云："鄭君生日，由筱珊同年遞到手書，並重修寄園記、永慕堂記拓本二紙。"考王先謙《虛受堂集》卷十三有《重修寄園記》、《永慕廬記》，均爲涖任江蘇學政後所作。《清實錄·德宗景皇帝實錄》載十一年八月丁卯："國子監祭酒王先謙提督江蘇學政。"又王先謙《葵園自訂年譜》云光緒十四年戊子六月"是月，《皇清經解續編》刊成"。則此札所作當在光緒十二年至十四年間。又札中云"俞先生樾今春入都"。徐澄編《俞曲園先生年譜》十二年二月："先生親送長孫陛雲航海入都，應禮部試。"前後相證，可知收復信均在本年七月。

八月初三日，張之洞自廣東寄贈荔枝三百顆，分餽李慈銘、王頌蔚、劉家立、劉家蔭等處。

《日記》："座主張孝達先生自廣州寄鮮荔支三百顆爲賜，以分贈蓴老、茀卿、劉氏昆仲。缾用洋鐵鎔固，急遞十日，色香味俱未變也。兒女歡喜，皆得霑足。"

《越縵堂日記》："夜得爽秋書，餽鮮荔支一盤，作小啓復謝。"

《安般簃集》詩續乙有《座主尚書南皮公遺鮮荔支三百顆自粵之燕旬日而達色香味俱未變也走筆賦長歌爲謝》。

初六日，李文田來訪，談洋務。

《日記》："李仲約先生枉過敝廬，談島索近事，相對唏噓。"

二十六日，朱一新以參劾內侍李蓮英，遭嚴旨詰責。公是日往探視，未晤。

《日記》八月廿六日："鼎父以抗疏言事，奉嚴旨詰問，日暮往其家探之，已入城赴夕月壇差事畢，即於子正入內，遵旨明白回奏矣。"八月廿七日："鼎父侍御廿四日具奏糾參太監招搖生事，請斥逐治罪，附片奏請開言路，以裨時艱。廿五奉旨詰問，廿七遵旨明白迴奏，廿八奉嚴譴謫官，以主事降補。附片留中，原摺擲還。侍御居諫垣不及一年，屢上封事，多所規切，可謂能稱其職。於萬籟瘖嘿之時，犯顏抗諍，風雨如晦，雞鳴不已，累朝養士之厚，宜有此也。今遭貶斥，不覺慘然。"

朱一新《拙庵叢稿》附錄廖廷相《奉政大夫陝西道監察御史朱君行狀》："十二年六月，疏陳海軍事宜。八月，上《遇災修省疏》，劾及內侍李蓮英，懿旨詰責，以六部主事降補。"

案：朱一新《佩弦齋文存》卷首有光緒十二年（1886）八月廿四日《請遇災修省豫防宦寺流弊以肅紀綱摺》，中有"我國家懲前明之失，為正本清源之計，馭宦寺尤嚴。……是以綱紀肅然，罔敢恣肆。乃今夏巡閱海軍之役，聞有太監李蓮英者，隨至天津，道路譁傳，士庶駭愕。意深宮或別有不得已之苦衷，匪外廷所能喻。然宗藩至戚，閱軍大典，而令刑餘之輩廁乎其間，將何以詰戎兵而崇禮制？"等語。廿七日又有《謹遵懿旨明白迴奏疏》。又《越縵堂日記》本月二十日："朱蓉生來，以劾內監李連英疏艸見眎。連英今所謂皮硝李也，其家本買羊皮為生，有妹亦時入官禁。今年二月，醇邸巡視北洋，連英從之行，外傳醇邸請之東朝以自隨者，口語頗藉藉。蓉生能昌言之，可謂一鳴驚人矣。"可參看。

九月初一日，派管戶部倉科股。

《日記》："至戶曹，長官改派筦倉科股。古者倉庾以官為氏，予亦陸沈自喜，將欲老於是官矣。"

初四日，朱一新來談。

《日記》："鼎父侍御過村舍談。君讁官後詞氣甚平實，去就之間皆合於義，固知平日胷中所養不同，甚可欽敬。君規予隱微之病，所以不能變化氣質，時蹈褊躁之失者，皆坐好名之心太濃之故。此病根株不拔，就使併日而學，也是枉然。予憬然下拜，當銘刻終身，不可忘也。"

初九日，李慈銘來，略談即去。出視潘遹疾。又訪沈曾植、沈曾桐，沈氏以其祖沈維鐈詩文集見贈。

《日記》："蓴老枉過略談，近日議論平實，知所養深也。出門看伯馴疾。訪蒿隱不值。訪子培、子封，以尊大父《補讀書齋詩文集》四本見贈。"

《越縵堂日記》："上午過下斜街賀黃漱蘭通政移居，便過爽秋談。"

十六日，聞吳寶儉卒訊。

《日記》："鼎父言吳禮園太守作古，迴念甲子冬與太守相見於桐廬令君宋侯官舍，今二十三年耳。丁丑鄂中亦相見，自此不復面矣。愴然懷舊，傷逝情深。"二十四日："吳世兄禮園赴告至，惻愴不已。身後一子名守訓，母太夫人素有篤疾，猶在堂也。禮園吾師少宰和甫先生之仲子，官湖北候補同知，以居官潔己奉公，大吏奏奉詔指嘉獎，以知府升用矣。貴筑黃提刑丈亦稱其辦漢口鎮釐金，處脂膏而不潤，不媿爲名父之子。方將克繼少宰師家法，乃竟稟命不融，年裁四十，可傷甚矣。"

二十三日，聞胡仁燿卒訊。

《日記》："聞胡光甫樞部歿於津門旅次，可傷也。胡君上有八十偏親，尤難爲情。"

《越縵堂日記》十九日："聞光甫於十六日卒於天津，哀哉！"

十月十三日，李慈銘函來，約十八日飲。

《越縵堂日記》："作書致若農師，約十八日飲齋中，並具柬邀黃漱蘭、吳清卿、徐亞陶、岑伯豫、朱蓉生、袁爽秋。"

十八日,赴李慈銘招飲,黃體芳、黃紹箕、吳大澂、李文田、徐寶謙、岑春榮等在座。晚飯於濮子潼宅,與朱一新話別。

《日記》:"蓴老命陪諸公小集,座客語多雜亂,簪纓拘坐,殊不適意。晚飫止潛家,與鼎父話別,食止五簋,淡約真率,饒有野趣,三更歸。"

《越縵堂日記》:"黃漱蘭來,弢夫來,吳清卿來,若農師來,徐亞陶來,爽秋來,岑伯豫來,午後設飲,逮闇而散。"

是日得朱之榛函,寄來龔自珍文集補編。

《日記》:"得竹石提刑手書,遺我新刻《龔定盦文補編》二冊。"

十九日,朱一新將歸里,公與濮子潼、沈曾植、沈曾桐至其寓所話別,朱以坐臥具相遺。

《日記》:"夜與止潛、子培、子封至鼎父處敘別,見蓴老畫溪山漁艇扇子、再同畫蘭石小幅贈行,皆繫以詩,皆具有風致,談至三更始返。姬傳先生年四十二即辭官歸里,優游林泉幾五十年,故所養深。今鼎父年亦相當,此行殊可喜也。予謂子培,使予早歸,涵養性靈二十年,下筆當有異境。子培不以予言爲狂,殆相呴以沫故耶。"

《安般簃集》詩續丙有《鼎父臨別以坐臥具見遺復作六言絕句四首》。

《拙庵叢稿》附錄尹恭保《陝西道監察御史朱公一新傳》:"時海軍初創,規制未整。內侍李蓮英稍著聲勢,一新憂之。是年適有災變,欲防微杜漸,遂以遇災修省爲言,劾及連英。疏入,朝士震駭,一新坦然無懼。懿旨詰責,降補六部主事。乃以母疾乞歸,臺省同官祖送,京師士民皆目爲真御史。"

十一月初三日,長子允欀定聘,以喜果贈友人。

《越縵堂日記》:"袁爽秋送來長郎定聘喜果兩合。"

十五日，楊晨招飲宜勝居，李慈銘、沈曾植、沈曾桐、黄紹箕、殷鴻疇、徐定超等在座。

《越縵堂日記》："晚詣宜勝居，赴楊定旉之飲。坐有子培、子封、爽秋、蓴庭、仲弢、徐班侯，清談甚暢，夜二更後歸。"

十二月初一日，派充會典館纂修。

《日記》："派充會典館纂修，一向作粗官，今日乃得一文差，可笑也。"

初四日，自沈曾植處借讀黎簡詩集。得許景澄柏林手書。

《日記》："子培處借黎二樵詩一讀，每下一語，出人意表，言情則曲而至，賦景則奇而峭，於嶺南三家外别出畦徑。甚哉，造物之新機日出而不窮，日月之光景得之而常新也。……得鄦竹篔柏林手書。"

案：《日記》十月十九日云："子培云黎二樵詩絶佳，擬借取看之。"可參看。

許景澄《許文肅公日記》八月十七日："致爽秋，詢代籲阻閡之故。述北圻棄留，及身税不争，爲各國見輕。南洋設官，捐費不如其已。鐵香何事得議？洋藥税辦理若何？索户部出納册。寄四百六十八兩。"

《近代中國史料叢刊續輯》卷六二九《清代名人翰墨續集》收有許景澄致袁昶信札一通："磢秋仁兄同年大人閣下：孟夏奉手書，欣稔一是。嗣悉轉領挈席，聲譽日懋，且萬里羈人，出納機宜，有所依倚，曷勝忭企。元冥戒寒，惟起居多豫爲祝。弟自春以來，舊疾時平時作，引領東望，日萌歸想。而代籲之請，迄未奉報，將以前案爲不宜援耶，抑弟暫行銷假自誤耶？此中因何阻閡，幸以見示。不銷假不能出見客，則諸事皆廢，蓋有所不得已也。去冬法議院借北圻棄留發其朋黨異同之私，主棄者謂中國必圖恢復，不如與商退讓。主留者謂我必不肯改商，以抵拒之。去臘分界欲争諒山，商約又無成言，政府惴惴，恐議紳挾此相難，迨一轉移而佛來，乃晏然高枕矣。越境華人輸納身稅，顯與一律優待之說歧背，不與計較，將使各國輕我。區區所陳，非好名多事也，不識諸堂謂然否？至香師議南洋各島設官勸捐船費，彼地向來安靜，似不必於無事之日特去覓事。船費巨款，豈商力能集？策效尤爲渺茫。此則審計緩急，不如其已也。鄧鐵老得議究爲何事？邵小村廉訪赴港議洋藥事似聞未諧，近來若何辦理？戶部國計出入是否刷刻《總錄》？有則乞惠寄一本。茲薄具同人歲例，以累清神代爲析送。另單開呈，希爲察收，感禱無既。率泐，敬請台安。年里弟許景澄頓首。九月廿一日。"

　　案：此札日期題爲九月廿一日，然考其內容，則與許景澄八月十七日日記所載吻合。或此信作於八月十七日，而發出則遲至九月廿一日矣。

初五日，晚飯於李文田處，吳大澂在座，吳氏以所著書見贈。

　　《日記》："晚在仲約先生處飯，座有吳清卿中丞，二公喜談星命，言之歷歷。清翁又以所著《字說》，篆寫《論語》、《孝經》、漢碑一通見贈。……答送吳中丞《國朝學案小識》一部，即以贈行手楄附去。"

初六日，夜過李慈銘談，商作消寒會事。

　　《日記》："晚過蓴老璪談，擬邀蓴丈、筱珊、蒿隱、子培、仲弢作消寒真率集，共六人，不知誰爲主客也。"

　　《越縵堂日記》："作書致書玉，致仲凡，致爽秋，俱改約飲期。……夜爽秋復來催飲，强赴之，坐有筱珊、王苪卿、子培、仲弢，清談甚暢，二更後歸。"

十七日，午後赴李文田招飲，黃體芳、李慈銘、盛昱、王仁堪、張鼎華、王頌蔚等皆在座，觀慈禧太后繪菊花萱草直幅。晚又赴繆荃孫消寒二集。

　　《日記》："學士李公招集，强赴之。齋中敬觀慈禧太后畫菊御筆，淡墨渲染，風枝露葉，不用鉤勒而自嫌蒼古。昔漢代明德馬后之好楚詞,和熹鄧后之善史書,稍躭翰札,無與丹青,惡足稱哉。臣昶敬記。夕月出,又在筱珊齋中作消寒弟二集。目疾頗苦,不忌口尤非宜也。"

《越縵堂日記》:"午赴若農師之招,敬觀慈禧皇太后墨繪菊花萱草直幅,氣韻超絕,秀出天成,浄色雲光,照映霄表,蓋古今莫能二也。晡後設宴,肴饌珍異,有熊蹯、鹿尾、鹿膾、蠔羹、鰒軒、燕窩。又有蛤式蟆羹,出盛京石泉之蛙也,潔白如豕膏。其橙酪一味最佳。逮夜始散。坐有漱蘭通政、伯希祭酒、可莊修撰、張研秋編修、莤卿、爽秋、子培。更偕莤卿、爽秋、子培赴筱珊消寒第二集。佳鯖潔膳,佐以鮮果蜜諸風味,香甘轉勝,萬錢一箸矣。二更飯畢,雪止月晴。是日望,清光如洗,立庭院清談久之,三更歸。"

二十日,李慈銘招消寒第三集,以目疾早歸。

《日記》:"蓴老招消寒三集,往詣之,予以目腫忌口,不入座而歸。"

《越縵堂日記》:"子培來,花農來,爽秋來。夜邀筱珊、莤卿、子培、花農、仲弢小集寓齋,作消寒第三飲。爽秋以病目先去,二更後散。"

二十三日,李金鏞來,見示東三省中俄兩界地圖。

《日記》:"李秋亭太守來,示以德國人所畫東三省中俄兩盵地圖。上海鐵廠李丹厓橅出。"

案:李金鏞(1835—1890),字秋亭,號翼卿,江蘇無錫人。早年經商,以捐納得同知,入淮軍供職。光緒五年(1879)以賑災撫民,薦升知府。六年,發往吉林差委。七年,奉調琿春,辦理邊防屯墾事。十三年,李鴻章薦其籌辦漠河金礦。

二十四日,黃紹箕招消寒第四集,李慈銘、王頌蔚、徐琪、繆荃孫、沈曾植在座。

《日記》:"夜,仲弢家作消寒四集。"

《越縵堂日記》："夜赴仲弢消寒第四集，坐有爽秋、芾卿、花農、筱珊、子培，二更後歸。"

二十七日，與同人公祝李慈銘生日。

《日記》："公祝李尊老生日。"

《越縵堂日記》："余生日……敦夫來，馬蔚林來，郎仁譜來，殷尊庭來，繆筱珊來，黃仲弢來，子培來，徐亞陶來，花農來，王芾卿來，桂卿來，爽秋〔來〕。筱珊、仲弢、子承、亞陶、花農、芾卿、桂卿、爽秋合饋内外肴饌兩席及桃麪、樺燭，燭上金書云'見壽者相，爲當世師'。……晡後設飲，招霞芬、梅雲佐觥，藏鉤十餘巡，二更後始散。"

編年詩：《歲朝立春》、《賦得春星帶草堂》、《東廨北窗外土山率爾成咏》、《題友人書庫》、《六言示江荔薌二首》、《東軒曉起》、《朝鮮使臣徐閣讀相雨祭書圖二首》、《東園》、《早入左掖門》、《壯士》、《白海棠》、《牆内老槐》、《丁香花》、《次韻易實甫蜀中見寄》、《偶咏城西寓舍草木四絶句》、《四譯館夜坐》、《寄友人》、《土山》、《有竹軒雜興》、《三月二十九日》、《廨舍有小亭居鐘樓巔下接衆木之杪頗可望遠戲題曰木杪亭》、《獨遊華嚴寺》、《東軒即事》、《四月十八日移床西齋》、《別東園樹木》、《別土山》、《徐亞陶曹郎七十初度作詩遺之》、《少宰宜興周公挽詩》、《日來寓直於西偏儲材館乃故相瀋陽文文忠公所建感歎有詩拉雜書之不復詮次》、《偶題》、《謝同里葉丈餉野术》、《漫書絶句》、《十刹海登水閣子口占一首》、《枯坐一首》、《戲作一首》、《護國寺羅漢松》、《謝人惠筆墨》、《憶昨游一首寄松岑戍所》、《又寄二首》、《懷繩庵學士》、《獨往》、《物攖》、《汪郋亭閣學奉使廣東臨發新納姬人爲作小游仙詩十二首》、《雜興》、《讀後漢書方術傳下》、《逃暑》、《典午》、《次韻心耘南歸留別》、《不如且枯坐》、《通州張潤之封翁七十詩》、《孫徵君詩并引》、《挽張芝浦方伯丈》、《四明張蓬軒孝廉往者同學湖上今年六十矣而著書滿篋贈之以詩》、《座主尚書南皮公遺鮮荔支三百顆自粵之燕旬日而達色香味俱未變也走筆賦長歌爲謝》、《復游東園二首》、《心在》、《賦得柳邊人歇待船歸二首改㓜姪夏課》、《碧池》、《示漣上人》、《寄呂定子丈》、《送胡員外辭官歸上虞省母》、《城西荒灣積水氣象野逸與市朝遠便於散官僕移居於此匣一年矣昨逆旅主人云將以此屋質於他姓審爾卜居亦殊費力主人謝客客殆不免適適然驚邪一笑作詩》、《贈朱鼎父侍御時以言事左遷》、《懷瀨上西村》、《錢光禄丈葦灣觀荷圖》、《又極樂寺看花圖九首》、《避俗》、《鼎父同年將南歸省覲走筆作歌送之近以困於吏役目瞑意倦追述昔游煩荼失次知我者或不以爲嫌邪》、《重送一首》、《感舊二首》、《野菊》、《欲效》、《鼎父臨別以坐卧具見遺復作六言絕句四首》、《喜松岑赦還至自塞上率成五首》、《過潘孺老舊居裴徊久之時君歸瓊儋間已五年矣有懷而作》、《追懷薛桑根先生丙寅丁卯間湖上讌游之樂》、《寄酬張通副時奉使美日祕三國即題其羊城話別圖後》、《臘不盡十日雪中西郊眺望》、《矮松》、《座主崇公家小園中有花窖茅檐土壁製作樸野而天趣盎然小坐口占一絕》、《歲除日》。

編年文:《與袁遂書》（去年臘底知執事以奉檄至邯鄲一帶查案）、《致薛葆楹書》（去秋奉一楡後）《致張蔭桓書》（臘杪手上一楡）、《議覆同文館事宜》、《題同文館課程表》、《議覆海軍牙門奏勸外洋華民興辦護商兵輪附片》（一作《議覆趙爾巽勸辦護商兵輪條陳》）、《請於同文館增設纂修二員片》、《懇辭幫辦章京呈》、《請再飭吉林將軍派員勘定圖們江西南界安插朝鮮越墾流氓疏》、《議覆優恤洋將日意格摺》、《議覆文碩調員赴藏片》、《上座主張孝達先生》（去年秋間君立入都）、《鳩摩羅什吞鍼贊》、《答閻成叔儀部書》（前奉手札云云）、《與潘儀父書》（昨讀大集至丙夜始就枕）、《致譚獻書》（數月未通問）、《答王逸吾學使書》（鄭君生日）、《鳳陽府知府顧君墓志銘》、《題忍默龕語》、《芳郭逸叟贊》、《西學彙編叙》。

【時事】重慶教案發生。吳大澂與俄國簽訂《琿春東界約》。中英《緬甸條款》簽訂。天津《時報》創刊。

丁寶楨卒。李蘊章卒。吳寶儉卒。鮑超卒。

光緒十三年丁亥（1887），四十二歲

正月七日，王頌蔚招消寒五集，李慈銘、沈曾植、繆荃孫、黃紹箕等在座，徐琪期而不至。

《日記》："夜赴弗卿親家寓齋消寒第五集之約。"

《安般簃集》詩續丁《人日嵩隱居士家夜集會者六人，尊客、子培、小山、仲弢、主人及不佞也。》自注："今夕消寒五集，原訂七人，徐簡討不至。"

《越縵堂日記》："夜赴芾卿消寒第五集，惟花農不到，偕爽秋、筱珊、子培、仲弢談甚暢，三更始歸。"

十三日，沈曾植招消寒六集。

《日記》："夕，子培家消寒六集。"

《越縵堂日記》："初更赴子培消寒第六集，諸君皆至，深論古今，妙有微言。"

十五日，是日光緒皇帝親政，御殿受賀。公約李慈銘、沈曾植、王頌蔚等同赴闕朝賀，以諸人皆無朝服，未果往。

《日記》："是日上親裁大政，升殿受賀，風日姝暢，景氣暄和，九州萬國，咸睹惟新之象矣。"

《越縵堂日記》："是日上親政，日加巳，御太和殿受賀，中外百官皆加一級。……余初與子培、爽秋、芾卿諸君約同入賀，而四人皆無朝服，子培、芾卿並無蟒袍，不得行禮，遂皆罷。"

《翁同龢日記》："是日皇上親政，寅正，大高殿、壽皇殿行禮，還宮。辰初二刻，慈寧宮率王公百官行慶賀禮。巳初，御太和殿受賀，召見大臣辦事。午初，保和殿筵宴蒙古王公。"

二十二日，徐琪招消寒七集，李慈銘、沈曾植、王頌蔚、黃紹箕在座。

《日記》："夕出城有璅事。華農招集。"

《越縵堂日記》："夜詣花農萬福居之飲，爲消寒第七集，爽秋、子培、芾卿、仲弢皆至，二更後歸。"

三十日，王闓運來訪。

《日記》："湘潭王壬秋山長（開）〔闓〕運今日枉拜，予畏見當世名人，然亦不必峻拒，主客略交數十語而去。"

二月初一日，與王頌蔚、黃紹箕、沈曾植祖餞王闓運。

《日記》："夕與蒿隱、仲弢、子培約王壬秋闓運小集酒家。"

《安般簃集》詩續丁有《送王壬秋南歸》詩。

初九日，與李文田、王頌蔚、沈曾植、繆荃孫、黃紹箕等人讌飲於天甯寺，有詩文紀之。李慈銘以小極未至。

《日記》："少選出西門，集近坰蕭寺，薄晚始散。"

公日記中錄有《天甯寺讌游記》一文。

《安般簃集》詩續丁有《春雪微霽偕蒿隱小山子培仲弢陪李學士讌集天甯寺》詩。

《越縵堂日記》初七日："作片致爽秋，辭後日天甯寺之飲。"

二十日，孫楫函告，張之洞欲屬新會縣令包永昌聘公主景賢書院。

《日記》："得孫駕航太守書，知孝達尚書夫子屬新會包大令聘主景賢書院。自顧學業未成，豈可抗顏爲師，欲先復書問課卷幾何，如何寄看，再行定敓。"

《安般簃集》詩續丁有《新會包大令招主景賢書院予久滯都下思南游一謁南皮師於越臺牽於吏役未能決去走筆作詩寄君立仁弟》詩。

案：孫楫（1827—1899），字濟川，號駕航，山東濟甯人。咸豐二年（1852）進士，選庶吉士，散館授編修。歷官監察御史、給事中、廣州府知府、廣東按察使、順天府尹等。

又案:包永昌(1834—1911),字世卿,甘肅洮州人。光緒二年(1876)解元,翌年中進士,分發廣東,先後任職高要、歸善、新會、三水、香山、新甯等地知縣。曾主持編纂《洮州廳志》,著有《甘肅省人物志》、《西圃賸稿》等。《新會鄉土志》載其於光緒十二年十月蒞任,十四年七月解任。

二十三日,户部長官命與議土藥加征釐税事,公以民人私種罌粟以補穀賤傷農之困,重征釐税則民生益困,以輕征爲便。

《日記》:"長官令議土藥加征釐税事宜,對云云,大約言外洋漏巵既日甚一日不可塞,今山、陝、黔、蜀、齊、豫、淮、浙之民私種罌粟以補穀賤傷農、銀錢兩荒之困,猶爲害中之利。今洋貨耗民之財,釐金又吸民之髓,若再重征土藥,則民不聊生,騷然失業矣,竊以爲輕征便。中堂大人爲國脈民命計,培養得一分是一分。民間苟有蓋藏,一旦有事,猶可出其財力以贍公家。當今理財足民之政,固不宜在繭絲,而在保障也。"

案:據日記所載,公作有《土藥加征税釐議》,今此文不傳。

二十八日,偕同官往祝慶郡王奕劻生日。

《日記》:"先一日偕同列往祝西邸五十初度,觀劇,頃之各散。"

三月初一日,以吏牘謁見閻敬銘,閻氏與論時事之弊。

《日記》:"三更起,入掖垣白吏事,還以吏牘謁朝邑相國。相國敝袿布裘,芒鞵竹杖,扶曳出見,痛論目前宇内毒痛、民窮財匱之狀,鍊兵而兵愈弱,款敵而敵愈深,可爲太息。謀國者未得要領次第,强自張大,譬如久病尫瘵之身,不務培養元氣,而徒侈言遠略,百廢並舉,所謂時詘舉贏,末張本弱,殆未見其可也。"

初二日,作函致李慈銘,告以王麟書逝世事。

《越縵堂日記》:"得爽秋書,言王松谿同年於今年人日逝世。松谿杭人之最謹竺者,以江西縣令請老歸數年矣,其生與余同歲。”

案：公《日記》正月二十八日：“夜得丁徵君書……述王松溪大令辭官歸里裁半年餘，今年人日以病作古。”可參看。

初七日，李慈銘遣妾，作詩貽之。

《越縵堂日記》：“得爽秋見詒絕句三首，以樂天春日放楊枝爲比，亦喜謔矣。”

《安般簃集》詩續丁有《尊客遣妾戲作小詩調之》三首，其一云：“樂天春日放楊枝，自起研朱點楚詞。綠鬢信非娛老物，蕭齋相伴有山栀。”

案：《越縵堂日記》二月三十日：“夜遣席姬去，事我十年矣，傷哉！無德蓄此痴獠，閉戶自撾，悔之何及。”又《答爽秋見詒絕句三首》其一：“自誤平生上叟辭，室中魑醜當光施。一朝束縕青脣去，强擬昌黎放柳枝。”可參看。

是日晤黃紹箕，與論時事衰弊之故。

《日記》：“昨日晤可莊，今夕晤仲弢，私議今日國家所以財多愈貧，兵多愈弱之故，反復言之。”

十六日，晚集俞鍾穎寓，聽坐客談岑毓英事。

《日記》：“晚集俞考功家，迎春鸎枝花將開，饒有野興，其宅故相翁文端公舊第也，二更散。座客談岑開府事甚英豁，此公可倚賴，勝於上虞。”

案：俞鍾穎（1847—1924），字君實，號祐萊，一作右萊，江蘇常熟人。同治十二年（1873）拔貢，光緒九年（1883）充總理各國事務衙門章京，二十二年出任荆宜施道兼沙關監督。後歷任廣東瓊崖兵備道、廣東按察使、河南布政使。

十九日，往訪國子學正蔡右年。

《日記》：“至南學訪國子學正蔡千禾同年。南學自孫文定後，近日極整頓，肄業舉貢監生額六十名，日課經史，略師安定胡先生舊規，他日必有知稽古愛民可爲從政之選者，於世道非小補也。”

二十三日，攜家塾師趙賢書及長、次、三子出游花之寺、崇效寺。

《日記》：“亭午偕趙先生並攜子允櫹、梁蕭、松喬出城游花之寺，還入城，復憩崇效寺禮佛，又登藏經閣，觀智樸畫卷，薄暮意倦而歸。”

二十七日，長庚來訪，談邊事。

《日記》：“長少白副護庚將之任烏孫，見過談邊事。”

案：長庚（1843—1916），字少白，伊爾根覺羅氏，滿洲正黃旗人。以縣丞保知縣，伊犁將軍榮全調充翼長，旋贊都統金順幕，積勳至道員。光緒六年（1880）任巴彥岱領隊大臣，未幾，丁憂歸。十四年，任駐藏大臣，平瞻對叛亂，擢伊犁將軍。二十二年，兼鑲藍旗漢軍都統。二十六年，調成都將軍，未之任，內召爲兵部尚書，次年復授伊犁將軍。宣統元年（1909），遷陝甘總督。

四月初五日，吳兆毅來訪，吳廷棟之孫也，爲問舊友近況。

《日記》：“故少寇吳竹如先生之孫乙酉拔貢生名兆毅字子堅來，詢其家事及讀書祈嚮，因留共飫，久之去。……吳子堅言老友楊樸庵主講鳳池書院，起居佳健，年垂八十矣。方存之大令風痹多年，亦尚亡恙。爲之心喜。”

十五日，拜蔡右年，乞作先冢石門並亡妹墓碣。李慈銘寄示新詩，即作函復。

《日記》：“是日具衣冠往見千禾學録，再拜乞寫先塋石門並亡妹墓碣，鑛巖公第二女也。蓴老見示新詩，欲和之，殊不能把筆。”

《越縵堂日記》：“作書致漱蘭通政，致爽秋，俱約十八日醼飲崇效，並寫浴佛日崇效寺詩與爽秋。”

紹興圖書館藏公《致李慈銘函札》：“久窘吏事，竟日湛埋簿領之內，得讀先生獨游蕭寺看秋花盛開詩，忽眼明以爲睹異

景。然旋復汩羅，世緣深則天機淺，不但不能把筆謹和也。長
安百萬家，朱門酒肉臭，裋褐者何限？神全者獨先生耳。十八
之局，是日趨陪。日前在東鄰人家得致沈曉湖書稿，真六朝隱
逸傳中人語也。寫官今晚抄好送來，校一過，殊有味。所患已差
，眠食健復否？宜出游爲佳也。頃將夕，歸舍書此。昶叩上愛伯
先生杖席。十五燈右。"此函未題年月，考其語意，當繫於此。

　　案:《越縵堂日記》四月八日:"以是日爲浴佛日，晡後命車
　　出南橫街，由東西柳湖過聖安寺，入崇效寺，獨坐經閣下久之，
　　牡丹半開，薔薇亦花。傍晚始歸，復坐藤花下啜茗，是日得詩三
　　首。《浴佛日夕陽時入崇效寺坐經壇下作》《自城南寺歸坐紫
　　藤花下作》《吳澂夫孝廉書來言二月間至郡爲余卜葬地石泉山
　　鳳皇山之間山下有王梅豁祠此地平生所常遊也山水秀絕欣然
　　成詠》。"又《越縵堂日記》十六日:"得爽秋書，言長安裋褐中，
　　神全者獨先生耳。余雖不敢當，然其言殊有味。"可參看。

十七日，朱之榛來書，屬作高行篤墓表。

　　《日記》:"得竹石觀詧書，屬爲亡友高叔遲表墓。昶思孝靖
　　先生石表未立，而銘叔遲，似於誼未協。擬先草撰孝靖刻石，而
　　後及叔五兄。"

十八日，與李慈銘、王頌蔚、沈曾植、沈曾桐於崇效寺公讌黃漱蘭、
黃紹箕、徐寶謙、繆荃孫、繆祐孫等人。

　　《日記》:"日加午，詣崇效寺西軒，蓴老、蒿隱、子培、子封邀
　　同戒厨傳讌集，座客爲漱丈、筱珊、亞陶、仲弢、櫟岑，會向晚濃
　　雲被野，涼氣中人，旋散去，途中遇雨。"

　　《越縵堂日記》:"午後復詣崇效寺，偕爽秋、苕卿、子培、子
　　封釀觴黃漱蘭通政喬梓及徐亞陶、繆筱珊、柚岑兄弟也。連飲
　　繼日，便無餘味，清談亦減。晚歸，及門而雨。"

二十一日，晤長庚談，論邊疆戰守之宜。

　　《日記》:"是日晤長少伯副都統談西事，君謂以新疆論，伊

犁西境直接俄之阿里瑪圖，即七河省，北有巴爾噶什淖爾，此海子長幾及千里，俄人造輪舟往來運鹽米百貨；其南有特穆爾圖淖爾。淖方言讀若諾，入聲。淖爾，漢言泊也。塔城北境接斜米斯克，斯克，漢言省也，在齋桑泊之西少北，泊東爲薩烏爾嶺。斜米省之北爲鄂木斯克省。三省俄俱有巡撫，鄂木東接阿爾泰泊。伊、塔一帶形勢已爲俄割去，目今土爾扈特部甚弱，而厄魯特人尚有萬數千户，强猛可用，如能練厄魯特兵，所以保西路也。以蒙古論，西以阿爾泰山爲屏蔽，西北烏梁海七部以唐努山爲屏蔽，恰克圖東北以肯特山爲屏蔽，守此數處天險，憑高視下，勢若建瓴。札薩克圖汗、三音諾顔汗、土謝圖汗、車臣汗四盟長舊止三汗，後增札薩克圖汗爲四。部落之人可用，皆習馳騎、耐飢渴，從古能爲邊患，特本朝與爲婚姻，柔馴其氣，冶鐵鑄兵皆有禁，故漸至貧弱耳。然其俗忠信樸戀，勇敢直前，隨畜牧逐徙，行萬里不賚糧，仰馬乳可以宿飽。如能練蒙古兵，所以保漠北也。又言陰山河套之北有纏金地方，水草肥美，可牧可耕，於此練兵屯田，則又漠南之重鎮也。又言光緒五六年間，俄人索伊犁償款，因重勘邊界，多所侵噬。俄員先將中國地名改竄，羼以哈薩克方音，故令譯使不解，希圖蒙混，遂致新界視老界大有出入，貽誤不細。如烏宗島山，中國本無此地名之類是也。烏宗，哈薩克言長也。島，山也。合言之曰長山。"

閏四月初八日，詣李慈銘，餽以薐貝、陳皮。

　　《越縵堂日記》："爽秋來，以薐貝、陳皮一合爲贈。"

二十一日，擬作《邊防海防形勢論略》，總理衙門考試游歷人員策題也。

　　《日記》："典屬署長官是日扃試游歷人員，發題云'邊防海防形勢論略'，不佞亦擬作一篇，約二千六百餘言。"

　　《漸西村人外集》有《邊防海防形勢論略》云："古有邊防無海防，有海防無海戰。秦之備胡；漢結西陲三十六國，斷匈奴右臂，遂分郅支、呼韓爲二；魏備柔然；唐備東西突厥、吐谷渾、吐蕃；遼、金、西夏以來，兵事多在邊塞。而韓説句章之師，孫處襲番禺之師，湯和征陳友定之師，不過假道於海，其時沿海聚落，未嘗有烽火斥堠之警也，故曰有邊防無海防。袁崧滬瀆壘之築；劉江望海堝之捷；周德興駐閩，築海上十六城矣；胡宗憲督浙，議更番出洋哨守矣；戚繼光禦倭，分扼銅山、小埕、浯嶼諸險矣。然皆用兵内海而已，外海無戰事也。張鴻範以元舟師覆於長崎，亦未及戰也。故曰有海防無海戰。

"我朝威德桄被，幅員至廣，與元氏相埒，視漢、唐、明，蔑如也。自天命、天聰聖武撻伐以來，征服東海渥集之瓦爾喀、虎爾哈部，及海濱赫哲、費雅喀諸部，則東境盡於太平洋之樺太洲、庫頁島，而以吉林一將軍、六副都統領之。征服薩哈連部，則東北之境界於尼布楚、外興安嶺，而以黑龍江將軍及六城副都統、總管、城守、尉等領之。發夷察哈爾以後，次第編立佐領，又於瀚海以北外蒙古建車臣汗、土謝圖汗、三音諾顏汗、札薩克圖汗四盟，則北境盡於敖嫩河、肯特山，而以烏里雅蘇臺將軍統之。又於恰克圖與俄人開場通市，而以庫倫辦事大臣領之。又西北越唐努山至齋桑泊、阿爾泰山，有烏梁海蒙古七部，則科布多大臣領之。蒙古四盟，皆在漠北，有遊牧，無城郭，冬夏逐水草迻徙。至於新疆北八城、南八城，則有城郭而兼屯田、遊牧，此風土習俗之不同也。天山北路準部故地，四衛拉特之衆，今以厄魯特爲最強，以土爾扈特爲最弱。南路回部大小和卓木向服役於準部。雍正、乾隆後次第分寘兩路參贊、辦事、領隊大臣，而統以伊犂將軍矣。

"承平時西域邊境極於左右哈薩克、東西布魯特遊牧地，斥堠之遠踰葱嶺，役屬浩罕巴達克山，幾與克什彌爾、愛烏罕爲鄰矣。以東西二萬里老邊論之，前明所謂海西、建州、野人三衛，奴兒干海，捕魚兒海，宣、大諸口，河套，畏兀兒，明之九邊，我則内地也。又踰葉爾羌而南，奄有阿里、後藏、前藏、察木多，即唐之吐蕃,明之烏斯藏也。巴、裏二塘則蜀徼矣。又南則緬、暹、南掌、老撾、廣南列於朝貢之國。此邊境大略也。獨是康熙、雍正朝,邊防重而海防輕,乾嘉間邊境海壖俱晏然,道光中邊防輕而海防重,目前形勢則邊海兩防其重惟鈞。此列朝形勢不同也。

何謂康熙間邊防重而海防輕也? 當日臺灣鄭氏地,猶黑子之著面,黃梧、施琅内附爲我用,而鄭氏竊據之本搖矣。至於東北,則羅刹雅克薩城之擾,煩王師累年矣。呼倫貝爾、布特哈之卡倫粗立,而烏喇造船鑄礮之役無甯歲。西北則準酋噶爾丹之迷,復煩黃幄親征矣。昭莫多之大捷雖奏,漠南稍通,而喀爾喀遊牧猶不得安枕。故曰是時邊防重而海防輕也。

"雍乾之際,削平準、回兩部,平青海,平衛藏,聖武十全,震鑠古今,土爾扈特部又自拔來歸,安南阮氏亦叩關請吏。嘉慶朝蒙業而安,川、湖、陝山賊竊發,皆在内地,而四境則清謐無事、匕鬯不驚也。他若蔡牽、林爽文,小盜又何足憂哉。故曰是時邊海俱晏然也。

"何謂道光朝海防重而邊防輕也? 張格爾成禽後,西四城安堵矣。乃庚子、辛丑間漏卮案起,而虎門、廈門、定海、寶山、鎮江相繼喋血。揚威靖逆,海上用師,五口通商之局遂成矣。故曰是時邊防輕而海防重也。

"若夫今日之勢則不然。北逼強俄,西南則藏、緬臨於東印度,南界勁越,東連日本,四戰之國,今其時節耶! 竊以爲敵衆則宜審緩急,備多則宜擇形便,枝枝節節而爲之防,無是理也。地有所不守,城有所不居。魏武東固合淝,南據襄陽,西控祁山,敵來輒摧破於三城之下者,得地勢故也。宇文泰任韋孝寬守玉璧,王思政守潁川,以賀六渾迴山倒海之力不能拔,任邊才故也。漢募罪人徙邊屯田,明立開中鹽法,使商民輸粟,重軍儲故也。地險得、將才良、邊儲實,三者交修,則蔑勿濟矣。《易》曰:天險,不可升也;地險,山川邱陵也。形勝險阻之區,我得之則爲要，敵得之則爲害者，所宜刻心焉。然則料敵在審勢，審勢先審地，不易之論也。

"疆場之事，履之後知，請姑述其略，可乎？國之根本在陪都，則東三省邊防第一要義，北路次之，西域又次之。東三省之勢分三路，脣輔相依，手足相扞。嫩江、松花江下游江流一綫極狹，祇能行平底木殼輪船，呼蘭、三姓、阿勒楚、克拉林、伯都訥節節可以堵御，此中路也。然必實重鎮於富克錦城、黑河口一帶，而後烏蘇里、興凱湖、紅土厓、蝦蟆塘、趙老背之聲息可以通。黑龍江東之愛琿城，卜魁以西之呼倫貝爾，額爾古訥河西之粗魯海圖，上距儀爾古德斯克，下距阿穆爾省，此北路也。必迻齊齊哈爾重兵於黑龍江副都統治所扼要駐紮，而後內興安嶺、車臣汗及郭爾羅斯、卦勒察之形勝可以保，鄂倫春諸部可爲我用矣。圖們江接連朝鮮之咸鏡道，此東路也。必實重鎮於琿春瑚布圖河，而後甯古臺、渥集之險阻可以完。此東三省邊防之形勢也。

"西扼金山，北倚唐努，東瞰肯特，練喀爾喀四部之精銳，而建牙於恰克圖河。重設辦事大員於布倫托海，以控制中、俄兩屬之哈薩克。屯田漠南、纏金等處水草肥美之地，以資調發儲胥。其人率耐飢渴，習馳逐，施氈屋，飲馬湩，行萬里不齎糧，仰畜牧之饒，可用爲軍鋒也。策淩所部之勇銳，安知不復見於今哉！此北路邊防之形勢也。

"實戍於伊、塔兩城四十四卡倫、鄂博之間，阻阿爾泰山、烏宗島山、帖克斯川以爲固，而建閫於惠遠城及額敉勒河，修治精河、庫爾喀喇烏蘇道路臺站以衛烏垣關、木素爾嶺諸路，以通南北之氣。議設領事官於俄之烏木斯克省、斜木省、阿里瑪圖省、費爾干省，以聯邊情、覘敵勢。南資北之兵力，北資南之糧餫。而於南路烏什之貢古魯克，喀什噶爾之喀噭、達坂屯、木倫伊爾、克什唐則分兵戍之。此新疆邊防之形勢也。

"扼巴塘、察木多以保蜀,扼江孜、定日、帕克里以保藏,而廓爾喀、布魯克巴、哲孟雄諸部可以羈縻勿絶矣。此川藏邊防之形勢也。

"若夫沿海七省,自遼碣達瓊、廉,勢如常山率然,宜建四鎮。四通而四塞之威海衛爲北洋第一重要隘,之罘之豐伸岡、旅順之黃金山爲北洋第二重門户,大沽、北塘爲第三重門户,乃必爭之形勝也。至渝關循灤、樂至蘆、臺一帶,攔港沙所在多有,無深水大洋,乃天險也。宜建水師於旅順,輔以陸營通内地糧路,而以威海、直沽、營口之師塞之,此形勝之在北洋者。

"榮成縣以南有五條沙、莫邪島之險,内地沙船可至鷹游門,至外海兵輪過此,則非觸礁即攔淺矣。狼山一口,内以固江陰、徐聞洲、圌山關之防,外以掎崇明、茶山、海門之角。由此而南而東,則吳淞、寶山、舟山、大衢、招寶、金雞首尾聯絡。宜建水師重鎮於崇潵沙,而以江陰内江之師塞狼山口,以太湖之師塞吳淞口,以鼊子門内江之師塞黃道關,此形勢之在南洋者。

"温州南關閩洋之尾,而水最深,與北洋(荆)〔金〕州之大連灣等。閩扼五虎門、海壇,臺北扼雞籠、滬尾,臺南扼旂後、安平,泉扼廈門,漳扼銅山,皆通内地糧路。以内江之師塞之,而建重閫於澎湖,此形勢之在閩洋者。

"粵東生齒太繁,倚海爲衣食,海禁大開則粵民饒。至瓊州一隅,地極貧瘠,民多傭工越南以自存活,似不足重輕。查舊制閩水師額甲於他省,粵又重於閩。南澳、三澎、碣石、汕頭、大鵬、佛堂門、急水門,粵之外險也;由虎門而至沙角、橫檔、磨刀門、虎跳門,粵之内險也。宜建閫於虎門,而諸鎮星羅棋布於其間,形勢略具矣。又南連小吕宋、檳榔嶼、葛留巴、蘇門答剌等處,皆援新加坡例,議設領事官,俾聯絡華人之心。然後商稅可以暢旺,材勇可以募致,從前蕭關、三元里倡義敵愾之俗,可復完繕矣乎。此形勢之在粵洋者,其略可得而言也。

　　"抑聞之，王者不恃險而恃德，廟略以多算勝少算。有備無患，經武之規也。漢過不先，漢文帝賜匈奴詔。柔遠之略也。一國通商之處害常多，肆其蠶食故也。合眾通商之處害常少，勢如連雞，莫敢先發也。水路則以商稅養兵，以兵衛商。陸路則以屯牧養兵，以兵扞屯牧。因天之時，因地之利，因人之材，因敵之情，籌度彼己，與時消息，堅凝而韌纏之，柔馴而銜轡之。鷙將擊，卑其翼；聖將動，有愚色。欲禦外侮，先修內政，善戒者固無跡也，此之謂知本。"

二十八日，李慈銘函來，即作復，並贈化州橘紅。

　　《越縵堂日記》："作書致爽秋。……得爽秋復，並贈化州橘紅兩餅。"

五月初六日，預法國駐華公使宴會。

　　《日記》："觀拂箖行人筵讌，府公與議交州界、互市要約諸事，今日議始定。"

十一日，朱懷新來，論說詩之利病。

　　《日記》："苗生同年有能詩聲，今日枉存，縱說利病，大略古人所以名家，其始皆有入處，晚乃獨造意境。甘辛丹素，不拘體格，皆可學步，然切不可從唐之長慶、宋之范陸入手。非有東坡天才，但用香山、夢得格調，而遒逸雄深，足抗杜韓之䋲。氣格一入率易，此病不可醫也。白、陸自有聖處，然不可學。"

十四日，作函致鄧承修，勸其勿乞病，仍以遵旨來京復命為宜。

　　《日記》："馬銕厓鹽尹將行，寓書伯訥公，初六拂箖續約畫押，初七聞有電旨著即馳驛來京。欽此。力請公以遵旨來京復命為合於義，千萬勿乞病。"

十五日，送沈曾桐行。

　　《日記》："送子封南行，將之廣州，書紈扇為贈。"

六月初三日，往訪鄭襄，讀其所著詩集。

　　《日記》："過湛侯，閱其《久岉室詩集》，言情寫景，多刓皮次骨語,殆足藥予橅古獵似之病也,今日袖而歸之。<small>密而不壯,清而稍狹,是其一疵。</small>"

初五日,往傅鍾麟宅賀喜,李慈銘、徐琪、傅雲龍等人亦至。

《越縵堂日記》:"花農來,辰刻同詣子雋家賀喜,晤爽秋及傅懋元。"

案:《越縵堂日記》初一日:"作片致傅子雋,饋以酒兩罎、鐙燭四斤、鞭爆一千,賀其第四郎娶婦。"可參看。

十一日,薛福成以新刊《顧憲成集》見示。

《日記》:"薛叔芸同年觀督以新校刻顧涇陽先生集見示,讀之自愧節行之惰,汗徹於背,前日語子培兄治生之説鄙陋甚矣。明季節義之儒多出於東林,以是知講學之功,勝於服官十年也。"

二十五日,黃體芳、黃仲弢父子招飲什刹海慶和堂,李慈銘、沈曾植、繆荃孫、王頌蔚在座。筵散,復遊玉蝀橋、承光殿,徘徊久之始去。

《日記》:"漱丈招集十刹海酒樓,湖中蓮葉田田,一碧卅頃,隔岸人家猶如畫圖也。然花已爲人採盡,只餘翠蓋搖風,無復紅雲擎水矣。筵散,歸途經玉蝀橋,三海荷花猶盛,與同游徘徊久之,真十洲瓊島,清絕塵寰也。與仲弢同車歸。"

《越縵堂日記》:"遶景山,出地安門,至慶和堂,赴漱蘭通政喬梓之約。什刹海花事已過,惟翠蓋亭亭,掩映兩隄楊柳,詠白石'荷葉似雲香不斷'之句,彌覺流連無盡耳。坐有爽秋、子培、筱珊、苔卿,酒畢散步隄邊久之,夕陽時回車。仍至金鰲玉蝀橋裴回,闌檻花香襲人,太液風來,涼生衣袂。登團城,由披洞門升承光殿,殿前有石亭,中置元代玉甕,檻柱間俱勒詩。殿內設寶坐,前列熏鑪四,皆小而方,又長纖如燭形者二,鏤製工絕。旁列熏籠二,灰積如雪。左列鼎一,傳是商鼎,蓋上馬腦鈕,爲博山衘月形。殿左燠閣,御榻在焉。殿外左有古桍一,傳是金源時物。<small>北人呼白皮松,其實松葉柏身,《爾雅》所謂樅也。</small>又偃蓋松一,皆蟠屈數畝。殿後爲敬躋堂、古籟堂，堂之左有小山臨池，山上爲朵雲亭，亭内外皆有高宗御製詩額。堂之右爲餘清齋，齋後石山臨玉蝀橋。磴道周回，上有亭已廢，亭畔松栝數株，交柯蔭翠，山下老柳行列，下映池水，深碧見底。隔岸亦多高柳，倚石望之，其境幽絶。有采蓮六槳船一，容與其際。殿北睥睨環之，下爲堆雲積翠橋，過橋即瓊島矣。”

二十八日，作函致李慈銘，並寄所作文請正。

《越縵堂日記》：“得爽秋書，以所著《邊防海防形勢論》、《土藥加征税芻議》送閲。論於邊徼形制言之甚詳，援證古今，亦爲博洽。議是駁近日洋總税務司赫德設立土藥關重征百十一兩之説，尤深中利病。狡夷詭計，肺府畢見。其謂小民之種罌粟者，以近年水旱不時，追呼復迫，終歲勤動，不得一飽。而吸菸者衆，罌粟不擇磽确而生，不待雨露而長，遂冒不韙而私種之，以補一歲之凶荒。惟傭工甚昂，收成不易，亦未至棄五穀不植，大妨民食。且播種之人非即吸食之人，不過區區補苴，以完上下忙租賦，於公家初無所損。此皆中國兵火孑遺力作馴順之民，赫德之心，不過欲重困之，使其利盡歸洋藥，助洋商之燄，而疲敝中國之民，使之吸盡膏血，民不聊生，而國隨之，所謂路人皆知者也。其言尤爲痛切。”

七月初七日，李慈銘父八十冥壽，往奠。

《日記》：“是日尊老之贈公生忌日，三十八歲早殁。今年八十陰壽，齋僧誦經，追薦福田。前日尊老手札見告，予答書云跂民之痛同此摧哽云云。今日往奠。”

《越縵堂日記》：“先考八十冥壽，晨起視供具，延玉皇廟僧九人誦經追福，撰疏文。……爽秋餽燭三斤、酒五斤。……爽秋來。”

初八日，答薛福成書，論東林學派。

《日記》：“答叔芸觀詧札，略論東林顧端文公、高忠憲公學派。國朝李中孚、王山史、彭南畇、秋士、尺木諸老雖指趣稍殊，而猶維一髪於鴻鐘，今遂無復餘響矣。惜哉，此世道之憂也！”

　　案：此札今不傳。

十四日，李慈銘餽食物，作函謝，並請歸還前所呈政文兩篇。

　　《日記》：“蕁老餉炙鳧、糖蠏，作短啓謝。”

　　《越縵堂日記》：“作書致爽秋，饋以燒鳧及蟹，得復。”

　　案：紹興圖書館藏《袁昶致李慈銘札》：“疲吏無日不出門，長者損盤餐見賜，家人不知，即拜受，乃重勞頒示，謝不勝謝。炙鳧、糖蟹皆美品，蒙莊舛飽，續鳧不使幽息，君謨朵頤，勸學未聞誤讀，皆長者之教也。率居叩謝，敬叩越縵先生師丈晚安。昶再拜。前呈牘一、散論一，求削正後擲還爲感。”此札未題月日，考其語意，當繫於此。

二十三日，李慈銘來函，約餞繆祐孫、傅雲龍出洋。沈曾植來。晚過黃紹箕。

　　《日記》：“食時歸草堂，子培過存。夜過仲弢。”

　　《越縵堂日記》：“作片致爽秋，以初定廿六日公餞繆右臣遊歷俄國、傅懋元遊歷美國，右臣以是日戒行辭，屬爽秋更約子培、苐卿，得復。”

　　傅雲龍《遊歷圖經餘紀·遊歷日本圖經餘紀前編上》：“七月十日奏派遊歷，雲龍遊歷之國爲日本、美利加合衆國、附英屬地之在美利加者。秘魯國。附日斯巴尼亞屬地古巴及巴西國。硃批：‘依議。’”

二十四日，赴陸廷黻招飲，李慈銘、鮑臨、陳夢麟、吳講等在座。

　　《越縵堂日記》：“傍晚詣霞芬家，赴漁笙之飲，坐有敦夫、書玉、介唐、介甫、爽秋。食單頗精，談會彌劇。余招梅雲，夜四更歸。”

二十六日，與李慈銘同邀蔡右年、繆荃孫、傅雲龍、王頌蔚、吳講、沈曾植等飲於萬福居。

　　《日記》：“食時出城，偕越縵先生招同蒿隱、子培、筱珊、介唐小集,是日爲傅、繆兩君餞行,至晚始散。"

《越縵堂日記》:"上午詣敦夫小坐,即至萬福居,偕爽秋同邀蔡松甫、繆筱珊、傅懋元、王芾卿、介唐、子培飲,傍晚始散。是日繆右臣不至,懋元頗欣欣有得色,可謂人各有志矣。"

二十七日,赴總理衙門,與俄國駐華公使庫滿交涉電報綫事。

《日記》:"以事復至署,鄂使紹介來晤,争海綫利益,語不遜。予積不能平,幾至忿争,旋散去。"

　　案:先是中俄兩國議設由北京至恰克圖陸綫,再與俄綫相接,以直通歐洲。大北公司慮其海綫利益受損,遂阻撓此事。《海防檔·電綫四》載李鴻章致總理衙門函稱:"乃丹國大北公司與英國大東公司聞知此信,恐奪其海綫之利,即向俄廷設法阻撓。俄與丹素來親密,丹使即爲俄使所兼,以致屢議不成。"可參看。

八月初一日,俄使仍來,爲争丹麥國海綫之利益。

《日記》:"鄂使仍來牙齋争丹麻爾國海綫之利,喋喋不休,日旰而府公疲勞,狢奴之可惡亦甚矣。將來無處洩憤,謀於國史之末作索虜傳,數其不遜之罪而筆辱之。……北魏金源其時盟聘往來,猶講文字掌故,所謂南朝詞臣北朝客,猶有春秋七子賦詩之遺響。今則各夷列館日下,左言侮食,訕應頻緣,其正使擯介大半畜生道中人也。'以鶉首而賜秦,天何爲而此醉?'"

初三日,聘趙月樵課家塾。

《日記》:"前塾師趙先生辭去,以行書橫幅摺扇一枋贈之。月樵先生今日上館。俗事甚多,忙碌一天。"七月三十日:"塾師久不到館,不得已訂緗雲趙月樵孝廉來舍課兒輩讀,出月初三上館。"

初七日,劉嶽雲招飲陶然亭。

《日記》:"是日佛卿招集於陶然亭,申刻散。"

十四日，黎庶昌以鄭珍所著書相贈。

　　《日記》："蓴齋星使以鄭子尹先生珍所著書四種見詒，蓴翁云吳南屏盛稱其詩，七言古詩乃尤佳也。"

十六日，作送黎庶昌使日本詩三首。

　　《日記》："直東廂，早起作詩三首送黎星使。"

　　《安般簃集》詩續丁有《送黎蓴齋觀察重使日本三首》。

　　《清實錄·德宗景皇帝實錄》："出使日本國大臣李興銳因病解職，命記名道黎庶昌充出使日本國大臣。"

二十五日，黎庶昌和詩並贈碑拓，公以《宋廣平碑》報之。

　　《日記》："蓴齋和詩，並詒碑拓數事。予餽之顏魯公書《宋廣平碑》拓本。"

二十六日，李慈銘函來，還前所呈質論議各一首。

　　《越縵堂日記》："作書致爽秋，還所作論、議各一首，得復。"

九月初八日，李文田招飲天甯寺，王頌蔚、盛昱、沈曾植、劉嶽雲、文廷式、蒯光典在座。

　　《日記》："仲約學士丈招集天甯寺，預約爲登高之會，至者蒿隱樞部、伯羲祭酒、子培秋曹、佛青戶部、芸谷孝廉、禮卿檢討，主客共八人。是日景氣澄霽，林皋疎明。客有新作盤山之游回者，云曾見雨蒼在山中鉏藥灌畦，翛然自適也。"

十六日，曹廷傑寄贈中俄地圖、碑拓數種。

　　《日記》："曹君彝卿自烏喇寄吉、江兩省中俄地形險要圖八張，金太祖得勝陀碑文大定二十五年立。一通見示。額小篆文云大金得勝陀頌。曹君云道光三年吉林堂主事薩英額所錄之文較完善。"

　　案：曹廷傑（1850—1916），字彝卿，湖北枝江人。光緒九年（1883）以候選州判差委吉林，督辦邊務。十一年五月奉命考察伯力一帶邊情，往返一萬六千餘里，盡得其詳。十五年任山西和順縣知縣，十八年改嶂縣知縣，旋赴大同、陽高等地辦理賑務。以吉林邊事緊急，再調吉林，任呼蘭木稅總局總理、嘟嚕河礦務局總理、蒙務處協理等。著有《東北邊防輯要》、《西伯利亞東偏紀要》、《東三省輿地圖説》等。

二十一日，往訪李雲麟，觀其所作文。

《日記》：“答候雨蒼，君作《山岻三幹説》，亦有可採。此事應本《禹貢》三條四列之説，天台一老儒著有《萬山綱目》，亦宜參之。北幹之委，宜參何氏秋濤《朔方備乘》説。予所見如此，然雨蒼志大而梳，未能從也。且三幹岻絡皆以岡底斯山四水所出爲祖龍，而雨蒼足迹未到，則仍未見其全，秖談其委耳。要之，雨蒼真晉人所云志大天地、勇邁終古者哉！書之，以發一笑。”

十月初一日，以七律一章贈李慈銘，時病新起也。

《越縵堂日記》：“爽秋見贈七律一章，名儁可味，詩云：‘净名示疾轉充然，乍起甯資服散緣。知見香存消蕙歎，句文身在異蕉堅。人間鶯翮留中散，池上楊枝伴樂天。更約窮探翠微勝，試攜竹杖已輕便。’即作復書，言平生山水之懷，耿耿未了者三事，一金陵，一浙西，一富春江，如能活過明年，當亟謀之。”

案：《安般簃集》詩續丁有《蕁客病起戲調以詩》：“偶承示疾意充然，乍起甯資服散緣。知見香留消蕙歎，句文身在門蕉堅。人間鶯翮迴中散，池上楊枝繫樂天。更約窮探翠微勝，試攜竹杖已輕便。”與此稍有不同。

初七日，游琉璃廠，購碑拓、書籍數種。

《日記》：“游廠市，得梁《蕭憺》等碑七種，共拓本十五紙。又《水牛山文殊般若經》一本。又得新刻《藝文類聚》一百卷，分作四函卅二本，此册與《北堂書鈔》、《初學記》、《白六帖》皆類書中之最古雅可據者。至暮乃歸。”

二十日，是日會典館開館，公任纂修，赴衙參見長官。

《日記》：“會典館甫奏開，在東華門內國史館後。予年將半百，一向作粗官，至是裁博一館差，如鼠搬薑，殊爲人詬笑。然近性健忘，於本朝掌故不能洽孰，又孤是職也。聞總裁常熟翁尚書欲派予爲總纂,幸提調爲婉辭而止。然感尚書激獎提攜之意,深思無以副也。歸熙甫於平生知遇之恩,每飯不忘,不佞亦竊慕之。提調之代辭,玉成我也。尚書之意,於淬勵人材之法猶未備。不佞自揣有三淺,資格淺、學術淺、智慮淺,無其實而冒居其名,不祥。是日卯刻開館,執事懷鉛槧者畢集,李仲約先生最早到,老輩作事勤敬,可效法也。蒿隱以目疾未到。提調官於聽事恭陳敕書,總裁率纂修各員行三跪九叩禮,禮畢各散,又例至總裁宅投刺謁。"

《安般簃集》詩續丁有《初入會典館口占一首》。

晚赴方恭釗招飲,李慈銘、鮑臨、陳夢麟、徐琪等在座。

《日記》:"夕勉丈招陪尊老小集,酒行三巡,座中吳生作吳歌,抑揚頓挫,聲殷四壁。曼歌燕市,旁若無人,此亦木腸兒、小海唱邪!比及酒闌人散,月甫上,光照毛髮,灑析蒼涼,令人有易水蘇門之意。"

《越縵堂日記》:"夜詣廣和居,赴勉夫之約,敦夫、書玉、爽秋、花農諸君已早至。有庚午同年吳慎生舍人爲吳歌,演四書文,如鼓詞、道情之比,亦詼諧可聽。勉夫出家中所製肴饌數種甚佳,二更歸。"

二十一日,王詠霓自海外歸,贈以大食刀、德國君臣照相。

《日記》:"子裳同年贈大食刀兩匣,又德君、畢相照相三具,戲答札云:君新自海外歸,殆欲以枕中所藏永嘉八面鋒相授邪?閱照相三具,氣象雄騺,令人有蠻夷大帳、海外臣佗之想,殊足資異聞也。"

作函致李慈銘,並贈以昨日宴集詩。

《越縵堂日記》:"得爽秋書,並昨日宴集七律一首,其末韻云'待買嵩陽吹篆婢,應傾北海作碑資',以余酒邊戲語欲買雛鬟二人教以吹簫度曲,故用宋人劉伯壽隱嵩山,有妾萱草、芳草二人吹笛事。即作復書,且擬和之。"

案:《安般簃集》詩續丁有《夜集》詩,即此作。

二十四日，偕同官往麟書宅弔其太夫人之喪。

《日記》："偕同官至麟芝葊大空宅，弔唁其太夫人，鐵冶亭尚書女也，壽終九十餘。"

案：麟書（1829—1898），愛新覺羅氏，字芝葊，豫親王多鐸八世孫。道光二十九年（1849）舉人，咸豐三年（1853）進士，官至會典館、國史館總裁，文淵閣大學士、武英殿大學士。

二十八日，招集王詠霓、吳講、周福清、徐定超、吳品珩、張預讌飲。

《日記》："夕招子裳、介堂、介孚、班侯、佩蔥、子虞小集。同郡方君言郡城與吾邑江中均漲起沙洲，上生叢荻，遇秋日，景物清妍，極可翫，令人神馳。右軍帖云：'但言此心已馳於彼矣。'不虛也。"

十一月初五日，往觀鹽池口教堂，見其風琴、動物標本等物，有詩紀之。

《日記》："鹽池口新收回祆神祠屋三百間，內有風琴、百鳥堂諸玩物，府公率僚屬往勘，予亦往參，申刻始回，作詩五首。"

《安般簃集》詩續丁有《觀鹽池口舊胡神祠中所藏鳥獸蟲豸數百具胡巫以藥絮裝漬毛骨未腐植立如生亦異觀也戲綴以詩八首》、《又咏風琴》等詩。

初八日，作函致張佩綸，時在張家口戍所。

《日記》："作寄塞上友人書。"

張佩綸《澗於日記》十一月二十二日："午後，得安圃書……附八弟兩書……又附袁爽秋書。"

十二日，往訪鄧承修，與商鄧氏去就之宜。

《日記》："直之次日，薄晚出城，詣訥公談，商榷公去就兩時許，歸已初更。又以訥公事有所難決，往詣研秋商之，不值，悵悒衝寒而歸。"

十三日，丁丙書來，告以丁申逝世事，作聯挽之。

《日記》："得松生杭州手書，知竹舟大兄作古，聞之驚怛。

竹舟翁質直好義,不苟唯諾,聚書二十萬卷,欲仿毛子晉、斧季
父子,盡散資財,一一擇尤刊刻,以惠士林。予癸酉、丁丑兩次
客杭,下榻其家,雞黍泩薑,物簡情厚。迴首廿年,故人長逝,
感念舊知,何以爲情。……作一聯挽丁竹舟先生:'文瀾祕册,
頓煥舊觀,崇義新祠,闡敭風烈,古道賴君存,幾宅孤寒齊灑淚;
竹閣欹舟,鴻泥蘚苔,艸堂下榻,雞黍留連,卜鄰鎖予約,一瓻憑
弔獨傷神。'"

二十三日,派充會典協修。

《日記》:"得倉曹知會,本牙門堂派會典協修。"

二十五日,詣李慈銘談。

《日記》:"詣越縵老人談,言熙甯、元豐、元祐、紹聖、崇甯、
大觀間事,辨析毫釐,混混有致。今世能微言者獨數此老,晨星
一炬,可寶貴也。"

《越縵堂日記》:"爽秋來。"

二十九日,王詠霓招飲福隆堂,李慈銘、吳講、楊崇伊、張預、沈曾
植在座。

《日記》:"夕同年王子裳招集。"

《越縵堂日記》:"子裳邀飲福隆堂,夜强出赴之,介唐、莘
伯、子虞、爽秋、子培俱已至,招霞芬、梅雲、素雲,二更後歸。"

十二月初三日,錫珍之母入節孝祠,往觀禮。

《日記》:"直之次日,冢宰錫公母夫人蒙恩入節孝祠,今日
往觀禮,錫公捧栗主,跽拜如儀。不佞伏念父子天性無貴賤一
也,痛念所生未獲顯敭,不覺涕淚橫集。"

初八日,李慈銘招飲軒翠舫,李文田、鄧承修、徐寶謙、方恭釗等人
在座。

《日記》:"蒪老招陪仲約先生、伯訥鴻臚晚集,更初散。"

《越縵堂日記》:"午後若農師、鄧鐵香、徐亞陶、方勉夫、袁
爽秋來,晡時設飲於軒翠舫,至夜初更散。"

初九日，張預招飲，李慈銘、楊崇伊、徐琪、王詠霓、黃紹箕、吳講在座。

《日記》："友人招集。"

《越縵堂日記》："傍晚詣福隆堂，赴子虞之飲。坐有莘伯、花農、子裳、仲弢、爽秋、介唐，夜二更後歸，月尚皎然。"

十一日，李金鏞來訪，談東三省邊情礦務。

《日記》："李太守來署，談璦琿及額爾古納河、奇乾河一帶邊情礦務。僕意江省欲開利源，使邊實而兵强，非呼蘭開荒不可。雖去年恭將軍入告，部議以該處山地向例封禁沮格，以採東珠故。然闕外之事仍可奏辯，志在必辦，不可因部駁遂中止也。"

十九日，作議覆漠河開辦金廠詳細章程摺。

《日記》："擬艸奏議覆北洋大臣李奏黑龍江漠河開辦金廠詳細章程應鼓勵試行以規邊計摺，日暮入署，命吏抄寫，至夜半始畢，約三千餘言，目疾轉甚。"

二十一日，王仁堪招飲，席上晤胡圖克圖棍克紮拉參，與之談西事。

《日記》："王修撰招集廣濟寺，座有胡圖克圖棍克紮拉參，華蓋，鞏昌府洮州人，今年已五十五。貌頗雄昊，鷹眼有鋩，洵雄兒也，殊可愛。與之談西事久之，比暮始散。"

二十五日，與同人祝李慈銘生日，並贈以詩二章。

《日記》："温台同鄉京官爲尊老壽，招往作陪，二更散。"

《安般簃集》詩續丁有《尊老生日》。

《越縵堂日記》："得爽秋書，並壽余生日詩云：'六十爲郎未厭遲，銅駝陌上墊巾宜。巋然風節和應寡，妙得天機知者誰。鑒曲笠笻追賀老，鐵厓樂府冠元詩。由來越國山川逸，借取才名重聖時。''猩紅花照鵝黃酒，破臘年前已得春。晚覺方瞳健勝昔，坐忘帶孔瘦移旬。讀穿飢朔三冬史，生後髯坡九日身。腰腳明年問何似？南郊鳴玉侍祠臣。'二詩字字新警，愧不敢當耳。徐班侯來,殷萼庭來,楊定甦來,子裳來,郎仁譜來,以今日五君攜具來爲余作生日也。子培、爽秋來作陪,肴饌不佳,而諸君俱盛服見過,彌增光寵。"

二十七日,往李慈銘宅祝壽,與同人合餽點心、筵席。

《日記》:"午後,同社公請尊老,初更始散。"

《越縵堂日記》:"余生日,早起張燭敏先人。漱蘭通政來,敦夫來,介唐來……爽秋來。……花農、亞翁、勉夫、爽秋、桂卿、子虞等合餽糕桃四事。……花農、勉夫、亞陶、仲弢、桂卿、爽秋、子虞合治具,攜厨來爲壽。晡時設飲,至夜一更後散。"

二十八日,游琉璃廠,購碑帖數種。

《日記》:"游廠市,得魏唐碑拓數種、孫淵如翁隸書中堂一軸、應訓上司律詩二首,似載入《芳茂山人集》,其書則疑黄小松代作也。徐星伯正書七言對一幅,集句殊佳,書亦不俗。又吾邑徐淞橋大令七言對,乃艸書。買紫石研不成。又買燈大小四張。暮歸。"

編年詩:《春日戲書》、《答上楡垣三兄》、《同縣方古香丈年八十寄詩爲壽》、《人日蒿隱居士家夜集》、《一自》、《鍊心訣》、《晦日》、《虛名》、《送王壬秋南歸》、《昨夜小集酒家意有所感賦呈仲弢》、《潘楊二老歌》、《懷鼎父山中》、《夜歸》、《寄鼎父》、《春雪微霽偕蒿隱小山子培仲弢陪李學士譴集天寗寺》、《何祠曹南充人夜同宿省中談歷代果州人物欣然有作》、《懷仲修》、《新會包大令招主景賢書院予久滯都下思南游一謁南皮師於越臺牽於吏役未能決去走筆作詩寄君立仁弟》、《懷均甫時佐治決河在沛南》、《籬成》、《雨蒼復往盤山別業》、《次韻丁松生徵君和屬樊榭杭之龍興寺唐開成二年石幢詩》、《尊客遣妾戲作小詩調之》、《咏劉越石》、《出游》、《北地見杜鵑花》、《三月晦日獨遊東園折海棠一枝真餅水中口占一絶》、《花落後》、《幽居戲作一首》、《趙新又太守六十初度寄詩爲壽》、《喜湛侯復來京師相見話舊悵然有贈》、《予與勉甫同爲主客署掾今年君六十矣於其初度作小詩以侑觴》、《前詩意未盡隱憂時事又有不能顯言者復書二絕》、《小園》、《觀園中草木》、《雨後欣然短述》、《送洪文卿閣學奉使俄德諸國》、《即事漫題四絕》、《戲題攢不倒翁》、《余秋曹是我圖》、《吏舍阻雨不得歸郊西草堂戲同亞陶君實作二首》、《懷先塋敬賦一章》、《晚起簡老湛》、《不寐》、《送湛侯蕭寺已行矣寺中有一偃蓋松狀絕奇僧言數百年物也爲作一詩》、《伯蘭宗室屬題秋鐙課子圖》、《送黎蒓齋觀察重使日本三首》、《皋禽一首贈子培》、《夜中讀北魏書》、《偶成》、《自八月十三日河決鄭州奪賈魯河南流詔書頻繁出帑振災敕在事臣工堵塞漫口敬述一首》、《蒓客病起戲調以詩》、《觀融齋老人所作草隸》、《夜集》、《初入會典館口占一首》、《錢唐王郡丞屬題篝鐙課子圖》、《觀蠶池口舊胡神祠中所藏鳥獸蟲豸數百具胡巫以藥絮裝漬毛骨未腐植立如生亦異觀也戲綴以詩八首》、《又咏風琴》、《前侍郎瑞安黃丈垂示所作古詩兩章典贍之中行氣雄直丈忠鯁之概觸境流露後世讀公集者藉是測公內養之所存其激厲頑懦增長剛氣宜如何也敬題長句》、《黃丈作金匱馬烈女詩借題發抒刺時寓憤不僅爲烈女言之也孫太僕許仙坪兩丈皆有和作其詞影搖勁折危然有傷世之意昶未見烈女傳狀故不復綴一語獨念諸老意緒忼慨不佞處卑且賤於近事亦未能忘漆室之憂太僕師自解官後年垂八十優游田里不見十餘年矣鄉關耆舊之思不能已於言也作詩用黃丈均以爲撫掌之資云爾光緒丁亥仲冬月十又四日夜書》、《次韻瑞安孫公登茶山口占四十字付寺僧刻之石上》、《題避世篸偈語》、《次韻至賈村看梅》、《次韻黃侍郎餉泉物署曰冰敬蓋沿外官與京官交際俗例侍郎官臺省豈猶以外官自居耶戲答一首》、《易實甫改官汳中口占贈行聊發一笑》、《中舍吳君一日見其狂歌燕市旁若無人戲賦此》、《夜與子川吏部入東華門》、《小睡西掖門直房覺乃聞茶沸聲》、《重次韻》、《再贈實甫》、《寄均甫濟南》、《蒓老生日》、《嘲四團》、《夢游富春山中訪紫閣隱者作》。

編年文：《天甯寺讌游記》、《土藥加征稅釐議》（佚）、《議復滇督岑川滇電線摺》（佚）、《議復陳侍御算學取士摺》（佚）、《議復機器挖井溉田請先行試辦片》（佚）、《議復游歷外洋人員章程摺》（佚）、《致張蔭桓書》（二月初六日奉上寸楮）、《致譚獻書》（上年聞充閭佳氣）、《致李慈銘書》（久窘吏事）、《邊防海防形勢論略》、《壽昌縣陳母朱孺人家傳》（佚）、《日本乞賜畜獸可以頒給片》、《復日本鹽田公使》、《考訂藏圖説帖》、《議覆北洋大臣李奏黑龍江漠河開辦金廠詳細章程應鼓勵試行以規邊計摺》、《致張蔭桓書》（數月不奉楮啓）、《致薛葆楹書》（傔從在京數月）。

　　【時事】光緒帝親政。黃河自鄭州決口三百餘丈。中國、葡萄牙簽訂《北京條約》。中國鐵路公司成立。

　　劉長佑卒。

光緒十四年戊子（1888），四十三歲

正月初二日，謁見閻敬銘，縱論時弊。

　　《日記》：“又偕同官方户曹以吏事謁朝邑相國，相國飲之酒母，味甚醲厚。垂語時病，自言甚悔未暮輕出，無補時艱，近新自號無補悔翁。情畫懇切，因得縱論近時吏治、風俗、學術三者之弊以對，久之復還署。”

初六日，袁遂來談，將交卸寶坻縣印。

　　《日記》：“下午敬孫宗兄自寶坻來，將交卸縣印矣。連年荒歉，賠累甚多，作吏之難如此。敬老又言，章琴生太守作古，松岑失一賢主人矣，殊可惋惜。琴生同年勇於進取，觀此知升沈自有定分，有司命者左右之，而非可以區區智力求也。李嶠一生只合用青絁帳，然哉，然哉。敬老又言，某人附賈胡米建威，陰欲射利，而陽上啓於度支長官痛詆其事，欲以試觀京輦士大夫議論之向背，卒爲贊皇公所覺詧，友人汪仲伊發之。從此薄其爲人，小人傾險，一旦敗露。曾公云：‘天道惡巧。’其言信矣。”

十六日，聞張維嘉卒訊，有聯挽之。

　　《日記》："杭州張穎仲二兄清修逃世，屏絕昏宦，嫥精艸隸，
申梁難包。予同治中客揚州，屢與君相見，又介君訪隱於醫者
吳高士尚先，爾時誎對相得甚。今聞君作古，不勝愴然江淮舊
遊之蘦落也，書此以寄吾哀：'臨池盡墨，瘞筆如山，遺札趣橫
生，欲抗安吳艸聖席；藥録訪畸，清齋過衲，舊游今兹逝，那堪
中散廣陵弦。'"

十九日，李文田招飲，筵散至鄧承修寓，商議其奏乞開缺事，旋奉
旨俞允。

　　《日記》："未刻出城，仲約先生招歡。筵散，又至伯訥公處，
商公奏懇乞恩開缺事。二更疲乏殊甚。"

　　《光緒朝上諭檔》十四年（1888）正月二十一日："内閣奉上
諭：'鴻臚寺卿鄧承修奏病仍未愈，懇請開缺一摺，鄧承修著准
其開缺。欽此。'"

二十一日，與沈曾植、黃紹箕公餞文廷式、志鈞，時文氏將往湖南。

　　《日記》："申刻與子培、仲弢公餞文芸閣、志仲魯，薄暮
始歸。"

　　　文廷式《湘行日記》："黃仲弢、袁爽秋、沈子培招餞於松筠
庵，仲魯、芇卿、蒯禮卿、劉巀卿、王旭莊同席。"

二十三日，李慈銘來談。

　　《日記》："蓴老枉存，談久之去。"

　　《越縵堂日記》："上午出門答拜客數家，詣鐵香、爽秋，俱久
談至晚歸。是日春喧，花樹間皆欣欣動色。"

二十七日，與王頌蔚、沈曾植招宴同人於松筠庵。

　　《日記》："與蒿隱先生、子培秋曹招同社松筠庵讌集，會者
十餘人，爲芍師、漱丈、蓴老、可莊、仲弢、夢華、佛青、子裳，二
更始各散。僕戲謂二君云：'勃窣沈君真理窟，泓峥王子亦經
神。'蒿隱大笑。"

《越縵堂日記》:"赴爽秋、佛青、子培三同年松筠庵之招,飲未半,繼以燭,夜歸。"

二十九日,張度來晤談。晚赴王仁堪招飲,李慈銘、王詠霓、楊晨、黃紹箕、王頌蔚、馮煦、王仁東等在座。

《日記》:"晚王修撰招集,壁上張新式碧紗燈十數具,舉燭輝映,一室洞然,殊有承平王孫氣象,二更歸。畸人張叔憲殊有怡然自得之趣,今日晤談,與之言姚鏡堂先生住水月庵時事,及融齋劉公直北齋日言行風致,君亦欣然聽之。在蕭寺語及之。"

《越縵堂日記》:"晚詣下斜街,赴王可莊之飲。宓宇華邃,新製紗鐙,長各數尺,白質,以淡墨涂之,外剪篆字或花鳥帖其上,內映以碧紙,中為三層,然西洋五色小燭三枝,頗雅麗可愛。肴饌亦精。同坐為子裳、子培、定夔、爽秋、仲弢、苕卿、馮探花煦及其弟旭莊,暢談至夜三鼓始散。"

二月初五日,謁徐樹銘,談邊事,並乞致書浙江學政瞿鴻機,為大兄袁澍楠謀館事。

《日記》:"謁壽蘅中丞,談邊事久之,又為大兄館事乞中丞致書瞿學使。"

初八日,往訪沈曾植談詩。

《日記》:"晚詣子培齋中久坐,子培言仲修詩才力不厚而宅句安雅,存期窅眇;高伯足詩思力沈厚矣,而運事遣意,力悴句中,時有詭脆不安之致,然兩集要皆近日詩家之傑出者。予歎息以為知言。"

十五日,李慈銘招飲,額勒精額、盛昱、王仁堪、王仁東、岑春榮、楊晨、黃紹箕等在座。

《日記》:"蕁老招集,至暮又過子虞。"

《越縵堂日記》:"上午置酒聽事,邀額裕如運使、盛伯希祭酒、王可莊修撰、旭莊舍人兄弟、岑伯豫、楊定夔、爽秋、仲弢飲,日昳畢集,傍晚散。"

十七日,弔繆荃孫母喪。

《日記》:"出弔繆氏。"

　　案:《越縵堂日記》正月二十九日:"詣繆筱珊唁其丁母憂,晤其尊人仲英觀察,年七十八矣,尚健甚,此其三娶也。"又《藝風老人年譜》:"光緒十四年,先繼母薛恭人向患嗽疾,自冬至今不愈。荃孫稍痊,而恭人陡加喘逆,遂不起,時二十七日也。"可參看。

二十日,王仁東續娶,與李慈銘、沈曾植、王頌蔚合送喜幛。

《越縵堂日記》:"送王旭莊續娶紅尼喜幛一軸,與爽秋、子培、芾卿合。"

二十四日,往拜曾紀澤談。

《日記》:"少農徹侯曾公前折簡召預筵劇,以疾辭未往,今日候謝,垂語文正公以使相鎮江南日,賓僚學術之盛,今乃人物眇然,俯仰今昔,不能無慨。又云俄人謀建造東悉畢爾鐵路行軍,以五年趣成。我之東三省吏治、邊備皆廢弛,何以禦之? 記曩侍文正公初削平江南日,僚友畢賀,言昇平有期矣。公愀然曰:'未也,今八旗人材疲茶,乃世道之憂也。'今果然矣。此當與金禮部尚書趙閑閑公所作《侯守論》同意,邵位西樞部有《跋侯守論後》一篇,指畫利害,深切著明。晤教二時許辭出。"

《曾紀澤日記》:"袁爽秋昶來,談極久。"

二十九日,與塾師攜諸子遊畿輔先賢祠看碑拓,晚赴沈曾植生日之宴。

《日記》:"薄晚陪括蒼趙先生攜諸子游圻輔先賢祠看碑拓。子培先生招集,時方與蕁老游崇效寺回,談至二更方歸。"

《越縵堂日記》:"沈子培、楊莘伯皆今日生日,各饋以桃麵燭酒。……子培邀同爽秋、仲弢及花農飲廣和居,夜二更歸。"

是月,方宗誠卒。

　　譚獻《五品卿銜前棗强知縣方先生墓誌銘》:"聖清光緒

十四年二月下旬一日，桐城方先生卒於懷甯居舍，年七十有一。先一年冬，安徽督學使者貴恒公奏奉俞旨，以在籍前直隸棗强縣知縣方宗誠，學行矜式，賞五品卿銜，士林觀感。君固學者所稱柏堂先生者也。君字存之，先代自婺源遷桐城，祖護，考松，皆以孝義仍世篤行。君生而忱恂劬學，比冠，從鄉里碩儒許玉峰先生講明有宋程朱之書，粹然一出於正。而族兄儀衛先生東樹者，抗希古學，辭闢群言，君奉臬焉。生平學術之有宗尚，實原於此。……六十七歲，病痹百日，扶杖能步，已而增劇。時時口授成文章，千言立就。七十時，秋冬語日蹇澀，馴至改歲，遂不起。……生四丈夫子，培濬，好學早世；次守彝；次培凝，殤；次獻彝。仲、季二子英碩，讀父書，多文有聲，父命從名師力學繼其家。孫五人。葬君於桐城某山之阡。"

三月十二日，方恭釗招飲花之寺，李慈銘、鮑臨、陳夢麟、徐琪、戚人銑等在座，方恭釗以目疾不至，徐琪代爲主席。

《日記》："勉翁招陪蓴老集南門外花之寺，會者六人，主人以目疾不至，華農代主席，比暮始散。"

《越縵堂日記》："下午由南下窪出右安門，游花之寺，赴方勉夫之約，敦夫、書玉、爽秋、花農、戚潤如俱已至。海棠開未及半，碧桃紫荆方盛華。傍晚歸。"

十五日，浙江同鄉官齋集春祭。

《日記》："浙館同鄉官齋集春祭，祭畢飲醻，頗有鄉社雞豘之意。十郡人共四筵，惟四明人無一到者。"

是日李慈銘來訪，公以近作詩文相示。適王頌蔚亦至，暢談至晚方散。

《日記》："蓴、蒿二公枉過，水厄清談，坐花下商榷文字久之，間及世事。是日無風而雲日和麗，真湘鄉公詩所云'自有兩儀來，無此好日月'也，殊爲難得。"

《越縵堂日記》："爽秋來。……詣爽秋，坐其庭花下久談，爽秋出示其近作詩文,適苕卿亦來,遂至晚歸。"

十六日,作致李慈銘函,並贈化州橘紅。

　　《越縵堂日記》:"得爽秋書,言昨談之樂,並贈化州橘紅六
　　餅。即復,還所饋藥。"

二十四日,世紀公忌日,於長椿寺中誦經追薦。

　　《日記》:"先考諱日,在蕭寺齋僧唪經一日,率兒子往行禮。"

　　十二日:"至長春寺與方丈商量廿四念經追薦事,已定伊蒲齋
　　供一席。連日內子先期齋戒,誦《金剛經》,料理糊楮泉紙鏹。"

二十七日,李慈銘來函,並示近作三絕句。

　　《越縵堂日記》:"作書致爽秋,並近詩三絕句。……再作致
　　爽秋書。……晚坐藤花下,得爽秋書。"

　　　　案:《越縵堂日記》二十六日錄有《朱藤花下坐》、《題窗下
　　　　桃花》、《期弢夫子裳看藤花書玉適來欣然延作》,當即此三詩。

二十八日,與李慈銘約同人於崇效寺餞別鄧承修,李文田、黃體
芳、徐寶謙、王頌蔚、沈曾植、王彥威等在座。晚過濮子潼談。

　　《日記》:"芍師、漱丈、亞陶、蒿隱、子培、弢夫集崇效寺,尊
　　老與予戒廚傳,餞伯訥公,時已致仕,將歸省於惠州,薄暮始散。
　　不佞心氣疾復作,思嫭營出世法。聞鹿溪丁外艱。晚過止潛,
　　談身世事久之,商榷行身祈嚮。止潛氣象寬博,言行篤實,知交
　　中不易得也。"

　　《越縵堂日記》:"上午詣崇效寺,爽秋及漱蘭、亞陶兩丈已
　　至,子培、苕卿、弢夫及若農師、鐵香相繼來。午後設飲,飲畢請
　　若師、鐵香題卷,各助裝裱資四金……傍晚始散。"

　　王彥威《秋鐙課詩之屋日記》:"蒞師、爽秋餞鄧伯訥鴻臚
　　承修於崇效寺,邀偕順德、瑞安兩師、徐亞陶年伯寶謙、王苕卿、
　　沈子培作陪。席散,寺僧出《紅杏青松卷》索題,蓋康熙間住持
　　崇朴自畫小影也。崇朴通文墨,好與士大夫遊,此卷亦平平不
　　足觀,自王漁洋、朱竹垞兩先生首先題詠,一時好事者爭相附

和,遂成巨觀。近則卷束如牛腰,自雍乾道咸以還名人皆有題
識,然惡劣之札屢雜亦不少也。順德師題名,伯訥跋之,亦他日
都門一盛事矣。"

四月初一日,華蓋呼圖克圖來訪,談邊事。

《日記》:"華蓋來談,逡巡出見之,出示以漠北、天山、衛藏
地圖。渠所閱歷多係十年前情形,與現在邊情不合。其爲人有
才情,而聞見則域於一隅,當事如欲用之,似不可使之獨當一
面,必有人提撕調護之方可用。"

初五日,黃體芳招讌馮氏莊園,李慈銘、王頌蔚、沈曾植、黃紹箕、
王彥威、王仁東等皆至。

《日記》:"漱丈招游城外遠郊之馮家花園,實酒宴坐,是日
會者葂老、蒿隱、子培、仲弢、弢夫、旭莊,共八人。花開極繁盛,
連畦比畛,界畫周帀。屋宇制作亦極高敞雅潔,有燠房,有涼臺,
雪月皆宜。下有方井,制亦深廣,以龍骨戽水,用驢一頭牽之,
其機上下,捷若猱升,一日可灌數十畦。子培見之,云此恒升車
也。予爲證成其説,此法見徐文定公《農政全書》,參用泰西水
法,一曰龍尾車,一曰恒升車。道光中知宜興縣齊丈彥槐因天
時旱災,製二車試之有效,江蘇巡撫林文忠公賞其能,下所部行
之,即此也。"

《越縵堂日記》:"子培來,日加辰,同出西便門,過白雲
觀……行十餘里,抵小屯邨馮氏莊園,前廣州府知府汴人馮子
立端本所建也。……爽秋、弢夫、旭莊、仲弢俱早至,漱翁、苪卿
後來,流連至晡後始散。"

《秋鐙課詩之屋日記》:"早起,赴漱師之招於馮家花園。園
在西便門外二十里,地名小屯。園主人子立郡守曩任廣州府,
爲鄧鐵香御史劾罷者也。園基址極寬,有牡丹百餘本,芍藥千
餘本,菊花、桂子羅植甚多。既罕樓臺,亦無巖石,天然野趣,深
入花叢。行一時許始至。爽秋、旭莊已先至,少頃葂師、沈子培

至，王苕卿至，漱師最後至，以入直故也。偕諸君散步花園，牡丹約三十餘種，白者尤嬌艷，朵大如盤，近所罕見。未刻，聯軫而歸，諸君先入城，余與菽師、子培便道過天甯寺，登塔射山房，坐磐石上，啜茗看夕陽，風景絶佳。比入城，燈火滿街矣。"

案：馮端本，字子立，河南祥符人，道光二十九年（1849）舉人，咸豐六年（1856）二甲十七名進士，分部學習，由刑部主事授廣東廣州知府，署鹽運使。以鄧承修參劾其"招權納賄，庇惡營私"落職，光緒二十二年（1896）卒。任内曾重修《廣州府志》，並出資刊刻書籍多種，著有《鳴秋集》、《讀禮摘要》、《讀漢隨筆》等。

初六日，送鄧承修行，鄧氏以所乘驢相贈，次日驢車驚奔，壓斃王僕，遂與張少畬换乘。

《日記》："送訥公行，比回舍，知有車馬之賜，敬拜嘉命之辱。退之詠張籍得裴司空馬詩云'落日記曾交轡語，春風還擬並鞍行'，前輩風情，令人企羨。"初七日："老僕王二今早忽爲牲口曳車驚蹞所壓傷，登時殞命，灌藥罔效。予傷悒竟日，給其二子殯殮費白金十三兩。此即訥公之驢，予不忍見之，命牽去給人服乘，意欲還送訥公之門下張少畬。予觀此爲災，有感於得失乘除、禍福倚伏之故，然則榮啓期、塞上翁真吾師乎！"初九日："過張少畬、蒿隱先生商量换驢事。"

十三日，李慈銘以所作小楷《與朱元思書》見示。

《日記》："尊丈示楷書吴叔庠《與朱元思書》一通，筆意沈著，眠其畫中界外飄飄然有勁逸之氣，若秋隼翔於平原，骨聳精爽緊也。"

《越縵堂日記》："作書致爽秋，並近日所作小楷吴叔庠與朱元思論富陽桐廬山水書一紙。"

十四日，作函致李慈銘，餽食物，並寫示近詩。

《越縵堂日記》："得爽秋書，餽餅餌，並寫示近詩五章，即復。"

二十日,李慈銘來函借騾,並寫示近詩。

《日記》:"蓴丈示新詩。"

《越縵堂日記》:"作書致爽秋,借隨車之驘,並近詩二首,得復。"

二十一日,方恭釗謁見恭親王奕訢,王有語詢及公。

《日記》二十二日:"去年周提刑馥謁見恭邸,垂詢舊日僚屬,於末吏極荷齒獎。昨方勉甫觀詧謁見,又蒙溫教詢及。伏以賢王四朝柿坿,懿親尊行,退居私第,心存國事。某疎賤之吏,目擊時艱,不能效于謹參軍事彭城北海之誼,以獻替効忠,固緣地分懸隔,抑亦時會未逢,漆杞微忱,何能已已。"

二十三日,薛葆榑自全椒來。

《日記》:"喜內弟薛十八自全椒遠來相見,差慰。與薛十八夜談。予曩嘗客北譙,所識酒人樵客,十年之間大半物故,所存者十仞魚梁之斷厓耳。王侯螻螘,儳然同盡,以觀人之居此世者何也。'生年不滿百,常懷千歲憂',將爲達人秉燭之游乎?抑仍守志士之操,秉燭而學也?"

三十日,唁李慈銘喪婦。

《日記》:"唁蓴老有稘喪。"

《越縵堂日記》四月二十七日:"夜內子病危甚。"二十八日:"午刻屬纊,遣人走告諸戚友……申刻溘然遂逝,哀哉!"三十日:"爽秋、芾卿、子培、仲弢、弢夫、子裳、章黼卿、濮紫泉、張子虞、郎仁譜、王可莊、劉樾仲嘉蔭俱來弔,送燭楮。"

是月,以《郭有道碑》寄贈譚獻。

《復堂日記》:"得爽秋京邸書,寄《郭有道碑》原石拓本至。"

五月初十日,赴李文田招飲。

《日記》:"仲約先生招集廣濟寺,日加申始散。"

十一日，唁李慈銘，贈以素饌一席。

　　《日記》："唁蕈老稘喪，以素蔬奠楮往。"

　　《越縵堂日記》："內子二七之期，延僧九人誦經，玉皇廟僧。晨設伊蒲齋供……爽秋、子虞、濮紫泉合送尼幛……爽秋來，再送素饌一筵、酒一壺、燭楮四事，賜酹奠而去。"

十五日，閱同文館課卷。

　　《日記》："覆閱東館課卷，內有何文瀾卷，筆仗極迅利，所作論佳甚，詢係蕭山人，丙子孝廉，如此才可與推今、可與揚古。外又有汪炯、多齡二卷亦佳。"

二十三日，赴濮子潼、沈曾植之招，爲黃體芳餞行，錢應溥、吳品珩、王詠霓等在座。晚過陶模談，陶氏贈以書籍數種，亦以近人校刻書數種爲報。

　　《日記》："止潛、子培招陪黃丈餞集。晚過杜治，謁方之先生，聆教久之始歸。先生所言吏術民事，簡嚴和易，極切於尋常日用，知其得力於克治涵養之學甚深。對此等言語氣象，雖素性矜躁者，亦當消釋。方之先生以王文泉斠刊《孔補大戴禮注》、《凌注春秋繁露》、《魏鄭公集》、《會昌一品集》、此新刻《畿輔叢書》之佳者。《燉煌太守碑》、《西狹頌》拓本見詒，昶敬以近人校刻數種報之。"

　　《秋鐙課詩之屋日記》："旁晚，赴濮紫泉、沈子培之招於粵東館，赴之，亦爲漱丈作餞也。同坐錢子密年伯、吳佩蔥、王子常、袁爽秋。班侯、仲弢來，不飯。"

　　案：《越縵堂日記》五月十二日："邸鈔：命通政使司通政使黃體芳浙江瑞安，癸亥。爲福建正考官，編修呂珮芬安徽旌德，庚辰。爲副考官。"可參看。

二十七日，李慈銘餽以食物，作書復。

　　《越縵堂日記》："以食物分詒介唐、蕭庭、蕚庭、書玉、爽秋，得爽秋復。"

二十八日,王彥威以天台萬年寺藤杖相贈。

《日記》:"彀夫送我天台山中萬年寺藤杖一莖,形狀甚崛奇,此華頂靈物,不意乃入吾手。予欣然稱謝,將以天文書一種爲答禮。"

六月初六日,往訪繆荃孫。

《日記》:"晤筱珊君,方校抄《通鑑長編紀事本末》二百五十卷,王延年撰。止汔宋九朝事,阮文達公元曾以進呈乙覽者。列入四庫未收書提要目。今吾師張公謀刻於粵東史學局。"

《藝風老人日記》:"惲心耘、袁礦秋、吳幼農來。"

十一日,李慈銘夫人出殯,與同人設祭於道,送至崇效寺。

《日記》:"李越縵之夫人出殯,往助執紼,送至崇效寺權厝。是日忽炗忽雨,予畏熱殊甚,戒車先返。"

《越縵堂日記》:"辰刻發引……作文告內子,哀慟不自勝。巳刻柩行……彀夫、萼庭、子裳、班侯、仲彀、子培、紫泉、爽秋、莆卿、花農、仁圃、苗生、書玉、敦夫、介唐、秉衡、介夫、伯循、枚良、謝贊臣、胡伯榮各設道祭爲兩棚於途旁。午初抵崇效寺,安殯於藏經閣之東室。"

《藝風老人日記》:"李蒓客之夫人移殯棗花寺,詣寺上香,晤定甫、伯馴、莆卿、書玉、礦秋諸君。"

《秋鐙課詩之屋日記》:"蒓師之馬淑人出殯棗花寺,偕黃仲彀、王莆卿、王可莊、袁爽秋、濮止潛、徐花農、殷萼庭、鮑敦夫、郎仁譜、王子常、朱苗生於大街上設棚致祭,遂至花寺門。午後,翁書平尚書來點主,偕諸君襄陪。"

十四日,入宮引見勤政殿,補授戶部江西司員外郎。

《日記》:"戊夜入禁掖,至辰正,度支長官帶領引見於勤政殿,蒙恩補授戶部江西司員外郎。"

十七日,宗室孚馨以《春明夢餘錄》相贈。

《日記》:"伯蘭宗室餉我古香齋《春明夢餘錄》七十卷,計四函,可感也。"

十八日,張佩綸、張人駿招陪李文田小集。

《日記》:"薄晚,繩庵丈、安圃給諫招陪芍師小集圻輔鄉祠,客散已上燈矣。"

二十四日,謁閻敬銘談。

《日記》:"早謁朝邑相國,延見臥室,見其布被竹杖,自奉之儉,寒素不如也。簿領手治,朱墨點勘,其勤劬如上農之治田。不佞自念一末吏耳,而居必求適,曹事欲簡,睹公之所爲,能無內愧於心邪?言事良久,乃告退。公言其鄉近潼商,父老猶有能言湯潛庵先生爲監司日事,榷稅先际令甲所定正額盈餘之多寡,征足其數,即止勿征,商民稱便。公之所爲簡静不煩如此。"

七月初一日,與王頌蔚、沈曾植公餞李文田、王仁堪於長椿寺,張鼎華、黃紹箕、劉嶽雲、王彦威在座。

《日記》:"與蒿隱、子培公餞芍師、可莊兩星使於長春寺,研秋、仲弢、佛青、弢夫作陪。薄暮天際輕陰,涼風應律,主客各散。"

《秋鐙課詩之屋日記》:"沈子培、王弗卿、袁爽秋爲李師、可莊餞行,邀偕仲弢、張延秋作陪。"

案:是年李文田、王仁堪充江南鄉試正、副考官。

初六日,沈曾植來訪,與談所藏碑拓。校舊詩。

《日記》:"晡時雨止,子培枉車過草舍,談久之,評定碑拓甲乙乃別。校寫官所鈔詩。"

沈曾植《恪守廬日録》:"晚至重黎處一談,雨後積潦甚深,水及馬腹矣。"

初八日,晤張裕釗談。

《日記》:"晤張廉卿山長,云明年將移主鄂中江漢書院,動南歸之興矣。偶談及金人竹溪党文獻公篆分之工,近代罕有其匹。党所書孔林有'杏壇'二大字,沛甯州學有書王荊公絶句四首,大定、明昌中碑額往往竹溪篆也。"

十五日,拜沈曾植母生日。

《日記》:"拜沈母生日。"

《越縵堂日記》:"下午至粵東新館拜子培太夫人壽,送禮紹酒十斤及桃麵燭。子培固留飲,其地小有樹石及曲池,小橋、亭廊環帶。"

是日閻敬銘致仕。

《日記》:"東閣大學士朝邑閻公疏懇開缺,留居京師養疴,奉優詔允其致仕,溫慰備至。"

《光緒朝上諭檔》七月十六日:"內閣奉上諭:'閻敬銘奏病勢日增,懇准開缺一摺。閻敬銘前因患病,疊次賞假調理,嗣以病久未愈,屢請開缺,未經允准。茲復瀝陳病狀,懇准開缺,留京調理,情詞迫切,不得不勉如所請。閻敬銘著准其開缺,在京安心調理。該大學士向來辦事認真,不避嫌怨,近年整頓部務,日有起色,朝廷倚任方深,一俟病體就痊,即行具摺請安,以慰眷注而資簡畀。欽此。'"

案:閻氏爲晚清重臣,其退職影響甚大,《清史稿》本傳但云"十一年……時上意將修圓明園,而敬銘論治以節用爲本,失太后旨,因革職留任。十三年復職,遂乞休,章四上,乃得請。"似乎是閻敬銘主動辭職,朝廷挽留不得而後允其所請。然而根據公日記光緒十四年(1888)三月所記云,閻敬銘疏諫兩宮移蹕西苑,"聖意不懌",實已觸怒皇帝,因此在其又"疏劾藩司李用清、李嘉樂,劾陝撫葉伯英、江撫德馨甄別之謬妄","上以公(案:即閻敬銘)言爲非,嚴旨詰責,仍將原摺擲還"。皇帝對閻敬銘的態度可謂非常嚴厲。公評論此事云:"竊意閻公,今之大臣宿德也,無論所言當否,朝廷如此處分,已乖優禮大臣之誼,況公所言極切中事理乎!"可見閻敬銘之被譴無關乎其言事之得當與否,實由其前此直諫而得咎,皇帝的態度可以說是借題發揮。此前閻敬銘乞退之章數上而朝廷皆堅決不允，但經此一事，閻敬銘在兩個月病假之後再次告退，則朝廷就不像以前那樣加以慰留，而是直接准其辭職。

八月初八日，往訪張裕釗，乞書世紀公神道碑，並叩問作書筆法。晚晤訪沈曾植。

《日記》："詣張廉卿先生，乞寫先塋墓道刻石。……詣廉翁叩筆法，廉翁論包安吳言執筆名指力與大指相敵乃有佳書，及始艮終乾之訣甚善。巽、艮、坤、乾，以每字波折起訖之左右上下方位喻之。第言轉筆之法，尚未詳晰。又每縐省字之精神團結，氣勢磅礴，全在筆先空際磐紆之處。未落紙時，狀如怒猊抉石，渴驥奔泉，已落紙時，則如蜻蜓點水，輕燕掠波，乃有奇趣橫出。若力悴紙上，意盡畫中，斯佐史之奴書，徒見嗤於達者。頃爲子培述此語，子培復釋之云畫前不沈著，則無由攝勢遠意險之妙，落紙時不宕逸，則無以發神勁韻雋之趣。廉翁本意，殆欲以至樸庽其至巧也。藝非天機精者不能入神，故如是夫。廉翁又云世傳王子敬少時執筆，右軍從後掣之不動，決其當以書名世，此執筆貴緊也。東坡則云'執筆無定法，要使虛而寬'。然書之功候，既知平正，務追險勁，既得險勁，復歸平正。玩其神理，非入手尚緊，漸入寬和者，不能臻此境。然則偏尚緊與偏尚寬，皆非古人真訣也。莊子稱輪扁斲輪，甘苦疾徐之間得心應手，非佗人所能喻，然哉！然哉！又云小篆丞相之後，少溫爲絕學，次則党竹溪，宋金以來諸家莫及。唐初韓蔡，蓋自鄶矣。隸則中郎以前諸碑神妙不測，至魏之《上尊號》、《受禪》兩碑，或云鍾，或云梁，工力已不逮遠甚。晉代分書，任城《孫夫人》及《太公望》二石僅存，玩彼筆勢，庸峭有餘，虛和不足，殆世運爲之也。去漢未遠者尚爾，況自後魏《中嶽嵩高靈廟碑》、《隴東王感孝頌》以下乎！草惟右軍爲得伯英、征西之妙，洎宋以來，日趣狂恠，點畫章法，無聞焉爾。此三者皆廣陵雅操，難於嗣響，故己惟肆力於真、行二體，良以專精真、行，或可運篆勢、分韻、草情，融裁變化其中，以自成一家之氣格。生晚俗薄，儉學寡徒，凡才地積養之故，秘授岷絡之蘊，癖嗜孤詣，重內輕外，一時雅尚，受敕榮遇，是數者均不逮古人遼甚，而妄睎兼長，必致兩絀。壽陵拙步，苧蘿醜矉，坐爲達人嗤鄙，豈智者之爲哉！予頃讀庚子慎《書品叙》，庾生齊梁之間，其所品藻，亦捨篆籀而甄錄正草，益證廉卿之説不孤。古近自當存斷代之意，非低心逐時趨也。"

《恪守廬日錄》："薄暮，爽秋過談，意色匆匆，略進點心去。"

初九日，張裕釗來訪，觀所藏碑帖，始聞賀濤之名。

《日記》："廉卿先生來，縱觀碑拓，便坐雅談，久之始去。先生言蓮池書院有高才生曰賀濤，工爲詞章；評予所肆書病在轉筆有疵累。"

十五日，沈曾植來，同看碑拓。

《日記》："子培來，共觀磁州《無量義經》北齊石刻，嘉定錢氏、陽湖孫氏、青浦王氏皆未著錄，字勢壯麗似《水牛山文殊經》，而渾穆不逮，取徑鑱秀，箭鋒相直，頗有人馬應弦之韻。"

《恪守廬日錄》："午後至各處賀節，樾仲處小坐。訪爽秋，見。"

二十二日，往送張裕釗行。

《日記》："飯後送張廉老行，九十月之交將歸鄂中矣。談次因述道光中在京士大夫唐墦慎諸公道藝切劘，後乃各有成就，誠極一時之盛也。又述巴陵吳南屏年垂八十，刻成柈湖詩文集，殊得震川歸氏神理，晚游長沙而歿，遺令不受賻贈，以詩文挽者令子孫拜受。此老風流，亦復有韻澤於古訓者，動與俗異，殊可思也。"

二十八日，作《衍聖公納徵孫氏請婚期啓》。

《日記》："爲衍聖公納徵孫氏請婚期啓，代孫少宰答啓，文思枯澀，如井廢不淘，亟取六代人文字讀之，以淘其源，猶未能汩汩然來，奈何！"

案：孔令貽（1872—1919），字燕庭，光緒三年（1877）襲
封第七十六代衍聖公。

九月初二日，王彥威、黃仲弢招飲天甯寺，李慈銘、李僧喜、沈曾
植、吳謙、徐定超、楊崇伊等在座。

《日記》："弢夫、仲弢招同尊老喬梓、子培、介堂、班侯集天
寧寺，塔光隱現，林影參差，西岫餘霞，輝映石榻。山臺幾尋，寒
竹一敧，酒闌危坐，氣象疎野。尊老清言娓娓，支、許之流，子培
旗鼓亦足相當，聽之亦復忘倦。既暝，乃戒車而歸。"

《越縵堂日記》："上午挈僧喜出城詣天甯寺，弢夫、仲弢及
班侯先在，莘伯、子培、介唐、爽秋繼至。先集於塔射山房，午遂
飲於寺之西廂，就桂花也。酒畢，復坐山上茗話……流連至曛
暮而歸。"

《秋鐙課詩之屋日記》："偕仲弢設席觴菀師、介唐、子培、爽
秋、班侯、莘伯於天甯寺，桂花盛開，天高氣爽，流連竟日，昏黃
而歸。"

初四日，聞張鼎華卒訊，以聯挽之。

《日記》："西北風驟作，林葉半脫，不覺秋暮矣。忽得張研
秋太史下世之告，爲之閣筆驚歎。……張延秋太史生平不婚娶，
博涉書傳，甚有時名。今年長夏小集城西古寺，君言令大父南
山太守所纂《國朝詩人徵略》可惠一部，卒未致也。以聯挽之：
'虛白半生，靜業略如劉慧地；精藍一別，遺書難乞李開封。'"初
六日："再挽延秋太史：'一覺返其初，泉湧雲興，快論空留玉麈
尾；三生甯復幻，惑怯恔泯，真觀破此芭蕉堅。'君垂絕復蘇，留語
家人，當復生塵世云云，予故作轉語以追靜之。延秋爲場屋功令文，志在
必得鼎甲，此殆未能免俗。然姚惜裒嘗議漆園吏殆亦未能忘人
世富貴利達之見，何況季世之士？及觀延秋臨終口授遺令不開
弔、不受賻贈，此意有異於流俗，來去自如，殆具有宿根者也。"

初九日,李慈銘招飲於安徽館,鮑臨、吳講、徐寶謙、沈曾植、王彥威、殷鴻疇、黃紹箕、徐定超、徐琪、楊崇伊、傅雲龍、陳夢麟、濮子潼等在座。

《日記》:“萬老招集故孫退谷侍郎園,園中有小山,竹木陰翳,下有方池,雖宅數易其主,而規制猶存。酒餘登山亭小望,頗有塵外之趣。”

《越縵堂日記》:“是日邀敦夫、介唐、亞陶、子培、爽秋、荄夫、萼庭、仲弢、班侯、花農、莘伯、秉衡、子尊、書玉、紫泉、倪儒粟、謝小崐、婁儷笙及兩侄,並攜僧喜飲於安徽館之碧玲瓏館。高柳翳然,竹樹疏峙。酒罷漸晚,客多散去,偕子培、爽秋、花農久坐小山亭上,秋色已深,暮色逾靜,勾留至暝而歸。”

《秋鐙課詩之屋日記》:“菶師邀飲安徽館,晤黃仲弢、徐班侯、楊辛伯、沈子培、袁爽秋諸君。”

案:孫退谷即孫承澤,明崇禎四年(1631)進士,入清仕至都察院左都御史,順治十年(1653)致仕,著有《春明夢餘錄》、《天府廣記》等。

十二日,至衍聖公府賀其新婚,娶吏部右侍郎孫毓汶之女。

《日記》:“至衍聖公第道喜。”

十三日,與同官楊宜治赴曾紀澤府中謁見。

《日記》:“直東廨,諮事長官私宅,與虞常偕往。”

《曾紀澤日記》:“袁碤秋昶、楊虞裳宜治自譯署來謁,一談。”

十六日,拜崇綺六十壽辰。

《日記》:“拜座師崇文山先生六十覽揆初度,府中演劇,極熱鬧,坐二時許乃歸。”

二十日,往訪曹廷傑,曹氏贈以東三省地圖。

《日記》:“答候曹彝卿,彝卿送我東三省地圖一分。”

二十九日,晤曹廷傑,談東三省練兵事。

《日記》:“曹彝卿言東三省練兵徒有虛名,羌無實際。將

軍定安接辦穆公圖善一席，每省練兵五千人，合之萬五千人，
歸海軍牙門節制。穆將軍奏定章程，仿德國練兵之法，如第一
年練五千人，第二年抽出二千五百人歸鄉聽調，而另挑西丹
二千五百人補之，第三年亦然。無如吉、江兩省民情窳惰，向
以射獵為生，近年方知耕種之利，一為兵丁，則習於侈靡，不復
能操本業。遣撤之兵，即為游手，窩賭竊盜，率為民害。定將軍
奏請停止挑補西丹，亦救弊之法。邸第大不以為然，事遂中止。
希將軍元現來都陛見，亦畏忤指，不敢直陳其利害也。東三省
既有經制兵，有額無人，餉歸中飽。復有靖邊營，吳大澂、依克唐阿所立，
鞏衛、綏安四軍之改名。又有練軍，仿照直隸練軍章程。以上餉歸戶部發。
又有定將軍新練一萬五千人。餉歸海軍牙門發。竭東南之輓輸以
事邊庭，有事時仍虞瓦解，非國家之利也。穆、定兩帥所練軍實
三摠統，以吉、黑、奉三省將軍兼之；六幫統，以三省副都統之
知兵者兼之。皆領薪水而不隸一兵，實無事權。”

十月初三日，吳講招集，李慈銘、黃紹箕等在座。

　　《越縵堂日記》：“介唐邀同敦夫、㲄夫詣三慶園觀三慶部，
挈僧喜同去。夜飲福興居，坐客有爽秋、仲㲄，二更後歸。”

初九日，得何芳稑函，轉寄李鴻章所贈《畿輔通志》。

　　《日記》：“得何幼源書，惠寄合肥相國所賜《畿輔通志》一
簏，計廿四函。作答，交朱少府寄去，賸以食物。”

十五日，赴河東館祝劉家立、劉家蔭之母錢太夫人壽，宴飲並觀
劇，李慈銘、沈曾植、黃紹箕、王彥威等人在座。

　　《日記》：“至東鄰劉宅拜壽，觀劇，三更乘月而歸。”

　　《越縵堂日記》：“鎮江劉建伯、樾仲兄弟為其母錢太夫人稱
七十壽，演樂於河東館，送紅呢壽幛一軸。下午往祝，晤子培、
仲㲄、㲄夫、爽秋諸君，慧叔亦來，遂留飲，至夜三鼓後歸。”

十六日，黃紹箕、沈曾植招飲。

　　《日記》：“晚仲㲄、子培招集。”

二十六日,弔張鼎華。

　　《日記》:"弔故人張延秋長春寺殯宮,晤其弟璞君刺史。古
詩云:'所遇無故物,焉得不速老。'人欲久生於世,而親知寥
落,塊然獨游,亦殊無謂也。"

十一月初二日,拜曾紀澤生日。

　　《日記》:"拜少農徹侯曾公生日。"

　　《曾紀澤日記》:"五十歲初度。……飯後家人相慶,更朝
服。……賓朋滿座,幾無隙地,應酬一過後漸有去者。樞廷諸
公及各部院同僚紛紛前來,陪觀劇,至戌正諸客陸續去。"

初十日,李文田自江南典試歸,語以顧雲、范當世落第事。

　　《日記》:"芍師自典江南試歸,往候不值。……傍夕,芍師
枉過,談及顧雲未出房,深可惜。范當世於落卷找出,閱其文,
殊有楓落吳江之憾云云。顧、范是科皆不遇也。<small>江南房行稿競尚
才華,九流爛熟,多清辯滔滔之作,第不可使拘墟之士磨勘,令人有悔讀南華之
恨耳。</small>"

十一日,李慈銘來訪,未晤。

　　《越縵堂日記》:"下午詣爽秋不值,詣王可莊、黃仲弢,俱晤
談,至晚歸。"

十七日,張之洞自廣州寄贈新會橙。

　　《日記》:"孝達公自嶺南寄新會橙百顆,由貢使水驛將到,
炎方佳果,萬里饟包,吾師厚意,感不可言。惟龍編草木,已淪
入羶腥之域,金庭玉食,殊少光輝,此爲憾耳。"

二十六日,王頌蔚以《邸珍碑》見贈。

　　《日記》:"嵩丈以《魏定州刺史邸珍碑》打本見遺,此碑金
石家未箸録,字體類寇謙之《嵩陽靈廟碑》而加以勻整,元魏石
刻之佳者。"

是日葉昌熾來訪,未晤。

　　葉昌熾《緣督廬日記》:"早起,訪袁爽秋户部昶、黃仲弢太

史紹箕,皆未值。"

 案:葉昌熾(1849—1917),字蘭裳,又字鞠裳、鞠常,自署
歇後翁,晚號緣督廬主人,江蘇長洲人。光緒二年(1876)舉人,
十五年中進士,改庶吉士,散館授編修。充會典館纂修、國史館
提調,遷國子監司業。二十七年奉命督學甘肅,尋廢科舉,引疾
歸里。後一度充禮學館顧問官。著有《語石》《藏書紀事詩》《緣
督廬日記》等。

二十八日,與王頌蔚、劉嶽雲公請李文田、王仁堪、馮煦、葉昌熾、
黃國瑾。

 《日記》:"蒿隱、佛青邀同實酒請芍師、可莊、夢花、鞠常、再
同小集,至晚始散。"

 《緣督廬日記》:"劉佛卿、袁爽秋、王紱卿三户部招飲,午刻
偕再同赴之,薄暮而返。"

是月薛夫人疾甚,爲延醫定方。

 《日記》初四日:"内子病。荆公婦病詩云:'黃卷幽尋非
貴嗜,藜牀穩臥雖貧有。二物長乖亦可憐,一生所得猶多苟。'
憂況正復爾矣。"初五日:"山婦病忽劇,不眠已五夕,外姑來
眠之,舅弟亦至,忙忙混一天。"初七日:"爲訪醫奔波一天,疲
乏已極。"初八日:"延醫忙碌一天。"二十四日:"又過内弟商
量延醫事。"二十七日:"延醫爲渾舍切豚改方。"二十九日:
"昨夕病婦呻吟徹旦,予亦少眠。今日送三子松喬往外姑處。"
三十日:"汪考功來切豚改方。"

十二月初九日,詣李慈銘談。

 《日記》:"詣尊客先生談時事,一似晉太康中也。"

 《越縵堂日記》:"爽秋來。"

初十日,潘遹招飲於宜勝居,李慈銘、鮑臨、吳講、沈曾植等在座。

 《日記》:"晤尊老。伯馴實酒見招,過之。"

 《越縵堂日記》:"夜詣宜勝居,赴潘伯循之飲,坐有敦夫、介

唐、爽秋、子培,二更歸。"

十二日,作《駁俄使松花江不准鄰國估船闌入劄子》。

　　《日記》:"草駁俄使松花江不准鄰國估船闌入劄子。"

十六日,往訪黃遵憲。

　　《日記》:"答候黃公度太守,嘉應州人,其所著《日本國志》翔實甚有關係,品在《吾邨鏡》之右。"

十八日,謁閻敬銘,談太和門火災事。

　　《日記》:"謁前相國閻公,公語及時事,相對痛哭。公云似應切實下皋己責躬之詔,立罷萬壽山頤和園及津通鐵路工程,庶天譴可以挽回,人心有所繫屬。枋臣亦當援漢三公遇奇災策免例,奏請斥罷。又云土木工程一事,疆臣亦不免逢迎粉飾,增成朝廷過失,由於不肖者希戀富貴,賢者貪致功名,無一人嗜欲源清,心乎道德,克己自修,救民飢恔者,遂致上下雷同,是非淆眩,此何時邪!"

　　《翁同龢日記》十六日:"平時早醒,是日獨酣睡。僕輩呼余起,曰大內火,又曰貞珠門。急起飯而登車馳入,始知貞度門。貞度者,太和門之西旁門也。由左掖門入,踏雪難行,至則門罩三間已落架,牆柱尚燃。余與福公、慶邸皆曰宜斷火道,而莫之應也。門之西曰皮庫,東則茶庫,皮庫尚開門出燈籠,茶庫扃鎖尚嚴,而火已穿入矣,人未知也。余出太和門,觀金水橋下水,鑿冰一尺,纔得數寸水,機筒不得力。遂至朝房小坐,甫一刻則火已透茶庫,上太和門檐,趨視則一門四面皆烈焰矣,何其速哉。人力難施,水又短缺,須臾越而東,毀武備院氈庫五間,又東焚昭德門。惟時撤昭德門東邊屋,屋堅固不能動,鋸之斧之仍拽不倒,於是傅工匠撤盡東頭兩間,凡兩時許始將梁柁拽下,而被傷者近十人矣。火至昭德門,忽迴旋不東突,撤屋者因下手,不然燼矣。……此奇災也,驚心動魄,奈何奈何!火起於貞度門之東間,該班兵爐火串入柱中,丑初熾。"

案：又《翁同龢日記》十八日：“謁丹初相國，此老獨居深念，談時事涕泗橫流，畢竟君子，畢竟讀書人，吾滋愧矣。”可參看。

二十一日，在黃紹箕寓觀鄧石如書作。

《日記》：“在仲弢齋中觀完白鄧山人臨繹山碑，字字綿聯銜屬，真能具麗密之妙，斯、冰、徐鼎臣、党竹溪之後一人也。”

是日薦碑估於葉昌熾。

《緣督廬日記》：“袁爽秋薦碑估秦姓來，得隋章仇禹生刻經一通，此石在汶上縣之郎廟，極難得。”

二十七日，拜李慈銘、李鴻藻生日。

《日記》：“强出門答候數處，並拜李蓴翁郎中、李蘭生尚書壽。政七十，有長聯。……子培作壽蓴老叙甚工，清微雅潔，有潛氣內轉、細入無間之妙，淩次仲後不多見也。”

編年詩：《損之又損》、《三子松喬不慧戲作俚歌數十句教之》、《偶咏虞仲翔事》、《託興》、《戲效陸體咏長安早春》、《崎嶇》、《題莊中白蒿庵集》、《歸善鄧公蒙恩解官養疴述一首》、《即事》、《偶見小院巢雅戲賦》、《兀兀騰騰》、《綿綿穆穆》、《漫題》、《改兒子梁肅句》、《追感興化先生》、《伯訥兄枉過茅堂有作》、《春黔園桃將放》、《題仲弢所藏跨虎仕女圖》、《清曉行小圃中寓興》、《續前作》、《閉關》、《擬作游仙一首》、《戒九弟》、《連日得雨呈括蒼趙先生》、《寄題里中舊居二首》、《園中花時招集鄉郡友人寘酒徐戶曹有詩見示因答和》、《題畫柏》、《三月二十八日蕭寺餞別》、《鄧公瀕行以所乘驢見贈不意驚逸覆車老僕王姓猝然壓斃於其瘞也哀之以詩》、《戲書》、《送西僧華蓋》、《奉送黃丈典試閩中感時書事有述二章》、《送夢華時奉使湖南》、《天台藤杖歌》、《簡繩庵丈》、《圓枕贊》、《方枺詩》、《雨後納涼》、《善果寺》、《人事不齊》、《頗饒》、《蓼花》、《有一佳書爲友人借觀失手漬水所沆戲咏》、《崇夫子壽醾》（佚）、《秋日過灌畦翁》、《偶寄栝州山中隱者》、《龔儀曹同年索和》、《睡起聞茶沸聲》、《上蒿隱先生》、《欲雪》、《尊老生日》、《過水月庵有懷姚鏡塘先生》、《最愛》、《歲除》。

編年文:《藏邊地形説帖》(佚)、《與三兄書》(弟自咸豐辛壬癸甲以來)、《致譚獻書》(仲冬初六日)、《致譚獻書》(二月初四奉一楖)、《歸善鄧母李太恭人七十壽叙》、《冢宰静海徐公歷仕頌》、《兵志説略叙》、《爲衍聖公求婚啓》(佚)、《議駁商人請興修鐵路以弭河患公呈説帖》、《上黄遯菴先生簡尺》(頻年竊食蕆墟)、《復張繩庵文》(得手札)、《上座師張孝達書》(二月初六日由信局叩稟一函)、《與袁遂書》(三月初聞臺從自坻邑交篆後回津)、《西村歸隱圖説》、《衍聖公納徵孫氏請婚期啓》(佚)、《西學攷略叙》(佚)、《年丈貴筑黄子壽先生六十六歲小像贊》、《駁俄使松花江不准鄰國估船闌入劄子》、《與袁遂書》(久不得信)、《致張蔭桓書》(日下人事粟六)、《致張蔭桓書》(前肅一楖)、《答潘嶧琴學使》(伏處人海)、《上座師張孝達書》(十二月十六日太和門災)。

【時事】津沽鐵路通車。康有爲作《上清帝第一書》。北洋海軍成軍。

張維嘉卒。方宗誠卒。張鼎華卒。

光緒十五年己丑(1889),四十四歲

正月初三日,作致譚獻函,往復二千餘言。

《日記》初四日:"昨夕手答仲修書千餘言,往復不能自已,意猶未畢也。末自陳近日況狀,有云晝習老嚴之誼,夜參禪净之門,此近日家業田地。日斜途遠,貧病支離,遂致荒經畔儒,出此旁門,已挤一老百無恥矣,甚可笑也。"

《復堂日記》二月初六日:"得爽秋函,二千餘言,可累欷,可神王。走筆作答。"

初八日,聞鎮江民衆焚毀洋人房屋。

《日記》:"聞鎮江府民聚衆焚洋房,此亦快事。人言京口酒

可飲，箕可使，兵可用，果爾不虛也。"

十三日，次女生。

　　《安般簃集》詩續已有《正月十三日舉一女》云："試燈風颭
　　長蘭芽，繡襦新綳小阿荼。且喜向平心事早，消搖閒過十年賒。"

十四日，游琉璃廠，得碑帖數種。

　　《日記》："飯後獨游廠市，得書及碑帖數種，差可喜。就中
　　《石墨鐫華》一函尤佳。廠市見《夏桂洲集》十八卷，前有年譜。
　　桂洲相世宗，留意邊事，得失互見。明初實閩浙沿海市舶司，桴
　　鼓衰息，自桂洲罷市舶司，而倭警頻告，是其失也。議復河套，
　　則計之得者也。自桂洲冤死，而中外無復有籌議北防者矣。此
　　集僅見，《四庫存目》未箸錄。"

十五日，夜與李慈銘、王彥威、沈曾植、沈曾桐赴黃紹箕招飲。

　　《日記》："夜仲弢招飲。予性最畏朋游宴集，不勝疲苦，雖
　　座皆知舊亦爾，殆前身祇合在水邊林下一小茅菴内作退席老
　　衲，於折足鐺中煮黃糙米飯喫耶！"

　　《越縵堂日記》："晚偕弢夫、子培、子封、爽秋詣仲弢家，赴
　　元夕之飲，僧喜亦與其末，夜二更後歸。"

十六日，得李鴻章函，論西醫之可採。

　　《日記》："得李中堂論西醫之術可採書。昶前上啓言西醫
　　不可輕信，蓋所諷諫者他事，文外有曲致，分賤不敢徑直出之
　　也。今相國所賜教，則就一節論之。"

　　案：李鴻章《復總署章京户部員外郎袁爽秋》云："西人醫
　　學有專管，有學堂，又多世業專家，藏真府俞悉由目驗……深
　　有至理。"考其内容，即是此函。顧廷龍、戴逸編《李鴻章全集》
　　置於光緒十三年□月二十二日，似誤。

十八日，馮煦招飲江蘇會館，李慈銘、沈曾植、沈曾桐、黃紹箕、王
頌蔚、劉嶽雲等人在座。

　　《日記》："夢華招集。"

《越縵堂日記》：“午詣北半截胡同江蘇會館，赴馮夢華編修之飲，坐有爽秋、子培、子封、仲弢、苕卿、劉葆卿，談至晡後歸。”

二十一日，聞屠仁守以上疏獲譴。

《日記》：“黄州屠梅君侍御，聞爲程朱之學，雖耳目交廢，不輟所業，清苦自持，不妄交游。在西臺屢抗疏直諫，言土木營建之事尤切。今日以言事，奉懿旨嚴譴開缺，待皋聽候部議。此次君疏中所言，未知不失體要與否，部議上，未必不蒙恩寬免。惟臺長自應上疏營救，保全直臣，方爲盛美也。疏遠之臣，頻緣强聒，要亦於道未合。孔子曰：‘事君數，斯辱矣。’左文襄言：‘事會未至，議論適足以害其成。’不揣資地，發之太早故也。可爲太息。”

《光緒朝上諭檔》正月二十一日：“欽奉慈禧端佑康頤昭豫莊誠皇太后懿旨：‘御史屠仁守奏歸政届期，直抒管見一摺，據稱歸政伊邇，時事方殷，請明降懿旨，外省密摺、廷臣封奏，仍書皇太后聖鑒，懇恩披覽，然後施行等語。覽奏殊深駭異。垂簾聽政，本屬萬不得已之舉，深宮遠鑒前代流弊，特飭及時歸政，上符列聖成憲，下杜來世口實，主持堅定，用意甚深。況早經降旨宣示中外，天下臣民翕然共遵。今若於舉行伊始，又降懿旨，飭令仍書聖鑒披覽章奏，是出令未幾，旋即反汗，使天下後世視予爲何如人耶？況垂簾權宜之舉，與高宗純皇帝大廷授受之典，迥不相侔，何得妄爲比擬？至歸政後，只醇親王單銜奏件，暫須逕達深宮，醇親王密陳數條，亦爲皇帝初裁大政，軍國重要事件，宮中定省，可以隨時稟承，並非著爲典常，使訓政之事永無底止。該御史此奏，既與前旨顯然相背，且開後世妄測訾議之端，所見甚屬乖謬。此事關繫甚大，若不予以懲處，無以爲逞臆妄言紊亂成法者戒。屠仁守著開去御史，交部議處。原摺著擲還。欽此。’”

胡思敬《國聞備乘》“屠仁守罷職”云：“孝感屠仁守在臺

諫頗負直聲,同時大僚若大學士恩承、李鴻章、刑部侍郎薛允升、湖廣總督卞寶第、兩廣總督張樹聲、廣西巡撫徐延旭皆被糾彈。其後,光緒十四年諫修頤和園一疏,引宣宗聖諭五百餘言,太后覽奏,怒責樞臣曰:'祖宗家法如是,何不早告我知之?'孫毓汶進曰:'小臣冒昧何責焉?'寢其奏不下。越一年,太后歸政,仁守復疏言:'時事方殷,太后不宜委卸,當仿高宗内禪故事,一切内外封奏仍進呈慈覽,徐議施行。'太后遂下詔罪狀仁守……擲還原疏,即令解職,候部議。吏部議以補官日革職留任。太后大怒,盡罷吏部六堂官及考功掌印郎中,中旨徑革仁守職,永不叙用。當時士論頗疑仁守以揣摩得罪,實則園工一疏進言太直,早伏禍機也。"

二十四日,招同人雅集於萬福居,李慈銘、王仁堪、王仁東、黃紹箕、沈曾植、沈曾桐、王彦威、徐定超等人在座。

《日記》:"晚同尊老、可莊、旭莊、仲弢、子培、子封、弢夫、班侯小集。"

《越縵堂日記》:"晚詣萬福居,赴爽秋、班侯、子培、子封、弢夫五君之招,坐有可莊、旭莊兄弟、仲弢,夜一更後歸。"

二十六日,是日光緒帝大婚,御殿受賀。

《日記》:"是日上御太和殿受群臣賀,行大婚嘉禮。至丙夜,皇后葉赫納拉氏乘鳳輿迎入大内,捧册寶之大臣前導,次日謁廟禮成。葉赫,國部之名,金後,納拉姓也。詳《欽定通志·氏族略》。"

《翁同龢日記》:"是日未初上詣慈寕宮行禮,百官不從。升太和殿閲册寶,鳴鞭,王公百官行三跪九叩禮。宣制執事及正副使跪聽,王公百官不跪。畢,上還宮。大學士捧節授正使,由丹陛正中下,安於黃亭,册寶同。百官皆退。前數刻内務府大臣捧龍字金如意出太和門,安於鳳輿内。行禮時正值西風大作,百官到者東班尚可,西班似少,恭迎之内大臣等十員朝服站班太行禮,朝服褂仍白風毛。"廿七日:"子刻皇后受册寶,升鳳輿,派出奉迎十大臣及步軍統領等乘馬隨行,寅亥入宮。<small>由史家胡同及東大街、長安牌樓、兵部街、東江米巷、棋盤街入大清門。</small>"

案:皇后葉赫納拉氏,名静芬,爲都統桂祥之女。民國二年(1913)薨,史稱隆裕太后。

二十九日,黄遵憲來訪。

《日記》:"晚公度過茅堂夜話,此君神韻蕭疎,與儒老、伯訥相契者,風氣故當不同,出視其所與,此之謂也。予物外自處,情同散木久矣,卻願世間多生直諒忠信之士,以應時須也。"

二月初一日,作致李慈銘函,辭其招飲。

《越縵堂日記》:"得爽秋書,以後明日有事辭飲。"

案:《越縵堂日記》初二日:"傍晚邀劬庵、莘伯、可莊、旭莊、建伯、樾仲、萼庭、班侯、子虞、定夆、弢夫、仲弢、紫泉、佩葱、子承、子培、子封、花農集寓齋,張燈設飲,惟子封以事不至。胡枚良自通州來,亦留之飲。至夜二更後散。"初三日:"午邀伯希、廉生、亞陶、子藎、帯卿、夢花、敦夫、介唐飲寓齋,談甚暢,傍晚始歸。"可參看。

初六日,總理衙門招讌各國駐京公使。

《日記》:"是日東署有殷事,奉敕賜各國行人筵讌,儐介皆需預,王大臣監席,日加申禮畢。<small>是日欲爲詩記其事,有'蘭闈且博羣胡喜,茅賦能消衆狙怒'之句。</small>"

初七日,黄遵憲招飲,王頌蔚、文廷式、唐景崇、楊宜治在座。

《日記》:"日高舂,黄公度招飲,蒿隱、芸谷、春卿、虞裳俱在坐。"

是日家塾新塾師撫甯縣單先生上館。

《日記》初六日:"晚詣塾師撫甯縣癸酉拔貢單先生,訂明日上館,爲兒曹送塾。單君年五十三。"初七日:"迎單先生到塾,請同鄉諸君喫飰。兒子輩參謁師長畢,各習所業。"

初八日,王懿榮、黄國瑾招飲。

《日記》:"王廉生、黄再同招松筠庵集,至晚散。"

初十日，劉富曾、劉顯曾以計偕入都，贈以新刊劉文淇、劉毓崧遺集。

《日記》：“亡友鏐恭甫同年之弟富曾、顯曾以計偕來都下，餉新刊其祖父孟瞻先生、伯山年丈遺集，並得張乳伯消息。”

十三日，宗源瀚來訪，促膝話舊。

《日記》：“湘文觀察南來，枉過茅堂，別已十三年矣。‘昔別是何處，相逢皆老夫’，促膝話舊，感喜交集。”

是日唁劉家立、劉家蔭昆仲，晤李慈銘、黃紹箕。

《越縵堂日記》：“詣老墻根唁劉建伯、槭仲兄弟，晤爽秋、仲弢小坐。”

十七日，宗源瀚贈以碑拓數種。

《日記》：“宗公詒佳拓三事，殊可感也。”

《安般簃集》詩續己有《湘翁贈唐重建阿育王寺常住田碑即用于使君范處士唱和韻奉謝》、《又惠佚老堂記及米書拓本次前韻》等詩。

十八日，詣李慈銘，同赴王頌蔚招飲，沈曾植、沈曾桐、馮煦、黃紹箕等在座。席散，又往訪王彥威、吳品珩。

《日記》：“向夕過越縵老。蒿隱先生招集。又過弢夫、佩葱。”

《越縵堂日記》：“晚詣萬福居，赴芾卿之飲，坐爲爽秋、子培、子封、夢花、仲弢諸君，夜二更歸。”

二十日，鄭孝胥來訪，未晤，後二日往答拜。

《鄭孝胥日記》：“午後稍霽，出詣寶興隆銀號。訪季直及袁爽秋，皆不遇。”

《日記》二十二日：“答詣鄭蘇龕孝胥。蘇龕評論江龍門、張亨甫有叫囂氣，不免有犁軒眩人、吞刀吐火伎倆。又云龔定安文可以驚四筵，而不可以適獨坐，《金史》文藝傳中語。殆不及魯通甫。予謂定安挾其九流諸子之學，明陰洞陽，奧詞賾義，辨者之囿，非通甫可望，惟過於陵暴馳騁，殆亦有獨坐之功，而未造到能適之境耳。至其論事實闇,不及通甫之切實透快也。"

二十四日,出任總理各國事務衙門總辦章京。

《日記》:"邸憲録公命典校機宜文字,予本乏吏材,性有偏短,欲辭未可,終覺耿耿。府事疑難極多,同列風氣亦褻,爰居避風,無心久羈,鮎魚上竿,何時得脱。辰刻回署。例詣長官私第,投一刺陳謝,晝墁獵校之事,不佞殆兼之。歸極疲乏。切戒在公府以弈廢事,犯者立自責,勿自宥。"

《袁忠節公手札》有《致張蔭桓書》:"下走性耽兔園册子,吏事非其所長,二月中蒙派在總辦上行走,爰居避風,何以飽受。"

《太常袁公行略》:"己丑,用資勞轉譯署總章京。"

二十八日,往訪王懿榮,見其所藏李攀龍、邊習、徐夜、王士禎等人手書信札。

《日記》:"晤王廉生太史懿榮,出其鄉先輩李于鱗、邊仲子、徐稘庵、王阮亭手稿書札示予,李滄溟與王元美一札字極有風致。"

三月初一日,劉嶽雲招陪黃體芳、李文田飲。

《日記》:"佛青招陪黃漱丈、李芍師集。"

初四日,設筵長椿寺,邀宗源瀚、黃體芳、張度、張人駿、王頌蔚、黃國瑾、沈曾植等作咬春之會。

《日記》:"午後招宗湘老、黃漱丈、張叔憲、張安圃、蒿隱、再同、子培集長春寺咬春,林衣抽嫩,群花尚未發也,至夕始散。"

初五日,往訪曹廷傑,見其所鈔輿地諸書。

《日記》:"訪曹彝卿大令,方抄《大清一統志》内東三省一門約十五册。又抄明人《遼東志》,志内於海西、建州、野人四百八十衛頗詳,而奴兒干海四至山河道里未盡憭然,漫載詩文猥多,此明人疏於輿地之學之過也。彝卿專心治東三省地里沿革形勢極洽熟,皆目論而後知。共餤訖入城。"

初九日，宗源瀚來談，李慈銘適亦至。

《日記》："日色將晚矣，湘翁枉過談碑，俄而尊丈繼至，佳客乃復得雙。今日俄頃之間，時運又轉，真不可測也，凡事皆作如是觀可乎！"

《越縵堂日記》："晡詣子尊家問其疾。詣劉建伯唁其喪耦。詣爽秋晤談。"

十七日，爲同鄉計偕諸君接場。

《日記》："晡時爲計偕同里葉丈、從中表張兄、毗陵沈子振、子鈞、鑲黃升吉甫、合州童瑤圃、漁洋王小舫、仁和蔡慕陶接場，假座東城内酒肆。客來甚晚，酬酢竟日，不勝疲勞。二更始散，至東廨宿。"

十九日，謁閻敬銘談。

《日記》："四更入内，還謁朝邑閻公侍坐，垂語時局之敝、身世之感，殊以爲憂，謹對迻時始辭出。公言：'匪特有斯世之憂也，亦有生丁積運一身之私感焉。' 昶謂：'天下之生久矣，治日常少，亂日常多，古之君子所遇不同，要自無時不憂，無時不樂，此司馬文正所以立乎熙甯、元豐之世，幡然在野，而以獨樂自期許也。' 公乃改容，欣然頷之。司馬温公熙、豐朝優游洛中，不屑世務，棄物我、一窮通，自稱齊物子，此一時也。元祐應召作相，力主罷新法，此又一時也。大臣雖退，義仍與國家同休戚，一旦虛席顧問，倚公爲政，誼當復出救一世於水火之中。願公留其身，以有待也。"

二十一日，馮煦招飲江蘇館，沈曾植、蒯光典、張謇、葉昌熾在座。散後又赴曹廷傑招陪李文田飲，始識屠仁守。

《日記》："夢華招集。散後彝卿大令招陪芍師晚集，座中始得見屠梅君侍御，言語篤實，氣象嚴謹，知其所得於義理之學深也，心竊敬其爲人。"

《緣督廬日記》："午刻至江蘇館，赴馮夢華太史之招，見沈子培、袁爽秋、蒯禮卿、張季直。禮卿意致議論猶當年也。”

二十三日,閻敬銘上疏乞歸里,諭旨允之。

《日記》:“致仕大學士閻公立朝謇諤,國之重臣,清介絶俗,有過寒素,雖去位年餘,而法言篤行,猶足使士大夫國人有所矜式。今早上疏乞歸田里,奉上諭‘准其回籍,並加恩賞給馳驛。該大學士辦事認真,深資倚畀,俟病痊即行來京陛見’等因,欽此。公將去國,正氣益微,恐君子無所憑依以自奮勉,小人無所忌憚以資斂戢。善人國之寶也,公去士望愈孤矣。”

《光緒朝上諭檔》三月二十三日:“内閣奉上諭:‘閻敬銘奏懇准回籍調理一摺。閻敬銘著准其回籍,並加恩賞給馳驛。該大學士辦事認真,深資倚畀,一俟病痊,即行來京陛見。欽此。’”

二十七日,得張蔭桓海外書,述舊金山華工事。

《日記》:“得樵野太僕海外書,論舊金山華工事,現在美國廢約行例,補救殊難。”

二十九日,作函致李慈銘,餽以子陵魚。

《越縵堂日記》:“得爽秋書,餽子陵魚一器,作書復謝,報以津門醋魚一盤。……再得爽秋書。”

《安般簃集》詩續己有《三兄餉子陵魚寄二絶》。

四月初一日,招讌張華奎、鄭孝胥,與鄭氏論學。

《日記》:“晚疲困不堪,凤約霭青、蘇龕小集,仍力疾赴之。與鄭蘇盦論文字利病,君極喜道園虞文靖公,予以爲嗾。又談黄老之學,大要在善審詘信消長自然之數,世無常伸之時,人靡常伸之運,善詘者乃所以善伸也。若躁動求伸,乃適得詘。《孟子》言大任生於憂患,術智存乎疢疾。《老子》謂受國之垢,處衆人之所惡,是爲善損,損之又損,乃所以爲益也。葛忠武戒子言當忍詘信、去細碎、絶情欲、棄凝滯、廣諮問、除嫌悋,此皆丁甯善詘之義也。”

初三日，赴先賢祠，與同人祝沈曾植母韓太夫人壽。

《日記》："拜沈母壽。"

《越縵堂日記》："上午詣先賢祠，拜沈太夫人壽。旋偕叟夫、爽秋、子獻、介唐及僧喜坐典錄堂啜茗。……亞陶及莆田林某比部、嘉興錢子密太僕來觀禮，午日滿窗，暢談甚樂。下午，子培爲之設飲。"

初十日，會試榜發，葉昌熾、費念慈、江標、朱懷新皆中貢士，鄭孝胥、張謇、薛葆榤等人落第，往慰之。

《日記》："榜發，蘇龕、季直、慕淮皆報罷，一一往慰藉之。……賀朱苗生捷南宮，可以慰鼎父嶺外羈旅之色。"

《柳西草堂日記》四月初九日："聽錄，被放。仲魯中式，葉鞠裳昌熾與焉，鞠裳安雅之士。"

《緣督廬日記》初九日："會榜揭曉，清晨至屺懷寓避囂塵，甫定而捷音至，屺懷中第十二名。報者□□，門囂愈甚，不得已仍返館，則報者亦至，幸中第八名。午後偕再同至琉廠，知建霞亦獲雋。同人連茹而升，足張我軍，但如僕者，精力銷亡，已成弩末，且痛我二親之不及見也。自幸之餘，益動終天之恨。"

二十二日，作致長庚函，論西藏事務辦理情形。

《日記》："答長少伯言藏事近日辦理情形書。"

三十日，晚招王秉恩、楊銳、陶濬宣飲。

《日記》："晚招王雪澂、楊叔嶠及心簀同年小集，二更歸。"

五月初一日，往訪龍繼棟談，見其所輯《十三經輿地今釋韻編》。

《日記》："松岑辭去宣化書院一席，將省母於廣州，今日往候之，出示所輯《十三經輿地今釋韻編》，大指以李申耆先生爲藍本，採用群書佐證至百餘種。君述其家運之衰，有一弟已去爲黃冠，家亡立錐，日食一糜一饘，待人仰助，乃得南發。然觀君神色清凝，心孤足以自詔，入關挈書至六十餘匧，亦足以豪也。"

初六日，薦黃遵憲於薛福成，黃氏旋以分省補用道充駐英使館二等參贊。

《日記》："力薦黃公度於薛星使，然不以語黃君也。佛法云無所貪著，第求因物付物而已。"

錢仲聯《黃公度年譜》："本年夏無錫薛叔耘福成京堂奉出使英法義比四國之命，冬袁爽秋爲總理各國事務衙門總章京，叔耘使歐，爽秋密以先生薦而不語先生，先生遂被命以二品頂戴分省補用道充駐英二等參贊。"

案：公於本年二月派充總理衙門總章京，錢譜所云在冬季者，誤。

《太常袁公行略》："出使大臣公牘商略，向由總章京代陳各堂。薛叔耘福成、黎蒓齋庶昌兩星使，黃公度遵憲、徐仲虎建寅兩參贊與公尤契。薛之使英，公密以黃薦而不語黃知，不欲以公義涉私情也。"

《安般簃集》詩續已有《送黃公度再遊歐西絕句十首》。

初八日，與總理衙門各堂官會議朝鮮與俄國通商事，以其所開放口岸有損東北邊防形勢。

《日記》："是日長官畢集，有殷事。朝鮮去年秋與俄人再訂通商條約，允許俄人通商口岸五處，元山、釜山、仁川、楊花津及漢城而五，又別聽俄人於咸鏡道之慶興府特開陸路通商口岸一處。查慶興北枕圖們江，與俄人自咸豐辛酉以來所侵佔之圖門江口四十里鹿屯島、臥峰等處毘連。俄屯重兵於海參崴、雙城子、彥楚河等鎮，而自漢奇海口修車路直接慶興，扼我甯古臺、琿旾之吭，我無出海之口，而朝人又陰眴於俄，東三省根本之地，一旦有釁，深慮瓦解。今日檢出地圖，指陳形勢，呈請府公裁決。"

初九日，葉昌熾來訪。

《日記》："葉鞠常兄昌熾高材劬學，先世四明人，而占籍吳下已久。其人蕭然塵埃之外，頃辱過草堂，如清風之開戶牖也。"

《緣督廬日記》："訪仲弢、可莊，未見。又訪鶴巢丈、爽秋、芾卿，皆見。"

是日，聞岑毓英卒訊。

《日記》："入署，適聞署接滇省來電，稱雲貴督部岑公薨逝。公治滇甚有威惠，遠人懾服，失此長城，深可惜也。"

《岑襄勤公年譜》卷十："光緒十五年，公六十一歲。……五月初六日，公晨起核閱公牘畢，隨接見僚屬。朝餐後假寐片晌，起而入廁，感冒風邪，疾復大作。歸寢室，數嘔吐，服藥嘔止，偃息榻上。晚餐少許，夜尤喘嗽。初七日淩晨，食蓮子半盌，服藥數劑。午進燕窩粥數匙。至申酉之間，病勢益篤。趙藩入候疾，公伏枕促治遺疏，連稱受皇太后、皇上厚恩，他生矢報，語不及私。公五子春蓂侍側，欲稟請遺囑，而公自病起，每語輒喘，喘輒汗涔涔下，故茹痛不敢以請。急進葍茸大劑，迄無效。至初八日卯刻，公喘止，而鼻端玉柱下垂，逎薨。……公季弟毓琦，長子春榮、次子春煦、三子春煊，先後聞訃馳至。十月扶柩回籍。光緒十六年二月十八日，公之喪抵桂林省城。閏二月十四日，公子春榮等葬公於臨桂縣城東堯山之高高嶺，與江夫人合墓，公生時所命也。"

十二日，送龍繼棟南歸。

《日記》："至夜分正，送松岑歸。"

十八日，至曾紀澤宅，取其進呈御覽之西洋照相、畫冊。

《日記》："日加酉，毅勇侯命不佞至其私第，以大秦諸國汗、闐氏、翎侯照相及山川都會、草木蟲魚畫冊屬齎送樞垣，云奉內牓子將進御。殆周書王會之圖、異域物產之狀，聖上欲周知之乎，決不以爲玩物可知也。案古圖書，將徵大夏張騫之竹；諉於貴近，豈進洛陽相君之花。地形可考而知，廟略於是乎屬。"

《曾紀澤日記》："得星叔、萊山公函，囑將余處西洋人物畫

片及照相册包好,由譯署送交軍機處進呈云云。飯後清撿藏畫
極久……袁磼秋來,以清出之畫交之,計西洋君后照相一册,英
國名臣像記一册,倫敦、巴黎勝景各一册,鳥獸蟲魚圖二本,仿
油畫四十幅。"

是日作上張之洞書,力言鄂省物力匱乏,不宜任興辦鐵路之舉。
時傳聞張氏將移督兩湖也。

　　《日記》:"上座師張公書,言自晉至鄂銕路難以舉行,國計
匱乏,鄂省物力尤艱,借債外洋,既非長算,以公清望,尤不宜力
任此役狀。"

　　《袁忠節公遺稿》有《稟粵督張香濤夫子》:"敬稟者:受業
四月廿九上稟,託摺差呈。五月朔一稟,託雪澄。五月十八又
上一稟,由信局呈。廿三奉到鈞電,内第七、第十、第二十三碼
有誤,託電局查考明白,廿五巳刻電稟廿三字,想徹鈞鑒。沿海
大吏覆陳鐵路疏,聞興獻校閱,以鈞疏爲冠,黃壽丈次之,劉省
三又次之,餘皆不許可。前聞有移節兩湖督辦開造之謠,事秘
未審確否。竊思此役煩重,以函丈清望,中外繫心,似不宜力任
此役。能與北洋謀,密薦武臣如劉銘傳之流督辦,或逕以曾劼
侯任之,乃爲分際相稱。何也?鄂省物力艱窘,民情浮動,不及
粵省財力猶足展布。粵省民情威望已浹,遷地恐多棘手,一非
計也。經費支絀,必時有停工待料之虞,曠日持久,極難奏功,
反啓廷議口實。勞臣百計焦困,乃使廷貴坐而議之,二非計也。
劉省三望輕,又北洋能助之。德望重者,似不宜親執康絢、賈魯
之役,事濟不得美名,不濟則叢衆怨,三非計也。瞀妄之見,伏
祈俯察。"

　　案:張之洞本年三月初三日《請緩建津通鐵路改建腹省幹
路摺》:"臣愚以爲宜自京城外之盧溝橋起,經行河南,達於湖
北之漢口鎮,此則鐵路之樞紐,幹路之始基,而中國大利之所萃
也。……擬分自京至正定爲首段,次至黃河北岸,又次至信陽

州爲二三段，次至漢口爲末段。……開辦之始，先就首段估造，俟本段工竣，餘段以次推廣。……除首段動工參購洋料外，其餘悉用土鐵，以杜外耗，庶幾施工有序，而藏富於民。"及《光緒朝上諭檔》十五年四月初八日："欽奉慈禧端佑康頤昭豫莊誠壽恭欽獻皇太后懿旨：前因籌議鐵路事宜，諭令沿江沿海將軍督撫各抒所見，以備採擇。嗣據陸續覆奏，詳加披覽，其偏執成見，不達時勢，及另籌辦法尚未合宜者毋庸議外，張之洞、劉銘傳、黃彭年所奏各有見地，而張之洞所議自盧溝橋起徑行河南達於湖北之漢口鎮，劃爲四段，分作八年造辦等語，尤爲詳盡。……此事爲自强要策，必應通籌天下全局……但冀有益於國，無損於民，定一至當不易之策，即可毅然興辦，毋庸築室道謀。著總理海軍事務衙門即就張之洞所奏各節詳細覆議，奏明請旨。"七月十二日："內閣奉上諭：張之洞著調補湖廣總督，兩廣總督著李瀚章補授，即赴新任。張之洞俟李瀚章到任後，即赴調任，均毋庸來京請訓。欽此。"可參看。

二十一日，與馮煦、王頌蔚、沈曾植、沈曾桐公餞王仁堪、鮑臨於長椿寺，李慈銘、王懿榮、王仁東、葉昌熾等人均至。

　　《日記》："復集長春寺公餞王、鮑兩星使，觀明武宗時長洲王文恪公及吳匏庵唱和詩卷，又明人畫阿房宮圖後杜司勳賦一篇，亦匏庵書；宋刻《史記索隱》、元刻《困學紀聞》，行款皆古雅。酒半，大風忽至。客散後，復答詣人數處，送心葊行。"

　　《越縵堂日記》："上午詣長椿寺，偕弢夫、仲弢、子培、班侯同餞敦夫、可莊也，廉生、旭莊作陪客。子培、子封兄弟更偕爽秋、蒂卿、馮夢花作一筵，亦餞敦夫、可莊。而別有它客兩席，偕設於西廊。日晡酒畢，入佛殿觀明孝純皇后畫像。"

　　《緣督廬日記》："未刻，夢花、蒂卿、爽秋、子培昆仲在長春寺招飲，見明人所繪九蓮菩薩象。"

　　沈曾植《與袁昶馮煦王頌蔚書》："廿一日長椿寺公局，共用銀五兩五錢,錢三十七千二百文。作五分派,每分銀壹兩壹錢,錢六千四百文。袁老爺、馮老爺、王老爺。曾植啓。"

案:鮑臨、王仁堪本年皆放鄉試副考官。《翁同龢日記》五月十二日:"廣東李端棻、王仁堪;廣西陳同禮、潘炳年;福建徐致祥、鮑臨。"可參看。

二十七日,奉派與俄國公使談朝鮮通商事。

《日記》:"夜半不寐,起坐,冒雨跋涉趨内,辰刻回署。又奉差以東韓事與西海波臣問答,頗縱談事變。仍返署。"

是日作函致鄭孝胥,以詩集乞點定。

《日記》:"簡蘇龕,以拙集十三至十六四卷煩點定。"

二十八日,赴李文田招飲,薛福成、黃遵憲、江標、費念慈等人在座。

《日記》:"仲約師招集。"

江標《笘誃日記》:"出城至李若農師處午飲,同坐薛叔芸年伯福成、黃公度參贊遵憲、袁爽秋主政昶及屺懷諸人。"

六月二十一日,黃體芳邀陪祖餞李文田於長椿寺,赴之,王頌蔚、沈曾植、沈曾桐、王彥威等在座。

《日記》:"瑞安黃丈招同蒿隱、子培、子封、彀夫公餞李少詹於長春寺,日斜始散。子培來敝齋,小憩而去。"

二十四日,葉昌熾招集陶然亭,黃國瑾、王頌蔚、馮煦、劉嶽雲、沈曾植等在座。

《日記》:"鞠常太史招集城南江亭,晚始散歸。"

《緣督廬日記》:"陶然亭小集,再同、苿卿、夢華諸前輩,及佛青、子佩、爽秋皆來會,暢談至暮始散。廉生、禮卿以道遠泥濘辭未至。"

二十七日,與張華奎、沈曾植、王仁東在畿輔先賢祠餞別黃遵憲、鄭孝胥、文廷式,黃紹箕亦在座。

《日記》:"午後與靄青、子培、旭莊在圻輔先賢祠寘酒,爲黃、鄭、文三君餞行,中彀亦在坐。諸君各出難端,是非蜂起,多有名言。然名言信美矣，猶滯於象數形名，未若微言之有味也，吾尤佩子培之能微言也。散後歸舍，疲乏小極。"

三十日，至英國使館談西藏事。

《日記》："以差至海客廛談西藏事，主人邀喫茶，又彈琴奏西海之樂以娛賓。雖夷樂不合律呂，然亦泓崢有三峽泉流之響。"

七月初五日，送鄭孝胥出城，不及。遂與王頌蔚、沈曾植、馮煦、葉昌熾、黃國瑾、劉嶽雲遊南河濼，宴坐後泛舟觀荷，並遊觀音寺，為葉昌熾餞行也。

《日記》："日加巳始歸艸堂，旋送鄭君太夷南行，已出國門，闕為面別。遂出城，與嵩隱樞曹、夢花太史、再同同年、子培比部、佛青院長同游葦灣宴坐，餞鞠常太史。鞠常一字緣督，取莊子《養生主》篇說。泛舟看荷，復循岸少西，同游金剎南觀音寺，有明刊全《藏》，有翁蘇齋閣學牓書，風致似唐順陵殘石。敬觀張若靄奉敕書景陵御製碑，知百年前道場繁盛，今積廢矣。雍正中刻經藏，版藏內務府。賜庋寺中一分。徘徊久之，各散入城。"

《緣督廬日記》："遊南河濼觀荷花，偕再同聯車出彰義門。蒂卿、夢華、爽秋、佛青、子培先後來。泛小艇於中流，清風徐來，花香襲人，致足樂也。午後復遊觀音寺，見明刊藏經及本朝所刻，皆全，一碑為成化間姜立綱書。"

初六日，張之洞寄贈荔枝，分餽戚友。

《日記》："座主香濤尚書使至，以荔支三百六十枚見餉，遂再拜薦新影堂前，並分甘於戚友，以榮師賜。"

《越縵堂日記》："爽秋饋鮮荔支三十枝，作書復謝。"

十四日，與王頌蔚、馮煦、沈曾植公餞張華奎、徐琪。

《日記》："與嵩隱先生、夢花、子培公餞靄卿、華農，華農晚至，已散。"

《安般簃集》詩續己有《送華農典山西試二首》，其二云："城南出祖借池臺，日暮碧雲猶未來。積雨疲車難出淖，散筵華月已窺杯。頃與蒿隱、子培、夢華餞別，筵已闌而君始至。清談合廢樵蘇爨，香飯何須寶積迴。笑把寒泉秋菊味，澆君靈抱一時開。”

　　案：《清實錄·德宗景皇帝實錄》五月乙卯：“分發四川道員張華奎，著仍發原省以道補用。”七月壬子：“謝儁杭爲山西鄉試正考官，徐琪爲副考官。”可參看。

八月初三日，得大兄袁澍楠書，告以四兄袁炯卒訊。

　　《日記》：“晚出城歸舍，得大兄來書，忽云四兄義亭於七月初三日一病不起，棄我下世。哀哉！哀哉！兄自少從先公讀書，先公清貧，久析宅居，兄少失怙，依先公對門居，故兒童時最相親愛。自兵亂後，昶頻年客游，奔走衣食，兄寄居茅坪，授徒自給，自爾會面時少。兄性孤澹，處世多否少可，不喜時俗墨義，惡之若浼，獨好撫擬隆、萬、啓、禎文派，而筆力方重，不足以投時好，故久爲諸生，躓秋闈已逾十次矣。丁丑秋暮，諸兄送我至窄溪，兄亦與焉，烟濤浩渺之中，相枕話別竟夕，次早撝淚告行，不料此後遂和我兄長訣矣。兄庚子生，長予六年，今年正五十初度。常時見兄脫落世好，有林皋獨往、物外懽娛之意，法當生世久長。兄修性學道，乃未中壽化去。予之久客積瘁，蒲柳早衰，又何恃而堪久存哉！吾家自七八世祖以上皆享長年，有府君諱檀者，萬曆中年至九十六，父爲南海衛經歷，子鄉飲賓，皆古稀再稀。三世老壽，殆與貞松屢榮，嘉穀疊穎，不獨家庭稱瑞，抑一郡所稀聞。惟吾父六舅弟，多以適逢寇亂，闕抑流離，夭阨短生，每切至痛。獨私冀幸甲子以後浙寇削平，再見天日，吾家同祖兄弟幾三十人，孑遺者幸存七人，冀可以從此耕鑿田園，白首相保，力學相勖，督課諸弟姪，以發名成業。萬一希躋先世耋老康强之餘慶，雖長貧亦樂也。今乃先弱一個，弟又羈於官守，弱絮牽纏，不能仰同漢儒棋功之喪，去官奔赴，歛不及視琀，哭不及馮棺，痛言思之，何以爲弟。念先公之臅行，皆丁亂靡長期，望丙舍而攀號，更臨風汎瀾，不可收止。天阨我門，兄顏幽翳，生離酷矣，來世又安可卜？嗚呼哀哉！"

十七日，濮子潼來談，聞趙銘卒訊。

《日記》："止潛枉談，云趙桐生老在冀州任内作古，知舊彫苓，不勝忉怛。"

《越縵堂日記》八月十八日："是日聞趙桐孫同年卒於冀州署任，爲之驚歎。桐孫長余一歲，温温恭人，精神周至，忽至奄化，同年同志，又失此人，吾道之衰，晨星將盡。人生六十以外，風燭可危，既痛逝者，行自念也。"

十八日，李慈銘等人來唁公從兄之喪。

《日記》："今日枉存多勝流，蓴老、蒿隱、子培先後至，殆日逢旺相德星聚邪！"

《越縵堂日記》："詣爽秋，唁其從兄之喪，皆久談。"

二十七日，得李鴻章復書，論松花江行船事。

《日記》："得合淝師相賜復，論吉林邊務。"

李鴻章八月二十二日《復總理衙門總辦户部袁》："松花江行船説帖，深識名論，足破庸愚。此條發端於愛琿和約之誤認混同江，決裂於地山公使之許至伯都訥，當時競指爲崇罪案，章滿闕下。易使之後，此條獨費磋磨。劫侯初擬三端，朝議方斥其後兩議之鬆勁，必責成徑廢崇議。然崇議可廢，而愛琿之約固明在載書，故俄人至今屢以此事爲言，彼蓋自居於理直也。尊論一無益、四無害，目營八極，胸有千秋，抉擇並透根源，又非洪、李所及。即論文字，亦饒有揚子雲、王元長之風，固非一孔之儒但以距塞閉關爲正論者所能夢見，通人識議，固自不凡。"

案：公《日記》八月初九日："草松花江行舩利害二千數百言。明旦府公緣此事集議得失，媿以末吏尸素，義不可無一言以待長官財擇也。"可參看。

九月十八日，婺州陳樹椿來主家塾。

《日記》："婺州陳雲泉上館，邀香泉共飲。"

二十三日，晚招同人小集，沈曾植、沈曾桐、黃紹箕、張預、繆祐孫、吳品珩、徐定超等人皆至，聽沈曾植與繆祐孫談輿地之學。

《日記》："夕招子培暘季、仲弢、子虞、柚岑、佩璁、班侯小集，二更散。……子培與柚岑談俄回部地理沿革，混混可聽。俄中亦有賢士考古地形者，云悉畢爾即鮮卑部落遺種，何氏秋濤謂錫伯亦鮮卑種，皆音讀有緩急而譌轉也。土耳其即突厥之遺。元初速不台自裏海用兵，長驅至今德、奧諸國之郊。此應檢《元史》速不台傳。俄國勢饒富特在歐西，東西悉畢爾則貧弱，且多萑苻之警。俄呼中國人爲契丹種，土爾扈特部乃元初王罕之裔。英、俄俱有中分杜伯特唐古忒之志。此類皆於邊事極有關係。"

案：繆祐孫新自俄國遊歷歸。《越縵堂日記》九月十九日："繆右臣戶部自俄羅斯遊歷歸，來訪不值，以所著《俄遊彙編》四冊見贈。"可參看。

是日，校詩集粗畢，付工匠以活字刷印。

《日記》："校活字版印芳郭漫稿甫畢，十三至十六，凡四卷。十三卷分上下卷，八、九、十、十一、十二卷今午交刷書處排印，七卷以前須大加芟改，冬初未必能斷手。"

案：公校改詩集自五月開始，至今陸續付印。《日記》五月二十一日："歸校《一鉢集》半冊。"二十四日："校詩二卷。"二十七日："簡蘇龕，以拙集十三至十六四卷煩點定。"七月十一日："以乙酉後所作詩四卷交槧人，用活字版排印，以遺從昆弟及鄰人，俾知我旅泊難栖之況，憂愉況瘁，一寓於詩也。"七月二十六日："校庚辰年以後詩二冊，付寫官。"七月二十九日："改同治末年所存詩。"九月十七日："夜歸，校抄詩一卷。"可參看。

十月初五日，華蓋胡圖克圖來訪，談邊事。

《日記》："華蓋國師來，共飯。華蓋言現承襲坐床之達賴喇嘛年裁十五歲，新襲之班禪額爾德尼裁五歲。又云鞏昌府洮州

垂弸勝地方新建之德慶寺屋三百餘間。將落成，索予作碑。予辭
謝。又言藏地行商多廓爾喀人，藏苦寒土瘠，物産極稀，銀錢尤
缺。又談哲孟雄、布魯克巴兩部落事。君一侍者内蒙古科爾沁
人，君讀科如喀音，以此知蒙語、準語、唐古忒語譯音之不易定，
若概讀作本字多誤。”

二十四日，李慈銘函來，約同應御史試。

　　《越縵堂日記》：“作書致爽秋，約同宿禁中待臺試。……得
　　爽秋書。”

二十六日，作函致李慈銘，約其同宿總理衙門待試。

　　《越縵堂日記》：“得爽秋書，堅約余先日至通商署宿食待
　　試，復作書辭之。”

十一月初二日，傅雲龍自海外歸，示以所著《游歷日本圖經》。

　　《日記》：“傅懋元駕部自海外新歸，以其所述《游歷日本圖
　　經》見示。”

　　案：《越縵堂日記》十二日：“傅懋元自日本回，以所著《游
　　歷日本圖經》三十卷、《游歷古巴圖經》二卷，所刻《纂喜廬叢
　　書》四種見詒。懋元自丁亥奉派游歷日本、美利加、祕魯、巴西
　　等國及英、日屬地加納大、古巴二島，於日本圖經考核極詳。”
　　可參看。

初三日，至保和殿考御史。

　　《日記》：“五更起，赴東華門應考，在保和殿中以次席地而
　　坐，恭閱御試題目，‘居敬行簡論’一首、‘同律度量衡筴問’一
　　首。是日昧爽，忽有大風起，林木屋瓦皆震，寒凍十指皸裂，研
　　水皆冰，艸艸完卷，至未初而畢，與蕘老偕出場。卷中字皆欹斜
　　涂漫，如古碑荒碣，分將被擯孫山之外矣。”

　　《越縵堂日記》：“昧爽，詣中左門，清晨接卷入試保和殿。
　　上命題‘居敬行簡論’、‘同律度量衡策’。偕莘伯、劬庵、廉生
　　同坐，朔風刺肌，塵沙眯目，硯冰筆凍，呵之不化，幾不能成一

字,平生無此苦也。日加未繳卷,偕爽秋裴回殿上,踰時始出。
羧夫、仲羧在中左門相接,遂同出東華門,坐車歸。"

初四日,是日知御史考試得第七名,閱卷官爲麟書、翁同龢、許庚
身、徐郙。初,翁同龢欲以公卷居首,爲同僚所止。同人中王懿榮、
李慈銘、楊宜治等亦被取。

《日記》:"昨考試漢御史,計編檢部曹合共七十員,欽派大
司農翁公、太宰麟公、大司馬鄒公、少宰徐公爲閱卷大臣,次定
甲乙,廉生第一,蓴客第二,予第七,虞裳第八。予戲謂蓴、楊兩
君云:'蓴老耻居王後,予則媿在楊前。'虞裳大笑。後聞大農公本
欲置予卷居首,同僚不可而止。獎借過情,實媿無以印副萬一,甚爲皇汗。"

《越縵堂日記》:"是日上命吏部尚書麟書、户部尚書翁同
龢、兵部尚書許庚身、禮部左侍郎徐郙閱卷,翰林、六部、内閣共
六十四人,臣慈銘取第二名,王懿榮第一,楊崇伊第三,龐鴻書
第四,不列名者一人刑部員外郎陳墀蓀。"

《翁同龢日記》:"晨入,知派閱御史卷,麟書、翁同龢、許庚身、徐
郙。即到南書房,每人十六本,兩人十五本。共六十二本,又一本
倒寫未完,未入名次。居敬行簡論、同律度量衡策。王懿榮、李慈銘、
楊崇伊、龐鴻書、吳同甲、詹鴻僎、袁昶、楊宜治、鍾德祥、陳邦瑞,末一名勞啓捷,
策無一字切題。"

初八日,往晤施補華。李慈銘來談。晚邀沈曾植、童寶善、劉家蔭
小集。

《日記》:"出門答詣人,晤均甫觀察,君今年五十又五,而貌
加豐,殆心無物累,故能全於天邪! 晚邀子培、米孫、樾仲小集。
蓴老過談蘭臺故事。"

《越縵堂日記》:"詣爽秋晤談。"

十二日,詔以公等御史記名,是日趨殿引見。

《日記》:"丑正偕同官俞、楊、葉三君入内,卯正由吏部帶領
引見。時殿上甫辨色,庭燎尚爇也,旋以序趨出。"

《越縵堂日記》："邸鈔：詔翰林院編修鄭思賀、龐鴻書、王濂、張仲炘、楊崇伊、鍾德祥、吳同甲、管廷獻、裴維侒、王懿榮、熙麟、黃桂鋆、王培佑，檢討蔣式芬、王恩湛、楊福臻，吏部員外郎郝同籛、王傚、俞鍾穎、葉慶增，户部郎中李慈銘、丁之栻，員外郎袁昶、王汝濟、曹榕，禮部郎中詹鴻謨，員外郎高蔚光，兵部員外郎胡蕙馨、曾樹椿，刑部郎中張廞颺、陳邦瑞，員外郎曹志清、易俊、楊宜治、陳蒂棠、馮錫仁、王聯璧，内閣侍讀王鵬運，俱記名以御史用。"

十八日，作函致李慈銘，以大女所製羅帶贈其姬人。

《越縵堂日記》："得爽秋書，其愛女以所製金蛇蜕紅羅帶一條詒王姬，而乞余畫藳，蓋外間誤傳姬有身也。其意甚可感，作書復謝。"

二十七日，晤施補華，聽其論古今文家之長短。

《日記》："晤均父，均父徧論文家，自唐至明及本朝作者，一一評騭其長短，或合或否，亦間有適予意者。"

二十八日，黃國瑾來，言會典館開輿圖局，欲以公任纂修。

《日記》："同年再同侍講枉過，云會典館開輿圖局，欲以走充纂修之役。以疾辭，乞改爲校對官。次早追與書言之，並力薦黃、王、楊、王四君。"

十二月初二日，馮煦招飲，始識孫葆田。

《日記》："夢華招飲，座上新識榮城孫佩南葆田，皖省循吏也，以治强宗去官，氣味和静而含介然之節。"

初四日，偕同鄉京官入禁中叩謝豁免浙省錢漕。

《日記》："卯初入禁門，偕同鄉京官恭謝豁免浙省錢漕恩，昶到稍後，未及在乾清門外隨班行禮。"

初五日，與總理衙門大臣談，極言蒙古與俄人狎昵，邊情可慮。

《日記》："對府公語移時，因極言蒙古土什業圖、車臣部逼近强鄰，近年俄人侵入界内挖金種稞、租地蓋房之案，聞係有蒙人引之入室。蒙、俄狎昵情形,不獨祥麟所稱土什業圖親王車林多爾濟爲然也。俄商以洋貨、磚茶易北部四盟牛馬至巴里坤一帶轉販,中國茶商連年倒閉,喀爾喀土人又爲敵人所惑,邊情可慮已甚。府公意鎖之,然措手殊不易也。"

初八日,晚劉家立、劉家蔭昆仲招集,沈曾植、鄭孝胥、黃紹箕在座。

《日記》:"晚東鄰二鎦君招集。"

《鄭孝胥日記》:"夜歸,赴劉健伯之約,子培、爽秋、仲弢皆在座。"

是日,代人作武會試録序。

《日記》:"代某侍郎作武會試録前序。自火器興而騎射廢,光緒初閩撫丁日昌、江督沈葆楨皆有請廢武科之奏,下兵部議,格不行。序中考唐宋舊制得失,而斷之以今事。因此公闇陋齷齪,全不知文,既未能暢所欲言,遂削不存稿。"

《漸西村舍外集》有《代擬武會試進呈録叙》。

案:《清實録·德宗景皇帝實録》十五年(1889)九月戊午:"以禮部右侍郎廖壽恒爲武會試正考官,工部左侍郎汪鳴鑾爲副考官。"可參看。

以施補華罣吏議,作書與王仁堪乞援手。

《日記》:"四更不寐,起作與王祕校書,言均父爲吏議所持,乞垂援手事,引康對山救李獻吉爲比。"

《袁忠節公遺稿》有《與王修撰》云:"昨日席間有所瀆陳,自覺冒昧,歸而思之,益形皇悚。然私冀仁者之曲諒之,勿加責也。此事如得執事爲道地,或有斡旋之機。伏思前明北地李夢陽,以毛西河所撰本傳觀之,實不過一負氣能詩男子耳,當其困於獄事,非得康對山營救,幾不獲免,至今士林傳之,以爲美談。均甫之才,以方獻吉似無媿色,而執事國之重器,望實日茂,優於對山,倘蒙一言爲解吏議之苛,雪其舊日罣誤之枉,文襄當日查

辦過,最後亦悔之。此楊石帥之言,非弟一人之私言也。微獨使持之者意
消也,即當事大賢亦且釋然無所疑慮。若是則祁奚大夫之德,
銜戴萬分者不獨肸也,不佞亦竊願録金事之矣。"即此札。

初九日,沈曾植來,同過鄭孝胥。

　　《日記》:"子培過談。"

　　《鄭孝胥日記》:"風甚大,爽秋、子培來。"

十八日,訪施補華,施氏爲推命理。

　　《日記》:"傍晚出城,夜至均甫庽,談至三更回。均甫善姑
布子卿之術,言予異日位至臨邊持節,第五十六、七兩年中有
厄,過此可老壽無恙。慎勿留下鬚,留則眉輕鬚重,風波作矣。
姑存其説,以竢後諗。"

十九日,龐鴻文、龐鴻書、曾之撰招飲,李慈銘、王彦威、楊崇伊、
馮煦等人在座。

　　《日記》:"龐絅堂、劬荐、曾君表三君招集,座有山膏善駡
人,所謂愛之重之,不願兒曹效之者也。"

　　《越縵堂日記》:"晚詣絅堂家,以絅堂、劬庵、君表招夜飲
也。坐有爽秋、弢夫、莘伯、夢花,夜二更後歸。"

　　案:公所謂善駡人者蓋指李慈銘而言。

二十日,以唐房山無量壽佛經拓本賀李慈銘壽。

　　《日記》:"以浄土石經拓本爲尊老壽。"

　　《越縵堂日記》:"得爽秋書,以朱拓唐上元二年房山無量壽
佛經爲壽。"

二十四日,應黄體芳招,與同人至畿輔先賢祠爲李慈銘豫作生日。

　　《日記》:"日已辰,驅車出城,黄漱丈招陪尊老、均甫於畿輔
先賢祠中飰,薄暮乃各散。"

　　《越縵堂日記》:"午詣畿輔先哲祠,赴漱丈之飲,爲余豫作
生日也。坐客兩席,有均甫、君表、莘伯、可莊、旭莊、梓泉、定
尃、班侯、弢夫、子培、佩蒽、爽秋、尊庭、苗卿諸君,日晚始散。"

二十五日，至會典館，以事與總纂黃國瑾齟齬。

　　《日記》："食時因公至會典館，濫充總纂之貴筑黃小人居然面斥予督責要功課。此人長不滿四尺，要做丈六金身之事，夜郎人輒喜自大，信然哉！予不覺勃然盛怒，告之云煩君劾奏罷黜可也。怨有甚於睚眥，異日卻勿忘報，敬志之，敬志之。"

二十六日，過屠仁守、濮子潼。與同人合饋李慈銘壽禮。

　　《日記》："過屠梅老，明春定入晉。梅老連月喪其次子、幼女，豈《白虎通誼》三命中所謂遭命之適然，故運氣蹇剝至此邪！君顧神明堅定，惟以讀書養性爲遣日資，竊心儀其爲人。頃有薄餽。又過止潛。"

　　《越縵堂日記》："繆仲英丈、徐亞翁、均甫、介唐、書玉、爽秋、子虞、班侯、芾卿、可莊、旭莊、子培、子封、右臣、花農、仲弢、紫泉、弢夫十八君合饋牡丹兩盆，碧桃兩盆，越釀四罈，巨燭一雙，燕席雙筵，爲余生日之壽。犒使十千。"

二十七日，拜李慈銘壽。入直，校《元經世大典》。

　　《日記》："拜尊老生日。入城，宿小漚巢。予甚病，力疾校《元經世大典》殘抄本官制門。"

　　《越縵堂日記》："余生日，古人以周歲爲一歲，今日是周甲之辰也。早起盥漱焚燭，敬拜先人，放爆鞭，家人設伎樂，會戚友。……均甫來，子培來，紫泉來，酈甥、祝卿來，蓉曙來，萃伯來，芾卿來，蕚庭來，爽秋來，介夫來，君表來，可莊來，介唐來，佩葱來，弢夫來，周式如及其郎邦翰來，子敦來，繆仲英丈來，右臣來，班侯來，伯循來，周生澄之來，劉生條甫來，謝贊臣來，徐亞翁來，黃漱丈來，子蕁來，花農來，子虞來，仲弢來，旭莊來，慧叔弟來。……夜與諸君合宴聽事中，花農力推余居首坐，固辭不得，牽輓甚苦。亞陶以居內城先去，繆丈上燈後行。……二更後散。"

二十九日，與樞憲許庚身言邊地形勢不宜采入《會典》事。曾紀澤至總理衙門，與談。

　　《日記》："三更入內，諮白吏牘竟，言之樞憲許公，云詳細邊地形勢不可刻入《會典》職方司所職掌，恐外人購取，反資彼覘我要害虛實，非細患也。公及額相均韙予說。"

　　《曾紀澤日記》："巳正出門……至譯署，與袁爽秋久談。"

編年詩：《偶書絕句》、《簡子培》、《正月十三日舉一女》、《畫蝶》、《自嘲》、《寄仲修三首》、《聞白雲觀集》、《偶書》、《直房小憩》、《湘翁贈唐重建阿育王寺常住田碑即用于使君范處士唱和韻奉謝》、《又惠佚老堂記及米書拓本次前韻》、《春晚》、《嘲江荔香入場》、《咏錄公晝睡》、《金闕》、《追懷融齋先生》、《問婦病婦答云》、《三兄餉子陵魚寄二絕》、《題陸放翁先生小像六絕句》、《新種樹》、《自署云瀨鄉支離之叟》、《雜興》、《陶文沖作擘窠書遺我賦長句為謝》、《送松岑南歸省母》、《送黃公度再遊歐西絕句十首》、《單學博有詩戒予好用彼教中語次韻答之》、《天向曙》、《楸花》、《十剎海稻田》、《端午》、《觀物篋棗花未落》、《久旱五月十二夜始得雨》、《王修撰張分巡招陪少詹李丈通政黃丈蕭寺讌集時王君將奉使嶺南》、《戲題苑門外托托壁》、《華嚴庵中有逃虛子像》、《寓言》、《寄鄉信》、《觀物》、《誂文道希二首》、《六言二首》、《僕性不能書近見鄭太夷所作艸隸洒然異之充其筆力猶追風之逸足不至懸圃扳桐不止也有贈》、《雨中移竹》、《感寓》、《雨後郊行》、《與蒿隱子培再同緣督夢華佛青宴集葦灣泛舟觀荷》、《又至南觀音寺小憩》、《送華農典山西試二首》、《盆池一蓮開四花重跗千葉有異常狀作偈頌云》、《以詩問仲弢近業何事》、《倚杖》、《積雨》、《送張霱青入蜀》、《曉霧》、《里人驅疫》、《華嚴海》、《八月十六夜望月》、《小園》、《將曉起坐》、《復葺西齋整理書架連日勞倦拈筆戲述》、《直晚》、《池上》、《夾竹桃》、《詠史》、《對月思黃丈》、《層城》、《重九前一日作》、《答鄉人》、《陶隱居》、《贈那祠部住十剎海》、《戲呈崇員外宋水曹》、《砭交》、《哭趙新又太守》、《座主阿魯特文山先生壽讌詩》、《送同年高舍人歸杭州兼懷仲修》、《寄孝達督部師》、《夜入掖垣同葉吏部作》、《同宿調何主客用前韻》、《削迹》、《孤兒行》、《夜讀寒山大士集》、《大鑒真空禪師贊》、《蕁客生日》、《歲闌戲題》。

編年文：《格物辨跋》（佚）、《致譚獻書》（十月望夕手札）、《跋大伯父畫》、《又跋積雨敗荷卷》、《書魏刁遵墓誌後》、《又跋刁遵》、《陳毅來丈七十壽叙》、《藏庵記》、《仿王翬山水卷子賦》、《翁尚書直講筵記》（佚）、《居敬行簡論》、《同律度量衡策問》、《稟粵督張香濤夫子》（受業四月廿九上稟）、《上粵督張香濤師》（六月廿一日亥刻奉到電諭）、《致張蔭桓書》（前月敬上一楅）、《上粵督張香濤師》（聞沚相之公子李經方居間借英國倫敦洋債三千萬）、《謝座主南皮公餉荔子啓》（伏蒙鈞使頒賜鮮離支蠟鑣四餠）、《上座主張孝達書》（受業前奉電諭）、《復洪文卿星使》（德使巴蘭德頻來署）、《稟李傅相》（受業以吏役淩褯）、《典客署創辦會典長編略例》（佚）、《市舶司總権西員制詞》（佚）、《跋遜翁苦口》、《興寧令連君七旬壽叙》（佚）、《致傅雲龍書》（適奉公函）、《傅茂園游歷外國筆記叙》、《議復詹事志銳條陳請飭整頓商務現辦情形摺》（佚）、《祭羲庭從兄文》、《與黃再同太史》（初八戌刻止兄交到手教）、《上楊石泉宮保師》（俄商茶銷北路及由恰克圖）、《上孫萊山尚書》（署歸捧讀鈞教）、《遲盦集杜詩序》、《代擬武會試進呈錄叙》、《與王修撰》（昨日席間有所瀆陳）、《恭親王歌唐集句圖序》。

【時事】光緒帝大婚，册封那拉氏爲后，並封他他拉氏二女爲瑾嬪、珍嬪。慈禧太后歸政。張之洞調任湖廣總督，並會同李鴻章、總理海軍事務衙門籌辦蘆漢鐵路。德華銀行成立。

錫珍卒。岑毓英卒。趙銘卒。袁炯卒。

光緒十六年庚寅（1890），四十五歲

正月初七日，與總理衙門大臣論西藏界約事，至曾紀澤宅中回話，又至總税務司署論辯。

《日記》："諮白吏事，待府公決之。天明回署後，復以藏約第一條未明析，昶云應指咱利山一帶山頂爲界，自此山往南流之溪河屬哲孟雄，自此往北流之溪河屬西藏，如此似較明白。府公復派至侯憲曾宅回話，又至洋總税司署商榷此條。"

《曾紀澤日記》："袁爽秋來一談。"

初八日，會典館開館，增設繪圖處，以人事膠葛，公未得總纂之職。

《日記》："牙參日，喧闐已甚，至晚始得散歸。"

繆荃孫《藝風堂友朋書札》收繆祐孫函云："《會典》繪圖尚未開辦，而議論紛紜，爽秋以不得總纂甚怪。子培得總纂，馮煦、劉嶽雲皆纂修，傅茂元居然亦纂修。再同前到館之日，即借題發揮。弟因是非太多，只得時時緘默，不敢妄參末議。"

初九日，拜曾紀澤夫人生日，又與王頌蔚、馮煦、李文田、黃體芳、沈曾植、劉嶽雲等小集。

《日記》："早間有詶應，食時與蒿隱、夢華陪少詹李公、通政黃丈小集，座有子培、佛青。晚過可莊修撰家壽讌，看放煙火。"

《曾紀澤日記》："因内人生日，至正廳行禮，家人、僚友、賓朋慶祝，酬應良久。至客廳，陪錢子密、左豐生一談。袁爽秋來，談極久。"

初十日，華蓋胡圖克圖來談。

《日記》："今日清晨華蓋國師過我劇談，又云二月初六將奉敕馳驛由甘肅至烏魯木齊，其徒衆仍由口外草地行走回駐大阿勒台山承化寺。現沙振亭科布多參贊，右祖烏梁海部收回牧地，有意與借地游牧之厄魯特僧衆爲難。已調任吉林副都統，其徒衆至彼，或不至被逼徙塔城，流轉失所。第劉毅帥又續假不出，華蓋尚無所歸

依耳。"

十五日,至日本使館商事,日使以字畫册頁請定讞。

《日記》:"午餔後,奉西邸教至東瀛使館,筆談久之,語在問答簿。行人出字畫册頁,屬予審定真贋,仍歸署復命。"

案:其時日本駐華公使爲大鳥圭介,自光緒十五年(1889)至十九年任駐清國公使,後調任駐朝鮮公使,爲甲午中日戰争的主要發動者之一。

十八日,徐樹銘招飲湖南會館,往赴之,李慈銘、鍾佩賢、錢應溥、吳講等人在座。

《日記》:"午後徐壽蘅少空師招集湖南新館,同觀董文敏、王烟客畫册,唐李懷琳臨右軍書嵇叔夜絶交書,有董香光及陳山人繼儒跋尾。疑贋跡也。日斜始散。"

《越縵堂日記》:"午後詣湖南會館,赴徐壽蘅侍郎招飲,坐有鍾六英太僕、錢子密宗丞及介唐、爽秋諸君。館在藍靛胡同,去年所新作也。"

二月初二日,與總理衙門大臣論東三省練兵之弊。

《日記》:"今早極陳東三省練軍之害,當日穆圖善立法未善,仿照德意兹國人盡爲兵之法,每省歲練兵丹五千人,次年退伍歸農,另抽練五千人。次年又如之。其歸農者聽有事時調撥。定安、希元頗以爲言,未蒙採納。抽退聽調之兵,率多游手游食,不耕不商,窩賭吸烟,盜賊橫出。至於營中之事,將驕卒惰,積弊日深,將來不惟無益邊防,且恐一旦敵境開衅,便成瓦解,此當國者之憂也。府公鎬之。"

初三日,晤施補華談,時以道員發往山東差委。

《日記》:"晤均甫,均甫今日蒙恩發往山東以道員補用,因談道光末林公、穆相、劉、鄭、鄧、徐諸人事,彼時士大夫多外柔内憸,别是一種習氣。汶上劉帥,陰險尤可畏,林公敕還居鄉日,劉猶帥閩,林公頗受其齮齕,真所謂人情險於山川也,太行孟門豈云嶄絕。”

初四日，作函致李慈銘，以舊書屬其題識。

《越縵堂日記》：“得爽秋書，以舊冊數葉屬書行草，即復。”

初六日，詩集八卷至十六卷印成。

《日記》：“村嬳詩八卷至十六卷印成，略略披覽，乍喜如登榜，俄愁似怯兵。了不見佳處。且寫情景句少，而說理處猥多，不免如劉舍人所譏‘非柱下之指歸，即漆園之義疏’云云，此詩病也。何時捐去故見，更引新機，得有莊老告謝，山水方滋之異境乎！”

初八日，鄭孝胥來訪，談詩。

《日記》：“蘇龕來談詩，予謂自治其性情，然後能治人之性情，此詩之用也。今世士不喜爲詩，遁而爲考據以欺世，殆懷其鄙僿，無真性情故邪！”

《鄭孝胥日記》：“出拜客，晤袁爽秋、沈子封、章幼叔。”

十一日，詣曹與王頌蔚談，午同赴沈曾植、沈曾桐昆仲招飲，李慈銘、黃體芳、王懿榮、王仁堪等在座。

《日記》：“至戶曹，與蒿隱先生談，先生三歲而孤，十三歲又丁母夫人之喪，繼祖慈鄒太夫人育以成立，今年七十餘，尚康健。先生堅苦力學，無師而成，可謂能自強矣。……子培、子封招陪漱丈、蓴老、可莊、蒿隱小集。”

《越縵堂日記》：“午詣粵東新館，赴子培、子封招飲，坐有漱翁、廉生、可莊、爽秋、苔卿，傍晚散。”

二十四日，李慈銘來函約二十九日宴集，以是日爲沈曾植、盛昱、楊崇伊三君生日也。

《越縵堂日記》：“作書致伯羲，約二十九日午飲，並作簡約子培、莘伯、再同、爽秋、可莊、君表、苔卿、仲弢同飲，以是日爲伯羲、子培、莘伯生日也。三君同年月日生，而伯羲、莘伯庚午同舉，莘伯、子培庚辰同成進士，亦異事矣。”

二十八日,過鄭孝胥談,沈曾植亦在。又過黄紹箕。

　　《日記》:"晤子培、蘇龕、仲弢。晚歸小漚巢,以弈廢業。"

　　《鄭孝胥日記》:"午後,爽秋來,子培來,座談久之。"

是日,作函致李慈銘,言購黄道周所藏蘇軾墨妙亭斷碑硯,並示以
所作詩。

　　《越縵堂日記》:"得爽秋書,言新從故山東巡撫覺羅崇恩
　　侍郎之子廷雍買得黄石齋先生所琢東坡墨妙亭斷碑硯,價五十
　　金,題詩見示。然以余所知,潘伯寅、傅節子皆有此硯,不能辨
　　其真偽也。即復以節子所寄拓本詒之。……得爽秋書,以去臘
　　余生日詩補録見詒,其用意甚新雋。"

　　《安般簃集》詩續庚有《漳浦黄忠端公斷碑研歌》。

二十九日,李慈銘招集同人宴飲,黄國瑾、王彦威、王頌蔚、曾
之撰、楊崇伊、黄紹箕、沈曾植、盛昱等人皆至,分韻賦詩,公詩
未就。

　　《日記》:"尊老招集,伯羲祭酒攜來所藏宋《睢陽五老圖》,
　　圖中太子太師致仕祁國杜正獻公衍八十歲,越州山陰人。禮部侍
　　郎致仕王渙九十歲,司農卿致仕畢世長九十四歲,兵部郎中致
　　仕朱貫八十八歲,駕部郎中致仕馮平八十七歲,凡五人,自洪文
　　惠、文敏、范致能、虞邵庵以下題跋甚夥。慶曆四年甲申祁公
　　入相,五年乙酉正月罷,丁度、賈昌朝不喜之。七年丁亥,以太子少
　　師致仕。皇祐中進太子太師,封祁國公。嘉祐二年丁酉卒,年
　　八十。史稱公清介不殖私產,既退,寓南都凡十年,第室卑陋,
　　居之裕如也。或勸公為居士服,公曰:'老而謝事,尚可竊居士
　　名耶?'今圖中烏帽皂履,絳袍革帶,正與《言行録》及史合,圖
　　成之年乃卒之年也。王渙以下,殆皆卜築南都時往來過從者與。
　　尊老命座客以'聞多素心人,樂與數晨夕'十字分韻賦詩,予得
　　素字,詩未能就。"

　　《越縵堂日記》:"黄再同來,爽秋來,茝卿來,君表來,莘伯

來,仲弢來,子培來,伯羲來。下午設飲,伯羲攜《睢陽五老圖册》來觀,傍晚始散,約諸君分韻賦詩紀之。"

案:此詩見於《安般簃集》詩續庚《二月廿九日蕘客齋中宴集伯羲祭酒出睢陽五老圖共展觀之以聞多素心人樂與數晨夕分韻作詩記歲月予得素字》,應係後來補作。

閏二月初二日,總理衙門大臣集議朝鮮事,李鴻章亦預議,公受命起草奏牘。

《日記》:"早間趨牙,録公畢集,沘陽師相亦至,議東藩事。倉猝命草奏,立受指並事宜六條,無以應猝,只好用王禹玉至寶丹矣。熬夜不得安枕。"

十二日,謁崇綺談。

《日記》:"謁座師崇文山先生,先生致仕已久,所居小園製作樸野,垂語身世之感久之。舊有別業在薊州之穿芳谷,有好友李觀瀾、王竹舫結鄰相得也,乃五年間李、王兩君先後辭世,心跡益覺寂寞,老懷頗難遣也。……先生深於楊園、桴亭之學,戒予曰勿以吏璅,存夷然不屑之見,即此是學,可資以挈鍊物情,洞達事理。孫文定謫官在銀庫行走,松湘圃左降爲撥什庫日,亦能竭忠盡職,可法也。居一日官,則思盡一日之分,不計階資之崇庳,但課吾力之勤惰,此養心妙法也。"

十三日,王仁堪招陪李文田、李慈銘小集,惲彥彬、曾之撰、楊崇伊、黄紹箕等亦在座。

《日記》:"日加申,王祕書招陪芍師、蕘老飲,昏暮始歸。"

《越縵堂日記》:"下午赴可莊之飲,坐爲李少詹、惲學士彥彬、曾君表、楊莘伯、爽秋、仲弢,晚歸,微月在林。"

十六日,童寶善、胡傳來京,以新刊《宋文鑑》、《南宋文範》等物見贈。又李慈銘來函,告以許振褘辭二十一日之飲事。

《日記》:"舊友童米孫、胡守三來都下,以新刊《宋文鑑》、《南宋文範》及藥物、佳墨見貽。"

《越縵堂日記》："作書致爽秋,言許河帥辭飲事,得復,以熟地膏一合見詒。"

二十一日,與李慈銘公讌同人,徐樹銘、徐寶謙、楊晨、黃紹箕、張預、徐琪、黃紹第、朱志侯等人在座。

《日記》："與蓴老同請壽蘐先生、亞陶、定劇、仲弢、子虞、花農、叔頌、志侯宴集,散時已晚,予夙疾作。"

《越縵堂日記》："是日偕爽秋宴客齋中,午後仲弢來,叔容來,定劇來,朱志侯來,子虞來,徐壽蘐侍郎來,亞陶來。日昳設飲,酒初行,花農來。暢談至日落,偕諸君小游花圃後散去。"

二十二日,招胡傳、童寶善、沈曾植、鄭孝胥、王仁東、吳慶坻、楊宜治及同鄉計偕至都者飲集寓廬,散後復同訪張謇。

《日記》："招守三、米孫、子培、蘇龕、旭莊、子修、虞裳及同鄉公車徐六皆、張葆芝小集茅堂,薄晚始散。夜復同訪張季直,二更歸。"

《鄭孝胥日記》："赴袁爽秋飲,晤吳子修太史,杭州人。子培亦在坐。夜,同過季直。"

《柳西草堂日記》："蘇龕、勛臧、爽秋、子培來。"

案:據張謇日記閏二月廿一日抵京,借住蒯光典宅。

二十三日,聞曾紀澤卒訊。

《日記》："是日戶部右侍郎徹侯曾公薨於位。國亡一鑑,極失三禾,遘子卯之撤懸,驚龍虵之占歲。人懷葛公之德,賁涕嗣侯;我思馬暢之銘,哭其再世。恧人殄瘁,顧問何資。四國多虞,折衷奚自。把山翁之酒卮,獨下孤寒之淚;辱并州之握璧,猶虛答贈之篇。誼訣府公,感深末吏。山邱華屋,又何以云。"

俞樾《曾惠敏公墓誌銘》："公自以受恩厚,鞠躬盡瘁,不敢自暇逸。而在俄時積受陰寒,得中消之疾。至十六年春,方與諸王大臣會議朝鮮事,咸欲取決於公,而公旋病,病且不起矣,年五十有二。醇賢親王親臨哭奠,謂年甫及艾,何至於此,有其才而不竟其用,惜哉! 旬日之間,電傳中外,無不同聲太息,爲朝廷惜此柱石之臣。"

二十六日,劉富曾、劉顯曾昆仲計偕來京,贈以劉毓崧所編王夫之年譜。

　　《日記》:"儀徵劉氏昆仲計偕來都,以伯山年丈所編《王船山先生年譜》二册見遺,又説友人楊樸庵先生今年正八十,欲刻《春秋説》。"

二十七日,往弔曾紀澤。

　　《日記》:"弔府公曾侍郎,見其所輯《佩文韻小篆譜》。公精於篆分、草隸,又通小學,詳詢病勢,頗爲服西醫藥所誤。"

是月,以所刻詩集寄贈張佩綸。

　　張佩綸《蘭駢館日記》閏二月十四日:"袁爽秋寄其詩集,閲之,頗雅。"

三月初一日,晤夏曾佑。

　　《夏曾佑日記》:"下午,偕梓泉訪季直,因晤袁爽秋先生。"

十二日,訪沈曾植,以病未晤。訪濮子潼,聞施補華卒訊。

　　《日記》:"看子培、子封,子培忽得疾,不能出見,度爲日淺,當易療治。至止潛齋中,止潛言同鄉陸秋曹得張中丞電報,云均甫回山東後,凌初平爲治病愈劇,竟於三月初五逝世,年裁五十六,驚悼失氣久之。君崎嶇絶塞,仕蹶再起,更歷兵間,熟習邊事,今正蒙恩以道員發往山東,駸駸嚮用,乃老驥方行萬里而遽折軸,命矣夫。"

　　《越縵堂日記》:"歸安人陸學源郎中來告,均甫以初五殁於濟南,聞之驚怛。前得其閏月十二日書,言所患已日減。前日得朗齋中丞書,言醫治尚無大效,方爲之私憂,欲作書問訊,不謂其遽至是也。……均甫年五十六,有兩子兩女。"

二十日,葉昌熾來訪。

　　《日記》:"葉鞠常太史自吳門來。"

《緣督廬日記》:"午後謁高陽師未見,順道拜客,在袁爽秋處暢談。"

二十一日,赴馮煦招飲,沈曾植、蒯光典、張謇、葉昌熾等人在座。

《緣督廬日記》:"午刻至江蘇館,赴馮夢華太史之招,見沈子培、袁爽秋、蒯禮卿、張季直。禮卿意致議論,猶當年也。"

二十五日,作函致李慈銘,示以挽施補華詩四首。

《越縵堂日記》:"得爽秋書,並际所作輓均甫七律四章,即復。"

《安般簃集》詩續庚有《哭施均甫》四首。

二十八日,代徐用儀作《增訂格物入門》叙。

《日記》:"代海鹽徐公作《增訂格物入門》叙。"

案:美國人丁韙良撰《格物入門》七卷,有同治七年(1868)同文館刊本。光緒十五年(1889)又爲《增訂格物入門》。

四月初二日,聞彭玉麟卒訊。

《日記》:"前兵尚衡陽彭公在籍薨逝。長江水師上自洞庭湖,下至狼山口,轄境數千里,時慮萑苻出没,賴公威望卧治,始得桴鼓少警。今將星遽墜,國家失一頗牧矣。繼其任者,其在楊公岳斌乎!"

十一日,春闈發榜,往慰下第諸君。是科孫詒讓、張謇、鄭孝胥、薛葆楎皆被擯,文廷式中貢士。

《日記》:"蒿隱先生分校禮闈,事竣還家,往候之。……往慰下第諸君,予亦爲之悒悒。……内弟慕淮春闈被擯,往慰之,謁外姑談久之。"

《柳西草堂日記》初十日:"聽録,被放,齒痛頓愈。芸閣中二百六十一名貢士,瑞卿中會元。"

《鄭孝胥日記》初十日:"紅録已將畢,皆報罷。"

二十二日,往晤鄭孝胥。

《鄭孝胥日記》:"袁爽秋來。"

五月十四日，繆荃孫來訪。

　　《日記》："繆小珊新自江南來，云南菁書院除校刊《續經解》
外，又刊叢書八集；黃元同今年六十三，爲山長，老而有壯容；
仲修年五十九，爲鄂中山長，鬚髮皓然，健談則娓娓不勌；張廉
卿臥病，頗不爲當事所喜，以此知依人作計之難。"

十八日，招飲同人，許景澄、吳講、張預、楊晨、濮子潼在座，葉昌
熾、朱懷新、錢駿祥不至。

　　《日記》："招許竹篔侍讀、介唐、子虞、定勢、止潛宴集，鞠
常、苗生、新甫皆不至，日暮方散。"

　　《緣督廬日記》："爽秋招飲，檐溜如繩，不克赴。"

是月，作函致張佩綸。

　　《蘭駢館日記》五月二十七日："得袁爽秋書，言曹瞞累勝而
士不附，劉豫州累敗而士附。余謂不然。"

六月十四日，李慈銘贈以所畫紈扇，並題詩其上。

　　《日記》："蓴老畫一紈扇，自書舊詩見遺，小楷極精妙，晚年
目力如此，其所養殊過人。"

　　《越縵堂日記》初九日："去年爽秋曾爲其愛女索畫藁，無
以應之，今日爲取團扇畫元相'萬樹桃花映小樓'詩意，頗費營
構，亦聊以遣悶而已。"十四日："取前日所畫萬樹桃花映小樓
團扇一面，寫辛酉四月六日憶里中青田湖競渡絕句十一首，本
十六首。作書致爽秋，得復。"

是日，往訪鄭孝胥談詩。

　　《鄭孝胥日記》："袁爽秋來談詩，自言近日始悟平生筆性與
詩不近，如王阮亭之告方望溪，昔猶護前，今不護己短矣。將午
方去。"

十五日，作函致李慈銘，並寄示近詩。

　　《越縵堂日記》："得爽秋書，並寫示近詩八首及雨中見懷詩
一首，云：'淋雨十日不相聞，漠漠八荒同一雲。裹糧愧未謁莊

叟,入臺行將冠惠文。北山腥風老蛟出,南苑盛漲飢鴻癉。不恤甑魚茆屋破,會上災異天扉云。'"

案:《安般簃集》詩續庚有《簡葦老》:"十日淋雨不相聞,漠漠八荒同一雲。裹糧未得看子祀,入臺行將冠惠文。北山腥風老蛟出,南苑盛漲飢鴻癉。不恤甑魚茆屋破,會上災異天扉云。"與此小異。

二十三日,許景澄招飲於西洋餐廳。

《日記》:"許竹篔侍讀招喫外國酒館,香冰酒醉蒲桃所成,味甜冷。餘酒數品苦澀,炙臬亦與便宜坊相似,加非茶下白糖牛乳食之。宋人煮茶入薑鹽,今入以酮酪,予不知味,付之不食馬肝可耳。"

是月,改己卯以前舊詩畢。

《日記》六月初九日:"改舊詩,曾以請正蒿隱、鼎父、子培三君,皆有發藥之言,云當編戊寅以後所作爲正集,以前爲別集,此次删潤得力於三君之言爲多。"十一日:"改舊稿,頗患神疲思涸,身與名果孰親? 誤矣,誤矣。"十三日:"改己卯以前詩粗畢,愜心處殊苦少,如行茅葦中,必伐去障翳,遠水遙山裁得一遇。"

七月初二日,黃體芳招集紫藤精舍,李慈銘、王彥威、沈曾植、楊晨、殷鴻疇、張預等人在座。

《日記》:"漱丈招集紫藤精舍,申刻散。"

《越縵堂日記》:"上午詣全浙館,赴漱蘭侍郎之飲,坐有羧夫、爽秋、子培、定勛、蓴庭、子虞。漱翁以余言不設雞臬,多具蔟脯,亦甚可食也。館中新栽花樹,得雨青蔥,然聞檐溜瀧瀧聲,又不免相顧愁歎耳。傍晚冒雨歸。"

初五日,李文田來訪。

《日記》:"芍師枉存,談明季事及澹歸、今種諸方外。"

十八日,張謇作答和詩。

《柳西草堂日記》:"作答爽秋詩。"

案：即《奉和袁爽秋侍御昶都門贈行即用其韻》。又《安般
簃集》詩續庚有《張季直將南歸》、《今晨追送不及悵然作詩》二
首，可參看。

八月初一日，葉昌熾招飲，以事未赴，贈其所刻詩集。

《緣督廬日記》：“在江蘇館觴客，芸閣、蒲孫、再同、筱珊、夢
華、蒿隱共六人，日昳始散。禮卿、爽秋、穎芝皆以事辭。爽秋
贈所著漸西邨人詩，自八卷至十六卷，七卷以上尚在斠寫俟刊。
詩筆精清曠朗，不著塵氛，在宋人集中於涪陵爲近。”

十六日，與同人設宴於紫藤精舍，爲黃體芳預祝五十九歲生日。

《日記》：“晚偕徐、殷、楊三君集紫藤精舍，會者尊老、子培、
彀夫、苗生，爲漱丈預祝生日，丈今年五十九，定更時始散。惟雲
門不至。”

《越縵堂日記》：“爽秋來久談。午後詣下斜街全浙館，赴
爽秋、定劬、萼庭、班侯四君之飲，晤漱翁、子虞、子培，飲至夜
始散。”

十九日，應李慈銘之招，壽黃體芳，並餞許景澄出使各國。

《日記》：“夕尊老招陪漱丈暨竹篔星使宴集，二更歸。”

《越縵堂日記》：“夜治具，爲漱蘭通政作壽筵，並餞許竹篔
出使俄、英、奧諸國，爲繆筱珊及雲門接風，邀爽秋、萼庭、班
侯、彀夫、定劬作陪。傍晚客悉集，張燈飲於綠香精舍，二更後
始散。”

案：《越縵堂日記》七月二十七日：“邸鈔：命候補翰林院侍
讀許景澄爲出使俄、德、奧、和等國大臣，代洪鈞。”可參看。

二十四日，往訪葉昌熾談。又晤馮煦，託其購買書籍。

《日記》：“晤緣督所寓潘氏齋，故王文靖公熙舊第，猶賸園
林一角。晤夢華，託買《繙譯名義》。”

《緣督廬日記》：“薄暮，爽秋來談，背誦杜詩如瓶瀉水，記問
真不可及。”

九月初六日,楊文會來訪,與談佛典。

《日記》:"池州楊文會,字仁山,熟習内典,頃枉過,共飰茅堂,談義久之。告以僕於經棄涉獵極淺,惟資大捨力,以之治心,冀祛忿欲,以求合《易》《老》損之又損之義,要指在慎獨戒欺也。又於彼教喜禪門,不喜參話頭,信净土,不信往生。<small>心净土净,何勞往生,往生則不免歆羨心。</small>剥落皮膚,惟求真實。此於義學極淺,却如魯國男子學柳下惠之硜硜也。仁山不以爲然。仁山云此皆意識用事,恐墮理障,須離意識参方得。禪資捷悟,净取約守,此兩門誠可節取。惟兩宗皆病在只知理一,不知分殊,不若專治義學,庶免惝怳而無歸宿。須世典中繹省頭緒,理會粗了,然後及出世法。只知理一,不曉分殊,止辦出世,不能治世。欲求治身心以治世,仍當依於六藝九流之術,以因時損益而裁決之。"

初七日,黄紹箕、丁立鈞招集陶然亭,預作登高之會,沈曾植、沈曾桐、劉家立、劉家蔭、馮煦、王仁堪、鄭孝胥等人在座。

《日記》:"仲弢、叔衡招集陶然亭,預作登高之會,日西方散。"

《鄭孝胥日記》:"飯後,同怡書至陶然亭,赴仲弢、叔珩之約,在坐二沈、二劉、孟華、爽秋、可莊也。風日清朗,西山如畫,散已將晚。"

初十日,樊增祥來談,邀飲市肆,濮子潼、沈曾植、王仁東、徐定超等人在座。

《日記》:"雲門同年來談,邀同至酒肆晚歛,會者止潛、子培、旭莊、班侯,主客六人,二更歸,疲乏氣苶不可言。"

十八日,濮子潼、沈曾植、沈曾桐招宴同人餞别許景澄,樊增祥、張預、王彦威、繆荃孫等人在座。

《日記》:"晚應止潛、子培、子封之招,陪竹篔星使同年餞别。"

《藝風老人日記》："濮子潛、沈子培昆仲招飲，許竹篔、樊雲門、張子莬、袁磏秋、王弢夫同席。"

《許文肅公日記》："自七月二十五日奉俄、德之命，九月初十日陛辭。是月十九日申刻啓行。"

十月初二日，施補華子仲起來告行，以挽詩寫付之。晚過樊增祥看畫，又同赴繆荃孫之招，觀其所藏珍本書籍，張預、黃紹箕、沈曾植、葉昌熾、王頌蔚等均在座。

《日記》："施世兄仲起來告行，將自濟南扶尊公均甫柩南歸，爰寫出前作挽詩四章，令仲起將去，爲我告祭杕之，並贈仲起書一部。晚過雲門許，閱曾賓谷《賞雨茅屋圖》，吳履畫，洪稚存、王惕甫、吳山尊皆有詩。又觀《輞川圖》，子壽丈跋一首。雲門和王、裴絶句十餘首，索予爲之，人事劫劫，未有以應也。筱珊齊年招夜集，閱宋刻史書良佳。"

《藝風老人日記》："約樊雲門、張子莬、袁磏秋、黃仲弢、沈子培、葉鞠裳、王弗卿小飲，李蓴客、濮子潛不至。"

《緣督廬日記》："夜，筱珊前輩招飲，見樊雲門、張子預、袁爽秋、黃仲弢、蒿隱、子培。筱珊出示南宋刊《新唐書》，有季振宜、汪士鍾藏書印。又涂禎刊《鹽鐵論》，即張刻之祖本。又游明本《史記》殘本、廣東崇德書院本《漢書》、傳是樓鈔《孝經》，楮墨清朗，與毛鈔無異。"

十四日，往李慈銘處問疾。

《日記》："問蓴老疾。"

《越縵堂日記》："爽秋來。"

十六日，與同鄉京官公餞羅大春。

《日記》："晚三郡同人公餞羅景山軍門。羅君習於兵事，尤熟閩中臺灣情形，深知楚軍將帥專己攬權，忌刻它將成功之習。君言文官能愛將，武官知愛民，則邊患不足平矣。此言深合陸賈將相調和則士豫坿，曾文正公言治軍以不擾民爲本之意。羅君言浙省形勢,非屯兵境外,以戰爲守,不能保境。西固皖南,北控常潤,南扼徽信,東塞閩嶺,乃足以閉門高臥。此錢鏐之所以得,而張士誠畫境自守之所以失也。予頗韙其言。"

　　案:羅大春(1833—1890),原名大經,字景山,貴州施秉人。早年從軍,以鎮壓太平天國起義有功,賜號"巴圖魯",積勛至福建水師提督,後任湖南提督、福建建甯總兵。

十八日,以新寫定去年詩作送呈李慈銘。

　　《越縵堂日記》:"得爽秋書,以新寫定去年詩一卷送閱,即復。"

二十五日,偕濮子潼、黃紹箕、樊增祥夜飲王可莊寓,觀其所藏畫。

　　《日記》:"與止潛、雲門、仲弢同集可莊祕撰家飮,觀汪苕文《南歸叙別圖》,自孫退谷侍郎、二徐、竹垞、阮亭、次耕以下題詩者十餘人。圖爲長洲文點文蕭公震孟孫,竹垞爲表墓。畫,宛然見國初諸老風致,可寶也。此卷曾歸曾賓谷題襟館藏弄,尾有與吳舍人嵩梁連句。"

二十七日,作函致李慈銘,贈以絶句三首。

　　《越縵堂日記》:"得爽秋書,並見懷絶句三首。"

　　《安般簃集》詩續庚有《尊老枉訪值予未歸次日戲呈》,即此詩。

三十日,李慈銘以答詩三章寫致。

　　《越縵堂日記》:"竟日寂坐無事……頗觸吟興,因作寄雲門七律兩章、答爽秋七絶三章,即寫致之。"

　　李慈銘《病起過爽秋不值答其見贈之作並題其近日詩卷三首》:"三旬病起支筇出,偶訪城西卧雪家。吏謁未歸鈴下睡,一庭凍雀裊寒花。""卅年寂寞朝參吏,短髮羞簪柱後冠。正是輕陰天欲暮,且同松柏守山寒。""玉壺冰合嶕山雪,一卷蘭臺絕妙詩。綌帽温鑪斷朝謁,焚香吟過歲寒時。"

　　案:《安般簃集》詩續庚附録李作爲"閉門久學寒蟬嘿,一訪長安臥雪家。吏謁未歸鈴下睡，滿庭凍雀噪寒花。”“卅年寂寞銜參吏，短髮羞簪柱後冠。正是輕陰天欲暮，且同松柏守山寒。”“玉壺冰合嶘山雪，絕妙蘭臺一卷詩。昨示予己丑年所作詩。臥病凝香休假裏，抱書吟過歲寒時。”與此小異。

十一月初三日，聞潘祖蔭卒訊，作聯挽之。

《日記》：“吳縣潘鄭盦尚書，舊度支長官也。予晚進，未及投摯。其為人猶有國初孫退谷、龔芝麓遺韻，昨聞溘逝，趙閑閑没後，金南渡士流亦少一繫援倚恃矣，此亦近事之可歎者也。”

初四日：“擬挽潘鄭盦尚書聯：‘滂喜齋網羅衆流，與公未通一日雅；蓬萊閣金石續錄，傳人正在三洪間。’”

案：潘祖蔭卒於十月三十日。《潘文勤公年譜》：“光緒十六年十月三十日申刻，痰聲驟湧，酉刻遂薨。”又《緣督廬日記》十月三十日：“鄭盦師病愈劇，傍晚常熟師來問疾，同入視，已不能言，僅手書‘痰聲如鋸不治也’七字，亦模黏不可辨。延至酉刻竟逝。愴念平生知己，不勝木壞山頹之感。夜諸同鄉來，與蒂卿議遺摺，竟夜未睡。”可參看。

初七日，與李慈銘書，並以新刻詩八卷請評閱。

《越縵堂日記》：“得爽秋書，以新刻舊詩八卷見詒。”《杏花詩》卷辛有《爽秋雲門各以詩集見視欲余定其優劣爰賦長歌詒兩君》：“袁子清言琢冰玉，樊子秀語奪山緑。……”

十九日，沈曾植來，同觀新買《聖教序》碑拓。晚訪王頌蔚談。

《日記》：“子培過談，為予評定新買碑版，今之楊南仲也。……夜謁蒿隱先生，二更歸。”

《恪守廬日錄》：“早過可莊兄弟，未值。至建伯、爽秋處談。爽秋持贈詩集，前有舊題二首，漫不省為何年作，良久始憶得之。平生詩文不存稿，似此者蓋不少也。覆視詩乃不惡，韋詩坿杜集以傳矣。觀所得王行滿《聖教序》，墨極古而字有鋒勢，與近拓幾不類，可寶愛。石庵聯亦真跡。”

　　案：本年活字版《漸西村舍初集》校印甫畢，李慈銘《爽秋雲門各以詩集見視欲余定其優劣爰賦長歌詒兩君》詩"漸西詩版傳玉京"句下注云"爽秋漸西村人詩鈔已刊行都下"，公所持贈者即此本。前有李慈銘、趙銘、馮煦、王頌蔚、沈曾植、易順鼎等人題詞，沈曾植所題即癸未年作《題漸西村人初集》二首也。

二十日，作致沈曾植函，告以譯署引見日期。

　　《恪守廬日錄》："爽秋札來，譯署廿六引見。"

　　案：沈曾植前應總理衙門章京考試被錄。《沈家本日記》十月二十八日："總理各國事務衙門記名章京將次用竣，咨取考送。本部今日在署考選，題係《俊顧及厨名目論》，出《後漢書·黨錮傳》。與試者四十一人，取八人，李子榮、鄭淑璋、陳瀏、吳庭芝、沈曾植、吳品珩、李清芬、楊家駒，嵩堂與薛堂所商定也。"可參看。

二十一日，醇親王奕譞薨，即將此訊電稟張之洞。

　　《日記》："恭聞本日早夜丑刻賢王薨逝，醇賢親王四字，以後用雙抬書寫，見制詔。士民莫不震悼。國喪梀坧，官敝師資，殄瘁之歎，曷能已已。食時至文報局電稟張尚書師。趨直典客署宿。"

　　《翁同龢日記》十一月二十日："午後遣人問邸疾，見脈案，云六脈垂絕，獨參湯。遂馳詣……晤福、敬二君，云府中亦隔絕，此時氣僅如縷，目定肢涼矣，遂歸。"十一月廿一日："寅正到苑門，先入與慶邸談，始知醇邸於丑初三刻逝矣，相與嗟涕。"

　　《緣督廬日記》："聞醇邸薨。夜見《邸鈔》，奉皇太后懿旨，稱皇帝本生考。"

二十三日，往視李慈銘疾，沈曾植亦至。

　　《日記》："看蓴老疾，晤子培。"

　　《恪守廬日錄》："省蓴老，遇爽秋。"

二十四日，訪沈曾植，未晤。

　　《恪守廬日錄》："爽秋來，不值。"

二十五日，直宿，沈曾植來訪，不遇。

《日記》：“直署，夜半入内。”

《恪守廬日録》：“出城至爽秋處，值其住班不遇。”

二十七日，招同人飲於義勝居，蔣其章、陸廷黻、吳講、沈曾植、樊增祥、吳品珩、張筠等在座。

《日記》：“夜邀蔣子湘、陸漁笙、吳介堂、子培、茗慶同小集，二更散。”

《恪守廬日録》：“晚爽秋招飲義勝居，坐有雲門、陸漁笙、蔣子香、介唐、佩蒽、張碧岑。”

二十八日，張預招飲廣和居，沈曾植亦在座。筵散後與樊增祥同歸，觀其藏畫。

《日記》：“夜赴子虞之招，筵散，至雲門處共觀黃鶴山樵王叔明《松窗讀易圖》，沈鬱一似老杜天寶、至德間詩，奇絶，奇絶。……又觀梅耦長、杭大宗畫。”

《恪守廬日録》：“至雲門處觀王叔明卷子，同至廣和居，赴子虞之招。”

十二月初三日，瞿鴻機來訪。晚赴廣和居樊增祥之招，沈曾植等在座。

《日記》：“瞿學士枉談。夕雲門招飲。”

《恪守廬日録》：“晚雲門招飲廣和居。”

初四日，往訪葉昌熾談，述及高心夔斡旋潘祖蔭疏薦左宗棠事。晚濮子潼招飲。

《日記》初三日：“晚止潛招飫。此己亥日事。”

《緣督廬日記》初五日：“昨爽秋亦來，談鄭盦師疏薦左文襄，亡友高伯足爲之樞紐，余所未知也。”

案：公本日失記，初五日所記：“湘陰在駱文忠幕府日，爲鄂帥官文恭嚴劾，以怨家故，必欲寘之死地。蕭玉庭在樞府，彈摺甫達，私語其坐客高心夔伯足，伯足忼慨言曰：‘此湘中豪傑之士，朝廷不欲平賊則已，苟有志經略東南，將倚辦此君，惡可自僇其良也。子能爲國保全之，則所濟大矣。'蕭唯唯，曰：'計將安出？'伯足爲計畫，夜叩澂懷園潘大理祖蔭門。大理時以南齋供奉庽直，伯足說其具疏營救。大理如言，疏爲湘陰辦冤，且陳其佐幕守長沙省城功，有臣請以闔門百口保左某，爲國家留一人材辦賊之語。蕭從中陳奏稱旨。定陵頷之，密敕典鄂省考官錢宗丞寶青嚴切查辦。宗丞檄吏，趣兩造對簿。湘陰遺書鄂撫胡文忠，謂士可殺而不可辱，必令囚服對簿，内不懸於梁，則外投於潭耳。文忠陰爲之地，宗丞覆奏，事旋得解，伯足及大理之力也。"可參看。

初六日，李慈銘以七古長詩評公與樊增祥詩，作函復謝。樊增祥並有和詩寄來。

《日記》："縵老作長七古贈予與樊君，筆氣奔放，病新起而才益凌厲，殆此宎神完中有恃耶，作長札答之。王不能軍矣，呵呵。"

《越縵堂日記》："得爽秋復書，甚名雋。"

《越縵堂日記》本日載公所作函："縵堂先生侍右：服食輕安以後，尚未獲親侍結轍撰杖，牽於人事，主臣萬分。凍窗寒日，偶得一晌枯坐，忽治書小史至，示以大句鴻篇，如武夷君幔亭張樂，隊仗森列，真靈奔湊，各有執役。如迦葉靈山一會，菩薩弟子蔟擁，古佛拈花而笑，知淨名餐香積飯後，談笑可卻千熊羆，現甚深力，登師子座，小根乘人一齊俛首矣。惟篇中刻畫鹽媢，多有假借之辭，六喻六法，視坡老《百步洪》詩，尤爲廣長舌。特階下受具足者，無以副德音耳。惟蜎蜎發風動起之喻，切於社末學人利病，足以爲定評也。然則杜陵老子，法網極密，假借之中，有不假借之義存焉。一鞭一鍼，砭肌沁骨，於法壇中不可妄得者也。先生以爲然乎？否乎？酷寒，惟加意頤衛。昶叩頭叩頭。"

案：此詩即《爽秋雲門各以詩集見視欲余定其優劣爰賦長

歌詒兩君》,《越縵堂日記》初五日:"作題爽秋、雲門兩君詩集
長歌一首,即寫致雲門、爽秋。"可參看。

樊增祥《愛伯師評騭袁樊兩家詩格以山水花木茗果爲喻敬
答一首柬爽秋兼柬子培》:"袁詩如食欖,我詩如啖蔗。世有知
味者,甘乃居苦下。袁詩黍稷馨,我詩桃李花。古人亦有言,秋
實勝春華。袁詩爲帛我爲錦,袁詩爲酪我爲茗。袁爲冰柱爲雪
車,我爲丹曦爲紫霞。袁詩好處無人愛,我詩愛好皆驚嗟。早
年把臂得陶君,謂子珍六兄。晚歲齊名遇袁子。七寶樓臺屬化城,
千尋石壁橫江水。秦黃並受蘇門知,能秀俱事黃梅師。吾師兼
愛何分別,得失心知甯自私。少年紅燭照清歌,宛轉春風競綺
羅。邇來漸欲歸平淡,奈此餘波綺麗何。此事推袁非一日,可
畏隱然臨大敵。更鬥東陽瘦沈來,三交不覺蛇矛失。"

初七日,聞黃彭年卒訊,唁黃國瑾,夜作祭文。

《日記》:"電傳黃子壽師丈在鄂藩任內復發中風痴疾,初三
辰刻辭世。趨唁再同,還宿署,艸祭文一篇,入夜始脫稿。"

《漸西村人外集》有《祭遯庵黃丈文》。

《越縵堂日記》十二月五日:"夜得雲門書,告黃子壽布政之
喪。再同之尊人也,名彭年,丁未翰林,以學行著。方自江蘇移
湖北,遽歿於任,年六十九,近日監司之良也。老成凋謝,時事
可知矣。即復。"

《蘭騑館日記》十二月五日:"午後,聞子壽丈於初四辰刻歿
於鄂藩任所,殊堪痛惜。夜電慰再同,時方病也,恐不能支柱星
奔。"

案:公記黃彭年卒於初三日,與張佩綸所記初四日相差一
日,蓋其時電傳非確也。

初八日,帶領新考譯署章京赴勤政殿引見。

《日記》:"丁夜起,與同官赴西海子,帶領新考章京引見勤
政殿。寒風刮面,辰初事畢。"

是日得家書,知大兄袁澍楠夫婦相繼亡故。

　　《日記》:"戌刻歸舍,忽得瀾姪十一月初三日信,報稱大兄大人及大姆相繼病故,摧哽不自勝。以明日户部過堂,與十一從弟商定十一日設奠成服。大功九月,依仿司馬温公《書儀》行禮。"

十五日,與總理衙門同官往公祭醇親王。

　　《日記》:"偕典屬同官公祭醇賢親王,行夕奠禮,冠摘纓,素褂藍袍上祭畢。"

十八日,作致李慈銘函,並贈以《桐溪耆隱集》。

　　《越縵堂日記》:"得爽秋書,以所輯《桐溪耆隱集》一卷見詒。"

二十二日,沈曾植招同人於全浙老館作消寒第三集,公辭未赴。

　　《恪守廬日録》:"未正至全浙老館,消寒第三集。余與五弟爲主人,漱丈、雲門、叔衡、弢甫、仲弢,酉末散。漱丈談甚暢,不到者王氏昆仲、爽秋。"

　　樊增祥《樊山集》卷十五《臘月二十三日子培昆季招同叔衡爽秋仲弢陪黄副都丈飲全浙舊館即席賦呈》(詩略)。

　　案:樊增祥云二十三日,與沈曾植所記差一日。公二十二日未記消寒集事,二十三日失記。

二十五日,赴法源寺弔徐箴甫之喪,即與友人同遊觀寺中碑刻,又至沈曾植寓觀碑拓。

　　《日記》:"澂上徐公有長子之喪,往弔。與子培、仲弢、叔恒、介孚游憫忠寺,觀雲麾殘石。又在培兄齋中觀順治拓《刁惠公志》。"

　　《沈家本日記》:"至法源寺,公祭徐箴甫世兄謝世也,箴甫年甫二十六。"

　　《恪守廬日録》:"弔於徐箴甫之喪,即在法源寺飯,偕爽秋、叔衡、仲弢、周稼甫訪遼幢,觀寺中所有諸碑。"

　　案:法源寺始建於唐代貞觀年間,初名憫忠寺,爲紀念征討遼東戰死將士也。明代稱崇福寺。清雍正十一年（1733）改法源寺。

二十七日，拜李慈銘壽。

《日記》："拜尊老生日，病後猶未出房，不能出見。"

《越縵堂日記》："余生日，得叔夫書，言與漁笙、敦夫、介唐、子培、仲弢、子封今日合作一筵爲壽，並饋酒兩罌、燭一對。復書力辭之，受其酒。雲門饋肴饌四器、蒸餅兩盤。介唐來，敦夫來，萼庭來，爽秋來，子尊來，弢夫來，漁笙來，書玉來，子封來，吳佩葱來，陳梅坡來，楊壽孫來，漱翁來，可莊來，旭莊來，伯循來，子培來，仲弢來，劉生曾枚來，族侄珣來，雲門來。午後以所詒饘具邀漁笙、敦夫、介唐、子培、子封、仲弢、弢夫小飲。夜復治具，設於杏花香雪齋飲八君，並余爲九老之會，談宴甚暢，賦長歌紀之。二更入內小憩，命僧喜侍客，終宴三更散去。"

三十日，作致薛福成函，論南洋設立領事保護華民之利害，及喀什葛爾設英領事官之事。

《日記》："答同年叔芸欽使書，論南洋群島設立領事保護華民之利害，此事發端於南皮師也。"

薛福成《出使日記續刻》卷一光緒十七年（1891）四月十七日："袁爽秋户部來書，云香港設領事，此薌帥在粵所經營百方而不可得者，我公不動聲色，動刀甚微，謋然理解，將來粵中交涉緝捕，一切受益宏多，無形之功，勝於赫赫之功也。喀什葛爾設英官，既可牽制俄國，不使獨擅商利，又印度苟完，隱然一敵國，衛藏亦相庇而安。俄、英兩大，莫敢先發，新疆營繕其間，反有磐石之勢。且與英通商納稅，則我之議改光緒七年新疆暫不納稅之條亦有辭，此我之利，非我之害，無可疑也。署中列憲有以喀城設領事，須俟外部開談，尊處勿先發端立論者，乃邸憲持重過於矜慎之意，相機裁決，仍在台端持之耳。"

是月，以新刊詩集贈李鴻章。

《李鴻章全集》第三十五册十二月初九日《復總理衙門户

部袁》:"碤秋世仁弟大人閣下:昨奉惠函,過承袚飾,並讀新刊詩集八卷,徵材宏奧,託興蒼深,求之近今,實罕倫比。日前曾見第九以下各卷,乃是昔年所刊,方惜未睹初編,今始得償夙願。擬删詩於池北,斷自丙申之年;付補注於東坡,當在己庚之例矣。……承示札記、雜文並已付印,何時寄來? 更得快讀也。"
是年,沈曾植以詩相贈。

沈曾植《簡袁爽秋》:"竹堂不到幾旬餘,想見焚香凈溆除。禪誦有時還謝客,眼昏渾不廢鈔書。酒闌軟語春還寂,物外真遊鑑共虛。問訊偃松新月狀,朝來步屧更相於。"

公與樊增祥詩才頡頏,有"二妙"之譽,是年頗有往還。樊氏屢有詩相贈。

樊增祥《簡爽秋子培》:"霏屑清言總識真,同時二妙有誰倫。國人競覓狂泉飲,我輩能迴狷社春。文字分無鼉室事,帶裘爭及雀臺人。冷官作達休相笑,糲飯寒葅互主賓。"又《偶從忞師許見爽秋詩札有云先生試評之當復減雲門否戲書二絕句貽之》:"無我無卿妙解頤,蒼茫袁謝得同時。揮豪並賦紅鸚鵡,獨步江東定屬誰。""小扇銀鉤絕妙詞,秦郎刻意織秋絲。逼人咄咄黃雙井,更著功裘七字詩。"

編年詩:《集句》、《爰居》、《春城》、《上元日立春》、《早衙》、《見禮官牒預傳正月二十六日太和殿筵讌百官朝賀恭賦一首》、《答和子培》、《漳浦黃忠端公斷碑研歌》、《晚來一首寓興》、《梁屯田挽詩》、《二月廿九日蕚客齋中宴集伯羲祭酒出睢陽五老圖共展觀之以閒多素心人樂與數晨夕分韻作詩記歲月予得素字》、《題天台王水部彥威之母夫人秋鐙課詩圖》、《答松岑問近狀》、《遲菴公生日》、《王翰林搜集古今甋研文得數巨册屬題》、《相國張公八十壽讌詩》、《哭施均甫》、《木槿枯死》、《漫語》、《慰鄭蘇龕落第》、《張季直將南歸》、《今晨追送不及悵然作詩》、《從弟北來談里中事》、《砭五龍甘臥法》、《擬自題寫真》、《鼎甫山長自嶺南遺予一研卻寄》、《戲

簡瀨雲上人》、《大雨後》、《寓廬爲積雨所穿損短述》、《與升吉甫
劇棋》、《簡蓴老》、《陪納言黃丈生日宴集紫藤精舍奉贈一首》、《讀
法言一首》、《奉題山陽丁儉卿先生小照》、《禁夜》、《蓴老枉訪值
予未歸次日戲呈》、《寒夜獨謠》、《偶然作》、《陸賈》、《右軍》、《白
髮吟》、《夜聽十一從弟談鄉事》、《傷逝一首爲宗室竹坡侍郎作》、
《答雲門》、《向子培借陳茂碑搨本一觀》、《王可莊出守京口》、《太
室二首》、《夢還富春山中作覺而足成之》、《再和雲門》、《冬夕》、
《東林》、《題長沙瞿封翁自濟圖》、《又題瞿太母湯夫人分燈課讀
圖》、《西郊賞雪》、《奉上榆園三兄江上幽居》、《過都虞司懷洪北
江先生》、《省夜》、《讀朱子行視武夷精舍詩有感》、《侍御李愛伯
先生同年樊雲門令君連枉佳章齊混沌於蛾眉騕跋足於綠耳賤性
繆迂素畏標楬獎借非分衹增顏汗篇申之意焉敢遽荷顧雅命不可
以虛辱也勉竭蕪鈍仰答至言聊以拾礫竊玗後塵云爾》、《鑒園有小
水流入十刹海隆冬不涸不冰亦異境也過而樂之》。

編年文:《覆奏吉林圖們江北岸韓民越界墾地應編入籍石乙水應
緩勘溫貴海口目前無庸飭招商局前往設立棧房摺》、《駁俄使照
稱阿穆爾省欲派人至齊齊哈爾吉林盛京測量經緯度續畫地圖檄
文》、《祭遜庵黃丈文》、《翁尚書擘窠書虎字跋尾》、《太子太保大
農翁公六旬壽叙》、《議復志詹事條陳出洋隨員酌由海譯署遴員派
往摺》、《增訂格物入門叙》、《記日本小野道風書山居詩》、《跋莫
邵亭篆聯》、《跋金冬心梅花卷》、《砭五龍甘臥法》、《跋丙戌以後
詩》、《安般戒》、《牓座自儆》、《老子集解叙》、《老子要略題詞》、《跋
廖進士穀梁說》、《跋順治十八年縉紳錄》、《經法與史法不同》、《跋
謝康樂詩石刻》、《永康應先生七十壽序》（佚）、《致龍繼棟書》（別
後記曾往返有書）、《致龍繼棟書》（連奉手畢）、《復洪星使》（前
於七月廿六日敬上一楜）、《祭大兄新之文》、《臺郎李先生六十壽
譙詩叙》、《致張蔭桓書》（仲秋曾肅寸楜）、《與袁遂書》（秋間奉
一楜後）。

【時事】《中英會議藏印條約》簽訂。京津大雨成災。大足教案發生。曾國荃創辦江南水師學堂。張之洞創辦漢陽鐵廠。

彭玉麟卒。曾紀澤卒。潘祖蔭卒。愛新覺羅・奕譞卒。施補華卒。黃彭年卒。袖澍楠卒。

光緒十七年辛卯（1891），四十六歲

正月初三日，赴黃體芳招飲，李慈銘、黃紹箕、樊增祥、王彥威、沈曾植、沈曾桐、徐定超、王仁東、朱懷新、吳品珩等人在座。

《日記》：“將晡，黃漱丈納言招喫春酒，至晚始散。”

《越縵堂日記》：“詣漱翁，並晤仲弢及雲門、弢夫、子培、子封、爽秋、班侯、旭莊、朱苗生、吳佩葱，以漱翁今日設客也，談至晚歸。”

《樊山集》卷十六《正月三日黃副都丈招同爽秋子培旭莊班侯諸君小集六疊前韻》。

初八日，隨總理衙門大臣帶領天文生懿善、奉宸苑郎中楊笠山入紫光閣丈量尺寸，以備外國使節觀見之禮。

《日記》：“昧爽偕同官率天文生懿善字葆忱。隨邸、樞憲由西苑門至紫光閣，以將舉行觀見島索行人禮節，先期齋營造尺恭量殿門以至納陛制度尺寸，以便陳設黃案。諮工部取續圖令各行人演習。奉宸苑郎中楊笠山玉甫導入閣，敬謹測量，如別具説帖。復由武成殿東門出，至時應宮相度支搭蒙古包地方。旋出福華門，度玉蝀橋，遠景山還署。”

二十日，往訪繆荃孫談。

《日記》：“過筱珊堊廬談抄本舊書。”

《藝風老人日記》：“袁碫秋來。”

二十四日，入紫光閣，得見乾隆皇帝十全武功壁畫。

《日記》：“各島索行人將奉其國書觀見紫光閣，主客署長

官率僚吏先一日往閣中恭設黃案,因得瞻印純廟時十全武功畫壁。御製文十壁,其四在御廡下,一于文襄敏中奉敕書,一董文恭誥書,一梁文莊國治書。惟東一壁御製平定兩金川告成太學碑文,南書房翰林臣李文田奉敕重書,筆力驚絕,鄭道昭、丁道護無以過也。使起于、董、梁三公睞之,真覺前賢畏後生矣。"

二月初一日,許景澄自俄都作函致公。

《許文肅公日記》:"發摺奏報遞國書。致筱雲侍郎、樵野、春舫、爽秋、平之,又致聶仲芳、錢壽甫,均寄劄。"

初八日,招飲同人於紫藤精舍,餞樊增祥、王仁堪、蔡右年赴外任,李慈銘、沈曾植、濮子潼、吳慶坻、黃紹箕、王仁東等人在座。

《日記》:"晡後餞雲門大令、可莊太守、千禾通守於紫藤精舍,座有蓴老、子培、止潛、子修、仲弢、旭莊。是日午暵晚寒,月上時始散歸。"

《越縵堂日記》:"晡出宣武門,至全浙館赴爽秋之飲,肴饌已闌,談至月上而歸。"

案:本年樊增祥赴任陝西,王仁堪出守鎮江,蔡右年赴蜀中任。公有《詶蔡千禾同年即送其赴蜀中倅》、《雲門將行戲作俳語送之》等詩,可參看。

初九日,李文田招飲粵東館。

《日記》:"仲約師招集,晚歸。"

《緣督廬日記》:"午刻,仲約侍郎招粵東館,見漱蘭丈喬梓、廉生、爽秋、子培、子封、苇卿、屺懷、建霞、佛青、禮卿、柚岑。"

初十日,偕王彥威、沈曾植、沈曾桐同餞樊增祥、王仁堪於三台館,李慈銘、陸廷黻在座。

《日記》:"晚同社小集三台館,再餞雲門、可莊,歸已三更。"

《越縵堂日記》:"晡後雲門來,傍晚偕詣漁笙小坐,遂同過弢夫,以今夕弢夫偕爽秋、子培、子封同餞雲門及可莊也。夜飲至一更散,暢談至二更後歸。"

十一日,與沈曾植、沈曾桐、王彥威招宴同人於孫退谷舊園,李文田、黃體芳、馮煦、楊崇伊、朱懷新、徐定超等人在座。

《日記》:"陪芍師、漱丈、夢花、莘伯共集退谷舊園。苗生、班侯亦在坐。子培昆季、殼夫及余四主人。日暮入城,宿漚簃。"

十二日,李慈銘招飲於全浙會館,至者二十人,陳彝、黃體芳、馮煦、王頌蔚、楊崇伊、吳慶坻、沈曾植、沈曾桐、王仁堪、王仁東、樊增祥、陸廷黻、張預、徐定超、王彥威、濮子潼、黃紹箕等人皆在座。

《日記》:"蓴老招集浙中舊館,晚又赴張著作之招,歸已三更。"

《越縵堂日記》:"上午詣下斜街浙館,於紫藤精舍設席待客。東席陳六舟宗丞、黃漱翁通政、馮夢花、王苣卿、楊莘伯、吳子修、爽秋、子培、子封;西席可莊、旭莊、雲門、漁笙、子虞、班侯、殼夫、紫泉、仲殼。余主東席,命僧喜主西席,主賓共二十人。是日本以春序正中,百花生日,故徧邀同志,共寫嘉辰,就槐市之花街,聚月圓之精舍,既多吳越知名之彥,兼作樊、王餞別之筵。而風亘朝晡,塵滿几席,佳節虛過,樂事難兼。幸人盡素心,無妨劇飲,清談溢坐,狂笑觸屏,不復知門外驚飂卷蓬揚堁耳。……晚歸,月下有風頗寒。"

《樊山集》卷十七有《辛卯花朝日適值春分愛伯師招同陳六舟黃漱蘭兩中丞丈可莊旭莊子培子封爽秋苣卿子虞班侯漁笙仲殼夢華集浙館紫藤精舍愛師賦詩贈行二十八疊韻奉酬前二首紀是日遊宴後二首則出都叙別之仿云爾》。

十三日,作函致薛福成,仍論香港、喀什葛爾設領事之案。

薛福成《庸庵文編》卷三《答袁戶部書》云:"爽秋仁兄同年大人閣下:奉二月十三日惠書,猥承藎注,紉佩無涯。香港設領事一事,其用在緝逃犯、防漏稅、嚴海界,於廣東全局尤有裨益。……喀城設員,貴署堂上公函初稱港員既允,喀員亦難終

拒,此論固爲持平。且西陲逼近强鄰,而喀什葛爾惟俄獨設領
事,領事不遜益鶩,往往以條約所無之事迫我疆吏,疆吏不諳洋
務,甘飫其欺。英之遊員過喀城者,代爲不平,輒以俄情密告疆
吏,因是英欲設員,俄頗忌之。尊議得英牽制,亦可戢俄戎心,
於籌邊大局洞若觀火,實獲我心。……"

十八日,夜訪黎庶昌談,時方自日本使還回都。

　　《日記》:"蓴齋黎星使自東瀛使還過闕,枉存相左,夜詣之
談時事,不勝慨然。"

　　　案:公有《蓴齋奉使日本還朝因贈》、《蓴齋前後見贈徵君
鄭子尹先生遺書再答謝》、《又謝遺倭刀》等詩,皆爲贈黎庶昌
者,可參看。

十九日,拜黃紹箕母生日於紫藤精舍,見其所藏名畫甚多。

　　《日記》:"拜黃母生日,仲弢設讌於紫藤精舍,張壁多名畫,
云徧搜長安舊家所藏之菁英成此偉觀,主人幹濟之略於此亦可
見矣。計所見:趙文敏鷗波亭圖,管道昇風雨叢竹,王叔明夏山
圖,柯敬仲竹,吳仲圭江村小景,倪文貞山水。似以鷗波舅甥二作爲
最佳。"

二十八日,聞黃國瑾卒訊。

　　《日記》:"聞香師電告廉生,云黃再同同年奔喪,本月十九前
後抵鄂,廿四日下世,乃以毀瘁也。數月之間,遯庵丈喬梓俱逝,
悽愴已甚,令人短氣。年命若朝露,以觀人之居斯世者謂何也。"

　　《蘭騈館日記》二月二十五日:"酉刻得鄂電,再同於二十四
日酉刻下世,慘哉!"

三月初四日,訂旌德人呂華清主家塾。

　　《日記》:"拜訂旌德呂上舍華清主家塾,授兒輩讀。"

初六日,作函致葉昌熾,贈以日本印泥及所編《桐溪耆隱集》、續
刻詩集。

　　《緣督廬日記》:"夜得爽秋柬,饋日本印泥及《桐溪耆隱

集》、自著續集。"

十四日,赴法源寺公祭黃國瑾。

　　《日記》:"同人爲亡友黃君設奠於愍忠寺,往預祭。"

　　《緣督廬日記》:"法源寺公祭再同,見爽秋、仲弢、蓮生、子培、子封、子修。"

　　《笝誃日記》:"晨起,至法源寺公祭黃再同前輩,蓋再同以奔喪至鄂,到後即去世,父子二人於百日中同亡,可云哀矣。"

十七日,招飲同人於紫藤精舍,黎庶昌、周懋琦、葉昌熾、徐琪、吳講、馮煦、繆祐孫、錢紹楨、沈曾植等人在座。

　　《日記》:"未刻借紫藤精舍宴客,會者尊齋、子瑜、緣督、花農、介唐、夢花、柚岑、銘伯、子培諸公,上燈時散。"

　　《緣督廬日記》:"午後,爽秋招全浙館,同席者黎尊齋庶昌、周子璵懋琦兩觀察,花農、夢華、柚岑、子培、吳稼堂前輩,上燈始歸。黎觀察云在日本見慶元本三史,又云足利學尚在,有孔子塑象,而古槧已寥寥矣。"

二十三日,李慈銘函來,約至法源、崇效等寺看牡丹。

　　《越縵堂日記》:"得爽秋書。……作書致爽秋,致子培,俱約乘暇至法源、崇效諸寺看牡丹。"

二十五日,日本駐華公使大鳥圭介來函邀宴,辭不赴。

　　《日記》:"東瀛行人大鳥圭介折簡請赴讌集,以疾辭不往,避人臣外交之嫌也。"

二十八日,與濮子潼招宴陳彝、錢應溥,沈曾植、徐琪、朱福詵、黃紹箕等人在座。

　　《日記》:"未刻與潛兄招同六舟、子密兩丈,子培、花農、桂卿、仲弢四公小集紫藤精舍。將夕,滿天黃暈如廿五日狀,或云此主大風。筵散時已夕。"

四月初一日,李慈銘招宴其寓,至晚方散。

　　《日記》:"尊老招集,出示爲蔡千禾題《㢸園勘書圖叙》一首,文甚雅潔,且於二十年中北雍故事極有關係。尊老神清筆老,善談名理,洵異人也。王子獻爲尊丈刻詩,自甲辰至甲戌凡十卷。乙亥至今年所作未編定。"

《越縵堂日記》:"午後,子獻來,王葭子來,子培來,爽秋來,若農師來,張樵野廷尉來,朱桂卿來,蔡松甫來。小坐朱霞精舍,設飲杏花香雪齋,晡後酒畢。松甫、子培、爽秋談至晚去。"

初六日,請假不入署。赴沈曾植、沈曾桐招飲,餞別蔡右年,李慈銘、王彥威、黃紹箕、吳慶坻、吳品珩等人在座。筵散後,偕李慈銘往問黃體芳疾。

《日記》:"心神虛怯,殆因久廢吏役之故,以病乞予休告。作紈扇數頭。子培、子封舅季爲千禾通守餞別,招予作陪,酉刻散。偕尊老同往眠瑞安黃丈疾。"

《越縵堂日記》:"午詣下斜街全浙館,赴子培、子封兄弟之飲,坐有松甫、弢夫、爽秋、仲弢、吳子修、吳佩葱。設於紫藤精舍,坐客七人,分貫杭、湖、紹、台、金、嚴、溫七郡,主人則嘉興也。是日熱甚,不能御酒肴。晡後席散,偕爽秋詣漱丈談,傍晚歸。"

十五日,詣保和殿考試差。

《日記》:"天未明即詣前左門,候吏部唱名領卷,恭詣保和殿考試。欽命首題'彊恕而行,求仁莫近焉';次題'雷雨作而百果草木皆甲坼';詩題'水面初平雲脚低得湖字'。申正艸艸完卷即出場。首藝寫敓一句,平日讀書養氣工夫太欠缺,臨事矜持已甚,字跡又劣。一行作粗吏,竟不能與俵贏並驅爭先矣。"

案:李慈銘、黃紹箕、王懿榮等人亦與試,《越縵堂日記》:"是日與試者三百四十餘人,翰林至二百六十人,可謂人才極盛矣。……辰刻接卷,入保和殿,偕仲弢、廉生接席坐。"可參看。

二十二日,吏部帶領考差諸員赴勤政殿引見。

　　《日記》:"由吏部帶領引見勤政殿。"

　　案:《越縵堂日記》:"平明入西苑門,卯正二刻引見勤政殿。自十九日後引見翰林院考差諸員,今日引見詹事府、科道、六部、國子監諸官。"可參看。

三十日,詔許通政使黃體芳開缺。

　　《日記》:"瑞安黃丈以時艱憂憤成疾,己志不伸,疏請乞休。公朝之直臣,似應不拘常例慰留,寬予假期,國恃善人以立,善人國之寶也。乃遽蒙恩准開缺調理,蓋聖慈姑遂其請,養公鋒棱,以爲異時召用地邪?然都下清修勵節之士,皆依倚公以爲耆德師表,咸惜其去位也。"

　　《光緒朝上諭檔》十七年(1891)四月三十日:"內閣奉上諭:'黃體芳奏假期屆滿,病尚未痊,懇請開缺一摺。通政使司通政使黃體芳,著准其開缺。欽此。'"

五月二十六日,晤葉昌熾,葉氏以梵天、靈隱二幢拓本相贈。

　　《緣督廬日記》:"爽秋來,暢談,贈以梵天、靈隱二幢。"

　　案:五月二十三日至二十九日公日記失記。

二十八日,葉昌熾招飲聚豐堂,辭未赴。

　　《緣督廬日記》:"聚豐堂宴客,到者子誦、廉生、仲弢、夢華、佛青、蒿隱、子封、木齋、靜偕、禮卿、花農、屺懷、建霞,辭者爽秋、莪山、柚岑。"

六月初一日,作函致李慈銘,示以所著讀《論語》札記,並問《後漢書》中疑義。

　　《越縵堂日記》:"得爽秋書,以所著劄記中《論語》夷逸、朱張一條見眎,並問《續漢書·禮儀志》侲子和歌'甲作食凶'等語名義。"

初二日,李慈銘來函,答論所問《後漢書》侲子歌義,並示以所著《窮愁錄》。

《越縵堂日記》："作書復爽秋,略言《辰子歌》句讀、名義,並檢壬戌所著《窮愁錄》一冊牘去,以中有論夷逸、朱張一條,不從鄭義也。……爽秋來。"

初十日,聞潘遹卒訊。

《日記》："同年潘兵曹伯馴久病,昨竟逝世,一官債累,母老子幼,諸弟皆不足自存,可哀也已。"

《越縵堂日記》初九日："聞潘伯循今日申刻病殞邑館中,年五十二。伯循家本式微,能自奮取科第,由翰林改兵部主事,甫得補缺,將升員外郎,而連喪妻子,身亦不祿。其家尚有老母,年七十餘,聞已臥病,可哀也。"

十三日,陶模入都覲見,來訪,張預亦同至。

《日記》："新疆中丞陶方之先生入覲,頃枉存,與子虞同年同晤見。公精神強固,言論娓娓,條理秩然,真足任邊寄,當西域長城也。"

七月十一日,家忌日,強赴浙江同鄉團拜會。

《日記》："今日家忌上供,而同鄉社會係歲一舉行,不得不赴之。不孝之皋庚山積,非一事也。"

《越縵堂日記》："赴才盛館全浙同鄉團拜,演四喜部,兼傳別部。……是日,以譚文卿尚書鍾麟及浙人之爲外吏將出都者陶子方中丞等爲客,許尚書以疾不至,晤徐、錢兩侍郎及吳季卿、郭少蘭、子虞、爽秋、花農、子培、子封、紫泉、毀夫、仲毀、子修、佩葱、馮心蘭、徐班侯、漁笙、介夫、子尊諸君。……三更後歸。"

十六日,拜沈曾植母韓太夫人壽。

《日記》："拜沈母壽,晤尊老、漁笙。"

《越縵堂日記》："子培太夫人生日,傍晚詣粵東館拜壽,送酒十斤、燭一對,子承、子封固留夜飲,與毀夫、紫泉、仲毀、子虞、子修、旭莊諸君同席。"

二十一日，聞張曜卒訊，作聯挽之。

《日記》："巡撫山東朗齋張公薨於位，製聯輓之云：'洗兵魚海，弓掛扳桐，持節鵲華，薪樵瓠子，資兼文武，霸才出越國山川，豈期邊壞長城，疽發俄同范亞父；廣廈萬間，孤寒雪涕，大星一隕，部曲剺顏，家像祁連，天語悼禁中頗牧，猶憶雅談便坐，租船虛荷謝征西。'"

《越縵堂日記》七月十九日："陶生譽光來告，張朗齋尚書於昨日卯刻卒於濟南節署，以患背疽，病未十日也。尚書祖居上虞，自其曾祖遷杭州，今爲杭人，而籍大興。少孤，以末秩自效，積功至今官。忼慨開爽，君子人也。勇於任事，孜孜爲國。尤篤於故舊，與余交未及十年，而相契至深。……年甫六十，哀哉。"

八月初十日，洪良品來談，並示以所著《古文尚書辨惑》。

《日記》："右臣給諫枉談，並示所著《古文尚書辨惑》。"

十一日，陶模來函，以碑拓十餘種相贈。

《日記》："中丞陶公枉寄手札，以新出土顏書《馬璘碑》又它碑搨本十餘種相遺。公政務清暇，又能蒐尋石刻，耆古成癖，真有古人風味，令人敬仰不寘。"

二十一日，作函致李慈銘，轉呈陶模所贈碑拓。

《越縵堂日記》："得爽秋書，爲陶子方中丞送所詒碑拓六事，隋蘇孝慈墓誌銘、唐顏魯公書扶風郡王馬璘碑、柳誠懸書魏文貞公家廟碑、唐大中十二年尊勝經幢、唐睿宗書景龍觀鐘銘、貞觀三年鄜州寶室寺鐘銘。此一本朱拓。蘇誌光緒戊子始出於蒲城之西鄉崇德里土中，刻畫如新，楷書勻整，或有謂其按舊志所載誌文僞爲之者。顏書馬璘碑自《金石錄》後無著錄者，去年子方爲陝西布政，於署中掘土得之，已斷爲兩截，文亦大半漫患。柳書魏氏家廟碑，雍正中陝西布政楊祕掘地所得，碑亦中斷，首尾上下俱多剝落，首一行祇存'判戶部事上柱國賜紫金魚袋魏公先廟碑銘'。判字上文全剥，不知以何官判户部，亦不知爲文貞之幾代孫，名字俱不可考。今年春，子方更於土中掘得一石，以合舊出石之左方，適相凑泊，凡多百餘字。又一小石，得十八字，其五字不可辨。大中尊勝經幢亦新出土者。"

九月初九日，晨至北城送寶鋆出殯。晚赴李慈銘招飲，李文田、邵友濂、楊崇伊、張預、王頌蔚、徐琪等人在座。邵友濂談馬新貽被刺案甚詳。

　　《日記》："蕈老家晚飲。是日清晨至北城送故府主寶文靖公出殯。"

　　《越縵堂日記》："傍晚李若農師、邵筱邨中丞、楊莘伯、張子虞、袁爽秋、王苻卿、徐花農先後至，夜點鐙設飲於杏花香雪齋，二更後始散。是日坐間筱邨談馬端敏被刺事甚詳，言端敏有僕婦，後傭於劉省三中丞銘傳家，屢述顛末，事皆目見，其言可信，它日當記出之。"

十三日，京兆榜發，知張權中式。晚王頌蔚招飲。

　　《日記》："京兆牓發，張君立中式一百十三名，出王太史同愈房。至署。晚蒿隱先生招陪苟師、蕈老宴集。"

　　《越縵堂日記》："閲題名録，南元賀綸夒，湖北蒲圻人，前工部尚書壽慈之孫，又甫按察之子也。……張香濤之子權中一百十三名，今年北官不成，故亦以民卷中。……晚詣江蘇館，赴苻卿之飲，坐有李侍郎及左笏卿、繆右臣、桂卿、爽秋、仲弢諸君，夜一更後歸，月明如晝。"

二十日，黃體芳、黃紹箕喬梓招飲紫藤精舍，李慈銘、王詠霓、朱福詵、王彦威、沈曾桐、馮煦等人在座。

　　《日記》："潄丈招宴集城西精舍，與子裳下棋，日暮歸。"

　　《越縵堂日記》："午詣浙館紫藤精舍，赴潄翁、仲弢喬梓招飲，坐有子裳、爽秋、桂卿、弢夫、子封、馮夢花，晡後便道送花農行，遂歸。"

二十三日，隨慶郡王奕劻至團城承光殿相度西洋駐華使節覲見
場所。

　　《日記》：“四更入内，平旦隨西邸詣團城別殿，相度覲見海
西陪臣處所。”二十五日：“冒雨至承光左門，朝有覲事，預執
役。巳正蒇事。”

　　案：薛福成《出使日記續刻》卷三光緒十八年（1892）二月
初七日：“袁爽秋來信，云俄使喀希尼照會，引雍正五年俄使薩
瓦在太和殿覲見故事，稱欲在宫内首殿覲見遞國書。李梅亦云
然。而旨意已定在北海之承光殿。屆期李梅稱病，函請改日。
喀使則照稱外部令其照成案託總理衙門代遞國書。現已函致
許竹簀星使詢商俄外部矣。”可參看。

二十八日，受命管理户部庫房。

　　《日記》：“同事强要予爲笶庫之士，穡生所不堪，不止七事
矣。投腐鼠於鵷雛，享爰居以俗樂，人之不能相諒一至於此，懊
懥不已。”十八年七月三十日：“此一年中爲笶庫之吏，正如介
甫爲群牧司判官時，庫中有二蠹役，一陰惡，一陽惡，如附骨之
疽，驟不可去。姑用元萬松老人主聖安寺方丈法，觀釁而動可
乎！此二蠹不除，一庫之政無清明之色也。”

是年秋，作致薛福成函，述及總理衙門大臣論喀什葛爾設立英領
事之意。

　　《出使日記續刻》卷二九月十二日：“袁爽秋來信，云喀城
駐英員一節，孫萊山尚書嘗問之，云：‘此事薛大臣極謂有益無
損，而筱雲侍郎力持以爲浩罕邊境，中國小部落尚多，英借駐喀
爲名，漸漸煽誘諸回部歸英，俄必生疑何厚於英而薄於俄，於是
亦啓瓜分之心，則疆事去矣。予始亦以薛大臣之論爲然，而筱
老力持之意甚堅，究竟其説孰長？’謹答之曰：‘喀什葛爾以西
與俄以依爾克什唐爲界，布魯特部已盡割入俄境，此外別無未
歸俄之小部落。葉爾羌、和闐別有通西藏一道。俄之費爾干省

八城緊逼喀城，將來必窺伺西四城，漸爲入藏之謀。喀城得英駐員牽制，使俄不測中英協謀，彼將有所忌，而轉求好於我，真目前長算也。薛大臣議是。'萊公終以筱老堅持，不能不和衷共濟謝之。户部自閻相去後，庫款匱乏，十四五六年歲計簿並無刊本。滬關積年存出使經費一百九十萬兩，從前文文忠公煞費經營，謂此款關係緊要，無論何項急需，不得挪動。前月海軍衙門以園工支絀，奏提一百萬兩作萬壽山工程矣。"

十月初五日，王詠霓、王彦威招飲宜勝居，李慈銘、朱福詵、黄紹箕、陳梅坡等人在座。

《日記》："晚子裳、彀夫招集。"

《越縵堂日記》："子裳、彀夫邀夜飲宜勝居，坐有爽秋、桂卿、仲彀、梅坡，二更歸。"

初七日，張蔭桓招飲，李文田、李慈銘、王懿榮、王詠霓等人在座，同觀所藏畫册。

《日記》："張中丞招集，觀南園錢公畫馬，略用顏賦杜詩之意。惲南田以王翬工畫山水，忖己詣力未必出王上，遂嫥精没骨花卉。此惲仿元人山水册子，意境蕭散，法度森然，當是早年作，不可多得。足知古人三十而五經立，其骨氣已成，即菽事可見已。"

《越縵堂日記》："午後詣錫鑛胡同赴張樵野副都招飲，坐有李若農侍郎及廉生、爽秋、子裳諸君，肴饌甚精。觀所藏惲南田山水册，筆法精絶。坐右懸錢南園通政《秋風歸牧圖》立幅，皆以淡墨烘染。凡馬十人二，精細絶倫，馬之毛色蹄角，各極其致，樹石蒼鬱，鉤皴工密中皆帶篆籀法。南園風節峭聳，書法古勁，其畫甚罕見，不謂工絶乃爾也。款題戊戌六月十六七八日寫，蓋三日而成者。又有文休承山水龍舟小立幅，亦澹秀可喜。傍晚出城，答拜數客，晚歸。"

十三日，奉郡慶王命至日本使館，宴間作二絶句以贈大鳥圭介。

《日記》："奉西邸教至東倭行人館，致命畢，酒半即席作二絶句爲贈,不及構思,艸艸甚劣。"

十四日,洪鈞來訪,談出使西洋經歷。

　　《日記》:"文卿少司馬枉過,談西使所歷事。"

十一月十九日,廖壽恒招飲江蘇館,黃體芳、李慈銘、王懿榮、殷如璋、陳冕等人在座。

　　《日記》:"嘉定侍郎招陪漱丈、蓴老、廉生、秋樵宴集。"

　　《越縵堂日記》:"午詣江蘇館,赴仲山侍郎招飲,坐有漱丈、爽秋、廉生、殷秋樵鴻少、陳冠生修撰冕,冠生,仲山之壻也。肴饌甚精,酒亦醇旨,傍晚始散。"

二十一日,往拜恭親王奕訢六旬壽辰,在葆光室行禮。

　　《日記》:"鑑園邸六秩初度,以舊吏偕同官泩祝,在葆光室行禮。'葆光'二字,乃蘇門高士孫登戒嵇叔夜語。"

　　案:"葆光"典出《莊子·齊物論》:"注焉而不滿,酌焉而不竭,而不知其所由來,此之謂葆光。"恭王府葆光室匾額爲咸豐帝御筆所書。公日記中言爲孫登戒嵇康之語,顯係微有所諷。

二十七日,代張蔭桓作李鴻章七十壽序。

　　《日記》:"代人作合淝相公七十壽叙,艸稿訖,漫不可省眎,皆藻繢滿眼語也。氣不疎而無質榦,是文家大病,惲子居所云設色乃非也。"

　　《袁忠節公書札鈔略》卷二光緒十八年(1892)十一月二十一日致袁遂書:"傅相壽序記曾將印出之一小册呈政,活字版。前一篇用七緯書者,乃代樵憲作,乞檢明署張少司農款可也。"

　　公《合淝相國壽言》有《太子太傅光禄大夫文華殿大學士總督直隸等處地方一等肅毅伯欽差北洋大臣總理海軍大臣合淝相國七秩壽序》、《合淝相國七裘初度第二叙》。

　　案:此稿張蔭桓未用,公自製送致。張佩綸《蘭駢館日記》正月初三:"袁爽秋代張樵野作《合肥壽序》,用阮文達《聖壽宗經説》之體，全用緯書組織。樵野不敢書，袁甚憤，自以活字板製送合肥。然儀徵所用皆欽定經説，所以精切。合肥未嘗考定緯書，其説近於泛填，且魏晉間勸進之文，頗以讖緯並行，似非臣下所宜用。張不送書，亦未可非也。"可參看。

是月，許景澄自俄都來函，詢總署與俄談判之意圖。

　　《許文肅公日記》初一日："又致爽秋，詢總署争地争約主何策？"

十二月初三日，王頌蔚招集，同觀王鏊畫像。

　　《日記》："向夕蒿隱先生招同蓴老、子培、仲弢、叔基寒夜小集，敬觀明孝宗、武宗朝太傅王文恪公歷仕小像，公自贊云：'願希首陽之拙，而不欲爲柱下之工；願效知止之疏傅，而不能爲濟變之姚崇。'殆自廁與茶陵李文正公異趣邪！圖本王惕甫所藏，今展轉歸蒿隱，文恪乃蒿隱遠祖。公所著有文集及《震澤長語》，集中與吳匏庵唱和爲多，沈石田亦與公相知。此卷有王百穀、汪退谷、何屺瞻跋，蓴老作一跋尾甚佳。二更散，又過慕淮，旋歸。"

　　《越縵堂日記》："譔《王文恪畫像記》成，即書於卷後，别存稿。夜詣苓卿家赴飲，坐爲爽秋、桂卿、子培、仲弢。肴饌甚精，談諧復暢，坐間懸魏正光四年鞠彥雲碑朱拓本甚佳。二更後歸，有風甚寒。"

初四日，以酒食贈李慈銘。

　　《越縵堂日記》："得爽秋書，惠酒一罋，醋鰣魚一盤，即復謝，犒使四千。……再得爽秋書。"

初八日，至户曹辦公。晚招同人集於紫藤精舍，作消寒之會，黃體芳、李慈銘、黃紹箕、左紹佐、朱福詵、吳慶坻、沈曾植、沈曾桐、王頌蔚等人皆至。

　　《日記》："牙日有殷事，至户曹。晚在紫藤精舍消寒小集，會者十人，漱丈、蓴老、笏卿、叔基、子修、子培、子封、蒿隱、仲叕,濁酒一斛,圍棋一枰,至二更始散。"

《越縵堂日記》:"傍晚詣全浙館紫藤精舍赴爽秋之飲,坐有漱翁、仲叕喬梓,苕卿、笏卿、桂卿、子修、子培、子封,夜二更歸。"

初十日,晚赴李慈銘招飲,黃體芳、鮑臨、朱福詵、王彥威、王仁東等人在座。

《日記》:"晡出城,蓴老招集,初更時散。"

《越縵堂日記》:"是日先柬約漱翁、敦夫、桂卿、爽秋、叕夫、旭莊、楊壽孫、德孫兄弟飲杏花香雪齋,以漱翁今年六十,桂卿、叕夫皆五十,旭莊四十,合二百歲,爲之壽也。漱翁、叕夫午初早至,爽秋晡後始來,楊壽孫以疾辭。日(昳)〔昳〕設飲,至夜一更後始散。"

十八日,午黃體芳招集全浙館,爲李慈銘預作生日,並壽朱福詵、王彥威。晚入城直宿,疾作。

《日記》:"漱丈招飲。至夜半就枕,眩暈忽作,氣喘心跳。"

《越縵堂日記》:"詣全浙館赴漱翁之招,漱翁爲余豫作生日,並爲桂卿、叕夫作五十壽也。坐有爽秋、子培、子封、苗生、佩葱及仲叕,肴饌甚精,飲至夜歸。"

二十六日,作函致李慈銘,饋桃麵及酒。

《越縵堂日記》:"得爽秋書,饋桃麵及酒,作書復謝,返酒。"

二十七日,拜李慈銘壽,晚詣濮子潼談,吳慶坻在座。

《日記》:"拜蓴老生日,喫麵。……夜在止潛許與子修劇談。"

《越縵堂日記》:"余生日,漱丈來,饋段紬兩卷、麂脯兩肩及桃麵、燭、酒,固辭段、脯不得。叕夫來。秦孝廉達章來,饋酒脯,受酒反脯。苕卿來,蓉曙來,苗生來,楊壽孫、德孫來,佩葱來,蓴庭來,梅坡來,秦芝孫來,旭莊來,爽秋來,子封來,桂卿來,仲叕來,旭莊來,班侯來,子培來,書玉來,資泉來,介唐來,敦夫來,子獻來，劉仙洲夫人來，書玉夫人及其第四女郎來，殷萼庭姬人來。……是日午間設酒麵三席，夜設肴醴三席，至三鼓始散。"

編年詩：《庭花》、《人日括賀方回詞意》、《春風一首》、《誚蔡千禾同年即送其赴蜀倅》、《一霎》、《仲設太史初度以小詩奉侑》、《恭閱慈禧皇太后仿世廟畫蒲桃御筆二首》、《恭閱聖製畫竹御題曰雲痕煙影》、《戲咏肺病》、《禁中早春》、《上燈日》、《鸜鵒眼研銘詩》、《月夜邐景山下詣苑門》、《小壺天》、《十洲槎臣同日朝正西海子恭記十四首》、《春日偶題》、《二月七日雪陡寒》、《夜坐》、《古意一首》、《喚起》、《桃花將放》、《雲門將行戲作俳語送之》、《人事》、《柳》、《晝睡》、《寒食前三日作》、《追悼季妹》、《到處》、《雨》、《再賦柳》、《落花》、《蓴齋奉使日本還朝因贈》、《蓴齋前後見贈徵君鄭子尹先生遺書再答謝》、《又謝遺倭刀》、《一指》、《託迹》、《蕭寺一首傷同年黃再同編修作》、《壽長沙徐耘渠駕部丈八十》、《觀物雜題》、《玉河》、《覺衰》、《未遂》、《題翁大令長森貽硯圖》、《書所見》、《積雨後作》、《雨歇》、《老城根》、《寄鄭蘇龕》、《籬落》、《送潘伯馴同年歸櫬》、《訪吳子修》、《淨慈一上人渡海來請放內府藏經將擔歸杭州受持流布其意甚勤同子修太史作五絕句贈之》、《賦得聞道王城最堪隱》、《賦得萬人如海一身藏》、《調李侍御》、《戲贈宋養初晝睡》、《夜坐望月》、《送葉緣督太史還吳中》、《致仕瑞安黃丈壽讌詩十有四首》、《濮母林碩人挽詩》、《壽譚仲修同年六十》、《聞伯希作西山之游》、《憶山中太和潭精舍》、《咏袁白燕》、《侍郎李仲約先生視學畿輔感時述事奉呈八章》、《詩後又題一首奉寄》、《再咏虞功曹一首》、《賀藥翁得一子》、《掖垣望月》、《看鷗波亭圖》、《管道昇畫竹》、《咏壞色古畫》、《耳鳴》、《冬晴望北山》、《吏舍西垣下老桑樹》、《碧城》、《上孝達督部師》、《題會稽王孝子髮冢銘石本後》、《枯樹詩》、《喜朱二屯田見過》、《歲暮上李端公》、《蒼林君四十初度作詩示之》、《又題六言》。

編年文：《讀阮文達公跋又書》、《中西方言通釋叙》（佚）、《與袁遂

書》(此次傔從自寶坻賑務事畢來都)、《致許景澄書》(臘月初二
日奉到九月廿二手歎)、《議覆薛大臣條陳滇緬預籌勘界事宜摺》、
《致仕通政使攝御史中丞黃丈六十壽叙》、《上黃子壽丈》(今世士
大夫多局促神索)、《上黃子壽布政丈書》(受業日久未上檐記)、
《復長少白將軍》(溯自己丑年四月十一日奉復一函)、《睎日捐齋
學人自戒語》、《跋文獻徵存錄》、《金大令家傳》(佚)、《畫馬題詞》、
《致駐藏大臣論藏印事利害書》(佚)、《忍庵記》、《春藻堂牓書跋》、
《稟鄂督張制軍師》(宜昌教案未結)、《上座師張孝達書》(受業
前奉電諭)、《致薛葆楷書》(前聞慕弟云秋間師母大人欠安)、《太
子太傅光禄大夫文華殿大學士總督直隷等處地方一等肅毅伯欽
差北洋大臣總理海軍大臣合淝相國七秩壽序》、《合淝相國七袞初
度第二叙》、《致許景澄書》(臘月初二日奉到九月廿二手歎)。

【時事】北洋艦隊訪問日本。蕪湖、宜昌等地教案發生。熱
河金丹教起義。康有爲創辦萬木草堂。

郭嵩燾卒。寶鋆卒。張曜卒。黃國瑾卒。潘遹卒。

光緒十八年壬辰(1892),四十七歲

正月初八日,往晤李慈銘,以各海關道賻李國琇金囑轉交。

《日記》:"晤蓴老夜談。"

《越縵堂日記》:"爽秋來,以去年總理各國衙門致書各海關
道爲族弟慧叔求賻,今寄到者九江道李希蓮、上海道聶緝槼、登
萊道盛宣懷,共百八十金,屬爲轉交。"

案:李國琇(1837—1891),字慧叔,咸豐九年(1859)恩
科舉人,同治四年(1865)進士,官兵部主事,外放福建建甯知
府,未赴任而卒。

十四日,李鴻章來函,答謝所贈壽序。

《日記》:"合淝相公復札。"

《李鴻章全集》光緒十八年正月初四日《復總理衙門行走記名御史記名道戶部副郎袁》："碤秋世仁弟大人閣下：昨奉惠函，並讀大製序文兩篇，高義英詞，震駭流俗。第一篇原本阮文達恭進《高宗八旬萬壽宗經徵壽説》。讖緯之書，經之輔翼，君臣之義，托體已尊，而網羅七籍，自鑄偉詞，奇麗溢目，健筆浩氣，又足副之，可云奇作。惟文達雖云宗經，而實推闡聖製經説。鄙人慚無胡太傅、楊太尉之學，於緯書未嘗究心也。嘗聞全謝山之論李榕村曰'其書則經，其行事則緯'，蓋詆其相業之不純。然文王之德之純，惟我高宗足以當之，臣下又何敢望。……第二篇儷體堅栗，直逼石笥。一時得見兩奇文，大喜過望矣。"

二十日，袁遂寄贈沿海八省地圖。

《日記》："敬孫宗兄寄示沿海八省地圖，喜不可言。"

二十九日，王頌蔚、馮煦招飲江蘇館，黃體芳、李慈銘、王懿榮、黃紹箕、費念慈、李盛鐸、王彥威等人在座。

《日記》："嵩隱先生、夢華太史招同漱丈、蓴老、廉生、仲弢、屺懷、木齋小集，筵散後至子培處談，籠燈而歸。"

《越縵堂日記》："午詣江蘇館，赴夢花、芾卿招飲，坐有漱翁、弢夫、廉生、仲弢、爽秋、李木齋盛鐸、費屺懷，看饌頗精，傍晚歸。"

二月初八日，觀《昇仙太子碑》，論其體勢。午後江標招飲，沈曾桐、黃紹箕、馮煦、劉嶽雲在座。晚又赴黃思永之招。

《日記》："觀《昇仙太子碑》，筆勢腴勁不真，而點畫狼藉，全從魏《馬鳴寺根法師碑》化出。文則堆砌故實，殊無足觀。唐初書人稱歐虞褚薛，薛少保稷，字嗣通，汾陰人，魏文貞公之外孫也。天后朝位至宰輔，學書師褚河南，時稱'買褚得薛，不失其節'。呂總評稷書如'風驚苑花、雪惹山柏'。杜甫通泉縣慧普寺觀少保牓書詩云：'仰看垂露姿，不瑚亦不騫。鬱鬱三大字，蛟龍岌相纏。'狀其體勢，傾倒極矣。此碑陰題名乃薛奉敕正書，名迹寂寥，今存者惟此耳。王子晉見《逸周書》，與王喬自是兩人。王喬爲葉令，見《後漢書》方術傳。碑文乃併爲一人，既引叔譽、師曠語，又引飛鳧事，不辨時代，殊可笑也。午後江建霞招集，觀陳碩甫先生所藏友人手札一本。黃慎之招集，晚歸。"

《笤帚日記》："午招袁爽秋昶、沈子封曾桐、黃仲弢紹箕、馮夢華煦、劉佛青嶽雲飲於寓齋，約王廉生懿榮、沈子培曾植、費屺懷念慈不至。"

十一日，往晤李慈銘，以李經方贈李國琇金囑轉交，並以近作《菊潭行》詩相示。

《日記》："晤蒓老。"

《越縵堂日記》："爽秋來，以合肥太傅子日本節使經方贈慧叔五十金屬轉交，即命僧喜持付珣姪。……爽秋以所作《菊潭行》見眎，詠酈縣菊泉事，以配桃源也。格調亦仿王右丞《桃源行》，而雋警過之。其所述祇據《續漢志》注引《荆州記》，未及引《水經·湍水篇》注及《太平御覽》、《太平廣記》、《太平寰宇志》所載諸條，暇當綜括諸書爲賦一篇以補之。"

案：樊增祥《樊山集》卷十八有《菊潭行》和詩，序云："爽秋製此題，且自叙云桃源事經名家題詠，遂爲人間異境。獨南陽酈縣菊潭之名，見於史志，無人能掞張其事，遂名字翳如云云。昔余初入關，嘗賦《桃花源詩》以見志，比再涖咸甯，益迫迮無驩悰。讀君此詩，欣然慕效。又其事出《荆州記》，益觸懷土之思。異日拂衣東歸，買山招隱，倘佯於花黃水碧間，爽秋倘能扁舟過訪乎？吾知此樂南面不易矣。"可參看。

十六日，譚鍾麟來談西北邊事。接沈曾植函，交來所作詩叙，復之。晚徐定超招集。

《日記》："少宰茶陵譚公絓軡茅堂，清談一炊許，多言西北邊事，爲之太息。子培來札，爲作近詩叙一首甚佳，連蜷紆迴之

筆,渺緜窅窱之思,洞庭驟雨,颯沓林表之容,幔亭仙樂,高張霞
外之韻。……所謂周周銜羽,蛩蛩念飢,負我而行大澤,吹噓以
上天門者乎。夜徐班侯招集。答子培札。"

二十四日,唁沈曾植叔父之喪。

《日記》:"詣子培,唁其叔父廉仲先生之喪。"

《越縵堂日記》二月二十三日:"詣子培、子封兄弟,知前日
新得其叔父粵東之訃。子培涕泣悲甚,慰之,久談至晚而歸。"

二十八日,王先謙來函,並寄所著書數種。夜招鄉人計偕諸君飲。

《日記》:"夜招金華劉魯鄰、何公蔭、章伯欽、仲憲、拱北中
式年廿二,有福澤相。昺季宴集、淳安邵梅生、張葆芝,常山徐六階、
姜子雅期而不至。均計偕來京。得致仕王逸吾祭酒長沙來書,且
寄示所著《荀子集解》、校本《鹽鐵論》。又云謀合刊戴校趙箋
《水經注》。"

是日聞閻敬銘卒訊。

《日記》:"朝邑閻相國致仕後,卜居虞鄉縣之王官谷,即唐
禮部侍郎司空表聖所居也。聞公於二月初九日薨逝,老成謀國,
瞻言百里,哲人云亡,邦之殄瘁,可爲寶涕。昶門吏也,欲援筆
爲文祭之。"

公《春闈褉詠》中《故相朝邑閻公挽詞》附錄有《祭故相朝
邑閻公文》。

案:《越縵堂日記》三月初二日:"予告大學士閻敬銘卒。詔:
'致仕大學士閻敬銘,清勤直亮,練達老成,由部屬於咸豐年間
調赴湖北軍營辦理糧臺,洊升藩臬。蒙穆宗毅皇帝特達之知,
擢任山東巡撫,因病乞退。旋補授工部左侍郎,以疾辭不赴職。
朕御極後,宣召來京,簡授正卿,參預機務,晉贊綸扉,宣力有
年,克勤厥職。嗣因患病,開缺回籍。茲聞溘逝,軫惜殊深。著
加恩追贈太子少保銜,照大學士例賜卹。'旋予謚文介。"可以
參看。

三月初六日，派充會試同考官，即日入闈，在第二房。是科正考官爲翁同龢，副考官爲祁世長、霍穆歡、李端棻。

《日記》："遣僕人寅刻恭赴午門聽宣，蒙恩簡預本年禮闈同考官。昶學殖荒落，謬預分校，兢兢以奉職不稱爲思。且内弟慕淮因此迴避，不得就試，亦於心未安也。叩辭影堂，巳初至棘闈，門未啓，良久，俟稽查御史到乃啓。兩次投遞職名。同分斠官十八人。内浙省七人，朱叔基、沈子封、陳蓉曙、戴青來、姚菊仙、馮心蘭及不佞。丙子同年祇三人，心蘭與趙伯遠也。予住東院第二間，窗櫺西向，後院爲外厨。有古槐一株，其大可蔽十牛，枯條龍鱗，今年春晚，猶未發芽也。申初，同官旅謁正總裁大農常熟翁公、副總裁大空壽陽祁公、閣學鐵嶺霍公、閣學貴筑李公。儀甚簡，相見祇一揖，又同官往來互相拜。始用藍筆。"

《翁同龢日記》："寅正蘇拉來告派充正考官，遂起馳赴苑門，入至軍機處接題匣鑰，樞廷面交。退至内閣漢票簽處看題本。……巳正至貢院門，門未啓，惟御史一人甫到，良久始入。至公堂小坐，與知貢舉、提調談。酉初衣冠拜同事，遂拜監試、十八房、兩收掌。出至聚奎堂，諸君見答，一揖退。外簾諸君亦入，一揖去。戌初封龍門。翁同龢爲正考官，祁世長、霍穆歡、李端棻爲副考官。同考官：劉若曾、十八。洪思亮、十。徐仁鑄、十五。施紀雲、五。朱福（銑）〔詵〕、一。許葆芬、九。吳鴻甲、六。彭述、十六。周夏諏、十三。沈曾桐、四。陳通聲、十四。袁昶、二。鄒福保、七。趙曾重、十一。姚丙然、八。戴兆春、十七。呂佩芬、十二。馮金鑒、三。内監試：舒恩、謝雋杭。内收掌：毛□望、張銘坤。"

案：《翁同龢日記》載是科四書題："子曰君子矜而不争"兩章，"斯禮也"至"士庶人"、"井九百畝"至"同養公田"；賦得"柳拂旌旗露未乾"得"春"字，五言八韻。五經題："爲大涂"，"厥亦惟我周"至"康功田功"，"嗟嗟保介維莫之春"，"公會諸侯盟於薄釋宋公"，僖公二十有一年。"兵車不中度"五句。策題："論語古注"，"新舊唐書"，"荀子"，"東三省形勢"，"農政"。

二十六日，閱一落卷，疑爲吳士鑑，慫恿同官補薦，榜發果然。

《日記》："有一浙中卷，已入落卷中。文筆疏宕而無俗氣，射筴於柳邊地勢尤詳，在江陰吳太史房，疑爲綱齋手筆，慫恩補薦，君鎮而諾焉。四月十一日拆彌封，果吳綱齋卷也，喜眼光尚不謬。"

案：吳士鑑（1868—1934），字綱齋，號公詧，別署式溪居士，浙江仁和人，吳慶坻子。是科以榜眼中進士，授編修，官至翰林院侍讀，後任江西學政、資政院議員。入民國，任清史館纂修。著有《含嘉室詩集》《含嘉室文存》等。

四月初二日，謁翁同龢，以磨勘進中卷。

《日記》："謁見總裁，以磨勘呈進中卷也。"

《翁同龢日記》："袁君欲易去芯翁處所定房首，以禾丈一卷爲房首。"

十二日，是日出闈，公房中共得貢士十八人。知好及中式諸君皆來晤。往慰張謇落第。

《日記》："是日放榜。寅初家人以車來迓，出貢院，月朗氣清，顧見槐龍交地，號舍縱橫，念及海内萬士落第者多，不勝愴然。到家尚未雞鳴。是日姓。蒿隱、子修、中弢諸公及諸知好絡繹見過。新貴皆以摯來見，自顧淺茶，不足以爲人師，有慚疚之色。"十一日："公服詣聚奎堂，牓吏填牓，亥初始竣。予房得士汪楝昌等十八人。"

公五月十四日《與袁遂書》："房内蘇省中四名、袁寶璜、屠寄、施啓宇、孫培元。粵三名、饒軫，此公根柢純實，陳伯陶、伍銓萃。直隸二名，餘九名内，王光棣、四川。曹廣楨。湘人。操行學術俱正大，然將來正有待於儒賢師友之夾持以成器，今則未敢許也。"

《蒙兀兒史記》附録《先君敬山先生年譜》："光緒十八年，歲壬辰，三十七歲。是春赴京會試，中式成進士，殿試聯捷入翰林，朝考一等，館選爲翰林院庶吉士。先是太常袁公爽秋得先君試卷，極賞之，已擬定以第三名入薦矣，既而復取讀之，諷誦數過，不意置筆上，卷被污，遂不得薦呈御覽。袁公驚歎悵恨，不寧者累日。既而先君來謁，袁公告以始末，深引咎自責。先君恬然不爲意，反説辭多端相譬慰。袁公歎服，以爲局量恢宏，非時人所及也。先君亦深欽袁公爲人，引爲知己，師生之間如家人焉。"

《張謇日記》四月十一日："聽録。……彦復爲至貢院小所探訊，三更始歸，知已報罷。於是會試四次，合戊辰以後，計凡大小試百四十九日在場屋之中矣。前己丑既不中於潘文勤師，而今之見放又直常熟師主試，可以悟命矣。"十二日："子培來，爲述子封語，爲之增感。蓋常熟師於江蘇卷上堂時，無時不諭同考細心校閲。先得爽秋所薦施啓宇卷，爽秋謂爲具體而微，既又疑之，常熟師亦謂非是，尤不喜'聲氣潛通於宮掖'句。旋四川施某薦劉可毅卷，常熟初亦疑之，既不能確然可信之卷，又施某力謂此似張季直卷，而策問第四篇中有'歷乎箕子之封'語，翁㲄甫云。頗信爲曾至朝鮮人語。嘗問爽秋，爽秋以文氣跳蕩辨其非。填榜之先，子封請觀其卷，以孟藝及詩秦字韻。力決其非，常熟歎爲無可如何。拆封時又於紅號知爲常州卷也，卒乃見此卷果劉可毅。於是常熟、壽陽及子封亟查余卷，在第三房馮金鑒所。時第一房朱桂卿，第二房爽秋，堂薦之日，江蘇卷進而桂卿病撤堂，則與爽秋鄰房，爽秋屢屬遇江蘇卷須細心，而金鑒吸鴉片之時多，余卷早以詞意寬平斥落矣。常熟以爲余卷而置劉卷第一，及見其非，爲之垂泣。壽陽亦歎息不已也。……爽秋來，述闈中事同。"

十四日，往訪繆荃孫。

《日記》："同年繆筱珊以病辭經心書院一席而歸。月課四百卷，極疲累，山長之不可爲如此。且諸生氣習浮囂，尤爲可惡。筱病怔悸狀，與予辛未臘、壬申春之病相同，皆多用心之故。境能累人，老子

云‘名與身孰親’，故觔著述、立修名二事，皆足以殘生傷性者，
不可爲也，不可爲也。”

《藝風老人日記》：“劉若臣、袁碤秋、魯介彭國壽來。”

二十一日，晚招王頌蔚、沈曾植、張謇、陶濬宣、黃紹第、汪大燮、
汪康年、沈曾桐等小集。

《日記》：“晚邀嵩隱、子培、季直、心雲、叔庸、伯棠、穰卿、
子封小集，二更始散。”

二十二日，謁翁同龢，未見，晤翁斌孫。

《翁同龢日記》：“袁爽秋來，斌晤之。”

五月初四日，會試主考官、副考官招讌諸房簾官。

《日記》：“大總裁四公設讌，召內外簾執事諸公宴集，且演
雜劇侑觴，某亦隨往，晡時始散。”

十二日，往訪繆荃孫，索觀《西域圖志》。

《藝風老人日記》：“袁碤秋同年來，索《西域圖志》。”

十三日，翁同龢置酒相邀，李慈銘、陶濬宣、沈曾植、沈曾桐、黃紹
箕、費念慈等人在座，與同人看畫談碑。

《日記》：“虞山尚書師園齋眞酒，命同尊丈、心雲、子培、中
弢、屺懷、子封宴集，獲觀《秘閣帖》、《十三行》、《樂毅論》、《畫
贊》、《黃庭》諸搨本，有蘇齋翁閣學跋。《十三行》筆勢分行布
白，絕似穆子容、唐邕諸石刻，不類世間流傳本。又觀王麓臺侍
郎橅黃大癡《富春山圖》長卷，又王耕烟橅燕肅《長江萬里》卷，
皆偉觀也。又觀明搨《瓴塔銘》，章法完好，是瓴未斷裂時整拓
也，‘十地翹勤’，翹字點畫未漶可辨。屺懷所得。”

《翁同龢日記》：“邀數客飲，看畫談碑，今年第一樂事。……
李蒓客、袁爽秋、陶心耘、沈子培、子封、黃仲弢、費屺懷。”

十四日，以自刻詩贈繆荃孫。

《藝風老人日記》：“袁碤秋送《漸西村人詩》來。”

二十日,過葉昌熾談。

《緣督廬日記》:"夢花、爽秋、子培先後來談。"

二十一日,送繆荃孫《西域圖志》書價四十金。

《藝風老人日記》:"晚袁硯秋送《西域圖志》書價四十金來。"

六月初四日,於紫藤精舍設筵,招葉昌熾、張行孚、汪康年、陶濬宣、楊顯楷、朱珔等人飲。

《日記》:"晡時招同葉鞠常太史、張子中鹽尹、陶心雲同年、楊子端比部、汪穰卿進士、朱楚白孝廉集紫藤精舍,至暮客散而歸。"

《緣督廬日記》:"爽秋招飲,同汪子穰卿康年、何海帆、陶心篔、朱□伯廣東花縣,夜微雨。"

二十三日,丁丙來函,寄贈抄本《景定嚴州續志》。

《日記》:"松生徵君來書,並寄抄本《景定嚴州續志》十卷。此書續《紹興嚴州志》而作,止載孝、光、甯、理、度五宗時事。景定改元,理宗之卅六年庚申也,而紹興舊志菁英皆萃者乃不可復見,惜哉!"

閏六月初八日,以續刻詩集贈葉昌熾。

《緣督廬日記》:"得重黎書,送□塾並續刻漸西村人詩,皆報覆。"

初九日,繆荃孫來訪。

《藝風老人日記》:"出拜曹邃翰、袁渭漁、王弗卿、葉伯皋、汪穰卿、柯遜庵、黃仲弢、袁硯秋、黃慎之、毛篤齋世兄玉麟、何潤甫、何壽軒、王季樵、曾蜀才。"

十五日,董恂卒,作聯挽之。

《日記》:"座師甘泉董公薨逝,又喪一老成人。公耄學不倦,致仕後雖寒暑疾病,未嘗廢抄書日課,年垂九十,《通志堂經解》《學海堂經解》皆有提要鈎元節抄之本。南齊沈驎士手抄書滿數十簏,今於公見之,近世中朝大官所稀有也。"十七日:"輓座主甘泉董先生:'晝抄細字,夜誦遺經,三十簏留沈驎老傳書,善學真如明燭炳;早究榷鹽,晚持般運,千萬緡仗劉士安智計,苦心誰識夢錢流。'"

十八日,外姑郭太恭人卒。

《日記》:"早至薛宅,外姑郭太恭人本日巳刻棄世,酉刻大殮,附身附棺品冠章服,均依命婦告身,皆極華美。迴思先母大事在亂離中,敝衣藁葬,至丁卯冬初始以七品服易棺改葬,痛心前事,益不自知其摧哽也。何外姑沒齒承平之世,福命若此,而吾母罹此阨窮耶!不孝之罪,擢髮難數矣。"

二十九日,以《春闈襍詠》贈葉昌熾。

《緣督廬日記》:"又致爽秋書,還□以闈中雜詠一冊見貽。"

案:《春闈襍詠》,即公任會試同考官時在闈中所作詩。

是月,以《春闈襍詠》贈張佩綸。

《蘭駢館日記》六月三十日:"呂庭芷前輩送爽秋詩一冊來。"

七月初七日,蕭穆來函,以新刊《徐鉉集》寄贈。

《日記》:"得蕭景桴書,並惠新刊《徐騎省集》。"

十一日,聞鄧承修卒訊,作聯挽之。

《日記》:"嶺南人電傳歸善鄧公逝世,孤生介立,風裁頓盡,可悼惜也。製挽聯寄其家云:'諫艸長留,與羅浮秋菊春蘭,英靈靡斁;棠花無恙,溯蕭寺離尊別劍,意氣猶存。'蓋戊子春暮,鄧公乞病歸惠州,餞別崇效寺,風景猶如昨日也。"

《安般簃集》詩續壬有《寄輓歸善鄧公》二首。

二十日,徐樹銘招飲,李慈銘、吳慶坻、戴兆春、汪子元等人在座,遍觀徐氏所藏宋元明人名畫。

《日記》:"少司空徐壽蘅先生招集澂園會食,座有尊老、子修、戴青來、汪子元。先生蓄宋元人名畫最富,出所藏徧觀之,董巨荊關,烟雲變幻,惜如下水舩中看山,不能細細領略,美哉猶有憾。又有趙子固水仙、吳仲圭竹、沈白石翁《遊張公洞圖》、在宜興，境極奇陗，石赭似削。王翬《溪山晚霽》、苦瓜僧《遊張公洞圖》、李長蘅流芳《江村圖》、□□□《春山覓句圖》、黃尊古山水。楊大瓢跋。晚歸。"

八月初二日，往問李慈銘疾。

《日記》："往問蓴老病。"

《越縵堂日記》："爽秋來。"

初十日，郭太恭人出殯，往行禮。

《日記》："河東宅出殯，未來告，今早不及執紼，方寸不安之至。午後趕到長春寺行禮。"

三十日，與沈曾植、沈曾桐合設筵，招黃體芳、李慈銘、王詠霓、黃紹箕、吳慶坻、王彥威、王仁東等人飲於紫藤書屋。

《日記》："食時奉陪漱蘭丈、惡伯先生集紫藤書屋會食，座有子裳、仲弢、子修、弢夫、旭莊，主人則子培、子封及不佞也，晡始散。"

九月初七日，赴吳慶坻之招，黃體芳、李慈銘、黃紹箕、沈曾植、沈曾桐、王彥威、王詠霓、徐定超等人在座。

《日記》："竟陵邸第有喜事，同官偕往。旋出城，至子修太史家陪漱、蓴兩丈飫。"

《越縵堂日記》："赴吳子修之飲，坐有漱丈、仲弢喬梓，子培、子封兄弟，爽秋、弢夫、子裳、班侯，觀曾鯨所繪前明遺老仁和張卿子名遂辰。小像，巾褐儼然，神清以穆，有乾隆中杭人丁敬身、周穆門、杭堇浦諸家題詩，談至晚歸。"

初九日，挈家人登高。赴葉昌熾江蘇館招飲、李慈銘碧玲瓏館招飲。

《日記》："挈家至長春寺藏經閣登高，又與兒輩至晉祠看山樓。緣督太史招集。蓴丈、介堂、敦夫、子獻復有碧瓐瓏館之招，散歸已上燈時矣。"

《緣督廬日記》："省館宴客，重黎、榮曙、子培、筱珊、木齋、静偕、道希、蒿隱,共八人。巽庵先辭,子封未到。道希攜有《趙東潛集》,世罕傳本。"

《藝風老人日記》:"葉鞠裳招飲江蘇館,袁磑秋、沈子培、劉静階、李木齋、王莆卿同席。"

《越縵堂日記》:"上午詣安徽館,偕敦夫、介唐、子獻邀全庶熙、王晼生及子裳、爽秋、朱笏卿、朱仲立飲於碧玲瓏館,小憩樹石間,循池陟阜,略寓登高之意,晚歸。"

十一日,端方以碑拓六種見贈。

《日記》:"端午橋都水送碑搨六種,新出土。漢《三老食堂》、魏正始造象、武定造象、有陰。《賈散騎誌》,似唐高岑經幢,風神蕭散。北齊《鄭長史銘》、有蓋。與《賀若誼》《陳茂》竟是一鼻孔出氣,此歐褚乳虄。唐天寶《心經》。"

二十一日,譚獻來函,以書籍二種寄贈。

《日記》:"得仲修同年書。"

《安般簃集》詩續壬《次韻答諸遲菊同年》詩小注:"仲修新寄來《半厂叢書》一部。"

《復堂日記》八月廿七日:"作寄爽秋書,坿《詞譜箋》、《半厂叢書》。"

十一月初九日,繆荃孫來訪。

《藝風老人日記》:"拜喬茂諼、黃仲弢、袁磑秋、黃慎之、劉搏雲、毛石君。"

初十日,往訪柯逢時談。

《日記》:"答候柯巽庵太史,太史言秦中風俗厖厚,士習最樸,多忠信嫥壹之士。三原有賀貢生瑞麟,年已七十餘,篤守朱子之學,鄉人建清麓書院師事之。又有咸陽劉孝廉光蕡,年四十餘,絕意仕進,通《春秋》三傳、涑水《通鑒》,尤善《周髀》測筭,主涇陽書院,教士有法度,懇到微密。二君歷經窓齋吳公暨巽庵保薦,旌加銜頂,秦士之紫芝赤箭也。黃子壽丈主關中書院時，劉嘗肄業。陶方之中丞亦重之。太史藏有隋楊上善《太素》三十卷鈔本，允借録副。又言小兒科失傳已久，《顱顖經》惟林億所見乃真本，今所傳僞也。又言左笏卿先生深入《參同》、《悟真》義海中，習安般止觀法有效。潘偉如、彭芍庭兩中丞亦習調息，受法於錢唐吳尚先妄。”

十三日，赴馮煦寓作消寒集，李慈銘、黃體芳、徐定超、吳慶坻、沈曾桐等人在座。

　　《日記》：“夢花邸中消寒四集。”

　　《越縵堂日記》：“午後答客一二家，詣永光寺街，赴馮夢花消寒第三集。漱翁、班侯、子修、子封諸君已早至，爽秋後到，傍晚歸。”

　　案：公言消寒四集，李慈銘言消寒三集，未知孰是。考其後徐定超、沈曾植昆仲分作消寒四、五集，則此應爲第三集，公蓋誤記。

二十日，徐定超招作消寒之會。沈曾植來，吳品珩來，爲公謀劃出處之宜。

　　《日記》：“班侯招陪尊師、漱丈消寒小集。子培過我，爲我畫筴甚至，佩蔥亦爲代謀，窮交呴沫，可感之至。”

　　《越縵堂日記》：“午後詣漱翁家，赴班侯消寒第四集，自漱丈喬梓及主人外，到者夢花、爽秋、子培、子封而已，晚歸。”

　　案：時蕪湖關道缺將出，公此時於京曹、外任猶遲疑不定。日記十一月十四日：“早訪端甫分巡，知姑孰一缺衆蛆所集，較窮京曹尤爲受累。予以此身爲附贅懸疣，正似此魚跳網中，未與造物遊數外。……就蒿隱先生決趣舍，先生笑曰：委心任運何如？”可參看。

十二月初三日，沈曾植、沈曾桐招作消寒第五集。

　　《日記》：“向夕子培、子封招消寒第五集。”

　　《越縵堂日記》：“晚詣漱丈家，赴子培、子封兄弟消寒第五集，至夜一更後歸。”

初六日，慶郡王命辦理明年慈禧皇太后萬壽慶典處差。

《日記》：“昨景盧公委工程差，今早西邸下教，委萬壽慶典處差。虛荷謬恩，實非心好，蓋既不能匭函諷諫，以明忠愛之忱，徒與雞鶩爭食，以滋尸素之謗，迹涉干進，甚無謂也。”二十二日：“陳諮吏牘事畢，已刻還坐主客曹，校慶典成案付排印。”

初七日，作函致李慈銘，饋銀祝壽，且示以近作詩二首。

《越縵堂日記》：“得爽秋書，並饋銀二十兩爲余作生日，且以近詩二首見示，詞翰高絶，其意甚勤，即復書謝，力辭之。”

初八日，張之洞來函，勸以仍居京秩。

《日記》：“京曹近日甚疲累，外吏亦庬襍不可居，二者交戰於中，焚和久矣，秋初曾決之。壺弢師（師）手書復札，以仍浮沈京秩爲較安隱。今日復謁由拳公求指示津梁，仍未決。”

十二日，王彥威父喪，往弔，晤李慈銘、黃紹箕、徐定超、嚴玉森、吳慶坻、濮子潼等人。

《日記》：“弔王弢甫。”

《越縵堂日記》：“弢夫爲其尊人開弔，午後往弔，送奠儀八金，晤仲弢、爽秋、班侯、鹿門、子修、紫泉諸君。”

十四日，作函致李慈銘，餽以盆花數種。

《越縵堂日記》：“得爽秋書，饋唐花牡丹兩盆、紅梅兩盆、梅花兩盆、榆葉梅兩盆，作書復謝，犒使六千。”

十六日，在黃紹箕寓招作消寒第六集。

《日記》：“是日在仲弢太史家作消寒六集，侍撰漱丈、蕈老杖屨，會者十人，洵有村舍雞狖風味也。”

《越縵堂日記》：“晡詣漱翁家，赴爽秋消寒第六集，夜歸。”

二十三日，本日諭旨授安徽徽甯池太廣道。

《日記》：“辰正樞垣南屋有信來，云蒙恩擢爲皖南兵備。小臣素自忖度才庸資淺，不勝外吏之任，思以京曹藏拙。南皮師亦手諭及此,知弟莫若師也。今忽蒙除目,皇悚無似。蒿隱先生枉過,爲代辦謝摺、履歷牌子。晚至錢丈宅求教。"

《光緒朝上諭檔》:"光緒十八年十二月二十三日內閣奉上諭:'安徽徽甯池太廣道員缺,著袁昶補授。欽此。'"

二十四日,遞謝恩摺,晨赴乾清宮,光緒帝召對。退後復至各長官宅投謁。晚赴黃體芳招集,祝李慈銘生日。

《日記》:"是晨昧爽,上御乾清宮西暖閣北嚮坐,蒙恩召對約二刻許,上垂詢農、譯兩曹事,及里貫科目出身,并該管道職掌甚悉。聖心尤注念新疆、滇緬兩處界務利病,謹以現辦情形奏對。蟣虱小臣,初次獨對,幾至隕越。是日貴大司寇、裕少空亦召見,幸蒙錢丈及兩公教,得免失儀。孔子曰'三人行必有師',老子云'貴其師,愛其資',聖言若蓍燭,良不我欺哉!還吏舍小憩。餤畢,例投手版徧謁府主、座師各私第,至二更,歸小漚巢宿。"

《越縵堂日記》:"晡時詣爽秋,賀其擢蕪湖道,不值。詣漱丈家,以今日漱丈喬梓偕班侯、旭莊、桂卿、爽秋、子培、子封、夢花、子修爲余作生日也,夜飲至二更歸。"

二十五日,葉昌熾來賀。

《緣督廬日記》:"賀爽秋外簡。"

是年以《安般簃集》寄樊增祥,樊氏有詩題其上。

《樊山集》卷十八《爽秋遠寄安般簃續稿吟諷竟日輒書其後》:"多君遠訊折疏麻,蠆尾刊成淡愈佳。素楪晶鹽薦梅子,深房苦蜜近梨花。眼如秋水盱千古,筆有洪鑪鑄百家。不獨西江傳法乳,時聞真諦出楞伽。"

編年詩:《新年試筆》、《早春鄉思》、《第四歲日再過神武門托托小憩》、《懷朱鼎父時客授廣州》、《寄雲門秦中因效其體》、《寄屠梅君侍御晉中》、《人日》、《漫興》、《風定後》、《戲贈黃山吕居士》、《思爲退谷之游》、《尋春》、《示兒輩作文法》、《君立善相馬頗聞畜善

馬十餘頭乃絶塵之品也作詩調之》、《菊潭行》、《出門》、《倚伏》、
《詠融齋老人逸事并序》、《故相朝邑閻公挽詞》、《清明前二日分斠
入闈口占》、《即景漫題》、《同治壬戌三月今大司農翁公分斠禮闈
手拓錢湘吟侍郎研背禊帖裝池成軸今再奉命典會試歲逢壬辰此
拓本閲世遂已三十一年矣出以命題泚筆奉呈》、《屋後老榆一株扶
疎直上未芽時誤以爲槐也今始覺之以志吾過》、《春黔窗外桃花初
放》、《戴青來太史爲虞山尚書畫吳中山水》、《又代雲曙作一首》、
《醉後吟》、《夜坐》、《憋旱》、《簡朱叔基沈子封兩太史》、《再詠桃
樹》、《題齋壁》、《批卷》、《權實對勘》、《戲詠藍筆以呈子封太史一
笑且索和》、《不佞自爲諸生卅又三年困場屋者屢矣對兹落卷戢如
笋束不勝怦怦然奉慰以詩》、《三月二十日夜望月》、《家忌日》、《榆
頌》、《詩格》、《誦陶詩有客常同止一首戲作》、《砭風》、《遣興》、《院
内有海棠一株得雨將放》、《菰米粥》、《伏讀泰陵御纂語録有足成
寒山子詩二絶其一云瞋是心中火能燒功德林欲求除黑業戒忿護
真心其一云情是身中水能迷般若津欲求修白業戒慾護真身至哉
聖諦一經拈出於大易損卦之誼同符小臣稽首讚歎之不足而述是
詩》、《戲作俳詩呈叔基子封》、《詠井》、《又設爲子封戲答》、《又次
韻》、《春晚雜興懷蕈客子培》、《再設爲子封和落卷詩》、《上司空
壽陽祁先生二十韻》、《呈同事諸君》、《春牓將放作》、《午枕》、《分
校事畢虞山壽陽兩公寘酒命集作》、《擬贈諸新先輩》、《予別家月
餘園中松忽枯變作赤葉枝條盡禿俯仰之間景物頓異夫欲炙之士
營名之客朝榮夕頷曾不自覺促景奔輪瞬息百變自天眼觀之殆不
啻朝菌之壽人之居此世者謂之何也爰作詩記其事》、《紫闕》、《張
乳伯場尹行孚來都下夜造訪之有作》、《次韻乳伯見贈》、《乳伯又
有詩來再答之》、《題白下駐防炳煦村司馬重遊泮水詩册》、《六月
六日喜雨》、《小閣》、《寂照寺有牛車曰陸地慈航旦則住持督一力
出之郊坰遇暴骷則畚而致之寺後廢圃聚而薶之詢其緣始乃富陽
相國遺製也仁人之用心其施溥哉敬讚以詩》、《喜雨佳晴詩》、《池

上》、《夕坐》、《覽郡志》、《荷花》、《偶書》、《野望》、《蒼林諷經》、《七夕詞代蒼林作》、《次韻朱楚白常博珩報罷後和予落卷詩》、《辱和再答》、《跋殘帖》、《楚白復疊前章韻挑戰再奉和》、《戲答楚白》、《詩後又題一首》、《曩吾師劉中允栖道院止攜一炊家子每隔扉連呼之不膺予請箠治先生听然而笑曰老夫自爲京朝官至今受家人譴訶多矣漠然無所鐃於中殊不失其大常也追憶作此詩》、《寄輓歸善鄧公》、《送屠敬山太史南歸》、《苑纂桂花》、《小漚巢不寐作》、《贈承子瑞曹郎》、《寄題白雲源中村舍》、《談問渠户曹面南下窪起樓三間可以眺遠索題句》、《和陳雲泉先生賦得村落通白雲》、《和五代楊少師花如覺性圓詩》、《謝王葦塘大令餽丹沙》、《蒼林君仿金孝章畫梅花一枝瘦硬屈鐵頗有瀟灑出塵之致因題其上》、《九月朔日獨遊天甯寺》、《題點蒼兩石屏》、《次韻答諸遲菊同年》、《失馬戲作絕句》、《答劉默庵何霞客》、《題江子屏小像》、《戲爲絕句》、《牆棘行》、《答星吾餉貢橙》、《賦得書味夜燈知》、《和麓泉用玉谿生韻厲意之作》、《遲庵公在休沐中數月出示散花圖命題》、《久不歸禮掃先墓書示弟姪》、《宿留》、《頌箋叟》、《題竹柏圖爲江節母壽》、《葱嶺雪山間界務未定楊英裳侍御宜治奮然請行戲作詩趣之》、《憶舊山》、《欲倚》、《題友人丈室散花圖》、《小漚巢》、《蒙恩擢爲部郡監司敬述二律》。

編年文:《與袁遂書》（去年二月初四上一函）、《與袁遂書》（昨夕歸舍）、《謝左笶卿西曹啓》（前嬰肺漖,幸獲療治）、《跋參同契考異》、《研銘》、《復陶方之中丞》（正月廿六奉到臘月廿一日手札）、《致薛葆楷書》（四月十三出棘闈）、《與許景澄書》（三月初記曾上一奏記）、《祭故相朝邑閻公文》、《遇合論》、《内勘照用》、《與袁遂書》（五月十三奉到十一日津門手札）、《與袁遂書》（吾宗之衰久矣）、《與袁遂書》（吏冗兼病）、《沈母韓安人壽叙》、《納言黃丈壽叙》、《與從子德正等書》、《致薛葆楷書》（連月因見弟大人致慕淮詳函）、《跋稷山論書絕句》、《與友人書》（方今文衍武嬰）、《贈内閣學士銜署永定河道金公墓誌銘》《致盛宣懷書》（京洛劫劫）。

【時事】香港輔仁文社成立。中俄會談帕米爾分界案。

閻敬銘卒。董恂卒。鄧承修卒。

外放關道（1893—1897）

光緒十九年癸巳（1893），四十八歲

正月初二日，擬聘蔣師轍司書記，後未果。

　　《日記》："秣陵蔣紹由師轍，副榜貢生，今之阮元瑜也，託慕淮手書敦請，擬致歲餼二百四十金。紹老現客臺灣，未知其惠然肯來否。"二十日："聞蔣紹由副貢師轍學行清介，文藻秀出，擬奉幣聘藉爲范孟博之助，託馮兄夢花太史爲書遺之。監河貸莊生金之數。如此君惠然肯至，不見鄙夷，僕庶幾得安於坐獻畫諾乎！"

　　《袁忠節公書札鈔略》卷三《致袁遂書》十二月二十六日云："蔣紹由竟未能來，弟處局面小，未足以禮聘賢傑。"

初四日，李文田招飲粵東館，張蔭桓、繆荃孫、葉昌熾、王頌蔚、沈曾植、沈曾桐、馮煦、劉嶽雲、黃紹箕、蒯光典、王懿榮、江標、李盛鐸、費念慈等人在座。

　　《日記》："仲約師招午飯。"

　　《藝風老人日記》："順德師招飲，張樵也、袁爽秋、王莆卿、沈子培、子封、馮夢華、劉佛青、黃仲弢、蒯禮卿、王廉生、江建葭、李木齋、柚岑同席。"

　　《緣督廬日記》："仲約前輩招粵東館，同爽秋、蒿隱、子培昆仲、夢花、禮卿、佛青、筱珊、木齋、柚岑、仲弢、屺懷、建霞。"

初八日，拜總稅司赫德。錢應溥招集。晚吳慶坻招消寒第七集，黃體芳、李慈銘、黃紹箕、沈曾植、沈曾桐、盛昱、馮煦、徐定超等人在座。

《日記》:"例拜洋總権,與商公事。錢子密丈招集。晚同社消寒第八集,在子修太史家,至三更始散。言多氣茶,頗以爲病。"

《越縵堂日記》:"傍晚,答客一二家,詣子修消寒第七集,到者漱丈、仲弢喬梓,子培、子封兄弟,伯希、夢花、爽秋、班侯,夜二更歸。"

十一日,拜見翁同龢。晤王彥威、孫培元。晚赴安徽館,葉昌熾、沈曾植、沈曾桐、蒯光典、馮煦、王頌蔚、劉嶽雲、黄紹箕、王懿榮等人招讌,公與李文田爲客。

《日記》:"謁虞山大農師,侍聆清誨久之。公所處地望,今之李茶陵、葉福清也,保全善類,調護言路,公之責也。微持荳叩,公亦韙之。晤弢夫太史、子鈞吏部。會典館同官廉生、仲弢、緣督、夢花、蒿隱、禮卿、子培、子封、佛青招陪祖餞芍師,將陞辭出棚開考矣。"

《翁同龢日記》:"袁爽秋昶來見,新授蕪湖道。"

《緣督廬日記》:"同子培昆仲、禮卿、夢花、蒿隱、佛青、仲弢、廉生在安徽館請仲約、重黎兩公。"

二十五日,李慈銘來函,薦陳鏡卿司書記。

《越縵堂日記》:"作致爽秋書,爲陳鏡卿薦司書記也。鏡卿年四十餘矣,貧甚,固乞爲道地,不得已而應之。"

二月初一日,作函致李慈銘,示以近作詩。

《越縵堂日記》:"得爽秋書,並見眎近詩十四首,皆詞理高絶。近以擢任監司,酬接不暇,而尚從容理詠,爭工出奇,其精力真不可及。"

初四日,馮聽濤、馮金鑒招飲松筠庵,往赴之。

《日記》:"馮蓮塘、心蘭兩同年招宴集松筠庵,昏黑始得歸。"

《藝風老人日記》:"馮聯棠、心藍招飲松筠庵,李玉舟、李子丹、王季樵、袁碤秋同席。"

初六日，李慈銘來函，示以近作詩二首。

《越縵堂日記》："夜作致爽秋書，以爽秋明日赴津門也，並以近詩兩首寫致之。"

初七日，復李慈銘函，作致朱采函。夜抵通州，將赴天津。

《日記》："答悉伯老人書，示新詩二章，殊超妙。與朱亮生同年書。午餼訖，拜辭影堂，挈鄉甥出東門，道濘車行撼頓，甚疲乏。會薄暮，飢甚。乘微月行抵通州舟次，已定更後，村酒茅柴，對榻一醉。"

《越縵堂日記》："得爽秋復書。"

《李鴻章全集》光緒十九年（1893）正月初二日《復新授蕪湖關道臺袁》："磢秋世仁弟大人閣下：前閲邸鈔，欣聞管榷蕪關之命。……皖南五州，於唐代四十七節鎮中，實全有宣歙一道，近世監司所部，最爲雄勝之區。缺分夙號華腴，邇來攤提之款太多，視前已大減削，而較之京宦，猶爲優餘。一切應辦事宜，子通星使定能詳告。今春開河必早，聞台從月内出都，是否就便之任？良晤非遥，統容面罄。"

初八日，早發通州，至香河縣郭外宿，舟中作致沈曾植、沈曾桐函。

《日記》："解纜……小舟兀兀，殊寫不成字。……今日早發通州，下水逆風，百二十里，泊香河縣郭外宿。作信三四函。"

上海圖書館藏公《致沈曾植、沈曾桐書》："培、封兄先生道席：初六枉手教，牽於叢俗，未及奉答，甚歉甚歉。昶初七午飯後出東便門，到通州已二更。幸有微月相照，泥濘崎嶇，車行甚疲頓也。次早舟中始得細味大句，雅澹有文外曲致，竟與惜抱翁雁行，惜翁後能至此聖處者稀矣。此事亦關學養，非躁心人所能闚見也。舟中無事，草草奉答，百丈語句，一一針對大寂機關，然意淺詞劣，終喫藤條也。《陳茂》尚未開看，小舟兀兀逆風行，不能作楮。如此佳跡，輕借人看，公不畏黄衫紅面客耶？聊索解顔，不具悉。叩請侍安曼福。弟昶頓首。初八，潞河舟中。

致舍下一小札並劉君詩册,乞飭送爲禱。"

初九日,早發香河縣,晚泊楊村,舟中作致丁丙函,乞留意購屋事。
又作致沈曾植、沈曾桐函。

《日記》:"早發香河,午過河西務,縴夫辛苦,舟行殊滯。温
《求闕齋文鈔》,作信六函。往客杭州,牓所居云:'田園一蚊睫,
書卷百牛腰。'當歸草堂主人見而喜之,手抄屬人作擘窠字題
其門,蓋主人所居地名田家園,而藏書金石極富,甲於浙中,幾
突過天一閣、澹生堂。主人耆好殊俗,僕性剛才拙,與物多忤,
主人獨耆痂與予雅故也。頃奉書,乞爲予購田家園左近老屋
三四楹,以踐他日卜鄰借書之約。癸辛老人預買弁陽之水竹,
潁濱遺老亦過嵩麓以編茆,且看機緣若何,敢期息壤在彼。今
日舟行水程百一十里,晚泊楊村鎮。又作信三函。疲乏,假梵
夾清唄以澹之。"

上海圖書館藏公《致沈曾植、沈曾桐書》:"昨奉樴,因小舟
逆風行,兀兀欹斜,不能成字。今晨自香河縣郭外早發,細思昨
詩求字重韻。前人於一字兩義者重韻,亦尚無傷,此兩字一義,
粗心之過,空犯貼,登藍榜矣。改作'相與形骸真可外,資生道
藝待深諏'。此句法雖似陸子静鵝湖體,然較之初成二句,意似
周匝,字面亦較穩帖,兩公以爲何如?再請子培、子封先生道
安。初九晨,昶再頓首。《陳茂》未拆封,因檢曝篋書,忽失手
漂入水中,竟成落水《蘭亭》矣。無以報命,何如何如。"

初十日,抵天津,住袁遂家,晤其子粹初、仲穆。謁見李鴻章,晤張
佩綸、季邦楨。

《日記》:"抵枔津,逢榻宗長敬孫刺史家。在天津府治東門郭外
紫竹林中虹樓,前傍直沽河。敬老方奉檄履勘子牙河工未回也,喜見
粹初、仲穆兩姝。日晡始飫訖,謁見傅相沚陽師,行庭參禮,蒙
禮待温霽,謙光下逮,垂詢公私近事,久之乃退。見繩庵丈,言
箋《筦子》廿四篇,已垂寫定。丈某舊府主也,俯印今昔,豈勝

慨歎。詣晤季士周運使。"

《蘭駢館日記》："午後，袁爽秋來談。"

十一日，再謁李鴻章，與張佩綸共飯。晤鄒震嶽。

《日記》："師相再賜燕見，多垂語時事。昔人稱文潞公年九十而視聽不衰，處事精決，少壯人莫及也；富鄭公八十餘而守口如缾、防意如城，畏天命、敬人事之至也。今於師相見之矣。繩庵丈留共酒食。丈精悍之氣益加收斂，而光芒不能掩。自乙酉罷官後，灞亭夜獵爲故李將軍已垂十年矣。……晤鄒岱東太守。"

《蘭駢館日記》："爽秋來談，留之午飯。"

十二日，晤張佩綸，于式枚亦在座。李鴻章招宴，劉盛休等淮軍將領作陪。

《日記》："晤繩庵丈、于翽若駕部。使相開東閣，枉召宴集，座中有淝水鎦子澂軍門名盛休，淮軍之傑出者，氣象言語樸實不矜，老於兵事，近以六千人駐紮九連城、太平灣一帶，即大連灣。與予略有葭莩之連，殊心敬之。餘則謝鎮西所云諸君皆是勁卒也。酒散稟謝，時已初更，歸厲小坐即卧。"

《蘭駢館日記》："午後，爽秋來，晦若亦至，所談皆日下事也。"

十三日，吳殿元、季邦楨、盛宣懷、方恭釗等招宴，晤丁汝昌、戴宗騫、成肇麐、宜霖、黃建笰、羅豐祿、徐壽朋、盛夔臣、徐竹如、陳文祺、聯芳等人。

《日記》："吳掄峰軍門殿元、季士周都轉邦楨、盛杏蓀方伯宣懷、方勉父前輩恭釗招同讌集，晡時散。是日晤丁禹亭軍門汝昌、合淝人，家巢湖，北洋外海水師提督。戴孝侯觀詧宗騫、壽州人，率綏鞏軍駐防威海衛，亡友王樸臣同年亟稱道之。成漱泉大令肇麐、宜子望霖、黃花農觀詧建笰、羅稷臣觀詧豐祿、徐進齋參贊壽朋、盛夔臣世兄、湘文大公祖之婿。徐竹如大令□□、子靜同年之族妹。陳純友大令文祺、聯春卿太守芳。筦理武備學堂。"

十四日，晤積慶、龔照璵、宋得勝、黃仕林、伍廷芳、袁遂。至各處辭行，晤季邦楨、劉盛休。晚晤張佩綸談。

《日記》："晤積子餘慶、山東候道，曾守曹州。龔魯卿照璵、宋凱臣得勝、宮保宋軍門慶之部將，駐軍旅順口。黃松亭仕林、記名提督，駐營旅順口，守黃金山礮臺。伍廷芳秩庸。辦林西村至牛莊鐵路工程。敬老自子牙河工次回，叙契闊久之，貌本侔年，吾兩人皆積如禿翁矣。飯後小睡，出門至各處辭行。晤士周運使。候繩葊丈共晚飯，歸已二更向闌。連日見丈，時傾筐困，率肛而語，時時蹈放言妄論之失，違頤象禍從口出之戒矣，戒之慎之，速改爲貴。……晤劉子澂軍門，云明日即發，航海返旅順大連灣防營矣。"

《蘭騈館日記》："爽秋夜話。"

十五日，謁李鴻章辭行，又晤辭張佩綸。袁遂招宴。晚方恭釗來。

《日記》："謁辭使相，沘陽師垂論夷務積疲，互市漏卮，時局之危，滔滔靡塞，擔當氣運，罕覯其人，言皆切至。晤繩葊丈。又拜數客，殊覺疲乏。向夕作信二函。敬老招集。戴孝侯觀詧宗騫，壽州人，亡友王璞臣同年稱道其爲人，聽其言論，觀其氣象，端愨異於常流。夜分枯坐，以治疲病。勉甫前輩枉談。"

《蘭騈館日記》："爽秋辭，仍回都。"

二十一日，赴吏部領取官文憑。

《日記》："赴吏部選司恭領官文憑，簽押訖。答候數處。"

二十三日，謁翁同龢，未見，晤翁斌孫。

《日記》："晤翁叐夫閣校，出魏文貞公遺笏相示，一段奇事也。叐夫之大父文勤公祖庚先生始得之，有詩記事。"

《翁同龢日記》："袁爽秋來，斌見之。"

二十四日，作函致李慈銘，餽以江綢。

《越縵堂日記》："得爽秋書，惠江紬袍褂裁各一，爲僧喜昏禮之用，作書復謝，犒使十千。"

二十七日，文廷式、費念慈、葉昌熾、李盛鐸、劉世安、江標招集江蘇館，王錫蕃、志銳、繆荃孫、丁立均、陸繼輝、宋育仁、陳通朝、馮煦、左紹佐、柯逢時、周錫恩、王頌蔚、蒯光典、沈曾植、沈曾桐、王懿榮、吳慶坻等人在座。

《日記》："午飯後應雲谷、屺懷、緣督、木齋、靜皆、建霞之招。……歸已更餘。"

《緣督廬日記》："偕木齋、靜皆、道希、西蘧、建霞省館宴客，王季樵、志伯愚、袁爽秋、繆小珊、丁叔衡、陸偉庭、宋芸子、陳榮曙、馮夢華、左笏卿、柯巽庵、周伯晉、蒿隱、禮卿、子培昆仲，共十六人。仲弢昆仲、佛青、柚岑、柯鳳孫皆先辭，端午橋、盛伯希不辭亦不到。"

《笘誃日記》："今日約菊師、木齋、芸閣、靜皆、屺懷公請同人，共二十餘人，為王季樵錫蕃、繆筱珊荃孫、沈子培曾植、沈子封曾桐、王蓮生懿榮、陳蓉曙通朝、丁叔衡立鈞、左笏卿紹佐、宋允滋育仁、王笏卿頌蔚、袁爽秋昶、吳子修慶坻、馮夢華煦、陸蔚庭繼輝、柯巽庵逢時、周伯俊錫恩、蒯荔卿光典、志伯愚銳。未到者繆柚存祐孫、黃仲弢紹箕、叔頌紹第、盛伯兮昱、端午橋方、柯鳳生紹忞，次江蘇會館。"

二十八日，陳名珍、陳名侃招飲，繆荃孫、誠端、張振鋆、俞鍾穎等人在座。

《日記》："姻家陳聘臣、夢陶招集。"

《藝風老人日記》："聘臣、夢陶請午飯，誠敦甫端、袁碌秋、張小山、俞佑萊、檀斗生、馮仲芷同席，饌甚佳。"

三月初一日，翁同龢招飲。

《日記》："虞山師招集邸園，園中景物清勝，特舊畜數鶴今不知逐栖何所，豈已辭珠樹而翔於玄洲赤城邪？晡始散。各處順道辭行。"

《翁同龢日記》："是日邀數客飲……客來甚遲，未正始坐，酉初乃散。……楊子通儒、_{出使美日}。袁爽秋昶，_{蕪湖道}。孫燮臣、張樵野、朱桂卿、費屺懷。”

初三日，陳伯陶來訪。李慈銘招飲於全浙館。

《日記》：“子礪枉過一談。蕘老、端公招集，酒半以昨夜深方歸，感受風寒，頭疼發燒，極爲疲困，右來吏部之招竟不能赴，抱歉主臣之至。”

《越縵堂日記》：“詣槐市斜街浙館，置酒餞爽秋，邀桂卿、子培、子封、何澂齋、楊壽孫、德孫同飲。是日館庭花樹尚盛，婆娑久之，傍晚歸。姬人等饋爽秋夫人肴饌一席。”

初七日，李慈銘姬人來與薛夫人話別，薛夫人以所畫山水帳額相贈。

《越縵堂日記》：張姬詣袁爽秋夫人送行，詒以繡帣等一筐，並還所贈錦段二端。袁夫人以所畫淡墨山水帳額一丈見詒。

初八日，往訪徐致祥，談帕米爾事，並論其彈劾張之洞之非計。

《日記》：“答候廷尉徐公季和，詳論帕米爾事。又面折公奏彈南皮制軍師之非，殊爲公名望之累，_{往復數百言}。公無怍色，殊有雅量，於士大夫中亦難得也。”

案：徐致祥（1838—1899），字季和，江蘇嘉定人。咸豐十年（1860）進士，選庶吉士，授編修，累官內閣學士、順天學政、大理寺卿、浙江學政、兵部右侍郎。

初九日，繆荃孫、朱福詵、沈曾植、沈曾桐、黃紹箕、徐定超、王仁東等公餞於全浙館，黃體芳、李慈銘在座。

《日記》：“夜小珊、叔基、子培、子封、仲弢、班侯、旭莊招陪漱丈、蕘老宴集，叙載道意，遲伯希祭酒不至。是夕覺有離群索居之意，二更乃歸。”

《藝風老人日記》：“公餞袁爽秋，約菀客作陪。”

《越縵堂日記》：“詣浙館，赴桂卿、子培、子封、班侯、旭莊、繆筱珊、仲弢之飲，坐有漱翁、爽秋，夜二更歸。”

十三日，謁辭翁同龢，晤翁斌孫。謁廟辭神。晤李慈銘、濮子潼、
王頌蔚談。

《日記》："謁虞山師，師將召城西祖餞，敬辭以今日即嚴裝
住野寺中，不及再撰杖，遂止。晤叔夫，命寫粥廠緣簿。叔夫學
力甚厚，真能世其家者也。國初京朝官將有所適，必謁廟辭神，
以昭敬慎，寒松堂老人自訂年譜中有之。今仿前賢之意，恭謁
前門關神武祠、《會典》升入中祀，三跪六叩頭。聞思大士閣行禮，取
辭神告行之義。祠內潛祝云竊慕李長源隨時顯晦，出處翔祥，永保貞吉，超
然禍福之外。閣下祝云願學無垢稱，逃空養素，託疾毘邪，潛修淨土，常與造物者
遊。出城晤蕁老、止潛、蒿隱先生，深談為別。"

《翁同龢日記》："袁爽秋來辭行，十五日行矣，甚拳拳也。"

《越縵堂日記》："爽秋來辭行。爽秋夫人來辭行。……為
薛慕淮譔其母郭恭人墓誌銘，淮生侍御之繼室，爽秋之外姑也。
去年爽秋以所譔行述並致恭人遺命，將四十金乞為家傳。余以
婦人既不當有家傳，恭人又無事可紀，必不得已，當為之銘。今
其柩將歸葬全椒，慕淮姊弟督之急，故盡半日之力力疾成之。
爽秋之狀，文甚宏肆，而鋪張太甚，至謂庚申文宗之東狩，侍御
抗疏止行，恭人實勸之。余是年在京師，何嘗有是事？文須紀
實，不能徇人，此誌雖不免觟觡，故不存稿，然大體自謹嚴，銘辭
尤可傳。夜作書致爽秋。"

十四日，作函致李慈銘告行，李氏以所畫摺扇相贈。

《越縵堂日記》："得爽秋書，明日昧爽即行。為爽秋畫摺扇，
作綠楊紅杏，並題一詩。……夜再作書致爽秋，送扇及亞陶書
去，得復。"

《越縵堂日記》本日記有《送爽秋備兵皖南瀕行畫扇贈之》。

十五日，攜家人離京，抵通州。

《日記》："戒車首塗，家人分作三起即發。止潛、夢陶、友棠、
慕韓來送行，出城已食時。途中微風徐扇，沙路無塵，柳黃麥碧，

彌望無際,風景妍潤,寒暝適中。至雙橋尖,晡抵通州。”

十九日,謁見李鴻章,晤張佩綸。過方恭釗、季邦楨、盛宣懷、鄒震嶽。袁遂來談。晚吕耀斗、羅豐禄招飲。盛宣懷以書、硯、地圖等物相贈。

《日記》:“謁見合淝師相,垂諭諄諄,過荷存録甚至。晤繩菴丈,始知京洛貴人有毁區區於師相者,視之却如雞蟲得失,可一笑也。過方勉甫前輩飦。候季士周都轉、盛杏蓀方伯、鄒岱東太守。敬老族兄枉談。回舟次後,過客絡闉。吕庭芷丈、羅稷臣觀督於水師營務處公所張燈讌集,款曲見招,三更方回。是日乞黄花農觀督定海舶艙位,乞荅翁寫護照免税單。荅翁餽新刻書、端硯、沿海地圖諸佳物,堅命拜受,媿無長物爲報也。”

《蘭駢館日記》:“爽秋來,之蕪湖任。”

二十日,運輜重上海船。季邦楨、盛宣懷、方恭釗招飲,晤陸心源、吴承潞。

《日記》:“寫舩票,督搬運輜重上海舶。季都轉、盛方伯、方兵備招餞集,晤陸存齋、吴廣荓,兩君北上。存翁刻均甫文集,文百餘篇,已殺青竟。又藏宋版書甲於東南,與聊城楊氏海源閣相敵。”

案:公《于湖小集》詩一有《再泊楊村》、《海舶中卧處適當奔輪戲拈爲題》、《三月廿一日泛海》、《福山》等詩,均爲紀行之作,可參看。

二十四日,抵上海。

《日記》:“昨夜過茶山,今晨望見崇明沙、吴淞口。予久居北,喜將見華風矣。……午抵吾家築耶城,稍放舡,海艘不得泊岸,用小艇搬運輜重,殊費招呼。登岸住名理棧房,頭暈小極。内弟薛十九大令來迎外姑歸櫬。與慕淮分手,兩弟扶櫬逕上内河舩,將由京口往椒陵。”

二十六日，晤淩瑕、龍繼棟談。

《日記》："與故人塵遺坐書肆談久之，稍得生趣。又詣龍松岑求志書院，談十年中前塵影事，神稍稍蘇。此空谷中謦欬，自有兩儀來，無此好日月也。"

二十八日，至鐵廠答拜劉麒祥、蕭穆。往晤徐家匯教堂主教倪懷倫。晚龍繼棟招集張園，二更始歸旅店。

《日記》："午飯後偕葛蕃甫大令繩孝、慈溪人，年六十許。陳姓溪經歷至徐家匯觀拂箖教堂，晤教會上座倪懷綸，年七十外，鬚髮皓然，在中華三十餘年。導看育嬰堂、紡紗處、幼學堂、刺繡局等處。其所建袄祠，該教士稱天主堂。規模深窈，此亦婆羅門、景教之遺。自倪主教以下皆不婚娶、不殺牲，頗似桑門三皈五戒之意。六經之表，九州之外，在彝狄則進之，正無庸深閉固拒也。"

《敬孚日記》："出門至法馬路名利棧候袁碩秋觀察，爽秋新補徽甯池太廣兵備道，駐蕪湖，此番由京赴任也。時有孫子美亦在此，談話良〔久〕並麵食，又久之，子美去，余亦旋別碩秋回館，蓋伊云即刻亦到局故也。回館後伊亦回候總辦劉康侯，康侯並招余同在公務廳一談。後碩秋別往徐家匯教堂一行，約四點鐘在張氏味蓴園赴龍松琴酒席。余回館，旋出門，坐車至張園，松琴已早至，與談。聶仲芳觀〔察〕亦旋至，共談良久，碩秋乃至。晚乃開席，良久乃罷，聶、袁二君先去。"

案：倪懷綸（Valentin Garnier，1825—1898），法國人，耶穌會會士。光緒五年（1879）任江南教區主教，曾主持興建露德聖母堂、上海石鼓路天主教小學、編刻《道原精萃》等。

二十九日，沈能虎、袁康、蕭穆來訪，蕭氏贈以書籍數種。

《日記》："子梅、竹弌、景孚來談，商延請塾師事。……景孚見詒校刻書數種，內有曹文敏文埴，翁蘇齋之弟子。選刊白香山諷喻、閒適各體詩絕勝，正愜鄙懷，絜之偕行，作枕中物，可以當坡公南遷二友矣。"

《敬孚日記》："到名利棧晤硺秋，時袁竹一亦在此，同話良久。以香山詩選、吳定詩文集、庸庵文前後編、吳選名家文送硺秋。硺秋以伯仲二子出見。時邑人何霞齋亦在此，略談後別硺秋。"

三十日，乘江永船離滬。

《日記》："松岑、景孚、竹式枉送。錢、聶、黃、葛、蔡諸公枉送行，皆以抱痾不克面別。挈家口上江舠，夜四更向盡解纜。蕃甫大令派親兵六名護看行李，以防竊鉤，贈別拳勤，厚意可感。子梅觀詧亦極荷照料。"

《敬孚日記》："坐車至名利棧晤爽秋，時伊已將家人及行裝上江永輪舟。余因俟袁竹一爲伊商談西席事，竹一未至，因請伊亦上舟照料，余在棧小坐。久之竹一至，乃同上舟，晤爽秋一談，片刻乃別。爽秋先將家眷附輪舟到蕪湖，伊仍便到金陵見劉制軍。"

四月初四日，至江寧，謁見兩江總督劉坤一，略陳地方要務。

《日記》："謁見制府劉公，垂諭近事，謹對以會匪爲地方之害，誠當緝拏嚴辦，務淨根株，以安良善。惟此輩多出楚軍斥遣之餘，往在殄平髮逆之時，亦嘗行間出力，若絕之太甚，不予以自新之路，概予駢誅，恐轉激之，使有鋌險之慮。不若鉏其首惡，寬彼脅從，霜雪之下，霽以陽春，則法行知恩，刑濟以德，既斂凶頑之迹，俾安反側之心，似於政體稍有裨益。公首肯。"

初九日，抵安慶。

《日記》："三更抵皖省，自秣陵到此水程六百里。……王子裳同年、秦宇蒼刺史枉迓。"

十一日，謁見巡撫沈秉成，又見布政使德壽、按察使嵩崑，及童祥熊、聯元、王詠霓諸僚友。

《日記》："牙參謁見撫部歸安公，又候德靜山方伯、嵩書農方伯、前廉使。童次山觀詧、聯仙蘅太守、與寶竹坡少宗伯有連，氣靜神逸,似有道行。王子裳同年。"

十八日,抵蕪湖,二十三日接印任事。

《日記》:"早晨抵姑孰,上岸至行館,見客太多,眩暈又作。"

二十三日:"辰正牙日,望闕謝恩,接印任事。"

五月十一日,李經方來訪。

《日記》:"合肥李伯行星使枉談。"

二十日,革除到任陋規。

《日記》:"蕪道向有到任陋規,千數百金。今日革除之。而積年窟穴之吏,詷其詞色,似尚恩不知勸,威不知懲。予未習趙廣漢鉤鉅之術,殊不稱此職。"

北京大學圖書館藏《庚子浙中三忠手札》光緒二十年（1894）臘月十六日公致呂海寰手札云:"弟去年四月到任,首革到任陋規及辦差,計得三竿。以後一切陋規俱不收,如□書辦每名五六百元不等,此類一概斥拒。"

《皖紳請崇祀袁忠節公事實册》:"下車伊始,即以培養人心風俗、整飭民事吏事爲己任。巡道履任,書吏例具辦差公費數千兩,故宦概予屏斥。即日與各僚屬以五事約,一嚴絕門禮苞苴,一免藉牙參新道曠離職守,一不薦各屬幕友家丁暨乾脯,一不徇宦紳向各屬關白私請,一不收受年節生辰餽遺。皆立法自己,以身董率。"

二十四日,三子松喬殤。

《日記》:"三兒松喬病已半年,今日午刻殤逝。兒年已十三,平日尚知孝順。今年春杪,攜之泛海涉江,長途頓撼,展轉加劇,固由稟命不延,亦坐人事相迫。予實涼德,辜及此兒。友人龍松岑有一弟,不婚娶,棄校官,爲黄冠以遊於名山廣澤,求出世法。三兒聞而慕之,意欲效其所爲。今蟬脱泥滓,殆世緣本淺,急求解脱邪?然老牛舐犢之意,則媿不能如太上之忘情也。香山哭崔兒句云:'豈料汝先爲異物,常憂吾不見成人。'

傷心語正如意中所欲出矣。"

六月初二日，嵩崑入都述職，道過蕪湖，往見。

《日記》："嵩書農方伯述職入都，坐江輪舩過此，今晨登舟見之。君爲人灑落無城府，與人言不爲樊柵，眞正人君子也，臨別殊惓惓。"

案：《清實録·德宗景皇帝實録》光緒十九年（1893）三月初八日："內閣奉上諭：'貴州布政使著嵩崑補授。欽此。'"可參看。

十三日，作函致李慈銘，述近事。

《越縵堂日記》："得爽秋六月十三日蕪湖書，言已於四月下旬到任，五月下旬殤其第三男，手札殷勤，其文甚美。"

二十三日，沈能虎來訪。又往送李經方，時扶李鴻章夫人櫬歸葬合肥。

《日記》："海甯沈子梅觀詧枉過。至江干送伯行欽使，將往巢湖扶櫬歸葬。"

是月，舊友羊復禮卒於柳州。

趙文粹《蘭香吟館詩存》有《哭羊辛楣太守同年》："叔度才傳五袴歌，長吉忽赴修文選。"自注云："君權鎮安，後歿於柳州榷局。"

《光緒朝硃批奏摺》第九輯《內政·職官》載光緒十九年（1893）八月初一日廣西巡撫張聯桂奏摺云："泗城府知府黃仁濟開缺以道員用……以候補知府羊復禮請補，尚未奉文核准，據報羊復禮於光緒十九年六月初四日在柳州釐卡差次病故。"

七月初三日，譚獻自武昌歸，過境蕪湖，以急於還杭，未晤。

《日記》："仲修自鄂中歸舟過此，遣人至江口相迓。仲兄急欲還杭，不果上岸，咫尺闕爲一面，殊悵惘。"

《復堂日記》："爽秋遣僕來迓，辭之。"

八月十一日，往訪洋稅務司班謨。

《日記》："至西榷署，識舟亭遺阯也。山上占一邑最高處，可以望遠,登臨久之,百感交集。秋果玲瓏,净緑如拭,西人善潔治遊觀之地,此意殊勝。'山林歟! 皋壤歟! 使我婴婴然而樂歟!'西榷班君實酒款客,極殷勤,此亦何異儋人黎子雲邪!"

案:班謨,英國人,同治五年(1866)入中國海關,七年任甯波三等幫辦,後歷任鎮江、煙臺、牛莊、蕪湖、甯波、汕頭、福州、重慶、廈門等地代理税務司等。

二十日,送族弟攜三子松喬櫬歸葬桐廬。

《日記》:"十一弟挈亡兒松喬棺歸瘞戴家青山先塋之麓,予至南庵步送,緇流八九人誦《楞嚴咒》,將至河干,遂別去。嗟來桑户,而已返其真乎!"

二十三日,陸心源寄來新刊《宋詩紀事》一百卷。

《日記》:"陸存齋觀詧補厲太鴻《宋詩紀事》一百卷刊成,惠寄一部。"

九月初五日,乘江輪赴安慶。

《日記》:"午飯後與瀛伯、介麋泛舠出江口,將晡時偕小巖觀詧上江寬輪舩,舟中人滿,喧擠不可言。坐處當機輪,水激窗欞,終夕轆轆有聲,不能成寐。"

初七日,謁見沈秉成,稟請調任簡缺。

《日記》"謁見撫部公,面稟地方公事畢,自陳願調簡缺,以清静爲治,可以解世紛、捐物累。此兢兢自守之私心,以彼易此,孰得孰失,不容不早計。欲安其常度,仍似王城人海中,吏非吏,隱非隱,既無益於世,要當擇清簡淡薄之地爲身謀也。"

初九日,總兵宋朝儒招讌,聽坐客談淮、楚軍同治中戰事。

《日記》:"晡,宋佩珍軍門邀飯,座中人談淮楚諸將同治中戰事,娓娓可聽。雉河集之圍五十餘日,幾覆軍,事甚危。初更歸,子裳、春蓑來作夜談。"

十九日,譚獻自杭州赴武昌,道過蕪湖,下榻衙署。

《日記》:"老友復堂先生攜次郎子鎦自杭赴鄂,道出于湖,遣僕人迎候，留住東齋，掃榻以竢。先生掛冠已久，著書遣日，鬚髮皓白，氣度偉然，不相見已十六年矣。剪燭傾談往事，傷神疲荼，不能成寐。"

二十二日，與子允楙、梁肅偕譚獻父子登赭山游。

《日記》："午餐訖，陪仲修攜子鎦及兒子允肅、梁肅出縣城北郭一牛鳴地，登赭山廣濟寺，訪黃文節滴翠軒讀書處。軒居寺巔最高處，石壁高聳，憑眺極遠。其西襟帶大江，南則連嶂層嵐，絡圍環拱，氣象雄闊，宜南朝於此建重鎮，而陸遜、王敦、謝尚迭為鎮將也。上有浮圖七笈，蕪蔯無僧禮掃，不可登。有瘋僧獨居坐禪，與之語，殊無義味。惠施刻琱萬物，而樊特乃忘一句，亦可笑也。茂宰將厨傳至，飲啖畢，旋下山，頗似歐陽、尹師魯之雪遊嵩少，惜予方病眩瞀，不能以韻語寫此一段清景耳。"

《于湖小集》詩一有《陪仲修同年游赭山塔院即送其將赴鄂州》。

十月初三日，得鄧輔綸訃，作詩挽之。

《日記》："得武岡鄧彌之先生輔綸赴，先生雅喜靖節先生詩，摘顏誄中'懷和長畢'四字為挽幛祭之，又別作挽詩二首。"

《于湖小集》詩一有《鄧彌之山長挽詩》二首。

初五日，文廷式歸萍鄉，道過蕪湖，告以潘存於八月中卒，並述沈子培、王頌蔚等京中友人消息。

《日記》："文雲谷星使假歸萍鄉，道經于湖，留晚餐，思齊、瀛伯皆在座。……雲谷言潘孺老今年八月中作古，據星海所言，或非誤傳。追念平生喪一知己，黯然神傷。又言子培、菁隱皆不願處冗曹，日力精力，半耗於茶然疲役。乃知柳子厚謫居窮山中，心閒無事，得以窮究利病，失彼得此，未始非幸也。惟乖於時乃與天通，畸於人者侔於天，石火光中，胡為而不蚤計？"

《于湖小集》詩一有《瓊島二首》，即為悼念潘存之作。

初六日，得薛福成函，寄示《籌邊疏稿》。

《日記》：“得薛叔芸欽使書，示籌邊疏稿并條陳四事，於北陲、西藏、滇、粵，俄、英、法三邦各接界形勢利害既極洞明透徹，而謀所以補救四事，亦具有條理節目，可以坐言起行，一似讀王朴對周世宗安邊策，灼然如蓍龜之見吉凶，不出三十年，所言當一一符驗者也。此曾、胡諸老後有數文字，不意於上下觙骸積習之日，得讀此藥石至切之言，一令人眼明神王。”

二十一日，崔澄來訪。

《日記》：“宣州太平縣崔岑友太史澄，辛未進士，丙子補殿試，授庶吉士。棄官二十年，足迹不入京師。近主皖中敬敷書院講席，仙蘅郡將謂其善言老莊、楞嚴，乃隱約守道者。予久儀其人，今日玉趾跫然見訪，則云僑于湖鄉村，距此僅一牛鳴地。國有邴曼容而予不知，幾咫尺失之矣。岑友狀貌清峻，往復數百言，大指以治身養性爲最要，處世則惟有和光同塵，就不欲入，和不欲出之法。岑友解黏脫縛，清約自守，能堅其志，賢哉二疏，爲之歎息。”

十一月初一日，迎候皖南鎮總兵李占椿，並招夜讌。

《日記》：“謁聖廟行香，禮畢，至江口迓新任皖南鎮李壽庭軍門占椿，並留夜讌。座中主客八人，譚軍門、王參將、彭遊戎、吳太守、王、魏兩大令。”

初二日，從三兄袁振業自桐廬來。

《日記》：“榆園三兄自里門來，爲之欣喜，不相見已十七年矣，話閭井事，不勝耆老彫劫之感。”

初五日，招讌李經方、李經羲。

《日記》：“午請李伯行欽使、仲仙鹽巡讌東齋，日暮散。伯行如公孫子羽，通知四國之事，原原本本，殫見洽聞，九能之選，罕有倫比。”

十二月,得許景澄海外函,有詩見贈,奉和二首。

《許文肅公日記》六月二十六日:"柬袁爽秋同年,時初授蕪湖關道。十年臺妙最知名,今日欣看直指行。天下軍輪緡算重,大江鎖鑰雅歌清。徙戎深念煩江統,諭蜀風流念馬卿。緘取相思馳萬里,漢家帛雁正南征。"

《于湖小集》詩一有《奉和欽使閣學許公海外見寄之作》。

是年到任,頗受巡撫沈秉成逼索,大爲窘迫。

《日記》七月十五日:"大府交條既多,時節又有需索,直以僕隸視監司,監司竟非朝廷一命之吏矣。有一無恥之徒,鑽營大府一函,來謀差使,前已送程儀十二番矣。乃此次又謀挾憲札來,硬要派差,如此卑鄙握齪,可惡已極。且忍耐這些,徐圖有以報之。"二十五日:"自來皖省,爲上下人情所困,需索苞苴,營謀差遣者,竿牘喧聒,衣裳俱倒,膠膠擾擾,幾於無日不有,心爲境累,病由此作。"

《庚子浙中三忠手札》光緒二十年(1894)臘月十六日《致呂海寰書》云:"弟去年到此,大受休文公逼索,出京時倒橐一空,病又半年,懊惱已極。休文之公事,月接薦人書七八封,前後條子四五十個,又有節壽每一竿,可恨已極,弟銜之切骨。如此巴結,今年四五月間,尚有休文親筆爲支應局索借弟處四萬彌虧之事。云分五六年,由釐局分完,每年完八九千云云。弟此事一豪不給。幸休文已下臺,亦無法害我,此人不去,弟今年必告病去矣。"

編年詩:《春興》、《里人籛叟新示一札云云檃括爲韻語適可諷誦錄而存之以銘座隅》、《悠悠》、《答永嘉徐戶曹枉投之作》、《久潦》、《春遊漫興》、《漫書四絕句排悶》、《集句贈宛陵進士呂槿塍》、《將泛潞河留別子培子封》、《答子培枉示之作》、《荒村》、《晚至楊村宿》、《感舊》、《有懷海南潘孺老》、《陪沁陽使相讌集之作》、《道中書所見》、《車中望西山頗爲薄雲蔽虧不甚明了》、《過野寺用前韻擬題》、《漫興》、《題傳笏圖爲翁弢夫閣校作》、《致仕前侍郎黃漱蘭丈李愛伯侍御繆小珊同年盛伯羲祭酒沈子培秋曹葉緣督王廉生黄仲弢吴子修朱叔基文雲谷六太史親家王蒿隱樞部先後在城西祖帳爲平原十日之飲率賦爲謝》、《留别小漚巢》、《題陽明洞天圖》、《别園中草木》、《再泊楊村》、《奉答悉伯贈行之作》、《海舶中卧處適當奔輪戲拈爲題》、《三月廿一日泛海》、《福山》、《自來滬上困於塵勞未能追尋舊游一粟庵南園龍門精舍諸勝邀家竹弌上舍同作三詩》、《欲挂》、《四月朔日棄江輪船西上》、《望鍾山》、《咏連理桐》、《江上》、《旅館排悶》、《酬包懷甯兼懷仲修作楚游》、《戲咏懷甯土風》、《次韻答聯仙蘅太守》、《僊老牙齋清寂宛如僧舍案無滯牘餘事作詩草窗藥榭時手一卷枯坐其中昨再以喜雨詩枉示復招讌集漫咏四章泚筆率呈》、《送篁西李使君》、《調馬船西大令》、《登知稼樓懷南海張公》、《題沈蘭槎場尹聽海圖》、《清晨偶書》、《家竹弌上舍自上海來見訪信宿而去》、《題金蓋山圖用蘇文忠遊道場山何山詩韻》、《意有未盡别作一首》、《簡沈約齋陳吟鉢》、《和友人夜出至湖堤小橋上望月》、《寄榆園逸叟》、《前詩沈約齋劉積堂陳吟鉢皆有和章不意僻左之域佳客斐然成一詩社走自來于湖去京國詄宕文游之樂而就簿領束縛之勞意常忽忽不自得藉非諸君子珠玉峥嶸潤枯栟熨寒窘相呴相吹於塵壒之表走又胡所恃以久淹邪因拈前韻分答三君譬之困守蓬藋者聞户外足音跫然而喜雖云習氣未除其亦物類相感而然後有達者觀之良可發一笑耳》、《所居霉濕江漲欲入户衣魚盡生窟穴書册中兀坐深齋殊尠佳趣》、《諸公屢和前韻見示復戲答》、《九月初至皖口僦一破屋而居》、《簃西晴望》、《戲簡同年台州王子裳太守》、《再和五代楊景度絶句詩帖》、《又和》、《和李西臺觀東明寺後楊少師書壁詩》、《贈童次山提刑》、《陪仲修同年游赭山塔院即送其將赴鄂州》、《鄧彌之山長挽詩》、《瓊島二首》、《江上》、《覩亡兒松喬詩課册追悼不能自已》、《菊》、《無題》、《十月十日萬壽寺祝釐行禮恭述》、《贈鄒墨賓》、《浮橋成》、《寄吴倉石少府》、《北郭外最樂亭留題二首》、

《榆園兄暫來于湖杯盤草草流連話舊未十日即返里門離緒惘然作此追寄》、《宗湘文分巡六十初度寄詩爲壽用栢梁體》、《答同年樊渭南》、《訪崔隱居》、《奉和欽使閣學許公海外見寄之作》、《再和》、《送沈思齊》、《夜坐》、《次韻禪榺見懷》、《簡顧綸卿》、《次韻答仙蘅》、《對雪》、《除夕遣興》。

編年文:《致袁遂書》(正月初四日奉到臘廿六日手答)、《致袁遂書》(廿四日午刻蒙電諭掃榻見待云云)、《致沈曾植書》(初六枉手教)、《致沈曾植書》(昨奉榆)、《致袁遂書》(兩度津門)、《致龍繼棟書》(與公蘋流蹤跡)、《致許景澄書》(臘月初七奉到十月十一日手諭)、《致袁寶璜書》(前奉手札)、《跋缾居士書》、《致袁遂書》(六月十一奉榆後)、《致譚獻書》(展重陽時)。

　　【時事】《新聞報》創刊。湖北自强學堂成立。
　　崇厚卒。洪鈞卒。潘存卒。羊復禮卒。

光緒二十年甲午(1894),四十九歲

正月初五日,乘江輪赴安慶,次日謁見巡撫沈秉成,面陳地方事宜。

　　《日記》:"偕小巖、春籛同上江寬輪舩,未初開行,行三百六十里,四更至安慶,入城至聯升店舊寓宿。"初六日:"牙參,謁見大府,面陳地方事宜。"

初十日,布政使德壽、按察使員鳳林、安廬滁和道丁峻招飲,旋別,上江船赴江寧。

　　《日記》:"午德静山方伯、員梧岡廉使、丁潛生分巡招飲藩署,戌初始筵散。出城至江干,待上江寬輪舩。"

十三日,往晤盛宣懷。

　　《日記》:"牙參,制府鎦公以疾辭不見。晤沈幼研孝廉。詣盛杏蓀榷巡,其尊人旭老廉使年八十一,重游泮水,作詩自壽,

今年入京祝嘏,可冀渥霑恩數也。"

十五日,謁見兩江總督劉坤一、長江水師提督黃翼升。又至蟠龍里薛時雨故居。

《日記》:"偕同官旅謁見制憲新甯公,公問答諧暢,事理條析,同見九人,一一請質待決,機無留滯。《晉語》云周伯仁與僚吏列坐,精神足以蔭映數人,信然。公垂詢皖南民情吏治盜課,略舉以對,未能盡陳。至水西門外拜客,謁見新加尚書銜軍門黃公昌岐,年七十八,氣宇和藹,真福將也。乾隆卅六年,聖母皇太后八旬萬壽慶典,法駕前引大臣有文職九老、武職九老、致仕九老。今年祝嘏,黃公當在武秩九老之列。過龍蟠里薛廬,園池欹岸,花竹黯然。桑根先生下世已十年,手植樹合抱矣,豪情勝概不可復作。予舊所作壁記尚懸堂廡,山川得人則氣象清新,雖無園池亦佳。王荊公捨半山定林宅爲阿蘭若,徙居城內惠民廢藥局,敗堵蕭然,际貴富如浮雲,何嘗不高勝邪?念來悼往,顧兹辛酸。今日拜桑根公遺像,見內弟樫,又拜見老姨太太,生理尚足支拄,意殊慘惻。"

案:黃翼升(1818—1894),字昌岐,湖南長沙人。早年入湘軍,以鎮壓太平軍有功,累遷至淮陽鎮總兵,加提督衘。後授江南水師提督、長江水師提督加尚書衘、三等男爵。卒諡"武靖"。

二十日,捐資助民修理圩工。

《日記》:"治南麻埠圩等六埠與劉公埠,共七埠。舊嘗涉訟,互有曲直,僕但捐助圩工銀三百兩而已,却不願生事,以冀省心,故實訟事不問,以淨葛藤。又據王大令面稱,蟆磯對岸之邊江圩情形喫重,改令以二百金資給七埠,以八十金資給邊江圩,以二十金爲秫委員鴻往來隄上監工夫馬之費。"

二月初一日,崔國因來,説其家訟事,公爲剖析利害,力爲勸解。

《日記》:"崔星使來,説其家訟事,反覆爲言是非利害數百言。"

公《另啓密箋》有《上馬襌西幕府》:"崔惠人星使前以家事

三次遣抱到弟處告岑友山長,並屢屢面言即日晉省到憲轅,面
懇憲帥飭下蕪道傳訊崔林章、崔山長。弟於此事幾費脣舌排解,
不審帥意若何諭解惠使?時深惝盼。現星使已入京,忽張幼老
有函與弟,囑寢其事,而其中膠葛亦不能速了。詳紬幼老來函,
似出自傅相之意,弟亦尚難即復也。"《與繩庵六丈書》:"崔星
使事,前抱告遞呈兩次,面催三次,牽涉岑友山長及崔林章,以
泉刀細故,命追提訊索。姪幾次謁星使,面陳排解之意,一則以
是非論之,岑友乃公正鄉紳有體面之人,父爲子隱,從子猶子,
似宜容隱,否則損岑友體面,何以北面皋比?且同室相訐,於星
使臉上亦不雅觀;一則以利害決之,星使年垂古稀,而門戶付之
弱子,有亢宗之姪,則門戶可以支拄,不值以細事結怨骨肉。反
覆面陳,星使心以爲然,然總以逋欠未了,一面堅命姪處提訊,
一面到皖垣,託帥憲飭催速訊。岑友避之,不敢見面。姪從中
姑緩其事,面與岑友熟商,而遵星使意,符下太平令提崔林章。
此前月情形也。"

　　案:《蘭騑館日記》三月初四日:"惠人復來,合肥邀同小
酌,談其家事,鄙吝殊不可耐。"三月初七日:"寄爽秋、琴友書,
爲惠人了家事也。"十一月十四日:"作書復爽秋,明日交署加
封,仍爲崔惠人事,可厭之至。"可參看。

初五日,三女生。

　　《日記》:"巳刻舉一女。"

十一日,英國駐蕪湖領事福格林來訪,爲論各教源流。

　　《日記》:"午刻,英圭黎領事來,爲析論祆教、景教、唐碑。道
教、釋教、天主、天方、婆羅門各教源流異同分合之故以曉之。
彈指蘭闍,王茂宏之術略一用之。"

二十九日,得樊增祥函,以去年歲暮和詩寄到。

　　《日記》:"渭南老友樊同年歲暮和予詩九首,今併書寄至,
開緘粲然,何異微之酬樂天也。茗麋之才如干將新鑄劍出匣,

神鋒雋利，惟年運向闌，似須淘淨綺語研，返求不二門，若一向馳騖無涯之智，鈎百以逞國能，轉恐失所止泊處耳。"

《樊山集》卷十九有《奉懷爽秋同年觀察蕪湖》、《答爽秋觀察見寄》、《爽秋觀察寄示近作適歲晏稍暇輒復次和凡兩夕得詩七首》等詩，《答爽秋觀察見寄》其一云："山公非隱仍非吏，自寫新詩牓國門。往日青山吟謝朓，於今姑熟仗桓溫。集中菊水流何遠，公表章酈縣菊潭，屢形篇咏。貴後松風夢故存。密邇全椒受恩地，祇應迴馭爲桑根。"

三月初三日，招同社雅集，沈惟賢、屠寄等人均在，彙抄各人詩詞編刻《于湖題襟集》。

《日記》："午後招同社諸公至南樓禊集，會者十二人，積堂、石仲、約齋、敬山、應庚、霞客、子剛、介亭及不佞攜蕭、梁、榮三子。薄煙冥濛，遠近山色皆不可見，但見樓外陂湖渺然，菜黃柳碧，連畦數百頃而已。忽懷羊南城峴山語云'自有宇宙，便有此山，自來賢達勝士，登臨逸興，如我與卿者多矣，今皆湮沒，令人神傷'云云，不覺感慨係之。薄暮散歸。送敬山太史至河干別去，君將入都也。爲校汲古本《洛陽伽藍記》。是日諸社老斐然各有詩，命付寫官彙抄。"

案：《于湖題襟集》十卷，有光緒二十一年（1895）漸西村舍彙刊本。

二十五日，招讌黃翼升，時赴長江上游巡閱水師也。

《日記》："午請軍門黃尚書讌集，晡至江干送行，蓋將巡閱上游水師也。"

二十八日，擬定《攝生要指》一卷體例。

《日記》："右《攝生要指》一卷。須排比先經後子史及人名年代先後付刊，公諸親友，以期各養世壽，亦有宗趣也。"

四月初十日，札委屬吏尋訪蕭雲從墓，爲刻石劃界，禁止樵采。

《日記》："委饒大令、俞治中訪國初詩老蕭尺木明經雲從墓

田,將刻石表墓,立界四圍,禁止樵採,以旌明季遺民之志節皭
然者,以勵善俗。"

十三日,閱會試題名録,知張謇等人中式。

　　《日記》:"見會試題名録,張季直、楊渭春皆中式,爲之心
喜。沈思齊似落第,又爲之鬱鬱也。"

　　《柳西草堂日記》十二日:"丑刻聞報,中六十名貢士。"

十八日,李鴻章介崔澄來爲其孫提親,婉拒之。後李經方又申前
議,仍未應。

　　《日記》:"崔岑友山長來。僕才非兼沛,栖心度世,早欲修
麗居士之浄業。次息未齔,不勝箕帚之役,乃有高門介山長來
言,麗居士欲洗耳以避之。"

　　《另啓密箋》五月初一日《另啓張香帥》:"沜陽使相之冢孫
介崔太史求婚於寒舍,家人皆不願與豪門爲援,受業亦自以素
門,耻因人熱,婉言謝絶,而蹇修尚持之,殊爲悶悶。"又《致琴
友先生書》:"前承面述以星使所諭一節,竊固執以爲不可。走
少涉亂離,習於孤貧,嘗禀受先公庭誡,以寒素切忌躁進,務立
身清介,謝遠權勢爲要。拳拳守之,履冰臨淵,不敢失墜。今聞
所命,忖於庭誥,翩其翻矣。今世高門,鼎盛無比,孰有抗於星
使者乎! 走束髪遊學,不通古今,惟粗聞囊事,今試爲兄大人舉
其往軌,連犴言之。魏武有愛子蒼舒,欲聘處士邴原殤女,邴
根矩堅辭之。司馬文王求昏於從事中郎阮籍,籍逃人外,沈醉
六十日不之省。古諺云:'烏鵲卑飛,不樂鳳凰。'以鳳之貴崇
神異,奮翅雲霄之上,又焉取藩籬間之物與之爲匹敵乎? 邴、阮
雖賤士,然各有自守碪碪之義,所謂匹夫之志不可奪也。以彼
曹公、司馬子上之貴盛,有迴天扶日之勢力,然且縱任邴、阮,不
强違其難馴之野性,況謙光和氣、不自滿假如星使,匔匔如畏、
夙夜有寅如星使,豈有以勢力加人哉? 斯又必蒙諒察者也。僕
之性韻剛疎,但欲希風邴、阮之流,此又士各有志,不可依違强

同者也。兄大人誠俯察其隱，善爲我辭，則魚相忘於江湖，人相忘於道術矣。"

二十五日，在宣城，隨巡撫沈秉成檢閱皖南鎮軍。皖南鎮總兵李占椿招晚讌。

　　《日記》二十四日："日晡，抵宣州城外。……入城時先參謁閱兵大臣行臺，乃徧拜城中文武。初更抵行館宿。"二十五日："晨出東門外迤南之教場，伺候大府閱操，並命分校步箭，至晡始回厲。夜李壽庭軍門、楊慧峰太守、孫次承營田、牛韻齋游戎招宴集，二更回。"

二十六日，與宣州知府楊慧峰往游北樓。

　　《日記》："午過慧峰，同游北樓，其地踞一郡最高勝處，制作殊極高明廣深之致，洵江南第一樓也。古人有所營構，襟抱閒遠，意匠特異，豈今人所可望耶！四面雲山邐迤，隱見烟霞起伏，吐納萬狀。北則敬亭山，東則麻姑峰，西南則陵陽山也。東晉瞿硎先生所隱之文脊山，想亦在窗中遠岫之列，特土人不考圖經，不能指名耳。不登茲樓，那識謝公詩句狀寫景氣之妙？故知天下事不可憑耳食目論，恐涉妄語，爲達者嗤笑也。樓下石刻不少，壁有謝公詩二首、李白律詩一首，餘疥壁自鄶，殊可笑。玄暉高齋詩似有幽憂而作，故志逸而情拘。主人熊、張二客同飫於北樓下，迄出北門，登舟即發。"

二十七日，蕭穆來，下榻道署。

　　《日記》："聞蕭敬孚先生來，勅橚兒迎入蓋公堂住。"

　　《敬孚日記》二十四日："午刻抵蕪湖，乃上小舟泊岸，命肩夫將行裝至厚康錢莊小住，晤汪昆元及仲明等……時知袁爽秋觀察已於昨辰隨沈仲復中丞至甯國閱兵，須五六日方回。因至道署，晤何霞齋，而沈約齋及其子子剛亦同館於此。爽老之長子仲默名允橚，次子叔渾名梁肅，四子道沖名榮叟，均出拜見，均與談話。"

二十八日,至裕溪口看水師操演。歸署,招蕭穆晚讌,沈祥龍喬梓在座。

《日記》:"早發三十里,至裕溪口看水軍操,旋與張提戎送大府至蠡磯以上,即迴棹泊江口,未刻回署。徧犒從人勇丁戈什,徧拜幕府諸公、三參軍。與敬孚老飲酒話舊。"

《敬孚日記》:"上午道署人來相迓,余知爽老尚未回署,止之。……敬文及黄志甫自外至,旋同至鳳鳴榮園看戲。未終曲,張松成來云道署遣人來請,乃别敬文、志甫,回莊檢理行裝,即至道署見袁爽老,談話良久,乃至霞齋室小住。晚間爽老陪同約齋、子剛諸子共飲,夜談久之。"

二十九日,與蕭穆商議刻書事。

《日記》:"與敬孚商榷刻書事,擬先刊《吉林外記》十卷、《黑龍江外記》八卷、《湛然居士集》十四卷。"

《敬孚日記》:"回道署,爽老送所著《漸西村人詩》十三卷、三本。《安般簃詩續鈔》甲乙丙丁戊己庚辛八卷,四本。共七册。余先後亦以《歷代黄河變遷圖考》、《四國日記》、《曾惠敏公集》、《澄懷園詩選》、《錢文端公年譜》及近人著述共八九種送之。先是爽老欲刻書十餘種,久欲與余相商付託,今先以長白西清所撰《黑龍江外紀》八卷、吉林堂主事薩英額所撰《吉林外紀》十卷、元耶律楚材晉卿所著《湛然居士文集》十四卷,共三部鈔本託爲代校刊於上海,並云每月送洋廿元。下午即以四五兩月分洋四十元見付,又以買書及刊書洋各二十元另分兩包同付。日夕時與談話,並以明日將回家言之。"

三十日,送蕭穆行。

《日記》:"與敬孚商榷刻書事,送之歸桐城。"

《敬孚日記》:"回道署,爽老出送毛尖茶一大包、茶食,與之話别,理行裝。爽老命聽差林松、張本華二人送之。已刻别爽老及約齋喬梓、霞齋及袁世兄等。爽秋又引至書房、籖押房一看,旋送出大門,乃別。」

五月初十日,譚獻來,下榻道署。

《日記》:「仲修同年由浙來,下榻東齋。」

《復堂日記》:「午抵蕪湖,泊輪,詢知麈遺母喪歸吳哭矣。乃渡湖,解裝榷署,晤爽秋談,知華亭沈祥龍約(軒)〔齋〕授諸郎讀,其子子剛亦在是。約齋聞聲卅餘年,客中相見,殊快。縱橫談藝,頭沒杯案。……與爽秋談至二鼓。」

十二日,招讌譚獻,沈祥龍、彭兆琮等人在座。

《日記》:「夜修老、約齋、印根小集。」

《復堂日記》:「檢束,明日登江字輪船矣。爽秋乃置酒為別,明日亦往都會也。談至二鼓後,酣眠。」

十三日,登江輪,將赴安慶,偕譚獻同行。

《日記》:「早飯訖,偕仲修至江口待艙舡,在關上盟止水齋小睡。致如大令招晚飯訖,上薑舩,三更江孚舩始到。山月皓然,萬頃一色,舟中人聲、機器聲鼎沸嘈囋,睡不能穩。」

《復堂日記》:「爽秋函約榷關晚飯,與魏致如一談。坐有仙齋,長談共飯,飯畢已燈上矣。」

十四日,抵安慶,與譚獻別。下榻聯昇店,王詠霓、劉默庵來訪。

《日記》:「晡抵皖口,仲修赴鄂,遂別去。予入城,仍住聯昇店。有義塾師生同一院住,讀書聲琅琅,亦復佳。門人劉默莽自京下第南還,王子裳同年同枉過。」

《復堂日記》:「船過安慶,爽秋、松午俱去。」

十八日,署安徽巡撫德壽招讌,時沈秉成奉詔開缺。

《日記》:「夜耿中丞招陪沈前帥讌集,二更大雨二三犁,卻防江水盛漲,沿江圩堤岌岌可慮也。三更冒雨歸。」

《光緒朝上諭檔》二十年(1894)四月十九日:「安徽巡撫沈秉成著開缺來京,另候簡用。欽此。」二十一日:「內閣奉上諭:『安徽巡撫著李秉衡補授,未到任以前,著德壽暫行署理。欽此。』」

二十二日，聯元招午筵，又偕登大觀亭，謁余闕墓。

　　《日記》："仙蘅招午飯，飯訖同出西門，登大觀亭，謁唐兀忠宣公墓，晏坐久之，布路而歸。"

　　《于湖小集》詩二有《仙老招游大觀亭》二首。

二十三日，謁德壽，論朝鮮近事，復作稟上言中日形勢，並預籌長江防務。

　　《日記》："謁靜帥，垂詢倭韓近事，已摒兵矣。作稟千餘言，略陳東倭狡謀蓄之已久，以今日論之，敵國外患，殷憂啓聖，未始非好消息也。稟函兩次，因北南洋急遞止陳江防事，不及其他。堵敵艦入江，以嚴禁引水人爲第一義，此甲申、乙酉間馬尾、中歧之役所以致敗，而招寶山所以獲勝也。"

　　《于湖文録》文六《稟覆署撫部德》："現聞韓屬全羅道因東學黨作亂，勢甚洶洶，全州失陷，近逼漢城。韓王乞師於我，倭人占先著，挾重兵先赴漢城，大有挾議之勢。李傅相已派葉志超、聶士成等三千人東渡仁川，扼紮牙山、水原之間，戡靖亂黨。以倭國水師現有之兵力計之，二等鐵甲船浪速、扶桑、高千穗艦計三號，三等鐵甲金剛艦等三號，五等鐵甲船一號，三四等練習常備兵艦廿六號，新增法廠所造嚴島艦、松島艦二號，橫須賀廠所造橋立艦一號，以上諸船製作不同，其舊製漸朽廢不中用者十之七，新製堅利者十之三，此逆倭水軍大略情形也。陸軍則尚不在此數。……至於預籌長江形勝有備無患之策，則以白茆沙、狼山、福山爲第一重門户，江陰、軍山及北岸劉聞沙礁隄爲第二重門户，圌山關爲第三重門户。諸處均有重兵扼紮，歷年修築明暗礮臺。從前彭剛直公創爲督造兵輪十艘，橫亘江陰，以輔長江水師不足之議。左文襄公甲申、乙酉間籌法國内犯，有扼守白茆沙，排列戰艦成活礮臺之議。倭人兵艦雖多，已半朽壞，亦斷不敢傾國而來。彼兵分則力單，我圖所以禦之，似聚鄂、贛、江、皖數省水陸之兵力餉力，足以金湯之勢摧之。所慮者,轉在內匪乘機竊發耳。至於安省江防,惟以東西梁山爲最要門戶,張士元、李金彪等陸軍水師掎角操防,而以重兵墊紮采石磯、裕溪口等處。皖南李鎮乃知兵宿將,可爲之統制。又以巢湖水軍爲遊擊雕剿之師,嚴飭省城練軍及澄清水師,務靖內匪,使吏民安堵,則餉源有著。江防之要,急在下游,上游似無煩多置重兵,轉滋分擾也。"

二十七日,提督譚桂林來道署,晤商江防事宜。

　　《日記》:"譚提戎來,與商江防事宜,應預備二十八生的礮、格林礮各十尊,布列要隘。果有事,則沿江排釘木椿,以阻敵舢,亦要務也。"

六月十二日,聞漢陽槍炮廠災。

　　《日記》:"赴鄂家丁回,言漢陽槍礮廠於六月初九夕灾,南皮師經營多年,一旦燬失,機器房屋直銀三十萬,殊爲可惜。龜山下軍器監係粵人馮候道提調,估直燬失十餘萬,壓損機器在內。南皮師已飭改建廠屋,趣即興工。"

　　張之洞《漢陽槍廠被災情形片》:"兹據槍炮廠總監工委員馮熙光稟稱:本年六月初十日黎明,狂風大作,電光激射,忽據稽查委員嚴用炳喊報,槍廠樓上黑煙突起,火光迅發。……該廠當日因節省經費,係木梁、木柱,倏已四面同時焚灼,當經盡力撲滅。其後面場屋一大排,尚未被火,惟前面場屋七小排灌救不及,燒榻五排。……被壓機器經火氣熏灼不免受傷,逐一查驗,應修整者約及二成。鐵廠及該廠之機器匠均可自行修整,間有需向外洋購補之件,尚不甚多。……幸礮廠無恙,該廠汽機房亦未延及。"

十六日,李經方來訪,談朝鮮事,又申前締婚姻議,公仍不應。

　　《日記》:"晡,李星使來,言東倭伊藤、黑田、西鄉三人用事,陰謀甚狡。現佔踞韓京之陸兵萬人,又有兵船十二艘橫阻海口,仁川至楊花津、漢城要路爲倭截斷。我陸軍在韓亦萬人,丁汝昌等水師銕艦皆泊馬山浦,呼應不及倭人之捷。緣發兵倭人占先著,我已落後,動衆數旬,勢難中止。雖有英、俄兩國欲出爲排解,有先照會中、日兩家各撤重兵,然後可議條款之説。然國威不振,可耻甚矣。後患方長,楚之君臣得晏然旰食乎? 李君北行將別,又提及前事。僕栖心於龐居士之不預聞家事久矣,塵勞三界幾許闊,無古無今鬧聒聒,僕欲遊於形骸之外,而子大夫乃索之羅罜之內乎? 呵呵一笑。”

二十六日,劉坤一電令封關,禁米出口。

《日記》:“午刻奉峴帥電,聞倭缺米,恐齎盜糧,飭令無論商輪、洋輪,禁止運米出口,遵即函知税司照辦。”

二十九日,聞薛福成卒訊。

《日記》:“薛叔芸中丞同年奉使英、法,爭回緬甸大金沙江以東撢人土司及滇邊地二三千里,添設南洋領事,駪征勞勩,朝野屬望。六月初以瓜代航海回華,駐節滬上,奏請賞假兩月,以恭候批摺,暫未歸錫山。途中積受暑濕,不幸六月十九夕病薨於行臺。勞臣云亡,如堅車良馬,方行萬里而折其軸,孤中朝浸嚮大用之意,殊可惋惜。六月十八日尚有手書與予,略叙衷曲,手戰塗乙,已見病亟之狀,然公意良厚,益愴人琴俱逝矣。”

《袁忠節公書札鈔略》卷三《與袁遂書》七月二十三日:“芸公六月十八尚有手札與弟,蕭景桴云芸公十九日以前連日見客,應酬不倦,病不過中暑,十八九日飲洋醫藥水一杯,未幾逝世,豈爲藥水所誤乎! 此公朝廷未竟其用,關係時局不小也。”

《敬孚日記》二十日:“早間出門,坐車到天后宮,驚悉叔耘兄已於昨日亥刻疾歿,不勝悲感。入內痛哭,幸其夫人及第三子在此,諸事妥爲辦理,定於今夜入殮。乃回館中休息。申刻仍至天后宮,晤宣琴山及張讓三諸人。亥子間叔老入殮後,行禮畢乃出。”

七月十八日，往閱東西梁山礮臺，觀守軍演放礮位。

　　《日記》："張軍門派隊來迎，上岸與軍門、姓溪看演大小砲位。周歷臺堡，予右耳忽然閉塞，爲奓所震，書生不經戰陣，無用如此，是可恥也。"

二十日，聞朱一新卒訊，有詩挽之。

　　《日記》："夜閱《申報》，忽傳朱鼎父同年山長病逝於廣雅書院，駭歎不已。予前已堅訂君來主中江講席，爲于湖之士口講指畫，冀人才奮興，風氣漸變。乃公竟化爲海外東坡，棄我歸於真宅，臣質已亡矣，又誰助我爲治邪！"

　　《于湖小集》詩三有《哭朱鼎甫山長四十均》。

　　《拙盦叢稿》附錄廖廷相《奉政大夫陝西道監察御史朱君行狀》："六月二十四日，偶感微恙。七月初二日移臥書房，客來視疾，尚能迎送。午後忽語其弟曰：'頃集"撒手白雲堆裏去，回頭四十九年非"二語以自輓，汝謂何如？'弟謂：'神智湛然，何至於是？'君笑而頷之。未刻猶挽弟手行，絕無塞緩。申刻漸作譫語，一謂明年迎養竟成虛願；一謂精力漸衰，無以饜諸生之望；一謂高麗爲神京屏蔽，必不可棄。詞雖錯續，終不出此三者。延及酉初，溘然而逝。……君生於道光二十六年丙午十一月初五日，卒於光緒二十年甲午七月初二日，享年四十有九。"

八月二十七日，作《防倭私議》。

　　《于湖文錄》文六《防倭私議》："甲午五月，逆倭以乙酉年兩國撤駐高兵之約，借端挑釁，嗾使臣要挾改變朝鮮國政，並渡重兵佔塞仁川海口。譯署王大臣與相持。英使歐格訥等奉其國命，從中排難解紛，議久不決。六月廿三日，倭水師之在韓海口者，不俟復歐使書，遽開礮擊壞我兵艦。七月，我牙山陸軍提督葉志超以孤軍無援敗績，退守平壤。海軍提督丁汝昌率領定遠、鎮遠、經遠、倈遠等十餘艦，逡巡海上不敢進，言路騰章爭劾西平僨事，旋獲譴褫。朝命趣戰甚亟，八月十六七日，海軍遂失利,火三艦,沈一艦。陸軍之駐平壤者亦失利,創亡萬餘人,提督左寶貴陣没,我軍退至義州。詔以宋提督慶幫辦北洋軍務。廿三日,命都統承恩公桂祥防守山海關,津沽戒嚴。

"漆杞之憂,私竊議之。夫兵法避其銳氣,擊其惰歸,堅壁勿浪戰,持重以老其師,乃可徐起而乘其弊。憤兵驕兵,則自取敗徵。韓都未失以前,自以水陸疾赴併力爭韓爲急;韓京既失以後,各島要隘皆被倭扼守,我無進攻之勢,自以保我旅順、威海門户爲急,勿爭虛名而受實禍,此一定之理也。王翦以六十萬人規楚,趙充國以萬騎討羌,皆明有意算,審於料敵,不貪小利,不肯浪戰,以徼一勝之功。況逆倭方張之寇,非弱楚、先零羌可比乎?前明萬曆二十年,平秀吉爭朝鮮,倭軍水陸二十一萬。明經略宋應昌、邢玠先後以二十萬人當之,卒不能大創倭寇。逮秀吉死,敵自退去,明兵乃報虛捷。今我平壤之軍不足二萬人,六七提督各不相下,軍火糧運艱滯缺乏,根基未立,顧乃出於浪戰乎?

"倭利速戰,我既忖度未可急破,便當歛兵守險,厚集其力,持久困之,俟敵有可乘,士皆用命,然後風馳霆擊,足辦一戰。且閫外之事,督將任之,從中遥制,非用兵之利也。前明孫白谷、盧九台皆以趣戰而敗。近日曾文正督師,自靖港失利之後,規復岳州,次尅武漢,節節進攻,務守我完善之區,繕饟厲兵,暫勿進攻賊巢,恐頓兵堅城之下,徒挫銳氣。就沿湖沿江繁盛州縣建立東征局、牙釐局,饟源有著。創立水師,肅清江面,務自立於不敗之地。根立勢舉,然後圖節節進攻,逼賊於蘇浙海隅而麋之,此善規形勢者也。

"髪、捻剿平已三十年,將相名臣漸盡,封疆大吏老於兵事者,惟西平一人。西平密疏以爲'今之根本,以大沽、北塘爲第一門户,臣令丁汝昌等率領各兵船在威海、旅順、大連灣一帶往來游弋,雖邊不能爭鋒海上,在倭人視之,沽、塘以外有此數艦,不能輕犯，隱有猛虎在山之勢，於大局非無補也。若令在海上交戰，萬一疏失，船價人命均不可以數計，未摧敵燄，先損國威，臣實未敢孤注一擲'云云。夫丁汝昌平居驕戇，日事淫賭，臨敵則畏葸不用命。其標下林、劉、方三總兵，閩廠學生，未經戰陣。西平平日誤用將領，臨事又袒護之，西平之罪也。其持重不肯浪戰，則老謀長算，洞知彼己勝負分數之策也。西平有大功於國，特以年逾七十，血氣衰耗，平時不留意預拔文武人材，培養磨礪，以儲有事時之用，一旦外患猝乘，左右無一可備禦侮之材，此其短也；至於料敵更事，預決利鈍，則文武大臣無能出其右者。今海陸軍皆以輕進而敗，沽塘之防震動，小不忍則亂大謀，必有忍其乃有濟，憤驕之師，敗徵早見矣。

　　"爲今之計，惟有暫棄東藩勿問，專顧腹地海防，調集水陸諸軍，密布沽塘，堡陼內外，氣勢聯絡，厚集其力。威海、旅順各有守口礮臺自護，且非入京孔道，暫勿兼顧。俟倭深入，歛兵守險，堅壁清野，使野無可掠，嚴斷接濟，以困其師，乘其驕氣，察其惰歸，然後猝起擊之。且一涉嚴冬，遼海封凍，倭必歸巢。義州、九連城一帶防營，可以遊兵擾之，彼來則我歛兵扼守，寇去則我又出，疲其兵力，使不獲安。永遠閉關絕市，堵其商舶之來，亦所以困敵制其死命也。觀於耶律阿保機深入石晉腹地而不耐久駐，急謀引歸；咸豐庚申北京之陷，英將額羅金捨舟師深入，不能持久，遽受盟，即日退撤，其大勢可知矣。況倭兵分則力單，料彼未必遂能懸軍深入乎！故仍當以我之堅忍，破逆倭之狡狠。"

二十八日，聞黃翼升卒訊，挽之以聯語。

　　《日記》："長江提督尚書銜黃公翼升，年七十六薨逝，製聯爲挽云：'感彈指隙駒間，樽酒深談，元狩俄彫名將盡；董習流水犀手，哀思部曲，朱旗長領國殤雄。'用《漢武帝本紀》"名臣文武欲盡"語。"

九月十三日，至安慶，謁見新任安徽巡撫福潤。

《日記》："謁撫部福公、倭文端公之從子。藩臬員公、丁公。丁
公習兵事，言娓娓可聽。員公索近議倭事利鈍稿艸。"

二十九日，沈惟賢等代爲相宅於雲間。

《日記》："思齊、儀亭代爲卜宅雲間，業已書券，書來隨即作
答，眞可謂五湖三畝之宅也。"

《于湖小集》詩三《調思齊》小注云："予新卜宅泖上，弟爲
經營甚力。"

案：公本欲營田宅於桐廬故里，以購地未果，遂別謀置宅於
雲間。

十月初十日，張之洞奉詔署理兩江總督，乘兵輪過境蕪湖，往謁。
又見梁鼎芬、楊銳、沈瑜慶。

《日記》："孝達師本月初五日奉電旨署兩江督部，劉峴帥來
京陛見。以師署理督部，乘坐兵輪過蕪，停泊六時許，謁見。師
鬚鬢如雪，半由敿歷巖圻，心力交瘁，相對不禁憂喜交集。反覆
論倭事利害數百言，略陳肫見，以備採擇。自忖書生不知兵，未
必當窽要也。晡，師官舸始啓椗開行，兩岸水陸營兵聲礮致送。
又晤梁星海太史、楊叔嶠舍人、沈靄蒼觀詧。太史天性過人，愴
懷亡友潘孺老、鄧伯訥、朱鼎父三君不置，海內知交零落將盡，
既痛逝者，行自念也。"

《清實錄·德宗景皇帝實錄》光緒二十年（1894）十月初五
日："以湖廣總督張之洞署兩江總督。"

十二日，裕德、廖壽恒奉旨赴四川查辦事件回，過境蕪湖，招公往
晤，詳論中日搆釁始末。

《日記》："裕、廖兩欽使率四隨員銜命入蜀查辦事件，既蕆，
將回京復命，泛峽江由鄂入皖境，卯刻過蕪小泊，邀往詳詢倭衅
始末，蓋欽使四月出京，故未悉兵興之由也。俄啓節，即由京口
北上。"

《光緒朝上諭檔》二十年（1894）四月初七日："内閣奉上諭：'著派裕德、廖壽恒馳驛前往四川查辦事件，隨帶司員著一併馳驛。欽此。'"

是日，以慈禧太后萬壽聖節，招讌合城文武官員並英國駐蕪湖領事福格林、稅務司班謨。

《日記》："聖壽節之第三日，招海客及同城文武作無遮大會，用西式食單，西人謂之大餐，申中外祝釐之敬。是日會者十又一人，王參將、彭、曾兩游擊、張提戎、王、袁、饒三直牧、李副將、英領事福格林、稅司班謨，主人則芳郭鈍安也。坐同觀中高日三界地圖、英倫名勝圖。賓主之意懂叶，西員捧卮恭祝皇太后、皇上無量萬年壽，是會何異西天淨土極樂世界邪！日晡始散。"

十五日，汪宗沂來訪。

《日記》："山長汪仲伊先生及其次郎鞠卣、新孝廉律本自歙來，別十五年矣，相見欣喜之至。鞠卣去年觀風所拔取第一名也。"

十六日，以銀五千兩報銷軍需。

《日記》："敬承先祖考太府君、考府君遺命，將產業變賣，報效軍饟銀五千兩，今晨具稟大府，立即匯解皖垣支應總局。"

十九日，乘輪舟赴江寧，遇志鈞，談北方軍事。

《日記》："隨渡至商局蔓船，上江寬艙船，下水午初開。……行一百八十里，申初抵江寧下關，入儀鳳門。路遇志仲魯，將赴鄂州，立談北來消息，云金州失守，盛軍已潰散，聶士成軍打一勝仗，宋軍戰甚力，旋別去。志伯愚侍郎銳奉命至熱河會辦團練，並募勇十營，已出京。"

二十一日，與同官赴下關江口送劉坤一行，並論當前形勢。

《日記》："丑初刻即乘肩輿出旱西門，至皇華館。劉峴帥奉命入都陛見，張香帥寄請聖安，率屬僚跪叩行禮，旋赴下關江口候送。……旅見峴帥,肫陳目前事勢,與庚申秋冬曾、胡、李希菴諸公議北援略相同,而危尤甚。公奉旨總統湘淮前敵各軍,宜持重,勿輕進,勿遽攖敵鋒。大駕西巡之指如果決行,則扈從扞衛,以定社稷,此爲要圖,不必以孤注決一勝爲功也。至轉運軍火,接沛糧食,宜自揚州、袁浦、張秋、沛甯、天津、渝關節節設糧臺轉運局,源源不絶。沛甯、張秋用轉般法,此最要也。公深然之。"

二十三日,往訪鄭孝胥,並贈之以詩。

　　《鄭孝胥日記》:"午後,袁爽秋來,愛蒼來,張鴻卿、高味泉來……袁爽秋贈詩一首。"

二十四日,往晤從内弟薛葆樨,又往游顧氏園。

　　《日記》:"謁龍蟠里薛母太恭人,晤内弟葆樨喫飯。冒雨遊顧氏園池之勝,頗覺宎窱空明不寒窘,洞扉訇開,足吸一湖之景。惜長廊太窄,再拓五六丈地,勢當更勝耳。歸已暝。"

二十七日,鄭孝胥來談,贈其《翻譯名義》。

　　《鄭孝胥日記》:"過袁爽秋,談有頃,贈余《翻譯名義》,即蒯氏刻本。"

二十八日,與梁鼎芬、王詠霓泛舟秦淮河,張樂設飲。

　　《日記》:"夜偕節庵太史、六潭郡將泛舟秦淮,點燈張樂,校書、録事畢集。北事方亟,陡聞哀絲豪肉,不覺淚下霑襟,收淚新亭要有人也。三更酒闌人散,命肩輿布路而歸。"

十一月初二日,謁辭張之洞,張氏示以所作詩。

　　《日記》:"謁辭南皮師,侍坐兩時許,於時事苟有一隙之明,不敢不披瀝面陳,白頭師弟,赤縣阽危,相對不禁淚下。……夜孝達督部師出詩二卷枉示,公詩簡嚴得之《穀梁春秋》,深婉得之范《書》諸傳贊,逸民、六夷。隸詞引喻得之《吕覽》、韓非及荀之《成相》僶篇。其文或繁或簡,皆有法度,而誼亦有微有顯,橫空而來,盡意而止,縱横峻逸,不主故常。近體句律,用義山爲近，而去溫三十六之纖穠，無宋初西崑之板滯，二者之病皆無從犯其筆端。"

初三日，買妾，名柯連蒂。

《日記》："日將夕，所買侍妾至。前日所相擇王姓女，貌類故劍，粗知書者，竟不成，殊惘惘。此婢姿既粗陋，又不知書，予殊悔之，止堪作樵青耳。陶隱居云：'丹白存於胸中，則純樸醨散，慧命根基不能修。'予方有味其言，毋終壞白業、墮黑業。柯姓，金陵長干里人，乳名連蒂，丁丑年四月初四日丑時生，待覿日者卜之。"

十一日，拜稅務司班謨，請其商諸領事福格林，調英國軍艦來蕪湖保護口岸。

《日記》："逆倭狡謀，先注意直，擾兩京爲脅和索賠之地。現北洋各口封凍，防軍雲集，懸軍深入，又恐宋幫辦慶截其後路。昨日英國新聞紙言，倭聚水兵四十餘艘，將連檣南犯長江腹省及臺灣諸處。倭兵避寒就暖，思飽掠以逞其欲，亦意中事。蕪地現兵五百名，砲位全無。頃往拜班稅司，囑其商之福領事，調英國兵艦二艘，刻日來蕪，保護口岸。事竣，許爲稟請南洋商憲代奏，請聖恩賞給三等第一寶星，以旌有功。班君許爲要約，候其回話，再行酌定。"

十二日，議規復黃庭堅滴翠軒，以爲遊覽之所。

《日記》："是日與僚友議修葺宋黃文節公滴翠軒，將作記嵌壁並牓篆，以爲都人士讌游之所，擇日興工。"

十四日，往拜福格林、班謨，並晤來蕪協防之英國海軍司令費禮滿多羅。

《日記》："晨拜福領事、班稅司，知英國二等水師提督費禮滿多羅率一兵舡到。其名急讀則曰費曼德。予頗蓄梦冒勃蘇乞借秦兵之意，因約領事官福格林往晤，爲言中英方睦，我大清朝皇太后、皇上歷年優待英國大君主維多里亞之意。今中國有急難，義應相助。福爲之舌人傳話，問答數百言。費提督意頗肫懇，握手言別，聲礮十五出相送。"

十七日，美國海軍將軍葛雷池與福格林來訪，爲言中美友好，當臨難救護。

　　《日記》："申正美國水師兵官葛雷池、英領事官福格林同來署，設酒果，語以'中美兩國本有約，患難互相救護，況今倭寇紛縕未定，美駐北京公使田貝極力居中排解，奉國命致駐倭公使，勸兩國停戰議和。貴將官如遇南洋有事，當出力相沛'。因出各國水師章程、舩陣圖說數十册列案上，語之曰：'我自恨無此力量，聘請洋將，依照圖式，練成水師，以報國家，我真虛生人世也。'葛勸予到外洋游歷，出使聘問，答以'使臣我不能勝任，但願作太西水師興圖大書院中一學生，苦學十年，歸作棼冒勃蘇耳'。葛、福皆懽喜辭去。"

十八日，偕福格林往拜葛雷池，參觀美國軍艦。

　　《于湖文録》文六《稟署南洋商憲》："午初偕福領事答拜美兵船水師參將葛雷池及苐幇帶，忘其名。導觀隊伍、礮位、機器、汲水器、語旗、話筒、柁房、火藥房、衣服房、飲食房、畫圖房、電燈，各處皆到，一一指畫用處。船上十五生的邁當大礮四尊，架皆旋臺，礮門内皆來復後腔。餘皆五生的快礮及格林礮。葛參將與職道問答良久，並問儒、佛、景教、袄教、加特力、希臘、天方、黃教各教源流，又問蠟丁、埃及、拉提諾、唐古忒各種文字，滿、蒙、漢三合音文字流别，職道一一將梗概具答之。葛甚悦，旋聲礮十二出相送，遂歸。"

二十四日，餽問孝子陶效譜，表彰其行，以勵風俗。

　　《日記》："屬王校官賫刀布二十圓餽陶孝子，以資養贍。並戒其按月至四鄉宣講聖諭卧碑，以整風俗。"

　　《于湖文録》文四《復陶孝子鄉記》記其事云："陶孝子者，蕪湖縣南鄉之鶴溪人。光緒乙酉夏，山水暴漲，蕭隄垂决。縣令鄒君鍾俊督民夫數千，負楮木，操畚鍤，庀長菱葦席，露立泥雨

中,日夜守隄上。風水相薄,蕩齧隄根,勢岌岌甚。忽見有麻衣
素冠,遶一櫬走趨者,引聲長號,風旋止,水爲小卻,隄得施工復
完。令具狀牒,大府以聞,奉旨准建孝子坊以旌之。……爰符
下長吏,爲之復除徭役,以時存問,刀布之須,簿若尉致,立石表
之,以爲百姓法式。"

十二月初四日,作函致翁同龢,論時事五條。

《日記》:"夜將半,上缾居士書千餘言,略陳時務,擬由撥駟
達寄。"

《于湖文録》文七《上樞廷録公》注云"十二月初四日夜子
刻",即此文。

初十日,赭山滴翠軒落成,招讌僚友於此,有詩紀之。

《日記》:"山谷道人滴翠軒新落成,會集文武交友二十許
人,客主皆霑醉,散時已上燈。"

《于湖小集》詩三有《赭山西軒宴集薄暮醉歸書此》。

十七日,以助餉功,朝廷准許爲明誠公、世紀公建坊。

《清實録·德宗景皇帝實録》十二月己未:"以遵命助餉,予
安徽徽甯池太廣道袁昶爲其故祖父、故父建坊。"

二十四日,蕭穆寄到新刊《黑龍江外紀》樣書。

《日記》:"蕭先生敬孚爲校刊《黑龍江外記》成,寄樣本至,
作答,並寄去三百番。"

《敬孚日記》二十一日:"早間寫寄袁爽秋信,並以新印《黑
龍江外紀》二本封,至醉六堂,託代交信局寄蕪湖。"

編年詩:《夜抵皖口》、《懷舒州山谷寺》、《仙蘅都轉屢作虛字詩見
示迫窘不敢和戲呈一首》、《題李斯傳後》、《秣陵故薛夫子別墅》、
《秦淮水榭歌》、《弔汪梅村先生墓》、《江上遇志仲魯太史》、《治道
尚猛》、《憶君山寺》、《春雁》、《贈積堂》、《贈約齋老友》、《戲作春
興詩》、《調麈遺》、《游飯籮山海客別墅》、《醉後又書一首》、《早至
講院諸生皆未至隱几小睡呈王廣文》、《王君邀喫菰米粥味澀而美

再賦》、《東庵道人》、《養痾》、《莫謂》、《新修小榙子》、《板扉上有涎蝸家人呼爲水牛戲賦》、《祠事回水南春望》、《得鼎父廣州書卻寄》、《蹋青》、《水南閒眺》、《預邀同社諸君春禊》、《獻題寄子裳》、《次韻静山太史》、《雲門秦中書來示見和詩累數番紙才如泉湧雋不可當戲答一絶》、《邀子剛出游集句》、《登知稼樓宴集》、《食筍》、《悵望集句》、《浮邱子歌》、《問孰能遊是》、《蝝磯》、《王大令邀泛舟渡江謁靈澤夫人廟實酒舟中作》、《題黃文節戎州以後詩》、《欲遊黃山客静云道回遠不可往因説一偈云》、《應廙國博六疊前均奉和》、《問春何處去》、《聞荆山佳可游故老云是卜和採玉處又多鑿石乳爲造像欣然賦之》、《送饒輔星》、《前年在京邸園中老松暴枯葉赤色屹立狀益崛奇近於吏舍種竹頗不如法十日而半萎黃栽活十數竿耳作詩獻嘲》、《集句戲簡約壘》、《和仲伊山長祋廬八詠》、《野衲》、《戴文節著色山水便面公自題識丁未五月爲女某作山中闃寂畫頗不愜意乃未閱月而女亡題以付聳竟成畫識云云此吳司馬之母夫人也是值鹿床翁乞恩歸田日所作矣吳以索題》、《題薛郭外姑碩人遺真》、《禹祠》、《潘上舍拾菜奉母畫卷》、《鼎丞新得鳳穎詩以代簡》、《調應廙》、《上禹耕山》、《紫丁香榭》、《野景》、《予規爲榭估工四十金難之遂罷役客又曰此殿春花狀酷似丁香而實非也復作詩》、《甄微》、《題畫卷》、《挂席》、《初夏》、《迓綸卿》、《舟行》、《聞當塗縣慈姥磯出異竹圓緻絶倫即西蜀王襃所稱江南之簫斡也所從來遠矣欣然賦之》、《綸卿舟次枉和新篇復次韻》、《江村》、《東門渡》、《縴夫行》、《宣州楊使君招讌郡齋並約同游北樓留題》、《明日果登北樓別既淹句追念靈境悁勞不釋用謝吏部高齋閒望答吕法曹韻作一首以寄意》、《又依高齋晬事均作一首》、《依李翰林登宣城北樓作一首》、《讀南齊謝朓傳有感》、《惠山聽松篆刻拓本》、《又爲彭應廙題》、《欲尋》、《訪崔隱君不值》、《舟中望九華山》、《復至舒州》、《壯士行》、《見林蘭花庽意》、《子裳招池上集》、《將謁唐兀忠宣公墓》、《簡署布政使員公》、《春草行》、《仙老

招游大觀亭》、《又一首》、《苦熱行》、《黃提督秉均蒙縣守城圖》、
《寄梁節庵鄂州》、《後苦熱行》、《題吳棋心小影》、《太虛者氣之萌
牙易氣從息生》、《六月初九日放船自螃磯回夜宿江上小閣》、《歷
歷》、《詠新製荷葉露》、《題呂九霞丈雜臨古帖》、《漫寫三絕句》、
《戲題上楊宣州》、《北夥》、《天門山》、《哭朱鼎甫山長四十均》、《近
事書憤和友人作》、《重有感》、《約同人登高》、《混混》、《九月十二
日又至皖口》、《夜讀六潭詩》、《大觀亭》、《緣省》、《何異》、《題南
唐徐常侍集》、《金陵道中雜詠》、《半山亭北宋時在城外荊公父楚
公墓在焉公晚罷相以祠祿判江寧府有直到日斜騎馬歸之句此時
猶未捨宅爲寺逐居城中也》、《未能篇》、《聞金州陷》、《七十二汀》、
《簡鄭太夷舍人》、《戲上六潭》、《鍾山》、《別鍾山》、《題南皮師集》、
《答六潭》、《印庚兄病新起》、《重修滴翠軒寄題》、《砭躁》、《戒瞋》、
《題雲門集後》、《已入深冬庭蕉猶綠》、《調思齊》、《偶咏三國事》、
《夜寒懷節庵》、《闖西軒》、《西菴》、《攜梁肅登北樓望見小九華山
頂殊了了分明向者莽鹵未之見也今始得之》、《巡夜至觀音松夜
半月出寒瑩愨然灑析毛髮慨然北望不覺長歌以當阮生之哭果誰
爲聽之邪》、《自題披僧伽梨小影》、《寄薛十八仍園》、《懷致仕黃
通政丈》、《食冬笋有感》、《江介即事》、《近事》、《夜讀雲門集贈
友人詩有臨汝亦修道端居鳩水厓隨身欠春艸無玉倚秋葭云云戲
答之》、《南菴僧自言一字不識殊歎異之以爲有真理》、《又絕句三
首》、《子與印根石筜積潭澤民子剛霞儕仲武諸君暨下走同集永福
精舍人各照一相付山僧皮之西龕》、《題水明樓》、《誰與》、《咏樊
渭南即效其體》、《咏史》、《海客別墅》、《兒輩謁新修黃文節祠堂
回作詩示之》、《蔚藍天一角》、《玩鞭亭》、《王參戎牛鎮軍魏致孺
王餘春祺子廖熊□□王杉園徐叶亭家石甫九人宴集用太西法詔
爲九髻圖索題句》、《友人新爲買三泖宅寄贈前主人》、《寄思齊》、
《赭山西軒宴集薄暮醉歸書此》、《北出有地名一天門戲題》、《夜起
四更雪》、《雪窗下靜坐追憶亡兒松喬》、《觀物》、《文沖以新搜得

賀監碑搨遺余爲之狂喜奉和》、《阿房》、《花下》、《江閣即事五截句》、《上虞山尚書》、《西園老少會者十三人以序敷坐合照一相予爲題曰一合相》、《蘭凍垂病矣迻之密室以溫之》、《六潭居士寒夜獨酌走以病足不獲侍密坐而呼童奴送酒洼戲作》、《憑將》、《京師三憶詩》、《小除日約六潭同守歲》。

編年文 :《致譚獻書》(弟新正初五即至省垣)、《復稟樞直吏左徐筱雲先生》(婁餉員入都)、《復兵尚孫八先生》(去年長夏)、《稟户左張樵憲》(上年蒙賜示《知稼樓詩》)、《復稟吏右廖宮保仲山》(上年函丈典京兆試)、《復禮左錢丈子密》(姪新正五日前赴皖垣)、《上馬禪西幕府》(久不馳問)、《上禪西書》(僕人回)、《上鉼居士師》(受業自叩別緇幃)、《致吕海寰書》(前月十九奉到初十日賜書)、《另啓張香帥》(四月初四日奉到電論)、《致汪康年書》(長安一別)、《致汪康年書》(前荷攽惠家刻《清尊集》)、《致琴友先生書》(連日酷熱)、《另啓李傅相》(受業近刊刻書目一本)、《另啓楊石帥》(受業屢接譯署來函)、《另啓譚文帥》(竊受業前接薛叔耘星使來函)、《稟安撫憲沈》(竊職道渥荷妍慈)、《致陳豪書》(前月初奉到在鄂省所發手敕)、《與繩庵六丈書》(前託婁照磨奉上一楜)、《復張繩庵六丈》(五月初九日奉到四月廿九日鈞論)、《觀音橋銘》、《生勝論》、《形名論》、《王茂宏謝文靖論》、《嵇阮顔謝論》、《跋宋胡忠簡公遺像硯搨本》、《湛然居士集書後》、《稟德静帥》(頃得天津來信)、《稟張香帥》(受業五月朔日專丁賫呈一稟)、《覆稟香帥》(受業六月十四日叩上一稟)、《稟覆署撫部德》(頃奉鈞論密示倭人將不利於三韓)、《稟署撫部》(職道廿五叩辭)、《稟督部劉言倭事》(職道五月廿三日奉到署撫憲德密論轉奉憲臺養電)、《再稟制憲》(職道六月十九日奉到十一日環論)、《稟署撫院德》(竊職道於六月廿四日奉到六月十八日鈞論)、《表蕭尺木墓記》、《復陶孝子鄉記》、《章烈婦傳》、《安般簃集又續自叙》、《跋吕九霞丈襑臨名人書帖》、《嚴雲客詩叙》、《劉子運大令籌稟撫院查看西梁山礮臺情形稿》、《稟德署撫部》（竊職道七月初八日奉到初七日鈞諭）、《致盛宣懷書》（前聞旌蓋南來）、《與袁遂書》（連晨奉到七月初二、初九、十四、十五等日手諭四函）、《與袁寶璜書》（東海揚波）、《與袁遂書》（八月二十日奉到十三日賜函）、《與袁遂書》（現湘鄂皖贛四口岸）、《與袁遂書》（嶠十九抵蔣山）、《題銕居士書》、《上當軸言倭事書》（倭韓衅起）、《防倭私議》、《致枸女書》（頃閱悉吾女手稟）、《新刻元聖武親征録跋》、《重修滴翠軒記》、《稟督憲劉》（職道前月二十七日奉到鈞沁電）、《稟署南洋張督憲》（日前奉鈞諭云如有所見）、《又稟》（日前所僭陳各條内御將一條）、《稟署督憲》（職道於襧月初四初七日上銕居士條陳時務兩次）、《稟張督憲》（太平府長江水師協標千總黃金滿）、《稟署南洋商憲》（職道於本月十一日稅務司班諜述及新報傳言日人將内犯長江腹地及臺灣云云）、《稟福撫部》（溯自島夷盜兵）、《又稟》（職道於本月十一日據稅務司班諜述及新報傳言）、《上署督憲》（受業於本月初十日、十九日、十九夕三上密稟）、《復督部師》（頃自旱西門鉢山下親串家晚飯歸）、《致吕海寰書》（十月朔奉到九月十九手復諭函）、《致施亦爵書》（相隔衣帶水）、《致施亦爵書》（十七日奉到十四日手畢）、《致施亦爵書》（前於東坡道人生日手復一函）、《到皖南任觀風示》、《上樞廷録公》（三月廿九上一稟）、《又稟樞廷録公》（臘月初四日稟尚有未盡事宜）、《致吕海寰書》（初冬十九到金陵）、《致吕海寰書》（滿擬金陵捧袂）、《致吕海寰書》（曲江公前於孟冬十日舟泊祝兹六個時辰）、《致袁遂書》（嶠十九抵蔣山）、《于湖小集叙》、《自題四十九歲小像》。

　　【時事】中日甲午戰争爆發。孫中山於檀香山創立興中會。孫衣言卒。薛福成卒。朱一新卒。黃翼升卒。張裕釗卒。李慈銘卒。

光緒二十一年乙未(1895),五十歲

正月十六日,得繆荃孫函,知李慈銘、蔡右年卒訊,有詩挽之。

《日記》:"得繆小山同年鄂州書,知故人李蒓客侍御殁於京師,蔡千禾同年殁於蜀,屠静山改令投供吏部,將出爲吏,梁節庵以病還鄂。去年張廉卿山長殁於秦中,朱鼎父同年在嶺南下世,海内知交一年中薶落不少,時事又爾,令人氣塞。"

《于湖小集》詩四《弔侍御李蒓客先生四首》其一云:"柳生肘怛君俄化,茆蓋頭憐予未歸。不堪再過藤花下,腹痛何年雞酒持。"

平步青《李君蒓客傳》:"今年夏,倭夷犯邊,敗聞日至。君戍削善病,至是獨居深念,感憤扼擘,喀血益劇,遂於十一月二十四日竟卒。"

案:《藝風老人日記》正月十二日:"發蕪湖袁磽秋信、凌塵遺信。"當即是此函。

二十四日,時在安慶,謁見新任安徽巡撫福潤。又晤德壽、員鳳林、丁峻、聯元、黄漢池等。

《日記》:"謁見中丞蒙古福公,陳白吏事。謁升黔撫漢軍德公静山。拜員梧岡方伯、丁潛生署廉使、聯仙薌分巡、黄漢池首令。"

案:福潤,字少農,蒙古正紅旗人,大學士倭仁從子。以副貢生起家,歷任山東鹽運使、湖北按察使、山東按察使、山東布政使、山東巡撫、安徽巡撫等。

二十五日,福潤以書籍數種見贈。

《日記》:"中丞以《玉函山房叢書》、唐元宗八分書《太山銘》、倭文端遺書見饟。"

二月初二日,時在江寧,謁見張之洞,並晤王秉恩、楊鋭等人。

《日記》:"牙參謁見督部南皮師,命共飱,侍談久之。王雪

澄觀訾秉恩、楊叔嶠舍人銳皆在座,初更始歸寓。"

初五日,訪龍繼棟、鄭孝胥談,並以詩文雜著等贈鄭孝胥。

《日記》:"訪松岑,談京華事久之,不勝慨然。……夜訪鄭蘇龕舍人,見洛中士大夫與之語,惛惛白日欲寢,惟見蘇龕則掃障翳見青天,使人心開目明。君所論亦多平實,切中利病。"

《鄭孝胥日記》:"袁爽秋來,談至十點乃去。……爽秋送來詩文雜著共六本。"

初六日,晤黃遵憲談,黃氏謂當前急務莫要於延德國武弁訓練精銳陸軍。晚晤鄭孝胥談詩。

《日記》:"晤公度,君言目前急練水師無益,當事謀買鐵甲於智利國,智利無著名大廠,成既需時,就令速成亦難運華,恐倭諜知,中路截取。又駕駛無人,何況議海戰? 中國根本未立,最可憂也。現求自立根本,惟有延德國武弁,精練得力陸軍三四萬人,俾緩急可恃,此最要事。就我現有之物力所能爲,勿爲空言大言也。公度之議如此。又云倭事初起,中國有輕敵之心,敗徵坐此。禍莫大於輕敵,輕敵幾喪吾寶,故兩軍相加,愛者勝矣。老子之言,若蓍龜也。_{愛謂愛惜名器、愛惜物力、愛惜士卒。}"

《鄭孝胥日記》:"樫弟來,共觀爽秋雜著。午後,回拜爽秋。……夜,爽秋復來談,出數詩示之。袁言昔人稱顧亭林無語不典,屈翁山無語不超,君詩在超與典之間矣。"

初七日,謁見張之洞,談時務。

《日記》:"謁督部師,侍坐晚飯。公言北事方急,戰、和、遷三者媕娿不決,無論捐地捐貲,計莫若捐之以畀英若德若俄三國,使親我而攻倭,猶愈於割地賠款於仇敵也。出狩事宜當早決。_{當明諭天下臣民。}現未停戰,李相不宜赴倭之廣島求和。然此等事機,皆當由中主持,而非藩臣所敢密請,職分地勢限之也。聞唐薇卿撫部電奏請速定西巡之計,唐資淺不妨發言,公則宜持重,語默之際當審也。初更歸寓。"

初八日，沈瑜慶招赴詩鐘會，晤何維樸、王仁東等人。晚江寧布政
使瑞璋、糧儲道馬恩培招飲。

《日記》："沈靄蒼觀詧招作詩鐘會，晤何詩孫、王旭莊兩太
守。旭莊有一姪王迴瀾，字幼谷，在中歧船政局多年，遊歷外洋
機廠學習五年，通曉造礮臺之法，現奉制府委查看江陰、圈山等
處礮臺利病，不如法，隨即修改。王迴瀾乃李鳳苞帶出洋之學生。晚
瑞莘侯方伯、馬植軒糧儲招集，二更歸。"

案：何維樸（1844—1925），字詩孫，晚號盤止，一號盤叟，
又號秋華居士、晚遂老人，湖南道州人。何紹基之孫。同治六
年（1867）拔貢，官內閣中書，後任江蘇候補知府、上海浚浦局
總辦。

初九日，楊鋭、鄭孝胥將入都，以金賷行。

《日記》："叔嶠、太夷兩舍人將入京，致餽賷。"

《鄭孝胥日記》："以隸及詩文稿還爽秋。……袁爽秋託愛
蒼遺余及楊叔嶠賷敬各四十金。"十一日："作書託愛蒼，謝不
受爽秋之餽，稱海氛甚惡，將恐到滬折回，未能成行，敬以實辭。
俄爽秋回答愛蒼，言非盜蹠之粟，且于湖新修涪翁祠堂，他日將
乞書記文，先以爲潤云云，乃受之。"

十二日，抵下關，將乘輪舟返蕪湖，遇梁鼎芬談，道及陳三立其人。

《日記》："抵下關頓舡……適梁節庵太史自鄂州來，與之
談竟夕，説陳伯巖吏部三立之爲人簡直樂易而勃窣理窟，令人神
馳。節庵以《李供奉集》、花箋二匣賞梁兒。四更向闌，江裕舡至，
乃分手相別。君以夜深，須明早入城也。"

十三日，舟中遇志鈞，言宮廷風波波及志鋭、文廷式之事。

《日記》："舟中晤志仲魯，言宮史風波波及伯愚、雲閣，可畏
也。抵蕪湖已向午，與仲魯別，上岸回署。"

《光緒朝上諭檔》二十年（1894）十一月初八日："上諭：'志鋭著
賞給副都統銜，作爲烏里雅蘇台參贊大臣，照例馳驛前往。欽此。'"

案：甲午中日戰爭爆發，志銳時任禮部右侍郎，以支持光緒帝主戰，並彈劾李鴻章、孫毓汶等人招致慈禧太后之忌，因以被譴。

二十四日，張之洞電召赴江寧，託以代言事。

《日記》二十：“夜奉督部南皮師電召，有事令往秣陵，遵電覆稟，明晚即行。”二十二日：“晡至江口蕆舸，迓德静山中丞。夜半江孚舸始到，奉手版謁見，予亦登舟。”二十四日：“謁見督部南皮師，始知爲例應迴避兼轄省分之姻親，石牧逾三月限未報，屬某面懇撫、藩，追准如詳照例奏請事，尚須至皖省一行。並語及近日籌饟、籌軍火、籌借洋款各事之左支右絀，現在江南支應局庫儲已罄，祇存現銀四萬，所借英債一百萬鎊，已訂合同，而商人回國，展至三月十五始交銀云。”

三月初一日，時在安慶，謁福潤談，論時局之危與自強之法。

《日記》：“福大中丞廉静寡欲，謹小慎微，墉守艮峰老人家法，生平歷事府主中亦罕覯也。今日垂問夷患日深，謀所以自強之道，予對曰：爲上者法禹墨之勤儉以革弊俗，行管商之嚴整以一民志，上下肅然，法立令行，此自強之根本也。體察農政商務，革奇裹之物，砭惰遊之習以齊民，考核稅釐鹽課，豐入嗇出，強本節用以理財；汰簡營伍，駕御將領，嚴懲煙賭，精練技巧以養兵；文武兼任，網羅豪儁，設立水師武備學堂以造士；整頓船政，預庀舩艒，分年購製淺水兵輪以保境；廣設方言館，採取西學之長以通變，此自強之節目也。大抵立國之勢，貧弱不足患，患在人才觖骸；敗衄不足恥，恥在學術不振；外患日迫不足病，病在内治禁令不行。上不修學術，下不儲人才，令不行，禁不止，教養無素，文告欺飾，此數者乃治國之大害也。不此之務而日呴呴爲仁，孑孑爲義，士氣不得而振，國勢不得而強也。”

初七日,班謨來,詢知朝鮮及北方戰地海關情形。

《日記》:"班稅司來,詢知朝鮮之元山、釜山、仁川三榷關仍由總稅務司赫德派員筦理,倭人欲另派倭員,議尚未決。又詢牛莊失守後租界曾否被擾,領事謝立山如何相持情形。又英國駐華水師二等提督費里曼德將受代去。又臺南之澎湖被倭寇佔踞,寇又將犯旗後、恒春等處登岸。"

二十四日,黃遵憲道過蕪湖,上岸來訪。

《日記》:"黃公度觀詧枉顧,談近事久之,同飭於避舍蓋公堂,旋上測海兵輪,送其將之鄂州稽查六廠事。"

四月十五日,閱會試題名錄,知康有爲登第。

《日記》:"閱會試題名錄,鄭蘇龕不入場,楊叔嶠、張君立似皆未獲雋。朱楚白、康長素皆登第,二君嶺南佳士,此牓得之殊可喜。"

案:是科會試以協辦大學士吏部尚書徐桐爲正考官,理藩院尚書啓秀、禮部右侍郎李文田、內閣學士唐景崇爲副考官。惲毓鼎、楊晨、余誠格、周先寬、寶豐、韓培森、陳曾佑、吳嘉瑞、于齊慶、王式文、彭述、周樹謨、吳蔭培、劉玉珂、彭青藜、陳榮昌、鍾廣、許普祁爲同考官。

十七日,蕭穆來,晤談久之。

《敬孚日記》:"早間抵蕪湖……渡河至道署,晤何霞齋、沈約齋及子剛,並袁世兄三人。後爽秋觀察招至籤押房坐談久之,同午食,並招其門生太湖劉默庵同食。又至書房,坐談久之乃別。……上午見袁爽老,即以前四月分俸洋八十元分兩包見付。"

十九日,蕭穆以代校刻《湛然居士集》、《黑龍江外紀》攜示,並贈以書畫數事。

《日記》:"蕭敬孚兄以所刻書來。"

《敬孚日記》:"午食後渡河至道署,晤約齋喬梓、霞齋、默庵

及袁公諸子。後同霞齋至永福庵及嶺南會館樓上小坐,並眺覽
窗外風景久之。回署後爽老招談,並以朱文公像一軸及羅鄂州
集、徐仲武書贈之,又以《湛然居士集》《黑龍江外紀》原本及
抄本付還,坐談久之。"

二十三日,招蕭穆飲,沈祥龍、彭兆琮、袁記柱等人在座。並以刻
書銀送蕭穆。

　　《敬孚日記》:"早間袁爽老遣人持單片招午飲,旋將《湛然
居士集》十三、四兩卷校畢。……道署人來催往,乃將作校《黑
龍江外紀》《湛然居士集》攜至道署交袁爽老,並聞話。伊所
招飲之袁辰甫通判亦至。袁現爲洋務局委員。開席,約齋、應庚並
在坐。席罷,爽老請袁辰甫看本署房屋方向,陪觀久之。……
袁爽老遣人送刻書洋一百元,比寫片條回之。……後寫寄李光
明信。先是下午取袁爽老所送俸洋八十元於霞齋所交厚康莊,
夜間乃將爽老刻書洋百元送交厚康莊託匯利和莊收賬。"

二十四日,陳秉鈞自青浦來,爲診㿗開方。

　　《日記》:"前遣人迓比部陳蓮舫先生秉鈞於青浦縣珠街角,
二十年前京華老友精於岐黃者。今午先生不拒所請,與其哲嗣
挹翠大令承澍,辛卯優貢,朝考特用。乘江舶二千里枉訪,古誼高風,
感淪肌髓。下榻西齋,夜與約齋奉陪話舊,並爲予診視。"

閏五月十四日,法國海軍將軍赫理惠、駐上海副領事祁理恒等來
訪,時以川省教案發生,故率軍巡歷長江各埠。

　　《日記》:"法國兵舡一依西理,一依阿爾善,十二日來蕪碇
泊,三日後將上駛安慶、九江,小住仍回滬。今晨該舡主副將赫
理惠、守備莫爾、上海副領事祁理恒來拜。兩兵官口操法語,賴
有祁領事通漢話,爲之舌人,問答良久,勞以酒果,乃辭去。"

　　《申報》閏五月十八日(7月10日)《川省教案餘聞》:"川
省於前月初五日因東校場看會滋事,頃刻將教堂洋房焚燬一
空……釀禍甚鉅。兹聞總署有電密咨南洋大臣轉飭清江、徐州、

鎮江、蕪湖、九江各道臺,略稱'川案英法兩使嘖有繁言,辦理正爲棘手,而美使又函稱長江一帶近亦謠言不靖,亟擬切飭各屬密派兵役認眞保護,凡有教堂並洋場處所,皆一律嚴加防範。並謂倭事未了,我與西洋各國尤不可節外生枝,若再有波瀾,大局從此不可收拾矣'等因。蕪湖道袁觀察奉此,立即札行蕪湖縣保甲局及捐辦之保衛營,一氣聯絡,格外加意巡哨。……刻聞沿江各埠,除英、美兩國各有兵輪三四艘往來巡歷,藉壯聲威外,法國亦派有鐵甲兵輪三艘駛入長江,本月初十日行抵蕪湖,下椗江心。聞上海法國副領事祁理恒君亦附之而至,將於十四日偕兵輪統帶赫理惠、莫爾兩位拜會蕪湖道,藉以聯絡邦交。"

　　案:署兩江總督張之洞五月二十八日寅刻《致清江謝道臺、徐州沈道臺、鎮江呂道臺、蕪湖袁道臺、九江誠道臺》電文云:"二十四日,總署來電'川省初五日東校場看會起事,盡將城廂內外教堂打毀,旬日而及外府州縣。英、法兩使嘖有煩言,川省辦理正棘手。頃美使函稱長江一帶近有蠢動之機,甚危險。現當倭患之後,沿江散勇較多,最易勾結。川、鄂連界長江,消息相通,務望飭屬於教堂處所,密派兵役認眞保護,毋令生事'等語。現倭事未了,我與西洋各國尤不可節外生枝,若再有波瀾,大局從此不可收拾矣。所有洋場及有教堂處所,務必密派得力弁兵,嚴爲防範,並望切飭所屬有教堂各州縣,一體認眞保護,勿令奸民稍滋事端。至要。兩江。感。"及公同日亥刻復張之洞電文:"感電敬悉。蕪地日前亦頗有鬧教之謠,經飭印委及保衛勇晝夜嚴密巡防,精健統領劉道亦撥隊分駐教堂保護,謠言已息。仍飭嚴防勿懈,並通行皖省各屬,懍遵憲飭,加意防護。職道昶稟。儉。"可參看。

十五日,答拜赫理惠,並登法國軍艦參觀。

　　《日記》:"出江口,上依西理法兵舫答拜赫副將,導觀旋臺礮位三大尊,_{舫首一、舫腰二。}餘皆十六桑的砲,新式小口徑快槍與哈乞開司相似。赫君在水師三十餘年，年五十二。舨中設酒食，賓主禮畢，赫君命人以小輪舢板導予舟返南岸。”

十八日，中江書院尊經閣建成，往驗收。

《日記》：“至中江講院驗收新造尊經閣工程，閣上遠望白馬、洞天諸山，出没雲霞，歷歷在目，雖不及北樓之地形高敞，亦尚踞于湖一縣之勝。”

十九日，代理新關稅務司好博遜來訪。

《日記》：“署稅務司好博遜來。”

《申報》閏五月二十八日（7月20日）《鳩兹洋務叢談》：“蕪湖訪事人云：新關稅務司班謨請假三月，駕言出遊，關務暫委大寫葛雲森代理，旋經總稅務司另委九龍關稅務司好博遜前來接辦。好君於本月十六日乘某輪船蒞蕪，小憩征驂，十八日即赴關任事，十九日乘輿拜會監督袁爽秋觀察並地方印委各官，自言來華已三十餘年，非但熟諳風土民情，且於華文亦歷歷如數家珍，頗能談之娓娓。次日又赴保衛營拜會饒翼卿守戎。”

六月十二日，領事福格林來，與之辨論交涉事件。

《日記》：“英領事福格林來，爲太平府教堂、怡和行所租江灘租界、美駐鎮江領事鄭尼斯將來此三事爲言，一一爲之開導辨論。”

是月，譚獻爲公作詩序，以書寄至。

《復堂日記》十二日：“早起撰袁爽秋《漸江鄉人詩序》，作與爽秋、與凌塵遺二書。”

七月初五日，時在安慶，福潤招讌巡撫衙門，員鳳林、王廉、丁峻、聯元等人在座。

《日記》：“少帥招同員梧岡、王介亭兩方伯、丁潛生廉使、聯仙蘅分巡節署讌集，宛然道光中鄧嶰筠中丞抱甕亭小集風味也。客亦有陸祁孫、管異之其人乎！”

十五日，袁遂來函，告以王頌蔚卒訊。

《日記》："家敬孫書來，云得葉緣督太史札，親家王弗卿先生六月廿八得急症，七月初一作古，傷哉！弗翁以名翰林觀政農部，入直樞垣，上年冬得京察一等，未記名考取御史，府公以樞僚事繁，倚重筆札，奏留一年幫達拉密。蕉萃賢勞垂十五年，甫將外擢監司，內躋九寺，神駿之品，將行萬里而折其軸。上年眷屬歸吳，京邸祇次子季鍇侍側，屢貽書於不佞，屬爲覓一書院山長，以爲杜門讀書、遂初養性之地。予以行將敭歷符竹，姑俟弦歌三徑止之。乃竟積勞，一病不起。冥冥之中，負此良友，傷哉！予又何心，久溷仕途，行將掛冠返初服，然連年舊雨寥落如晨星，前年失潘孺初，上年喪朱鼎父、李蓴老，今天又不遺蒿隱，奪吾師資，即欲結茅栖隱，徜徉於寬閑之野、寂寞之濱，又將誰唱而誰和邪？噫！所謂"物故不可論，途窮能無慟"也。蒿隱文筆密麗，作《呈進欽定戡平回匪方略》表文，七閱月而成，突過胡雲持作進御《一統志》表文，不啻研京鍊都，精心結撰也。擬求其遺稿刊之，以報地下知己。"

王頌蔚《寫禮廎遺著》卷首王季烈《先考苪卿府君事略》："竟於乙未七月初一日，驟染時疫，歿於京師。"

《緣督廬日記》七月一日："蒿隱卯刻溘然長逝。"

二十六日，往訪稅務司好博遜、領事福格林。

《日記》："往拜西稅司好博遜，同治初爲上海常勝軍洋將提督戈登之繙譯官。渠言中國求自强，莫不善於臨時召募，莫要於採用西國陸軍、水師法練兵，其言頗中肯。又拜福領事。"

三十日，至江寧，晤黃遵憲談。又謁見張之洞，談論時事。

《日記》："入城晤黃公度共飫，云《日本志》已刊成，尚待校印。晤徐次洲直牧，過俞中軍。晡，謁見香帥，痛論時局補救之不易，惟有審度施手節目次第，從培養人才、磨鍊士氣、節用尚儉、考工郵商、練水陸軍入手，其根本在酌改科目，建設藝學、測

算、製造、水師武備學堂書院，先立根本，次第乃及節目，以漸
爲之。"

八月初一日，晤鄭孝胥，見其近作詩。

《日記》："晤鄭太夷，示近作，皆有雅澹之思，可誦味。"

《鄭孝胥日記》："袁爽秋來。"

初二日，以所刻書數種贈鄭孝胥。

《鄭孝胥日記》："爽秋遺所刻書數種。"

是日，始晤高爾伊，高雲麟之子也，與談臺灣近事。

《日記》："晤高世講爾伊，字子衡，談本年五月初三日臺灣
公舉伯里璽天德，十二日總統潛遁，臺北失守事。"

初三日，黃遵憲招泛舟復成橋，宴飲作樂，文廷式、蒯光典、志鈞、
柯逢時、徐賡升等皆至。

《日記》："晡，公度招同文雲谷、蒯禮卿、志仲魯、柯巽菴、徐
次洲泛舟復成橋，野色無邊，秋山明净，夕陽古渡，伎樂喧呼，正
所謂'既飽歡娛亦蕭瑟'也。杜云：'可惜歡娛地，都非少壯時。'
荆公句：'盡取繁華供俠少，祇分牢落與衰翁。'與巽菴相對太
息。二更歸。"

初四日，蕭穆來訪。

《敬孚日記》："早間茶食後出門，到洋務局見袁爽秋觀察，
先晤無錫陳晴溪，坐談久之，爽老乃出坐談，久之乃別。"

初五日，鄭孝胥來訪，以所撰中江書院先覺、正氣、遺愛三祠榜文
交來。

《日記》："夜鄭太夷枉訪，君以同能不如獨勝，大巧生於熟
習，立意於唐文中尋出作散文意徑脈絡，一意孤行，傲然獨往，
真搞乎不拔之士也。"

《鄭孝胥日記》："夜過袁爽秋坐，以所屬作先覺、正氣、遺愛
六字與之。爽秋頗以顧子朋無館爲念，而未嘗見子朋也。"

初六日，沈瑜慶、徐賡升招飲雞鳴寺，又與沈瑜慶、蔡錫勇登北極閣，有詩紀其事。

　　《日記》：“靄蒼、次洲招集雞鳴寺。筵散，偕靄蒼、毅若上龍山登北極閣。此山在臺城之內，從閣中瞰玄武湖，近接鍾阜，遠眺攝山，形勢雄深蕭遠，洵異境也，灑然樂之。《國策》所云‘左江右湖，其樂無有’，此境天下無，今乃一遇之。”

　　《于湖小集》詩四有《游雞鳴寺》、《登北極閣靄蒼毅若同游》等詩。

初九日，招飲同人，黃遵憲、徐賡升、蔡錫勇、志鈞、沈瑜慶、高爾伊等在座。

　　《日記》：“招公度、次洲、毅若、仲魯、靄蒼、子衡宴集，未初散。”

十一日，蕭穆來，談家事。高爾伊亦來訪。

　　《日記》：“敬孚枉過夜談，並商略家事。……高世講來。”

　　《敬孚日記》：“回寓，知松琴日中作字，並以轎夫來招飲，現來不及稍息，即同攸福到洋務局，已昏黑矣。入見袁爽老，即同晚食，談話久之。子衡亦至，共談後乃告別，爽老命轎送回寓。”

十二日，張之洞招飲節署，鄭孝胥、沈瑜慶在座。

　　《日記》：“謁廣雅尚書，招同鄭太夷舍人、沈靄蒼僉巡會食煦園內一小閣中，園中水木演漾，溝港明凈，樓榭環之，頗饒泫崢蕭瑟之趣。侍談二時許，晡始歸廨。”

　　《鄭孝胥日記》：“南皮邀午飯，袁爽秋、沈愛蒼在坐。袁先去，余與沈留談，至暮乃退。”

十三日，與黃遵憲往游鍾山。

　　《日記》：“偕公度僉巡筟將由故明禁城出朝陽門，東行十里，地忽斗入窪臼，呀然成谷，乃鍾山獨龍岡之東麓也。入石闕，上舊有閣，已久毀。迤邐入松門，至靈谷寺，景陵御賜楄牓‘靈谷禪林’四字，又有柱聯‘天香飄廣殿，山氣宿空廊’云云。裕

陵六次南巡御製詩牌石刻，乾隆十六年辛未暮春御製詩'蕭梁
靈谷寺，昔據獨龍中。明卜玄宮阯，新移碧嶂東'云云。明洪武
十四年，自蔣山寺移徙寶公靈塔并寺於此。又御題三絕碑，舊傳吳道子畫寶
公像，李白贊，顏真卿書。'净土指南'四字，今存。又牓'空籟天音'
四字。廿二年丁丑，廿七年壬午，三十年乙酉，四十五年庚子，
四十九年甲辰，大駕南巡皆有詩，今經兵火後，惟'净土指南'
四字，天筆璨然猶存，餘皆不可考矣。無量殿，明洪武中建，規
模壯麗，今上雨旁風，鳥啄蟲穿，將圮矣，而猶植立未欹傾也。
至龍王殿小憩，有曾文正公撰碑記嵌壁。尋龍潭勺八功德水，
與山僧茶話久之，索閱架上《靈谷寺志》十五卷，於梁塔明栖之
跡，界畫了了分明。老僧導游北阰山麓，禮梁神僧寶誌公塔，舊
五級，今剗平，製作極陋，當重修。觀重刻三絕碑，非魯公妙跡矣。而
御題'净土指南'四字，奎章雲爛，璨然猶存。塔院地勢最高，
占一谷之勝，倘有力開山者，伐蒙翳，治徑路，重建道場，亦朱湖
洞天一奧區也。俄入城，游半山寺，荆公元豐甲子長夏病後疏
言捨宅爲寺，神宗勅賜牓曰'報甯禪院'，即此也。荆公遂移居
城中惠民廢藥局地。李雁湖注。公父楚國公諱益字損之之墓暨
公墓皆當在此左近，不可考矣。墩寺蕪廢已甚，非復二十七年
前將軍魁玉重修時氣象，同治八年己巳。今我卜居二定林間之志
頓改矣。日已嚮夕，遂歸。"

　　《于湖小集》詩四有《靈谷寺偕公度往遊》、《是日禮誌公
塔》、《半山亭》、《上謝公墩》等詩。
十四日，呂海寰來訪。
　　《日記》："呂(覿)〔鏡〕宇分巡枉顧，留午飰，談京洛近事。"
十五日，道過采石磯，偕陳振鴻往游太白祠、彭公祠、廣濟寺、峨眉
亭等處。
　　《日記》："昨夜舟行一百里，巳初抵采石磯，與陳參軍上岸，
登太白酒樓，禮李供奉徵拜拾遺像，野逸如生。遊彭公祠，憩廣

濟寺,道人留水厄久之。磯下有三官洞,在懸崖絶壁之下,須攀栖鶻之危巢,導飲嫄之微徑,乃得至其地。伯昏無人足二分垂外,撝斥八極,神色不變,而予守履薄臨深之約,未容輕試險峻,以不訾之軀,蹈不測之地,乃不往也。磯上有峨眉亭,元人改曰觀瀾亭,有殘碑五具,裴徊久之乃迴舩。"

《于湖小集》詩四有《泊牛渚磯謁太白祠》、《然犀亭》、《峨眉亭舊阯》、《太白祠有國初蕭雲從畫壁今亡之》、《廣濟寺》等詩。

十八日,聞胡傳卒訊,有聯挽之。

《日記》:"臺東直牧胡守三兄傳內渡廈門即病故,君堅樸耐苦,治軍嚴整,有死守臺東之志,國之良也。東北輿地尤所諳悉。國珍勞臣,予喪良友,豈私慟哉!輓以聯云:'志在楚冒乞師,知己曲江公,尚欲按圖求駿骨;竟作魯連蹈海,同師瘄厓子,那堪陳跡溯鴻泥。'"

二十四日,時在江寧,約蕭穆來寓,議請其爲大女作媒於高氏。

《日記》:"夕邀蕭敬孚先生來庽晚飫,議請作冰人事。"

《敬孚日記》:"下晚到聚賢客棧訪袁爽老,並晤其長子仲默,與談,夜留小飲,三更回寓。"

二十八日,作函答黃遵憲,論詩。

《日記》:"答公度札,論牧齋、漁洋以下之爲詩利病盡之,而不能凜凜有真氣。古今詩人,或長於工律,或長於情韻,與識度、氣勢諸美不能兼有,此無如何者也。如杜、韓之五言古,長於氣勢,變盡唐初四傑之風格,而四傑情韻勝處,則亦非杜、韓之所能兼有。北宋歐、蘇、王、半山。黃山谷。之七言古,長於識度,一掃宋初西崑之聲病,而西崑工律聖處,則非歐、蘇之所能有。王、黃則兼識崑體妙處。此學者不可不知也。姜夔創爲四種高妙之說,言盡意不盡,意盡言不盡,意言俱盡,意言俱不盡。皆第爲工律、情韻兩宗言之,而未賅括識度、氣勢兩宗之變。識度象冬,太陰之屬;情韻象春，少陽之屬；氣勢象夏，太陽之屬；工律象秋，少陰之屬。
此略本曾湘鄉說。"

九月初三日，黃遵憲招飲復成橋酒舫，梁鼎芬、柯逢時、王樹枏、況
周頤在座。

《日記》："晡，公度招同梁節庵、柯巽盦、王晉卿、況夔生内
閣舍人，忘其名字。集酒舫中，泊復成橋。謳者愛玲，響遏行雲，潛
氣内轉，哀音外激，不減京華何戡《渭城三疊》也。歡娛蕭瑟，
感慨係之。安得晝攜壯士，夜接詞人，合伎情多，一唱樂府《龜
雖壽》，操鐵如意，擊唾壺盡碎乎！"

黃遵憲《人境廬詩草》卷八《九月初三夜招袁重黎柯巽庵
梁節庵王晉卿諸君小飲和節庵韻》："嫋嫋風波又此秋，青溪幾
曲映清流。疏篷剪燭人重話，短鬢簪花老漸羞。杯影驚心傾海
水，角聲催晚逼城樓。蒹葭別有悽悽恨，不向中央怨阻修。"

初五日，蕭穆來，議與楊文會刻書事。

《敬孚日記》："到袁爽老寓，並晤仲默，談與仁山書洋事未
合。爽老出其夫人薛氏所畫山水三件，均佳，近來畫工所未有
也，他日當與陳南樓老人並傳。爽老又出示樊增祥與張香帥信，
略知甘肅回匪情形。爽老又示近上香帥書，立言陳義極佳。旋
同早餐後，爽老上院，余乃回寓。……出門至花牌樓楊仁山寓
晤談，力勸其收受袁爽老刻書洋，伊乃勉受。"

案：《敬孚日記》九月初三日："袁爽老前託仁山代刊焦弱
侯所著《老子翼》，仁山以此書焦注頗與佛理相通，欲刊成留板，
與諸經藏並行。今有過節與爽老不合，故還其刻資。前已刊
三卷，擬他日別為募資續刊云。"又初六日："早間作字寄袁爽
老，言昨已將所出銀洋仍付仁山，改為刊佛經一兩部之用。"可
參看。

十一日，繆荃孫來，以書數種見贈，留宿道署。

《日記》："同年繆小珊著作自鄂來，下榻東齋，命酒小集。"

《藝風老人日記》:"拜道臺袁碤秋昶,送《七家詞》、《唐荆川集》、《期不負齋集》,蒙留住,並晤華亭沈約齋祥龍、陳瀛伯崇禮、凌紹武道曾、何霞平則琳。出拜殷萃峰家彦、謝培根立本。晚,碤翁盛筵招飲。"

十三日,陪繆荃孫往游赭山。

《日記》:"陪小珊游赭山檜軒,並與俞主簿議修葺,約瓦工、石工、木工大泉二百千文,面諭攻石木、治瓦甓之匠指點營造法。少頃登山之半,規復立山巔之一覽亭,估工泉布三百貫。日暮乃返。"

《藝風老人日記》:"碤秋招游赭山塔院,黃文節公滴翠軒小憩,復上至半山望江。"

《于湖小集》詩四有《陪筱珊太史登小九華》。

十月初一日,龍繼棟來函,以祖傳乾隆御題竹根如意見贈。

《日記》:"松岑書來,以乾隆宸翰御題竹根如意見惠,此祖宗儉德,石渠法物,不敢私家藏弄,它日如得召直勤政殿,如黃鉞、何秋濤故事,當獻之上前,以爲受釐法祖之頌。"

初五日,齊集合城文武官員,並約請領事官福格林、稅務司班謨,公祝慈禧太后萬壽聖節。

《日記》:"同城文武咸集於庭,偕候補道方碩甫、參將王鳳祥、保甲局知府楊奎綏、洋務局直牧王康平、蕪湖令李家澍等十餘員,循年例,恭設筵宴,並約英國領事福格林、新關稅務司班謨等三員,行酬飲禮,預祝皇太后萬壽聖節。食品用中西合式,午初入席,酉正禮畢筵散。"

初七日,以棉衣二千套分賑山東、直隸災民。

《日記》:"賑捐例棉衣一千套,折繳銀五百兩。昨敬遵先慈徐太夫人遺命,斥賣奩田,得銀一千兩,以棉衣二千套分振山東、直隸災民,稟懇大憲奏請敕賜建坊,以慰先志。慈蔭幽翳三十年,至是遲遲始稟承治命行之,不孝之罪也。"

二十四日，閲邸報，知李文田卒訊，挽之以詩。

《日記》："邸報：十月廿二日。禮部侍郎順德李公文田薨於位，賜祭葬如例。公熟洽遼金元三史，留心輿地沿革，著有《元祕史注》、《西域釋地》、《耶律文正西游録注》、《雙溪醉隱集注》、《撼龍經注》。尤工艸隸，優入貝義淵、趙文淵、鄭述祖、丁道護之間，八分盤挐屈强，一以《王基》、《曹真》爲法乳。予以筆札見知於公，曩官主客曹日，禮遇甚厚。聞公長逝，不覺淚流於邑。"

《于湖小集》詩四《少宗伯李仲約先生挽詩》云："袖中瑞札荷忘年，一別修門哭逝川。妙迹碑林照四裔，高文制艸落三天。城西屢伴清樽興，研北猶留祕史箋。惟有凌雲臺牓在，當時筆訣已無傳。"

《順德李文誠公行狀》："其時有風傳有謂將召公秉樞軸者，公知時不可爲，頻欲歸耕壟畝，而跡近趨避，遲遲不敢請，日夕焦憂，鬚髮俱白，攬鏡自照曰：'吾容貌改易，今歲不罷官則必死。'九月二十九日，命公管理户部三庫事務。十月初，天氣嚴冷，連日查三庫，遂感寒疾，喘病大作。歿之前三日，侍郎汪鳴鑾、長麟被黜，旨稱上年召對，信口妄言，跡近離間。公見邸鈔，咨嗟太息，不復語，不飲藥，然夢中諄諄囈語，皆朝廷天下也。十月二十日戌時病終官舍，年六十有二。"

十一月初三日，作函致蕭穆，示以大女生辰八字，爲與杭州高氏議婚也。

《日記》："答蕭敬孚札，議姻事。"

《敬孚日記》十月二十六日："至泰安棧晤白叔一談，以寄袁爽秋信示之，乃寄子衡八字，並請其女八字也。"

十四日，往弔提督譚桂林之喪，其前在吴大澂營中，於牛莊陣亡。

《日記》："出門弔前在牛莊殉難營官譚提督之喪。"

二十八日，中江書院尊經閣三祠落成，往致祭行禮。

《日記》："丙夜即起，朝服詣中江講院，尊經閣三祠落成致祭,偕山長汪先生、李大令、俞主簿、王廣文行禮。禮成,坐談久之始退,回署天始明。"

案:《日記》正月初四日:"蕪湖縣城内中江講院蒼頡祠後欲搆建尊經閣,閣上仿阮文達焦山書藏、靈隱寺書藏造甲乙景丁四櫥,募人捐送經史,以便學人取讀。閣下仿西湖第一廔故事爲三祠,今略舉義例如:左正氣祠,祀金正希、江天一諸公;中先覺祠,祀朱子以下及江慎修、汪雙池、程易疇諸先生;右遺愛祠祀李少温、杜牧之、黄山谷、歐陽圭齋、梁化鳳以下。考之方志,各爲栗主。山長朔望率諸生行香,地方官吏春秋致祭,牒請列入皖南祀典。"可參看。

十二月初九日,馮煦外任鳳陽知府,道過蕪湖,來訪暢談。

《日記》:"馮夢華太守新除濠州,枉過,舊雨重逢,劇談京華事,留午湌。君簽本月十九上任,惜匆匆未盡所懷,明早即當別也。"

是日,黄遵憲來函,贈以新刊《日本國志》。

《日記》:"公度來書,以新刻《日本國志》見貽。"

初十日,袁振業來函,告以長子允櫵、次子梁蕭均考中秀才。

《日記》:"得榆兄初二函,思齊親家朔日函,知前月廿六日櫵兒、梁兒在嚴郡考性理論,三十日正場,首題'人之視己'至'十目所視',次題'遵先王之法'、'賦得惜分陰得陶字'。十二月朔出圖,允櫵徼倖取入縣學第三名,梁蕭倖取第十名,初二日覆試。吾公之孫,新得爲附學弟子員,冀愁黄上告吾祖、父神靈於祐室也。"

十六日,新任英國駐蕪領事博諾德來拜,前領事福格林卸任歸國。

《日記》:"午初,英國新任領事博諾德來拜。"

案:博諾德,B.F.Bennett,曾任英國駐梧州、蕪湖、鎮江、北海、宜昌等地領事官。

二十八日，袁遂來，留住道署。

　　《日記》："家杞齋刺史自吳門來，下榻東齋。"

　　案：《袁忠節公書札鈔略》卷四《致袁遂書》後有袁垚識語
云："按先大父於乙未秋免官後，公即邀往蕪關助理権務，來年
春歸蘇。"又公《漸西村舍日記》二十二年（1896）正月二十六
日："送敬孫還吳下。"可參看。

二十九日，張之洞專摺奏保。

　　《張之洞全集》卷四二"奏議"《保薦人才摺並清單》："安
徽徽寧池太廣道袁昶，學優才長，志趣清遠，地方公事極勤劬而
極敏速。向在總署當差多年，博通洋務。任蕪湖關道後，於洋
關稅務司及領事等俱能駕馭有法，操縱合宜。而在任裁汰陋規
浮費萬餘金，儉約刻勵，其廉潔可風，尤爲人之所難。"

是年，刻《雲氣占候篇》、《湛然居士集》、《黑龍江外紀》、《汪氏兵
學三書》、《農桑輯要》、《于湖題襟集》等書。

　　《日記》正月初一日："午校《雲氣占候篇》。新刊。"正月初
七日："接到蕭敬孚海上書，《黑龍江外紀》刊成。"二月十四日：
"謁汪山長，索所著《輯校李衛公兵法》、《老子解》二書，將爲寫
定殺青。"九月二十四日："午晤仲伊山長，仲伊勸我校刊舊本
《齊民要術》，附於《農政全書》、《農桑輯要》之後，《太西水法》、
《植物學》、《種樹書》之前。"十二月二十八日："《于湖題襟集》
將刊成，接寫《齊民要術》樣本。"

編年詩：《第三歲日試筆》、《題蒼林畫》、《六潭太守元日出遊小蓬
萊閣還憩永福精舍作詩垂示奉和》、《餉六潭蚶一筐》、《懷仙蘅》、
《先立春一日作》、《懷節庵》、《北望》、《庭花氣燥垂萎一一迻益寅
之春雨中生意蓊然戲賦》、《憋俗》、《喜聞六潭權濠守》、《弔侍御
李蓴客先生》、《哀旅順口》、《哀威海衛》、《三至游篇》、《到舒州》、
《正月二十三日雷電次日雨霰雜下感事抒懷慨然有作》、《仙蘅僉
事生日》、《懷甯雜詩》、《簡黃公度》、《問北來消息》、《和陸閣校莫

愁湖之作即送其歸四明》、《行經冶城有感》、《汪仲伊山長以北黟所産野术黄精見餉賦此爲謝》、《三長物》、《次韻滌儕見贈》、《東庵》、《簡友人》、《江上放言》、《江行望池州諸山》、《寄印根》、《陪約齋印根兩先生晴溪參軍泛舟入荆山湖二子欈梁從》、《望大荆山作棹歌十章》、《寄仙蘅》、《二十七年前游焦山山僧揭鶴銘售之客云此本山土産也意洒然喜予謀刻焦氏老子集注如成以之分遺知舊豈非寒齋土物乎因趣楊仁山兄爲速刻之》、《南田草衣畫》、《姑孰道中》、《秦淮酒舫詞》、《九月初三夜此露似真珠月似弓之夕也題畫舫中》、《長句八章爲督部南皮師生日壽》、《祖筵送雲谷別》、《游雞鳴寺》、《登北極閣》、《贈徐次洲》、《留別公度》、《顧子朋招集烏龍潭北別業》、《靈谷寺偕公度往遊》、《是日禮誌公塔》、《半山亭》、《上謝公墩》、《泊牛渚磯謁太白祠》、《然犀亭》、《峨眉亭舊阯》、《太白祠有國初蕭雲從畫壁今亡之》、《廣濟寺》、《又贈方丈》、《天門山》、《博望山》、《鼎丞以濠州龍興寺宴集詩寄示次均答之》、《觀褚臨禊帖鉤本》、《松岑示我攝山寺江總持斷碑揭文》、《題黄公度集後》、《與松岑遊城南》、《又漫題兩章次荆公雲山送孫正之韻》、《馬關四首》、《懷雲門》、《兩江節署西園中有石船洞窗窈然横卧水際奉師諭此船終古不行尋丈常住邪抑本無住邪試具説其誼獻偈云》、《溪橋宴集》、《和節庵》、《又上礨庵》、《詠史》、《陪筱珊太史登小九華》、《一覽亭遺阯》、《送筱珊別》、《思子培》、《署西偏園中新作茅亭牓曰避世》、《丁徵君示我新作兕觥一製殊奇古刊度合法將藏弄之以俟異日爲錢璵沙竹根如意之獻並作小詩以謝徵君》、《和枸女》、《南庵》、《聞致仕納言黄丈來遊白下悲喜交併斐然有作》、《次韻答熊著作》、《放生池詩牌》、《南窗闈嫛改以頗黎嵌之一室洞然》、《懷公度黄浦仲發白門戲作俳諧句》、《觀物雜詩十有二章》、《書事》、《贈汪生德淵》、《陳蓮舫比部張廉侯沈師徐陳挹霏同登赭山塙院作》、《師徐將之杭州示我注唐書西域傳藁即題其後送別》、《寄牛渚廣濟寺方丈》、《枯木庵》、《新種梅梧

桐桃蠟梅三五十株畚鍤甫勤而甘雨適至》、《種鮮石斛》、《垂絲海
棠》、《憶靈谷寺》、《傚泖上墅將成寄師徐》、《遇周生》、《俞主簿》、
《鍾山行》、《少宗伯李仲約先生挽詩》、《操場》、《懷雲門》、《南檐》、
《煮藥》、《雜言》、《小隱》、《觀臨桂方伯龍公翰臣畫山水册子次許
仙坪河帥韻爲松岑計部作》、《太息》、《許竹篔侍郎久使俄邦未得
受代歸賦此奉懷》、《西洲》、《贊季漢三賢》、《調雲門》、《室有篇》、
《和雲門隗囂盆歌》、《又和出城遲客不至韻》、《壺公師語予雲門以
才人而官福地海警坌沸獨渭南一隅晏然如佛國故能榮觀宴坐多
造語言因再調之》、《假至言以修心》、《送夢華之任濠郡》。

編年文：《王六潭太守詩集後》、《與袁遂書》（正月初五日奉到
十二月廿一日手畢）、《致繆荃孫書》（前有一箋託莆卿舍親轉呈）、
《致施亦爵書》（穀日奉到新正初六日手畢）、《致施亦爵書》（十七
日奉到十四戌刻手教）、《致施亦爵書》（正月二十日奉到環章）、
《致枸女㯰兒書》（吾三十日過蕉湖）、《致盛昱書》（別甫兩年）、
《致譚獻書》（屢奉尺素）、《致譚獻書》（四月十一日奉到先生惠
札）、《致譚獻書》（閏五月初六日奉上寸楮）、《黑龍江外紀跋》、《與
凌子與書》（兵氣至此）、《致吕海寰書》（酷暑）、《書治蝗全法後》
（佚）、《稟署南洋督憲張》（竊受業久違撰杖）、《上座主南皮公啓》
（聞蘆漢鐵路）、《稟督憲》（竊惟漢志藝文）、《汪氏兵學三書叙》、
《書猶白雪齋治蝗全法後》、《遠景樓記》、《尊經閣記》、《題長麗閣
女史百花圖卷子》、《擬作重修高忠憲公水居記》、《唁督部公》（昨
桂宣州來言）、《答曲園俞先生》（吏役頻年）、《致施亦爵書》（春
間同人禊集）、《致黃漱蘭丈書》（妷自癸巳三月拜辭）、《致譚獻
書》（前奉到手札並賜叙一首）、《致陳豪書》（違闊日久）、《致吕
海寰書》（八月十四匆匆與公在公度處一面）、《致吕海寰書》（驛
使初旋）、《致吕海寰書》（我兄長大人既負吕文靖之門望）、《與吕
海寰書》（前奉制憲批）、《致吕海寰書》（昨繇號商賚回手札）、《校
刻會典簡明録緣起》、《刻衛藏通志後叙》、《書趙魯齋先生陽穀殉

難事略後》、《湘鄉石泉宮太保陝甘總督大臣七襃壽序》、《祭三祠文》、《與許景澄書》(仲冬七日奉到十月十六鈞諭手畢)、《致汪康年書》(川路相望)、《致譚獻書》(今秋兩至建業)、《致譚獻書》(臘月十四日奉手疏)。

【時事】威海衛失陷,北洋海軍覆没。中日《馬關條約》簽訂。康有爲、梁啓超發動"公車上書"。康有爲、文廷式等發起成立强學會。興中會發動廣州起義。

丁汝昌卒。李文田卒。王頌蔚卒。譚桂林卒。胡傳卒。

光緒二十二年丙申(1896),五十一歲

正月初二日,抵江寧,謁見張之洞,並晤蔡錫勇、沈瑜慶。

《日記》:"早趁江永商輪開行,方啓南觀詧同舟。姝霽。午後抵金陵,夜謁南皮尚書師,晤蔡毅若、沈靄蒼,二更回聚賢棧厲次。"

初三日,晤徐廣升、章鴻森、程儀洛,又往訪龍繼棟、張佩綸。

《日記》:"出門晤徐次洲、章菡汀、程雨亭。又訪龍松岑計部、張簣齋學士。……松岑書局清俸無多,范甑生塵矣,然貌臞神清,屣履而歌《商頌》,聲出金石,所謂安步當車,晚食當肉,清静貞正以自娱者非耶!"

初四日,晤蒯光典、馬恩培、瑞璋、胡家楨等人。訪鄭孝胥,未見。

《日記》:"晤蒯禮卿山長、馬植軒前輩、瑞符侯方伯、胡芸臺鹽巡。訪鄭太夷不值。"

初五日,鄭孝胥來訪,晤談。

《日記》:"蘇龕過談。"

《鄭孝胥日記》:"午後拜客,晤袁爽秋,遂出南城而後返。"

初六日,張之洞招飲,梁鼎芬、程儀洛在座。晚出城乘舟行,遇黄遵憲談。

《日記》:"晚南皮制府師招譴集,至三更始散,座有節庵、雨

亭。予連夕失寐，頭風眩暈，應對失次，困於形役久矣。丑初敏
辭，坐馬車出城至躉舩。江寬舩到，適遇黄公度觀督，談久之別
去，五更開行。"

初十日，時在安慶，謁見巡撫福潤，以所刻《農桑輯要》二百部呈
進。晚赴于蔭霖、趙爾巽招飲。

　　《日記》："謁見帥憲，中丞留意墾荒勸農之政，因呈《農桑
輯要》二百部，備攷發各州縣。……于方伯次棠、趙廉使次山招
夜集牙齋，二更散。"

十八日，張之洞回任湖廣總督，乘兵輪道過蕪湖，往謁。晚侍宴，
梁鼎芬、蒯光典、鄭孝胥、汪康年等人在座。

　　《日記》："黎明出江口，候帥節過境。至初更時，南皮制府
師乘楚材兵輪下碇江心，始得謁見。以今午在牛渚太白樓宴集，
故上駛較晚。命侍樽酒，梁節庵、蒯禮卿兩太史、鄭蘇龕郡丞、
汪穰卿進士在座，四更回署。"

　　《鄭孝胥日記》："從南皮登採石磯……日斜返船，夜泊蕪
湖，袁爽秋至楚材船。楚材，大帥坐船也。"

十九日，張之洞抵道署，欲往游赭山，以雨未果行，遂於署中讌集。
張氏有詩爲贈，勸公勿存歸隱之志。

　　《日記》："制憲屈尊枉臨，以雨不果作赭山之遊。節庵諸公、
君立世兄繼至，牙齋讌集。師談詞如雲，亹亹不倦，縱橫高論，
折衷古今，評騭人物，滔滔數千言，皆發河間、儀徵兩文達所未
發，真天生異人也。予久嬰痼疾，聆此至言妙論，足抵枚乘《七
發》。座中諸勝流才辯鋒起，雋不可當，吾衰，但陰拱而已。薄
暮筵散，送師回舩，自陳欲乞病免歸田之志，蒙慰諭再四，裁成
高厚之恩，涓露輕塵，媿無以報。是夕五更，憲舟始開行，列營
於黄昏時聲礮致敬。"

　　《鄭孝胥日記》："爽秋邀飲，從南皮往。……席罷下船，仍
登楚材，陪談至子刻，乃過船就寢。"

張之洞《過蕪湖贈袁兵備昶》：“爲政有道道有根，佳人讀書袁使君。九流嚅擠仍擺落，收拾併入不二門。羅城于公三間屋，民隱不隔當關閣。東頭圖書西筦庫，中有湛寂心君尊。我鎮金陵强一載，蔣山蘿薜何曾捫。老牛困鞭思脫紖，經義就子同尋溫。春雲壓江雨意遠，泥淖洗鞿胥徒奔。南望赭山隔煙霧，北瞰于湖新波渾。燕語亦足抵游覽，芻飯滂沛傾深樽。談詩看畫紬篆刻，十不盡一晡侵昏。過江名士均在坐，此會此樂悦心魂。胡爲欲理嚴瀨釣，儒效未竭安酬恩。黃山幸在君管内，來遊何日常思存。賓從豪盛自詫王元美，東道殷勤還望汪道昆。”

二月初四日，至江寧，謁見劉坤一。晤黃遵憲。

《日記》：“庭參，見新甯制憲。予久病心氣短澀，應對頗形塞訥，制憲所以慰勞之良厚。公度議蘇、杭、沙市、重慶定中日租界事利病甚悉，君於洋務真閲歷深而有條理。”

初五日，往訪黃遵憲、鄭孝胥談。鄭孝胥以張之洞等人所作詩見示。

《日記》：“詣黃公度、鄭太夷，太夷示以南皮師所作牛渚、石鍾山、武昌西山九曲亭遊眺之作，及過蕪湖見贈長歌，又梁節庵太史、蒯禮卿及太夷和章，皆有洸洋山水之適，俛仰今古，興寄殊深，曲江風度，謝傅碎金，令人頯首至地。”

《鄭孝胥日記》：“袁爽秋適來，攜南皮詩稿及余四詩去。”

初七日，鄭孝胥來訪。

《日記》：“蘇龕年未四十，精神映澈，詩筆清麗，又日習英文以爲常課，令人企羨。頃語予始衰之年當自求二適，闢一静室，明窗净几，圍以花竹，以便晏坐，一適也；聚二三素心人，近或望衡，遠則數里，常獲上下論議，當其興惬，相對忘言，二適也。”

《鄭孝胥日記》：“謁袁爽秋觀察，談久之乃返寓。”

初十日，龍繼棟以所校《衛藏通志》見示。

《日記》：“夜松岑以校刊《衛藏通志》二十卷見示，並贈翡翠翎管一具。將掛神武之冠，乃覬惠文之飾，故人厚意雖不可卻，然藏之医笥，永矢勿諼而已。”

二十九日，陳秉鈞來，爲診視。

《日記》：“陳蓮舫先生挈三世兄山蓑文學來于湖，下榻東齋。”三十日：“服蓮老方劑。”

是年春，樊增祥有詩見懷。

《樊山集》卷二七《春孟有懷爽秋同年》云：“春到江南草木青，思君中夜望台星。十三篇廣兵家注，君嘗謙言願入水師學堂讀十年書。二百籤疑小品經。君邃於佛理。詩好入於宣聖室，酒醒長坐醉翁亭。部中多少南朝寺，可要雲門挂錫缾。”

四月初四日，英領事麥迪莫來。陳名侃夫人送女來歸。得沈曾植函並詩。

《日記》：“英國領事麥迪莫來拜。遣僕人至江干迓江陰陳親家母，自都下杭海送女來蕪，迄入新厲。夢陶有書來。得子培手札，有見懷之作。”

案：沈曾植《海日樓詩》有《寄袁爽秋觀察》，一作《丙申秋感寄漸西》：“嘉樹中庭意不忘，澄江坐嘯兩相望。三年字未緘懷滅，九變言從復貫章。滄海露車成歎息，金波鳲鵲獨徬徨。城南風物經行地，無數歸鴉背夕陽。”即此詩。

初七日，答拜英國領事麥迪莫、稅務司班謨，並致寶星二座。

《日記》：“答拜英領事麥迪莫及班稅司，並遵奉譯署、制憲檄致送奏給之寶星二座。”

案：中日交戰時，公説英領事及稅務司邀英國軍艦來蕪協防，許諾以事竣爲請敘寶星。《于湖文錄》文七《稟福撫部》：“職道曾與班稅司、福領事言，若皖境内口岸有兵事，爾兩人如始終保護出力，事竣當爲稟懇憲臺暨南洋商憲咨商總署，奏保二三等寶星以酬勞績。後詳由南洋大臣奏准，賞給稅務司班謨、英國總領事福格林三等第一寶星兩座完案。”可參看。

十六日,長子允櫰婚,配陳名侃之女。

《日記》:"辰正爲櫰兒娶冢婦江陰陳氏,行親迎禮,巳初遣輿從往。主人公服出醮子,午初行交拜合卺禮。是日衆賓咸集,設燕二十餘筵。夜雷雨大作,江漲驟盛。婦盥饋,舅姑饗婦。"

五月十一日,偕周馥游蝶磯,並送其還淮陰。周氏爲言捕盜之法。

《日記》:"偕玉山渡江游蝶磯,謁靈澤夫人祠,寘酒西軒,旋泊江口,送君赴淮陰僑居。玉山爲直臬八年,講求捕盜之法,言之娓娓,云平日豢養得力小武弁,緝捕殊有益,月支薪水十二兩或八兩,給以綫勇六名八名,即可用。此須預物色,勿遲延。"

二十四日,俞鍾穎赴任荊宜施道,過境蕪湖,往江口晤談,並託帶書畫與武昌師友。

《日記》:"新放荊宜施道俞右萊仁弟過境赴任,至江口候之,託攜呈壺公師唐六如山水中堂一軸、叢刻四十五冊。又託寄梁、王、瞿三君。"

是月,於中江書院分設經義、治事二齋。

《日記》五月十九日:"頃大府奉廷寄,勅所在設西學書院。予惟西藝誠當務之急,而造士根柢,不宜入手即取徑於此,恐流害大。擬仿宋賢成法,在本地中江講院分立經義、治事各齋,齋設一學長,肄業生八人或六人,而統受治於主講之師。"

六月十二日,張之洞來電,湖北饑荒,令招商販米至鄂以賑濟。時皖南水災頗重,圩田多被澇,公電復張之洞,以皖民乏食,未允所命。

《日記》:"鄂帥電諭鄂饑,命招商販米往彼振濟。電復稟以皖南被水災,應禁運米出口,以重民食。往復三百字,耗去電報三十餘元。"

《于湖文録》文七《稟湖廣督憲》:"六月十二日未刻奉到鈞真電,鄂省荒歉米貴,命飭屬招商運米販鄂,鄂輪可以來蕪拖帶,以資平糶接濟等因。……昶久隸門吏,亟應仰承德意,招商趲運，以期上副厪懷。惟伏查現在皖南潦災情形，有不敢不直陳於函丈之前者。全皖自五月初淫雨爲災，雖禱晴獲應，而旋又滂沱如注，至今四十日內雨水連綿，宣、太、徽、池等府縣不但圩田盡在汪洋巨浸之中，即山田亦驟遭蛟水沖塌，災情甚重。現在處處澤國，早秈晚粳，根葉皆腐爛，分飭員紳激勸老農日夜車戽，冀可疏消積水，僉稱人力難施。……蕪市現價每米一石曹平銀二兩七八錢，日內驟漲，昨所電稟二兩五六錢乃糙米，非中等米。已算奇昂，民間騷然愁歎。且皖南北紳士百姓未奉官吏令甲，各處俱已私禁運出。米無來源，商販行儈囤積一空。久無大宗米舩外運，新關米稅、甯局米釐亦皆涸絀無收。伏以持節所蒞，皖民亦在行部覆幬之中，自鈞慈視之，與愛鄂民無異。在憲意決無損此益彼之見，而皖力實亦未能副拯災郇鄰之願，似未便以利怵米商多運赴鄂，使本境空乏，荒政一無可恃。”

《張之洞全集·電牘》六月十一日亥刻發：“鄂省上年荒歉，今夏有數處被水。自湘米停運後，米無來源，價奇昂。疊次在蕪采米平糶，官本有限，殊難遍及，民食艱難，焦灼萬分。現在漢口市價每石上米四千六七百文，中米四千一二百文，下米三千七八百文。聞蕪米每石價銀及完稅僅二兩六七錢，如販鄂發售利甚厚，而來米甚少，其故何在？敢請飭屬勸導，招集各商速多運米來鄂，必獲厚利。蕪米運漢，或民船或商輪，何者爲便？沿江應完稅釐幾次？每石每次若干？至入湖北境內則稅釐全免。若米商因輪船不能多運，民船過遲，擬由鄂派官輪三艘赴蕪拖帶，其煤炭各費全不須商出，想必樂從。如用輪拖，一月可往返數次，獲利尤豐。祈以此意諭知米商，是否願辦？均望查詢速復。至感至禱。真。”

十六日，與僚友讌集，登知稼樓，題名於壁，有詩紀其事。

《于湖小集》詩五《南庵題名》序云：“光緒二十有二年長夏庚辰望，是日中伏，前山西知縣歙汪宗沂，五品卿銜前翰林庶吉士太平崔澄,光禄寺署丞無錫顧玉書,優貢生華亭沈祥龍,舉人湘陰彭兆琮,儀徵劉富曾、涇洪檠,宣歙分巡道桐廬袁昶,肄業中江講院弟子優貢考用知縣江紹明,舉人周冕忠,諸生汪瑞鈞、徐元蕭、汪德淵、王澤春、趙億乾、陶寶書、袁德劭、允蕭、梁蕭,國子監生榮叟讌集南庵,登知稼樓,望白馬、洞天、大荆、小荆諸山,黔雲籠日,不甚明了。積水瀰漫傷田禾,慮歲不登。座中多績學士,詞辯百車,間可采録,爰題名於壁,以記歲月,抵暮乃歸。是日遲編修吕佩芬、河南知縣謝立本、刑部主事吕志元、潘希祖四人皆不至。兆琮書。”

十七日,譚獻來,爲長女允枸議婚於高爾伊事。

《日記》:“復堂老人挈世兄自杭來,爲大女作蹇修,議昏錢唐霪潋牙巷高氏,下榻東齋,話舊竟日。”

《于湖小集》詩五《喜復堂至》。

《復堂日記》:“江裕巳午間達蕪湖關,別幹臣。袁關使遣人再來迓。晤徐友仙談。興入榷署,與重黎又別五月矣,傾談移晷。”

二十日,行問名禮,設筵款待譚獻、蕭穆二冰人。

《日記》:“錢唐高白叔同年介譚仲老、蕭敬孚來求昏,許以長女字其冢子爾伊字子衡者,今日來行問名禮。午設筵款待兩大冰。”

《敬孚日記》:“早茶後,衣冠坐轎到永福庵登樓,袁爽秋觀察旋至,叙寒暄。仲修亦至,雜談,茶食後爽老回署。後同仲修將高氏庚禮同送道署,禮畢,乃至客堂。時本署刑名顧玉書,號石仲,及饒直刺薔,號芷香,均公服作陪。久之,淩子與及蕪湖縣朱郁荃亦次第至。午刻開席,署中沈約齋、彭應賡均在坐。罷席,乃至霞齋室坐談,久之乃別。回厚康莊……後袁爽老遣价送衣料兩卷及茶果數色。”

二十二日，送譚獻返湖北。

《日記》：“送仲修赴鄂州。”

《復堂日記》：“已定江孚上駛，子與及幕中諸君來送。重黎父子送別。已刻發裝，至招商躉船，重黎又遣員袁石民送客。”

二十四日，四女生。

《日記》：“亥初一刻，柯姬免身，舉一女。”

《樊山集》卷二八《賀爽翁生女》云：“戟門右帨設良辰，好策朝雲第一勳。試詠東坡薄薄酒，非男益覺老懷親。”“蘭堂薦酒熟青梅，采鳳將雛笑口開。郎主親將方藥試，女君看繫錦繃來。”

七月初十日，時在江寧，往訪繆荃孫談。

《日記》：“夜出門訪繆山長同年。”

《藝風老人日記》：“袁磩秋來長談。”

十一日，以新刻書贈繆荃孫，繆回贈書籍、碑拓數種。

《日記》：“小珊遺我《胡武平文集》、《海源閣藏書志》各一部，又陸黿堂題名一帋，擘窠行楷書，勢類芈赦，字大徑三寸，凡五行。<small>江寧鍾山摩厓</small>。”

《藝風老人日記》：“磩秋送新刻書來。送磩秋鍾山陸放翁題名並倪、胡兩集、楊氏《楹書隅錄》。”

十二日，與龍繼棟、繆荃孫、徐乃昌等人同游玄武湖，拜曾國藩畫像。

《日記》：“松岑晨來同喫早飯，肩輿行經大教場、<small>南朝上林苑</small>。雞籠山下、覆舟山南，過潮溝，出太平門，泛舟元武湖，齊梁所謂‘暫出後湖看，菰蒲如許長’也。泊湖中新洲，<small>湖中有五洲，連亙數十里，共居人百餘户，此其一矣</small>。一沙門來，導入湖神祠，拜曾文正公畫像，坐煨芋閣。俄同年繆小珊山長、徐積餘太守亦至，寘酒會食，劇談久之。食罷，上小亭，竹樹茂密，四望一無所見。晡返棹，還入城。雨。”

《于湖小集》詩五有《游元武湖謁拜湘鄉相侯畫像》詩。

《藝風老人日記》:"拜袁碤秋,出門即遇碤秋偕松岑往游後湖,與荃先有成約,遂至積餘處換轎偕往。行六里,出太平門,晤委員,君爲覓小舟。穿荷花行五里,抵湖神寺。碤秋、松岑先在高閣,臨湖俯視甚遠。紅衣漸卸,綠蓋高擎,西風徐來,時有香氣。坐兩時許,餐點心。仍坐小舟回至太平門,與松岑、碤秋分道而回。"

十三日,繆荃孫、蒯光典、徐乃昌招飲於復成橋畫舫,章邦直、顧雲、鄭孝胥、劉世珩等人在座。

《日記》:"晡,小珊、禮卿、徐太守招集復成橋南吳園東岸泛舟,初更歸,漸涼。"

《藝風老人日記》:"偕積餘、禮卿請碤秋於畫舫,約章希瑗、石公、蘇堪、聚卿作陪。"

《鄭孝胥日記》:"午後,繆小山、徐積(畬)〔餘〕來,船泊吳園,二鼓乃散。"

十四日,繆荃孫以《時務報》攜贈。

《藝風老人日記》:"送碤秋新刻書於善餘。出拜袁碤秋,留《時務報》二分。"

案:汪康年辦理《時務報》,公後來捐助銀五十元。

十五日,晤張佩綸,張氏戒勿與李鴻章之孫聯姻。

《日記》:"晤張幼樵六丈,談三時許,力勸阮公勿以女與司馬昭之孫,其説利害處極分明,簣公真快人哉!"

案:張佩綸與李鴻章爲郎舅關係,然甲午戰後由於政治觀念之分歧,已有罅隙。復遭李經方主使端良彈劾,被旨驅逐回籍,故與李鴻章之間的關係亦發生微妙變化。公日記九月二十五日崔國因語云:"檜(借指李鴻章)憾幼樵甚。"可參看。

十九日,鄭孝胥來訪。

《日記》:"蘇龕枉談,遺之帛一端、墨拓數事。"

《鄭孝胥日記》:"午後,過錢琴齋、王欣甫、袁爽秋、游雪門。"

二十三日,託陳宗雍攜致張蔭桓、鄭孝胥、繆荃孫、沈瑜慶新刻書,
並託繆荃孫代轉交《時務報》捐款。

《日記》:"託陳少廷大令宗雍往白門之便,寄張幼樵六丈、鄭
太夷、繆小珊、沈㠀蒼新刻各一部。"

《藝風老人日記》:"代收《時務報》三十四元,又袁碳秋
五十元。"

案:公日記十六日:"捐助汪穰卿《時務報》館五十元。"《藝
風老人日記》八月四日:"詣汪穰卿談,不晤,晤汪社耆,交碳秋
款五十元、《時務報》價卅二元。"可參看。

二十五日,繆荃孫、蒯光典乘舟過境,往江口晤談。

《日記》:"飯後出江口,上頓舩,坐待北來友人過境。俄頃
風雨大至,得句有'奔雲挾雨疾南注,已入彭蠡匡廬間'之句。
至晚江孚舩到,繆小珊、蒯禮卿兩山長往江夏,晤談一炊時許,
遂別去。"

《藝風老人日記》:"午刻上船,酉刻過蕪湖,碳秋上船來談,
並贈茶腿。"

二十六日,以認解洋款事與兩江總督劉坤一齟齬,遂上稟乞開缺。

《日記》:"戌刻奉到大府宥電,爲洋款事大加申斥。立艸稟
牘,乞兩院奏明,給四個月假,開缺修墓,並請先行遴委賢員署
理,一面奏明請旨簡放,以重職守。乞病則怕上臺委一幹來驗
病,故不如告長假修墓之乾净。達摩西來,一晤蕭老公,昏昏白日欲寢,
知機不契,折蘆渡水,繙然北去。老天爺真玉成了小子也。"

《于湖文録》文七有《上督撫憲乞假開缺修墓稟》。

案:劉坤一回任兩江總督,對張之洞署理期間之用人行政
心存不滿,故多有更張,又以公係張氏門生,尤抱成見。公日記
三月二十一日:"以煤礦、茶務兩事失制府指,碰釘。與曲江有
意見,波及鰌生,古今無真是非,率以愛憎爲是非耳。"七月初
十:"午謁制府新甯帥,爲命代鎮江關認解洋款四十萬兩事,

直是硬派强要。又輕信宵人讒言,謂予六月十五日奉户部電後,貪圖匯費,驟解京饟二十餘萬云云,可謂闇悖不知人矣,令予氣塞。僕甯能以身之察察,受物之汶汶乎!有甘心投劾速去而已,不能爲奉五斗米道者折腰也。"可參看。

二十八日,王先謙來函,並以劉熙《釋名校注》見贈。

《日記》:"夕得前祭酒王逸老來書,並餉新刊劉熙《釋名校注》三册。"

八月初三日,陳秉鈞來爲公及梁肅診視,留十日乃去。

《日記》:"午飯後青浦陳蓮舫先生及公子浥霏俯如所請來蕪,延入東齋下榻。"十三日:"送蓮翁喬梓赴皖省。"

初七日,吳廷芬來函,時爲總理各國事務衙門大臣,屬意公爲出洋使節。公復稟堅辭。

《日記》:"夜得房師吳蕙吟少宰來函,問顧爲槎客與否,尚待斟復。"十四日:"艸稟吳少宰蕙師及少農張樵憲,未發。"十九日:"四更起,艸答房師吳蕙吟少宰千數百字,縱筆言之,意甚忻然。次日令殷僕繕正,廿一交郵政局,十日可達北京。"

《于湖文録》文七《上房師吳少宰》云:"八月初七日奉到七月杪鈞函,傳邸諭下詢顧爲槎客與否,受寵若驚,愧汗交集。伏以使能造命,非九能之材勿勝,近來時事既棘,國勢似架漏度日,四國之使,苟默取容而已,何嘗稍裨弭衅救敗之政。徒竊晉一階,不出一策,可耻孰甚焉?默數自光緒二年始設三年專使駐紮以來,惟曾惠敏、何子峨、薛叔耘諸公最能稱職;近則許竹篔侍郎最爲留心水陸師營制。此外能合於文文忠原奏所謂求如富弼、蘇轍之材,足以當之者,蓋寥寥矣。某無諸公之才與地,而生平迂謹,硜硜守魏環溪循理、守法、安命三言,不敢夤援,素耻營求,自通籍以來,從未妄求一差。去秋南洋大臣欲保某出使,曾面辭再四乃解。……某自憾學識淺陋,無補時艱,既無尺寸自効,惟思以殫心纂述報國,退之所謂作唐之一經,蓋有

志焉而未之逮也。久願投劾而去，隱處杜門，以治所業，亦非有
自暇逸之心也。志陳盍各，惟仁者俯察之。……某少孤力學，清
介持身，不妄干進，登第二十餘年，資地尚淺，待罪故鄣，旁人尚
有羨其速化者，卻非某求而得之，胸中自坦然也。若驟膺槎事，
則人必謂某以淺資而希捷徑，此一生名節所關，某卻萬不能受人
譏彈捷徑二字。函丈愛人以德，萬乞爲之婉辭汶上，則真乃玉成
無量之功德。……且臣子効其忠赤，亦不必定以行人進身也。"

　　案：公日記十二月初五日："夕得許竹篔星使少空公札，云
使俄六年，密薦不佞於樞廷自代。今幸此席中朝已別簡賢能，
否則散人散木，自濟不遑，惡能勝遠使絶域之任乎！且慮玷公
知人之明也。"可參看。

十二日，送李占椿之金陵，江船上晤繆荃孫、蒯光典、汪康年等人，
詢張之洞、黃體芳喬梓消息。

　　《日記》："出江口，送李鎮臺之金陵。上江寬舫，晤繆小珊、
蒯禮卿兩山長、汪進士穰卿，自鄂州來，亟借五十番捐助申報館。詢悉
壺公師近來精神倍健，國之福也；黃漱老父子皆在八旗會館住，
漱丈明年定就舒州敬敷書院講席，仲弢八月杪入都補官。少頃
舫開，還答拜沈統領，談兩炊許乃歸，兼拜代理稅務司慕天錫。"

　　《藝風老人日記》："過蕪湖，袁碏秋送客上輪船，便談。"

九月初三日，英國駐蕪領事金章、稅務司班謨、代理稅務司慕天錫
來訪。

　　《日記》："英領事官金章來，前領事麥迪莫辭行往北京。新
關稅務司班謨、年五十一。代理稅司慕天錫年卅二。來，徵弋腔下
酒，彈指蘭閣，此抄襲王茂宏文字也。"

初四日，餽送前任英國領事麥迪莫。往訪新任領事金章，與談藏
印事。又訪班謨，見其自日本購致唐畫佛像。

　　《日記》："卯刻遣王戈什上安慶洋艙，持片送前英領事麥迪
莫往北京，升英公使署參詳官，餽以江紬一端、荷包一匣。巳初

刻出門答拜新任署英領事金章，自漢口領事調來。談藏印亞東通
商後，藏番懷疑，恐有他變情形，恐辦事大臣文海仲瀛不能了。
又英北界克什彌爾、阿富汗，與俄南界阿母河、帕米爾，北距賽
馬兒罕、尋思干等城形勢，俄人中路欲出印度海，西路欲出地中
海，東路欲出高麗元山津一帶之海，蓄謀已久，恐終非印度部之
兵力所能制。金領事色沮舌橋，深以爲然。又答候代理新關稅
司慕天錫。前稅司班謨出示唐畫佛、羅漢、文殊、四毗沙十餘幅，
皆工緻，云以賤直得之日本。倭奴向事佛，明治維新以來，事耶
穌天主教，而斥儒佛二教，於此一事可見。”

初六日，美國醫生赫懷仁來訪。

《日記》：“弋磯美國醫院士人赫懷仁來謁，詢悉其父在九江
爲總司鐸。與之言西醫所著《全體通考》，詳於明堂銅人針灸圖。
《儒門醫學》亦西人著，所言起居服食宜忌，於攝生最宜。又論
各袄教源流得失。美國人俱用英圭黎文字語言，赫醫士口操英
語，而近喜習華文，此亦同文之萌牙乎！年裁廿六。”

初九日，偕僚屬、家人往江北謁靈澤夫人祠，有詩紀之。

《日記》：“泛舟至江北澆磯，謁敕封崇節惠利靈澤夫人廟。
案陸遊《入蜀記》，澆磯上有甯淵觀，道士棲之，今名蟆磯，祀蜀
漢先主夫人孫氏。嘉慶二年，安徽巡撫朱珪始題請敕封，並賜
‘英靈惠濟’御楄一方，春秋祭始列入群祀。時奸相和珅猶當國，
磐陀老人以珅齮扤，猶未召還京也。同治四年，兵侍彭玉麟重
建。今住持沙門，衡州人。是日會者十餘人，彭印根、顧石笢、
陳吟鉢、楊潤之、鮑次甌、汪允中、汪世兄，凡七人，沈訥生以病
不至。予挈橚、梁、榮三子，蘭女、麋壽兩阿茶。舟中寘酒，登西
樓幽室水厄，晏坐久之，表裏江山，雄峻有遠勢。回舫小眈，意
極酣適，座客亦各有樽詠棋槊之興。今年作重九如此，古來重
九安得盡爾耶！暮歸。”

《于湖小集》詩五有《九日蟆磯登高舟中宴集》。

十七日，黃體芳乘舟過境，往江口晤談。

《日記》："早出江口，迓黃漱丈乘輪東下，晤談一炊時。形容蕉萃，而尚能豪飲，雙眸炯然。予謂酒者天之美祿，訂明正自東甌往鄂州，過蕪留十日，孔北海尚能陪李元禮痛飲三日也。俄解纜東下，倚頓舡闌干凝望相對，望不見而回。漱丈云李高陽初八日銷假入直。"

二十一日，上海報紙刊載公病狀甚劇，類似痰瘋，張之洞電令方碩甫探詢實情。公爲之頗不怡，遂致函署江海關道呂海寰究辦此事。

《日記》二十三日："滬上《新報》、《申報》頗書八月十八以後病狀，稱鈍宧爲風顛漢，自此真做了五代時之洛陽楊景度矣，此亦關天意厚待玉成也。"二十四日："又答候方啓南，方君出香帥下詢昶病狀電及復電，始恍然悟《申報》所以致誤之由。回署呕電稟香嚴師。"

《張之洞全集》電牘四十五《致蕪湖米釐局方道臺》（九月十五日巳刻發）："新聞滬報言袁爽秋觀察近得心疾，不勝駭異。有人自蕪湖來，言亦同。究竟是否有病？是何情形？祈即切實詳細電復。"並附方碩甫回電："袁道上月病瘧，用截法已愈。一時因事觸發肝火，刑責一人，又開除兩僕，外人遂疑爲痰瘋。其實依舊辦公會客，並無錯誤。前日尚晤談，一切如舊。此係目睹實情，請釋念。碩甫謹稟。咸。"

北大圖書館藏《庚子浙中三忠手札》九月二十九日《致呂海寰書》云："新報館、滬報館無故造弟謠言，致香帥電詢、函詢數次，望兄大人務必飭該兩報館徹底查明秉筆何人，造言何人，究懲以洩弟憤，萬禱萬禱。弟已將移知貴處查究實在辦法稟知香帥查照矣。此叩任喜，惟希鑒察。年如弟又頓首。九月二十九日。"

《申報》二十一日（10月27日）："蕪湖采訪友人云：關道袁爽秋觀察感受風寒，痁疾大發，握冰抱炭，顛倒陰陽，雖朗吟

杜工部'子章髑髏血模糊,手提擲還崔大夫'之詩以驅之,而二
豎子終不肯退避三舍。某日正在心神煩亂,寢饋不安,適署内
庖丁因事觸忤,以致雷霆大發,立命人製造站籠兩具,排列發審
局前,意欲禁押其中,以爲之戒。既而木工將籠製就,舁於署
中,觀察親自步出頭門,悉心驗視,適見門内外有設攤售食物水
果者,勃然大怒,立命傳呼巡捕驅逐。而巡捕俱姍姍來遲。觀
察益忿火中燒,親手將攤推倒。旋又有一行人誤衝其道,立命
笞臀二百板。外間遂以觀察爲瘋狂,遠近喧傳,幾觀市中有虎。
事聞於制憲,即於本月既望電詢駐蕪米釐局總辦方啓南觀察,
觀察回電,略稱:'袁道於上月下浣固曾因瘧觸發無明火,未幾
即告痊,刻下已照常會客。即銜期接見屬吏,亦復言語如常。
當病時曾開除丁役數輩,並一巡捕。發瘋等情,若果袁道發瘋,
職道豈有轉爲諱飾之理?'想制憲閱電後,當可釋然於心矣。"

二十四日,湯壽潛來訪,欲訂其主講中江書院治事齋,未果。

《日記》:"湯蟄仙太史來,留作半夕談,下榻東筱。訂明年
來主講,改以汪仲伊主講經義齋,以蟄仙主治事齋,於定章稍有
變通。"

十月二十二日,晤李經方談,李氏以俄國沙皇夫婦像、巴黎鐵塔模
型等物見贈。

《日記》:"晤和仲,以俄汗像、俄后畫、巴黎鐵塔鑄式相貽。
據和仲云,今俄皇年二十七,辛卯年爲俄太子,由中華遊歷日
本,額顱爲刺客所傷,而中國江鄂粵督待以殊禮,故俄今皇於日
本究有夙怨,而中俄交好幾三百年,似尚不遽爲開疆拓地之
謀,無故啓釁云。"

案:秦熺,字和仲,爲秦檜養子。甲午後公深惡李鴻章,將
其視爲奸相秦檜一流。李經方爲李鴻章養子,故以和仲稱之。

二十六日,往江口謁見新任安徽巡撫鄧華熙。

《日記》:"出江口,迓新帥鄧中丞,未正節舸始到,投謁候

送，並與方啓南觀詧、方坤五太守劇談久之。江上列隊，礮聲碚隆，節舟開行上駛，乃返。"

《光緒朝上諭檔》二十二年（1896）七月初九日："内閣奉上諭：'福潤奏假期屆滿，病仍未痊，懇准開缺回旗調理一摺。安徽巡撫福潤著准其開缺回旗調理。欽此。'"十一日："内閣奉上諭：'安徽巡撫著鄧華熙補授。欽此。'"

《申報》十一月初七日（12月11日）《神山木落》："蕪湖訪事友人云：新任皖撫鄧小赤中丞溯江上駛，道出金陵，蕪湖官場翹企節麾，咸有趙忠獻覘范魯公之願。兹悉憲旌於上月廿六日下午行抵蕪湖，水陸各營遥見下游濃烟縷縷，與嵐光江影盪漾而來，知棨戟遥臨，爰令升砲鳴敬，振隊跪迎。文武各官則分駕扁舟迎於鷁首，脚靴手版，幾如山陰道上，大有應接不暇之勢。中丞一一接見，詳詢地方事宜，以及諸凡利弊。與袁爽秋觀察接談尤深，旋偕僚屬興辭而退。中丞即命鼓輪上駛，聞是夜即蒞省垣，廿九日卯刻接受關防。福中丞交卸後，即於三十日奉太夫人板輿乘鄧中丞原來之鈞和、威靖兵輪啓節過蕪，遄行北上，所有文武員弁迎迓之儀，一如迎鄧中丞之整肅。"

十一月十九日，安慶王陽明祠堂落成，公往典禮致祭。

《日記》："午刻奉安王文成公栗主於中龕，以中牢祀，酒三爵，果脯六豆。旁祔祀孫太僕以下。同鄉官以次行禮者十四人，許幼笙、吴春蕘兩太守，錢孟超州刺史，朱稻孫、陳蘆笙二大令，沈閬山、張梅航，餘不悉記。"

案：王文成公祠堂之建，公爲主其事者，前後捐助銀五百餘元。

二十四日，高雲麟自上海來訪，並示以《紅櫟山莊圖》，乃其杭州西湖别業也。

《日記》："親家豁廬先生已於前日自海上枉軫辱臨，喜出望外，自己丑秋别京師八年矣。下榻通隱堂，襟抱夷曠，党竹溪、顧仲瑛一流人也。出示《紅櫟山莊圖》,先生湖上別業也,殆取莊生社櫟,韓公山石詩'山紅磵碧櫟十圍'之意。君有濟世之志,而龍蠖外物,强名以櫟,特滑稽寓言耳。予之拙滯,則真櫟矣。巧匠旁觀,縮手袖間,乃令吾徒受牛羊而牧之,量力不任,有媿於公之静中閲世也。聞山中平章竹石,襟林帶湖,擅南山一曲之勝,可以登高明、遠眺望,足跡雖未到,但言此心以馳於彼矣。圖經數畫師之手,皆有機趣,蘭洲一帙尤清妙。"

二十九日,新任英國駐蕪湖領事雷夏伯來訪。

《日記》:"英領事雷夏伯來。阿耳蘭人。"

案:雷夏伯(Herbert Francis Brady,1854—1924),英國人,初爲駐華使館翻譯學生,1889—1892年任使館漢文副使。後歷任駐鎮江、蕪湖、上海、重慶等地領事。1901年任駐漢口代理總領事。又轉任駐福州領事。1908年歸國。

十二月初五日,聞袁寶璜卒訊。

《日記》:"家渭漁比部素有才藻,爲馮林一丈高弟子,予壬辰會房所得士也。頃其孤來赴告,已在吴中作古,不勝愴然。"

編年詩:《奉和壺公師近詩四章》、《節庵所遺雷州葛布今夏始製爲袍時病新起追賦一首》、《壽方滌僊先生七十》、《將讌集蕃漢賓僚於南庵》、《范長生詩》、《集知稼樓》、《和雲門桃花源詩三首》、《和雲門》、《聞松江府西門内新建融齋書院成太守陳公率諸生落之不覺色喜老門生今秋定歸不審都人士廷推我作灑掃户否》、《頌千里鏡》、《山寺》、《憂樂相倚伏》、《贈熊滁洲》、《披襟》、《懷顧子朋盦山下面水居》、《再和雲門》、《夜雨懷子培》、《懷壺公師》、《寄子培》、《喜復堂至》、《雲門五十有一初度以詩爲壽》、《集中桃花源律詩三章製題既新造言尤妙予一再和終不能到》、《過橋》、《南庵題名》、《池上草堂》、《次山提刑餉黔中竹蔬二器》、《又遺鹿筋一束》、《三畸人贊》、《于方伯餉西瓜》、《和楞青》、《倫叔爲致惠山泉一甖》、《燈塔》、《亮生遺我蛇總管二枚云是崖州所産藤本味辛

瀹治痧症腹瀉胃氣疼兼辟惡物本艸所未及收作詩頌之》、《舟中戲
題》、《故鄣》、《望艸堂寺》、《夜至鍾山書院訪小珊山長》、《游元武
湖》、《舟集》、《溪上泛舟》、《曉望浦口》、《怨詩楚調示黃公度僉巡
別》、《寄汪穰卿進士》、《即景三首》、《江上送筱珊禮卿之鄂州》、
《崔隱居餉蓮藕》、《曲園俞先生年八十重遊泮水寄詩爲壽》、《將
以月夜泛荆山湖》、《偶書二絕》、《發廬子約導遊黃海期以裏一月
糧偕往》、《山寺》、《調印根》、《病齒》、《寄一詩祭酹朱鼎父亡友
墓》、《無事坐作偈》、《記友人法語》、《聞黃漱老將自鄂州來遊舒
州擬遣人相迎》、《漫興》、《門生伍叔葆翰林餉羅浮山泉一罌》、《又
餉黃獨酒茅筆》、《酬印根泛舟荆山湖之作》、《九日蝸磯登高舟中
宴集》、《重治小楥子戲爲吳下俳諧體》、《懷雲門》、《煮茶》、《小瑤
林》、《新治高齋》、《聞家渭漁比部病詩以調之》、《師徐遺我湖上
梅花六株栽之東廊下》、《舒州池上艸堂之東偏有亭久圮擬規復之
作一小茅亭冀省煩費而事易舉》。

編年文：《與袁遂書》（別後時念起居）、《與袁遂書》（昨奉復一
函）、《與袁遂書》（自蒙德人蕆止）、《與袁遂書》（昨接到漢口鐵
政局來電）、《稟督憲》（竊惟漢志藝文）、《致呂海寰書》（今正滿
擬秣陵得見紫芝眉宇）、《致繆荃孫書》（東坡生日奉到手教）、《致
繆荃孫書》（三月晦接到廿七日手札）、《答汪仲伊山長書》（來教
語重）、《書陶靖節桃花源記後》、《讀曾南豐文》、《相人偶》、《致汪
康年書》（春初于湖奉攀清塵）、《致呂海寰書》（天中令節）、《稟
張香帥》（前月初五日叩送節舸還鎮武昌）、《稟湖廣督憲》（六月
十二日未刻奉到鈞真電）、《致呂海寰書》（五月廿三奉到環章）、
《致呂海寰書》（六月十七日亥初又奉到十二日手教）、《致袁遂書》
（歷奉六次手札）、《致袁遂書》（一昨奉布一緘）、《與繆荃孫書》（頃
歸逆旅）、《校刊齊民要術叙》、《跋元俞宗本種樹書》、《新葺陽明
先生祠堂記》、《書趙魯齋丈陽穀殉難事略後》、《上督部南皮公書》
（昨得侍撰杖獨樂園中）、《上督撫憲乞假開缺修墓稟》、《稟督撫

憲》(竊職道於本月初四五日奉到八月初一、三日鈞批)、《致施亦
爵書》(中秋及九月初五兩次拜奉手札)、《稟撫部院請飭各屬勸
農治盜》、《遊山所攜方便具銘》、《閱魏莊渠語錄》、《上房師吳少
宰》(自贊周部郎弟歸)、《答于次棠方伯書》(大抵吏才根於學術)、
《答崔岑友》(岑友言近自悔恨一向爲老莊浮游之説)、《稟督憲請
放農書》、《致汪康年書》(舟中匆匆)、《致袁遂書》(屢奉手翰)、《致
施亦爵書》(連奉九月三十、十月初四日兩次手教)、《致施亦爵書》
(頃奉到十月初八日手札誦悉)、《致施亦爵書》(昨奉到十五日手
教)、《致施亦爵書》(前得姜笠人妙畫)、《致陳豪書》(人事拉雜)、
《復初講院藏書記》、《海鹽宮保徐公七艷壽序》、《刻壼公老人壽叙
壽略三篇書後》、《中江講院現設經誼治事兩齋章程》、《題皖南同
官錄》、《記司馬温公法語》、《題造墨模子》、《紅蕉洞錮疾記》、《致
袁文鳳袁澤鳳書》(頃接赴書)、《致袁遂書》(日前承玉趾趆然千
里)、《致吳慶坻書》(上年聞僮從還杭)、《與吕海寰書》(我兄大
人飛光騰蹋)、《跋殹廬書目》。

　　【時事】中俄密約簽訂。《時務報》在上海創刊。許景澄與
　　華俄道勝公司簽訂《東省鐵路公司合同》。南洋公學成立。
　　劉銘傳卒。袁寶璜卒。

光緒二十三年丁酉(1897),五十二歲

正月初六日,時在江寧謁見劉坤一賀歲,並往訪繆荃孫、蒯光典、
龍繼棟。

　　《日記》:"投刺豐將軍。拜繆小珊同年、蒯禮卿山長。訪鄭
　　蘇龕司馬不值。過故人龍松岑農部,坐虛室中久之,不覺窗外
　　飛雪,瓦溝已白,俄辭歸。"

　　《藝風老人日記》:"拜袁碩秋、袁仲魯、馬漢卿聲焕三觀察、
　　徐積餘太守。"

初七日，往訪易順鼎，讀其所著筆記。易氏並有詩見贈。

《日記》："晤易實甫，得讀其規援赤嵌筆記，經畫分明事不成，良可惋。然其叱咤風霆、迻山填海之志氣，真魯連子、蒼海君之流也。遺我二詩，屬有犬馬之疾，未能和。"

《于湖小集》詩六《次韻易實甫見贈》後附有易順鼎《金陵人日喜晤重黎即席有贈》云："忽漫相逢老漸西，腰圍何用萬釘犀。別公已見塵揚海，愛我真同雲憶泥。偶作半山吟蔣阜，終參五祖隱曹溪。何人頯洞資排幹，精力真追重與黎。""憂患餘生性命留，追尋昨夢淚難收。客星未許歸嚴瀨，人日誰期見蜀州。舊雨桮中談屬國，新鐙桃左照春秋。莫將舟壑爲冰炭，金石何曾逐物流？"

初十日，抵安慶，謁見巡撫鄧華熙，並晤于蔭霖、趙爾巽等人。

《日記》："早抵安慶上岸，入城庽浙館王文成公祠。謁見中丞鄧公，詢地方關權事，據實以對。拜藩伯于公、廉使趙公、李小軒、楊惠峰、陳雲溪同年。"

《申報》正月二十三日（2月24日）《牛渚詩情》："蕪湖訪事人云：蕪湖道袁爽秋觀察新正初四日赴金陵督轅賀歲，復乘輪船返棹皖垣各大憲處拜賀新禧。茲於元宵前一夕回轅，屬吏員弁等咸往江干迎迓。"

二十三日，陳名侃自江陰來訪。

《日記》："親家陳夢陶戶部暨念修五兄自江陰來，下榻西齋，剪燈話舊，述日下近事。迴首青門，別五寒暑矣。"

二十六日，延西醫美國人赫懷仁治目疾。

《日記》："延西醫赫懷仁治目疾，西術於陰陽氣血化生之理不甚憭然，其所製藥水殊未敢輕試。"

二十七日，翁同龢來電，詢以是否願充駐德國使臣。公旋復稟力辭。

《日記》："戌刻奉到樞府大司農虞山公電諭，駐德星使一席，將推擇不才充使。自忖鈍拙，無專對之才，又體茶善病，萬難勝任，謹當具稟力辭。"二十八日："電稟虞山公陳情，堅辭使事。昨房師吳蕙吟少宰手札至，亦以爲言，應即作復。"

《于湖文錄》文七《稟兩湖督憲張》："今年正月廿七八日，虞山公及吳少宰電述邸意，命使柏林。門吏其時正發眩病，又才短不習外國事，恐誤公，力辭。"

《翁同龢日記》："發蕪湖袁電。"二月初二日："得蕪湖復電，不願充使。"

二月初八日，黃體芳來，下榻道署。

《日記》："昧爽謁澤宮行釋菜禮，卯正至中江講院考甄別。旋出江口迓黃漱丈，日暮始到，延登岸下榻通隱堂，丈挈眷將赴皖省敬敷書院講席。"

初九日，蕭穆來訪。

《日記》："蕭敬孚文學攜具二世兄枉過。"

《敬孚日記》："天將明抵蕪湖……午食後同鎔兒坐轎到道署，見袁爽秋觀察一談。時凌子與在此，亦同出一晤。子與旋去。余命兒先到書房晤仲默、叔渾兄弟，余亦旋往一晤，乃同兒坐轎回莊。"

初十日，以所刻書贈蕭穆。

《敬孚日記》："早間袁爽老遣价送所刊諸書五十六冊，乃報余昨贈伊田間三書及新刊《通雅》也。"

十二日，於署中宴請蕭穆，僚友顧銘書、陳崇禮、鄧友笙、凌頌武、陳振鴻等人在座。

《日記》："晡，招顧季欽、陳吟鉢、蕭敬孚、鄧友笙、凌頌武、陳眎溪諸君宴集。"

《敬孚日記》："前日袁爽老以名帖訂今日會飲。四點鐘乃步入道署，先至彭應廣書室，並晤仲默、叔渾一談。後到客堂，爽老出見，本署顧季卿、鄧友笙、陳吟伯、繆子香、凌頌武、陳晴溪均先後至。旋到花廳開席，良久乃散。仍至仲默、叔渾室一談，又到應賡室一談後別。"

十五日，得袁振業、**沈惟賢**書，四子榮曳中秀才。

《日記》："夕得榆兄、沈親家嚴郡來書，榮兒補府學弟子員。兒文理蕪淺，濫得入彀，殊爲僥倖。"

二十日，譚獻道經蕪湖，遣人於江口迎候，並致賻，得復。

《日記》："復堂同年赴鄂，江輪過此，遣老僕往迓，賻以五十韻。予以目疾畏風，不獲至江口攀叙，行舶不能久停，殊深悵望。"

《復堂日記》："過蕪湖，爽秋書來，致賻，作劄答之。塵遺來一談。"

二十四日，袁振業自里中來。

《日記》："三兄榆垣自里中杭海涉江來署。兄天性友愛，胷襟磊落，老年手足，不見三寒暑矣，今得風雨對床，重尋前夢，深以爲幸。第家事諸多，布置未愜，又累兄操心，甚望子姪繼起，能賡續經營也。夜談至二更始就枕。"

二十六日，丁丙來函，屬爲删潤高均儒從祀鄉賢事實册。

《日記》："松生來書，云秀州紳士欲爲先師主講東城講舍高孝靖先生呈請從祀鄉賢，寄來事實册，囑予潤色。增乙數稿，仍不愜意。"

是月，自浙中購入桑秧數萬株運至，教人於隙地栽種，並催桑工傳授種樹之法，遂開皖南土民利源。

《日記》二十二年（1896）十月二十九日："與子與議買湖州桑秧十萬株，託周萊仙。運到中江栽種。並催一善栽種、曉桑性之老傭工來此教種。在赭山下購十畝地一區，編竹杝圍之，分行栽列，官吏隨時督課，以興民利，壓倒成都葛老丞相祇八百樹。"本月十一日："凌頌武兄率同司事繆子香購買浙中桑秧三萬株，今日江孚舠運到。"

《申報》二月初一日(3月3日)《課桑設局》:"蕪湖采訪友人云:關道袁爽秋觀察慨捐廉俸,購辦桑秧,發給太平、寧國二府農民栽種,並勘定蕪湖西湖池北首老江防同知署畔曠地一區,派撥保衛營勇限日開墾,以便栽桑。旋又以地只數弓,所種有限,特委經辦桑秧之劉、饒二君就南岸南寺左右開闢曠地數十畝,鋤雲犁雨,恍如小卯催耕,不日桑秧到來,即可廣行種植。他日者扶疏繞屋,綠葉成陰,不可比之召伯之棠、郇侯之黍乎!更就南寺創設課桑局,歸劉、饒二君經理其事。"三月初四日(4月3日):"蕪湖訪事人云:蕪道袁爽秋觀察捐廉采辦桑秧,發給皖南各縣鄉民,承□分種,俾於農□之外,又興蠶桑大利,誠善政也。近悉桑秧業已運到三萬株,除頒給當塗縣一萬株,南陵縣六千株,建平縣八千株外,餘六千株發蕪民及保衛營所闢之桑園承種。當輪船運到之日,卸置蕫船,幾乎堆積如山,皆由保衛營勇陸續扛擡上岸。饒營帶本日即督領所部按法栽種,凡桑根之損爛者,即時截去,以免延及全體。每株又相去五尺。計保衛營所闢之老江防廳及普濟寺左右曠地三處,共栽三千餘株。下剩者始發給鄉民。聞道憲之意,此次猶係小試其端,果能灌溉得法,枝葉茂盛,明年即當大加推廣,通飭各縣山圩各田一律領種。蕪地則更專購民田數十畝擴而大之。再購蠶種發給民間,教以飼養之法,數年之後蠶桑之利盛興,民情更當踴躍。並聞此次觀察猶慮民間不諳栽種,特從湖州□雇精於栽桑者數輩,來蕪廣為教導,故栽插益為得法云。"

《皖紳請崇祀袁忠節公事實冊》:"屬府多毗鄰蘇浙,土性宜桑。公察知之,歲捐廉赴浙采買桑秧數十萬株,俵發各屬,徧行種植。闢蕪河兩岸隙地,課桑設局,僱湖州老桑工教授鄉民,歸相傳習。捐刻《齊民要術》《農桑輯要》《種樹書》《廣蠶桑說》,流通不下數千部。又酌采近出育蠶善法,編發簡易韻語,多方勸導。比歲各屬登繭出絲,遂成大宗。自餘物土之宜,無不廣爲董勸，民習其利，則敦勸農桑之效也。"

三月十七日，于蔭霖來函，以《朱子文集》、《周易詮義》二書見贈。

　　《日記》："于次棠方伯來書，惠寄六安涂氏所校刻《朱子文集》、汪雙池先生《周易詮義》二書，並云黃漱丈因南皮師遣官輪相迓，已往鄂渚矣。"

二十三日，許景澄來函，告以使職雖卸，須暫留德國，並奉命總辦東三省鐵路公司。

　　《日記》："得欽使許公柏林書，現暫留德國半年，並奉總辦東三省鐵路公司大臣之命。"

　　《清實錄·德宗景皇帝實錄》二十二年（1896）十二月十七日："派工部左侍郎許景澄總辦黑龍江、吉林邊界鐵路公司事宜。"

四月初九日，王秉恩來函，抄示湖北銀元局章程。

　　《日記》："王雪澂觀督復函，抄示鼓鑄銀幣機器局章程極詳明。此南皮制府師創辦於粵鄂兩省，便民通商，輔錢法，塞漏卮，條理極爲繁密，陶桓公綜理微密，不是過也。"

　　案：光緒十三年（1887），張之洞時任兩廣總督，籌建廣州官銀錢局，試行機器鑄幣，成效頗著。後移督湖廣，遂於十九年奏請開辦湖北銀元局鑄造銀元，以補制錢之缺。二十三年，又請開湖北機器鑄銅錢局。後以虧損及設備問題，於二十五年夏秋之際停辦，並更名爲湖北銀元局新廠，劃歸銀元局管理。

二十五日，屠寄自齊齊哈爾歸，言俄國借道黑龍江、吉林二省鑄造鐵路事。

　　《日記》："屠敬山水部自齊齊哈爾歸，云俄約假道吉、江二省造鐵路，合肥所訂，當軸深諱之。自尼布楚起，踰額爾古納河，經呼倫貝爾城，至卜魁城、伯都訥廳、阿勒楚喀向南，東至甯古塔，直達琿春、雙城子、海參崴，以接俄軌，並要約准開沿途礦產。西例地球各國可弱可亡，而商人公司有自主利益之權不可絕，國家既任保護，鄰國亦不得侵擾，王步可遐，而公司不滅。香、

夔兩帥與盛京卿議吉江兩省多設礦務公司,爲牽制維繫之計,
電陳政府。虞山公電復云無遠慮,無縱談云云,此曾文正約旨
卑思之説也。"

五月十二日,聞伊犂將軍長庚奏准棍噶扎拉參呼圖克圖轉世,公
與其爲舊交,作詩挽之。

《日記》:"棍噶扎拉參呼圖克圖嘉穆巴圖多普在精河之八
英溝圓寂,伊犂長將軍庚爲奏請准其呼弼勒罕轉世襲號,奉旨
准行。呼圖一字華蓋,往在日下,往還甚密。隻履西歸,可惜天
山北路失此邊材,悵念舊遊,殆如一彈指頃耳。"

《于湖小集》詩六《挽華蓋國師》云:"一衲賢於十萬師,爲
君王扞國西陲。金鉼再現毗沙相,玉帳長瞻滿月儀。長將軍庚奏
奉恩旨,准其呼弼勒罕入雍和宮金奔巴鉼簽掣,世世主管八音溝承化寺呼土克
圖。雲散難尋蓮社迹,道高應勒藥山碑。何人爲發兵機笈,永遣
氈裘讋指撝。"

《光緒朝上諭檔》五月初八日:"内閣奉上諭:'長庚等奏呼
圖克圖功德久著,懇准轉世一摺。棍噶扎拉參呼圖克圖嘉穆巴
圖多普道根夙具,勇略過人,同治年間在塔爾巴哈臺等處帶隊
剿賊,救護蒙衆,實屬功德懋昭。圓寂後,舊吐爾扈特東部落暨
塔城額魯特官兵等追念功德,懷思不忘。加恩著准其轉世爲八
音溝承化寺呼圖克圖,並准其在塔爾巴哈臺捐建祠宇,以維黄
教而順衆情。該衙門知道。欽此。'"

二十二日,譚獻道過蕪湖,往江口晤談。

《日記》:"黎明出江口候譚仲修,老廢送迎之禮,費以百元。"

《復堂日記》:"黎明已達蕪湖,傍萬里船泊未定,袁闈使已
來。得子與函。父子起,晤重黎談,未竟,船輪欲動,乃别。"

六月初十日,閲邸抄,知交中于式枚、王彦威、劉奉璋、楊士燮均得
御史記名。

《日記》:"見邸抄考御史單,友人于翽若禮部式枚、王弢夫水

部彦威、劉莪山户部奉璋、門人楊渭春屯田士燮，皆蒙恩記名，將來均可作合口椒、一棚鶻，爲之欣喜。”

二十九日，作與翁斌孫函，力陳不就使槎之故，並論中國外交須從入公法會下手。

《日記》：“與翁叔平侍講書。”

《止齋雜著》有《與翁叔甫侍講斌孫》云：“弟性既迂鈍，拳曲擁腫之山木，非理繁治劇之才，鈎稽筅榷，尤所偏短，恐致誤公。前年秋間，上稟督、撫憲，請改調簡缺，俾得循分守法，學習吏事。上年七月，復申修墓開缺之情，未蒙批准。乃上荷宮太保夫子拔之淤泥，升之雲霞，加之誤恩，謂可充九能之選，五善之諮，詔之以調簡不能，槎客則可，受寵若驚，悚皇無地。竊自忖性行樗散，僅如班嗣、王績一流好老嚴之術，使臣重任，邦交所係，豈容以散人散木濫充？且弟之所以孤負函丈栽培，不敢遽應召命者，抑有説焉。作吏之訣，要在閲歷鍛練，更事日多。爲外吏不由州縣起家，於民生疾苦、治牘竅要常苦隔一塵，終是門外漢。故國初名臣，多由牧令内擢，鑛礪以成其材。爲使臣不由參隨馴致，亦是隔膜。近作書答吕鏡使發明此理，反復論之。譬之幾何之學，由微點而後成綫，由綫而成面，由面而成體。弟之才自分不勝牧令之任，而覥然作道府，既不能拔薤百本，整齊風俗，此間多强宗豪佑，甚難治，卑亢緩急，俱難施手。復不能課桑千户，衣被窮氓，徒食公家之粟，實覺清夜内慚。若責令出使，才未必勝參隨之任，而不次超擢，俾任專對，不由點綫而遽冒面體之名，古今無此躁進之理，取危之道孰甚焉，此一説也。邵堯夫不敢犯手做，柱下史不敢代大匠斲，故能自全其天。今若驟應顯擢，千人所指，責備所叢，犯手做矣，代大匠斲矣，將使形神騷動，不能自全，此又一説也。先生以爲然乎否乎？幸辱教之。……外交之事，止能先從交涉公法下手。使才極要，黄公度可用。中國不曾入公法會，故事事喫虧。日本忍辱負重，早肯詘己事人，用西律,入公法會,故處處佔利益。凡事不可徒擁空名而受實害,先講求邦交,入公法會,似亦措之安處而安之一道也。"

七月初五日,聞李鴻藻卒訊,作聯挽之。

《日記》:"輓參知太宰高陽李文正公。癸未越南告警,公奏請主客署西院特設海防文案處,以昶典機宜文字。開辦之日,公親臨勉勵僚屬,昶書壁云'填海移山',務在集思廣益、積勤耐苦爲之耳。每擬艸章奏咨札呈,公勘定,深加獎借。於其薨也,不勝'幕府少年今白髮,傷心無路哭泉臺'之感。製聯爲輓:'謬荷府公恩,愚衷精禽,欣賞參軍無俗韻;欲鑴清德頌,山積木稼,不遺一老有深哀。'"

初九日,上稟安徽學政李端遇,請奏保中江書院山長汪宗沂賞給五品卿銜,旋奉旨俞允。

《日記》:"浙江學臣奏請年八十一之蕭山縣在籍內閣中書韓欽丙辰進士。援照東撫李秉衡奏保合肥令孫葆田成案,請賞加五品卿銜;又七十有一之黃巖縣舉人王棻,請賞加內閣中書銜。奉旨允准。本日上安徽學政稟,請將主講中江書院前山西即用知縣汪宗沂,援貴恒、沈秉成奏保棗強令方宗誠、太平縣訓導馬徵麐例,請賞加五品卿銜,未審耆儒能仰邀稽古之榮否也。"

《皖紳請崇祀袁忠節公事實册》:"中江主講汪宗沂教學有方,復經稟學使,奏獎五品卿銜,以示激勵。"

《申報》十月二十七日(11月21日)《京報全錄》:"李端遇片:'再宏獎人倫爲學臣本務,臣在皖三載,隨地延訪通儒,恐誤采虛聲,致乖核實之道。若實係經明行修,允堪矜式之士,亦未便聽其闇而不彰,用是夙夜兢兢,冀當洽當。兹查有告病在籍前山西即用知縣汪宗沂,績學名家,著述宏富,所著《禮禁貫錄》,大學士曾國藩嘗稱其諸多心得,其他各集亦具有本末,堪以傳後。近來歷主宣、歙、江各書院,説經闡道,興起爲多,亟應予以獎勸,以昭稽古之榮。查前直隸棗強縣知縣方宗誠,經術湛深，經學臣貴恒奏請賞加五品卿銜，奉旨允准在案。今汪宗沂事同一律，爲此援案請旨，可否將山西即用知縣汪宗沂賞加五品卿銜，以資觀感之處，謹附片具陳，伏乞聖鑒。謹奏。'奉硃批：'汪宗沂著賞加五品卿銜。欽此。'"

是月，札發告示，曉諭醫士參加國際防疫會。

《申報》七月十三日（8月10日）《醫疫設會》："蕪湖訪事人函云：蕪湖道袁爽秋觀察月前接得上海道來文，得悉和國國家現設醫會，專立解疫之法，到處設局，印造新報，以便中西各國咸知防疫於未染之先。現由該國駐華公使照會總署，轉咨南洋大臣，札飭沿江沿海各關道一體傳諭，中國醫士及在華西醫如有願與會者，即將姓名登報，稟候核咨，並得由官酌量資助，以便聚精會神，遍察天下萬國瘟疫流行之理，創設預防之法，俾各國生民得免此等浩劫。是以英、法等國刻已捐資相助爲理，並設立體察瘟疫流行新報局，俾各國盧扁家考出瘟疫原委及創出預防之法，隨時函寄歷誌情形，該局即可薈萃成編，以供醫者采輯之用。刻下江海關已遵諭由外銷款內酌量資助，並即出示曉諭。袁觀察素以民生疾苦爲己任，接准之下，亦即抄錄總署原咨及英、法體察瘟疫報局所譯之公啓，出示曉諭杏林橘井中人，聲明如有願與會者，即將姓氏開單稟報，以憑轉請核資，或經寄函於蘇格蘭島之艾典伯洛城醫士達威德森察收。惟函札須用英文或法文、達文，若用華文，恐不能驟曉也。"

八月初一日，長孫女慧煒生。

《日記》："昧爽入城，行香回，允櫺房舉一女孩。作書與夢陶。"初三日："新生冢孫女取名慧煒。"

初二日，晤英領事富美基，商談洋商開設機器礱坊事。公以其有礙華商利益，故往返議商，謀以限制之法。

《日記》："又拜富領事，議洋商卞敦等開設機器礱坊事，窒礙華商生計，難以開行。若果執意開張，如有意外之虞，只筦保護,不任賠償。"九月二十四日:"以奸商冒充洋商開設機器礱坊事,往與英領事富美基訂立章程三條,辨論許久乃歸。"

《皖紳請崇祀袁忠節公事實冊》:"英商於蕪地創設機器礱坊,公慮有妨工商生理,斷斷立爭,至限定日出米麵觔數,及機碾永不加增之約而後已。"

《申報》八月二十一日(9月17日)《商辦磨坊》:"前者蕪地有人就金馬門上首礱坊頭地方創建機器礱磨坊,鳩工庀材,起造樓房七八十間,曾經誌諸本報。刻下廠屋已慶落成,機器礱磨並各項汽鍋灶亦次第運至,裝設配放。隨有英國商人名卞敦者持香港公司衙門文憑前來,云係香港總公司所分設,號曰謙新公司。有駐蕪英領事富美基君照會蕪湖道,請飭地方官照約保護。袁道憲以該公司不盡英商所獨創,事前並未知照地方官,致一旦廠成機就,華民礱坊咸有慮其驟然困敗之勢。蓋華民礱米全恃人力,工本所需,斷難與彼機器爭勝,合埠礱坊必致坐以待斃,難免滋生事端。因照覆請俟稟諸南洋大臣,再行商辦。旋奉回批,歸咎地方官不能阻止該商於未建廠屋之先,實屬形同聾聵。道憲因此一再會商英領事,擬籌一保護華商生計,必與該英商一體同沾利益之策。英官固執不允,並謂貴監督不必過慮,不久必有駐京英公使與貴總署籌出兩相有益而無相損之章程頒至,可以遵循。但能否如領事所言,俟有續聞再錄。至該公司出入規模及成貨數目,前經述其崖略。茲聞原訂機器十部,現僅運到四部,然每日已能碾稻五百石,做成熟米二百餘擔,照此核算,每月應可出米七八千擔。再加碾製小麥仿做洋麵,每月又將若干擔。終年所需稻麥,其數曷限量。"

初三日,湯壽潛來。

《日記》:"湯兄蟄仙到于湖,詢知果於七月初九出門,一路病支離。勸其在此稍資靜養,勿投蝙蝠,專赴鄂聘,已電稟香帥矣。"

初六日，屬湯壽潛勘削所作文。

《日記》："以《于湖文録》四卷乞蟄仙勘削，乃寫定本。"

九月初八日，日本海軍筑紫艦道經蕪湖，領事龜山松次郎、海軍少佐石井諸太郎來訪。公旋往答拜，論中日爲同文之邦，應協力拒俄。日人皆是公言。

《日記》："日本筑紫艦來蕪，領事龜山松次郎、海軍少佐石井諸太郎來拜。率譯官姚仲華上海西門内人，子梁之弟。往筑紫答拜，與之言俄人將經營東三省鐵路，由呼倫貝爾、卜魁、伯都訥、拉林、阿勒楚喀直達甯古塔、琿春；又在朝鮮咸鏡道慶源府之西水洛城、鹿屯島伐木造舩；又踞元山津拉式力夫海灣屯舩。志不在小，非東亞之利也。我國與若國同文之邦，唇齒相依，能棄仇修好，併力扞俄，庶可支持東方大局。龜山等連首肯，以爲實然。"

二十二日，作函唁沈曾植、沈曾桐母韓太夫人之喪，寄奠儀六十金，並有挽詩。

《日記》："作唁子培、子封書，並奠敬六十兩。"

《于湖小集》詩六有《沈母韓碩人挽詩》。

沈曾植十一月二十二日《與丁立鈞書》："病之初見在廿一，大熱發廿五，汗解在廿六，脈變在廿七夜，大故在廿八夜。"

二十九日，梁鼎芬來，陪同游赭山，又至中江講院訪汪宗沂。

《日記》："晨起，野服出門，迓節庵史館兄於兵棚之外，下榻東軒，開罇道故，別久欣顔。午飫後篾輿同往小九華廣濟寺西軒，宴坐久之。還入城，之中江講院，晤仲伊山長，登遠景樓憑眺，薄晚乃歸。"

《于湖小集》詩六《九月廿九日陪節庵太史登北山》後附梁鼎芬和詩云："秋老林風葉打頭，使君謀野散千憂。早知邱壑同微尚，正好年華補昔游。天際舟隨歸鳥倦，洞林雲去蟄龍愁。山僧不解涪皤意，自去椎鐘暮倚樓。"《語次根觸世事再次韻》：

“閑來宴坐共科頭，百本萱難解我憂。雙井論詩容合派，鈞天張樂偶同游。眼中人漸垂垂老，江上山成寸寸愁。困學微言最深眇，何方重築浚儀樓。”

十月十一日，長女允枸出嫁，行合卺之禮。

《日記》：“巳初雨止，以儀仗鼓吹輿馬迓新郎君入門，館於西齋。長女出嫁行嘉禮，過客絡圜，賓主一日之中百拜僕僕，殊形勞頓。英領事富君亦至。午陪冰人設讌。夜陪幕賓掾僚集喜有年堂今改爲題襟館。兩筵，上房及内帳房三筵，連午飫謝冰人送席，共用三十筵。”

公《致譚獻書》：“豁廬同年自津來函，商榷媏事。一介嫡女，將捧箕帚於清門。示已擇定十月初六日巳時行聘，十月十一日午時合卺。謹遵乾宅之命，已函復訂定矣。”

十二日，作與繆荃孫函，贈以自刻叢書，並聘湯伯遲爲掌書記。

《日記》：“夜復繆小山同年信，並訂湯伯遲兄掌書記。”

《藝風老人日記》十七日：“接蕪湖袁碌秋信，寄自刻書並湯伯遲關聘。”

《藝風堂友朋書札》有公致繆荃孫書云：“弟處欲聘高手書記，承公惠爲物色呂幼舲、湯伯遲兩君，想係駢體、散文俱佳，書記當行出色。”

十八日，上稟督撫兩院籌添中江書院經費，並擬捐資二千金，湊集五千金存典生息，以爲擴充地步。

《日記》：“稟兩院籌添書院脩脯經費五千金爲久遠之計，捐廉湊集，存典生息。”

《于湖文録》文七《稟兩院憲校士兼課西學並籌捐經費》：“現在職道核計凡山長、齋長、生徒膏獎等經費，歲已需銀二千餘兩，而書院有著之款，歲計不足千金。溯自職道抵任，至今優備束脩，延請山長，以及加課加獎，購儲中西書籍，添造書樓齋舍，分年逐增，費實不貲。現甫粗臻就緒，尤宜亟籌久計，庶

免隨作隨輟，廢棄半途。現在通盤籌畫，擬於上年稟奉前撫憲
准撥書院之款三千餘金，再由職道捐廉，湊足五千金，分存殷
實錢店生息，週年一分，歲計入銀五百兩，益以書院舊有常關
歲支銀九百兩，又書院田租約可歲入銀二三百兩，統計歲有銀
一千七百兩左右。不足三四百金，隨時捐籌，當易措手。如此
經費非盡虛懸，權充課士之資，漸立擴充之本。"

二十日，表明遺民蕭雲從墓，並作祭文。

　　《日記》："明季副榜貢生蕭尺木先生諱雲從之墓，禁止樵採。
光緒廿又三年冬初宣歙池兵備道使者袁，監同陳府經振鴻、江貢生紹明立此墓
門，並篆石表。"

　　《于湖文録》文四有《表蕭尺木墓記》。

　　《申報》十一月三十日（12 月 23 日）《表彰遺跡》："蕪湖
范蠡山南麓，即今山西會館之旁有蕭尺木居士墳焉。尺木諱雲
從，明季諸生，入國朝不仕，與沈眉生諸遺老爲友，工詩善繪，
負海內重名。聖祖仁皇帝嘗以未見江南三布衣爲恨，尺木其一
也。道光時，當塗黃左田先生貢其所繪《離騷圖》於朝，天章題
咏，播爲盛事，復搜輯其遺詩，收入《壹齋集》中。故老風流，至
今猶膾炙人口。然其墓則斷蔓荒榛，迷離一片。袁爽秋觀察司
榷蕪關，公餘訪古，剔蘚磨崖，始得居士戚申某諸生舊爲先生所
立尺木小碑，然亦崇封墮落，爲牛羊踐踏之場。緬想昔賢，殊深
感慨。茲經觀察面委旌德武解元、現帶保衛營饒翼卿守戎督率
部勇挑土培築，並於墳之四圍建築短垣，以免外人侵佔。並聞
觀察已爲居士撰墓誌表，行即冶金伐石，樹諸神道，使老輩典型
與山川同其照耀，以視昔人修真娘墓、作蘇小墳，徒供文人遊咏
者，其功相去爲何如耶！"

二十六日，以德軍襲佔膠州灣，上稟督撫兩院論其利害。又電稟
翁同龢獻策。

　　《于湖文録》文七《稟兩院憲言膠州灣事》附稟翁同龢電文

云：“膠州海灣，形勢天然險固，大宮島、小宮島以內可資避風椗泊，腹內海汊極其寬敞，爲西人所豔稱，勝於威海衛之鎦公島、旅順口之黃金山、白玉山形勝十倍，從前曾惠敏及朱御史一新皆密疏陳之。近年俄、德皆覬得此海崴屯兵艦。現德人蔑我太甚，種種背約，想鈞軸正在與德使辯駁。爲今日急計之，似不若將此處明告各國作爲通商口岸公共租界，使各國兵商船連綜而至，牽綴其勢，連雞並栖，使莫敢先發，此害中之利，可保安穩無它虞也。倭人且謀以全國口岸通商，通商害少，而可使近海之民饒給，我何不效之乎！”

十一月，黃體芳偕黃紹箕、黃紹第來，陪游赭山，有詩紀之。

《于湖小集》詩六《陪致仕納言黃丈暨仲弢叔頌兩星使登小九華譙坐是晨風日清朗有表裏江山憑眺之勝薄暮乃歸作詩即題丈六十六歲行看子》。

《藝風堂友朋書札》有公十月十二日致繆荃孫書：“黃漱翁、仲弢乞假，月底月朔來于湖。漱丈還東甌，仲弢再入京也。”

十二月初一日，以蕪湖外江內湖，舊隄積朽，風雨輒致巨災，遂籌捐穿築新堤。於是日致祭江神，設局潮音寺，以前代理蕪湖縣令朱郁荃爲總辦，僱用民夫興工造作。

《于湖文錄》文九《告中江神文》：“光緒二十有三年十有二月丙辰朔，池太徽寧廣分巡道袁昶、蕪湖令吳雲翔、前代理蕪湖令朱郁荃率軍民人等，謹以牲牢酒醴致祭於中江之神。”文四《新隄記》：“設局潮音寺，以丁酉年臘月朔興工。木石山積，鉏鍬雲興，按田畮多寡以出夫，計道路遠近以給直，時其作息，稽其惰勤，稍以法部勒之。備棚屋薪竈，以處遠村之夫。群牬縱橫，萬杵畢舉。”

《申報》十二月十一日（1898 年 1 月 3 日）《捐廉修堤》：“蕪湖訪事友人來函云：麻浦圩居臨蕪湖南岸，襟江帶郭，阡陌雲鱗，其西岸長堤十餘里，尤當江流要衝。每當西北風起，濤崩浪激，直似萬疊銀山。堤岸年嚙日刷，每逢修築，非密釘椿木不可。
圩民竭於經費，致令膏腴盡變爲魚龍之窟，田價每畝衹兩三元，
無人問鼎。且該堤更爲蕪之南岸居民衙署之保障，每一潰決，
南岸即盡變汪洋。今年夏初，潮汛偶然上泛，沿江之邊江、鄭盛
等埠即已險象百出，危若纍卵。道憲袁觀察目擊情形，不忍坐
視圩民之昏墊，乃捐廉二百餘金，札委陳筱泉少尉購辦椿木，擇
要興修。其陡削過甚之處，則於堤內添築半臺以護之。本期挨
過夏秋，再行大修，以期一勞永逸。詎秋初江流漫漲，堤仍□穿
西決，黃流倒灌，致圩內禾稼大半在水中央。道轅並遊擊署四
圍白浪滔天，遙望如一座水晶宮殿。至上月初旬，江水漸落，始
露出一片乾凈土。觀察飭蕪湖縣傳齊圩董，諭令按畝起夫，俾
資群力。所需椿木，皆歸觀察捐廉置辦。業已撥付數千金，交
前代理蕪湖縣朱蕙卿大令購買大木數萬根，排泊堤下，即於臘
月朔日破土興工，挨段密釘椿木，挑土緊築，全堤盡修。其椿木
之外，又念圩民災餘窘迫，令委員逐日按名給予飯食之貲。聞
此項堤工先事核估共需萬金左右，每日到工民夫現已千有餘
名，度支極繁，是以除委朱大令爲總辦外，又添委婁午峰參軍爲
幫辦，典史陰聿脩、景松筠二少尉爲督工，更調保衛營勇一棚彈
壓防護，兼資奔走。猶記夏初略一小修，圩內田價即已飛漲。
今通圩全修，將來工竣，永免泛濫之虞，想田價更將倍蓗矣。”
十五日，往江寧謁見劉坤一，並拜新任安徽學政徐致祥。

《申報》十二月二十二日（1898年1月14日）《監司行蹤》：
“蕪湖道袁爽秋觀察，因有要公，於月之望日買舟往金陵，謁見
劉峴帥，順道至太平府拜賀新學政徐季和文宗任喜。聞須俟廿
二日祝峴帥嶽降生辰，然後返斾云。”
二十五日，會飲同人於薛廬，繆荃孫、曾丙熙、志鈞、龍繼棟等人在
座。約繆荃孫同游燕子磯，未果。

《藝風老人日記》：“未刻詣薛廬，曾經郛、志仲魯、龍松岑、

660

袁昶年譜長編

袁碤秋同集。碤秋堅約明早同游燕子磯,亥刻返。"二十六日:
"丑刻睡中得碤秋書,云即返署,游事作罷論。"
是月,奉命創辦團練,以資保衛閭閻。

《申報》十二月二十日(1898年1月12日)《創辦團練》:"蕪
湖訪事友來函云:省中大憲因外侮方作,内患宜防,由臬憲趙廉
訪刊發團練切要章程十條,札行皖南北各州縣,飭令督同紳民
克日開辦。兹聞蕪湖道轅昨又連接兩江督憲遞到五百里排單,
亦飭迅速開辦團練,並稱每縣至少須練本鄉壯丁千餘名,方足
鎮懾地方,藉輔制兵之不足。其軍械號砲,准由官給。並約以
官民互相聯絡之綱領十二則。蕪湖道袁觀察連日會集蕪湖縣
吳明府、保甲總辦林太守,悉心籌畫,聞已議定分東南西北爲四
鄉,每鄉先練壯丁三百名。除選派公正大紳或耆老爲總董、爲
練長外,並派熟諳操演及槍砲步伐之武弁六人爲教習,按期訓
練,嚴予課程,俾一朝有事,既可保其鄉閭,且可助同長吏登陴
守禦。竊謂守望相助,本係古法,倘果能實力辦理,則清盜賊而
保閭閻,其收效當亦不淺也。"
編年詩:《瘻園有樹譯云明石斛某行人使墨利加從海外載歸以獻
左湘陰使相使相轉遺桑根丈遂植之池上文襄作記書此一段因緣
今且分柯亭亭如張兩繖而兩公以光緒乙酉春先後辭世艸宿十三
年矣摩挲此樹不覺泫然光緒丁酉歲初前四日鈍椎書》、《懷弢盧
子》、《一臥》、《偶題》(桂蠹經年不作花)、《盼漱丈枉過》、《殘荷》、
《頌竹雞》、《野望》、《輓華蓋國師》、《少司馬長沙徐公出典浙試》、
《擬贈友人》、《曉枕》、《次韻易實甫見贈》、《傳舍東偏有圓門戲
署曰瀨鄉第九十六洞天》、《江漲》、《和家迪生登小九華》、《題欒
莊》、《寄題三花菴》、《再和迪生》、《迪生方脩興化縣志有贈》、《再
有贈》、《青門有逸人》、《雲光》、《野寺》、《感秋謡》、《送湯蟄仙大
令之鄂州》、《自去年正月三日起始號芳郭鈍椎》、《秋漲傳舍爲水
所圍》、《夜來山月生》、《欲乞量迻江上一小郡》、《材堪》、《答滁儕

妥》、《江上懷六潭兼寄滌儕》、《詠懷古蹟》、《謝湛侯惠竹皮扇子上有刻畫山水亭榭及艸隸小詩》、《楮先生誄》、《蕉林下懷亡友朱鼎父》、《中秋夜江上真酒泛舟》、《西偏有隙地予手植梅椅桐數十本頗爲蟲螟所侵生意彫疏而草花自生爛漫滿院竊雨露之光榮以攢布善地傷夫君子蕉萃不見容於世不若小人之乘時感嘆有詩》、《山谷道人宴坐處》、《答公度》、《懷雲門》、《米海嶽行書于湖新學記石刻》、《濠觀二絶》、《新磨厓》、《元真子》、《蓋公堂之東有扉扄鐍年久闔之豁然開朗忽得一小楼子廣裁六十四笏中有高柳二桑一安石榴一帶艸叢生柳大且十圍扶疏直上亭亭如蓋疑年殆逾一甲子矣於是斧榴翳畦芳艸開洞窗治小軒風罏石銚偃仰其中可以避世南村逸老賀我三日中得異境遂詩以落之》、《東軒詩有叙》、《九日遠景樓宴集》、《破除》、《雲門書來戲答》、《適獨坐》、《灌畦》、《送印根》、《無奇》、《贈程文學》、《重逅別》、《和熊州牧九日約北山登高期未赴徑還舒州詩》、《得松岑白下書答之》、《規立經幢》、《光緒廿有三年龍集丁酉冬十月朔於東園中建大法幢所舉經言乃修己治人之要道依此法修一切天人世出世間盡霑饒益正無涘參庭前柏子作優畢乂頌也》、《寄黃丈》、《沈母韓碩人挽詩》、《聞節庵到舒州》、《左文襄祠堂》、《九月廿九日陪節庵太史登北山》、《詠史》、《送茗華館主往海上將仍回鄂渚》、《題故榷運河道陽湖湯君小照》、《十月十日聖母皇太后慶辰祝釐恭述》、《用墨》、《所藏漳浦黃公斷碑研既爲詩以志其事矣再頌研惹遠想慨然》、《料理嘉筵》、《寄題泖上融齋書院》、《友人梁茗華焦山易實甫廬山皆願據爲十方常住記荔騰嘲》、《翁虞山相公遂參大政感事抒懷敬草拙句十二章寄塵玄覽不自知其言之戇也雖非芝房之翌言亦附野人之芹獻云爾》、《漱丈自武昌還敬敷中歿弟典試事竣乞假侍行有寄》、《以遠鏡望三山之巔有小團瓢疑真隱者之所游槃也待訪其處先志以詩》、《江上》、《示兒》、《讀南嶽賣薑翁集》、《寄茗華》、《投隱》、《張高》、《瀨上雙臺八松歌》、《桃椎子》、《蟄仙太史來主翠螺書院》、《趣滁僑校刻藥地炮莊》、《政在》、《小懺》、《自訟》、《次韻答子衡》、《羑廬子以稽古之力新荷天恩賜五品服贈言志賀》、《汪菊卣爲我作富春溪山臥游圖因識其上》、《戲廣陶潭十二景有叙》、《續作二絕》、《題觀物觀我之室》、《窮冬》、《漠漠》、《督部陶公餉甘州枸杞》、《陪致仕納言黃丈暨仲羑叔頌兩星使登小九華譙坐是晨風日清朗有表裏江山憑眺之勝薄暮乃歸作詩即題丈六十六歲行看子》、《玄真子泊宅有叙》、《送沈大歸雲間》、《對雪懷芳郭諸兄弟》、《偶題葉奇艸木子》、《大懺》、《探池北早梅》、《憩野寺》、《書漳浦先生文不傳人論後》、《前明副貢蕭尺木先生雲從墓近始訪得在嚴家山屬饒守戍陳參軍江學博修治既竣勒石禁止蓺採設脯酒祭之並度墓旁地栽松四株》、《別李大令》、《懷芳㵎宅》、《臘月二十六日獨游燕子磯》。

編年文:《稟虞山尚書》(門吏素性迂謹)、《致袁遂書》(兩奉賜書)、《釋東方生戒子詩》、《當塗縣紳公舉乾隆中檢討徐位山先生諱文靖入祀湘鄉勘語》、《外姑薛郭碩人像贊》、《稟兩湖督憲張》(受業吏冗)、《雲間融齋書院記》、《戲答雲門書》(弟病懶)、《與廣德州王正甫直牧書》(前濮州倅永熙來牘)、《復朱贊卿》(二月杪奉惠書)、《致譚獻書》(本月初奉上寸楮)、《致譚獻書》(四月初六奉到月朔手教)、《致譚仲修書》(吳隱遣嫁)、《致呂海寰書》(前辱瑤翰)、《致呂海寰書》(前疘兩楮)、《致陳雲曙書》(不才居興化門下)、《與陳蘭洲書》(方今有一境象最可憂)、《致陳蘭洲書》(承爲復堂張羅艸堂資)、《致袁遂書》(二月中奉手書)、《代秀水縣紳士呈請高孝靖先生祀社事實册》、《致翁羑甫侍講斌孫》(人事糾紛)、《上督憲張公書》(湯君蟄仙)、《致孫峴清書》(昔歸熙甫廓清文體)、《致譚獻書》(前月杪在江干匆匆迎晤)、《致譚獻書》(前日奉布一楮)、《致譚獻書》(十九夕奉到手畢)、《當塗縣故檢討徐位山先生請祀鄉賢勘語》、《兩粵地形要覽叙》、《袁氏藝文志叙》、《廣雅碎金叙》、《記缾居士書》、《再記缾居士書》、《答章

生炳麐書》（前明洪武初）、《致湯蟄仙書》（今日用人有三病）、《致
繆荃孫書》（許久不奉問）、《致繆荃孫書》（前日奉尺箋）、《香嚴
尚書督部大公祖大人六十初度壽序代》、《張大司馬壺公師六秩壽
序》、《致袁遂書》（久不得手畢）、《致袁遂書》（惠《桐鄉志》）、《致
施亦爵書》（九月十五奉到九月十一惠函）、《致施亦爵書》（連奉
到九月十四日、廿三日手教）、《致施亦爵書》（秋深漸入澂霽）、《答
周孝廉毓萱》（上年正月晦日得示書）、《稟兩院憲校士兼課西學
並籌捐經費》、《照會胡孝廉斯邁程廣文佐衡》、《批黟縣周令整頓
地方事宜十條》、《稟兩院憲言膠州灣事》、《讀墨子》、《校刻黃帝
內經太素叙》、《滁州志叙》、《致汪康年書》（冗瑣久不能通音問）、
《致汪康年書》（海天在望）、《致譚獻書》（八月廿九奉到二十日
手畢）、《致譚獻書》（九月廿三晡）、《致繆荃孫書》（頃奉到八月
初十日手札）、《致施亦爵書》（兼旬不奉楮啓）、《致施亦爵書》（承
賜多珍）、《中江講院課藝叙》、《復夏滌庵》（仲冬十日接奉十月
二十手教）、《告中江神文》、《致繆荃孫書》（既飽歡娛）、《致繆荃
孫書》（廿五晡得侍巾屨烏龍潭之窳園）。

　　【時事】商務印書館成立。《湘學報》創刊。《國聞報》創刊。
《蘆漢鐵路借款合同》簽訂。巨野教案發生，德人襲佔膠州灣。
長沙時務學堂設立。

　　楊昌濬卒。李鴻藻卒。黎庶昌卒。

主政總署（1898—1900）

光緒二十四年戊戌（1898），五十三歲

正月初八日，赴安慶謁見巡撫鄧華熙賀歲，並爲潤色奏牘。

《申報》正月二十九日（2月19日）《蕪湖官場紀事》："蕪湖訪事人云：蕪湖道袁爽秋觀察於正月初八日赴省賀年，兼稟要公後，於月圓之夕由省稟辭，十六日乘輪下駛，道經大通，因尚有交涉事小作勾留，是以旌節須緩至廿四五日始賦言旋。"

二月初二日（2月22日）《蕪道還轅》："蕪湖道袁爽秋觀察前赴安徽省垣賀歲，官場傳言，謂憲節擬於大通小作勾留，並遊覽九華之勝，故須遲遲返旆。兹聞觀察於元宵稟辭，次晨即擬就道。嗣因撫憲有摺奏要件，以觀察早年在京充當章京，於宣公奏議稱斲輪老手，特借椽筆爲之潤色。時適又有總署來電，令觀察籌撥洋款，順便與鄧中丞籌畫一切。是以憲駕至二十四日始賦言旋，而九華風景亦僅於江天漭漭中遙爲目送而已。"

是月，聞黎庶昌卒訊，有詩悼之。

《水明樓集》有《悼黎純齋》："歎息呂虔垂贈我，寶刀猶在匣中鳴。感君鬱鬱空搴憤，顧我蕭蕭華髮生。方丈仙人持漢節，竹王游女奏雲英。如何風起青蘋末，頓使沈蓮玉樹驚。"

黎汝謙《夷牢溪廬文鈔》卷六《誥授資政大夫出使大臣四川川東道黎公家傳》："公諱庶昌，號蒓齋。貴州遵義黎氏先世由江西新餘徙居四川廣安州，以上世代不可考。……公以道光丁酉八月十五日生，光緒丁酉十二月廿日卒，均在沙灘老宅，春秋六十有一。"

二月二十三日,作稟致鄧華熙,並以所擬條陳繕具清冊遞上。

　　上海圖書館藏《袁昶詩文稿》有《上皖撫鄧華熙書》云:"帥憲大人鈞座,敬稟者:本月十五日奉鄭道陶齋傳述鈞諭,感激無地。前呈稟覆之件,以清理積牘,又值仲春祭祀較多,前件深恐識見迂陋,無稗事實,未遽繕呈,當於十六日先行稟陳慈鑒,並遵即刪改字句,另繕清藁。伏以職道一介庸迂,秩卑處賤,才如轄綫,焉敢逞肊妄談時務? 前以祇遵鈞飭,誨示諄諄,不敢不盡心條議,上候藻鑒裁擇。至奉諭據以入告一節,聞命皇悚萬分,跼蹐難安。在海嶽高深之量,不遺一勺纖塵,而區區芹曝之獻,終恐無當於蕘人筍婦之數。至陳言體例,古人稱論事之文有奏有議,奏則大憲及言官職之,議則庶僚末吏亦可瀝陳千一之愚,其中分際界限,兢兢確守繩墨,不敢踰越分寸。謹繕具清冊稟呈,上叩鈞裁核定。"

三月初一日,安徽巡撫鄧華熙以公所擬條陳節要上奏,並專摺保舉。光緒帝覽其條陳,御題"袁昶條陳"於其上。

　　《于湖文録》文五《議覆寄諭事件條陳》後附記:"光緒二十四年閏三月朔,安徽巡撫部院鄧據議節要代奏。閏三月十五日,奉旨:'留中。欽此。'"

　　《軍機處隨手登記檔》閏三月十五日:"硃批鄧華熙摺:解還洋款由、保道員袁昶等材堪任用由、袁昶條陳。"

　　中國第一歷史檔案館藏《軍機處隨手登記檔》閏三月十五日(檔號 03-0296-1-1224-101)。又該館藏《軍機處録副奏折》(檔號 03-5358-056)鄧華熙奏:"徽甯池太廣道袁昶,學有根柢,器識宏深,由京職外任道員。抵任以來,於民生休戚、地方利病,整頓講求,不遺餘力。以蠶桑爲利源所在,廣籌勸導之方;以書院爲造士之區,特倡經濟之學。蕪湖爲通商口岸,華洋萃處,良莠不齊,每有會匪托足其中,最爲隱患。該員揀用員弁,設法偵緝,迭獲巨匪嚴懲,地方賴以安靖。至其所辦交涉事件,剛柔互用，不激不隨，能令遠人心折，猶其餘事。臣以外侮日甚，每與該員討論時事，據其條議十數端，均屬知古通今，持論多中肯綮。……該員曾在總理各國事務衙門章京上行走多年，才略恢宏，亦廷臣所共知共見，實可列爲上選。擬請皇上逾格超擢，俾得盡展所長，以收得人之效。”

《太常袁公行略》：“先是朝廷因膠州案發憤，兩奉寄諭，飭各疆吏通飭地方官籌議練兵整餉諸方，核擬具奏。公念廟謨咨儆，宵旰憂勞，僅按文中所指條例，就宮府地方情形分議，則似具文塞責，殊負朝廷諄諄咨詢之至意。以撫部有應詔言事之責，乃條陳時政，綜論全局，就省寓王文成祠炳燭具草，都二萬許言。大略以時勢所急，先言治標，詳論當日外交六强之形勢，而言中國之弱由於近代皆恃名法爲治，以致文法繁多，上下忌諱隔閡，故不足以整内治，而爲外人所乘。今宜因時制宜，事從權制，不復拘牽常格，乃可日起有功。且引祖宗經權互用之遠謀，以示因時度勢、損益舊章之妙用。並條舉改制之事六、官人之事九、理財之事十四、練兵之事四、交鄰之事六，陳之撫部。鄧中丞華熙目爲閎通，於閏三月朔據議節取入告。聖主賞之，手提‘袁昶條陳’四字於册，公由是益簡在帝心矣。”

是月，認購昭信股票六千元，並力爲勸導屬員與紳商認購，以紓國困。

《申報》三月十三日（4月3日）《股票詳紀》：“前報曾紀皖省勸辦皖南昭信股票委員張曼農觀察赴金陵查看省垣現辦成規，以便折衷至當。昨接采訪友人來函云：觀察此行欲勸前兩廣總督李筱泉制軍首輸鉅款，以爲合省之倡。旋經勸有成説，即於上月二十六日返旆回皖。適值部章頒至，遂於上巳後重復出省。初五日蕪湖接得上游來電，知觀察已蒞大通勸諭紳商鋪户量力輸財。至蕪湖州縣印官，業經藩司釐爲七等，以缺分之優瘠，定領票之多寡。約舉其數，大約以歲入公費廉俸十成之二三爲斷。如宣城縣向爲闔省第一優缺,現任陳雲溪大令稟請繳銀萬兩,蕪湖縣缺瘠而兼繁,吳大令請認繳五百金。蕪湖鈔關監督袁爽秋觀察,憂先天下,力任其艱,首先認繳六千金,又勸令分司権務之各員咸損薪水以裨公家,藉效涓埃之報。計大江口稅務廳及外五口委員共認繳一千兩,闔關書吏、經承亦公認千金,合成八千金,即於日內彙齊上解。至蕪地紳富及客籍之作寓公者,亦於日內由吳大令折柬相邀,次第開勸。此外闔埠商賈計分十三幫,縣署亦已開單,遍邀各首事讌集育嬰堂,仍如上屆開辦紳富捐,以幫口爲大綱,並以交易之大小爲認股之等差。惟錢莊係各業之總匯,應挨莊設席諄勸,不專資領袖一人。並聞張觀察俟大通集有成數,即當移駕來蕪云。"

閏三月二十八日,鄧華熙以閱兵,乘輪舟道經蕪湖,往謁。

　　《鄧華熙日記》:"行數里至蕪湖,袁爽秋觀察來見。"

是年春,修葺明賢姜埰墓,並爲樹立碑石、購置墓田。

　　《于湖文錄》文四有《萊陽姜貞毅先生墓田記》:"戊戌春,予函商知宣城縣事陳君兆慶,與本籍紳士訪求得之,舊碑隱約可辨。爰斬蒿萊,除荊棘,畚土石,修葺完好,建石柱四圍而亭其上,更立新碑,大書云'有明謫戍禮科給事中姜貞毅先生之墓',從先生志也。君及不佞與府知事桂君鏌以次醵金,而君實始終董理其事。以其餘資買祭田二十一畝陸分有奇,供春秋祭掃之用,永禁樵採。"

四月初五日,張之洞奉詔入都,以沙市案起,中道旋駕歸本任,道過蕪湖,公往江上參謁晤談。

　　《申報》四月十二日(5月31日)《大帥行程》:"蕪湖訪事人云:湖廣總督張香濤制軍奉召入都,行次滬上,欽奉電旨,飭回本任辦理沙市民變之案,憲節遂自滬溯江上駛。本月初五日傍晚,行抵蕪湖,文武各官咸鼓棹出江,恭呈手版。香帥因急於趲程,僅接見蕪湖道袁觀察茗談片刻,旋即展輪而上。聞沙事香帥在途中已電示機宜，派員前往，惟禦侮定變之方，尚須隨機應變。當憲舟將抵蕪湖之前數刻，電局接到荆州加急密電，由蕪湖縣署轉呈至。安慶采訪友人則云，本月初六日午後二點鐘許，帥節遥臨，兩岸勇丁鳴槍致敬。安徽巡撫鄧大中丞就接官廳盛設筵席，預備洗塵。而憲舟並不停輪，即鼓浪衝風而去。復得九江采訪友人函報，略謂初七日三點鐘許，帥節過潯，各官投遞手版稟安，憲舟稍稍停輪，即泝江而上。"

公四月十一日《致譚獻書》："廣雅尚書閏三月廿四過于湖，在春申浦奉電旨以沙市案還節鎮治之，事竣再行候旨來京。本月初五酉刻再過于湖，再得謁見，言及公近狀能否出游？鄂修志一席照舊。不佞對以神氣託芘康强，惟步履稍不便，本欲來鄂謁師節下，以足疾嬰姍，故未能如願耳。是夕節舸得開行，初九日必抵鄂州矣。"

十六日，補授陝西按察使。

《光緒朝上諭檔》："内閣奉上諭：'陝西布政使著李有棻補授。袁昶著補授陝西按察使。欽此。'"

二十三日，赴安慶謁見鄧華熙，並晤文武各官。

《申報》四月二十四日（6 月 12 日）《鶯遷志喜》："蕪湖采訪友人云：本月十六日傍晚接得都門來電，知蕪關道袁爽秋觀察，帝心簡在，補授陝西按察使。地方文武官紳咸趨赴道轅叩賀，朱旛皂蓋，交錯於途。越日又聞所遺蕪關道缺，欽奉諭旨著徐壽朋補授，欽此。按徐觀察號晉齋，歷隨使節出洋，並辦理中俄立約定界諸事，京察記名以海關道用，需次金陵，現經劉峴帥委辦皖岸大通督銷總局。至袁觀察交卸後，涓吉二十三日附某輪船赴省謁見鄧小赤大中丞，然後具摺謝恩，請旨陛見。"五月初二日（6 月 20 日）《皖省官場紀事》："安慶訪事人云：本任蕪湖道升任山〔陝〕西臬司袁爽秋廉訪，於上月二十三日駕蒞省垣，暫駐襜帷於全浙會館。翌日詣撫轅謁見鄧大中丞，茗談良久,始興辭而出,隨詣兩司並各當道處投刺。闔城文武各官均往答拜。”

是月,次子梁肅往蘇州就姻,聘王頌蔚之女。

《袁忠節公書札鈔略》卷四《致藻樓族叔》云:“二兒梁肅就姻吳門之期擬四月初吉成行,抑須閏三月杪即治裝,望與王老伯母熟商之,示復爲幸。”

北京師範大學圖書館藏《澹隱軒藏札》有公《致栒女書》云:“梁兒四月往吳門作于髶,爲期尚早。”

案:藻樓,即袁文鳳,爲袁寶璜長子。

五月初九日,沈曾植赴鄂,道經蕪湖,以故未上岸,後有書至。

沈曾植《與袁昶書》:“漸西先生左右:五月初九日,搭吉和輪行過姑熟。舟人有登陸者,詢知舟停不久,而埠頭去城數里,往返需歷數刻。書篋過多,僕人難恃,入城非越宿不能罄積愫,躊躇再四,止可期之異日,延望青山,徒深馳念而已。到此知公有待奏大文,賜書奉到,雖未得見,固知見道之言,非尋常談士所能測。繼又聞開藩之擢,恩命便蕃,柏薇洊進,微獨吾黨所希有,抑亦近時罕覯者已。月中當即入都,前席諮諏,訏謨啓沃,竊恐繼今良覿,不在六朝山色之中,而在兩府待漏之地矣。植來此匝月,暑病纏綿,過蒙駿骨之矜,深愧豬肝之累。風土不習,寒雨咸咨,秋間得閒,念且東歸。江上多故人,廬阜、九華、鍾山、北固,或當逐處一遊,以畢平生五嶽願耳。世事無足言,昔人譬講席於祠祿,此後化山林爲朝市矣。林無靜柯,可爲唶息。泐請台安,不具。弟制植稽首。六月廿六日。武昌紡紗官局寓館緘。”

二十四日,欽奉上諭,改授江寧布政使。

《光緒朝上諭檔》:“內閣奉上諭:‘四川總督著奎俊補授。德壽著調補江蘇巡撫。江西巡撫著松壽補授。袁昶著補授江寧布政使。欽此。’”

《申報》六月十九日（8月6日）《薇柏争輝》："蕪湖訪事友
人云：升任陝西按察司袁爽秋廉訪，交卸蕪湖道篆後，本擬交
秋北上，入覲天顔。乃帝心簡在，異數頻頒，本月初三日又接
電傳上月二十四日上諭：袁昶著補授江寧布政司，欽此。一時
僚屬晉賀，父老騰歡，以爲朝廷登崇俊乂，不次超遷。聞廉訪擬
於月之既望先往金陵謁見劉峴帥，然後回皖恭候廷寄，拜摺謝
恩，即日赴都。其瀛眷本擬令公子挈送松江卜宅，今已作爲罷
論，因就蕪湖中江書院暫駐襜帷，俟陛辭履新，以便就近前赴任
所云。"

二十六日，交卸徽甯池太廣道篆務，計在任五年零一個月。

公六月初二日《致施祿生司馬》云："弟上月廿六交卸，尚
有經手各事，俟粗了即可往春申，一領包山洞天中一拳冰雪，又
以消炎暑也。"

是日，上稟鄧華熙，保薦汪宗沂、崔澄、彭兆琮、胡斯邁、程佐衡、
顧雲、朱立襄、翟鳳翔、洪榮、高駿烈等人應經濟特科。

《于湖文録》文八《稟安撫憲》："竊以巡道預有觀風整俗之
責，恭逢明詔宏開經濟特科，伏惟憲臺陶冶人倫，搜求群彦，得
薦賢於天子，以上副朝廷搜剔幽仄之意，必能如康熙鴻博科魏
敏果之舉湯斌、乾隆經學科張文和之舉顧棟高，舉主與被舉者
名實交榮，物望允洽。而道府苟有一知半解，十步有芳艸，十室
有忠信，亦得臚舉本人所長，薦之大憲。苟巖穴有可辟之才，則
司牧懷蔽賢之懼，此亦職分所當爲也。"

是月，蕪湖紳民贈送萬民傘、匾額、德政碑文等物，以志去思。

《申報》六月初七日（7月25日）《蕪湖官場紀事》："升任
陝西按察司袁爽秋廉訪，交卸蕪湖道篆後，擬於某日榮行。地
方紳商士庶以廉訪在任六載，惠政孔多，乃於交卸前後數日公
送萬民牌、傘、旗、匾及德政碑文。觀察謙讓再三，然後祇受，是
亦官場之通例也。"

六月二十日，赴江寧謁見劉坤一。

《申報》六月二十七日（8月14日）《方伯蒞寧》：“金陵訪
事友來函云：日前接到蕪地電音，知新授江寧藩司袁爽秋方伯
筮吉本月十六日由蕪首途入都陛見，便道來寧謁見督憲，稟陳
要公。上元、江寧兩邑宰聞信後，預備行轅，以便憲旌暫駐。嗣
忽接來電，知方伯須於二十日清晨附江寬輪船啓行，屆期府道
各員急命駕馳往江干恭迓。巳午之交，憲舟已至，沿江砲臺及
江干標防各營健兒均升砲鳴槍，以伸敬意。迨憲舟下椗，各官
均由躉船登舟，呈遞手版，稟安稟賀。方伯接見有差。旋由府
縣稟請入城，方伯乘輿至浙江會館行轅，小駐襜帷，即遣丁詣
督轅稟到。詰朝親謁督憲，稟知徽寧道篆務交卸清楚，並稟銷
蕪湖米釐會辦差。聞勾留數日，即與升任江西巡撫松中丞同舟
北上。”

是日，光緒帝將公所上條陳發下，命軍機大臣會同總理各國事務
王大臣議奏。

《光緒朝上諭檔》：“交總理各國事務衙門，本日發下袁昶條
陳一件，軍機大臣面奉諭旨：‘著軍機大臣會同總理各國事務王
大臣切實妥速議奏。欽此。’相應鈔單知照貴王大臣欽遵辦理
可也。此交。”

二十三日，繆荃孫來訪，夜往其寓談。

《藝風老人日記》：“拜松中丞、袁碌秋、吳吉甫。……袁碌
秋來夜談。”

二十六日，赴安慶謁見鄧華熙。

《申報》六月二十九日（8月16日）《薇旌回省》：“金陵采
訪友人云：新授江寧藩司袁爽秋方伯，謁見督憲劉峴帥後，初擬
與升授江西巡撫松鶴齡中丞同舟北上。茲者方伯以交卸蕪湖
關道後尚未謁見皖撫，似不能遽爾入都，遂擬在省小作勾留，仍
回皖省。”七月初七日（8月23日）《蕪湖官場紀事》：“升任江

寧藩憲袁爽秋方伯,六月二十日附某輪船下駛,至金陵謁見劉
峴莊督憲,已誌前報。茲悉方伯由寧公竣,即於二十六日轉輪
赴皖,謁見鄧中丞。憲旌過蕪時,寅僚舊屬咸鵠候道左迎迓,方
伯接見有差,始命展輪向皖江進發。聞方伯此次在皖亦祇小作
勾留,不待雙星渡河,即返鳩茲小憩。一俟略澣征衫,即將揚舲
北上。至履任江藩之期,則須待至鞠有皇華時候矣。"

七月初二日,回蕪湖,暫住中江講院。

　　《申報》七月十九日(9 月 4 日)《蕪湖官場紀事》:"蕪湖訪
　　事友人云:升任江寧藩憲袁爽秋方伯,自上月廿六日由江寧赴
　　皖後,現已公畢,即於本月初二日回蕪。屬下文武各員咸往迎
　　迓,薇旌即回中江書院暫憩,諏吉本月十三日起節入都。紳商
　　士庶聞之,臨歧祖餞者,頗覺異常熱鬧。"

初六日,作函與江蘇學政瞿鴻機,舉薦汪宗沂、曹廣權、夏震武、**沈
惟賢**、屠寄等人應經濟特科。

　　《于湖文錄》文八《與瞿學使》:"朝廷宏開經濟特科,較之
　　列朝鴻博、經學、陽城馬周諸科,用意尤閎遠。我公想已臚舉賢
　　才入告,一如康熙中魏敏果之舉湯斌,乾隆中沈文愨之薦陳祖
　　范、顧棟高,薦主與被舉者名實交榮,不待章奏發抄而後知也。
　　本司苟有一知半解,例得貢輕塵於嶽岣,獻墮露於海宗。竊以
　　見聞所及,有所知數人,未敢壅蔽,謹開清單上呈臺鑒。經沛科
　　新例可咨部,不必特奏。三月之限俄屆,故不敢不汲汲以聞。"

十六日,赴江甯謁見劉坤一辭行。

　　《申報》七月二十六日(9 月 11 日):"金陵訪事友人來函
　　云:升任江寧藩司袁爽秋方伯自交卸蕪湖道篆後,曾晉省謁見
　　督憲,勾留數日,旋返皖省謁見撫憲。月之十六日,方伯復由皖
　　重返金陵,晉謁峴帥面陳一切,旋即稟辭北上。聞履新之期,約
　　在鞠有黃花時候云。"

十八日，行抵上海，住天保客棧。

　　《申報》七月二十日（9月5日）《薇旌抵滬》："江寧藩司袁
　　爽秋方伯於前日乘舟抵滬，本邑各官咸往碼頭恭迓。方伯旋假
　　天保棧爲行轅。昨日午刻命駕進城，赴各衙門謝步，至縣署時，
　　黃大令飭丁擋駕。"

二十日，謁翁同龢長談，時革職回籍，在滬逗留。

　　《翁同龢日記》："袁爽秋方伯來見，長談。將入都。……亥初
　　至江寬船，顧緝庭來送，長談。爽秋亦來，未見。"

二十二日，與江海關道蔡鈞、上海知縣黃承暄、右營參將廖楚材等
人往訪徐壽朋，時充駐朝鮮使臣。

　　《申報》七月二十三日（9月8日）《上海官場紀事》："昨日
　　上午，新簡江寧藩司袁爽秋方伯、江海關道蔡和甫觀察、上海縣
　　黃愛棠大令、提標右營參將廖楚材參戎先後命駕至滬北天后宮
　　側出使行轅，拜會徐晉齋星使。星使延入花廳，敘談良久，始各
　　興辭而出。"

二十九日，軍機大臣會同總理衙門大臣議覆公所上條陳，上諭頒
下，多所施行。

　　《光緒朝上諭檔》："軍機大臣字寄戶部：光緒二十四年七月
　　二十九日奉上諭：'軍機大臣等議覆袁昶條陳請權理財之名實
　　等語，現在振興庶務，理財尤爲最要，自非綜覈名實，悉心籌畫，
　　無以濟國計之艱。即如釐金一事，起自軍興，爲東南各省餉項
　　所從出，經曾國藩、胡林翼釐定章程，法稱最善。行之既久，經
　　理不得其人，遂致弊端叢集，利折秋毫，徒滋紛擾。值此帑藏奇
　　絀，需餉浩繁，戶部職領度支，當思如何興利除弊，如何開源節
　　流，統籌全局，力任其難。總之，理財之道，取之農不若取之商，
　　用吏役不若用士人，不外從前創辦釐金之良法。該部惟當默師
　　其意，隨時斟酌施行，務期確有實效，不得徒託空言，用符朕裕
　　國阜民至意。袁昶原呈，著摘鈔給予閱看。將此諭令知之。欽

此。'遵旨寄信前來。"

又："軍機大臣字寄北洋大臣榮、南洋大臣劉：光緒二十四年七月二十九日奉上諭：'軍機大臣等議覆袁昶條陳請嚴查官輪兵輪稽稅杜漏等語，各省官輪兵輪經過關卡，夾帶私貨私鹽，在所不免。雖向設委員盤查，惟兵輪既援西例不應稽留，徑自駛行，官輪亦遂因之，不服盤查，稅釐漏巵，莫甚於此。應即通行各省，無論兵輪官輪，一律歸常關稽查，照章完稅，以杜弊端。著榮禄、劉坤一督飭各海關監督詳議章程，認真辦理。袁昶原呈，均著摘鈔給予閱看。將此由四百里各諭令知之。欽此。'遵旨寄信前來。"

又："軍機大臣字寄兩江總督劉、湖廣總督張、四川總督奎俊：光緒二十四年七月二十九日奉上諭：'軍機大臣等議覆袁昶條陳請加重川鹽課等語，據稱以淮課比較川課加重十數倍，使川課與淮相埒，即以之抵補淮課原額。所奏如果可行，於餉項大有裨益。應如何設法加徵之處，著劉坤一、張之洞、奎俊破除情面，會商妥議，奏明辦理。袁昶原呈，均著摘鈔給予閱看。將此由四百里各諭令知之。欽此。'遵旨寄信前來。"

又："軍機大臣字寄北洋大臣榮、南洋大臣劉：光緒二十四年七月二十九日奉上諭：'軍機大臣等議覆袁昶條陳請禁金銀制錢流出外洋等語，中國金銀各礦尚未大開，致未能興造金幣。近日各省錢荒，正籌整頓圜法。據稱興安嶺一帶金沙流入外洋，及各省私運制錢出洋銷燬諸弊，亟應設法杜絕。著榮禄、劉坤一督率各海關申明約章，嚴查禁止。袁昶原呈，均著摘鈔給予閱看。將此由四百里各諭令知之。欽此。'遵旨寄信前來。"

又："光緒二十四年七月二十九日內閣奉上諭：'軍機大臣等議覆袁昶條陳清理屯田等語，屯衛之設，昉於明代，本所以養兵實邊。至國初屯軍次第裁汰，惟有漕運省分仍隸衛所，乃為贍運之計。現在漕糧既歸海運，衛所半屬虛懸，若改衛為屯，徵租充餉，於國用不無裨益。著兩江、湖廣、浙江各督撫通飭所屬徹底清查各衛所屯田地畝實在數目，詳定徵租章程，迅速奏明，請旨辦理。欽此。’”

又：“光緒二十四年七月二十九日内閣奉上諭：‘軍機大臣等議覆袁昶條陳請籌八旗生計等語，旗丁生齒日繁，徒以格於定制，不得在外省經商貿易，遂致生計益艱，從前富俊、松筠、沈桂芬等曾籌議及之。現當百度維新，允宜弛寬其禁，俾得各習四民之業，以資治生。著戶部詳查嘉慶、道光年間徙戶開屯、計口授田成案，重訂新章，會同八旗都統妥籌辦理。欽此。’”

又：“軍機大臣面奉諭旨：‘軍機大臣等議覆袁昶條陳内出使日記申明定章一節，著總理各國事務王大臣查覈辦理。欽此。’”

是月，譚獻題詞於《水明樓集》。

《復堂日記》七月十六日：“爽秋無書，以《水明樓集》稿一卷屬校定。”

《水明樓集》卷一末有譚獻題詞：“棲心道真，不假思力，自然高秀，其涉獵文囿，直寄焉耳。卷中無韻之筆、書院記，當入雜箸。詩篇戞然棄畦町，欲商薙過求劃異之一二。若夫文字而外，味於無味，手措萬物之蕃，心游八紘之表，山澤衷懷，自在流露。然攬彎方騁，故人招隱之詩，度亦相視而笑也。戊戌七月，譚獻。”

八月初四日，抵京。

《袁忠節公遺稿》本年九月《上劉峴莊督帥》：“八月初四到京。”

初六日，兩宮召對，有詩紀其事。

《袁忠節公遺稿》本年九月《上劉峴莊督帥》：“八月初四到京，初六蒙召對，垂詢江南近政甚悉，凡我憲臺公忠體國、吏治軍政、賑荒緝捕一切要政，無不抒思謹對，上紓聖慈南顧之厪。初七八九日歷詣政府諸公，凡憲臺所審思熟慮各要事，一一剖陳。”

《軍機處早事檔》："江寧藩司袁昶到京請安。……召見袁昶、徐壽朋、李征庸、馮汝騤、軍機。"

《水明樓集》有《八月初六日召對恭述》："武帳珠襦對越嚴，宮中二聖引雙瞻。是晨，上侍慈聖皇太后於儀鸞殿東暖閣，設兩御案，北嚮坐，詔初八日籲請復行訓政如乾嘉故事，在勤政殿行禮。汰除積弱思鼕鼓，懇念沈菑到藋檐。當宸六箴屏合寫，造言兩觀法應鉗。小臣何以酬恩遇，敢效元城苦口砭。"

《太常袁公行略》："初入都召見時，正詔改訓政之日。是日兩宮同御，垂詢團練、保甲、練兵、關務暨外省地方情形，公皆以實對，條奏甚備。並言團練有名無實，事難概行，須視一二處地方官紳能與百姓相孚，辦理得法者，乃可任自為之，無游民之害。否則經費無著，既不能練，亦不易團，徒多滋擾。從前大學士曾國藩已鑒其弊，故髮逆初平，即行停止。嗣兩江督臣大學士左宗棠因海防警備，曾飭令長江沿海一帶舉辦漁團，亦未有成效。此事自在地方有司興修政治，乃可得益。是後亦數蒙召見，多因總署有重大交涉事宜。公每召對後，或嘗疏其要語於日記中，今悉燬不能記。"

是日，往謁軍機大臣廖壽恒談。

《廖壽恒日記》："歸寓，壽州在座相候，略談。袁爽秋方伯談至戌正始去。"

初八日，廖壽恒來晤。

《廖壽恒日記》："初八日己丑……答袁爽秋，詣慶邸府，請伊藤博文。"

十一日，葉昌熾來訪。

《緣督廬日記》："午後拜袁爽秋方伯。"

十三日，葉昌熾來函，並贈以文集一部、浯溪石刻一部，又以王頌蔚碑跋屬付梓。

《緣督廬日記》："束袁爽秋方伯，贈以拙藁一部、浯溪石刻一分，又送去蒿隱碑跋一卷，屬其付梓。"

　　案：上海圖書館藏葉昌熾《緣督廬遺札》有致公信札二通，其一云："爽秋先生大公祖大人執事：昨聞旌旆北來，停驂舊邸，趨訪未值爲悵。亡友蒿隱撰述不自珍弆，零落殆盡，搜訪兩年，致遲報命。茲先送呈碑跋一帙，大約可分二卷，乞詧入是荷。尚有宋元舊本跋尾考證雜文及小詩若干首，均在其門生貴同鄉蔡鶴廎太史處，當屬其即行董理續上。此目亦鶴廎所定也。時事日非，杞憂曷極，倘蒙早付梨棗，公之賜也。浯溪唐宋題目一分，友人所貽，敬以伴函，伏乞笐存是荷。手此，敬請箸安。弟昌熾頓首。十三日。又敬呈拙稿一部，即請方家教正。板在南中尚未印刷，僅此樣本一部也。"據其內容，即指此。

十六日，調補直隸布政使。

　　《光緒朝上諭檔》："內閣奉上諭：'昨日有旨將曾鉌調補直隸布政使，現在裕祿補授直隸總督，與曾鉌係屬同宗，例應迴避。甘肅布政使曾鉌毋庸調往直隸，直隸布政使著袁昶調補。裕長著調補江寧布政使。欽此。'"

十七日，奉派以三品京堂在總理各國事務衙門行走，並兼管同文館事務。

　　《光緒朝上諭檔》："內閣奉上諭：'袁昶著賞給三品京堂，在總理各國事務衙門行走。欽此。'"

　　《緣督廬日記》："爽秋賞三品京堂，在總理衙門行走。"

　　《袁忠節公書札鈔略》卷五《致施禄生司馬》："弟滿擬圖南再見肩吾先生一面，乃量圩輔旬宣，旋改譯署，兼派充同文館大臣。"

二十六日，在總署與廖壽恒、徐用儀同商索拿康有爲事，時康氏在香港由英人保護，故無計可施。

　　《廖壽恒日記》："赴署……與筱雲、爽秋商索康事，翻閱公法，實不能辦，只可明晨再商。"

二十八日，晤廖壽恒，轉述英使所言各國所謀情事。

《廖壽恒日記》："袁爽秋來，言英使所述各國密謀，訛言四起。殊大可憂。"

案：廖壽恒日記九月朔云："慶邸見英使，即爲訛言事，擬以洋醫進診，余謂恐慈懷未愜耳。"初二日云："又以英使請用洋醫進診，未見允，舉慶邸爲詞，特召慶邸，乃得請。"則所謂訛言事，乃係與光緒帝病情有關。此時英國駐華公使爲竇納樂。

九月初二日，家眷自蕪湖北上，初十日入都。

《申報》九月初七日（10月21日）《蕪湖官場紀事》："蕪湖訪事友來函云：升任江寧藩司袁爽秋方伯，於七月十三日入都陛見，瀛眷尚留駐鳩江。兹因帝心簡在，内調京堂，不克親自南旋，因電飭公子挈眷北上，定於九月初二日附江寬輪船啓行，取道滬江航海北上。"

案：袁榮叟《積矩齋日記》九月初一日："午後隨萱闈奉家堂上船，江水倒入，至夜乃停船。……奉椿庭電諭，止北上。榮請緩行，以便從容商議南北，不准。"初二日："登江寬輪舟，諸師長皆枉道送别，皆言緩行北上，榮不能善於調停其間，實愧對諸師長。"又公致大女允枸書云："汝母率櫺兒、程新婦等，九月初十入都。我屢次函電請回淞江，一來經營田宅，及櫺兒、汪子經可赴杭商質學……二來便吾女歸甯。今竟不遵辦，亦無法。"是公本不欲眷屬入京。

初三日，與慶親王奕劻、軍機大臣廖壽恒同赴意大利使館晤商意使馬丁諾。

《廖壽恒日記》："急急赴義館，與慶邸、袁爽秋同答義使，又答合肥，略談。"

初八日，鄭孝胥來署，晤談。

《鄭孝胥日記》："午後，入署告假，知已派俄股，知會猶未發。即同童瑶圃總辦上堂告假，王夔帥以爲可照劉慶汾例批准，徐、袁二堂皆諾之。袁爽秋復致殷勤，數語乃退。”

十六日，與葉昌熾書，並贈漸西村人全集，得復。

　　《緣督廬日記》：“前月致爽秋書，杳然不得其復，以爲貴賤分殊，從此絶交。迺今日忽以函來，並饋所著漸西村人全集及徽墨兩匣，即復一箋。”

　　案：上海圖書館藏《緣督廬遺札》有致公信札云：“展奉手畢，承頒珍墨，並荷賜讀大著，百朋之賜，感何如之。蒿隱詩文前託蔡鶴廎太史編輯，自驪從入都，往促再四，渠頃出都，臨行始送來，容再董理送呈。手此鳴謝，敬請爽秋先生大公祖箸安。弟昌熾頓首。十六。”該札未題年月，考其語意，當繫於此。

二十二日，往晤葉昌熾不值。

　　《緣督廬日記》：“鳳石晚來，爽秋晨來，皆未見。”

二十五日，在署與廖壽恒、許景澄談公事。

　　《廖壽恒日記》：“申正赴署，許、袁談赴日館事，又商滬上及發常電。”

二十九日，赴總署，與廖壽恒、徐用儀商致西班牙國照會事。

　　《廖壽恒日記》：“赴署，與徐、袁酌改日國照會。”

是月，入總理各國事務衙門辦公，始識唐文治。

　　《唐文治自述》第一編《茹經先生自訂年譜正續編》：“九月，浙江徐嘯雲尚書名用儀、袁爽秋京卿名昶、滿洲聯敬卿名元，均奉旨派充總理衙門大臣。袁公博雅閎通，一見余似舊相識。”

十月初四日，移住東單牌樓北二條胡同原翁同龢寓所。

　　《澹隱軒藏札》十月十四日《致高爾伊書》：“梁兒等初四到，是日移居海岱門内東單牌樓二條内翁宅。”

　　《翁同龢日記》十月十二日：“得斌月朔函，郵政。京寓所已租與袁爽秋。月卅金。”

二十六日，在署與廖壽恒、徐用儀、許景澄等商議處置康、梁密信事。

　　《廖壽恒日記》："申刻赴署……與筱雲、竹篔、爽秋談良久，爲譚文帥遞來康、梁密信，信中頗多株連，應慎處之。"

　　　案：譚文帥即指時任兩廣總督譚鍾麟。譚鍾麟（1822—1905），字文卿，湖南茶陵人。

二十八日，在總署，仍與廖壽恒、徐用儀、許景澄等談康、梁信事。

　　《廖壽恒日記》："申正赴署，略閲粤督所咨康梁書，與徐、許、袁略談。"

二十八日，致電張之洞，論派學生至日本事。

　　《近代史所藏清代名人稿本抄本》第二輯《張之洞檔》第十四冊："宥電悉。同莘按，此電無稿。派學生倭有索酬報之事，卻未説破，故署電三督，以少派爲妥。漚叩。沁。"

　　　案：此電署名漚，乃袁昶漚巢、漚簃別號之簡稱，又敬辭叩，係袁爲張之洞門生故。《張之洞檔》著録爲袁世凱電，誤。

十一月初一日，在總署與廖壽恒、許景澄商事。

　　《廖壽恒日記》："赴署，與許、袁兩公商酌各事。"

初二日，與慶親王奕劻、廖壽恒、徐用儀等商將粤督所遞信箱轉達軍機處並發電文事。

　　《廖壽恒日記》："與慶邸、徐、袁酌將粤督所遞信箱轉達軍機處，並商發各電。"

　　　案：據廖壽恒初四日日記載："梁、康信，奉懿旨命監視焚毀，豁達大度，天下之福。"是慈禧亦不欲廣爲株連，以定人心。

初八日，葉昌熾來訪。

　　《緣督廬日記》："訪袁爽秋京卿，車中作七律二首。"

初十日，與廖壽恒、徐用儀、許景澄同晤日本駐華公使矢野文雄。

　　《廖壽恒日記》："申正赴署……又偕徐、許、袁同見矢野，談蘇州租界内案。"

是日，往訪葉昌熾談。

　　《緣督廬日記》：“爽秋來談。”

十二日，與慶親王奕劻、廖壽恒、徐用儀、許景澄、啓秀、桂春等同晤俄國駐華公使格爾思，辨論廟島事。

　　《廖壽恒日記》：“申初赴署，與慶邸、徐、許、袁、啓、桂諸公同見俄使，論廟群島，直至上燈，渠終欲存隙地之意，未了而散。”

　　案：王彥威、王亮輯編《清季外交史料》第六册《總署奏與俄使商定廟島不歸旅順租界摺》：“總理各國事務慶親王奕劻等奏，爲臣衙門與俄使商定廟群島不歸租界，並照約議勘附近租界各島，謹陳商辨情形事。竊查旅順口與山東登州府相距海面二百數十里之間有群島錯峙，最南近登州者曰廟島，最北近旅順者曰南北城隍島，各島均有稱名，而泰西海圖則以廟群島統稱之。本年三四月間，中俄會訂條約暨續訂專條載旅順、大連灣租地附近水面各島均准俄國租用在案。至九月間，奉天派員與俄員勘定租界，臣衙門迭准將軍依克唐阿電稱，分界委員福培、徐景濤與俄員會議海面附近各島歸入租界者，查閱其圖，金西、金東各島離岸一二十里、三四十里不等，謂之附近尚可。至索山以南廟兒七島，近者三四十里，遠者二百餘里，在山東登萊海面，非遼東所屬，不得謂之附近。十月又據福培等稟稱，俄員恐廟島爲英國捷足先得，有礙旅防，争之益力各等語。迭經電復廟群島斷難歸入租界，飭該員堅持，一面電令出使大臣楊儒向俄外部理論。旋准俄使格爾思請將廟群島作爲隙地，以免他國佔據。臣等告以中國但可允認不讓與他國享用並通商等項利益，不能允作隙地，致損自主全權。該使嗣又商請允許繕具字據，不設炮臺、不駐兵。並准楊儒稱，外部面告，非聲明此兩層，斷難允從，隙地名目可不用等語。臣等仍堅持力駁，格爾思復來婉陳，該群島散列海面，本係空曠，一經築壘屯兵，恐保守未有把握，各國因而生心，請再詳籌。臣等又駁以設防與否，歸主國自酌，若由俄國限制，殊礙國體，決難准行。十一月十九日，始准該使面稱，奉政府來電，俄國家欲表睦誼，願照臣等原議，繕立專條，列入分界文憑，所有作爲隙地及不設炮臺等語概行刪除。臣等復與商允，於專條廟群島下添繕不歸租界之内字樣，以昭切實。該使並請照約將附近租界東西岸各島同時定議，以結分界全案。查臣衙門十月二十一日准依克唐阿電稱，福培等稟，金屬諸島，不若廟島關係南北緊要，撥入租界固無妨礙；又金州東海有海陽、五蟒二島，向來金、岫二州皆不管轄，荒曠可知，似可如其所請等語。當以廟島事未定妥，但令該委員暫回奉天候信。現在所商就範，自應查照該將軍來電情形辦理。因與該使議明，租地北界緯線以南，東西兩岸附近各島，准俄租用；其北界緯線以北各島，在隙地内者，照條約所定隙地辦法，以示限制。臣等即電知依克唐阿，飭該委員會同俄員勘定附近租地各島，連前勘陸地北界一併繕立文憑，畫押後，再諮送臣衙門核定加押。除俟分界全案文憑諮到續行奏聞外，謹奏。”光緒二十四年（1898）十二月初八日奉朱批：“知道了。”即所議之案。

十四日，與廖壽恒、徐用儀、許景澄、桂春等同晤英國駐華公使竇納樂。

《廖壽恒日記》：“申正赴署，與徐、許、袁、桂同見英使。”

是月，長子允櫥、次子梁肅、四子榮叟均考取大學堂肄業。

《澹隱軒藏札》有本月十九日《與枸女書》：“允櫥、梁、榮均考取大學堂肄業，雖我不能離開舐犢之愛，而渠能有志上進，不便阻擋，如能有進，亦爲將來家業託付得人也。”

《申報》十二月初六日（1899年1月17日）《學堂紀事》：“京師采訪友人云：大學堂定於十一月十九日開塾，原擬收留塾學生二百名，嗣以齋舍不敷，先傳到一百六十名，其餘考取者作爲外班，俟將來額缺添傳。茲照録總辦告示曰：‘爲傳到事：前經出示本學堂學生齋舍,按照定章,原額現尚不敷,茲將例應住堂各學生分作三項核定名數,計仕學院學生三十名,中學生六十名,小學生七十名。除照章報名入仕學院之學生十二名由本學堂另行知會外,其餘各生姓名具列如左,仰該生等於十八日到堂,十九日開學。如有不願住堂者,限於十八日以前報明。如屆期不報,立即扣除,以便續傳足數。切切勿違。特示。'計開仕學院學生十八名……;中學生六十名……袁允橚……;小學生七十名,袁榮妛……袁梁蕭……。"

十二月三十日,致書長女允栒,告以京居生活之不易。

　　　　《澹隱軒藏札》除夕日《致栒女書》:"京師百物昂貴,月需五六百金,而上下大小卅口,尚清苦異常,非復十年前光景,令人悶悶。"

編年詩:《正月二日微雪拉陳司李上驛磯》、《竹輿繞村落行六七里始得度小九華山之背憩廣濟寺薄暮乃歸》、《憶富春山中梅花正開唐方干處士詩云洲上春深九里花自唐時已然嚴先生光之妻梅尉第三女意者梅夫人手植花之子姓繁盛由漢傳之唐唐傳之今故蟬延不絕益壽既昌歟唐宮稱梅妃林逋稱梅妻安知非沿梅子真女故實播爲雅談乎特世荒遠不相及村翁溪父不曉文字心知之口不能言之耳後之人豈坐予以妄語諧語非如實語耶書此聊發山中父老一笑》、《舒州池上草堂》、《輓方滌儕》、《坐覺》、《皖口立春日》、《晚晴》、《懷王祭酒》、《池上閒行》、《題兩粵輿地要略》、《仲春上丁祭澤宮是晨天光澂霽退而有述》、《江上》、《頌牛德并引》、《村劇》、《上缾居士録公》、《下士閉門》、《悼黎純齋》、《二月九日夜竹窗兀坐碎雪繽紛一鐙熒然顧念平生知舊存歿悽惋久之》、《和周廣文□九華山東巖夜坐詩》、《再咏窳園明石欄樹》、《頌道旁卧礤》、《答易實甫》、《三月三日褉集南庵復取微徑行一牛鳴地登小蓬萊閣與證明上人坐談久之日暮乃歸》、《題識舟亭圖》、《示律僧琴溪》、《寄憤》、《修前明禮科給事中姜如農先生墓》、《和漱丈感事》、《和漱

丈喜聞壺公師奉召入都》、《願因集句》、《將去于湖王六潭太守家
迪生司馬程又伊廣文皆贈言見及相厚之意磬南山之竹詞不可盡
針石屢投發藥蒙滯往復縣邈乃不可涯敢竭庸蕪率爾仰酬言匪宣
心書姑對肥云爾》、《題顧兄石笴江館思親圖》、《別水明樓》、《秾
中》、《至人》、《別小九華》、《夜訪筱珊山長》、《季漢》、《答劉江寧》、
《別舒州三祖塔》、《別大九華》、《別黃山》、《別牛渚磯》、《別兩天
門山》、《我所思》、《吳縣張翰伯司馬曾游臺嶠之恒春縣得一異石
色赬赤而岡巒略具狀甚倔奇載之歸寘東園籬門今臺亡而石僅存
其事有足發人忠憤之氣鼓鼙之思者因爲作歌》、《又代次公題一
首》、《題雲將小照》、《客難一首》、《答客難一首》、《釋毀》、《初秋廿
七八日舟泊之罘群島間戲作絕句排悶》、《福山》、《將入都門》、《戲
咏火車》、《宿靜嘿寺散步雙樹間偶然作》、《將赴西海子早朝》、《八
月初六日召對恭述》、《偶過東主客曹》、《木杪亭》、《戲題寺壁》、《修
門》、《披襟》、《蒙恩量移直藩旋畀内用恭承嘉命皇悚滋深》、《柳》、
《題北小漚簃》、《壽座主崇文山先生》、《鑑園前有長流水入什刹
海》、《毗耶城人》、《送日本林行人歸國廿有二韻》、《夢痕》、《自懺》、
《哭王瑞丞廣文》、《題故龍巖州牧柯丈鏡影圖》、《壽新甯督部》、《讚
安般經》、《懷缾公》、《感舊三章》、《聞雲門將應召入都》。

編年文：《新隉記》、《致施亦爵書》（臘初十奉到初七手札）、《致施
亦爵書》（昨上一楮）、《致施亦爵書》（兼旬不作楮記）、《上皖撫
鄧華熙書》（本月十五日奉鄭道陶齋傳述鈞諭）、《議覆寄諭事件
條陳》、《致顧森書書》（二十日雪中奉到十九日手畢）、《致汪康年
書》（去冬奉手札）、《致汪康年書》（許久不得書問）、《復梁節庵》
（前聞慊從來游皖口）、《致袁文鳳書》（往吳門已三旬）、《致高爾
伊書》（正要發信）、《致枸女書》（三月廿五日申刻接得枸大女手
稟）、《致枸女書》（前接吾女手稟）、《復許仙坪撫部》（四月十一
日奉到閏三月廿七日手諭）、《致譚獻書》（閏三月初九日奉寄寸
楮）、《致施亦爵書》（昌黎謝鄭公蘄竹簞詩云）、《致施亦爵書》（賜

鄉味之美）、《栖真九老之閣贊》、《萊陽姜貞毅先生墓田記》、《崇正書院記》、《皖志簡覽叙》、《孝烈録序》、《致汪康年書》（雛諷清嘉）、《稟劉督憲》（職道以拳曲不材之木）、《答陝甘督部陶方之先生書》（膠事突起）、《稟陶督憲》（職道以杜櫟散材）、《復座主張制憲》（前月晦奉鈞電命赴粵垣）、《上鄂督憲》（寄呈新刊《勸學篇》百部）、《答沈邑侯宗瞵》（前欣悉老父臺以英妙之年出宰敝邑）、《升江寧布政使謝恩摺》、《與瞿學使》（近日痼疾由於軍謀不講）、《稟安撫憲》（竊以巡道預有觀風整俗之責）、《致王彥威書》（前承手書見及）、《致施亦爵書》（屢欲芒輗走謁）、《致施亦爵書》（在滬承種種高情勝概）、《致施亦爵書》（賤眷北行）、《致施亦爵書》（前奉十月初八日手示）、《上劉峴莊督帥》（自叩辭鈞誨）、《致枸女書》（汝母率橚兒、程新婦等）《致高爾伊書》（衡倩郡將南歸）、《致王彥威書》（頃奉手畢）、《致高爾伊書》（連奉手畢兩函）、《致高爾伊書》（前連奉復兩函）、《致枸女書》（我與汝母甚念子衡賢倩因事至津門）、《致枸女書》（日前接賢倩手書）、《致枸女書》（日前致君舅櫟莊老人一書）、《致譚獻書》（勞薪蓬轉）、《弧三角闡微叙》、《跋于湖小集》、《致陳豪書》（歲晏華予）、《致枸女書》（京師百物昂貴）。

【時事】四月，《明定國是詔》頒布，戊戌變法開始。翁同龢被斥歸。八月初六日，慈禧太后發動政變，囚禁光緒帝，捕殺六君子，宣布再次訓政。

奕訢卒。楊鋭卒。劉光第卒。

光緒二十五年己亥（1899），五十四歲

正月二十二日，作函致呂海寰，告以與德國交涉山東教案及津鎮鐵路情形。

《庚子浙中三忠手札》："敬密敏者：弟自八月初到京後，曾

奉手榆。冬臘公私粟六，迄無少暇，疾疢間作，遂未獲詳陳一切。然茶半香初，舊以公爲祭酒，每飯未嘗忘也。天使威儀，柏林持節，每誦冰牘，悃款言之，紆餘委備，有六一公章疏書劄之體，忠心篤敬四字，惟吾敬老當之而無愧。嘉定、海鹽、竹簣諸老均以爲現在六使星，以公爲冠軍也。海使遇事挑別挾制，山東日照薛田資案，已由主教安治泰了結，訂立字據無異詞，而海使妄謂未經伊批准。及署照詰，謂安主教與地方官所訂合同，貴使謂未批准，請撤銷合同再議，伊始無詞。郯城案則張中丞尚未查明也。津鎮鐵路既將容閎撤去，海使多方要求包攬。張香帥、劉峴帥均力爭，以爲津鎮路成則盧漢成一枯幹，必致抵押洋債之路無日收還，其害太巨。第署與海使業有成言，難以更改，現歸許竹公、張翼與德華銀行議草合同。海使堅執膠約，言濟至津北段，運河南至鎮爲南段，此兩段歸中國借款自造；中段自濟南至沂州南運河止，又自膠澳至沂，歸德國國家造，而准中國在此路運兵運餉。竹公力爭，以爲津鎮須一氣呵成，南北中三段均歸中國與德華公司商定合同借款自造。兩下齟齬不合。電公爭之外部，恐外部亦偏祖海使一面之詞也。弟蒲柳早衰，濫竽此間，無犬馬尺寸之效。京師近百項昂貴，大不易居，乃蒙遠注饋歲廉泉百韻，羊左分糧之風義，何以當之？拜嘉叩謝。目疾，夜中草草，先上尉門。昨復奉冬日鈔詳函，容細細奉復。每年報銷用款七萬出頭云云，現本未有限制之説，其各堂均嫌通使差任報銷三年至九十萬，太侈濫，欲加限制，而於公則無間言也。先以奉聞，俟目疾平再叩詳一一。再叩密鑒，弟又頓首。正月廿二日。”

二十四日，在總署與廖壽恒、徐用儀談。

　　《廖壽恒日記》：“酉初赴署，與筱雲、爽秋略談。”

二十八日，廖壽恒來總署，託配《詩經》一冊。

　　《廖壽恒日記》：“申正後赴署，託爽秋爲配《詩經》一冊，以金陵無人可託也。"

二月初六日,作函致高爾伊,以辦理路礦事逆朝議,勸其斂退。

　　《澹隱軒藏札》本日《致高爾伊書》:"總局礦章之改,乃一稟睿指,極有不得已之苦心。浙惠工公司所引援仿照者晉章,而胡中丞淇生以此事獲譴後,劉鶚、方孝傑畏挐,潛匿無蹤。何署撫樞遂有密請停止辦礦之奏。吳太史式釗以勾串洋人辦礦,崑、徐相遵旨彈劾,第請革職,而正月廿五嚴旨改重,命提督牙門挐問,立時追解回本省永遠監禁矣。自出此案後,沂公及竹篔以關切尊公之故,皆密語老朽以戒吾甥以速告退爲第一要義。蓋以吳式釗乃青田帥奏明辦礦開豫豐公司,業於前年夏奉俞旨允准開辦,今翻案要嚴挐。若浙設惠工,當在未奏准之案,青田帥以風色不好,推令惠工公司商董爲咨送總局請示,總局必仍咨令青田照總局現章,推容緩議,以遵近日上指。且言路虎視眈眈,一有行跡,必指爲勾串洋人之席慶雲、吳式釗而殃及池魚矣。晉人戴若思曰:'見形者謂之逆,體忱者謂之忠。'此事知者以爲志在利國,見形者則以爲勾串洋人賣國家礦產土地。是以承沂公、竹篔年伯美意,於廿六函電密告,言盡於此,望心察不宣。"

二十六日,奉旨授光禄寺卿。

　　《清實錄·德宗景皇帝實錄》二月甲辰:"以候補三品京堂袁昶爲光禄寺卿。"

是日,在總署與廖壽恒、許景澄談陳季參劾開復案。

　　《廖壽恒日記》:"赴署,查陳季參劾開復案據,與許、袁略談。"

三月初九日,丁丙卒。

　　《先考松生府君年譜》卷四云:"初九日戌時,府君考終。府君於初二日痰涎上湧,胃納大減,精神疲倦,不能振作,腹瀉日至六七次,色純紫。加以氣逆上沖,疾遂不可爲矣。初八日,呼左右具湯沐浴。次日清晨,神明湛然,命立中爲整衣履,延至戌刻,竟棄不孝等而長逝矣。"

十五日,與廖壽恒、胡聘之、陸元鼎、許景澄等同會於錢應溥處。

　　《廖壽恒日記》:"午後赴密老處,同約胡(靳)〔蘄〕帥、陸春江、許竹篔、袁爽秋,酉刻散。"

　　　案:胡聘之,字蘄生,號景伊,湖北竟陵人,時任山西巡撫。陸元鼎,字春江,浙江仁和人,時任江蘇按察使。

四月十七日,往訪那桐談。

　　《那桐日記》:"午後吳穎芝、葛振卿、袁爽秋來談。"

是月,以鹿茸、官燕寄贈翁同龢祝壽。

　　《翁同龢日記》四月廿一日:"袁爽秋寄鹿茸、官燕。"

五月初五日,樊增祥以疊韻詩寄來。

　　《樊山續集》卷九《午日對酒疊前韻寄爽翁》:"世人目我強項翁,上官呼我聲牙伯。臥閣十日不梳頭,掃盡蓬門車馬迹。今年端午皇城裏,走馬銅街偶然耳。裁雲歌扇倚薰風,疊雪羅衣動秋水。曲江新蒲九節香,靈和細柳三眠起。憶昔興誠道院游,師及伯陽友栗里。鈿轂斑騅明下來,釵符玉燕城隅俟。詩版大書揭僧壁,煙墨模黏歲丙子。丙子端午與悉伯師、子珍昆季游龍樹寺,各賦詩詞紀游。暍來再上光範書,故交落落晨星如。紅榴照眼鬢垂白,何心更曳侯門裾。觀棋小慧慚窺豹,聞道嫌遲託泔魚。獨有袁絲願見事,引杯莫遣夜窗虛。"

初九日,黃體芳卒,公有詩悼之。

　　《水明樓集》詩支甲《哭黃漱老》:"人物方眇然,耆舊日彫謝。東甌箭竹盡,孤嶼鴻鐘嘎。風摧長松標,冰裂山木稼。節操奄云徂,國瘁運可詫。憶昨接軌儀,培塿附嵩華。交在方群間,披豁絕娿假。斜簩丹汧曲,廣讌西林下。擊強秋鷹豪,鉗奸夏日炙。孤標朱游傳,直聲李邕亞。晚愍濁世屯,去辭京洛舍。蕭然大梁游,復稅鍾阜駕。挂席丹山陽,開罇翠滴榭。厓林陪逸興,筇竹侍清暇。欣披臥游圖,會合雙星乍。星移不可論,電泡俄觀化。哭既不馮棺，奠復不親弇。浩然返太虛，馭氣白霓跨。
國失一蓍龜，違言支漏罅。臣今悼質亡，里應爲社罷。謂仲弢宮庶。
南冥劍弢鋌，有淚浩如瀉。」

　　李詳《學製齋駢文》卷二《黃漱蘭先生誄》云：「光緒己亥
五月某日，瑞安黃先生卒於里第。」

　　案：《瑞安縣志・詩文徵》謂黃體芳於初九日逝世。

十九日，上奏整頓釐金辦法六條，旋奉旨下軍機處、大學士、六部、
九卿議覆。

　　《軍機處隨手登記檔》有《奏爲遵議整頓釐金六條事》（檔
號 03-6511-040）。又《申報》七月初五日（8 月 10 日）至初八
日（13 日）錄該疏全文云：「二品銜光祿寺卿臣袁昶跪奏，爲遵
旨預議敬籌整頓釐金辦法六條，以維國計，並稽核歷年比較大
數，恭摺仰祈聖鑒事：四月二十八日內閣奉上諭：近日朝廷整
頓庶務，於籌餉一事尤所當急。各省關稅、釐金、鹽課，取之於
民者，歲有常經，但使各督撫認真整頓，裁汰陋規，剔除中飽，
事事涓滴歸公，何患餉源不濟？ 無如封疆大吏瞻徇情面，不能
立袪因循積習，以致委員司巡人等窟穴其間，種種侵欺，難以枚
舉。若不認真革除，日復一日，何所底止？ 著大學士、軍機大臣、
六部、九卿詳加查核，各攄所見，用備採擇等因，欽此。欽遵會
議。臣伏思常關稅積弊已久，且半爲新關稅所奪，鹽課釐屢經
加價，不能減價敵私，以致私販充斥，鹽綱滯銷，其弊細如牛毛。
且各省情形互異，其利病非一端所能盡，謹祇就釐金一事，略抒
管見，爲皇太后、皇上敬陳之。

　　「伏查釐金本非國家歲入之款，軍興不得已而用之。咸豐
三四年，署漕督雷以諴防堵淮揚，創爲此法，用以瞻軍。後疆臣
胡林翼、曾國藩遂推廣其法於湘、鄂、贛、皖等省，酌劑戶部稅
則，取之較輕，立法較密，稽查不啻牛毛繭絲，設卡多在縮轂水
口，當時養勇平賊之根基，全恃此以爲餉源。其法先從鈎稽牙

帖行儈入手，平準百貨之輕重，物產之貴賤，而抽收其贏息，嚴於巨商，略於小販，故多取而民不擾，名曰牙釐。其初奏明賊平即止，蓋曾胡諸臣深知治國之體以培養民氣爲本，仰維我朝列聖相承深仁厚澤，無論有大軍旅、大徭役，從不肯加賦病民。故康熙以來，三藩軍務平後，國用不足，河工復興，不得已而開捐例，以爲取資於編氓，不若取資於富戶。咸豐後停河工事，軍務不得已而征牙釐，以爲取財於疲農易致怨讟繁興，不若取財於良賈，藉可裨補軍實，其意一也。第其法行之太久則百貨昂貴，物重銀輕，商力疲困，民生凋劬，以致海內騷然，蓋藏虛耗。蓋釐金之法，明病商，暗病民，南宋陳遘括諸路經總制之以養兵即是此術，非國家藏富於民之道，大《易》損上益下之義，故曾國藩、胡林翼奏請事平即蠲除此秕政，乃老成謀國之忠言也。

"伏查我朝國初賦稅部庫所入歲不足三千萬，其時物力尚儉無論已，即乾隆極盛時，地丁額賦，關稅鹽課，取民有常經，國用有定額，部庫歲入祇三千六百餘萬，出亦三千六百萬。此據乾隆十年部臣《請定會計疏》，大約歲出之款軍餉二千四五百萬爲大宗，此外內務府經費、宗祿官俸、武職養廉、河工經費，歲有定數。其時湛恩汪濊，特旨普免天下錢漕至五次，遇有災荒，隨時蠲賑，史不絕書，而乾隆四十六年，部庫存銀乃至七千餘萬。謹據御製重華宮賜宴詩及四十六年大學士阿桂疏。則以列祖列宗恭儉撙節、休養生息之所貽，故得封樁大庫銀幣充牣，太倉天庾粟紅山積至此也。

"伏查光緒七年戶部會計册，是年常例征收各直省地丁、耗羨、漕折、漕項、雜賦、常關稅、鹽課、地租、生息，凡此九款，計收銀四千二百四十八萬六千二十八兩有奇。皆列朝部庫歲入常例所有經制之款也。其七年分所收釐金一千八百五十八萬四百四十四兩有奇。有補收上年尾數在內，非截然一年實收之數。又洋稅一千四百九十九萬二百七十六兩，又光緒十三年以後新增洋藥併征稅釐一款歲六百餘萬，則皆列朝部庫所昔無而今有之款,非常例經制應入之款也。故知今日民力之竭,杼柚之空,度支歲出,數增於前,物價騰貴,迥非其舊。購買外洋艦械,各省防營養勇,皆取財積錙銖,用財等泥沙,生計蕭然,四民重困。北五省併計歲收釐金尚少,不抵江蘇松滬一局,其最重最困,莫如江、浙、鄂、粵、閩、贛爲甚,故東南各省物力積疲,較同治及光緒初年盈虛消息迥不相同,此謀國者不可不知也。

　　“洪維我皇太后、皇上恩週蔀屋,澤浹寰區,發帑振荒,憫農蠲賦,歲不絕書,與黎元休息,爲足國之根本,隆慈桄被,薄海欽仰。恭繹煌煌諭旨‘總期朝廷不加取於民,而國用藉資挹注,以維大局而濟時艱’等因,欽此。聖明愷念民依,不得已而通籌國計之苦衷,昭然揭日月而行,凡在臣工民庶,宜如何仰副聖訓,矢綜核以紓籌,效輸將以敵愾。惟是立法貴乎因時,濟時存乎通變。近來議者迫於各國加稅去釐之議,謂洋貨滯銷,由於內地釐金阻力甚大,圖暢銷洋貨,非去釐金阻力不可。夫釐金固非仁政,然腹地稽征,自我爲政,可以隨時取益防損,濟各省籌餉之窮。若議加洋稅,縱改值百抽五爲值百抽十,商請強鄰助我,彼必索償他益,事多牽掣,流弊太多。且新關洋稅司利權積重,西員薪水經費前已加至通年准支三百萬,苟多收抽十之稅,又將籍口議加,恐成尾大不掉之勢。故釐金雖病民之政,孰若利權倒持之爲害尤甚? 兩害取輕,不得已惟有籌整頓釐金之一法,謹條其便宜如左。

　　“一曰請飭慎用賢員,以祛積弊也。咸同之間,大軍與賊相拒,水陸勇營所在蜂屯,軍市之饒,湘鄂上下游皆然,故其時常關盡廢,釐收最旺。及事平勇撤,新關旺收,常關漸復,洋貨暢銷,土貨囤滯,彼盈此絀,銀錢卮漏於外洋,物力日形其凋敝,故釐收年減一年,此消息盈虛一大關鍵也。惟自古理財之術,常以用人爲本,胡林翼任嚴樹森、閻敬銘治鄂釐而軍用饒,曾國藩任黃冕主東征局、胡大任主江西牙釐而士騰飽,左宗棠任周開錫治閩釐而庫充裕。光緒五六年，粵督張樹聲奏調編修李用清典粵釐，成效頗著。光緒十一二年，粵督張之洞調用賢員治釐，收數最旺，海防經費賴此挹注。光緒二十二年，署江督張之洞奏請以候補道程儀洛督辦江皖釐金，惜事格不行。前賢謂任法不如任人，任人之效，十倍於立法，洵至言也。現各省釐務，均責成藩司總覈，藩司苟廉明公正，下知畏法，黜陟明而情意通，分任潔己奉公之員，則商怨紓而國課仍裕。又參用公正紳士，設商務局，察知物產之衰旺、各業之盈絀，有能辦包一方之釐者，照牧令一體委任。蓋胡林翼最善治釐，其法以通商情為第一要義，嘗曰用官不如用紳。唐劉晏用士人佐榷之良法，不先胡林翼而言之乎！

"一曰綜覈比較，以重榷課也。關稅有定額，而釐金無定額，然現在各省辦法，有逐月比較，有通年比較，儼然與額征之數無異。觀後所開行省歷年比較數，有前後大相懸殊者，部臣亦可奏請，飭疆吏確查，以杜欺飾。至遇有水旱偏災，收數短絀，則如米穀食物抽釐之類，盡蠲之以廣皇仁，須奏明辦理。釐金有淡月、旺月之不同，如今年冬臘旺收，或開春雨水減色，來年春夏減色，而秋成豐收較旺，是在各藩司責成總分局員，一年通比較以盈絀之分數，分別記功、保獎、留差、記過、撤委、參劾，以明賞罰而資鼓勵。

"一曰各省物產衰旺不同，當隨地制宜也。如皖南茶釐、嘉湖絲釐，昔旺而今衰，以印度大吉嶺茶葉日盛，外洋亦講求種桑育蠶，而湖繭往往有椒米瘟之病故也。潯、皖、江寧木釐日減，以回空鹽船在漢關競買半稅單裝載木植之故也。江西景鎮磁釐亦今不如昔。惟漢口俄商買磚茶行銷北路，則今盛於昔。因洋貨鴉片煙浸銷內地，銀根漏出外洋歲數千萬，以致華民風俗日奢，習氣日惰，生計日微。兩粵、潮、漳、廈出洋商民，分布傭工於新舊金山、小呂宋、秘魯、巴西、南洋、星加坡等處，操其奇

贏,多攜資回内地,轉相灌輸,歲踰千萬,賴有此以稍挽漏厄之
窮。所以粵閩釐收尚可整頓暢旺,職是故也。他若出洋華僑以
糖治吐瀉,故臺閩糖利廣銷;洋人暑帽多取輕適,故山東草帽辮
暢售,此類皆宜參究新關貿易册,務使興工商、殖物産,使製法
精良,土貨暢旺,可以敵洋貨之奇贏。商務局官紳爲之保護維
持,考察物産盈紬之故,而隨時制爲輕征重征之宜,則釐務當有
起色。

　　"一曰外銷款項不妨臚款報部,仍請飭部臣勿掣疆吏之肘
也。查各省困於京協各餉,及本省軍需、洋債,丁漕所入不給解
支,至全恃釐金爲挹注。撫藩大吏受恩深重,地方時有水旱災
歉、紅白恤賞、緝捕保甲、清糧丈田、軍需善後、洋務交涉、營局
各差,以至巡船杜漏、塘壩堤工、善堂書院,在在需費,故外銷名
目,所不能免,非必侵漁入己也。第外銷既係爲地方之用,不妨
作正開銷,似宜明諭飭其臚列款項,和盤托出,開單請銷,仍准
其立外銷名目。部臣當如雍正中耗羨歸公一案,仍存留各省藩
庫,備水旱軍需動用,但報部知,部臣勿掣其肘,不列入春秋撥
册之内,是則可行也。又查常關積弊,胥役猥多,外銷正用之外,
弊孔視釐局尤甚,亦可照此辦理。蓋以釐局辦法簡易,訪有員
胥劣跡,隨時撤懲,可以除弊。至鈔關稅則辦法繁曲,名目太多,
關胥常與院胥、部胥鈎結聯絡,深根固蒂,牢不可破。故從前疆
臣深知治體者,若馬新貽、沈葆楨,常力持以爲常關不可遽復,
其正額盈餘應解之數,應取償於釐金代征解部,蓋以鈔關之積
弊什倍於釐局故也。

　　"一曰酌復坐賈落地捐,以抵制漏厄也。查近年鈔關常稅
及釐金二者均短收,日甚一日,皆以華洋商半稅單盛行,勾通影
射之故。關局苛征,爲叢驅雀,奸商多倚洋旗洋票爲逋藪,畏釐
局林立之繁苛,就洋票一征無人再問之簡易,故新關洋稅日增,
而常關、釐局兩受其病。查曾國藩、左宗棠講求治釐養勇之法,

今長江水師年餉九十餘萬，均指定沿江釐卡八處養之，尚仍前法。有於各鄉鎮内地河湖港汊市集處所分設釐卡，辦坐賈落地捐之法。此法誠屬民之政，然現在奸商賣洋票，入不通商之内地採買土貨，牙行市儈，往往藉口指為洋商買定之貨，抗不完釐。洋人又出頭扛幫，唆領事勒索賠償，大為釐金之害。近年又准内河非通商口岸之處駛行華洋小輪，釐金大為減收。無已，祇有酌復前法，各鎮市擇其繁富之區，每縣或一兩處，或三四處，其瘠苦之縣蠲免。由省城牙釐局札委，或公正紳士，或殷實巨商，每月包繳坐賈落地捐。坐賈者，就各鎮市百貨大宗、各業巨商每月盈餘幾何，視其簿二十抽一。其零星小販免征。落地捐者，今粤東局卡尚行之，貨到地頭即加捐抽。凡稅有稅則，釐有釐章，釐章量百貨之貴賤，以定抽收多寡，應照曾、左諸帥報部核准之章為定。或令各省各立一簡明之章，懸貼通衢，使人人易於通曉，毋使奸胥蠹役上下其手。又各省官輪、兵輪，漏釐不少，從前北洋大臣李鴻章用西例兵輪不得稽留、不准查驗，反駁南洋大臣查驗有無夾帶為非，遂致一律偷漏。應請飭下各省禁止，無論兵輪、官輪，不許夾帶貨物，且平時須逢關納稅，遇卡抽釐，違者治罪。如此不但釐金可旺，抑且關稅多收。現在各省行釐收數日減，辦法似宜變通，應減輕行商完釐，以示寬予招徠，討論坐賈章程，以杜洋票之害。至辦理坐賈落地捐各員紳有無成效，應歸藩司以時獎勵，申明賞罰，則釐金收數必增，庶可杜洋票之厄漏。

"一曰定劣員司事巡丁之罰，使嚴明約束也。恭讀上年九月二十二日皇太后懿旨：'征收釐金，首在剔除中飽，以期涓滴歸公。其有不肖官吏，種種營私，務即破除情面，嚴行參劾，毋稍姑容'等因，欽此。伏查各省藩司簿領較冗，往往以候補道府充省城牙釐局會辦、提調，外郡釐卡則分委同通州縣佐貳司之。默察釐金中飽之故，由於候補人員太多，鑽謀釐差，委劄一下，儼同得缺，司事薦條盈寸，官親家丁，巡役包攬，倚為利藪，蝗附蠅營,類皆助腴商脂商膏。局員雖賢者,亦多受此累。其劣者更上下朋分,以致商農兩困,積怨已深,勾結侵漁,百弊交作。比及撤委,而釐課已大虧矣。前大學士閻敬銘嘗語臣以前山西知縣馬丕瑤司運城釐卡日,少用司事巡丁,不擾商而聽商自納,隨征隨解,月計歲計,常有盈餘。使天下釐員盡如此,則理財之道得矣。近年鄂省間以實任牧令兼辦小縣釐卡,以歸簡易,如再參用本地正紳,則事省而費廉,榷收必大有起色。各省宜定以專章,申明約束,使局員司巡,層層鈐制,如有朋比乾没入己,照州縣虧空正款例追繳,仍視情罪重輕,予以參劾,或永停差委。故治釐之政在寬商去苛,以鼓勵其樂輸之情,尤在省官益糈,而以參劾議罰繩其後。

"以上六條,管見所及,是否有當,伏候聖明採擇。至各省辦釐或過於繁苛歛怨,已爲竭澤而漁,或失之寬弛市恩,徒飽員胥之橐,情形互有不同,謹將歷年收數比較開摺恭呈御覽。大約以江、浙、鄂、粤收數最饒,爲上等,江右、湘、閩爲上次等,蜀、皖、廣西爲中等。惟蜀省光緒七年收數獨旺,至一百八十餘萬,而前後報部皆大減,顯有不符。陝西、雲南、奉天爲中次等,餘皆下等。綜計戶部册,年收一千四五百萬左右。各直省釐收盈虛消息之故,大略可睹矣。微臣自恨從政寡術,管榷不效,深憂至計,無補時艱,苟有一孔之愚,不敢不殫竭微忱,敬陳於君父之前。所有遵旨預議默籌整頓釐金積弊,詳列比較大數緣由,謹恭摺具陳,伏乞皇太后、皇上聖鑒裁擇,謹奏。

"再,理財仍以整飭吏治爲根本,丁漕、税釐、部庫、藩運、關榷,歲計所入,不降自天,不湧自地,皆恃歲功民力,與兼善撫字催科之良吏,積銖累寸,乃得有此度支之鉅款。國家苟得循吏如湯斌、陸隴其、朱軾、郝浴、趙申喬,平日加意民瘼,教養得宜,則民效輸將之誼,神於鼓舞,取之有藝而民不怨。即求其次,得才吏如李衛、田文鏡,緝盜安良,四境雨暘時若,陂塘蓄洩,旱澇有資，稽核賦稅，綜理微密，吏不能欺，則劣員畏糾察之嚴，亦不敢侵蝕中飽，倖逃貪墨之罪。夫所謂良吏者，務宣布朝廷德意，固結萬衆爲一心，俾恩出自上，毋敢居也；通籌裕課便商，以十年生聚教訓根本之計，辦義倉積穀，急公家之急，雖怨歸於己，所不恤也。臣竊以爲宋藝祖云：'與其冗員而重費，不若省官以益俸。'凡治關榷、治釐金，皆當擇良吏道府牧令主之，而使自擇正紳爲輔，不當盡循資格用人，以致牽制容隱，尸曠不職，課其實效，茫如捕風，胡林翼、曾國藩諸臣之前法可爲師資。加以陶汰冗員，優定廉俸，則吏術清而士氣知勸，民足而國用亦足。孟子曰：'不信仁賢，則國空虛，無政事，則財用不足。'任得其人，然後政令可行而財用可理。故禦外侮，必以修明内政爲樞紐，籌國計，必以整飭吏治爲根本，理勢使然也。臣愚冒昧，自愧學術淺陋，職分多所未盡，不敢不竊取以人事君之義，上副詔指。摺内請飭慎用賢員一條，蓋詳考曾、胡諸臣治釐成法，方經已驗，乃敢上陳。以微臣所訪求可用之人，如江蘇候補道程儀洛、廣東候補道王秉恩，任勞任怨，清操自勵；記名道府樊增祥，廉明有威，通達治理；前雷瓊道朱采，樸毅有爲，辦事忠實；直隸吳橋縣知縣勞乃宣、前安徽青陽縣知縣湯壽潛，才長守潔，講求利病；江蘇候補道朱之榛，精明幹練，於蘇滬釐金積弊最悉；河南府知府文悌，堅苦立志，見義勇爲；安徽候補道童祥熊，恪慎廉公，治皖北釐金有效。以上九員，實爲國家良吏之選，使之權道府一路，兼治稅釐，必有成效可觀。如臣所保不實，願請從重治罪，以爲濫保非人、妄言國事者戒。抑微臣粗舉所知，自憾鑒識有限，十室之邑，且有忠信，列省之廣，何地無才？特恐大吏不殫心採訪耳。可否請旨飭下各省督撫大吏，推任廉能之員，嚴劾貪墨之吏，毋徇用私人，毋袒護鄉誼，吏治既清，民務農桑，商安貿易，則民氣暢而國課自裕。故大學士曾國藩嘗論取人之法，以有操守而無官氣，多條理而少大言爲主，洵藥石至當之切論,豈獨治釐金爲然哉！臣不勝披瀝愚悃,附片具陳,伏候聖明裁擇,謹奏。"

《光緒朝上諭檔》:"軍機大臣和碩禮親王臣世鐸等跪奏,爲遵旨會議具奏恭摺仰祈聖鑒事:光緒二十五年五月二十一日內閣奉上諭:'徐桐、準良、袁昶、高燮曾、貽穀、張仲炘等奏各陳管見,以裕餉源各摺片,著軍機大臣、大學士、六部、九卿會同妥議具奏。欽此。'欽遵並由軍機處將原奏各摺交出,臣等公同閱看。……光祿寺卿袁昶專論整頓釐金,臚舉辦法六條,並稽覈歷年釐金、鹽釐比較大數,羅羅清疏。所請慎用賢員,綜覈比較,並斟酌各省物產衰旺,嚴定劣員司巡參罰,均屬扼要之論。其外銷款項,請准臚款報部,則不獨釐金一項宜然。各省自督撫提鎮以下文武各員,無非爲民而設,凡地方應辦之事,無一不責之官,即無一不取之民。特是國家定制,稽徵既有常經,開支必循成例,儻與例不合,即不能報部。雖報部,亦必不准銷。此外銷名目所由來,非盡侵漁入己也。揆之情理,既係地方之用,自宜作正開銷。應懇特恩准其臚列款項和盤托出,開單請銷,部臣不得掣肘,如是則疆臣得以實用實銷,有可信之簿書,始有可稽之數目。如事理不合,仍可詳加駁詰,酌予刪除,但不必拘泥例章,削趾適履耳。其酌復坐賈落地捐一條,與貽穀所陳包辦之法互有出入。遵查坐賈落地捐歸商按月包繳,各省聞有行之者。至水陸衝途,分設局卡,抽收入境出境釐金,此則斷非商力所能及。或仿胡林翼治鄂成法,理財參用士人,凡有水陸總卡,官紳並委,尚屬可行。應請飭下戶部將該京卿等原奏摘鈔,咨行各省,由各將軍督撫體察地方情形,酌量辦理。該京卿保薦程儀洛等九員,據稱以治稅釐必有起色,應准該督撫等各就所知,分別委任奏調,畀以事權,用徵實效。"

二十六日,內閣會議各官籌餉摺片。

《惲毓鼎日記》:"辰刻內閣會議徐中堂、準(良)、袁(昶)、貽

（穀）、高（燮曾）、張（仲炘）籌餉各摺片。徐相主搜括招商、電報、
鐵路公積餘利。準學士主責成督撫剔除中飽。袁光禄主整頓
關税釐金，必須得人而理，宜參用士人司務局，且保舉廉明之員
九人。……復奏摺亦已草定，係軍機大臣主稿，於六說或駁或
准或從而變通，而終歸於無把握。愚見一時亦無可措手，姑隨
同畫議而退。”

是日，葉昌熾來訪。

《緣督廬日記》：“訪袁爽秋太常，去年以蒿隱碑版二卷交
之，忽云未見，且云自改京秩，刻工已遣散，無力付梓，其意可
知，不贅一詞而出。”

是月中下旬，作函致吕海寰，轉達奕劻及總署各堂之意，諭其查辦
時任駐法大使慶常案之機宜。

《庚子浙中三忠手札》中有公《致吕海寰書》：“靄堂事，澹
如邸、各堂之意，以爲公查辦不可太認真，使靄堂置身無地。現
兩全其事，邸堂、樞堂據靄使去年冬月三年期滿應瓜代之來文，
據以入告，作爲照例使任期滿，不露撤任痕跡，以全體面。初十
已奉旨放裕朗西矣。朗西屢致彈劾，亦是調停安頓，俾其出洋
可位置，相宜展其所長。朗西大約動身出洋約快。公處無刑幕，
無招房，只好遵查大略了結，去其太甚，不爲已甚可也。現在六
國公使掛印，惟公物望最佳，願珍護起居，以須大用。”

案：該札未署日期，據《光緒朝上諭檔》二十五年（1899）
五月初十：“上諭：太僕寺少卿裕庚，著派充出使法國欽差大
臣。欽此。”可知該札寫作時間即在本年五月中。札中所談主
要爲吕海寰奉命查辦駐法公使慶常一案。據《德宗實錄》二月
初四：“諭軍機大臣等，電寄吕海寰，前據慶常電，學生伊里
布因瘋迷，將參贊聯湧轟斃一案，當經總理衙門電令查明具奏。
兹據該衙門奏稱，據筆帖式聯治呈訴，伊兄身死不明，懇請查辦
等情，著派吕海寰就近前往，傳集人證，認真查辦，有無起釁別

故，據實覆奏。"駐法使館同文館學生伊里布槍殺參贊官聯湧後自殺，而學生世敏投水不成，後亦復開槍自殺。聯湧之子聞父死，亦悲慟絕食而亡。聯湧之弟聯治、妻子聯布氏接連上呈控訴，因此清廷命時任駐德公使呂海寰就近查案。經過數月的審訊，呂海寰在《奏爲遵旨查辦事件據實覆陳折》中詳細彙報了整個查案過程。清廷終以慶常"事前失於覺察，事後跡近彌縫"交部議處，判其革職留任，僅認定慶常有失察之罪。然據許景澄《致呂海寰書》論案情真相，謂："此間輿論必謂慶常主使斃聯，決不至此。然慶、聯嫌隙甚深，慶之私事，聯則知之。適因請假回京，慮其挾嫌謗毀，用術陰構聯、伊、世三人，使之不和爭鬧，彼乃據以告署。則聯到京即有所言，人必以爲蓄怨而然，不復信之。其意不過如此。而不料伊里布竟蠻橫致聯於死，此固非慶之本意矣。"則駐法大使慶常確有播弄挑唆之事。只是認爲"若所問人證將曖昧情形和盤托出，則人命所關，亦只好據實具覆。然度必不能盡偕，其勢須照原電查訊語意收束，似宜於文字結處，略叙在洋呼應不便，無憑□訊，藉以自留地步"。是總署官員在已得知真相後，仍意圖保全慶常，如此則總署亦能不失體面地辦理召回慶常之事。袁公此札轉述總署領班大臣之意，明告呂海寰查辦案情不可太認真，所謂"大略了結"，與許景澄所云同出於此種考慮。而呂海寰在奏稿中亦確實爲慶常多有開脱，自然也是領會了總署之意圖。

六月十四日，轉補太常寺卿。

　　《清實録·德宗景皇帝實録》六月庚寅："以光禄寺卿袁昶爲太常寺卿。"

是月，樊增祥題詩於《水明樓集》。

　　《水明樓集》卷一末有樊增祥詩云："一編寄託在于湖，風雅咀含與道俱。詩裏姬公惟子美，文中烏獲是江都。補栽涪叟曾看竹，懶食琴高所種魚。今日廉頗思趙士，亦如江左念夷吾。

敖陶孫謂杜子美詩如周公制作，千載莫能擬議。王充謂董膠西、揚子雲爲文中烏
獲。己亥長夏樊增祥。"

　　案：《樊山續集》卷九《題爽翁水明樓詩集》即此詩，然時間
繫於春暮。據《水明樓集》本此詩末題署，當繫於六月較妥。

七月，新治屋，題曰"湛然精舍"。

　　《樊山續集》卷九《爽翁新葺湛然精舍奉贈四首》云：“大隱
東方應歲星，精廬小葺妥巾瓶。縱橫棋局知兵勢，屈曲屏風視地
形。守户靈猧馴五白，過籬仙犬蔓三青。欲知砭訂愚頑意，座右
先題子玉銘。”“洛中龍鶴久齊名，步屧過從忝弟兄。居士偶同
耶律號，詩人甯待上官評。幽蘭夜雨添花籛，紫蟹新霜佐酒鎗。
一笑天隨從襲美，五湖身世白鷗輕。”“深炷爐香覆絳帩，從他鵲
燕啅清朝。穿籬待迸驚雷筍，繞樹多栽聽雨蕉。平旦甲寅王氏帖，
同年丁卯許家橋。公居與竹翁最近。幅巾笻杖稱三老，燭影西窗未
寂寥。”“一曲清歌相府蓮，奇章金椀故依然。藜牀秋雨揩龜地，
門牓春風訪鶴天。虞山蓄二鶴飛去，揭牓於門曰訪鶴。韋杜城南依日月，
草窗眼底過雲煙。池亭近落袁絲手，值得滄浪四萬錢。”

八月初四日，赴樊增祥招飲，許景澄、王懿榮、盛昱、胡孚宸、張仲
炘、余誠格等人在座，共觀其所藏書畫。

　　樊增祥《八月四日招同竹簣爽秋廉生伯熙公度次珊壽平北
臺小集伯熙即席用爽秋舊韻見示次答一首》：“又逢秋禊題紅
桂，猶憶春園賦綠苴。爽秋原唱乃二月二十九日爲意園作生日作。古有
三公知趙壹，今無大俠似蘇雙。畫呈李主稱神品，經愛唐人寫
佛幢。是日出衛賢進呈廣寒宮圖及唐人寫經與諸君共賞。老友相邀會真
率，新詩題向竹間窗。”

初六日，祭文昌廟，奉旨於後殿行禮。

　　《申報》七月二十二日（8月27日）《諭旨恭録》：“七月
十一日太常寺題八月初二日致祭先師孔子廟，奉旨遣敬信行
禮，兩廡遣翰林官二員各分獻，崇聖祠遣熙元行禮，欽此。同日

又題初三日祭社稷壇,奉旨遣溥静恭代,欽此。同日又題初六日致祭文昌廟,奉旨遣載勛行禮,後殿遣袁昶行禮,欽此。"

《清實録·德宗景皇帝實録》:"遣官祭文昌帝君廟。"

二十八日,繆荃孫來訪,以《舊德集》見贈。

《藝風老人日記》:"拜袁爽秋、胡硯生、樊雲門、徐執庵、王蓮生、陳夢陶。送爽秋《舊德集》,硯生、雲門《常州詞》及《舊德集》,蓮生《舊德集》、《留溪外傳》款。"

九月初六日,赴樊增祥招飲,繆荃孫、胡延、盛昱、余誠格等人在座。

《藝風老人日記》:"樊雲門招飲聚豐堂,袁爽秋、胡硯孫、盛百熙、余壽平同席。"

案:胡延(1862—1904),字長木,號硯孫,四川成都人。光緒十一年(1885)優貢,歷官山西平遥及永濟縣知縣、江蘇江安糧儲道。有《苾芻館詞》六卷。

又案:余誠格(1856—1926),字壽平,號至齋,又字去非,安徽望江人。光緒十五年(1889)進士,歷官廣西按察使、湖北布政使、陝西巡撫、湖南巡撫等。

初七日,招飲同人,盛昱、王懿榮、張仲炘、樊增祥、宋育仁、許景澄等人在座。

《藝風老人日記》:"袁爽秋招飲,盛百熙、王蓮生、張次山、樊雲門、宋芸子、許竹篔同席。送竹篔《舊德集》、繆、李二公集。"

是月,沈曾植赴武昌,道過蕪湖,有詩見懷。

沈曾植《海日樓詩》卷二《蕪湖有懷漸西》:"爲政風流地,臨江眺望來。極知文雅勝,翻惜簡書催。長策紆盤錯,蒼髯逸笑詼。朱雲終就召,料理此樗材。"

十一月十三日,奉旨召見,垂詢山東義和團事。公對以妖術實不可信,此係邪教,應予剿滅。

《申報》十一月二十四日(12月26日)載十一月十三日京報全録:"召見軍機、袁昶、程文炳。"

《太常袁公行略》所附光緒二十六年（1900）五月所作《請亟圖補救之法以弭鉅患疏》云：“上年臣詢提督程文炳，該提督乙未年駐軍近畿，有山東義和拳又自稱金鐘罩、紅燈照名目四五十人投効，以火槍利刀試其技倆，立時見血傷斃，是妖術全不可信，確鑿無疑。……臣於上年十一月十三日蒙恩召見，其時東省拳匪借仇教爲名滋事，臣曾面奏係邪教倡亂，應預爲撲滅各情。”

二十一日，易順鼎召對，公候於西苑門晤談。

易順鼎《召對日袁重黎太常枉顧西苑門外並荷贈詩依韻和答》：“九重門在鳳巢西，殘雪初陽映彩霓。擇木禽求擇禽木，憶泥雲問憶雲泥。莊先生已巾藏蝎，范少伯將名改蠡。飲罷恐無歸處所，蒼茫獨立有人兮。”“高軒過我液池西，羅宿真看氣吐霓。今日隔城同曙雪，昔年同巷隔春泥。游龍流水看車馬，窺豹測江慚管蠡。憑仗回温嘘黍穀，不教重賦五噫兮。”

《袁忠節公遺詩》詩支甲《贈實甫》：“金駝坊老索征西，喜迓君來劇望霓。搖落萬方秋作氣，光芒一劍玉刲泥。入關氣欲降睢澤，强越方誰叩種蠡。蕭寺未緣披豁對，樵蘇何日倒困兮。”

是月，屬樊增祥題所藏明人《吉慶圖》。

《樊山續集》卷十《爽翁屬題明人吉慶圖》：“石牀羅列浮磬四，道人考擊容清粹。形聲假借取吉祥，此亦萬年太平意。宋大觀間試畫師，以‘萬年枝上太平雀’命題。樓臺暉麗聳金碧，巖壑幽深交紫翠。酷似河陽鼠尾皴，畫人毋乃仇唐是。皖中舊家藏此圖，流離烽火失元珠。殘縑久落老兵手，靈物終還顧愷厨。畫凡數幀存其一，嘉名合以吉慶呼。兩峰鹿角草樹密，一老鶴髮衣裳朱。玉梅花下交三九，我兄袁絲酌我酒。卷舒賰錦綵雲霞，愛翫青山不釋手。白雪吟催郢中客，紫芝歌贈商顏叟。借作鷗簑歲兆圖，年年花好人長壽。公耽元默屏世營，畫師乃亦藏其名。桑陰擬署閒閒者，河朔今無觴觸生。吁嗟乎使君雅敬曹吉利，槐里獨高辛慶忌。”

十二月初八日,樊增祥來訪,留飲劇談。

　　《樊山續集》卷十《臘日爽翁留飲劇談》:“旋烹漆葉飯青黏,象箸逡巡裹手拈。酹我再三雲母酒,味卿一兩水精鹽。茶星的的來書幌,松雪微微落帽簷。點綴梅花過三九,南塘無意劫陳髥。余常借用“玉梅花下交三九”句,公戲謂地下迦陵遭南塘剿劫。”

十七日,往寂照寺訪法雲和尚,知其已於秋間圓寂,感慨作詩。

　　《水明樓集》詩支甲《予六年不見法雲上座己亥臘月十七日晡出郭蕭然陰晦欲雪訪之寂照叢林祖寺在於潛縣,此其下院耳。則君已於今秋示化矣僧臘六十九昌化人,八歲在天目山禪源寺薙度,受具足。世壽七十七予傷夫二鼠四蛇年矢之催人而志業之不易建也一息尚存那容少懈邵堯夫言學在不止,故王仲淹云没身而已。瞻禮攢龕感歎有作》。

十九日,樊增祥以東坡生日詩見寄。

　　《樊山續集》卷十《東坡生日作有序》:“十餘年來,每遇茲日,率邀客賦詩。今年伯熙同年飾巾待盡,中情慘慄,寢饋都廢。因憶光緒己卯、癸未、庚寅均以是日集恉伯師宅,前年則念初席上,去年則午橋署齋,俱作詩歌,以誌嘉會。前塵荏苒,復值茲辰,嘆逝傷離,舊交漸盡,槁梧獨據,不自知涕之無從也。作此呈竹篔少宰、廉生祭酒、爽秋太常,並寄午橋中丞西安。”

二十日,盛昱卒。

　　盛昱《意園文略》附錄楊鍾羲《意園事略》:“十二月十四日,微吟六言詩云:‘怕死作爲已死,有生本是無生。縱然百有餘歲,不過多得浮名。’飾巾待盡,神明湛然。二十日丑時卒,年五十歲,葬廣渠門外楊莊新阡。”

二十四日,作函致勞乃宣,告以未能代遞其所著《義和拳教門源流考》緣由。

　　《袁忠節公手札》有《致勞乃宣書》:“承示尊撰《義和拳邪

教源流考》並書後一首,論説異端與論邪教辦法不同,異端如楊
墨道釋,非得師儒若孔孟程朱辭而闢之,不足以正人心;邪教若
白蓮、坎卦離卦教之類,須得幹吏若强忠烈克捷、劉運使清以武
猛治之,方足以消亂萌。公之言真義若快斧利刀,遇事一分兩
斷,欽佩之至。弟於時局之利病,一年中未有所獻替,久類寒蟬,
故雖欲代奏而中止。當將此項大著兩篇轉呈典屬王大臣,言必
須用引摺代遞,方可請嚴綷一道,預遏亂萌。而仁和協揆云大
著早已見過,因毓帥已命來京,此事已交袁慰帥辦。曹兗一帶
確係有邪教煽亂,而萊沂則係腹地民人與德兵仇怨,又非邪教,
當分別辦理,未可遥度東省機宜,遂將代奏一節擱起。事由商
榷,奉復較遲,伏希察及爲幸。"

二十九日,祭太歲壇,奉旨分獻兩廡。

《申報》十二月十一日(1900年1月11日)《諭旨恭録》:
"十二月初二日,太常寺題歲暮先期告祭太廟,奉旨後殿遣溥静
行禮,中殿遣訥勒赫行禮,欽此。同日題歲暮祫祭太廟,奉旨遣
載勛恭代,東廡遣鍾秀、西廡遣英俊各分獻,欽此。同日題十二
月二十九日歲暮祭太歲壇,奉旨遣凱泰行禮,兩廡遣桂春、袁昶
各分獻,欽此。"

《清實録·德宗景皇帝實録》十二月壬寅:"遣官祭太歲
之神。"

是月,作《丁徵君墓表》。

《宜堂類編》卷八《丁徵君墓表》:"君以道光十二年生,以
光緒二十五年三月九日卒於里第,享年六十有八。……君既卒
之九閲月,其孤立中涓明年秋復魄幽宮,礲石揭諸墓道,數郵狀
抵昶京師,俾爲之辭。予於君游好雅舊,不敢辭。"

編年詩:《上許少宗伯》、《答澤之》、《祝新會伍封翁八十一初度雙
壽》、《意園生日》、《問敦能游是》、《詩後又題一偈》、《題澤芝潞
岸餞秋圖》、《呼圖克圖》、《管夫人墨竹》、《藤花》、《朱山人野雲祭

硯圖今爲少宰徐公所得謹題二絶》、《偶然作》、《絣園九詠》、《和雲門》、《樊僉事家新作臨河小臺》、《戲簡雲門》、《答雲門》、《緣省》、《又讚蒼蔔花》、《哭黃漱老》、《題畫松》、《又題畫荷》、《懺除現業》、《浮上院》、《古放生池》、《謝雲兄題卧游圖》、《莫邪島出險圖爲陸秋曹作》、《松秧》、《詠史》、《賀茗樓同年得重孫》、《寄題雲兄北臺即次來詩題湛然精舍韻》、《池上》、《南園錢公畫馬歌爲榕全尚書作》、《前題》、《又絣居士録公作》、《壽大司農王公七十》、《輓致仕雷瓊備兵朱君亮生》、《徐太宰家開並蒂菊》、《題恭忠親王萃錦吟續集》、《酬宋芸子》、《雲兄新治鏡煙閣》、《放言》、《贈實甫》、《長至日郊壇侍祠禮成後得雪》、《記李公》、《懷弢甫喬杼》、《聞鏡煙雪霽登北臺》、《蕭毅伯使人送松苓酒》、《雲兄連示雪霽上北臺新州橙灤河銀魚睹佳什才藻埄湧中有深慨非世士所能測識作此奉報殆冗吏治牒所云併案彙復者耶一笑》、《觀二張畫册爲碩父題》、《寄陳六舟丈淮南》、《三關洞》、《夢登》、《盧山歸宗寺所藏吳道子畫十殿珍魔羅地獄變相長卷國初宋牧仲所檀施也今在碩敷許》、《繭絲》、《懷法雲老人》、《鏡煙居士枉顧深談》、《簡于侍御》、《括鏡煙見謔句意》、《唐子畏畫秋聲賦卷》、《酬雲門》、《予六年不見法雲上座己亥臘月十七日晡出郭蕭然陰晦欲雪訪之寂照叢林祖寺在於潛縣,此其下院耳。則君已於今秋示化矣僧臘六十九昌化人,八歲在天目山禪源寺薙度,受具足。世壽七十七予傷夫二鼠四蛇年矢之催人而志業之不易建也一息尚存那容少懈邵堯夫言學在不止,故王仲淹云没身而已。瞻禮讚龕感歎有作》、《和雲老》、《次韻和雲門東坡先生生日作》、《謝澹如邸惠唐花八本》、《呈簀老》、《和雲門小除風日漸清妍》、《又疊前韻》、《戲名花窖曰藏春鴞》。

編年詞：《臨江仙·寄吟鉢》、《朝中措·桂花》、《水調歌頭·寄題鏡煙北臺》、《又·贈張太常》、《滿庭芳·何京尹春隄試馬圖》、《長相思·庭楸》、《側犯·宋雲子太史餽川冬菜》、《念奴嬌·出東便門野望》、《阮郎歸·小懺》、《又·松濤》、《思佳客·七葉軍謀樊絲州》、《水龍吟·竹隱太宰年七十四初度》、《踏莎行·壽□莊九月四日初度》、《驀山溪·寄題雲兄鏡煙圖》、《又·月夜》。

編年文：《致栒女書》（吾女侍奉舅姑大人新年事事安吉）、《致栒女書》（每日有下半天在署）、《致呂海寰書》（弟自八月初到京後）、《致繆荃孫書》（弟自留滯改官）、《致高爾伊書》（兩得來函）、《致高爾伊書》（入夏堂上眉壽）、《致栒女書》（栒女近體氣何如）、《致栒女書》（栒女及榮兒來函）、《致施亦爵書》（屢煩公存問）、《整頓釐金疏》、《致呂海寰書》（手諭奉到）、《致盛宣懷書》（去秋客海上）、《致盛宣懷書》（弟前所陳整頓釐金摺）、《致盛宣懷書》（臺水線事已了）、《致呂海寰書》（霩堂事）、《連珠十二章壽虞山師相七十嵩辰并序》、《格物中法序》、《測熒惑星圖解敘》、《丁徵君墓表》、《丁徵君善舉二十八事碑》、《致勞乃宣書》（蓮池違教後）、《致勞乃宣書》（承示尊撰《義和拳邪教源流考》並書後一首）。

【時事】朱紅燈率義和拳於山東起事。康有爲創立保皇會。美國提出"門户開放"政策，要求在華利益均霑。

黄體芳卒。盛昱卒。孫毓汶卒。李瀚章卒。許振褘卒。黄以周卒。江標卒。

光緒二十六年庚子（1900），五十五歲

正月十四日，作與勞乃宣書，再告代遞《義和拳教門源流考》情形，並贈以所刻書數種。

《袁忠節公手札》中《致勞乃宣書》："玉初先生兄事：入春諸事愜適，起居佳安心頌。厚翁近始知在北洋公所，往訪一次未值，來又相左。尊著《義和拳教門考》，謂論異端與論邪教異，論異端若闢楊墨，當著書以廓清之，論邪教當用治亂國之重典，事理洞達，心折，心折！弟陸湛朝隱，雖若陽城有所言而未敢發，故以《源流考》力請典屬王大臣具疏，宜書據執事槀牙門云

云,再用數句斷語讚美之詞,此兼以大賢心跡上達四聰。乃同
列諸尊者始未以鄙言爲然,將尊著二件擱起,弟抄一分作爲署收條
陳。現忽又辦奏,稱臣等查出前案云云。若此則攘善之咎小,蔽
賢之咎大,非不肖初意所及也。在公之公心,自以行吾言,不必
標揭吾之名,而在臧文仲則大不可也。拙刻近有數十種,計九十
餘冊。版存雲間,多有用書。現姑先揀出數冊呈大雅糾正,幸垂
教誨,勿吝珠玉之言。此天下之公言,所望於匡救其失者也,萬
禱,萬禱。此叩道安。弟名心叩。正月十四早。閲乞焚之。"

二十六日,樊增祥之子殤,公作詞慰之。

　　《朝隱卮衍》詞附《水龍吟·慰雲門失子》:"樊家玉雪嬌兒,
北臺幾日曾攜手。玄文未試,先看大字,一囊銜袖。杜"九齡書大字,
有作成一囊"。眼界憑闌,目光點漆,食牛氣有。竊阿翁批本,晚唐
詩冊,粗解得,孫薝曰。　　不恨緱笙催促,有齊觀殤彭莊叟。
夢迴只恨,未曾捨與,空門菊受。敦復再來,張家英物,三生知
否?且匣伊玩具,待來時驗,印金如斗。"

　　《樊山續集》卷十《正月二十六日余有失子之戚是日壽平
弟適拜出守思恩之命感賦一律》。

二月初三日,奉旨祭文昌廟,於後殿行禮。

　　《申報》正月十一日(2月10日)《諭旨恭録》:"太常寺題
二月初二日祭先醫廟,奉旨遣溥顒行禮,兩廡遣莊守和、楊際和
各分獻,欽此。又題初三日祭文昌廟,奉旨遣訥勒赫行禮,後殿
遣袁昶行禮,欽此。"

　　《清實録·德宗景皇帝實録》二月乙亥:"遣官祭文昌帝
君廟。"

十八日,劉恩溥、何乃瑩招飲雲山別墅,徐用儀、許景澄、葛寶華、
李殿林、樊增祥等人在座。

　　樊增祥《樊山續集》卷十《二月十八日博泉前輩潤夫京兆
招同徐大司馬許少宰葛少司馬李少司馬袁太常劉學士集雲山

別墅即席有作》："煙郊曉策鮑家驄,尊酒高樓一笑逢。朝罷金
貂聚南墅,春晴紫翠滿西峰。煎茶新試花朝雪,種樹將齊善果
松。 別墅與善果寺相近。九老相攜會真率,擬將圖畫命勾龍。"

二十一日,榮禄生日。時慈禧太后以溥儁爲大阿哥,欲行廢立,朝
野議論紛紛。公作詩上榮禄壽,兼諷喻其應力保光緒帝。

《朝隱厄衍》詩支乙《略園相公初度》："手綻天衣衮職成,中
臺星傍紫垣明。阿龍超是王文獻,屈鐵心如宋廣平。箌勺奏膚
攽玉帶,指麾定策決碁枰。絳侯自握安劉算,不使郊祠比廽驚。"

《太常袁公行略》："己亥歲暮,大阿哥之立,惟召尚書以上
議之。公乃私識嘉靖大禮議後引《公》、《穀》所傳受國與爲後
同臣子一例之義,謂繼統即繼嗣。明世宗迎立時,議禮諸臣前
後兩失之。使世宗以旁支而兄武宗,則置武宗於何地? 使世宗
以嗣孫而考孝宗,則武宗在位十六年,君臨天下,南面稱制,將
斬焉不復稱宗入廟百世祀乎? 此皆非禮,段玉裁已詳論之。陽
明王子當嘉靖朝,不預大禮議,故箝口不置可否,而託興寓言,
以楊廷和輩爲非,此則知所以自處云。會外省士民恐有後命,
聚議致電於總署,禁中震怒,飭嚴密查辦。公乃與總署諸公密
商仁和相國,請面奏爲解,事幸稍弛,諸列名者皆免究。公自于
忠肅示夢之後,每思以建言自效,及奉命留京,目睹時局艱危,
輒戒不孝等曰:'今日我建言效命之日也,惟當熟究掌故大典,
明奏議之體,而善陳其説,洞利害之大端,則可立言以報國耳。'
某相初度,公具詩例賀,有云'絳侯自握安劉算,不使郊祠比廽
驚'。公之志存諷婉,意在言外矣。"

三月初九日,招飲同人。

《樊山續集》卷十《三月九日爽翁招飲賦呈同席諸公第二
首專簡主人》。

十六日,至湖廣館赴那桐招飲。

《那桐日記》："午刻到湖廣館搭桌請客,菜戲均佳。到者徐

小雲、許竹筠、曾慕陶、葛振卿、何潤夫、袁爽秋、劉子嘉、楊莘伯、李蔭墀、胡鼎丞、象鶴孫、大女婿、立五爺、誠玉如、志小岩、子言兄、錫侯弟，辭者爲曾鈞和、陳桂生、丁衡甫、吴惠寅、劉博泉，丑初歸。"

二十二日，作與陳豪函，告以辭駐俄使臣事，並以所刻近年詩集寄贈。

《冬暄草堂師友牋存》有《致陳豪書》云："俄槎期滿，當軸見推，弟以鄰强非口舌能折衝，内病亦多隱憂，遂決計堅辭，俾六尺頑鈍暫栖日下，進退轉有餘地，公定謂然也。兹乘友人旆杭，託拜上癸巳至戊戌。六年中拙集六册，呈公一噱。"

是月末，易順鼎出都，有詩留贈。

易順鼎《琴志樓詩集》卷十一《留别重黎二首用重黎原韻》："歲月堂堂去可驚，闌干花亞柳條輕。銷魂日遠長安遠，回首波明太液明。五柞長楊縱走馬，雙柑斗酒好聽鶯。誰憐北海琴尊側，少箇狂奴襧正平。""青山休憶富春春，好與從容靖虜塵。濠濮知魚亦知我，疆場功狗要功人。胸羅元凱霆霜庫，手障羅睺日月輪。珍重千金洴澼藥，堯眉舒彩展深矉。"

《緣督廬日記》二十五日："至易實甫處送别，已於今晨束裝矣。"

四月初六日，招飲同人，葉昌熾、陶在銘、屠寄等人在座。

《緣督廬日記》："爽秋京卿又招飲，巳刻往，客已齊矣，陶仲彝大令、屠敬山直刺同坐。敬山，其會房所得士。尚有兩客，操湘中音，未暇問姓字，亦其門下也。"

十一日，作與繆荃孫函，託轉致祭龍繼棟文。

《藝風堂友朋書札》所載《致繆荃孫書》："松岑兄竟殉於高井，二道。弟哭之哀，作一員石之文，文不工，而情則至，求公屬鈔胥録一通，致龍兄之子鄭卿名述祖。其家之用不用弟文，不可知，而弟寄哀泉下友人，則盡於此詞矣，望料理交去爲幸。……弟本有俄槎之説，以病堅辭。美無此説，亦尚未請代者，公據訛傳，未爲典要也。"

二十五日，鄧華熙抵京請訓，往晤談，並託軍機章京郭曾炘代辦繕簽。

《鄧華熙日記》："至申正京城西秋門外馬家鋪，錢密翁早已派人照料入門，隨乘轎至粵東新館。袁太常爽秋、錢太史新甫來謁。"二十六日："午初往拜錢密兄及袁爽秋太常，俱晤。並袁爽翁代託光卿軍機章京郭曾炘號春榆辦繕簽併片，囑於廿七日巳初赴頤和園宮門前牌樓西御前大臣公所内總理衙門公所住宿，預備明日廿八日召見。"

五月十二日，張之洞電詢京内外情形。

《近代史所藏清代名人稿本抄本》第二輯張之洞檔第十五册《致北京袁爽秋》："拳匪大亂，外兵乘機，邪術豈能禦敵，大局危矣。剛相宣諭勸解，何日行？政府主見、都下議論，速示，以慰杞憂。壺。文。庚五月十二日亥刻發。"

十八日，與許景澄同致函樊增祥，以其參武衛軍事，因請其速諫榮禄清剿義和團。

《亂中日記殘稿》："詣箕老，同函致身雲主人樊雲兄。速請榮相舉辦先清城匪，再圖外匪急救之法，不識能俛采芻蕘末否。"

十九日，上稟慶親王奕劻，請急剿拳匪。

《太常袁公行略》附錄《上慶親王請急剿拳匪書》："密陳者：近日事變，我邸憲與端邸夾輔聖朝，智燭機先，久在鈞籌默運之中，公忠體國，憂勞之勤，中外倚賴。竊自十六日上午，啓宗伯、趙司寇、許、那兩君奉旨前往各使館阻止該使等續調洋兵；十七日，門吏等方與步軍統領議彈壓京城内外，遵旨嚴拿首要，以靖地方而弭鄰釁。不意德克使闇於事機，擅自拿辦拳匪，以致激變。酉正，徐、許、吳堂及門吏方由署散值，拳匪不知何時闖入前三門，倏聚數千人，焚燒海岱門内及堂子胡同口、燈市口各教堂，火光燭天，一片聲喊殺。旋攻東交民巷各洋館，洋兵用破車架疊,把斷要路,放槍立斃數人,匪衆漸即紛散藏匿。洋兵間出近巷巡邏。十八日,街市盡閉,門吏出查勘前門一帶情形,目覩洋兵十餘名把守裏玉河橋兩岸,甘軍亦有四五人立橋上,路無官車,惟有游匪成群,往來自如。順治門內教堂又見焚燒,拳匪叫喊,遊手乘機搶掠。門吏行至西城撤回。是夜子初,崇文門外拳匪麕聚千餘人,喊叫開城。神機營兵把守,並上城堵禦,洋兵隨亦上城,放排槍擊斃拳匪十餘名。次日城外居民所言。子正,東長安街及東單牌樓有拳匪數百人喊殺,並喧圍比利時館,殺斃教民數人。洋兵槍子不絕,擊斃遊手數人,至寅初散去。十九日晨,拳匪攻順治門內教堂焚而未盡之屋,遇洋兵轟擊移時。聞昨夜平秩門內歷代帝王廟左右教民房屋亦被焚。此三日內大概情形也。

　　“伏思民教互仇,積憤外侮,國家自有辦法,斷不容匪徒自行報復,盜兵羣轂之下,縱橫恣肆,放火殺人,以致官民憂惶,震驚闕廷。且轉令洋兵情急自衛,誤槍斃平民,慘不可言,該匪實屬罪大惡極。爲今之計,急求先清城匪,鎮靖人心,方可阻外兵之來,免其大肆報復。否則洋人拳匪交鬨,大局糜爛,何堪設想?可否請兩邸憲會同榮相奏明,刻即下詔曉諭軍民人等,凡遇身繫紅帶,持刀放火殺人之拳匪,准其格殺勿論。高懸賞格,縛獻匪首賞銀一萬兩,擒斬放火要匪賞銀五百兩,餘匪計首一級賞銀一百兩。並暫閉前三門,嚴禁遊民,衹准出,不准進。遴派得力將弁,挑選勁兵十隊,每隊二三百人,分路搜捕匪徒。命提督衙門、刑部速派明幹司員十人,即在前門廳設立公案,捕得匪徒,略訊口供,其情真罪當,衆供確鑿者,即押至西市梟示,以儆凶頑。餘者解散,驅逐出外城之外。先肅清內城地面,使人人知畏國法,則匪自聞風遠竄,方可剿撫兼施。一面檄令外五城御史、街道廳督同綠營、水會,嚴予責成,照此速辦。內外協同,掃除巨憝,有依違遲誤者,立予參劾治罪。以上所陳,知均

在我邸憲運籌握算之中，以上贊朝廷定民戡亂之策。《周禮》稱
治亂國用重典，必用其義刑義殺，乃足以遏亂萌而靖人心。事
宜亟圖，機不可失。我皇太后、皇上赫然震怒，撥亂反正，上安
九廟，下靖兆民，急治根本大計，知必出此。且據北洋裕帥密函，
稱俄水師提督調兵入京，交格使統帶，恐其不日趕到，擅自剿
辦，則喋血京師，互相鬥鬨，必至大事潰敗，不可收拾。不如我
先發制人，自行剿辦，尚可杜彼族口實，保全良善之民，以維持
大局。是否有當？伏候裁斷。"

二十日，入宮召見，於御前會議上力言應剿拳撫洋。

《亂中日記殘稿》："巳初入署，與蕙師商略各事。午正有旨，
命王貝勒大臣六部九卿傳牌子，不用膳牌。預備叫起。冒暑偕賁
兒。往西苑，申初隨班召見。慈聖再三諭：'爾等各抒所見。'臣
昶力言莫急於先自治亂民，示各夷使以形勢，俾折服其心，然後
可以商阻夷使添調外兵，辦法須有次第。佛諭：'現在民心已變，
指拳會。總以順民心為最要，汝所奏不合。'臣復奏：'變者但左
道惑人心之拳匪耳，以辟止辟，捕殺為首要匪數十人，亂黨烏合
之眾，必可望風解散。我自辦亂民，免致夷人調兵代辦，交閧輦
轂之下，則大局糜爛不可收拾。'佛不納。退復言於兩邸、榮相，
若招撫拳會，與董軍合勢，旋聞莊邸云樞廷已辦交片，密令端邸、董福祥
招撫拳匪。即使洗剿東交民巷，戰勝外兵，聞洋兵千數百人自楊村修鐵
路趨東安縣。然開釁十一國，眾怒難犯，恐壞全局。慶神色沮喪，
無所言。榮尼之，云：'非我所能做主。'端甚怒，或怪我言太激。
僕升沈禍福，久置度外，亦不過為甲申年三月十八日之張蕢齋
耳。"

二十一日，再次召對，仍申前說。

《亂中日記殘稿》："召對時，諸王貝勒及崇綺等二十餘人痛
哭，合詞面奏云非戰不可，皆主張端邸之說。兵枋不在小臣之
手，疏不能間親，卑不能詘尊，你道生薑樹上生，都都平丈我，亦

止得由你。"

　　案:《澹隱軒藏札》有公《致高爾伊書》:"僕前月二十、廿一
力陳亂民犯闕應剿,大局不可失和,不稱旨。"可參看。

二十二日,擬《急救目前危局摺》,欲有所陳,以同列勸阻,未
遽上。

　　《漚簃日記》:"草急捄目前危局一摺,旋入署,蕙師、筱篔公
以爲不可上。摺已繕,姑呈展翁一閱。筱公以朱遯翁捧蓍草筮
得天山遯卦喻之,心感之至。"

　　《太常袁公行略》附錄《請亟圖補救之法以弭鉅患疏》,其
全文云:"奏爲密陳目前局勢危迫,亟圖補救之法,以弭將來鉅
患,披瀝直陳,仰祈聖鑒事:竊見自本月十六七日拳匪倡亂京
師,連日召見王貝勒、內外廷臣工,聖躬焦勞,爲宗廟社稷深維
至計,廣諮下問。臣等不能弭患事先,紓君父之憂勞,負罪無狀,
內愧且憤。伏查嘉慶十三年七月上諭,即有山東、河南一帶匪
徒設立八卦教、義和拳等名目之事,此項實係白蓮教餘孽,曾奉
仁宗睿皇帝嚴旨密拏懲辦,去年吳橋縣知縣勞乃宣説帖考之最
詳。前月東撫袁世凱遵旨覆陳一摺,言萬無招撫編爲營伍之理,
言之最爲切實明白。前東撫毓賢辦理平原縣邪匪一案,稱匪首
朱紅燈自稱明裔,妖言煽亂,各處嚮應,幸被官兵掩捕擒獲,就
地正法,絕無能避槍礮刀斧之妖術,此其明證。上年臣詢提督
程文炳,該提督乙未年駐軍近畿,有山東義和拳又自稱金鐘罩、
紅燈照名目四五十人投効,以火槍利刀試其技倆,立時見血傷
斃,是妖術全不可信,確鑿無疑。而其匪首廣樹黨羽,久蓄逆謀,
妄稱明裔煽亂,其爲邪教、爲亂民,實已明白昭著。

　　"臣於上年十一月十三日,蒙恩召見,其時東省拳匪借仇教
爲名滋事,臣曾面奏係邪教倡亂,應預爲撲滅各情。旋經東撫
袁世凱實力禁止,撲滅十餘巨股,東省晏然。始而山東士紳誤
信,騰謗該撫不應用勦,此皆不學無識之徒,以邪爲正。近輿

論亦漸帖服，以該撫辦理爲是。臣去年冬曾以勞乃宣説帖商之總署諸臣，奏明請旨飭下東撫辦理，旋因東撫辦有頭緒，遂寢未奏。不意東省漸次肅清，流入直隸，直隸督臣觀望遷延，養癰貽患，聽其蔓延，始謀不臧，咎實難辭。及淶水戕官，督臣裕祿見該邪匪借仇教爲名，叛跡昭著，乃電奏力請勦辦。而内外議有異同，遲延未決。涿州踞城不已，延及永清、霸州各處。淶水戕官尚未痛辦，遂致匪膽愈張，甚且焚毁蘆保鐵路、京津鐵路電桿，又毁京津至張家口電線。此皆國家派員出内帑、借洋款，集數十年之物力所經營，一旦焚毁，千數百萬巨資，深堪惋惜。又焚殺教民數百處，將來議償亦不貲。

　　“伏以民教互仇，積成憤毒，地方官稟承國家律令，自有平心讞獄辦法。但憑案情曲直，不分是民是教，斷不容匪徒自行報復。乃自本月十六七日，該匪膽敢潛入京師，盜兵輦轂之下，焚毁教堂，攻擊各使館，縱横恣肆，放火殺人，震驚宫闕，實屬罪大惡極，萬不可赦。二十日，焚燒前門外千餘家，甚至災及正陽門城樓。拳匪喝禁水會不准救火。北城乃財產精華所聚，焚掠一空，士民搬徙，十室九逃，商賈盡行閉歇失業，餉項亦艱於匯兑給發。京都爲萬國所瞻仰，氣象蕭索一至於此，自有亂民不治，任其焚殺叫喊，實貽鄰國之恥笑。

　　“各洋公使因匪仇教，畏其凶鋒，情急自衛，現兵祇有四百十餘人，各保性命，是其實情。十五日臣偕許景澄晤俄、英、法、美四公使，十六日樞臣啓秀等傳懿旨慰問各使館並及公使之妻。該公使等感戴聖慈，淪肌入體，口稱調洋兵爲衛館保命起見，絶不敢干預中國國家公事，匪平無事，即行撤回。指天誓日，其詞決非虚僞。爲今之計，惟有先清城内之匪，以撫定民心，慰安洋情，乃可阻其續調之兵。必中國自勦，乃可免洋兵助勦，情勢顯然。

　　“臣伏思兵事最忌多立統帥，意見參差，事權不一，以致互相觀望,轉誤事機。現在歷奉嚴旨飭令步軍統領、武衛中軍與神機營、虎神營,嚴拿首要各犯,刻即解散脅從,將城內外設立壇棚,盡行拆去等因,欽此。乃官兵觀望,拳匪橫行如故。步軍統領、順天府、五城前遵旨所擬十條章程,實止虛文搪塞,何曾實力做到? 且拳匪所到之處,先喊令人磕頭燒香,官兵竟隨同禮拜。兵氣衰疲不可用一至如此,皆由無將統率,毫無賞罰,軍律不嚴,此事權不一之故也。

"拳匪麕聚京城,現聞城外添設無數拳壇,久且煽惑愈多,致生巨變。伏乞皇太后、皇上赫然震怒,恭行天討,上安九廟,下靖兆民,專責成大學士榮祿,兼用且勦且撫之法,得以便宜從事,俾一事權。先肅清內城地面,遵旨立即出示,徧諭軍民人等,凡遇頭紮紅巾,身繫紅帶,持刀放火殺人之匪,准其格殺勿論。並懸重賞之格,縛獻匪首所謂老祖師、大師兄者,賞銀二萬兩,立即超擢官階;擒斬該匪團長,賞銀五百兩;餘匪計首一級,賞銀一百兩。均准報名,候予奏獎。

"該大學士忠勇性成,見幾明決,為國重臣,應扼要坐鎮,不宜過勞細事。尤須差委得人襄助,乃可分理機宜。伏見武衛軍幕僚記名道府樊增祥素有謀略,內閣學士桂春忠勇明決,編脩王廷相、御史黃桂鋆,皆素有清操,通達事理,府丞兼署府尹陳夔龍勇於任事,請旨交大學士榮祿差遣,專辦此事,參贊方略。

"遴派武衛中軍得力將弁,挑選勁兵分為十餘隊,隊長如得力,每隊止槍手、刀斧手二三百人已足。請旨暫閉前三門,嚴禁遊民,衹准出,不准進,分路搜捕匪徒,務令各空廟、廢祠,根株淨盡。官兵有退縮不前者,立即正法。命提督衙門、刑部遴派明幹司員多人,分駐各汛段官廳,隨將所拿匪徒略訊口供,稟明統帥,即行就地正法,以儆凶頑。餘者悉行解散,驅逐出外城之外,遞解回籍。事平,再行將正法若干匪造册奏報。

"或謂該匪人多勢眾,不可輕勦。不知衹匪首倡亂,餘多愚蠢村農，幼壯不一，隨聲附和，斬一悍匪，懦者必悔懼立散。或謂匪有邪術，臣愚以爲漢末張角、黃巾，元末破頭潘、關先生，皆有妖術，卒歸擒斬。該匪晝伏夜動，動言請神，口出妖言，面帶陰氣，此乃假託符咒、扶鸞請仙、五鬼搬運之邪術，一遇聲光並見之物，陽氣熾烈如槍礮等物，立即破法轟斃。若云匪術能避槍礮，何以十七八等日，該匪連攻東交民巷使館，洋兵放槍，立斃數匪。昨又擊斃帥府胡同拳匪四十餘名，拆毀其壇，毫無能避之驗。

　　"或謂民心因旱飢驟變。臣料京師軍民數百萬，受朝廷深仁厚澤，實無一謀叛者，叛逆衹拳匪首要數人耳，一經擒斬，申國法、儆人心，匪膽即寒，民志亦大定。外五城御史、街道廳督同綠營、練勇、水會，一體歸榮祿節制辦理，不使稍有掣肘。御營則專宿衛禁城，以防不虞，各辦各事。城匪既清，各公使館蒙天恩保護，感激再生之恩，則續調之洋兵，自可阻其來京。即來，亦可以城匪既清，無庸自行保護，折之令其撤回，我有詞矣。總之，《周禮》稱治亂國用重典，《康誥》稱用其義刑義殺，內匪事在必勤，無可游移。若因循不勤，招撫之亦必不受命。各國勢大怨深，並舉報復，禍敗不可勝言。與其外兵干預，代行勤辦，必至拳匪洋兵互相鬥鬨，喋血羣殼之下，轉致玉石不分，殺害無數良民，大局糜爛不可收拾，不如我自行勤辦，尚可示以形勢，杜彼族之口實，以維持大局，廟社不驚，萬民幸甚。

　　"大學士榮祿公忠體國，如特奉明旨，責成既專，收效乃速。至交涉之艱，亦可審機因應。

　　"所有目前急圖補救之法，務一事權，以弭巨患緣由，披瀝密陳，伏乞皇太后、皇上聖明裁斷。謹奏。"
六月初二日，作函致張之洞，告以京中情形。
　　《袁忠節公手札》有《致張之洞書》："夫子大人函丈：前月十二接奉鈞文電，次早叩復元電，文電敬讀。內稱：'眾惡盈廷，端邸、蔭相、崇文山師力主助拳殺夷，剛相、展如主招撫。目左道爲義民，言路附和，致慈意始終以余蠻子待之，堅主撫議。現拳匪四起，勢甚迫切，決非剛、趙宣諭勸解可濟。惟匪無槍械，究係因旱飢烏合，及今下詔飭蕭軍痛剿，匪勢自沮，且可折服外人調兵自衛，暫紓目前之急，其如事機未轉何！峴帥電奏請速剿，師當披瀝再陳。漚叩。元。'此電不知達覽否？

　　"此事誤於北洋大臣、步軍統領、順天府、五城揣摩聖意，事前毫無防範。十七日以後，拳民在禁城突起滋事，天潢貴冑、弘德師保力主借拳滅洋，鉗慶邸、榮相之口，並造謠云義和拳入禁城，先殺四人通洋者榮相、慶邸、崇禮、竹箎，於是箝口結舌，而宣戰之旨決矣。東交民巷十一國使，洋兵祇四百十餘人，分之西什庫四十名，順治門内三十名，孝順胡同各處三十名，則各使館祇三百人。自廿三日下午發照會，各使限廿四點鐘下旗出京。廿四即令甘軍攻打，東長安街一帶化爲戰場。連打九天，東交民各館懋殺洋人將淨盡，所餘洋人竄入堂子壇内。今日攻壇，未知明日能否了結也。

　　"各公使續調之洋兵千四五百人困於楊村一帶，馬玉崑已往剿。董軍俟東江米巷役竣，亦開往楊村。而莊邸、剛邸所督帶之義和團三萬人，不止此數。則安然盤踞禁城内，外城不能計數。且邀賞犒十萬兩矣。受業與竹箎坐困危城之中，典屬昨由莊邸、剛相派拳匪百人保護，已在西所設紅山老祖壇矣。竹箎昨入署，亦不得不拈香一拜。團長則宗室長四爺，四品。服拳民衣冠，而棄其四品冠服矣。十七至今，細情均詳日記中，命抄呈鈞閱。前文電所詢政府主見，外廷議論，盡具於斯。

　　"現事外患群夷報復，内困拳會盤踞，聚六州三輔鐵，鑄此大錯。興獻邸方操十萬橫磨劍，以爲得志，文山師亦大稱快事也。千里草不受略園節制，若西巡，必成李傕、郭汜之禍。時事至此，極盼合肥早到，以解孤危。江右夷吾惟仗吾師、次棠先生、鑑堂

星使，能有急救法。此叩鈞安，閱畢付丙。受業漚叩。六月初
二夕。"

初五日，上榮禄書，論義和團事，謂拳事起於民教互仇，然俄國、日
本並無教案，故宜示區別，以免多樹强敵。於義和團則可相機施
以剿撫之策，加以利用。

《袁爽秋京卿日記》録有《上榮中堂略園書》："再密陳者，
犬羊異族，罪惡滔天，自道光庚子粤東燒煙土案，直接此次燒
夷館，始知懲創首尾適一甲子，天道好還，網恢不失，此殆自然
之理數，非人力所能爲也。惟目前巨釁，起於民教互仇，拳洋
交鬨，此次決戰，宜提開俄、日本兩國，而專與行教之各國爲仇
敵，乃於事理爲協也。日本經聖慈柔遠閎謨，前派劉學詢、慶寬
聘問，訂有密約，煞費周旋，久欽宮廷妙用。俄自聖祖仁皇帝
命内大臣索額圖訂尼布楚互市約後，乾隆中特開恰克圖市場，
二百六十年全盛之世，且未嘗失和。丙申年大學士李鴻章又密
承廟謨，與俄君主訂立密約。一決裂則新盟頓寒，前功盡棄，
此應分別辦理，一也。日本與俄從無一教士、教民在我内地煽
惑生事，不宜無故開釁，師出無名，二也。然此特以情理論之
也，若以地勢論之，尤不宜輕開邊釁。俄重兵屯紮在阿穆爾、東
海濱兩省，旅、大兩口不少；日本自廣島趨對馬島，由之罘薄津
沽，不出三日可達，地近而偪，調陸軍視各國爲易。此可與聯絡
合勢以共拒歐洲各强敵，即不助我，亦可使守局外。而未可不分皂白，
槊屏之鯨鯢魑魅，而我自措足於孤立無援之地。此兵家形勢所
忌，宗社存亡之機，尤當審慎，不宜付諸孤注一擲，自召土崩瓦
解之局，三也。准拳仇教，恐大江南北哥老會梟匪皆借仇洋爲
名，聞風而起，必有甚於十七年之教案，非疆吏所能彈壓。江
路一有阻隔，漕糧京餉必難北運，飢軍譁潰堪虞，尤不能不預計
者也。

"爲今之計，必急圖補救之方，似仍宜從先清城内入手，以

安民心、保物産爲主。除拔出俄、日二國使臣外，俟東交民巷犁
庭掃穴後，移宋、董諸軍會同莊邸、剛相押送義和團開往津沽，
俾當前敵，而以諸軍鞭笞嚴督其後。勝則勒部編伍，汰弱留強，
如曹公收黃巾精銳編爲青州兵之法，敗則付諸蟲沙浩劫，以絕
後患，可兩得之。幸天祐宗社，雨澤時降，大半可散而歸農，免
致盤踞輦轂之下，不久且生變。此患漸去，則中外離合和戰之
局，可以審機因應，一面兼促合肥使相入都謀之。天若祚聖清，
俾社稷危而復安，金甌缺而仍補，則中堂與執政諸公斡旋危局
之功，永永與朝堂丹青河山帶礪剖符無極矣。某自前月召對不
稱旨，又上書兩邸，並草一摺，坐與朝議相枘鑿，箝口觸網，不敢
復言事。顧臣子當急君父之難，義不敢默也，敬爲門下密陳之
竢採擇，大局幸甚。略園深以爲然，遂發三國電，添入英。"

初十日，作《詠史》以感歎時事。

> 《朝隱厄衍》有《詠史》云："方略新奇古未聞，黃巾編入羽
> 林軍。潢中米賊全燒堞，帳下蕭娘梁臨川王宏。尚册勳。碣石夜
> 飛鍵戶牡，玉河朝罨入烽雲。檀蘿螳門南柯內，肉薄三旬未解
> 紛。"《又接上咏史》："浸長將成八月凶，既非橫策又非縱。國
> 書祈請三牛耳，發國電三，丐俄、英、日本援助，均有請執牛耳與各國排難解
> 紛之語。塵拂驅除幾馬蜂？時相云："群夷大馬蜂耳，一繩拂子驅之足矣。"
> 妖術並無五里霧，巖關已失一丸封。徒然遵養時之賊，陶侃罵王
> 導語。桂觀蘭池滿夕烽。"

十二日，入直，晤榮禄、剛毅、奕劻，謂須授李鴻章直隸總督，以便
調其北來。諸人均謂然。

> 《亂中日記殘稿》："直入內，見榮、剛相、慶邸，言合肥託辭
> 不赴召，爲畏難自便計，非請旨調北洋直督，決不肯來。如再偃
> 蹇不奉詔，可坐以違旨之罪。相、王均以爲然，蓋以合肥不來則
> 無以爲轉圜之線索也。"

> 《光緒朝上諭檔》六月十二日："內閣奉上諭：'直隸總督著

李鴻章調補，並兼充北洋大臣。現在天津防務緊要，李鴻章未到任以前，仍責成裕祿會同宋慶妥籌辦理，不得因簡放有人，稍涉諉卸。欽此。'"

十九日，作《幽憤詩》四章以抒懷，此爲公絕筆之詩。

《朝隱厄衍》有《幽憤四章》："餐霞人已病，曉吸荷上露。暫得安營魂，難治睡虵怖。衰老逢喪亂，烽煙翳皇路。忠言不見錄，天聽希終寤。隱几危城中，砲矢雨如注。孔文舉在北海危城中，流矢雨集，隱几讀書，談笑自若。雖攤北海書，聊曳東園屨。晚榴花更妍，微綻紅襟吐。山蕷藤茸茸，緣籬上高樹。物生尚得時，傅沫且相呴。我亦何所憂？隨緣景光度。

"朝與蝮虵游，暮與豺虎居。劫掠長安中，官軍不留餘。黃巾勢合離，朝市成荒墟。燔燒及城闕，閭閻震綺疏。九陌夜無人，出則防擊狙。念我平生友，換酒脱金魚。塗窮各竄逸，蒺藜塞中衢。阿誰裹飯問，跰蹍困子輿。獨有于侍御，晦若吾兄。再顧蓽門廬。壯我猛將援，飴我行胥疏。患難情倍親，促坐願須臾。皇天況甘雨，灑我園中蔬。憂蟲日以甦，槁苗日以蘇。摘蔬更沽酒，留公解飢劬。

"月暈知將風，礎潤知雨至。及彼未雨時，綢繆桑土悴。傾橈易新棟，敗甓圬早治。何以危堂下，魚龍陳百戲。在位姑謀樂，栖苴無遠志。不知火將燃，不預庀戎器。一朝青犢群，盜弄禁臠地。鬼兵請助我，藉殲翎侯使。豈有垂天翼，資彼群蝗翅。豈有神武朝，借力五斗米。名言失正順，敵釁挑攜貳。瓜剖而豆分，危亡運自致。

"泰伯爲讓王，采藥適蠻鄉。開國稱至德，周道日以昌。禮烈貝勒長，讓位有耿光。奉曼珠應身，神武天稱揚。故鞭笞四裔，探筴卜世長。不敢先天下，老子三寶章。何憂掃氛祲，枉矢貫天狼。天眷有讓德，艮維降之祥。三陵望鬱蔥，佳氣方未央。栭附誓翊戴，鞏衛於苞桑。齊心奉聖主，長御萬年觴。兵氣鬻政秕,亂萌鬻志荒。叛氓治昌披,胡兵懲陸梁。立國自有本,濟時豈無方。尼父曰正名,聖者道其常。立石與僵柳,先誅盰議郎。"

是月中旬,再與許景澄聯銜上疏,請保護使館維持大局。

《太常袁公行略》附錄《請速謀保護使館維持大局疏》:"奏爲密陳内訌外侮,禍亂日亟,速謀保護使館,維持大局,披瀝愚忱,仰祈聖鑒事:竊自上月二十四日德國使臣克林德途遇槍斃之後,該匪遂攻擊各國使館。提督董福祥所統甘軍尤與之聲勢相倚,狼狽爲虐,使館附近居民遭池魚之殃者,不可勝計。東城一帶京官私宅,劫掠殆盡。該匪既以仇教爲名,波及使館,復以攻使館之故,波及官民,輦轂之下,任令亂軍亂民縱橫盪決,伊古伊今,實爲罕見。當匪徒初攻使館時,莫不謂旦夕間便可剗除,董福祥且屢以使館盡燬告矣。今已二十餘日,洋兵死者寥寥,而匪徒骸骼狼藉,徧於東交民巷口。平日妖言惑衆,自詡能避槍礮之術,而今安在? 夫以數萬匪徒,攻四百餘洋兵所守之使館,至二十餘日之久,猶未能破,則其伎倆亦可概見。尚得恃血氣之勇,收禦侮之效哉?

"若云真義和團確能爲國宣力,其尋釁焚殺皆依附其間之僞義和團所爲。一類之中,既分真僞,擾亂已極。且既容附入之僞者無惡不作,則真者亦非善類可知。況歷奉嚴旨,禁止持械尋仇,焚燬劫掠,並令解散出城。該匪竟置若罔聞,橫行如故。無論真僞,總之藐視王法,均爲冥頑不靈,罪在不赦,愈撫則愈衆,愈縱則愈驕。臣等前次奏請,專責成大學士榮禄用且勦且撫之法,未蒙俞允施行。今禍亂日亟,愚罔之見,尤不敢不冒死瀆陳於聖明之前。

"伏以春秋之義,兩國搆兵,不戮行人。泰西公法,尤以公使爲國之重臣,蔑視其公使,即蔑視其國。兹若任令該匪攻燬使館,盡殺使臣,各國引爲大耻,聯合一氣,致死報復,在京之洋兵有限，續來之洋兵無窮，以一國而敵各國，臣愚以爲不獨勝負攸關，實存亡攸關也。我國家與泰西各國通商垂六十年，准其各省傳教。平日教民倚勢，魚肉鄉里，以洋教士爲護符。地方官或者希圖了事，抑制平民，亦所不免。民心怨忿，仇視教民，是皆臣等辦理不善，貽害至今，負罪實甚。臣等何敢謂民教相仇，其曲全在於民，特任令自相報復，殊失國體。譬如鄉里之間，兩家有隙，而子弟僮僕肆行鬥狠，燬鄰居之室而殺其闔人，爲家主者不能禁止，而鄰居之詰問，必不向子弟僮僕而向家主。爲家主者，又安得以子弟僮僕不守約束而置身事外？以小喻大，其理相同。

“且泰西各國之教，有宗天主者，有宗耶穌者。傳天主教者曰神甫，傳耶穌教者曰牧師。該匪亦不辨所傳何教，統以洋教呼之。而俄國向宗希臘，日本向宗佛教，該國從無入内地傳教之事。該匪更不知何國有傳教之人，何國無傳教之人，見異服異言，統呼之爲毛子，鋭以獮薙爲快，無論勢有所不能，理有所不直。且我出洋各使臣，非銜命而出者乎？若各國以我殺其使臣，而不勝忿忿，先殺我使臣以償之，是直易刃而自殺其使臣也。朝廷方賜各使館蔬果米麥，以示懷柔，該匪乃倚驕將爲護符，肆行攻擊，外人轉疑朝廷陽款陰祖，謂非縱令恣意凌轢，其誰信之？

“夫使館無恙，將來與各國復歸於好，各使臣受皇太后、皇上厚恩，自當激發天良，剖言禍之肇自拳匪，猝不及防，非朝廷姑息所致，釋其本國疑忌之心，事半功倍，轉圜較易。若使館盡燬，使臣盡戮，則我皇太后、皇上此時懷柔之恩，外人烏從而知之？欲釋於各國，雖百喙亦無從解免。

“今各國紛紛調兵，以代勸匪爲詞，疑之者謂乘機窺竊，信之者謂其心無他。臣愚莫測其究竟，而拳匪種種無法，早當痛勦，已不待外人諄請，更何待外人代庖？臣愚請保全使館爲將來轉圜地步,一面嚴旨切責董福祥,飭令甘軍悉行退紮城外,不許重至東交民巷比曛匪徒向各使館攻擊,違者即行正法。使兵匪相離,匪勢較弱,則勦除亦較易。一面仍請責成大學士榮祿尅期將拳匪一律驅逐出城,以救燃眉之急,再圖勦洗,永杜後患。臣亦知飛蝗蔽天,言出禍隨,顧念存亡呼吸,區區螻蟻微忱,不忍言,亦不忍不言,是用冒死具奏。伏祈皇太后、皇上聖鑒。謹奏。"

二十一日,攜家口移居溫州會館。

《袁爽秋京卿日記》:"家口全行出順治門,往教場五條胡同甌館暫住。"

《甌海文史資料》第八輯章志誠、賀寶昆《旅京浙甌會館》載黃體芳"擇地宣武門外教場五條胡同,興建溫州會館"。

案:其時溫州會館管理人爲徐定超,係公舊友。《袁爽秋京卿日記》二十日:"直日,早入内訪班侯,擬借甌館暫居家口。"可參看。

二十二日,晤榮禄,榮命往東交民巷慰問各國公使,公以非奉旨不敢往辭之,旋議派文瑞前往。

《亂中日記殘稿》:"六鐘入景運門晤榮相,命往東交民巷慰問各公使。除克使鎗斃外,餘各使均幸生存。予辭以戰乍停,初次宣慰問答關係甚重,此如州縣初供,爲後來張本,非奉旨不敢獨任。且恐主戰諸公目爲受洋人賂,出與議和,私貸各使一死,彈射叢至,人言可畏,恐致害事。相亦謂然,商榷久之,乃派文章京瑞往。吉公桂亭之子,某力贊可用。"

二十三日,再作函致張之洞報告京内外情形。

《袁忠節公手札》載《致張之洞書》:"夫子大人函丈:敬再密稟者:十九、二十天津城陷,裕禄奉旨革職留任,宋慶幫辦北洋。交部議處,馬玉崑退紮離天津府二十里之北倉。廿二日寄諭李鴻章,各國使臣均無恙,速電知楊儒等轉告外部。又寄諭

宋慶、長驍，撥通倉米濟軍用。又寄諭善聯、許應騤、袁世凱，各
保海疆，毋得有失。又寄長順、壽山籠絡俄人，仍須戰備。又寄
劉恩溥奏言無兵無餉無權，退守通州，仍著率義和團前往，毋得
退縮。又交片派長麟、文瑞分統義和拳二千五百人，往天津助
剿。又諭統率義和拳王大臣嚴查匪徒混跡京城。詢之辦帶拳
之桂閣學春，云已在端邸府掛號聽調者回籍聽調。共有一千四百
餘團，每團以二三百人計，至少亦百十人。團長各自為雄，並無
總頭子李來中陝西人。其人。八旗王公大臣，上自東朝，至今堅
信五斗米為長城可恃也。漚屢屢苦口微辭，為相識之旗下巨子
言之，終不能悟，殆皆王凝之之後身邪！漚與嘉許反舌無聲，亦
可嘆也。十國公使具存，聞皆鳩形鵠面，不成樣子矣。再叩心
鑒，密陳備採。門下士漚宧叩。六月廿三下弦酉初。六月初一
日，李秉衡著即迅速起程，毋庸帶同張春發等北上。秉衡遵旨，
初七日由清江浦前進。”

二十四日，作函致梁鼎芬，告以近事。

《袁忠節公書札鈔略》卷五《致梁節庵太史》：“屯䢸顛沛之
中，兵火餘生，忽枉故人六月初五日手書，存問周摯，相厚之意，
甯復有涯。此次京師大亂，事之本末曲折，具上壺公師前後四
書並抄件中，可取密觀，不煩贅論。國病久入膏肓，甲午東事以
後，深創巨痛，事過輒忘，宮恒舞，市酣歌，臣工粉飾以蔽主聰，
上下欺蒙以相佞媚，進諛退直，以成主術日益驕，臣道日益諂，
匡拂之諫不犯於顏，藥石之言不入於耳，燕安酖毒，曾不悟危亡
之將至。一旦黃巾左道突入禁垣，震驚宮闕，驕將附和，橫挑敵
釁，師出無名，朝政不綱，倒持於蜩螗之妄議、蛇蝎之莠民，以致
兵連禍結，未可猝罷。當此之時，猶未悔悟責躬，窬內亂之萌牙
所自，殆可謂大惑終身不解者矣。

“昶自五月半後，妖賊之露刃以伺，夷館之池殃幾及，官軍
之劫掠橫行，涉歷百險。於國事雖伺間發言，因勢陳導，而補

救之功闕如。潢冑主持,鮮能意氣相入,胸所欲言,無從傾寫,於身於世,兩無尺寸之濟。正坐以前悠忽歲月,未能實下承擔,做克治集義養氣工夫,故臨大變而未能有以濟之。或亦類彼湛冥蜀雄,容貌禄位不足動人,故默然獨守吾玄者耶? 良可笑也。伊川程子律己精嚴,以目最畏尖物,立與克下此一腔私意,令室中徧寘尖刃。尹焞屏絶外物,剗除嗜欲,所居布被疏糲,不蔽風雨,几案所餘裁一古硯,亦持以贈人。世界無一物足以累吾神明,而後操刀剖割,足以辦天下之大事。先師瘤厓劉公,坐臥陋室,耽道玩藝,觀理甚深,而室中蕭然,無一可娱耳目之物。先正堅苦澹泊如此,真所謂不以利累形,不以物役志者也,故能臨大難而不撓。今昶根柢淺薄,故不能積奮自强以强時局,尸官溺職,負罪何如。

　　"兄從容講肄於兩湖三舍之間,徜徉適志於雲煙山水之表,通古今之變爲多士師,清脩篤行爲諸生法式。荀爽明《易》,委蛇三公間,潛運智略,陳卓逆之難。鄭公教授不居,觀省野物,扶杖出門,致黄巾之拜。一出一處,一仕一隱,一浮一沈,一龍一蛇,一晦一顯,道力之堅勝,有以異乎? 無以異也。微兄無所發吾之狂言,草草奉復,聊當面譚。惟爲時珍衛,不盡欲陳。

　　"又前書未盡,廿三夕久困少寐,起作一楜,丐友人繕寫,以貢左右。久居危城之中,目瞑意倦,公勿訝其非手書也。再叩道安,惟德業日隆,佐壺公師經畫宗社至計,以扶危定傾,幸甚幸甚。"

二十七日,再與許景澄聯銜會奏,請嚴懲縱容義和團之大臣徐桐、剛毅、啓秀、趙舒翹、裕禄、毓賢、董福祥等人。

　　《太常袁公行略》附《嚴劾大臣崇信邪術請旨懲辦疏》:"奏爲密陳大臣信崇邪術,誤國殃民,請旨嚴懲禍首,以遏亂源而救危局,仰祈聖鑒事:竊自拳匪肇亂,甫經月餘,神京震動,四海響應,兵連禍結,牽掣全球,爲千古未有之奇事,必釀成千古未有之奇災。昔咸豐年間之髮匪、捻匪，負嵎十餘年，蹂躪十數省。上溯嘉慶年間之川、陝教匪，淪陷三四省，竊據三四載。考之《方略》，見當時興師振旅，竭中原全力，僅乃克之。至今視之，則前數者皆手足之疾，未若拳匪爲腹心之疾也。蓋髮匪、捻匪、教匪之亂，上自朝廷，下至閭閻，莫不知其爲匪。而今之拳匪，竟有身爲大員，謬視爲義民，不肯以匪目之者，亦有知其爲匪，不敢以匪加之者。無識至此，不特爲各國所仇，且爲各國所笑。

"查拳匪揭竿之始，非有槍礮之堅利，戰陣之訓練，徒以'扶清滅洋'四字號召群不逞之徒烏合肇事，若得一牧令將弁之能者，蕩平之而有餘。前山東撫臣毓賢養癰於先，直隸總督裕祿禮迎於後，給以戰具，附虎以翼。夫'扶清滅洋'四字，試問何從解說？謂我國家二百餘年，深恩厚澤，浹於人心，食毛踐土者，思效力馳驅，以答載覆之德斯可矣。若謂際兹國家多事，時局艱難，草野之民，具有大力，能扶危而爲安。扶者，傾之對，能扶之，即能傾之，其心不可問，其言尤可誅。

"臣等雖不肖，亦知洋人窟穴内地，誠非中國之利。然必修明内政，慎重邦交，觀釁而動，擇各國中易與者，一震威稜，用雪積憤。設當外寇入犯時，有能奮發忠義，爲滅此朝食之謀，臣等無論其力量何如，要不敢不服其氣概。今朝廷方與各國講信修睦，忽創滅洋之說，是謂横挑邊釁，以天下爲兒戲。且所滅之洋，指在中國之洋人而言，抑括五洲各國之洋人而言？僅滅在中國之洋人，不能禁其續至。若盡滅五洲各國之洋人，則洋人之多於華人奚啻十倍，其能盡滅與否，不待智者知之。不料毓賢、裕祿爲封疆大吏，識不及此。裕祿且招攬拳匪頭目，待如上賓。鄉里無賴棍徒，聚千百人，持義和拳三字名帖，即可身入衙署，與該督分庭抗禮，不亦輕朝廷而羞當世之士耶！靜海縣之拳匪張德成、曹福田、韓以禮，文霸之王德成等，皆平日武斷鄉曲，蔑視官長，聚衆滋事之棍徒，爲地方巨害，其名久著，土人莫不知之，即京師之人，亦莫不知之。該督公然入諸奏報，加以考語，爲録用地步，欺罔君上，莫此爲甚。

　　"又裕禄奏稱：五月二十夜戌刻，洋人索取大沽礮臺屯兵，提督羅榮光堅卻不允。相持至丑刻，洋人竟先開礮攻取，該提督竭力抵禦，擊壞洋人停泊輪船二艘。二十二日，紫竹林洋兵分路出戰，我軍隨處截堵，義和團分起助戰，合力痛擊，焚燬租界洋房不少。臣詢由津來京避難之人，僉謂擊沈洋船、焚燬洋房實屬並無其事，而我軍及拳匪被洋兵擊斃者不下數萬人，異口同聲，決非謠傳之訛。甚有謂二十日洋人攻擊大沽礮臺，係裕禄令拳匪攻紫竹林，先行挑釁等語。此説或者衆怨攸歸，未可盡信，而誑報軍情，竟與提督董福祥詐稱使館洋人焚殺净盡，如出一轍。董福祥本係甘肅土匪，窮迫投誠，隨營效力，積有微勞，蒙朝廷不次之擢，得有今職，應何等束身自愛，仰答高厚鴻慈。乃比匪爲奸，形同寇賊，迹其狂悖之狀，不但辜負天恩，益恐狼子野心，或生他患。裕禄屢任兼圻，非董福祥武員可比，而竟憒憒乃爾，令人不可思議。要皆希合在廷諸臣謬見，誤爲我皇太后、皇上聖意所在，遂各倒行逆施，肆無忌憚，是皆在廷諸臣欺飾錮蔽有以召之也。

　　"大學士徐桐，素性糊塗，罔識利害；軍機大臣協辦大學士剛毅，比奸阿匪，頑固性成；軍機大臣禮部尚書啓秀，膠執己見，愚而自用；軍機大臣刑部尚書趙舒翹，居心狡獪，工於逢迎。當拳匪甫入京師之時，仰蒙召見王公以下内外臣工，垂詢勦撫之策。臣等有以團民非義民，不可恃以禦敵、無故不可輕與各國開釁之説進者。徐桐、剛毅等竟敢於皇太后、皇上之前，面斥爲逆説。夫使十萬横磨劍果足制敵，臣等凡有血氣，何嘗不欲聚彼族而殲旃？否則自誤以誤國，其逆恐不在臣等也。

　　"五月間，剛毅、趙舒翹奉旨前往涿州解散拳匪，該匪勒令跪香，語多誣罔。趙舒翹明知其妄，語其隨員人等則太息痛恨，終以剛毅信有神術，不敢立異，僅出告示數百紙，含糊了事，以業經解散覆命。既解散矣，何以群匪如毛，不勝獮薙？似此任意妄奏，朝廷盍一詰責之乎？

"近日天津被陷，洋兵節節進逼，曾無拳匪能以邪術阻令前進，誠恐旬日之間，勢將直撲京師。萬一九廟震驚，兆民塗炭，爾時作何景象？臣等設想及之，悲來填膺。而徐桐、剛毅等談笑漏舟之中，晏然自得，一若仍以拳匪可作長城之恃。盈廷惘惘，如醉如痴，親而天潢貴胄，尊而師保樞密，大半尊奉拳匪，神而明之。甚至王公府第，聞亦設有拳壇。拳匪愚矣，更以愚徐桐、剛毅等。徐桐、剛毅等愚矣，更以愚王公。是徐桐、剛毅等，實爲釀禍之樞紐。若非皇太后、皇上，立將首先祖護拳匪之大臣明正其罪，上伸國法，恐廷臣僉爲拳匪所惑，疆臣之希合者接踵而起，又不止毓賢、裕祿數人。國家數百年宗社，將任謬妄諸臣輕信拳匪，爲孤注之一擲，何以仰答列祖列宗在天之靈。臣等愚謂時至今日，間不容髮，非痛勦拳匪，無詞以止洋兵；非誅祖護拳匪之大臣，不足以勦拳匪。

"方匪初起時，何嘗敢抗旨辱官，毀壞官物？亦何敢持械焚劫，殺戮平民？自徐桐、剛毅等稱爲義民，拳匪之勢益張，愚民之惑滋甚，無賴之聚愈衆。使去歲毓賢能力勦，該匪斷不至蔓延直隸。使今春裕祿能認真防堵，該匪亦不至闖入京師。使徐桐、剛毅等不加以義民之稱，該匪尚不敢大肆焚掠殺戮之慘。推原禍首，罪有攸歸，應請旨將徐桐、剛毅、啓秀、趙舒翹、裕祿、毓賢、董福祥先治以重典，其餘祖護拳匪，與徐桐、剛毅等謬妄相若者，一律治以應得之罪，不得援議親議貴爲之末減。庶各國恍然於從前縱匪肇釁，皆謬妄諸臣所爲，並非國家本意，棄仇尋好，宗社無恙。然後誅臣等以謝徐桐、剛毅諸臣，臣等雖死，當含笑入地。無任流涕具陳，不勝痛憤惶迫之至。伏乞皇太后、皇上聖鑒。"

是日,晤唐文治談。

　　《唐文治自述》第一編《茹經先生自訂年譜正續編》:"六月二十七日,謁見許公竹篔,公神色頗慘沮,憂形於色,絕不言疏諫義和團事。但言此次洋兵入京,條款必格外苛刻,君等宜早爲預備。辭出後,又謁見袁公爽秋,袁公氣象激昂,議論踔厲,亦絕不言上疏事。詢余堂上起居,云:'君既遷眷至北山,目下隻身在京,何不遷至敝寓,我須與君細談枰亭先生之學。況此間爲君舊居停地(時袁住東單牌樓二條胡同,即前翁氏宅),望即日遷來。'余告以世宅起居較便,至講學一節,當隨時踵門請教,殷勤鄭重而別。蓋余心知二公禍之將及,而不料其即在旦夕間也。"

七月初二日,被逮刑部。

　　《太常袁公行略》:"洎七月二日下稷,有步軍統領衙門弁役來宅,詭言諸大臣在總署相候議事,語門丁云:'拳匪敗事,其請諸大人斡旋乎!'及登車,乃云王大臣皆在提督署,遂由署送入刑部,家人始知禍作。"

初三日,上諭以公與許景澄莠言亂政,即命處死,遂被戮於菜市口刑場。

　　《光緒朝上諭檔》七月初三日:"內閣奉硃諭:'吏部左侍郎許景澄、太常寺卿袁昶,屢被人奏參,聲名惡劣。平日辦理洋務,各存私心,每遇召見時,任意妄奏,莠言亂政,且語多離間,有不忍言者,實屬大不敬。若不嚴行懲辦,何以整肅群僚?許景澄、袁昶均著即行正法,以昭炯戒。欽此。'"

　　《太常袁公行略》:"次晨,不孝等方擬入獄省視,中途聞耗折回刑部,則已不及,遄出順治門,而遂不及見矣。嗚呼痛哉!時拳匪塞路,猶詰公以仇視義和團之故,公叱之曰:'大臣謀議國事,豈爾等所應問?'聞獄卒言,公與許公在獄中,猶從容索紙筆,手草數十紙,置諸懷袖,後悉爲拳匪搜得焚棄。遺疏耶?

遺囑耶？不可知矣。嗚呼痛哉！"

十二月二十五日，上諭公與徐用儀、立山、許景澄、聯元等人開復原官。

> 《光緒朝上諭檔》："內閣奉上諭：'本年五月間，拳匪倡亂，勢日鴟張。朝廷以剿撫兩難，疊次召見臣工，以期折衷一是。乃兵部尚書徐用儀、戶部尚書立山、吏部左侍郎許景澄、內閣學士聯元、太常寺卿袁昶，經朕一再垂詢，詞意均涉兩可，而首禍諸臣遂乘機誣陷，交章參劾，以致身罹重辟。惟念徐用儀等宣力有年，平日辦理交涉事件，亦能和衷，尚著勞勚，應即加恩，徐用儀、立山、許景澄、聯元、袁昶均著開復原官。該部知道。欽此。'"

編年詩：《上辛有事北壇》、《題所宿齋房》、《菴羅》、《題屠梅君先生晉陽講院章程後》、《嘉興莊母徐貞女勁風榮木圖》、《規鹿柴》、《和何尹憶雲林寺泉》、《略園相公初度》、《和人尋野寺》、《春雪》、《僕求藏春集逃虛子集卅有六年而未得豈塵緣未淨神者固靳告之耶》、《賦得讀書秋樹根為方別乘題》、《予闢東園雲門書來云前在渭南傳舍亦作小樓子名之曰東園作詩見示有湖在杭州如在潁墩歸謝氏亦歸王之句戲次韻》、《再和》、《亞蘧曾修少林寺志居嵩山中木食澗飲者百餘日欣然贈言》、《再答雲門》、《讀坡公集和回道人題沈東老庵壁詩次韻作》、《曉出東直門》、《宏毅公父子賜塋》、《集坡句》、《庭有異石一峰浸碧缸中崒起嚳空諦觀之得異境名之曰小浮玉》、《曉起》、《碩敷游西山登羅睺嶺作詩有以手障日月云云因具說之》、《續咏史》、《和友人吳山水仙王祠》、《埳井篇》、《次韻雲門即席見示是日偕次山廉生碩敷芸子晦若東瀛同枉顧會飲東園花下》、《東籬下緋白二桃用前韻》、《芸子和前均垂示奉答》、《即景》、《碩敷示新詩再和》、《碧城》、《後碧城詩和碩敷韻》、《次韻碩敷告行將之江表》、《又次韻述懷》、《和雲門臺字韻再送碩敷》、《朱古微學士斜街補屋圖》、《再宿壺墅》、《送屠水部往卜魁

城》、《送張次山謫官南歸》、《題孫淵翁爲洪卷施作小篆》、《書事》、
《咏史》、《又接上咏史》、《幽憤四章》。

編年詞：《水龍吟·慰雲門失子》、《朝中措·淀園》、《探春幔·張
次山納言高理臣京兆謫官同日出都餞別爲圖因題贈》。

編年文：《致勞乃宣書》（入春諸事皆適）、《致勞乃宣書》（前再奉
一函）、《致高爾伊書》（任之兩書均誦悉）、《致高爾伊書》（前艸
艸寄函）、《致陳豪書》（彼此事冗）、《致吕海寰書》（曩日同舟十
年）、《祭龍繼棟文》（佚）、《致繆荃孫書》（上年秋杪）、《致高爾伊
書》（洋人所踞）、《三通考輯要序》、《小學韻語序》、《和州志序》、
《上座師張孝達書》（前月十二接奉鈞文電）、《上慶親王請急剿拳
匪書》、《請亟圖補救之法以弭鉅患疏》、《上榮中堂略園書》（犬羊
異族）、《請速謀保護使館維持大局疏》、《上座主張孝達書》（十九、
二十天津城陷）、《嚴劾大臣崇信邪術請旨懲辦疏》、《與梁節庵太
史》（屯艱顛沛之中）。

【時事】五月，義和團蔓延京畿，清廷意圖利用拳民滅洋，遂
對列國宣戰。七月，八國聯軍逼近北京，慈禧太后攜光緒帝於
二十一日逃往西安。閏八月，李鴻章抵達北京，與各國談判議和。

陳寶箴卒。崇綺卒。徐桐卒。聶士成卒。李秉衡卒。許
景澄卒。徐用儀卒。張蔭桓卒。王懿榮卒。

後　譜

身後哀榮（1900—1909）

光緒二十六年庚子(1900)

七月,公遇害消息傳至江南。

　　《藝風老人日記》初九日:"陳伯雅、褚伯約來,云許竹篔、袁爽秋均爲端王所害,曷勝悲慟。"

　　《鄭孝胥日記》初十日:"南皮邀至姚園夜談,始聞許、袁獲禍之信。"

　　《敬孚日記》十一日:"申後袁觀瀾來,言及袁爽秋太常爲言事<small>中外議和</small>。致死,前、昨、今三日《中外日報》、《新聞報》、《蘇報》、《申報》各有所載,蓋與許侍郎景澄同時<small>初三日</small>。而死。惟各報所載情事不一,當俟詳記。"

　　《翁同龢日記》七月十二日:"報傳許景澄、袁昶被誅。昨日報,今日無《新聞報》。"七月廿一日:"見初四日許景澄、袁昶正法之諭,謂其語多離間,有不忍言者。……胸中梗塞,竟夕不寐。"

十二日,家眷自京南下,道路梗阻,八月中旬始安抵松江。

　　《敬孚日記》光緒二十六年(1900)閏八月初一日條:"何霞齋來訪,伊於七月十二日由京城護送袁爽秋太常家眷至松江,現由松江至上海,附輪舟至此,知余在此,故來一晤。"

　　《中外日報》八月十八日:"許尚書及袁侍郎被害之事,本館已屢據所聞登報。日昨袁侍郎之家屬由京南下,本館親往訪問,承以詳細情形見告,與前所登載略有異同。"

　　案:何霞齋即何則琳,爲安徽桐城人,係袁公所聘家庭教師兼幕僚,自光緒十七年(1891)年起至袁公被殺,一直跟隨其身側,前後達十年之久。袁公死後,何則琳護送袁氏家眷自京返回松江。戰爭期間交通不便,行程不可懸揣,於蕭穆日記可知其抵達時間應該在八月初或中旬左右,則《中外日報》八月十八日的採訪當是第一時間的記錄。

是月,樊增祥作《四友》詩,有懷公與許景澄、盛昱、王懿榮。

　　《樊山續集》卷十一《四友》:"許盛王袁吾四友,老坡生日悼王孫。黃壚痛飲成千古,白首同歸更二人。顏子命如鸚鵡短,元興血濺牡丹痕。瑯琊祭酒應無恙,苦念危城老病身。"

八月初十日,葉昌熾作詩悼之。

　　《緣督廬日記》:"今日又疊韻二首哭袁爽秋太常,呈佩鶴索和。"

十七日,《申報》刊載記録許、袁二公被害緣由。

　　《申報》八月十七日(9月10日)《紀許袁二公被戮緣由》:"許竹篔侍郎景澄、袁爽秋京卿昶慘被誅戮一事,本館前已紀諸報端。兹有友人自京師南下者,備述二公受禍緣由,爰爲之補紀於此。先是六月中旬,皇太后、皇上以次召見六部九卿,許、袁二公及吳總憲廷芬應召趨入覲。皇太后未出,皇上先升寶座,遂跪近御前。皇上執許公之手而諭曰:'今不議和,百萬生靈將塗炭矣,爾須將其中利害痛陳於慈聖之前。'及皇太后出,見執手狀,即加以呵斥。二公復極陳中外之不相敵,亂民之不足用。吳公旁引其肘,二公不爲止,陳諫愈切,至於痛哭流涕。既出,復會銜上疏,不稱旨,留中數日。及楊村失陷,二公復會疏,略謂團匪初起,不難撲滅,主謀不善,養癰貽患,以至兵連禍結,九廟震驚,乞速誅謀臣,以冀挽回危局。疏上,皇太后震怒。七月初二日申初,有九門提督署番役持大金吾名剌邀袁公入城議事,僞言總署堂官皆集,許大人已先至。袁公喜,以爲廷意將修和議也,乃疾驅而入。至提署,則由番役及義和拳匪數十人擁入刑部。次日午後,即傳出砆諭,責以離間,遂同赴西市。先後

奏稿,皆袁公手削。又有日記一册,於拳匪起事以後,中外肇釁,
樞軸主謀諸事載之纂詳,現皆散失無存。所居二條胡同寓所本
翁虞山宅,亦已被焚。當袁公在獄時,手草遺囑數十紙,悉被拳
匪焚燬,今已無隻字留存矣,傷哉。"

閏八月二十一日,《清議報》刊載公所上疏稿。

《清議報》第六十期《袁爽秋京卿請剿拳匪第一疏》。

二十五日,《申報》記錄公與許景澄、徐用儀、聯元等被難情形。

《申報》閏八月二十五日(10月18日)《述袁許徐聯諸公
遇禍事》:"袁、許諸公之慘遭顯戮也,人無論識與不識,類皆惋
惜深之。兹有客之來自京師者,述及袁、許二公同於七月初三
日遇禍。是日午後三下鐘許,乘囚車赴菜市口。許公紅頂花
翎,身穿紗袍,臨刑,問監斬之徐、景二官曰:'我何罪而至於此
耶?' 徐、景喟然太息,搖手止之曰:'毋多言,總是彌天冤枉而
已。'袁公神色自若,劊子欲去其大帽,則張目叱之曰:'我未奉
上諭革職,胡去爲?' 時袁公已由公子賂行刑者,得於地上鋪莞
簟,許公則頭顱既斷,宛轉泥沙中,面目模糊,幾難辨認,真慘矣
哉。至於徐、聯二公,同於十七日午後被逮,其時徐公衣紗接衫,
聯公僅一短褂。及至刑部,即於七下鐘時,奉旨赴菜市口,與立
侍郎同被極刑。翌日某京官過其地,見血泊中一屍橫仆,頭在
肩旁,車夫曰:'此徐大人也。'京官乃揮淚而去。"

是年冬,黃遵憲作《三哀詩》悼公。

《人境廬詩草》卷十一《三哀詩·袁爽秋京卿》:"士生板蕩
朝,非氣莫能濟。國家有妖孽,尤貴養正氣。公官典客時,正
值艱難際。初言義和拳,本出大刀會。先皇鑄九鼎,早既斥魑
魅。明明白蓮教,遺孽傳苗裔。邪術金鐘罩,不過弄狡獪。宗
社三百年,豈可付兒戲? 繼言諸大國,各有白馬誓。預儲大萬
金,始可戮一士。矧持英蕩來,堂堂大國使。一客不能容,反縱
瘈犬噬。問罪責主人,將以何辭對? 封事兩留中,痛哭再上疏。

彼賊敢橫行,實挾朝貴勢。奈何朝廷尊,公與匪人比。盲師糊
塗相,驕將偃塞吏。擲國作孤注,作事太憒憒。速請黃鉞誅,無
得議親貴。幸清君側惡,斧鉞臣不避。當璧天子父,不敢爲尊諱。
天潢盜弄兵,語直斥王字。嗚呼批鱗難,況觸投鼠忌。朝衣縛
下獄,衆口咸詬詈。白刃露霜鋒,黃巾走塵騎。阿師呼大兄,紅
帶夾道侍。讙讙殺二毛,萬頭相傾擠。公甫下囚車,拜問臣何
罪? 刑官縱馬來,大罵囚無禮。豈容發口言,指天復畫地。呼
天聲未終,滾地頭已墜。惡耗四海傳,何人不雨淚。識公十數
年,相見輒倒屣。追述潘鄧説,許我以國器。公贈詩有云“孺初伯訥
兩孤標,説士推君器後凋”之句。同輩六七賢,推公最强記。喜談佛老
學,語我求出世。知公真名士,不獨善文藝。未知比干心,竟爲
直諫碎。我實知公淺,負負心內媿。馬關定約後,公來謁大吏。
青梅雨翛翛,煑酒論時事。公言行篋中,攜有日本志。此書早流
布,直可省歲幣。我已外史達,人實高閣置。我笑不任咎,公更
發深喟。今日讀公疏,倘得行公意。四百五十兆,何至貽民累。
不獨民累袪,中國咸受惠。即彼附賊徒,亦緩須臾斃。斥公助逆
人,黃泉見亦悔。蒼蒼天九重,今尚浮雲蔽。痛公不言隱,開卷
輒流涕。盜首既伏誅,知公不爲厲。定爲社稷憂,騎龍謁天帝。”

光緒二十七年辛丑(1901)

二月二十七日,公與徐用儀、許景澄靈柩同日出京。

　　《申報》三月初六日(4月24日)《忠櫬啓行》:“京師訪事
人云:上月二十七日,徐尚書用儀、許侍郎景澄、袁京卿昶靈輀
同日出京,道經虎坊橋,官紳路祭棚共有三處,各國駐使咸按中
國禮致祭。議和大臣李傅相因日前藥庫失火受驚,政躬欠安,
未及親臨祭奠。既而各國派兵護送赴通州,由水路抵津,俟靈
柩登舟始返。”

《那桐日記》二十六日：“辰刻徐、許、袁三君子發引，各國欽使致祭。合肥囑余前往照料，觀者萬人，死有餘榮也。徐次舟有輓聯云：‘舊夢記西泠，浩氣同隨忠肅去；歸程指南海，怒濤遙逐子胥來。’誠傑作也。”

案：那桐記三忠靈柩於二十六日啓程，較《申報》所載前一日，未知孰是。

是月末，唐文治作《五忠詩》（又名《五君詠》）以弔死難五大臣。

《茹經先生自訂年譜》：“奉旨昭雪許、袁、徐、聯、立五大臣冤案，開復原官。旋許、袁、徐三家屬盤柩回籍，各使館派兵送行，儀仗極盛。總署諸同人設靈路祭，有泣下者。余作《五忠詩》弔之，《袁公詩》結句云：‘流水高山今已矣，天涯何處哭鍾期。’蓋不勝知己之感也。後外交部陸子興總長建四忠祠於署後，刻余詩於壁間，以資紀念。自是，余夜間常夢許、袁兩公被刑狀，輒大哭而醒，淚漬枕上，蓋肝鬱目疾愈深矣。”

《國專校友會集刊》1931 年第 1 期載唐文治《五君詠五首有序》：“在昔靈均寫怨，赴汨羅而弗辭；精衛含愁，投滄溟而不返。弔先賢於柴市，衣帶千秋；訪遺跡於東林，榛蕪半壁。然未若冤成薏苡，衅起浮游，有如五君之甚者也。庚子夏五，義和拳匪搆難京師，赤眚兆於中天，黃巾遍乎禁闈。五君爲國重臣，屹然砥柱，或萬言陳疏，或片語諫諍。曾不逾時，天飛冤雪，地起愁雲，意欲之讒朋興，莫須之禍倏遭。嗚呼！聞山陽之笛，名士興悲；讀太傅之碑，文人墮淚。矧夫士感知己，伯牙碎琴；義激友生，漸離擊筑。僕也既咄咄於銅駝，益傷心於禾黍。編長宏之遺傳，痛哭摛辭；仿宋玉之招魂，旁皇設祭。嗚呼慟已！爰綴律詩，用代信史，五君有靈，倘能鑒我。

許公景澄

科名共羨少年呼，報國忘身歷仕途。雪滿榆關馳使節，公曾使德，又使俄。雲摩蔥嶺擴輿圖。公印有帕米爾圖並西北邊界圖，均精絕。

舟師列國傳新表，_{公著有《外國師船表》，至爲詳備。}文字怯盧教曲摹。_{公設俄文學堂，京師學者甚衆。}千載沉冤誰與雪，夕陽荒草夜啼烏。

　　袁公昶

洛陽年少騁才思，_{公少年時，才名藉甚。}博古通今是我師。著述司農推絕學，_{公精研經學，著作尤夥。}詩篇太白吐仙姿。_{公詩才尤絕一時。}綠章萬口傳寅直，_{公有《請剿拳匪疏》，忠肝義膽，可與椒山先生諫草並傳。}碧血千年怨子規。流水高山今已矣，天涯何處哭鍾期。

　　徐公用儀

滔滔浙水共西流，_{公與許、袁二公均浙人。}城北於今姓字留。渤海江山爭半壁，_{俄租山東廟群島事，公與許公爭之極力。}樞庭政誥亦千秋。_{公舊直軍機。}襄陽書法新摹勒，_{公極好碑帖，書法甚精。}貝葉梵經舊校讎。_{公有手批《金剛經》。}外部文章今絕筆，大名諸葛在歐洲。

　　聯公元

太息臨風酒一巵，如公古道有誰知。_{公極長厚。}爰書事定無將獄，_{時人目許、袁、徐三公爲漢奸，而獨不能言公之罪。}片語冤成意欲辭。_{公召對時，言謀定後動四字，端邸大怒，遂被害。}政績允符循吏傳，哀銘共勒峴山碑。_{公在外任，愛民頗至。}傷心更欲臨歧弔，宛轉嬌雛誓死隨。_{公幼女痛父盡節，竟以身殉。}

　　立公山

懲奸直欲戒猱升，_{公力斥拳匪。}象齒焚身兆已徵。_{時人所以力傾公者，實覬公之富耳。}北海筵開浮綠蟻，_{公極好客，座多名士。}西朝膻集畏青蠅。_{公在內務府最久，然竟不免於難。}外交疇見明珠贈，_{公居與西什庫相近，時人遂謂通樊主教，真大可笑事。}海稅空聞寶藏興。_{己亥冬，譯署論加稅事，公疑聶方伯推諉，正言屬色，相規甚至。}慘絕一抔黃土在，忠魂千載此依憑。"

　　案：劉桂秋《唐文治年譜長編》繫此詩於去年末奉朝旨昭雪時，考唐氏自訂年譜及詩序，均言及三忠靈柩出京設祭事，故改繫於此。

三月初九日，三忠靈柩運抵上海，當地士紳舉行盛大祭奠以申敬意。

《申報》三月初十日（4 月 28 日）《照料靈輀》：“美界捕房愛副捕頭探悉徐、許、袁三公靈櫬已由天津附招商局公平輪船南下，昨日午前十點二刻鐘時抵埠，蘇松太兵備道袁海觀觀察率同文武印委各員咸往迎迓，滬軍營管帶翁子文太守亦帶勇列隊江干，以伸敬意。法界捕房謝副捕頭督率中西各捕及各包探彈壓閒人。俄由公子扶之登岸，暫厝招商局煤棧，定於今日午前舉襄。爰派令華捕十六名、西捕四名、印捕八名，屆時赴金利源馬頭幫同照料。”

《申報》三月十一日（4 月 29 日）《三忠舉襄記》：“三忠者何？原任兵部尚書徐公用儀、原任吏部左侍郎許公景澄、原任太常寺卿袁公昶也。當拳匪作亂京師，日與外人相攻殺，朝野上下，異論沸騰。徐公以久在總理各國事務衙門，疑與外人有連而見殺。許公、袁公以極言諍諫，詞太激烈而見殺。雖遇禍不一致，而一時士論，無不痛爲沈冤。今者欽奉綸音，表揚忠烈，靈輀南下，航海來申。人無論賢否智愚，爭素衣素冠，竭誠叩獻。輓聯祭幛，滿壁琳瑯，擇其尤者，如陳君寶源云：‘從容報養士深恩，爲社稷宗廟土地人民不惜一死；忠義乃史家定論，若道德文章學問經濟各有千秋。’金君兆蕃云：‘我國家厚澤深仁，養士之報；爲兩浙名山巨浸，靈氣所鍾。’方君瑞曾云：‘人謂厄運終，我謂中興始，今日虞歌載路，公論大明，足見億兆士民同心愛國；退爲吾鄉哭，進爲天下慟，洪維聖主當陽，宏規復振，安得二三俊傑藉手匡時。’嚴君信厚云：‘時局已如斯，議戰議和，百世下定論當衷於一；臣心原可表，成仁成義，五人中吾鄉乃得其三。’嚴君復云：‘善戰不敗，善敗不亡，疏論廷諍，動關至計；主憂臣辱，主辱臣死，皇天后土，式鑒精忠。’趙君鳳昌、劉君樹屏云：‘與立尚書、聯閣學同罹北寺奇冤，痛篋中諫草禾寒，淺土黃沙,正氣竟埋燕市血;配岳鄂王、于少保一例西湖廟食,望天半靈旗來下,雲車風馬,忠魂長咽浙江潮。'廖君宇春云:'江上返忠魂,騰碧血青燐,長照薊門月色;人間留浩氣,逐銀濤白馬,又添浙海潮聲。'此外尚有不具名姓者,或稱鋤梅叟,或稱瀟湘王子、珠江陳子,或稱訶林侍者,或稱希古,要皆各抒己見,生面別開。……本月初十日爲舉殯之期,先是核定路由,由法租界金利源棧房發引,沿浦濱往北折入公館馬路,望西過三茅閣橋入英租界河南路,轉四馬路達王萬昌茶肆前,向北入大馬路,轉而向東,經拋球場迤邐而北,由北京路西抵北泥城橋,再西至新閘大王廟登舟。寓申士庶官商,沿途致祭,豆籩香帛,致愨致誠。計兩江督憲兼南洋通商大臣劉峴莊制軍電飭蘇松太兵備道兼江海關監督袁海觀觀察祭於河南路奚良濟藥鋪前,招商總局督辦盛杏蓀丞堂以下諸君祭於法界公館馬路鴻運樓酒肆前,《中外日報》、《新聞報》、《蘇報》、《滬報》諸同人祭於四馬路盤記棧比鄰,鐵路公司諸君祭於江海春西菜館前,電報滬局諸君祭於拋球場宏昌洋貨號前,嘉興諸同鄉祭於聚豐園、狀元樓二酒肆前,綢業同人祭於金谷香西菜館前,同事諸君祭於海國春西菜館前,醬業各商祭於振新醬園前,湖州諸同鄉祭於壽聖菴佛店前,東南濟急會同人祭於金利源寧波碼頭棧房前,前法界公廨讞員葛蕃甫大令祭於晉安里公館前,沈君某祭於來安里前。此外如法界錦章洋貨店前,新協成烟館前,英界十萬卷樓書肆前,北協成烟館前,源來典肆前,保安善堂前,仁大典肆前,一林春茶肆前,及北泥城橋畔,亦有設筵以祭者。至於一切殯儀,無不應有盡有。首報馬,次路由牌,次開路神、開山神,由是而大鑼、清道旗、肅靜迴避牌。策馬執旗者四人,步行吹手一班,馬上吹手一班,銜牌八對,銘旌亭三座,馬上軍健四名,令箭四枝,蜈蚣旗四對,蘇松太道親兵、滬軍營親兵各數十名,頂馬八騎,鑾駕全副,香亭一座,誥命亭一座,馬上旗牌六面,樂工一班,三層紅傘一頂,劊子四名,大鑼一對,繡傘八頂,魂雞亭一座,祭幛三十五懸,輓詞六十聯,像亭三座。執紼者爲某學堂肄業生數十人,旅滬紳商數十人,三公親友各數人,另有東洋裝束手執草圈者數人,殆古者生芻致敬之遺意歟。厥後則爲素頂馬三騎,綠呢魂轎三乘,乘轎之跟丁各八人,翣牌、功布各二,長旛數對,孝幛三頂。孝子麻衣如雪,徒步以行。柩用龍頭槓,舁以二十四人。本邑各官未盡衣冠恭送,意者是日適逢國忌,故不敢越例爲之乎。然而呵殿鳴鑼,於禮亦未爲可也。當在法界啓行時,謝副捕頭戎服佩刀,督同西捕二十餘名持槍護送。及至英界,各捕頭亦督同中西探捕彈壓閒人。一路觀者若堵墻,每有白袷名流、綠窗靜女,下至海外梯航之侶、鄉間負販之人,莫不低首傾忱,嘖嘖歎忠良不置。回憶袁公在松江寓廬設奠之日,門堪羅雀,吊者寥落若晨星,甚至地方有司遣僕致詞,謂恐招搖以干物議。今者奉旨昭雪,開復原官,而賓從如雲,立時煊赫,炎涼世態,竊不禁感慨係之。然而三忠已名垂千古已。"

二十四日,公之靈柩運抵杭州,供奉於昭慶寺。

《復堂日記》二十二日:"袁櫬廿四入城,廿五昭慶寺受弔,令瑜往理料陳設。委德不能出,遣子代。"二十四日:"今日袁柩發引入城,赴昭慶寺停奉,瑜往,西人亦殷勤祭奠,普濟堂士紳行祭禮者數十人。瑜迫暮始回,知楊雪漁、陳藍洲皆以病遣子代。聞觀者興歎,沿途甚多。"

《申報》四月初三日(5月20日)《忠櫬南旋》:"杭州采訪友人云:去年拳匪之亂,原任太常寺卿袁爽秋京卿昶突爲奸黨所誣,以致在京遇禍。嗣經奉旨昭雪,開復原官。其靈柩自津門附某輪船南下,由嗣君扶回桐廬原籍。三月二十三日,舟抵杭州,就新馬頭小椗。仁和、錢塘兩縣主特派差役赴江干照料,駐杭西官亦撥出巡捕及洋兵四十名妥爲保護。二十四日辰刻發引,清晨省會文武官僚俱詣碼頭公祭。英、法、日本諸國領事官及洋關税務司、各教堂教士咸親臨執紼,以表敬忱。靈柩奉旨入城,行至普濟堂前,紳董復具牲牢祭奠。旋由武林門大街經同升坊,過和合橋、聯橋,穿司馬渡巷,過薦橋,折而至琵琶街,經回回堂,過衆安橋,出錢塘門,詣昭慶寺法乳堂暫厝。延僧人諷經三日,迨二十五日在寺中開吊。官紳及年家故舊衣冠展拜者,素車白馬,爛其如雲。”

十一月二十六日,兩宮回鑾,駐蹕保定,上諭查覆被難五大臣子嗣任職情況。

> 《光緒朝上諭檔》:“交吏部,軍機大臣面奉諭旨:‘原任户部尚書立山、兵部尚書徐用儀、吏部侍郎許景澄、内閣學士聯元、太常寺卿袁昶,該故員等子嗣幾人?有無官職?著吏部迅即咨行内務府、鑲紅旗滿洲、浙江巡撫查明聲覆。欽此。’”

十二月二十二日,上諭公之長子刑部主事袁允櫒著加恩以員外郎補用,其餘四大臣之子亦賞給有差。

> 《光緒朝上諭檔》:“交吏部,軍機大臣面奉諭旨:‘前户部尚書立山之子奉宸苑員外郎聯榮,著以郎中補用。前兵部尚書徐用儀之子户部主事徐士鍾,著以員外郎補用。前吏部左侍郎許景澄之子湖北候補知縣許鼎鈞,著以直隸州知州補用。前内閣學士聯元之子筆帖式椿壽,著以主事補用。前太常寺卿袁昶之子刑部主事袁允肅,著以員外郎補用。欽此。’”

光緒二十八年壬寅(1902)

是年,葬於杭州西湖八蟠嶺。

> 《資政大夫太常寺卿袁府君墓碑》:“二十七年二月,北京槀兀,乘輿未返,子姓艱劬扶櫬,取道津沽,達上海,華夷感歎,相與扶持。許櫬先歸嘉興故里。公以當年游學,眷眷西湖山水,三子允櫒、梁肅、榮叟承志,柩經杭州,卜地某山原筮葬焉。”

《薛夫人家傳》："先生與徐尚書、許侍郎俱被易名之典，浙人祠以三忠。越壬寅，葬先生於西湖八蟠嶺。"

案：公之落葬日期，前人多謂爲二十七年（1901）辛丑三月，然其時爲靈柩運抵杭州，非落葬也。考《復堂日記》所載，四月十三日："袁郎來，以改定行狀交瑜轉呈，當力疾挽筆成墓碑、家傳矣，期以十五日始，二十日脱稿。"二十日："袁碑稿脱。"二十一日："將撰袁君家傳，以完諾責。"二十四日："上午袁媛來，以墓碑稿示之。"則墓碑之文係譚獻所作，四月中始蕆事，自不應三月即落葬。又沈惟賢所撰《薛夫人家傳》明言壬寅年葬於西湖八蟠嶺。沈氏與公爲姻親，公第三子榮叟爲沈氏之婿，所記應屬可靠，故從之。

光緒二十九年癸卯（1903）

張之洞道過蕪湖，作詩悼公。

張之洞《過蕪湖弔袁漚簃四首》："七國連兵徑叩關，知君卻敵補青天。千秋人痛晁家令，能爲君王策萬全。<small>"帝王之道，必出萬全。" 晁錯《言兵事疏》中語。</small>""民言吳守治無雙，士道文翁教此邦。白叟青衿各私祭，年年萬淚咽中江。<small>士民祠之於中江書院。</small>""鳧雁江湖老不材，百年世事不勝哀。蓋公堂下青青樹，曾見傳杯讀畫來。<small>蕪湖道署中，漚簃用宋人蕪湖故事作避舍蓋公堂。丙申二月，余還武昌，過蕪湖，漚簃留余及幕僚賓客談讌竟日。</small>""江西魔派不堪吟，北宋清奇是雅音。雙井半山君一手，傷哉斜日廣陵琴。"

宣統元年己酉（1909）

三月二十日，上諭公與立山、徐用儀、許景澄、聯元均加恩予諡，旋予公諡號"忠節"。

《宣統朝上諭檔》："宣統元年三月二十日內閣奉上諭：'朕

恭讀光緒二十六年、二十七年迭奉諭旨,特將誣陷被罪之前戶部尚書立山、兵部尚書徐用儀、吏部侍郎許景澄、内閣學士聯元、太常寺卿袁昶開復原官,並錄用子嗣。仰見我德宗景皇帝秉承孝欽顯皇后慈恩垂訓,一秉至公。惟念該故員等心存君國,忠蹇可矜,允宜再沛恩施,嘉名特賜。立山、徐用儀、許景澄、聯元、袁昶均著加恩予謚,用示朕推廣慈仁之至意。該衙門知道。欽此。’”

《大清宣統政紀》三月己巳:“尋予立山謚忠貞。徐用儀謚忠愍。許景澄謚文肅。聯元謚文直。袁昶謚忠節。”

五月,朝廷允浙紳所請,爲建三忠祠於西湖。

《浙撫代奏浙紳請建三忠祠》:“竊據在籍紳士朱祖謀、陸元鼎、濮子潼、湯壽潛、龐元濟、張元濟、劉錦藻、楊晨、潘鴻、陸廷黻、盛炳緯、沈衛、邵章、孫智、孫廷翰、吳震春、丁立誠、高雲麟、姚漢章、鄭志虙、胡焕、張蔭椿、徐宗源、沈鈞儒、葉景萊、楊復、褚成博、王慶甲、王鈺孫、林丙修、顧文藻、許臺身、章廷綸、陳豪、王廷揚、顧浩、陳教第、陳達常、楊振鎬、朱丙炎、周慶雲、金承樸聯名呈稱,本年三月二十日内閣奉上諭:‘朕恭讀光緒二十六年、二十七年迭奉諭旨,特將誣陷被罪之前戶部尚書立山、兵部尚書徐用儀、吏部左侍郎許景澄、内閣學士聯元、太常寺卿袁昶開復原官,並錄用子嗣。仰見我德宗景皇帝秉承我孝欽顯皇后慈恩垂訓,一秉至公。惟念該故員等心存君國,忠蹇可矜,允宜再沛恩施,嘉名特賜。立山、徐用儀、許景澄、聯元、袁昶均著加恩予謚,用示朕推廣慈仁之至意。該衙門知道。欽此。’伏念故兵部尚書徐用儀、吏部右侍郎許景澄、太常寺卿袁昶,同隸浙籍,志節凛然。褒榮已錫自朝廷,矜式宜垂於鄉里。矧值末流澆靡,時局艱難,尤在立名教之大防,俾共識人臣之正軌。兹既銜恩泉壤,固宜致敬梓桑。揆諸古者没祭於社之文,實出義不容已。用特公同籲請,擬於省城西湖地方建設專祠等情，環懇請奏前來。奴才查已故兵部尚書徐用儀等，學識遠大，志慮忠純，當群言淆亂之時，定百折不撓之氣。直言讜論，洵足昭示來兹；亮節孤忠，允宜特隆典禮。蓋聖恩既予謚表章，而臣節益聞風興感。該紳等敬恭桑梓，重文章氣節之存；景仰風徽，冀俎豆馨香之報。聯名呈請，同出至誠。合無仰懇天恩，俯念已故兵部尚書徐用儀、吏部侍郎許景澄、太常寺卿袁昶，忠藎可嘉，准於杭州西湖地方建設專祠，以表忠貞而昭激勸。五月初五日奉硃批：‘該紳等捐建，該部知道。’”

附　録

太常袁公行略

皇清誥授榮禄大夫二品銜總理各國事務大臣太常寺卿顯考爽秋府君行略

嗚呼！先公賫志未竟，以身報國，不孝等其奚忍言先公之事邪！以先公志行，即無不孝等不文之言，亦自足襮白於天下後世，又奚待於言？茹痛至今，靦顏苟活，言之而悲，不言之而悲益不容已也。人事忽忽，近始稍將先人燼餘日記、文集諸遺稿檢校再過。不孝等茫昧無知，庭誥又未能一無遺忘，猶幸慈訓所述二三，師長暨于湖諸世丈多表述先公志事及在蕪湖政績相示，謹和淚濡墨，就聞見所可尋繹者，節叙事略，粗備當代大人先生採擇，爲賜表傳，則世世子孫感且不朽。竊念傳誌貴簡，事狀則當翔實，以備財取，深恨蕪詞不能詳盡，至於事跡，不敢稍誣，惟知先公而深哀之者鑒之。篇内皆稱公者，事以實記，不敢私也。

此篇草於壬寅秋、甲辰春夏間，蒙湯蟄先師、沈師徐師及高子衡姊丈同覆閲削定，謹附記誌謝。不孝允櫶、梁蕭、榮叟泣識。

公姓袁氏，諱昶，初名振蟾，字爽秋，一字重黎，浙江嚴州府桐廬縣人。世居芳郭里，晚稱芳郭鈍叟，又稱鈍椎，自寓砥勵意。桐邑濱漸江西，常自號漸西村人，學者稱漸西先生。

先世系出宋工部侍郎寶謨閣待制諱樞字機仲。待制嘗爲嚴州教授，一子留桐，是爲遷桐始祖。裔孫某，明提學副使。譜牒遭兵燹闕如。

提學公孫大觀爲公六世祖。大觀生師孟。師孟生有珍，字儒聘，爲公高祖，享年七十二歲，乾隆五十年欽賜粟帛。

六世叔祖有知夔州府事者曰大偉，康熙癸巳舉人，以廉能聞，歷知四川奉節、湖南石門等縣。石門有去思碑。既謝職，爲仇家所陷，奉旨籍没，以憂卒。事白昭邮，家遂中落。

曾祖國學生諱顯韜，字乘六，勤於治生，好施與，多隱德，鄉人至今道之。娶氏田、氏單。

考諱世紀，字鑛巖，一字用疇，優廩生。娶氏徐。以公貴，三代贈一品封典，考晉榮禄大夫，娶晉一品夫人。鑛巖贈公嘗師事蘭溪戴太僕鹿芝，治經通大義，遭洪楊之亂，慨然治兵家言，著書十數卷，一曰兵陰陽家，主天，二曰兵權謀家，主人，三曰兵形勢家，主地，四曰兵技巧家，主器，兵燹後燬無遺藁。居鄉授經，生徒聽講者常數十人，肆力用世之學。咸豐庚辛間，佐治樂平軍，軍潰，陷賊軍六十日。會與官軍戰，欲乘勢劫其衆以佐官軍，手刃僞酋黃生財未殊，酋反斫贈公，傷脰幾絶，遇官軍捷，救之獲全。力疾上書左文襄公戎幕，指陳賊情狀，獻恢復之策。文襄偉之，留營參謀戎務。文襄逐賊饒、信間，屢勝，降賊數萬，悉遣散。餘逆之黠悍者，謀竄入浙境。贈公復建言：“賊自全州蔓延湘、楚、贛、皖，脅從日衆，今勢蹙來降，其悍者宜編爲新軍，分隸湘字五營，罷弱者散之。不宜悉縱，使復歸於賊。且浙省饟所自出，浙陷而湘饟隨絶，請速援浙。”文襄猶豫未發，賊果復合，兩浙陷。贈公謀復桑梓，間道自樂平歸，勸富民范氏輸粟、王氏輸金，抽丁爲團練，三日而集。豪右以爲利藪，煽鄉里彈射不已，贈公遂舍去。團軍譁散，桐廬旋陷。贈公匿山谷中，躬自樵汲，與同里江副貢肇碩作菇中語，憤惋流涕，飢甚猶唱和不輟。食盡，以樹皮野菜爲糧。癸亥春，郡城克復。贈公復赴行營，擬陳善後事，未至，三月二十四日病卒郡城小南門外，春秋四十有一。嗣浙撫馬端敏公據嚴郡守山陽丁公壽昌詳訪行實，奏請照軍營積勞病故例議邮，賜贈雲騎尉世職，入祀嚴州昭忠祠。節錄先公撰《述德記》語。先祖未有表誌，故附述於此。

　　公幼有異質，稟贈公庭訓，十歲通五經大義，初應童子試，郡守
邑侯目爲神童，宗師許爲大器。年十四，補弟子員。旋遭髮匪，家人
星散。公再爲匪掠，卒以計得脱，纚風沐雨，走荆棘中，日百餘里。
嘗尋贈公於山中，攀崖涉津，數蹈鋒刃；歸省太夫人阽危之中，不稍
間。洎贈公歿，公奔喪營葬，不能成禮。太夫人相繼逝世，公茹痛幾
絶，益以承先志爲己任。貧不能自存，問租於佃農，田盡爲豪右所
奪，幾被害。又至戚舊家乞夗逋，爲所拘。贈公執友方古香老人直
之於縣，乃得釋。乙丑夏，嚴郡山水暴發，上書郡守丁公，乞發粟以
振災，民多所全活。旋讀書杭州，掌教東城講舍高伯平先生均儒，清
德高行，爲多士師。公執贄請業，學益進。以古學受知於學使吴和
甫少宰存義，一時知名之士，皆講學勸義，篤行相友善。杭郡太守薛
公時雨識公於未遇之先，袖所取課藝入告嫂氏郭淑人，議妻以兄子，
遂成聘。歲丁卯舉於鄉，議遷葬贈公於桐，至瘞所，兵荒榛蕪，竟失
其處，乃招魂具衣冠歸，與徐太夫人合葬焉。戊辰應禮部試，報罷南
歸，時興化劉融齋中允熙載主講上海龍門書院，奇公才，留肄業焉。
中允尚謹言力行、恐懼修省之學，公於是致力性道。又嘗問經義於
鍾子勤先生文（蒸）〔烝〕，由是不爲漢宋師承所囿。己巳旋杭，大府
聘爲書局總校。是冬就甥館於全椒，游學江淮間，交游益廣，聞譽日
起。館揚州書局時，聞六安吴竹如少司寇廷棟好談道，往謁縱論，學
未盡協，服其雅正，恒以自勵。嘗致書嚴郡太守宗湘文源瀚整書院、
興教育條陳，浙撫楊中丞昌濬刊《宋元學案》，又請慎汰湘勇，勿貽
害鄉里。公不苟干謁，而所知則規納不吝，事多類此。

　　甲戌禮闈既取復易，或勸筮仕，乃納粟爲中書舍人，益撢思道
藝，博治掌故。嘗謂義理之學，首重力行，故必先廣學識，不然雖嚴
氣正性，而無裨於事。詞章以闡道義，考據以通經術，義理以持古今
經變，不可偏廢。又謂我少習詞章，繼乃博覽諸子，推原理學，旁及
佛老，皆蘄於取精微、棄糟粕。故公之教人必以理學法爲言，未嘗及
佛老。至叩以歷史舊聞暨熙朝雅故，原原本本，沛乎不窮。公所謂

務廣學識者,其要領在是。

就中書二年,歷充方略館、國史館校對。光緒丙子成進士,觀政農部。初施均父觀察爲孝廉時,與公戊辰報罷,同祈夢西湖于忠肅祠,公夢忠肅執手告曰:“君之勳名不下於我。”引入後堂,指二人相視,一爾服前明衣冠,一爲杭堇甫太史,公嘗於丁松生大令家瞻其遺像,故識之。醒告觀察,觀察曰:“君之文學當並杭太史,名位其以諫垣拜大司馬乎! 然君骨鯁,恐建言獲咎。”公慨然曰:“果爾亦慰吾志,吾何患哉!”公論古病東林諸賢或不學,至僉壬之徒營附其間,且虛言沽直,無益於國,常慷慨以氣節自期,觀察蓋窺諸平日矣。

既入宦途,不廢學,嘗聚恒讀之書編數篋,顏曰“道藝要指”、“時務須知”。平時交際密編師事、兄事、友事,默識之,非益友不輕謁,不隨聲附和。供職農部十有六年,大司農閻文介嘗語人曰:“吾部袁司官素講求學問,故事無鉅細,多所諮詢。”造各省徵信册,編印光緒六年後歲計簿,悉委諸公。歷充陝西司、雲南司主稿、北檔房總辦、則例館提調。

丁亥春,總稅司條陳重征土藥,以洋藥稅釐併征每箱一百一十兩,土藥議就地征稅每箱一百一十兩,後運銷洋關,再征一百一十兩,以重困之。時議以計敵加征。公條陳文介,以土藥征倍洋藥,則洋藥銷益廣,漏卮既不可塞,又從而導之,似非計,其議遂寢。庚寅、辛卯,譯署復申前議,公又力陳非計,卒不可止。

文介當國時,公未嘗私謁,及致仕居京邸,始時時過從請益。交游多直諒,與宗室竹坡侍郎寶廷、黃漱蘭通政體芳、鄧鐵香鴻臚承修、朱蓉生侍御一新諸公爲最契。屠梅君侍御仁守初不相識,聞其敢諫獲譴,始締交。甲申冬,鄧鴻臚以言事被譴責,公爲上書文介,以公義請其保全直臣,爲敢言者勸。文介韙之,鴻臚蒙詔寬免。

丙戌秋,今上將親政,文介之子成叔儀部私詢宋明尊崇本生之是非,公報書甚詳,大旨本《公》、《穀》義,折衷於《通鑑》御批,謂宜立本生名號,定奉養奉朝之儀,而不敢加封。

公以農部兼譯署者九年餘，自癸未春考取章京，是冬即傳補。時法、越南交戰，高陽李文正公奏設海防文案處，以公司機宜文字，章奏咨札，咸出公手。乙酉春，法人言和，朝旨勑尚書錫珍、鴻臚鄧承修馳赴天津議約，欽使奏公隨辦。會議未定，公請於長官，奏勑疆吏戒嚴。及北洋大臣與欽使密議既定，飭員錄草，公以未及諍議爲恨，然猶爲三節使草致譯署書，防新約流弊。將還京，吏以例責，悉卻之。己丑，用資勞轉譯署總章京。是冬，記名御史。

丁亥冬，奏開會典館，總裁常熟翁協揆同龢派充總纂，辭不克兼顧，改派纂修官。同年黃再同編修國瑾以輿圖局纂修薦諸總裁，復堅辭，以薦賢請代不獲，仍奏派畫圖處纂修官。公雖充兼差，而從公譯署，終歲不間，每建議長官，多所諮詢。恭、醇、慶三邸遞領部務，倚重如一。譯署無成案可稽，臨事以卓識見采。公於海疆邊塞平居考核最詳，故與議以防務、界務爲夥。草奏議，輒多建白，惜事關興廢者，或爲部例牽掣，不盡見諸施行。出使大臣公牘商略，向由總章京代陳各堂。薛叔耘福成、黎蒓齋庶昌兩星使，黃公度遵憲、徐仲虎建寅兩參贊與公尤契。薛之使英，公密以黃薦而不語黃知，不欲以公義涉私情也。

公嘗於時人條陳取法泰西以益中土者，如興學、惠商、務農、重工及海陸軍禦侮之策、礦路之利弊，隨所見聞，輒多採録，備書爲寫，前後積數十册，題曰“籌洋叢牘”。壬辰春，奉旨分校禮闈，一時知名士多出公門下。

譯署章京例二年考績，公以主稿兼提調同文館爲邸、堂所器，四次均列優等。十二年四月，保俟補主事後以員外郎無論題選咨留遇缺即補。十四年三月，保免補主事，仍以員外郎無論題選咨留遇缺即補，加四品銜。是年六月，補江西司員外郎。十六年二月，保請記名以海關道員用，俟得道員後加一級。十八年三月，保以本部郎中遇缺即補，俟得道員後加二品銜。是年十二月，奉旨分巡安徽徽甯池太廣道。十九年四月履任。

　　初奉簡命，堂憲某公以蕪湖有教堂賠款案，分任續償甚累，將爲之地。公雅不欲取巧，且慮以此害於治事，婉辭謝之。初謁制府劉忠誠公，諮詢地方要政，因及會匪。公對以此輩多從軍斥遣之餘，宜鉏首惡、寬脅從，以安反側。忠誠然之。公始蒞任，即以培養人心風俗、整飭民事吏事爲己任，以五事嚴約僚屬，禁絕門禮；免藉牙參新道曠離職守；不薦各屬幕友家丁暨乾脯；不狥官紳向各屬關白私請；不收受年節壽餽遺。皆立法自己，以身董率。時訪問民俗疾苦、商旅利病，與僚屬反復講究，多少興革，蒞蕪五年，未嘗稍懈。關道視事，書吏例具辦差公費數千兩，權胥故革另補者輒具規費，公悉屏斥不受。舊有中江書院，經兵燹廢弛，公念五屬人士所萃，規模狹隘，不足容多士，下車之日，即銳意振興，諄諄勖以當通知經史大義、古今利病，毋徒溺舉業以自敝。旋復次第籌措經費，增購基址，廣拓齋舍，先後捐廉四千餘兩，聘禮實學之儒爲都講，精擇齋長，甄拔尤者優餼住院肄業。仿安定湖學教授法，立經義、治事兩齋，刊發《經籍舉要》暨捐置自校刊農桑、邊防各種有用諸書，手訂課程，示之準則。日有記，月有課，季有加課，歲終有殿最，以督勵之，分課經史、義理、掌故、時務、格致諸學。院壁榜朱子白鹿洞規、滄洲精舍學諭，暇日接見，以朱子樸實閎修、安定明體達用爲教。創建尊經閣，捐募官私各刻新舊有用書籍，分部藏庋數萬卷，刊置書目，俾諸生得就近研覽。升任時復捐儲銀五千兩生息，備案移存，爲持久擴充計。其時物力未充，士鮮知學，自公孜孜勸導，始知所師法，咸究心史事、掌故、時務之屬。迭飭屬邑，整頓書院，延致通儒課士。有潛修勵學、著述可嘉者，必傳覽褒獎文綺匾額。如廣德州研索《周易》廩貢生朱立裬、太平縣考究算學蠶桑增生趙璸，皆荷優答。而中江主講前山西知縣汪仲伊先生宗沂，教學有方，實心課士，稟諸學使，特奏獎加五品銜，以示激勵。

　　甲午東鄰失和，長江戒警，各國兵艦絡繹過境。蕪湖爲皖南北樞紐，又江皖接界，盜匪出没，防營單散，不敷調遣。公乃力籌防警，以靖匪安良，月捐百金爲創，兼勸紳商集款，募勇一營，名曰保衞，編絫衖巷，兼防護商埠、教堂，商情大順。即以衆情公舉舊曾在蕪之武弁領之訓練，以鎮市區，公不時督察，即以備地方水火盜賊，蓋不立警察之名而已收其效矣。次年冬，體恤商艱，汰留百名，稟撥公款，而道捐月餉如故。迄今民氣靖謹，遠人安之。方事之殷，公介稅務司與英領事商以英鑑碇泊江中，鎮拊不若，時以溫語款接，犒以羊酒，輪鑑兵弁悉就約束。事平，南洋大臣據以實告，領事、稅司奉旨各予三等第一寶星，由公製給。公整頓關政，潔己以馭下，廉俸所餘，二十年報效軍需八千餘兩，悉數報部，一洗中飽之弊。公仍以時嚴覈比較，獎勤罰惰，遇事親裁，不少假借。胥役憚若神明，員吏爭自修飭，不敢苟抑。商戶稅入較贏，商困亦蘇。

新關出口以穀米爲最，粵商率歲抵埠採運數百萬石，百物藉以流轉。方中、日違言，制府通飭禁米出口，皖江南北穀賤傷農，百業坐困。旋下游鎮江等關俱以事息開禁，而蕪米素饒，商人皆經江寧大勝關釐卡至鎮江報關出運。金陵司道以江寧可多收米釐，而蕪米遂不開禁。未幾，英商挽公使據約與總署辦云，不宜禁出口之大宗，以蕭條商埠。領事亦以此言來關説。公辭以大府通籌利病，自有權衡，本署非奉命不能擅改關章。旋稟大府，如遵約復開，因民利而利之，宜補江寧釐稅。特定專條，請責成商董，於商舶運米出口時兼完金陵釐捐每石銀一錢，可充餉需，公家歲羨米釐當數十萬兩。輪舶運米納釐，實始此議。事爲江海各關所無，稅司、領事僉執商約未便相梗，公反覆開導，本關自取商民以裕餉源，與彼此販運通商者迥異。茲舉爲上下交益計，否則公項短絀，蕪米難議弛禁。卒如議行，民間亦漸蘇息，翕然便之。

蕪新關閉市時，奉制府奏准暫由鎮關及寧、蘇三釐局撥濟蕪新關監督津貼、辦公經費二萬金，命具領。適江寧省城例開四門粥廠，冬賑需款甚亟，司道議經費無出。公謁署督張公之洞，請以應領之款撥充。制府獎許，飭仍給領餘款之半，公仍移助地方備荒善舉。

　　和議既成，各省遣散勇丁紛紛過蕪分運回籍。公慮劣弁狡勇逗留滋事，立督出境，分別郵賞，飭屬分送兼關鄰省，一律妥遣。

　　蕪岸自開闢商埠，裔族踵至，教堂林立，奸民勾結嗾賄，乘風煽惑，往往橫生枝節。公從政譯署有年，諳習條約公法外交輕重情節，案涉民教，必一律秉公持平；事有侵礙商民，必據約力爭，往復不倦。如江西號商木簰撞鴻安躉船一案，累任膠轕未結，公訊詰，即遵斷。又英商創設機器礱坊，公慮有妨工商生業，限日出米麵若干石及機碾永不加增之約。其他或藉名外商，希圖壟斷非約章所載之貿易，無不援約阻止，力護小民生計。

　　公矜慎庶獄，除莠安良。統轄五屬，凡奉提解京控、上控命盜、會匪各重案，例由巡道督審定讞，日久為具文，據案核轉，罕有究鞫者。公遇案推勘，務極平允。如宣城民人報縣緝獲萬老九等六名，倉促刑求，點綴為盜，已擬重典，解道候鞫。公核犯供可疑，委員馳赴，就地密訪，廉得其實，亟予平反。他案經讞定者，雖上刑解司，卒輸服吐實。如當塗逼借斃命之唐老六、繁昌結匪惑眾之黃漢章、蕪邑縱火劫財之錢濚富，及追獲逃匿和州散票之匪首聞再支等，又皆盡法懲治，預遏亂萌。大府累以本屬鄰封之京控巨案檄公訊斷，公準情曉譬，眾皆允服具結。各屬土客雜處，山菁邃密，宵小潛蹤，聚散靡定，為地方害。公訪聞有得，立委員弁選勇購線，嚴密訪拿，鋤其桀黠，不使漏網，絕不株連無辜。嘗牓廳事曰"避舍蓋公堂"，又牓堂額曰"勤敬廉恕"，於此亦可窺公於微矣。

　　公重本富，以皖南兵燹流離，民罕土著，種植多稻棉菽麥，而沃衍猶荒，元氣未復，汲汲焉以農桑勸民，刊印農桑種藝各書，迭稟請大府頒發通省，激勵紳民，教之樹藝，以裕蓋藏。又以甯、太、廣三郡毗連蘇、浙，土性宜桑，累年迭捐廉俸，委員赴湖州採買桑秧數十萬本，飭各屬分領遍植。復採輯新出種桑育蠶善法，編成簡易韻語，遍示鄉曲。蕪河南北岸多隙地，委員設局，課栽數千本，僱湖州老於藝桑者教授鄉民，十百相傳，風氣漸開。比歲采繭繅絲，民習其業，遂爲皖南數十州縣新關之利。

公性慕節義，表章先哲，昭示來兹，皇皇如不及。捐建王文成公祠於省垣；創立先覺、正氣、遺愛三龕，分祀皖南歷代迄國朝先賢名宦於中江尊經閣，院長率諸生朔望行禮，地方官春秋致祭，以肅觀感；捐修前明諫臣謫宣州衛給事中姜公埰墓門，置田禁樵蘇，刻石記事，引昌黎《伯夷頌》爲喻；訪前明遺老曾荷聖祖製詩褒歎之布衣蕭尺木墓址，伐石立碣；修葺宋黃文節讀書處滴翠軒；郵蕪邑曾荷旌表之陶孝子，歲時由校官優致縉泉其家，如署三老孝弟力田遺意；月津貼校官赴鄉宣講聖諭鄉約；聞休甯金忠節裔孫讀書寒苦，助膏火，飭守令善爲撫課，以勸忠裔。聞民間節孝善行，無不立予表揚，獎給匾額。

公愼恤民瘼，尤勤於察吏，謂仕習過深，當裁成之，用長而舍短，不肯過於苛覈。貪劣昭著者，揭參不稍姑息，以儆其餘。各關員司遴委操守可信、明練任事者，始録用之，曰毋使虐我商民。有時密委幹員赴各屬查按，必親寫札文付之。縣令能勤民事者，獎借備至。或以公項受累，曾分俸助之。

各屬多停葬，徽俗尤甚。公刊給《勸葬説》，諄諄勸戒，捐貲掩埋蕪邑無主積柩數千餘具。其餘利害之切民者，事無鉅細，必力籌之，未可殫述。而實惠在民，至今謳歌者，莫如堤工。蕪湖西南鄉圩十餘里，枕江傍湖，歲虞衝決。自大關亭至魯港各堤，尤爲濱江保障，向歸民修。民力凋弱，歲修單薄，遘盛漲輒惴惴有其魚之憂。丙申、丁酉，秋穫將登，水潦洊至，撼堤未潰，溢者半版，老稚呼號，徬徨失措。公軫燭民艱，既頒手札，敦督各屬歲捐發樁木飯食經費，遴委會縣搶修險工，急其所急。丁酉之冬，乘農隙捐廉五千餘兩，設局委員董其事，按畝輸夫，給以工食。力作之朝，公昕夕冒犯風雪，躬履督察。舊堤參差，增高培厚，決者塞之，圮者築之，修堤一千八百餘丈，自關亭至魯港，延袤十二里，悉臻完固。更度衝要，穿築新縷堤三百七十丈，砥以石樁，翼以砌掃，兩岸築斜坡以殺水勢，中設陡門一道、涵洞二道。佔官道不足，又買民田六十九畝有奇以附益之。復折修尚塘埠陡門三道，犁頭埠陡門一道，備水潦啓閉。修濬雙港新溝二十五丈。前後凡用夫六萬七千五百餘，費木石至萬餘，他料物稱是。堤根植柳，以固其身。戊戌之夏，始告竣。公擢任將入都，念內河上下鳳林圩陡門坍廢，猶虧一簣，復捐數百金移存，飭屬續修大小水門各二座，次年春始一律蔵役。自是內湖外江圩垸所周，田廬數萬頃，蓄洩有資，旱潦有備，連歲豐盈。去任後，食德之民相與樹碑於堤以記之。迨辛丑之夏，東南霪潦，爲數十年未有奇災，上自武、漢，下越無、和，沿江數省，潰堤決堰，警報交集，皖省上下游兩岸衝決殆盡。蕪地介江湖衆水之匯，獨公捐廉所修築之新堤一帶，風潮震撼，屹立波心，完然無恙。不惟圩民田廬得保，他圩之避水者乘高避窪，依堤棲止，全活不下六七千人，僉曰生我者袁公也。

公又嘗以蕪市內河舊止南門外一浮橋通行旅，江水暴漲，時虞覆溺。詢謀紳商，已飭蕪令於下游甯淵觀添建一橋，與上游並峙。估值四千兩，道署首籌一千兩。計議既定，旋以商民中有梗議者中輟。後任吳公景祺始成此舉，民皆便之。

公居官兢兢，不苟爲同異，於同官水陸將領尤能和衷。防營之駐蕪者，與夫緝捕之弁、巡防之勇，歲時皆優予犒賚，周恤軍艱，恩威並至。優遇武弁，比於文員，無畛域見，是以士爭效命，各勵其職。公嘗謂文員多習於淫靡，或默守成例，或徒□空談，不如武弁之幹直者猶可駕馭，爲緝盜治匪之資。且地方巡緝事宜，非文武同心協力，不能收指臂之效。

公素性忼直，無所欺隱。當丙申秋，戶部責各關認解洋款，初有定額，嗣以鎮江關監督力陳撥鎮關不敷認解，某部堂意存偏袒，輒改原撥四十餘萬並責蕪關。而蕪關歲徵之數不過三十餘萬，且悉撥解定款矣。部中不察，遽搭下。初，戶部以他案電詢蕪關庫款現存若干，公據實申復，部搭儘數提解，道庫空虛，人皆議公過誠。至是公以撥認洋款稟商制府，制府誤聽邇言，疑公前奉部電貪匯費，故悉解京餉。公有所聞，不任受誣，條對申辨，退復據案簿請詳查。制府旋悟，改顏禮之。終以洋款事格於部議，重違大府旨，稟皖撫請調署簡缺候查，不許。復稟兩院，以不勝繁劇，請奏以開缺修墓，兩院均慰留之。嗣户部亦鑒其誠，允儘徵儘解焉。

公素志澹泊，歷官未嘗自預爲地。或謂關道泰半先自謀者，惟公乃循例得之云。丙丁之際，政府諸公先後累次密諭詢公願爲槎使與否，將以銜命使德，並命人傳諭以邸意見推。公素以重內治立論，尤不欲以營求自獻，自揣於泰西交涉未能悉當，再三力辭，請另選賢才。政府於是改請簡黃公遵憲，以事中易，復請簡呂公海寰云。

公自涉歷内外，學識淵博，座主南皮張宮保器重最早。洎宮保督兩江時，海警籌防，頗多諮詢，公亦隨事獻納焉。戊戌之夏，晉撫胡公聘之、浙撫廖公壽豐皆密疏以使才薦。先是朝廷因膠州案發憤，兩奉寄諭，飭各疆吏通飭地方官籌議練兵整餉諸方，核擬具奏。公念廟謨咨儆，宵旰憂勞，僅按文中所指條例，就宮府地方情形分議，則似具文塞責，殊負朝廷諄諄咨詢之至意。以撫部有應詔言事之責，乃條陳時政，綜論全局，就省寓王文成祠炳燭具草，都二萬許言。大略以時勢所急，先言治標，詳論當日外交六强之形勢，而言中國之弱由於近代皆恃名法爲治，以致文法繁多，上下忌諱隔閡，故不足以整内治，而爲外人所乘。今宜因時制宜，事從權制，不復拘牽常格，乃可日起有功。且引祖宗經權互用之遠謀，以示因時度勢、損益舊章之妙用。並條舉改制之事六、官人之事九、理財之事十四、練兵之事四、交鄰之事六，陳之撫部。鄧中丞華熙目爲閎通，於閏三月朔據議節取入告。聖主賞之，手題"袁昶條陳"四字於册，公由是益簡在帝心矣。

四月十六日，奉命按察陝西。未行，五月二十四日復奉命擢授江寧布政使，群欽爲異數，蓋上鑒公所言諸事頗多要領也。撫部所代奏者，初奉旨留中，六月初乃下軍機大臣會同總署各部詳晰核議具奏。旋經諸大臣奏覆，稍議行數事，而以公所陳多精意，請留備聖明隨時採擇。曾奉明詔二道，飭將請弛旗民貿易出外之禁，籌八旗生計教養，與清理屯田、徵租充餉二條，速議施行。並將其餘諸條分行各省察核。

六月，公去蕪湖，士民走送，依依作孺子慕。洎庚子之變，聞公盡義報國，相率哭奠於中江講院之先哲遺愛祠，爲增栗主。嗣復具公呈，臚列政績，陳於有司，請祠祀之。以格於年例，大府未具奏。至癸卯三月，遂公議就講院餘屋作私祠焉。公德澤所被，民不能忘，可想見矣。

八月，公入都陛見，奉旨調授直隸，旋以總署需才，奉旨以三品京堂總理各國事務衙門行走。是時朝議紛更，謠傳四播，鄰使交詰，且盛兵自衛。公乃密陳慶邸，極言主上聖明，中外欽戴，王爲親貴重臣，當委婉求全，竭力調護，絕奸佞之流言，杜細民之謠諑，力荷艱鉅，以釋群疑。邸深領之。總署大臣初視事，例往拜各使館。公日與各國使臣會晤，反復開導，多方譬喻，各使稍稍自安，警衛兵以次撤減。京卿黃公遵憲時以被疑飭羈於滬，公密言於樞部，力爲剖白，且謂萬不可再事鈎求，致成黨禍。會外人亦以爲請，遂得釋。

初入都召見時，正詔改訓政之日。是日兩宮同御，垂詢團練、保甲、練兵、關務暨外省地方情形，公皆以實對，條奏甚備。並言團練有名無實，事難概行，須視一二處地方官紳能與百姓相孚，辦理得法者，乃可任自爲之，無游民之害。否則經費無著，既不能練，亦不易團，徒多滋擾。從前大學士曾國藩已鑒其弊，故髮逆初平，即行停止。嗣兩江督臣大學士左宗棠因海防警備，曾飭令長江沿海一帶舉辦漁團，亦未有成效。此事自在地方有司興修政治，乃可得益。是後亦數蒙召見，多因總署有重大交涉事宜。公每召對後，或嘗疏其要語於日記中，今悉燬不能記。而密勿要陳，皆引溫樹之義，不洩於人。初次召對後記恩詩曰：“小臣何以酬恩遇，敢效元城百口砭。”蓋自警也。時交涉日棘，每日各使會晤商事，幾無稍間。諸大臣商計既定，發言折難，多公與嘉興許公主之。公前充章京，奏稿文件多公擬撰,洎爲大臣會奏事件及與疆吏密函論事,咸推公定稿,謂公於諸事條理最詳悉也。

同文館事務,公奉旨與尚書崇禮會同兼管,崇公亦推公主持其事。公選派教習及督課諸生,不以兼差稍簡略。刊羅忠節《小學韻語》,使諸生知涵養德性,並爲之叙,勖以究心當世之務。整頓中文課章,獎掖諸生,使具根柢。

己亥二月二十六日,奉旨補授光禄寺卿。六月十四日,補授太常寺卿。會詔下六部九卿會議籌餉理財之法,廷臣或將以迫督撫飭州縣使加收釐金建議。公意非之,遂條奏整頓釐金六事:一曰請飭慎用賢員以袪積弊;一曰綜核比較以重榷課;一曰各省物産衰旺不同,當隨地制宜,考察整頓;一曰外銷公費款項不妨臚列報部,仍請飭部臣勿掣疆吏之肘,並言常關弊習尤深,亦可照此辦理;一曰酌復坐賈落地捐以抵制洋票漏巵,並應量百貨輕重,定簡章曉示通衢,擇正紳巨商辦理,一律懲勸。又言宜酌減行釐,以示招徠;一曰定劣員司巡浸漁之罰,宜寬商去苛,省官益糈,並叙次歷年休養生息之德,近日民生凋敝之情。又附片疏稱理財全恃民生優裕,有良吏爲之教養,宜擇廉能之員主關權,而使自擇正紳輔之,不可盡循資用人,反以容隱曠職。尤宜汰冗員,而優定廉俸,則吏治清而民安生計,乃可言足國用。謹思以人事君之義,舉陳廉能之員九人,苟使權道府一路,兼治税釐,必有可觀。如所保不實,願請重懲,以爲濫保非人、妄言國是者戒。疏上,飭諸大臣議行,並諭各疆吏就所舉之員隨宜委任。九人者,程公儀洛、王公秉恩、朱公采、樊公增祥、湯公壽潛、勞公乃宣、朱公之榛、童公祥熊、文公悌,皆廉明整肅,爲公素所深知者也。

己亥歲暮,大阿哥之立,惟召尚書以上議之。公乃私識嘉靖大禮議後引《公》、《穀》所傳受國與爲後同臣子一例之義,謂繼統即繼嗣,明世宗迎立時,議禮諸臣前後兩失之。使世宗以旁支而兄武宗,則置武宗於何地?使世宗以嗣孫而考孝宗,則武宗在位十六年,君臨天下，南面稱制，將斬焉不復稱宗入廟百世祀乎？此皆非禮，段玉裁已詳論之。陽明王子當嘉靖朝，不預大禮議，故箝口不置可否，而託興寓言，以楊廷和輩爲非，此則知所以自處云。會外省士民恐有後命，聚議致電於總署，禁中震怒，飭嚴密查辦。公乃與總署諸公密商仁和相國，請面奏爲解，事幸稍弛，諸列名者皆免究。公自于忠肅示夢之後，每思以建言自效，及奉命留京，目睹時局艱危，輒戒不孝等曰："今日我建言效命之日也，惟當熟究掌故大典，明奏議之體，而善陳其説，洞利害之大端，則可立言以報國耳。"某相初度，公具詩例賀，有云"絳侯自握安劉算，不使郊祠匕鬯驚"，公之志存諷婉，意在言外矣。會出使大臣有任滿者，政府欲以屬公，公輒辭謝之。士之屬望於公者，咸勸公宜就外自全，毋徒爲時流分謗。公念君國之艱，冀在朝侍職，或時有可補救。且出使諸臣，大都先自結於政府，公素不欲顯干要職，故政府亦遂聽之。

公常述劉中允教人每從堅苦澹泊入手，恒語人曰："志士不忘在溝壑，勇士不忘喪其元，吾輩須看到此地位，然後可以擔當大事。"公壯歲讀《左氏傳》、《戰國策》至棼冒勃蘇爲人，輒潸然隕涕，恨不得效秦庭痛哭。又曰："男兒當以馬革裹尸，我死會在戎馬間耳。"然自甲午以前，廷臣諫官之好名而未嘗審於内政者，皆一以主戰爲忠直。公獨慮中國内政之不修，徒囂囂言戰，務一己之虚名，而貽天下以實禍。戊戌以後，樞密諸臣則又專務練兵籌餉，公獨私以爲不修德政，不蓄賢才，憂時局之難返。以此見多與時流不合。秀水陶拙存茂才葆廉著《求己錄》，其中引古諷今，專取古賢君如衛文公、越勾踐以下諸人，專務增修内政，不事好勇鬥狠爲譬。又引《朱子語錄》中切時弊之言，如謂當今證治之方，當變法求實，不可空言亂政諸語。公親筆加丹鉛焉，意亦可知矣。

公登仕版，無一日不盡心職守，一見一聞，於職守有關者，必親記之。及任監司，以至總署大臣，雖勞瘁異常，而賓客至門，不稍留滯。接見僚屬，必溫色談論，以盡其所欲言，未嘗臨之以厲色，故人能盡言,而利害得以盡悉。尤好扶掖後進,士有志學而苦貧者,必資助之。每與學子語,開結解閉,窮源竟委,一範之以正。嘗捐助二千金爲鄉人賓興費,以勵上進。又捨宅爲宗塾,捐資聘金華陳雲泉孝廉樹椿爲塾師,教育同族。復捐千金於邑之朝陽書院,以培植鄉里寒畯。公交遊多真摯,以道義相勖,遭往逝,輒唏吁累晨夕。聞有急難,不避艱險相扶持。晚歲於微時舊交尤量力資助,必爲之説曰晏嬰彰君賜之意耳。好結納亮直之士以自砭繩,蓋天性然也。

公至性過人,同堂昆季,友愛周摯,廉俸所入,分郵無間,曰吾以分先人之遺惠也。每遇家忌,痛贈公殉赭寇之難,輒鎮日啾嘿,嘗自顏藏書室曰“永慕堂”,以志哀感。每歲公生辰,輒泫然流涕曰:“吾少孤,不及奉菽水。”遂獨往蕭寺,攜一卷書、一蔬一飯,趺坐終日,避家人祝,數十年未有異。丙申五十攬揆,適任皖南分巡,僚屬士民欲獻文介壽,公輒出手書亭林辭生日書云:“小弁之逐子,始説我辰;哀郢之孤臣,乃言初度。僕少丁世難,禄不洎養,隱痛在心,有生之年,永悲風木,願諸君勿重吾過。”語至沉痛,遂相戒不敢復請。

公於詩自謂有夙好,十歲即嗜吟詠。少多顛沛,抑鬱不自得,故常爲養性之舉,以陶寫性靈、寄詠懷抱,與年俱進,遂多率意爲之。晚歲恒以此自戒,然有所寄慨,輒不能已。又自謂早歲讀古人文,多燭跋不倦,中歲世事攖擾,偶一披覽,輒覺心爲爽朗。退直餘暇,必閲先儒理學書數篇。嘗自記曰:“理學固所以治身心,若即以此自畫,而不復究夫天下事物之理,則似古今變故,必非區區一心所能强爲制治也。”

公弱冠即遊學四方,丁卯春始無歲不有日記,多師友問難語。甲戌服官後,援古證今,所見加詳,日有所得,外徵時事,內修實行,時時省察,尤多刻厲語。每日手書,畢生未嘗間斷,計存六十餘册,難中幸取出,尚俟編刻。惟戊戌後三載日記盡遭燬棄,其中繫載國故朝議,論政事之得失,觀學術之會通,論古今事變及感時私述,精理名言,多有關於世運人心者,今皆不可得而詳矣。嗚呼痛哉。

公閱書籍，多事丹黃，有心得輒加評議，皆切於實用者。戊戌入都後，將素閱集部與備藏書籍皆留置松舍，而曾經點識備檢查者皆載諸京邸，被難時悉遭劫掠，手澤所存，同爲灰燼。嗚呼痛哉。

公詩刊有《漸西村人初集》十三卷、《安般簃詩續鈔》十卷、《春闈雜詠》一卷、《于湖小集》七卷、《水明樓集》一卷，其後在京者曰《朝隱卮衍》，尚待梓。文集曾草印《于湖文錄》九卷。壯年雜稿，公自視陳跡已更，雅不欲存，間思修改，而卒未編錄。晚歲遺稿十餘篇，已散佚數首。爲譯署章京時擬撰奏啓與陳事書札五册，自題曰《參軍蠻語》，又《止齋雜著》，均待梓。嗚呼，先公學識行誼，後之人苟覽其遺集，亦足興人文之感矣。

公壯年嘗自謂有五反：雅好文筆，極詆詞章，一反；性吝嗜財，量施無滯，二反；病脆愛閒，志慕勤動，三反；志在利達，義不苟進，四反；天資剽勁，素尚沖損，五反。晚歲又自揣性行有三反：好治道術，而不喜今之儒生名士；栖心白業，而不喜佞佛齋僧；周旋世故，委蛇同波，取杜元凱週身之防，然律己儉刻，喜用剛方見忤之吏，而痛絕佞諛。此皆公自述實事，可以證明其心跡之所嚮者也。

公自以少孤，嘗慕韓文公、顧亭林之爲學，立韓顧二齋，師二公之能纂言鉤元、記事提要云。每論近日士人之弊，不知審取精要以立身濟世，致智者挾考訂碎文以欺世，愚者守科舉俗學以自敝，故人才敗壞，官無專能，士鮮實用，中夏所以弱於文弊，而四裔乘之，故非變法不可。蓋公素持人材當分門造就，專業乃精之論也。嘗與友人論時事曰："今日用人有三病，治內之臣用犬馬而捨蓍龜，治外之臣佞倖易進而忠直少取，士尚鄉愿文字而瑰意獨行者希得平進。此百事所以廢格不治，上下欺蔽，而國勢浸弱也。"

公壯年嘗銳意纂述，且欲刪舉古今道藝要指爲《法戒鉤元》一書，以示學者途徑及約守之方。後入仕途久，閱歷世事，益知著作難當事情，空言無補實用，多讀古人書，披荆采蘭，益我心性，補偏救弊可矣。立身治事，皆務求其職分之所當盡而盡力焉。嘗取老子

“爲大必於其細，圖難必於其易”之指，又服膺曾文正之言曰“大處著眼，小處下手”，故讀書有得，輒録入日記。公餘自課，孜孜不倦，爲劬學後生所不逮。尤致力於實學，曾刊農桑、兵醫、輿地、邊防、掌故、治術諸書，都四十種，曰“漸西村舍叢刻”，中多世傳之孤行本。

公平生極留意人才，嘗密置一簿曰《觀物外録》，又曰《陰求國士簿》，見聞所歷，一材一藝，與夫有德行器識之士，及無意討論其才可任何事者，不分文武顯晦，常因其材質短長嘿記之。復隨事訪求，時加記焉。晚歲嘗慨然於疇昔所記，大半成駿骨，或垂老不合世用，世非無才，特無人無地爲之磨礲造就耳。公淑世之志如此。

不孝等竊念先公立志未伸，遽以身殉，此海内有識，莫不心爲之痛，而不孝等所不忍追述者也。故謹最録藁草所存五月十九日上慶邸請嚴懲拳匪説帖及先後疏陳邪教始末，乞責成榮禄剿撫兼施；又請保全使臣，免攻使館；又劾釀禍諸大臣徐桐、剛毅等，凡三疏，皆已傳布海内者，用備採擇。不孝等猶憶六月二十七日奏劾大臣之疏既上，公密謂家人曰：“今日言亦死，不言亦死，與其死於亂民之手，曷若死於司寇？苟死而朝廷頓悟，吾無憾矣。”家人環泣，公坦然曰：“吾以身許國，無復他顧，汝能留京回南，自主可耳。”諄諄以忠義詔不孝等。洎七月二日下稷，有步軍統領衙門弁役來宅，詭言諸大臣在總署相候議事，語門丁云：“拳匪敗事，其請諸大人斡旋乎！”及登車，乃云王大臣皆在提督署，遂由署送入刑部，家人始知禍作。次晨，不孝等方擬入獄省視，中途聞耗折回刑部，則已不及，遄出順治門，而遂不及見矣。嗚呼痛哉。時拳匪塞路，猶詰公以仇視義和團之故，公叱之曰：“大臣謀議國事，豈爾等所應問？”聞獄卒言，公與許公在獄中，猶從容索紙筆，手草數十紙，置諸懷袖，後悉爲拳匪搜得焚棄。遺疏耶？遺囑耶？不可知矣。嗚呼痛哉。

公被難後，次日始有旨明發。其冬十二月二十六日，奉旨將五月二十四日至乘輿西巡前諭旨查明，矯擅者一律銷燬。先於二十五日奉旨開復原官。其間朝廷之變故，國家之危難，與公竭忠盡誠之孤誼,固上爲聖明昭鑒,而亦海內有識所共諒共聞,非不孝等所忍私述者也。

公生於道光丙午年八月初八日酉時,獲年五十有四。配薛夫人,原任掌山東道監察御史全椒薛公諱春黎女。側室柯氏、孫氏。子四,長不孝允欁,附貢生,刑部主事,娶陳氏,現任外務部右丞江陰陳公名侃女;次不孝梁肅,附貢生,工部主事,娶王氏,原任軍機章京候選道戶部郎中長洲王公諱頌蔚女;三松喬,殤;四不孝榮叟,附貢生,候選同知,娶沈氏,浙江新城縣知縣華亭沈公名惟賢女。女五,長適候選道仁和高爾伊,次字外務部員外郎東陽吳公名品珩次子,三字吳公三子,均薛夫人出;四字華亭顧孝廉諱爾梅子,五待字,均側室柯氏出。孫男二,慧炘、慧燾。孫女三。不孝等謹以壬寅九月八日葬公於杭州西湖濱八蟠嶺,新阡表誌之文尚待補立,伏惟當代仁人君子賜察。不孝孤子允欁、梁肅、榮叟泣血謹述,受業子壻高爾伊頓首百拜填諱。

記袁太常遇難事 湘陰彭紹宗。

按篇內時日有先後舛誤處,乃倉卒傳誤,姑仍之。

嗟乎,太常之被難也,以侃侃廷諍,謂不可狃恃拳匪,橫挑彊鄰,上貽君父之憂,下流黔首之毒。其退而力陳於王公樞密譯署者,非一時,亦非一事,老成幾先,灼若龜鑒。兩宮聖聽,實鑒厥忱。奈鷙鳥累百,鳴者一鶚,舉朝悚息,獨身先之,自無以敵煬蔽沈痼之口。又疏陳辦法,深中要害,足制其命,故虺毒彌甚。太常明知履虎尾、咥人凶,然深痛大命將傾,糜爛指顧,甯殉身以活國,恥緘默以偷生,致命遂志。蓋由其幼歷孤苦,迄通籍服官,講求學問,刻厲充養數十年,非一朝夕倉猝所能取辦。迺不幸構喪於國家多難,搶攘顛沛,盜匪披猖之際,識者知非朝廷本意也。人之云亡,邦國殄瘁,不重可悲乎!

先是去臘太常亟許知吳橋縣事勞乃宣説帖，上於軍機、總署，極陳拳術衺妄，在嘉慶爲白蓮教，當時有離卦教、乾卦、震卦教、八卦教、義和拳、紅燈照、金鐘罩諸名目。今之刀會，變而拳民，即其支流餘裔。吏民者平日袒教虐民，則激民憤；今復聽民仇教，則啓戎心。懲剿不嚴，撫戢不擇，不及萌芽預除絶之，民慢其政，禍將作矣。請取以上達天聽，亂庶遄已。時畿甸清晏，當事弗敢以聞也。

洎今春而河間、青縣、静海等處俶擾矣，入夏而淶水戕楊副將福同矣，四月涿州據城揭竿矣。太常獨居，每發憂念，悴於辭色。而執政差别，一以爲龍蛇，一以爲赤子。兩宫睿慮，一再遣員往察，比察者先後入國門，則紅巾執棓刃、嚶符籙、演壇咒者接踵滿都市。

五月初，津保電線鐵路被燬，西使率請發兵剿捕，而自調師隊入護使館。初四、五、六，西軍入京者四五百。初八、九，拳毀豐臺、楊村、馬家鋪之電線鐵路。自是都門白晝剽殺椎劫、焚掠擄捕，人心震駭。時兩宫駐蹕淀園，未盡知也。大學士榮久乞假，太常與其幕府樊同年雅故，亟走白，强起府主入對，聖意解動，十一、二日也。十三，調軍扈駕回宫。太常力請譯署寮列具銜會奏，有所格，卒不果，則搏膺喟然曰："世難若此，不及上聞，是益之疾，豈有瘳乎！"尋總署代奏上俄公使請剿拳匪説帖，而拳匪方毀楊村鐵橋，阻外來續調師隊、工程隊不前。十五，戕日本館出都門往覘師之書記生杉山彬。十六、七，迭次召見大小臣工，慶邸面奏准總署大臣太常寺卿袁某出班奏對。太常膝前，獨剴陳拳黨不可縱恃，外交不可頓失。此次釁起民教相仇，亟須認定，從此扼要辦去。此時但有懍遵諭旨，區别良莠，嚴行剿撫，庶猶可及止。果莠而匪，雖外人不以剿請，猶當殲禽渠惡而解散脅從。況我兵剿匪必有餘，顯以行陣練習軍營，即陰以强兵折服他族。彼見我武備之尚可用也，而戢其驕慢，無可藉口。内患既靖，始可專禦外侮。乞聖斷施行，大局幸甚。越日，重諭嚴飭分别剿撫。然在下迄未有辦法。

涉旬以來，都城内外焚毀劫殺，始於教堂教房，波及平民，延及街市。同日焚燒大柵欄、觀音寺、煤市街、廊房胡同、珠寶市、西河沿、西月墙、東西兩荷包巷,上撲正陽門城樓,同時灰燼。前門大街以西,爐房、金店一嫖如洗,銀錢頓絀,市面菁華盡竭,人心驚疑異常,亂者益肆矣。雖懲拿之諭屢下,而九門、五城無敢過問,亦無敢盡爲兩宮告。

二十日丑刻,俄杜士蘭倡攻奪大沽礮臺,僅守北臺封某發臺礮震及敵船,封中礮亡。二十三,直督始奏上,猶飾稱一再奪回,並稱昏黑擊沈入口兵輪數艘。二十四,有德使赴總署經東單牌樓途次致斃事。二十五,有亂民攻使館事。

二十六,連日召見,兩聖垂問廷臣豁陳讜論。太常復奏對自古行師克敵,惟恃忠勇謀斷制勝。若五斗米賊,若王凝之天兵,寇謙之、陸法和神兵,若元末紅巾破頭潘、關先生,類皆以術敗,無勝者。今拳黨爲嘉慶時白蓮教餘孽,彼徐鴻儒、齊王氏,狡幻百出,尚伏天誅。此種衺術,陰煽徒黨,自詡應驗,一遇聲光熾烈、陽氣噴薄之物,頓褫喪烏有。臣宅距帥府胡同近,輒見拳民童壯攖鋒刃、冒鎗彈,僵仆道左者比比,遽可憫也,此其術之誕妄決矣。此時總當遵聖上疊諭剿撫辦法,先清內城,次及外城,以固根本。一面檄飭統兵員將,督率兵拳嚴密堵禦潞、津、蘆、臺、北塘一帶,然後相機因應,操縱在我。至外交積弱,已非一朝,然必上下一體,將帥同仇,始足以張國勢。方今國債日深,饟源日絀,平時繕養諸軍,財力已竭蹙萬分,況驟開戰釁,糧餉器械一一仰給東南,海道梗塞,緩不濟急,此事斷非一手一足空言所能辦。諸將帥若復希幸世亂,挾寇自重,債師糜餉;諸臣若復罔知彼己,專覬僥倖,藉手於群不逞之徒,必至喋血京師,潰敗不可收拾。且拳藉口仇教,洒波及無教之國,十一國環而相攻,何以待之?甚非兵家伐交伐謀、致人而不致於人之指,而先自措足於無援孤立,後將噬臍,悔之何及。興言及此,臣實寒心。退草靜疏千餘言,歷陳安危大計。六月望前,復瀝草一疏。

十九,天津陷,直督退守北倉,宋、馬諸軍恃掘壕引水自衛。京師九門燹火焱焱，上下洶懼。太常復密草上封事，並片陳補救策，分別有教無教，分致國書，仍先清內城，次及外城，一面堵禦，一面講信，以救危局。越日，聖意睿燭執政，擬遣太常宣慰使館各公使，轉達意於各外部，並與議息事約。太常叩問攻使館已一月矣，雖兵交，使在其間，臣子之事君父，兵革無避，然未奉明諭，人將謂何？且慰問何辭？約款何事？此如州縣編錄初供，後須執以爲據。某絀於辭令，讀書一生，頗聞古今致身分誼，顧不能涉疑似、效間諜，叢集彈射，以訾詈受惡，無益於國，毅然謝不往。尋改遣章京文某，迄不得要領。然越日遣他使前往釀奠德公使、日本書記生之命相繼下矣。

　　是時門闕、衙署、城市、街衢，匪黨充斥，非設壇佔據，即露刃迫脅。自總署、同文館、鐵路公所、大學堂，凡交涉洋務者，不分皂白，毫無影響，概目之爲漢奸，誣之曰喫教。既擅殺虎神營統領阿克達春，端邸目擊不能禁。復擅殺副都統慶恒一家。雖奉嚴旨飭辦，匪勢張甚，卒不得置諸理。尋以都城教民捕殺逃匿無幾，士夫居民屏氣慴息，相戒杜門不敢出，迺復仇訐詎城村落，誑指搜獲紙剪人馬，轉誣以爲白蓮教，絕無刑部供招左證，但擅由該黨交部，即擁赴西市。男婦老弱，駢首面縛，呼號宛轉砧斧之下者，每次輒五六十口。伏骶塞塗，血流成渠，行道不忍覩。父老咨嗟涕洟，謂百數十年來，雖秋決未有若是之慘者。而拳方噪躍讙呼，鼓掌叫閧。國家慎重人命，自有定律，孰令致之，使該匪窮凶極惡，尾大不掉，法紀蕩然。上或不及知，或知之而固已無如何，迺至是耶！

　　七月二日，太常出城至溫館省視眷口。昏黃，突弁校持刺促入總署，刻待會議。既入宣武門，則逮就刑部。許竹篔侍郎已至，相對竟夕。然坦然自信無妄，斷非聖意，即槃絷請劍，國於大臣，必奉明讞。詎意廷尉不及問，僚列不及救，不宣廷旨，不具爰書，次日竟莫須有，與許侍郎遽朝衣東市，命盡日中，賫志以隕，不辨何事何罪，劤而猶視爲千古未有之冤抑耶！太阿盜弄，群匪凶橫，妖氛黝塞，爲已極矣。於時豺虎縱橫，道路榛梗，太常示兆其孤刑部主事長子允橚，謂余忠言不徹，京師慘將莫保，可痛也已，汝奉母速行。廼與其弟工部主事梁蕭權厝太常於全浙誼園，而奉母南返。

七月十日，督師覆軍於楊村。二十一日，敵兵淩城入。而太常前事之所憂危發憤，當事之所苦口瀝陳者，不幸盡驗矣。內訌召外侮，星星燎原，將帥覆師，九廟震驚，鐘簾失墜。倉皇兩宮，西狩陪都，三省神京畿輔，比於幽燕淪陷，雖聚六州鐵，不能鑄此大錯。而太常之忠言至計，曲突徙薪，灑血碧於萇宏，煥汗青於董史，薄海識與不識，見聞共著，固已世皆照膽，人盡呼冤。況際聖朝表直旌忠，靡隱不彰，無幽不雪。他日滂沛深慈，淪浹泉壤，必將褒揚丹悃，不寒廣明白馬之濤；闡郇貞魂，淨披索靖銅駝之棘。返遺骸於故里，濯嚴陵、皋羽七里瀨一匊靈泉；錄毅魄之孤忠，配岳墓、于祠兩少保千秋血食。亦必有當世鉅公名賢，拊懷變亂，感歎先幾，悼國步之艱難，痛赤忠之賫謝，力與表章，奏請昭雪，加恩予諡賜郇，並事跡宣付史館，期使天下聞風感涕，庶幾百世下共識臣子報君之分，亦深仰聖朝剖雪之仁乎！

庚子秋九，櫟隱氏避亂南返，僉以客都下有日，知太常事悉，為一一具述其實，俟金佗編輯，以備當世採擇。時憩白門旅次。

　　——以上兩篇見於《太常袁公行略》，光緒三十一年商務印書館石印本。

清史稿袁昶傳

袁昶，字爽秋，桐廬人。從劉熙載讀，博通掌故。光緒二年進士，授戶部主事，充總理各國事務衙門章京。十八年，以員外郎出任徽寧池太廣道。誠僚屬，抑胥吏，多所興革；擴中江書院齋舍，課以實學；建尊經閣，購書數萬卷；汰常關耗費歲萬八千金，悉還諸公；定專條，納新關穀米出口稅，歲羨數十萬；督修蕪湖西南濱江圩堤，自大關亭至魯港,延袤十二里,更穿築新縷堤三百七十丈,自是蓄泄有資,田廬完固,民歌誦之。

膠州事起,下詔求言,昶條列時政二萬餘言,以"德突據膠灣,其禍急而小。俄自西北至東北,與我壤地相錯,蒙喀四十八部將折入異域,其禍紆而大。宜及今預練勁旅,痛革吉、奉華靡風習。自頃兵力不能議戰,要不可不議守。我朝八旗初制,文武不分途,京外不分途,人皆兵,官皆將,故人才盛,國勢强。承平日久,文法繁密,諸臣救過之不暇,於是相率爲鄉愿,而舉國之人才靡矣!金田洪、楊之亂,其始一小民耳,猶窮全國之力僅而克之,況諸國互肆蠶食之心,有不乘吾敝而攻吾之短者哉? 夫敵國外患,爲殷憂啓聖之資。苟得其人,毋拘以文法,則理財、練兵、防海、交鄰之策,可次第就理"。上親書其綱要於册,下中外大臣議行。二十四年,遷陝西按察使,未到官,擢江寧布政使,調直隸。未幾,内召以三品京堂在總理衙門行走,授光禄寺卿,轉太常寺卿。時財用匱,議整釐税。昶極言釐金名病商,實病民,不可議增。

義和團起山東,屠戮外國教士。昶與許景澄相善,廷詢時,陳奏皆忼慨,上執景澄手而泣。昶連上二疏,力言奸民不可縱,使臣不宜殺,皆不報。復與景澄合上第三疏,嚴劾釀亂大臣,未及奏,已被禍,疏稿爲世稱誦。追諡忠節,江南人祠之蕪湖。

昶嘗慨士鮮實學,輯農桑、兵、醫、輿地、治術、掌故諸書,爲漸西村叢刻。

章梫撰袁昶傳

袁昶,浙江桐廬人。光緒二年進士,以主事用,分户部。先以舉人捐内閣中書,歷充方略館、國史館校對官。九年,考充總理各國事務衙門漢章京。十一年春,隨同吏部尚書錫珍、鴻臚寺少卿鄧承修馳赴天津議法越和約。十二年,以總署期滿保獎,俟補主事,後以本部員外郎無論題選咨留遇缺即補。十三年,充會典館纂修官。十四年三月,又以總署期滿保獎,免補主事,仍以本部員外郎無論題選咨留遇缺即補,加四品銜。六月補江西司員外郎。十五年,記名以御史用。十六年,又以總署保獎,記名以海關道用,俟得道員後加一級。十八年三月,充會試同考官。是年又以總署保獎,以本部郎中遇缺即補,並俟得道員後加二品銜。十二月授安徽徽甯池太廣道。

昶蒞任,嚴約僚屬,痛抑胥吏,詳詢民俗疾苦,商旅利弊,多所興革。頒鹽桑之法於所屬州縣;捐廉俸四千餘兩,廣中江書院齋舍,延聘院長,甄取秀士,分課經史、義理、掌故、時務、格致;創建尊經閣,購書數萬卷。二十年,中日失和,長江戒警,各國兵艦游弋皖江上下,盜匪間起,出没不常。昶力籌防警,月捐百金爲倡,募勇一營,保衛教堂、商埠,並介稅務司商英領事,令英艦碇泊江中,犒以羊酒,款以温語,輪艦兵弁悉就約束。是年報効軍需八千餘兩,賞戴花翎。

二十一年,清釐關稅案内裁汰常關外銷公費等款歲萬八千餘兩,悉數報部。新關出口以穀米爲大宗,方中日搆釁時,米禁甚嚴。事平,英商挽英公使據約請開禁。昶乃條陳大吏,謂如遵約即開,因民利而利之,足補江寧釐稅,特定專條責成商董,於商舶運米出口時兼完金陵釐捐每石銀一錢,可充餉需,公家歲羡米釐當數十萬兩,輪舶運米納釐實始此。稅司、領事頗有違言,昶反覆開諭,謂本關自取商民以裕餉源,與彼此販運通商者迥異,且持此補助公益,不者難議弛禁,卒如議行。

蕪湖西南圩隄,濱江巨障也,歲有衝決。昶捐貲五千餘兩,委吏督修,自關亭至魯港延袤十二里,塞決培圮,隄防以固。更築新縷隄三百七十丈,砥以石橋,翼以砌埽,兩岸築斜坡以殺水勢,中設陡門涵洞,復拆修尚塘埠、犁頭埠各處陡門,以備水潦啓閉。先後凡用夫六萬七千五百餘,費木石萬計,他料物稱是,逾年始竣。自是内湖外江,圩垸所周,田廬數萬頃,蓄洩有資,旱潦得無患。

二十四年四月,擢陝西按察使。五月,擢江寧布政使。先是朝

廷以外侮日亟,特諭各疆臣通飭地方官籌議練兵整餉諸方法核擬
具奏。昶條例時政二萬餘言,由安徽巡撫奏上之,略謂今日時局百
孔千瘡,外侮交乘,内憂方大,聖主宵旰焦勞於上,大臣困心衡慮於
下,中外情形固已無微勿燭矣。試先以外交情形言之,諸國乘中夏
之弊,有覷覦神洲互肆蠶食之志。然揣其大勢,俄與我自西北至東
北壤地相錯,其禍紓而大。德聯日耳曼諸小邦,其幅員不過中國兩
省,通國盡人爲兵,皆陸隊,其水艦不敷遠調。自大將毛奇死,謀臣
畢士麻克退,用事者貪利無遠識,其重兵扼法境,不遑其他,餉力亦
斷斷不繼。今雖突據膠灣,其禍急而小。議者動言英倚印度爲外
府,其實不然,印督駐噶理噶達,兩年一換,防權太重也。印度部侍
郎、司員輒十年不易,以資熟手俾稔民情也。養兵費計二千餘萬,入
不敷出,北結阿富汗、克什彌爾爲外屏,資以軍火,使北扞强俄。俄
撒馬兒罕總督駸駸有占帕米爾,踰阿母河,南牧痕都路之志。英之
立國形勢散漫,鞭長不便控制,三島孤懸於西,人稠地狹,新金山、
雪梨三省隔於南溟,印度僅據孟加臘、錫蘭二處,餘皆羈縻而已。而
籌餉之源,全仰經營中國商埠爲外府。江海二十四關之商務,英居
十之六七,各國與中國僅各居十之二。英兵籍水師最多,然餉重而
兵驕,久無戰事,氣老而鋒鈍。英人以中國之商埠爲命脈,初志在
保中國以保商務。中日之役,英覘倭勢驟强而聯倭,亦以保商務故
也。今聞英有願借貸中國洋債一百兆鎊之説,中朝似可乘機與之密
訂聯盟,立緩急互相保護之約,借債以固邦交。現即欲通滇緬、瀘州
鐵路,其意祇在通商,決無逆取人國之大志。而俄地人民壯佼,將弁
堅忍,人人欲去寒就暖,南下牧馬,有囊括併吞之勢。故兩大利病之
機,不可不審,而締交之銜轡,應即與之爲張弛,此外交之綱要也。
倭言甘而寡信,然與爲同文之國,近迫脣輔,亦不得不屈己忍耐,示
以大信。法志在拓越南、滇、桂商務,而止於腹省,大局當無礙。美
雖與我訂有互援之約,而兢兢自守,養兵太少,去我又遠,緩急未可
恃也。獨俄人扼我三陲,布置漸密,席卷勢成,最爲鉅患。造船咸鏡

道之鹿屯島西水羅城，我琿春八旗久無出海漁采之口；買呼蘭之糧以實海蘭泡；挖金臚魯海圖以斷額爾古訥河之口。彼雖未造吉、江兩省鐵路，而我固已坐困矣。俄又聯結車臣、土謝圖二汗部，買地建房，種植稞麥，淘挖肯特山、克魯倫河一帶金礦。竊嘗細詢總税司赫德，中國金沙出洋之數，歲約值銀三千萬，而蒙部北境及東西悉畢爾所出礦金居十之八九。俄官給票，坐收其税，出入蒙境，蒙部反仰其餘潤以爲衣食。俄運漢口磚茶年九百萬箱，由天津、張家口入草地，賒賣於內六盟、外四盟，而取其畜產牛馬轉販於包頭、巴里坤一帶。蒙人貪餌，爲其所愚弄，俄又信用黃教以誘服之。晉、甘茶商在恰克圖、張家口、綏遠城等處者盡皆閉歇，伊、塔、烏、科一帶所有晉商、甘商引地，均被俄茶倒灌浸銷，以致折閱大困。所有載土貨只准一直回國，不准沿途售賣之條約久成廢棄，烏、科、庫倫之將軍、參贊束手坐視，莫可誰何。然則我列聖所撫綏臣屬、蟬延婚媾、不侵不畔之蒙喀四十八部，將折入異域，而爲朝鮮、坎巨提之續。金源因失北部，南遷汴梁，而遂亡其國，可爲殷鑒，故曰俄之禍紓而大也。

蓋合群國以通商之區，其患小；而一國獨通商之區，其害大，形勢然也。同治末，督臣曾國藩、李鴻章等咸議畫嘉峪關爲守，英人且爲安集延逆酋帕夏代乞朝貢爲通商附庸之國。故大學士文祥諍之曰：“今之邊防與明九邊大異。國家恃蒙古、喀爾喀部爲外屏，無新疆則蒙古攜貳，是無外屏也，故新疆不可以不力爭。”疆臣左宗棠奏畫進取之策，意見相同。廟算既定，膚功遂奏。故知立國形勢，惡可不深維至計哉？今俄人誘脅哈薩克、布魯特回部以擾我天山之北，土爾扈特、厄魯特諸黃教之部落又准行回、黃兩教以爲之餌，西北噬臍之患非一日矣。

然以目前論，海戰之患促，陸戰之患紓。俄大國也，守其先比達王之教，無驟起釁端之理。又感我聖祖兵拔雅克薩，响育不殺之舊恩，列朝開庫倫、尼布楚市場之大惠，目前尚可情曉理諭，粗得相安。宜及此時請旨敕下西四省大吏、烏、科、伊、塔將軍大臣，經營晉

陝湟隴，次及安西南北路、天山南北路，而建陪都於關中，備西巡狩
行在之所。預練蒙古、烏梁海、厄魯特、土爾扈特及駐防之錫百、索
倫馬步隊，以樹控制蒙哈、鞏固外屏之形勢。則立國之本，百倍於西
遼，庶不至於爲亡金之續乎！ 又請旨敕下東三省將軍，練鄂倫春、達
呼爾、黑斤諸部兵，痛改奉、吉奢華風氣，大布之衣、大帛之冠，務爲
儉約，返國初真樸之俗，乃能作勇敢之氣。則海口雖割於俄，我尚可
以守險自立，據松花、嫩尼、鴨綠三江林木蕃茂、薄貂部落之地，國
險而民固，猶不失如汴宋之畫鄭^①州兩淀而限戎馬之足保百年麤安
無事也。目前物力兵力不能議戰，要不可不議守。玉帛接於境外，
通好聘問，觀國之行人，妙選通才，是爲示暇之閑著。講求邊防，就
地練兵，以屏衛圻疆，無事如有事時隄防，有事如無事時鎮静，此爲
示整之要著。此外交之大略也。

　　若夫防海之事，自銘、盛兩軍喪師而淮^②軍熸；自丁汝昌、林泰
曾、劉步蟾辱國而海軍全没。今祇有南洋之開濟、南琛、南瑞、寰泰、
保民等六艘，不足以守一隅，遑議戰乎！ 中國徒恃名法爲治，漢至唐
用名法尚有實際，故夷翟尚不得乘虚入踞中國；宋至明專用名法，
空論多而實際少，故金元崛起之勢，皇朝節制之師得乘其敝而屋其
社。我朝八旗初制，文武不分途，京外不分途，清濁不分途，人皆兵，
官皆將，故人才盛而國勢强。以之勝前明重文輕武、重京輕外、積習
自弱之國而有餘。然承平日久，文墨吏用事，大小相牽制，中外相
維繫，習爲謹葸，雷同依違，文法繁密，朱出墨入，百吏救過不暇，吏
胥又因緣爲奸。議者謂治民之官少而治官之官太多，防弊之意多而
同心協謀以致富强之臣轉少。用文吏則銓部覈其資勞，拔將弁則兵
部司其准駁，理財用則度支扼其吭喉，舉天下文武豪傑之精神才力
盡消磨於文法之中，於是相率爲鄉愿，呴呴蹈規矩，謹守三尺法，曰：

----

① 原作“鄭”，誤，據《于湖文録》改。
② 原作“海”，據《于湖文録》改。

“吾循資坐得升擢,不求有功,第求無過。”而天下之人才靡矣,求將才邊才日稀矣。

金田洪、楊之亂,其始一小民耳,猶窮天下之力,僅而克之。況歐、墨、俄、倭諸國,本與我爲敵。彼用簡而直之法,以善馭其民,上下一心。我用繁而曲之法,上下之氣隔閡,人人渙散。以彼鯨吞蠶食之心,十五夷館翕集京師,伺肘腋之地,揣摩稔熟,有不乘敝而攻吾之短者哉?故倭遼之戰,海軍全燼,國勢驟削,從此藩籬全抉,沿海之禍,不止膠州一役而已,此挈缾之士皆知者也。尋厥顛危之由,蓋繇宋金元明以迄我朝革命不革政,率以用文法太密而弱;歐、墨、俄、倭因利乘便,皆以用文法疏闊而强。且我太宗文皇帝營遼瀋,服蒙古、察漢之日,八旗五大臣、十大臣議事之制,何嘗不以疏節闊目取天下乎?俄人佔帕米爾之役,使俄許景澄諍之外部,外部云:“此事我邊將撒拉納福主之,不能遥制。”俄之專任閫外、不拘文法可知。若我之邊將如此,則久以跋扈不臣,朝詰而夕斥之矣。試易地觀之,成敗之數可知也。嘉、道之間,文法愈密,養兵愈多,而國益不競。其時實由帖括科目出身之大臣,習爲忌諱,京外雷同,是非相蔽,群邪朋比於下,大君孤立於上而致。庚子至癸丑間,禍遂起於兩粵,蔓延流毒垂四十年。咸、同之際,擢用忠清鯁直者分任中外大臣,捐棄文法,事從權制,芟夷大難,遂致廓清,其效可覩已。

即以外交之機宜論,聖祖諭圖理琛以使邊,召見俄商以通市;擢用降將林興珠,面試以滾牌滾被之術,雅克薩之役用林爲前鋒。世宗召見俄使於太和殿,度時勢以爲衡鑒。方略具在,何嘗如後來之因循文法、坐失事機宜乎?伊藤博文於光緒十一年立兩國均不派兵駐朝鮮,如派兵必互相知照之約三條。而北洋總督遣葉志超時,未及理會前約。日人遂以背約責言,借端尋釁。然牙山之衂,倭僅索兵費三百萬,尚易隱忍藏事。平壤之衂,驟漲至千萬,其時猶可議媾,我軍黔驢之技,敵人猶未盡見其破綻也。而二三新進躁妄之徒,爭獻景延廣橫磨之策,大臣從容雅步,惑於蜩螗之論,無一人爲廟堂陳蜂蠆之有毒，淮軍之積弊，萬不可恃者。嗟乎，中國非亡於外夷，乃亡於名法耳。夫敵國外患爲殷憂啓聖之資，苟六官百職、疆埸之吏惟賢才是任，毋拘以文法，既得其人，籌餉練兵之政，邊備海防之要，自可次第就理。然則外患乃皮膜之病耳，固以自治爲之根本，爲之樞紐哉！

竊謂朝廷既圖憤發自强，國耻足以興，物耻足以振。宜因時立業，據勢爲資，進固上規周宣、漢光之中興，次亦俯視章武、建炎之事業，不當拘守常格，坐困繩墨。以爲當議改制之事如下：官人之事九，理財之事十四，練兵之事四，交鄰之事六。其餘次第節目，當損益舊章，因時制宜，庶可日起有功，作海内更新之氣。

所謂改制之事六：一、訓練八旗人才；一、裁汰冗員；一、地方官參用紳士；一、督撫委署道府州縣吏部權宜勿定限制；一、取才官人宜隨器授任毋求全備；一、捐納宜速停。

官人之事九：一、大臣宜畍敿歷中外之任，周知事變，以贊機宜；一、疆臣宜假以節制專斷之權，廣樹形勢，以資拱衞；一、求吏治筦榷之才以釐内政；一、求邊才將才以扞牧圉；一、求堪任風憲之才以樹朝廷耳目；一、求專使絶域之才以通知四國之情；一、以書院學堂培養人才；一、以課吏局考察庶僚；一、申明賞罰，隨方舉劾。

理財之事十四：一、詳考國初以財用奇絀而興，近日以財用多入而弱，故國本之盛衰，繫乎政之奢儉，不關財之盈絀；一、權理財之名實，取之農不若取之商；一、清理屯田；一、折南漕；一、開官銀行；一、嚴查官輪兵輪，稽税杜漏；一、加重川鹽課；一、禁金銀制錢流出外洋；一、議官設公司行内河小火輪；一、議官運場竈鹽，仍予子店商銷，亦如公司法；一、電綫局納税；一、密抄著名貪黷之吏；一、行印花税；一、借洋債。

練兵之事四：一、將才在平日教養始成，兼須縻以恩信；一、兵陣宜變法；一、劣弁舊勇不可用；一、槍械宜各營一律。

交鄰之事六：一、出使大臣當重其選；一、西材中可用；一、覲見各使之外,或予隨時召見;一、西國有大典禮,不妨遴派親郡王貝勒往聘,以昭鄭重;一、自開口岸,無甚流弊;一、潤色教典以招徠之。得旨:"著軍機大臣會同總理各國事務衙門議奏。"尋奏袁昶條陳內請籌八旗生計,出使日記,申明定章,請權理財之名實,清理屯田,嚴查官輪兵輪稽稅杜漏,加重川鹽課,禁金銀制錢流出外洋各節,請飭京外各大臣議行。

八月,調補直隸布政使,旋賞給三品京堂,在總理各國事務衙門行走。二十五年二月,補光禄寺卿,六月,轉太常寺卿。會詔下六部九卿會議籌餉理財之法,昶條陳整頓釐金六事:曰慎用賢員以袪積弊;曰綜核比較以重榷課;曰各省物產衰旺不同,當隨地制宜,考察整頓;曰外銷公費款項不妨臚列報部,仍請飭部臣勿掣疆吏之肘。常關積弊尤甚,亦可照此辦理;曰酌復坐賈落地捐以抵制洋票漏卮,並應量百貨輕重,定簡章,擇正紳巨商辦理,一律懲勸,酌減行釐,以示招徠;曰定劣員司巡侵漁之罰,宜寬商去苛,省官益糈。並敘次歷年比較大數上之,而極言釐金為用兵以來萬不得已之舉,明病商,暗病民。又片舉廉能之員可主關權者,程儀洛、王秉恩、朱采、樊增祥、湯壽潛、勞乃宣、朱之榛、童祥熊、文悌凡九員,謂使權道府兼治稅釐,必有可觀。

二十六年五月,拳匪起,兩宮嘗召見王貝勒大學士六部九卿,昶皆與焉。草疏略謂義和團不可信,公使館不可攻,會欲上而為首禍諸臣所陷。七月初三日,與許景澄同棄市。是年十二月,開復原職。二十七年,詔録用子嗣。宣統元年三月,賜謚忠節。是年浙江巡撫請建徐用儀、許景澄、袁昶三忠祠於本籍,祠成,又請列入祀典。二年,兩江總督奏已故太常寺卿、前安徽徽甯池太廣道袁昶功德在民,請於蕪湖建立專祠。均從之。子允櫆、梁肅、榮叟,均官主事。

三忠授命後,海內傳袁忠節三摺稿甚著,俞曲園先生撰許文肅墓誌亦采之,謂許與袁合奏者。余在史館覆纂許文肅傳,即據以輯録。迨覆纂袁忠節傳,初輯者備録三摺,顧亞蘧前輩瑗覆纂,刪其後二摺，籤云實未入奏。余又遍查軍機、内閣奏事處各檔，五月以後，七月初三日以前，實無袁忠節摺件。許文肅有二摺，亦均言他事。則袁之第一摺亦未入奏者，因並删之，兼删許文肅傳與袁合疏之事。嗣恭讀光緒二十七年正月十二日上諭："上年十二月二十五日開復徐用儀等原官諭旨内，剿撫兩難係專指辦理拳匪而言，與攻擊使館無涉，徐用儀等五員亦並無力駁攻使館之奏，何從發鈔？近來各處報館往往捏造蜚語，聳人聽聞，各國難保非見報館所私造，以致生疑。私刻之與官報，不難一望而知。至懲辦此五員，實因當時首禍諸臣乘機誣陷，現既加恩開復，已足昭雪。該親王等務與各使分晰剖明，勿再異議。"此諭電寄慶親王等，見電寄檔。則三摺之未入奏，益無疑義矣。宣統三年八月記。

　　——以上一篇自《一山文存》卷三輯出，章梫著，民國七年嘉業堂刊本。

袁昶像贊

　　袁昶，字爽秋，桐廬縣人。光緒丙子進士，授户部主事，充總理各國事務衙門章京，升員外郎，授徽甯池太廣道。勤於民事，隄工圩田，農桑學校，次第興舉。嘗上書言時政，略謂德據膠澳禍急而小，俄自西北至東北與我壤地相錯，蒙喀四十九旗將折入異域，禍紓而大。宜亟練勁旅，痛革華靡夙習，雖不能議戰，要不可不議守。我朝八旗初制，文武不分途，内外不分途，人皆兵，官皆將，故人才盛，國勢强。承平日久，文法繁密，諸臣救過不暇，相率而爲鄉愿，而人才靡矣。洪楊之亂，一細民耳，竭全國之力，僅乃克之，況諸國互肆毒計，有不乘吾敝而攻吾短者哉！夫敵國外患，爲殷憂啓聖之資，苟用人不拘文法，則理財、練兵、防海、交鄰之策可次第就理。上覽而嘉之，下中外議行。洊陝西臬司、直隸藩司，内授太常寺卿，在總理衙門行走。庚子拳難作，公先後三疏，密陳邪教始末，請剿撫兼施，保衛外使,並劾始禍諸臣。端庶人輩恨次骨。召對時尤切直。遂於六月與許文肅公同斬於市。其冬有旨褒邺,予謚忠節,浙人祠之。著有《漸西叢刻》。

余友徐水張員外鋆衡有僕谷某,嘗給役太常家,曰:"太常既上疏,知不免。六月某日召見,既得旨,猶揚揚如平時,處分家事、命題課子畢,始升車趨朝。朝退即赴市就戮,刃即加,斷處無點血,若有輕膜幕之者,至斂猶然。世稱太常修道有得,其信然與!"予友泫然曰:"此蓋太常忠直之氣所以感天地、泣鬼神者也。"悲夫!

—— 以上一篇見於《庚子辛亥忠烈像贊》,馮恕纂輯,民國二十三年刊本。

薛夫人家傳

門下士沈惟賢敬撰

我師桐廬袁重黎先生德配曰薛夫人,諱儀祥,安徽全椒人也。前清咸同間,薛氏舅季曰藝農、曰淮生、曰慰農,先後登甲乙科,掌御史臺,出爲方伯、廉使,比於河東三鳳。夫人則御史淮生公之第五女也,幼繩過庭之訓,嫻於禮容,著於婉悶。年十一,而淮生公出典江西省試,感暑歿於闈中,夫人擗踊襄禮,儼若成人。歲乙丑,東南粮甫,隨母氏郭太君依慰農公於杭州。公方主講詁經精舍、崇文書院,英儁之流,咸被甄拔,而重黎先生與焉。

先生少好任俠,泛覽百家,研精儒釋,而不自撝其跅弛之氣。嘗游浙東,誤陷匪窟,縶之餘艎,戊夜叱咤而起,挺刃殺賊,賊多不能克,卒跳而免。居講舍,跣足行吟,或貽以葛屨之資,懷之入市,見冷攤故書,襆負以歸,更跣足而咿唔也。薛公袖其文以示嫂氏,且曰:"此氣節士,不可以繩尺拘,顧其成就在儒林文學之上。"遂與訂相攸,以己巳至全椒甥館成禮焉。

先生方就杭州、揚州書局，入爲内閣中書，纂修《畿輔通志》，洎丙子成進士。十年之間，回旋南北，杜陵鄜畤之約，歲常契闊。夫人奉母教弟，恂恂若在閨時，而綜理微密，家政蔚然以興。先生既從政户部，兼總理各國事務衙門章京，爰以戊寅歲將家入都，鍾禮郝法之譽，盛傳於日下矣。

越十有七年癸巳，先生分巡皖南，馳書惟賢，使至蕪湖官廨，以其子允櫹、梁肅就學焉。師聽政之暇，輒來西齋，談道談藝，宵分乃罷。惟賢得稍闚古文辭蹊徑，斐然有述作之志，師教之也。二子彬彬好禮，學業日進，如鳥之數飛，蓋晨興先就母夫人膝前習誦講貫，然後以時上塾，夜讀而歸，復以課本呈覽母夫人，就其中之加點者委曲開示，或我師爲加評其眉，使知良工之心苦，故教學相長若此。

夫人自早歲即通《孝經》、《女誡》，繼以《毛詩》、《周易》、《戴記》、《爾雅》之屬，兼及《楚辭》、《文選》、《韓詩外傳》，博之以遷、固諸史，而束之於程、朱義理之學。其教子主於謹嚴，推之以待塾師，尤致敬盡禮。自奉儉嗇，長日不離蔬布，而以殽脯畀庖人，誡令潔治爲先生饌。惟賢於師門橋梓晤言既深，因以聞夫人才識明贍，踐履篤實，在陳白沙、張楊園伯仲之間。

先生駐蕪六年，士飲其和，民懷其德，既涉陝臬，旋擢寧藩，復改直隸，未之任而以京堂内用，入值總署。夫人方歸視五茸新居，遂轉而之京邸矣。明年惟賢計偕入都，師復招之舍館，嘗間語曰："我此宅爲翁常熟故居，日者剛子良過我，甫及門，識爲翁宅，謂我翁黨也，驅車而去。後此邂逅於朝堂，常冰衿相對。此人刻鷙似丁謂，我其殆哉。"因出《瀨江歸釣圖》，繫之以詩，使屬而和焉。又嘗見語曰："我少時祈夢于忠肅祠，夢忠肅語予：'子當享大名，成子之志者夫也。'指庭前二武弁示之。覺來猶能誌其狀貌，然求之三十年，未或遇也。"

時執政汲汲於練兵籌餉，以先生筦榷久，授意使上條陳而餂以大用。先生歸告夫人："使我爲錢江第二，寧掛席拾海月耳。"夫人亟韙其言。委蛇久之，三品京堂闕久不補，最後乃補光禄卿，而轉太常。惟賢計偕畢南歸，先生送之豐臺。先是爲季子榮奾聘我女，乃命從之而南，曰："後會良難，以此子相累矣。"黯然而別。

庚子之亂，端王、剛毅、趙舒翹輩以駭豎竊樞機，中於邪說，弄兵興戎。先生與許侍郎景澄召對之際，上言教匪餘孽不可信，友邦夙好不可棄。端王怒目視之。先生歸，草疏將極諫。夫人曰："國家有龍逄、比干，非福也，巽以行權若何？"先生拂袖徑出，或云至許侍郎宅聯銜入奏矣。不數日，竟罹龍、比之禍，或曰端、剛輩矯僞命爲之。厲廬被劫且燬，圖書金石殲焉，間有一二評本散見於崇文門市肆，則拳匪所遺也。夫人提挈弱稚，倉猝南下，迺定居松江。無何，聯軍深入，清社幾墟，崎嶇僅存，追理枉屈，先生與徐尚書、許侍郎俱被易名之典，浙人祠以三忠。越壬寅，葬先生於西湖八蟠嶺。

夫人自嬰世難，益事韜晦，晏處蕭然，常書格言、稽學案，模倣名人畫冊以自遣。居松三十年，爲子女婚嫁畢，兼及宗親，邮孤救老，樂善不勌。性好服勞，躬任澣濯，尤峻壼範，行不踰閾。允櫨歷宰河南、山東劇邑，榮奾任衆議員、山東教育廳長，請以板輿迎養，不許也。年近八旬，耳目聰明，髮不斑白，猶能作晉唐小楷，爲孫女慧煐書《金剛般若經》以資迴向，戚郦咸寶藏之。民國十九年二月廿三日終於內寢，將合葬於先師八蟠嶺之塋。子四，長允櫨，娶陳；次梁蕭，娶王；次松喬，殤；次榮奾，娶沈。女五，長允枸，適高，先逝；次培芬，適吳；次清芬，適吳；次挹芬，適龔；次秉芬，適陳，先逝。孫五，長慧炘，先逝；次伯燾、仲燦、慧灼、叔煌。孫女六，慧煒，適張；慧熙，適袁；慧煐，先逝；慧變，適劉；慧燕；慧焉。

贊曰：自婺學中替，桐城作者亦罕嗣音，而以閨姛之英，闚儒門，涉文苑，以相夫子，垂訓於後昆。雖孟光梁廡之容，大家東征之作，奚足讓哉。

　　——以上一篇見於《近代史所藏清代名人稿本抄本》第三輯。

清故太常寺卿袁忠節公神道碑

　　光緒廿六年，畿輔亂民設壇，假神道傳習拳技，號義和團。以尊王攘夷爲名，仇西教，擊排外人，所在蜂起。諸用事親貴曁頑舊大臣袒之，引至都，則益橫恣，紅帕首手刀，千百爲群，叫讙市衢，日剽掠焚殺。既得董福祥軍相應和爲助，遂迭攻外國使館，戕日本書記官、德意志公使。當是時，在廷百執，鮮敢訟言其非者。太常卿桐廬袁公獨發憤數廷諍之，以謂妖民不可縱，邪術不可恃，外釁不可輕啓，繼更與嘉興許侍郎景澄合詞抗疏極諫，剖陳事理利害曲直若強弱衆寡之勢甚具。章再上，重觸權要人，搆陷下獄。七月三日，竟與許公同死柴市。後旬餘，海鹽徐尚書用儀亦坐直言見害被戮。未幾而海外八國連兵破京師，兩宮蒙塵，國不亡者如綫。和議既定，其冬十二月，特詔復公及徐尚書、許侍郎故官。宣統紀元，追加褒邮，俱宣史館立傳，予諡賜祭葬。公諡忠節，世與徐、許並稱曰三忠。三忠皆浙籍，浙人誦説詠歎，以爲浙光榮。而公兼擅文學政事，爲國犯難蹈危禍，不究其志業以死，蓋尤天下所悼惜云云。

　　諱昶，初名振蟾，字爽秋，一字重黎，世居桐廬芳郭里，因自號芳郭鈍叟。曾祖顯韜，祖明誠，並太學生，好善有潛德。考世紀，優行廩生，粤寇亂，歷參軍事，以勞劬，邮予雲騎尉世職，祀嚴州昭忠祠。三世皆以公貴贈榮禄大夫，妣皆一品夫人。公生八歲而贈君卒，繼又喪母徐太夫人，孤窮刻苦，自奮於學。十四補諸生。既冠，舉同治六年鄉試。會試罷歸，游學江淮間，從興化劉中允熙載覃窮性理，又問經義於嘉興鍾大令文烝，由是綜貫漢宋之學。久之入都爲內閣中書，盡交輦下才儁，益博稽典章文獻，及往古治法善敗得失，當世要務，靡不究切。

　　光緒二年成進士，用主事，觀政戶部，爲朝邑閻文介公所倚任。九年，考取總理各國事務衙門章京，掌海防機要文字，洊充總辦，兼同文館提調、會典館纂修。勞超補本部員外郎，並以御史記名。

十八年,充會試同考官,得士稱最。其冬簡授安徽徽甯池太廣道。公通籍列曹司十有七年,出領一道,則以所蓄施之於政。治所駐蕪湖,自設關通互市以來,故瀕江一都會。公首持廉肅,綜覈名實,剔常關浮費歲萬八千金,悉歸諸官。榷新關米穀輸出稅釐,歲羨數十萬。禦賈胡內侵,務保主權,振工商業。他若興學造士,獎孝義,表前烈,省刑平讞,懲奸治盜,教民事蠶桑,凡四府一州,職所當營,次第畢舉。而督修蕪湖西南緣江隄隰,延袤十二里,更穿築新縷隄三百七十丈,皆斥俸入,殫力規其成,倚捍田廬甚眾,資永利,尤爲眄庶所謳頌。

廿四年夏,擢陝西按察使。踰月,再遷江寧布政使。移直隸,未行,尋改用三品京堂,入直總署。明年除光祿寺卿,轉太常,直總署如故。公本起章京,明習故事,及復入爲大臣,同列推重,事多諮決。時徐公、許公俱在直,最與公契合,三人者矜立名節,以風操幹濟相期許。而許公故公素交,又鄉舉齊年,誼逾篤。國家承甲午戰敗之後,外侮憑陵,交涉日繁且棘,公折衝應變,常與許公任其難。公尤伉直,廷有大議,每持正不阿,爲時所忌。會駐外使臣有歲滿當代者,公前迭以使才被薦,名在選中。或謂宜且就外幾自全,公輒辭謝之。蓋公負經世閎略,在朝得因事獻替以便國家,於利鈍險夷無所避就。且深慨國勢寖弱,鄰敵環伺,而朝野上下曾不審彼己,率狃於虛憍浮囂之習,思與並時賢達起而正之,益求濟變圖存之道,徐以躋昧弱於明強。所志未伸,而亂作矣。

初景皇帝之變法也,迕太后意。太后再出臨朝,既奪帝政棷,復以端王載漪子爲大阿哥,圖廢立。見沮於歐美列邦公使諷議而止,心嗛焉。載漪尤爲用恨。至是乃因義和團之發難,務取快一逞,諸黨附者張脈僨興,助長聲勢。太后始猶持重,慎兵端,及蔽於群邪,決主戰,言剿匪善鄰者胥得罪,而中外之釁成矣。公當事急,連章切諫既不報,痛諸臣朋比挾持,詿誤君國,更草疏約許公共劾奏之,未及上,已罹於難,其疏稿海內傳誦焉。論者謂自庚子之役,剝元氣,失人心，綱紐解而橫議滋，遂有辛亥之變。國之亡也非一端，要其召亂之源基於此。鄉使忠言見聽，獲弭巨禍，留公等貞亮謇諤識大體之臣，以匡維政本，消折逆萌，國未必若是其遽覆也。烏乎，豈非天哉！

　　始公未第時，嘗禱於西湖于忠肅祠，夜夢忠肅執手語曰：“勉旃，異日功名類我。”已復引視兩人，一夙服，古衣冠，其一人則公夙於圖畫中識其狀貌，爲故御史杭公世駿也。公自後當官立朝，益用氣節自詭，卒死忠諫，成大名，如其初兆。於是浙人建三忠祠湖壖，與忠肅墓祠相望。皖南士民戴公遺惠，更於蕪湖立專祠祀之。

　　公所著《漸西村人集》十三卷，《安般簃詩鈔》十卷，《于湖文錄》九卷，《于湖小集》七卷，《遺詩》三卷，皆刊行。又輯有《漸西村舍叢刻》四十種。晚歲文稿遭亂頗散佚，餘存《止齋雜著》若干卷，譯署書牘五册，日記六十餘册，藏於家。

　　夫人全椒薛氏，掌山東道監察御史春黎第五女，賢而知書，後公卅年卒。側室柯氏。子四，允櫰，法部員外郎；梁蕭，工部主事；松喬，殤；榮叟，學部員外郎。女子五，仁和高爾伊、東陽吳昌履、吳昌復，崇明龔以慈，建德陳淘，其壻也。孫五，女孫六。

　　公被難時，年五十五，越兩稘，歸葬杭州八蟠嶺。乙亥冬，公子允櫰等致狀，來請外碑之文。蓋去公被難之歲既卅有五年，距國變亦二紀矣。追惟遺烈，人亡邦殄，有餘痛焉。狀列公政績行誼學術言論甚備，不具著。其孤忠大節，重有繫國家存亡之故者，以訊於永永無極之世。申之銘曰：

　　漸西之袁，積善教忠。肇育龐傑，奮起孤童。省闈練才，韞櫝初耀。出監州郡，驗收儒效。應詔陳言，謨略恢恢。厥聲天飛，入躋卿陪。帝命典客，見重殊鄰。支強以屛，謂國有人。釁迫宮闈，禍延士類。爰弭爰縫，密營瘝瘵。戰後補瘡，苛稅是圖。抉其弊害，以煦彫枯。志匡本朝，謝充使節。輯外匪艱，憂內惟切。有蘗其萌，始曹濮間。弗斧厥蔓，迺溢畿寰。彼昏悍驕，引縱肘腋。長亂召侮，九壖一擲。廷爭疏諫，瘏口禿毫。挈提素侶，搏鬥魖魖。燦爛瓌寶，胡然而碎。朝衣東市，天日蒙晦。殲我三良，世尤公惜。論定劫餘，悔其可及。大錯斯鑄，神器卒毀。名立社墟，雖瞑猶親。運有代謝，身亦靡常。終懸浩氣，不與俱亡。厚土藏魄，故山改色。精感茫茫，永垂穸刻。

——以上一篇見於《雅言》雜誌庚辰卷，一九四〇年一月版。

資政大夫太常寺卿袁府君墓碑

國家治亂安危之計，倚藉諸臣工，而臣僚之得所藉手，措海宇於平定，左右匡弼，造膝密陳，與夫封章上達，洞燭夷險之機緘，貫通中外，一言九鼎。偶陟事變，以死報國，餐鐵鉞如飴，然而有遺痛焉，吾友袁太常遇之。

公諱昶，字重黎，一字碤秋，浙江嚴州桐廬人。生有奇秉，夙慧冠群，乃少遭寇亂。考世紀公任俠好奇，井里推敬，擒文瑰岸。咸豐之季，出入兵間，陷賊，計馘酋豪，潔身旋里。卒以狎視兵革，沒於行陳，家亦毀燼。府君十九歲已冒百艱，游學杭州，屬志讀有用書，恒未曙聞雞即起，展卷待旦，不問饔飧，循是淵雅，親賢廣友，術業大就。

同治六年中式鄉舉，光緒丙子成進士。時事漸非，隱微多患，幾欲終隱。師友敦勸，入都以部曹用，觀政司徒，遴總理衙門章京。公於是究心中西交涉，舊牘手鈔盈數篋，本股當陳利病，記誦滔滔，承詢必答。朝廷屬意使才，恒辭之。然於樞要，如燭照數計。逡巡閱九年，特簡皖南觀察，駐蕪湖。通商設教，措注裕如，素所蓄積，馳譽民夷，欣若創見。公以仕爲學，師表人倫，修中江書院，擴齋舍、聘名師，士風日盛。至於練團衛良，立先覺、正氣、遺愛三祠以樹教化，聯營伍以靖地方。東鄰失和，甲午長江，人心震恐，得公禦侮，倚若長城。英國兵輪，助順鎮靜，流氓出入，鮮敢譁者。公地方實政，更僕數之不能盡。廉以自持，官廨蕭然若寒素，友朋往來，文酒歡聚，悠然煥然，山林同遠。治蕪湖五閱歲，勸農桑，繕堤堰，視百姓如家人。

光緒二十四年夏，奉陝西按察之命，將解任，猶嚴治盜以息民謠。詔下求言，方銳意變法。公條陳詳論六大國形勢，請去積弊，整武求才，安内靖外。簡在心許，題袁某條陳，下六部議行。擢官江甯布政使，調直隸，咸未赴。是秋，國政再變，至召四鄰詰責，以外部多不勝任，公被旨以京卿視外部矣。

公既内用，銳志建白，密陳慶邸保全内廷免不測，杜佞臣以卻群疑。外部方習依違，公乃侃侃不阿屈，與大僚論外國行教事，覼縷本末。時與許侍郎景澄同心同官，維持調護之。明年，詔求財政，公主開源，首陳製造土貨徵落地税，以抽釐爲不得已之舉，惟可議減，不可議增。又須得人而理，舉廉讓知名之士，卒不能悉以才見。會建儲議亟，九州皇惑，士民電陳政府，請諍廢立。公密商諸公，懼致決裂，幸王、相國在太后前挽救，得稍緩頰。

公每於陳奏時慨焉晰言中外流弊宜亟拯救，王大臣側目者屢矣。不意二十六年，變起義和團，其糾衆倡亂，匿影北地，歷有年所，掠害村氓，有司未有嚴治之者。甚且信爲義民，有幻術召神卻兵火，惑弄疆臣，燄及宮庭，請撫以自彊，遂引酋豪覲殿陛。於是扶清滅洋，妄言流布，權貴招搖，京師麕集，榛莽盈城，毀教堂，殺教民，圍攻使館。公知禍已決裂，約許侍郎聯銜力諍，請派巨帥統帥師旅，剿撫兼施，束匪徒，安公使。且邪説不可信，各國使館攻守，已斃匪數十，燬其拳壇，何術之有？此主剿第一疏也，未用其言。

時使館已密調洋兵來護，而德國使臣塗遇拳匪槍斃，攻館益亟。公再上陳，急速保護，維持大局。言董福祥所統甘軍聲勢相倚，春秋之義，兩國搆兵，不戮行人，今攻使館，斃公使，肇泰西之釁，不獨勝敗，實存亡攸關。若各國忿忿，先殺我使，是易刃也。方存問饋贈示懷柔，匪徒擾如故，外人疑縱令陵轢。今各國紛紛調兵以代剿爲辭，請敕大學士榮禄克期將拳匪一律驅逐出城，以救燃眉，再圖剿洗，以杜後患。亦知言出禍隨,念存亡呼吸,不忍不言。此第二疏也。

不意大臣信崇邪術,誤國殃民。公悲憤瀝血,仍請嚴懲禍首。疏意以昔年髮捻,猶手足之疾,今拳匪腹心之疾。竟有大員謬視爲義民,前山東巡撫毓賢養癰於先,直隸總督裕祿禮迎於後。滅洋之説,横挑邊釁,指在中國之洋人,不能禁其續至,括五洲各國之洋人,能盡滅否?不待智者知之。董福祥詐稱使館洋人焚燬盡净,在廷諸臣欺飾錮蔽,徐桐、剛毅、啓秀、趙舒翹自誤誤人,竟敢斥開釁以爲逆説,蔽塞宸聰。剛毅、舒翹奉使宣撫涿州,解散拳匪,僅託空言。近日天津被陷,洋兵内偪,將撲京城,設想及之,悲來填膺。盈廷如醉,親而天潢,尊而師保,大半奉拳匪神明之。若立將首先祖護之臣,明正其罪,三百年宗社,時至今日,間不容髮,應請治以重典。其謬妄相若者,治以應得之罪,不得援議貴議親爲之末減。庶各國恍然於謬妄之臣下縱匪肇釁,非國家本意,棄仇尋好,享和平之福。此第三疏也,尤觸時忌,將置死地。公豫知之也,上陳後告子姓以誓死。明日下詔獄,閲日市曹受斬決,又一日始見明發,人間以爲矯詔,疑邪?信邪?臨刑之頃,胸前幸得雜記遺言,爲匪人攫去。知交率二公子具棺斂厝。逮秋,聯軍入京,兩宮蒙塵,蒼黄幸西安,我知公地下涕泗如霝矣。

十二月乃得旨,與許侍郎開復官階。二十七年二月,北京臬兀,乘輿未返,子姓齦齗扶櫬,取道津沽,達上海。華夷感歎,相與扶持。許櫬先歸嘉興故里,公以當年游學,眷眷西湖山水,三子允檽、梁蕭、榮叟承志,柩徑杭州,卜地某山原筮葬焉,以礱碑文乞於後死故人。譚獻雪涕紀實,爰爲銘曰:

九重揮淚,沾許公衣。公時侍側,泣血依依。運際陽九,式微式微。下獄就刑,死也其歸。中外政績,累累在口。報王建言,捨身棄首。三表不用,此志挾斗。昔夢肅愍,禮以上賓。左揖董浦,示以前塵。杭遣戍回,悠游終老。視公若辛,益震襟袍。葬卜湖山,古人結鄰。百歲千秋,同爲明神。

浙紳公呈擬稿

呈爲大臣效忠報國,足式鄉閭,籲求奏請敕建專祠,以順輿情而資觀感事:本年三月二十日,內閣奉上諭:"朕恭讀光緒二十六年、二十七年迭奉諭旨,特將誣陷被罪之前戶部尚書立山、兵部尚書徐用儀、吏部左侍郎許景澄、內閣學士聯元、太常寺卿袁昶開復原官,並錄用子嗣。仰見我德宗景皇帝秉承我孝欽顯皇后慈恩垂訓,一秉至公。惟念該故員等心存君國,忠蹇可矜,允宜再沛恩施,嘉名特賜。立山、徐用儀、許景澄、聯元、袁昶均著加恩予謐,用示朕推廣慈仁之至意。該衙門知道。欽此。"仰見聖明繼述前徽,矜念忠藎,推恩賜謐,感徹幽明。故尚書徐忠愍、故侍郎許文肅、故太常寺卿袁忠節,皆隸浙江,當世有浙江三忠之目。紳等居同里閈,於其節行政績企慕尤深,敢舉大端爲我大公祖敬陳之。

徐忠愍,浙江海鹽人。由刑部主事考充軍機處章京,兼總理各國事務衙門章京。補雲南司主事,再遷至湖廣司郎中。於同治初入軍機處,其時軍書旁午,擬進詔旨,動中機要,爲恭忠親王所倚重。遷鴻臚寺少卿,以憂歸。服闋後,累遷至工部右侍郎,充總理各國事務大臣。又由吏部左侍郎充軍機大臣。日本搆釁,舉朝爭和戰,公以東人勢方熾,未可輕戰,與朝論齟齬。及和議既成,公於上前請退軍機及總理衙門,得請。公自充總署大臣十有三載,遇事彌縫匡救,心力交瘁,至此幸息肩。而德索膠州,俄索大連灣,英索威海衛、九龍島,法索廣州灣,外侮狎至。公雖不與其事,憂慮成疾。

光緒二十四年八月,孝欽顯皇后再訓政。以公在總署久,熟外事,復任之。旋由左都御史授兵部尚書,寵錫有加。而義和團適起於山東,公力請勦治。俄而拳匪闌入京師,攻擊使館。公會同列入告,請嚴行禁遏。又擬按公法令各國使臣出京,以紆其禍。而忌公者遂日夜媒蘗其間。時各國兵輪麕集津沽,屢召群臣與決大計。公與許文肅、袁忠節皆極言民團不可恃,外釁不可啓。凡召見四次,所言益切。奉命至使館議之,美國使臣猶允爲調停。乃首禍者力主用兵,謂不殺議和諸臣則士氣不振。迨許、袁二公之禍作,公亦自知不免。未幾,遂與楊忠貞、崔佳文直同棄市。公平時巽順,與物無忤,而事關大局安危,至以死爭之,其大節如此。

許文肅,浙江嘉興人。由編修升侍講,充出使日本國大臣,旋丁父憂。服闋,值越南事起,公疏陳籌備事宜,多見施行。光緒十年,充出使法、德、義、和、奧各國大臣。十一年,兼充出使比利時國大臣。時海軍初創,前使者於德國訂購鐵甲船二、穹甲快船一,皆未就。公與譯員等歷遊船廠,講求船制,又增購穹甲快船一,船之精良勝於舊制者十有五事。著《外國師船表》十二卷進呈。又上疏言大沽口宜設鐵甲礮船,膠州灣宜定爲海軍屯埠。俄丁母憂歸,歸而粤督今相國南皮張公招與商榷時政,奏定蘆漢鐵路章程,皆公所參訂也。十六年,又充出使俄、德、奧、和各國大臣。俄兵遊獵,每涉我國所屬帕米爾之界,公爭之俄外部始已。又議定界,執舊議以烏什別里山爲界,從此而南屬中國,從此而西南屬俄國。俄人則欲以薩雷闊勒爲界,相持三載。公堅執不撓,俄外部乃允爲調停之説,帕界未定以前,兩國各不得進兵,以保和好。雖界議猶懸,而俄害稍戢,公之力也。時公已由太僕寺少卿、通政司副使、光禄寺少卿迭遷至内閣學士,擢工部右侍郎,駐俄六載矣。

會我國與日本開戰,及事定,而俄、德、法三國出而預謀使日人歸遼東於我,人皆以爲喜。公曰:“俄人懷自便之謀,德人挾責報之意,自此以往,事故滋多矣。”疏言俄德兩大國,交涉事繁,宜分遣兩使。二十二年,命公爲德國使臣,未受代以前,有鐵路公司之役。俄國悉畢里鐵路欲與海參崴接軌,謀取道黑龍江、吉林,朝議拒之。因改爲商辦,設立公司,中國亦入股銀五百萬,乃又命公總辦黑龍江、吉林鐵路公司。公力阻其線南侵,且與訂約稽查運料之船,勿使漏税。而公司例支之公費,悉數咨存總署,蓋錙銖弗受也。二十三年,至德國甫數月，而俄人租我旅順口，命公以頭等欽差會同駐俄使臣侍郎楊公就俄都定議。六月事竣，請假回籍。九月至京，命在總理衙門行走，兼署禮部右侍郎，調吏部左侍郎，充大學堂總教習、管學大臣。當辦關內外鐵路時，意大利要索我三門灣，公抗言駁之，事乃寢。外國公使駐我京城，率驕不可制，自公入總署，稍稍歛戢。群公皆倚爲重，然亦有忌且忮者。無何而拳匪之禍起，公與袁忠節聯名入諫，首禍諸臣深嫉之。迨各國聯軍逼近都門，首禍者又倡言非殺主和大臣，將何以戰，公與袁忠節遂同及於難，天下冤之。

袁忠節，浙江桐廬人。由戶部主事充總理各國事務衙門章京。早年曾受業興化劉融齋中允之門，生平自謂得義理分數爲多。又謂義理之學首重力行，故必先廣學識，不然，雖嚴氣正性而無裨於事。詞章以闡道義，考據以通經術，義理以持古今經變，不可偏廢。既入宦途，不廢學。平時交際，密定師事兄事友事。官戶部時，初有土藥徵倍洋藥之議，公謂非計，其議遂寢。鄧鴻臚承修以言事被譴責，公爲上書閣文介，以公義，請其保全直臣，爲敢言者勸。公以戶部兼總署者九年餘，總署無成案可稽，臨事每以學識見重。公於海防、邊塞考核最詳，故與議以防務、界務爲多。光緒十八年，簡放安徽徽甯池太廣道，專意吏事、民事、農桑、學校，次第興舉，皆有成效。而其實惠尤著者，莫如隄工一役。蕪湖上游西南鄉圩十餘里，枕江界湖，歲虞衝決。自大關亭至魯港各隄，尤爲瀕江保障。公既頒手教敦督屬邑，復捐發椿木、飯食經費，以資所亟。躬往部署，修隄一千八百餘丈，自關亭至魯港延袤十二里，悉臻完固。辛丑之夏，東南淫潦爲數十年未有奇災，沿江數省潰隄決堰，警報交馳，獨公捐廉所修築之隄屹立無恙。不惟圩民田廬得保，他圩之避水者乘高避窪，依隄棲止，全活不下六七千人，僉曰："生我者袁公也。"

膠州事起，廟謨咨儆。公條陳時政，綜論全局大略，以時勢所急，先言治標，詳論當日外交六強之形勢，而言中國之弱，由於近代皆恃名法爲治，以致文法繁多，上下忌諱隔閡。今宜因時制宜，不復拘牽常格,乃可日起有功。條舉改制之事六、官人之事九、理財之事十、練兵之事四、交鄰之事六陳之。撫部據議入告,上自題"袁昶條陳"四字於册,公由是益簡在帝心矣。奉命按察陝西,未行,擢授江寧布政使。尋調直隷,復奉旨以三品京堂在總理各國事務衙門行走。補光祿寺卿,轉補太常寺卿。條奏整頓釐金六事,極言釐金爲用兵以來萬不得已之舉,明病商,暗病民;舉廉能之員九人。疏上,飭諸大臣議行,並諭各疆吏,就所舉之員隨宜委任。

公著作繁富,無漢宋門户之見。嘗慕韓文公、顧亭林之爲學,立韓顧二齋。每論近日士人之弊,不知審取精要以立身濟世,致智者挾考訂碎文以欺世,愚者守科舉俗學以自敝,故人才敗壞,官無專能,士鮮實用,中夏所以弱於文弊而四裔乘之,故非變法不可。讀書有得,輒録入日記。公餘自課,爲劬學後生所不逮。尤致力於實學,曾刊農桑、兵醫、輿地、邊防、掌故、治術諸書四十種曰《漸西村舍叢刻》。

光緒二十六年五月十九日,公上慶親王請嚴懲拳匪説帖,先後疏陳邪教始末,請責成重臣勦撫兼施。又草疏請保全使臣,免攻使館。又劾釀禍諸大臣。凡三稿,皆傳布海内。六月二十七日,奏劾大臣之疏既具,公密謂家人曰:"今言亦死,不言亦死。與其死於亂民之手,曷若死於司寇。苟死而朝廷頓悟,吾無憾矣。"家人環泣。公坦然曰:"吾以身許國,無復他顧。"諄諄以忠義勖其諸子,蓋不待朝衣東市,早辦一死矣。十二月二十五日,昭雪諸大臣冤,復其官。於是海内争頌天子明聖,而益交口稱三臣之忠。

伏思賢良之選,史不絶書,忠蹇之臣,代豈數見?今三臣夷險一節,出於同省同官,平時履正奉公,交相砥礪,迨難至而節見。又道合而志同,曲突徙薪,發言相應,疾風勁草,偕死如歸,酬國家覆幬之恩,壯吳越山川之色,此其特絶者一也。自漢以後,黨禍之興,忠良被害,每遲之久而後是非迺明。若夫歲未一週,沈冤立白,昭雪之速,爲前代所希聞。仰見先朝日月之明,何幽不燭?慰忠魂於地下,

勳哀感於群倫，屈於一時，伸於千載，此其特絕者二也。康熙五年，
鰲拜矯旨枉殺尚書蘇襄愍、總督朱勤愍、巡撫王愨愍，八年賜謚，並
膺祀典。今我皇上沖齡御宇，上符聖祖，表忠旌直，先後同揆，此其
特絕者三也。綜此三端，足光簡册。宋歐陽文忠有言："人臣之能盡
忠者，不敢避難言之事。"又曰："士不忘身不爲忠。"如三臣之危身
奉上，誠無忝於忠蹇之襃。紳等歌詠深仁，景仰遺烈，竊謂既荷易名
之盛典，宜預祀事於明禋。擬請大公祖大人據情轉奏，懇恩敕在浙
江省城建立三忠祠，以資鄉里矜式，上昭主聖臣直之懿，下示成仁取
義之型，實於維持世教，模範後來，至有關係。爲此合詞陳請，伏乞
大公祖大人鑒核施行。謹呈。

　　右稿爲王君書衡所撰。宣統元年，浙人官京朝者議公呈浙撫，
請建三忠祠。以君熟於國故，群推屬草。文成，而浙撫奏疏已上，遂
未具遞。然此稿翔實，足補增疏所不及，故附於後，以資考證。

　　——以上一篇見於沈雲龍主編《近代中國史料叢刊》第十九輯
《許文肅公遺集》。

皖紳請崇祀袁忠節公事實册

　　具呈皖南士紳爲故宦遺愛在民，籲懇轉詳奏請崇祀名宦，以伸
感戴事：竊自縣田旌善，年年以寒食禁煙；畏壘大穰，處處爲庚桑尸
祝。法施於民則祀，以死勤事曰勞，允符禮經祭法之文，曾隕尼父遺
愛之涕。倘荷聖朝之俎豆，益傾薄海之觀瞻。故太常寺卿、前任徽
甯池太廣監督蕪關兵備道袁公昶，浙江桐廬人。廕故父廩生袁世紀
殉髮逆難，襲雲騎尉。孤露幼學，志伊學顔。同治六年丁卯，本省鄉
試中式。光緒二年丙子，會試中式，籤分户部主事。既官京曹，益師
友直諒，磁礪名節，講求實用，生平自謂得義理分數爲多。累官户部
郎中，總理衙門章京，記名海關道。十九年，簡放徽甯池太廣道。在
官五年，不爲赫赫名，壹意專注吏事民事，農桑學校，捐廉倡導，次

第興舉，皆有成效。以二十四年升陝西按察使，擢江寧布政使。入都陛見，調直隸布政使，尋特授三品京堂，累補太常寺卿。二十六年，北方變起，夏初貽書東南友人，誓心殉職，卒踐前言，年五十有四。

職等追思善政，慨念云亡，一時鄉曲傳聞，野老婦孺，咸提攜挈榼，走奠故宦於中江先哲遺愛祠，咨嗟歎息，異口同聲。顧念朱君桐社，小民僅展私忱；柳子羅池，秩祀必邀恩命。矧故宦犖犖政蹟，久而益著，應祀法者尤非一節之細行與一人之私言者乎！

蕪湖舊有中江書院，經兵燹廢弛。公念五屬人士所萃，規模狹隘，不足矜式多士。乃增拓齋舍，分經義、治事兩齋，手訂課程，聘禮院長，精擇齋長，甄拔尤者，優饟月課，復按季增課經史、性理、輿算、格致有用之學。創建尊經閣，捐募官私精槧，稟請本省、江、浙、蘇、鄂各大府頒發局刻經史子集，購采同文、製造、方言館局新舊譯編，並捐置手自斠刻東北、衛藏、邊防、兵陣、樹藝、種畜、醫藥、占候各種，藏庋數萬卷，俾諸生以時抄覽。暇日接見，斬斬以朱子樸實闇修、安定明體達用爲教。先後捐撥廉俸四千餘兩，瀕行復備案儲銀五千兩，發典生息，預爲擴充地步。邇來學術橫流，而中江稟公教澤，未嘗稍溢繩尺，則端本善俗，維持立學之效也。

屬府多毗鄰蘇浙，土性宜桑。公察知之，歲捐廉赴浙采買桑秧數十萬株，俵發各屬，徧行種植。闢蕪河兩岸隙地，課桑設局，僱湖州老桑工教授鄉民，歸相傳習。捐刻《齊民要術》、《農桑輯要》、《種樹書》、《廣蠶桑說》，流通不下數千部。又酌采近出育蠶善法，編發簡易韻語，多方勸導。比歲各屬登繭出絲，遂成大宗。自餘物土之宜，無不廣爲董勸，民習其利，則敦勸農桑之效也。

蕪關商埠爲皖南北樞紐，又江皖接界，盜匪出沒。十七年，蕪地教堂被燬，西鄰責言備豫不先，致償鉅款。二十年，東事方警，各國兵艦絡圖於境，人情悾擾，匪會乘之。防營單薄，不足弭戢，其難視十七年時以倍。若非公不動聲色，首倡月捐，集款募勇，編紮保衛營，晝夜巡防，其不蹈十七年之覆者幾希。次年冬，公汰留百名，稟撥公款，用恤商艱，而道捐月饟如故。方事之殷，公介稅務司與領事商英鑑之碇泊江中者，曉以利害，資其鎮撫，而不震士民。事平，經南洋大臣據以入告，稅務司、領事各拜寶星之賜。商埠危而復安，固已民戴其德，帝鑒其勞矣。其年禁米出口，次年稟請弛禁，而創輪運納釐之議。領事、稅司撓之百端，至以違約不便爲恫喝。公屹然不動，內商譯署，外稟江督，卒訂章程行之，輪舶運米納釐始於此。公家歲羨米釐數十萬，爲各關最，商市小民亦漸蘇息矣。英商於蕪地創設機器礱坊，公慮有妨工商生理，斷斷立争，至限定日出米麪觔數，及機碾永不加增之約而後已。其他或藉名外商，非約所載之正經貿易，無不援約阻止，以防壟斷，以護生計，則恤商裕課之效也。

公整理關政，潔己奉上。東事亟時，報效軍需八千餘兩，奉旨賞戴花翎。欽此。二十一年，清釐關稅案內裁汰外銷款項歲萬八千餘兩，以時督察，不少假借。員吏書役争自修飭，不抑不苛，旅歌民忭，則正己率屬之效也。

巡道管理五屬獄訟，公每提發申解各重案，迭飭委訊，猶必再四親鞫。如宣城民人報縣緝解萬老九等六名，擬重典矣，公廉其冤，卒平反之。遇有疑獄，必密委分往微服潛探，務求水落石出。而所辦當、蕪、繁各犯唐老六、黃漢章、錢濚富及捕獲逃匿和州匪首聞再支等，又皆盡法懲治，期安良善。他案經讞定者，解司卒輸服。州縣因是不敢輕於枉縱，民自以爲不冤，亦無冤民，則勤恤獄之效也。

公慕義若渴，表章先哲，激揚行義，皇皇如不及。捐建王文成公祠於省垣，以志竊比。創立先覺、正氣、遺愛三龕，分祀皖南歷代迄國朝先賢名宦於中江尊經閣，朔望院長率諸生行禮，春秋地方官致祭，以肅觀感。捐修前明直諫謫宣州衛給事中姜公埰墓門，置田禁樵蘇，刻石紀事。訪明遺老邀荷聖祖製詩褒歎蕭尺木墓址，伐石立碣。修宋黃文節滴翠軒讀書處遺構。郴蕪邑曾荷旌表陶孝子，歲時由校官致緡泉其家，如署三老孝弟力田行誼遺意。月津貼校官赴鄉宣講聖訓鄉約。聞民間節孝,立予表揚,或獎給匾額。各屬多習停櫬懸葬,徽俗尤甚。公刊給《勸葬說》,諄諄勸戒,捐貲掩薶積年懸櫬五千餘具。其餘禦火菑、周困乏、施藥餌、散窮棉,誠俗宜民,他循吏能之,未可殫舉,皆以實心行實政。

而其實惠所尤切慕思者,莫如堤工一役。蕪湖上游西南鄉圩十餘里,枕江界湖,歲虞衝決。公平日留心水利,經行相視,軫燭民艱。既頒手教敦督屬邑,復捐發樁木飯食經費,以資所亟。自大關亭至魯港各堤,尤爲瀕江保障。公於二十三年冬捐廉五千餘兩,設局鳩夫,加高培厚,萬鍤奔赴,躬往部署,涵洞陡門,悉臻完固。又內河之上下鳳林圩,陡門陊塌,遷職瀕行,猶捐廉飭屬修守。自是內湖外江,圩垸所周,田廬數萬頃,蓄洩有資,旱潦有備,連歲耕稅,比户有秋。當公去任時,父老謳思不能忘,已樹碑於堤以紀之矣。今歲夏間,東南霪潦,爲數十年未有之災。沿江數省,潰隄決堰,警報交馳。蕪地界江湖衆水之匯,獨公捐廉所修築大關亭至魯港十餘里之隄,屹立波中,不惟圩民得保田廬,他圩之避水者乘高避窪,依隄棲止,幸免其魚者,蓋不下六七千人。方水之大至也,人鬼呼吸,萬靈叫號,其奔避不及,濡首滅頂者相隨屬。若無此段圩隄巋然獨存,則此六七千人者,幾何不逐萍梗以去?此公禦菑捍患之殊效,尤蕪民追思之而有餘痛者也。

公自下車伊始,即以五事嚴約僚屬,禁絕門禮,禁藉牙參新道曠離職守,不薦各屬幕友家丁暨乾脯,不以片紙徇宦紳關白,不收受年節生辰餽遺。每生日,痛少丁世難,祿不洎養,輒泫然淚落,筍輿獨往蕭寺,從一奚囊,攜一卷書,一蔬一飯,跌坐終日,蓋數十年未始有異,聞者莫不悚服感歎。非夫學有本原,政由學出,而能若是乎?

今者公之精忠在社稷,公之學術在儒林。皖南被澤獨深,災祲之餘,彌思遺愛。伏惟聖朝澄叙,官方章志貞教,沛殊恩而崇名宦,褒實蹟以勸有司,凡有善政在民,莫不俯如所請。職等亦知祀事向有年限,惟恭繹近頒諭旨,事事破除成例,矧此舉有關風教,維繫政

俗人心？伏查前安徽候補道吳脩鼓卒於光緒十六年，事功政蹟，經
地方稟懇中丞，據情奏請從祀吳公坤修專祠，二十七年三月十六日
奉旨俞允。今袁公謀國之忠，致命之勇，有過於吳公。職等久叨棠
蔭，鏤骨難忘，爲此縷陳政跡，造具事實册結，援案呈懇大公祖恩賜
轉詳，奏請崇祀地方名宦祠，以昭盛典，以伸感戴，無任悚抃翹企之
至。謹呈。計事實册甘結各件。

皖南蕪湖縣儒學今將故宦太常寺卿、前分巡江南徽甯池太廣、
監督蕪關兵備道袁治行事實，開列清册，呈送察核施行。

計開

一、故宦姓袁諱昶，字爽秋，一字鈍叟，號重黎，浙之桐廬人。居
漸江西，學者又稱漸西先生。咸豐十年甫成童，補弟子員。廕故父
廩生袁世紀殉髮逆難，襲雲騎尉。同治丁卯由廩膳生應本省鄉試，
中式第六十四名。光緒丙子會試，中式第五十三名，簽分戶部陝西
司主事。升補江西司員外郎，轉補郎中，記名御史，會典館纂修，總
理衙門章京，同文館提調，欽加二品銜記名海關道，壬辰會試同考
官。十九年癸巳，簡放徽甯池太廣監督蕪關兵備道到任。二十四年，
升授陝西按察使，擢江寧布政使。入都陛見，調直隸布政使，尋特授
三品京堂。二十五年，補光禄寺卿，轉補太常寺卿。二十六年，殉職，
卒年五十有四。計故宦分巡皖南道凡五年。

一、故宦力除積習，下車伊始，即以培養人心風俗、整飭民事吏
事爲己任。巡道履任，書吏例具辦差公費數千兩，故宦概予屛斥。
即日與各僚屬以五事約，一嚴絕門禮苞苴，一免藉牙參新道曠離職
守，一不薦各屬幕友家丁暨乾脯，一不徇宦紳向各屬關白私請，一不
收受年節生辰餽遺。皆立法自己，以身董率。時訪問民俗疾苦，周
知商旅地方利病，兢兢與僚屬切實考究，以便興革，政聲肅然。去任
之歲，如始至之日。

一、故宦提倡實學，下車觀風，即舉示國朝皖南儒先經學、理學、
數學淵映一時者，深恐流風餘韻蕭落殆盡，爲多士勖。重念五屬兵

燹後,中江講院舊隸巡道治所,規模狹隘,不足爲列郡矜式。迺銳意籌措經費,增購基址,拓齋舍,創建尊經閣,先後捐廉四千金有奇,劖大泉二千餘緡。聘禮院長,設齋長,招集生徒住院肄業,倣安定湖學教授法,立經義、治事齋。刊發《經籍舉要》,手訂兩齋課程,日有記,月有課,季有加課,歲終有殿最,分課經史、義理、詞章、經制、歷史、通鑑、三通、掌故、時務、輿算、格致有用之學。院壁牓朱子白鹿洞學規、滄洲精舍學諭,暇日接見,務示以安定、朱子明體達用、鞭闢近裹、闇修樸實,頭地循循然,俾士子默曉師承,獲遵嚮導。閣之上製書庫,倣阮儀徵焦山書藏、靈隱寺借秋閣書藏例,聽捐募官私精槧。復經稟請本省、江、浙、蘇、鄂各大府頒發局刻,購采同文、製造新舊編譯各刻。捐庋手自斠梓邊防、農桑、醫藥、兵陣漸西叢刻。自甲乙丙丁四部外,戊爲方志,己爲西學叢書,分部別居,漸積數萬卷。用天一閣例,嚴定章程,刊置書目,俾諸生得就近摹覽迻寫。去之日,猶念姑定兩齋,物力太絀,復籌儲五千金生息,備案移存,預爲擴充地步。嘗歲寄助省城敬敷書院膏餼數百金,又迭與宣州之崇正書院,太平之翠螺,廣德之復初,延致通儒,釐訂課程,益宏教思。各屬有沈潛績學著述可嘉者,必傳覽褒獎文綺匾額,如廣德州研索《周易》廩貢生朱立襄,太平縣參究算學農桑增生趙璜,皆荷優答。而中江主講汪宗沂教學有方,復經稟學使,奏獎五品卿銜,以示激勵。邇來學術橫流,而中江各屬稟仰教澤,幸無敢溢繩尺,故宦所陶成者實深且遠。

一、故宦敦重本富,念皖南兵火流亡,民鮮土著,雖漸次墾殖稻棉菽麥,而沃衍猶荒,元氣未復,汲汲焉勸民耕桑。刊印《齊民要術》、《農桑輯要》、《種樹書》、《廣蠶桑説》、《輯補蠶桑説》,迭稟請大府頒發各屬紳民,教之樹畜,以裕蓋藏,以盡地力。又念甯、太、廣等郡毗鄰蘇浙,土性宜桑,迭歲捐廉委員赴湖州采買桑秧數十萬株,飭各屬分領遍植。猶恐所頒各書未及家喻户曉,特采輯新出種桑育蠶善法,編成簡易韻語,遍示鄉曲。復闢蕪河南北岸隙地,委員設局,課栽桑數千株，僱湖州老桑工朝夕灌溉剪剔，教導鄉民就近觀摩，俾歸轉相教授，殷勤誘掖，至再至三。邇來風氣漸開，各屬登繭出絲，悉沾美利，副農事以女紅，化曠土爲沃壤，實皖南數十年來振興民事所未有。

一、故宦講求水利，爲民捍患，不遺餘力。池、甯、太等郡田畝多濱江河，恃圩隄爲豐歉，非隨時勘護，畏勞恤費，往往歲瘠而國賦絀。故宦累頒文告手諭，敦飭地方有司爲未雨綢繆計甚悉。蕪湖西南鄉自大關至魯港，中亘尚塘、鄭盛、邊江、麻浦各圩隄，蜿蜒十餘里，濱江界河，向歸民修民辦。民力彫敝，歲修單薄，盛漲，居民輒惴惴田井廬舍就没。光緒二十二三年，歲事將登，水潦洊至，隄根搖動潰溢，未没者半版，民情呼號，徬徨無措。故宦風雨宵晦，親往察驗，既隨時捐發椿木飯食，督委會縣搶修險工，目擊情形，可危可憫。二十三年冬，迺捐廉五千金有奇，設局委員，按畝起夫，照給工食。役作之朝，或日中饟夕，冒霜露，犯風雪，輒躬履督察舊隄參差，概增高培厚，決者塞之，坍者復之。更相度衝要，添築縷隄一道，硪以石椿，護以砌垾，密以涵洞，鑿以陡門，上殺下侈，堅鞏逾昔。二十四年春，圩工告成，會擢任有日，念内河上下鳳林圩陡門坍廢，未成一簣，復捐數百金移存興修，一律整峻。自是外江内河各圩，數萬頃田廬，蓄洩有資，旱潦有備，仍歲耕稅，比戶有秋。本年東南夏漲，上自武、漢，下越無、和，巨浸冒堰成菑，爲同治八年以來所僅見。皖省沿江上下游，兩岸衝決殆盡，獨故宦修築一帶，風潮震撼，迄巋然亘峙無恙。一時被水農民避窐乘高，提攜老弱，攀援架構，棲泊止宿，託芘風雨，幸免其魚者，全活不下數千人，僉曰："活我者袁公也。"方故宦去任時，農民相率刻石頌德，今經此巨溢，獨獲完固，實慶再生，益感念追頌不置。

一、故宦整頓關政，潔己以馭下，故下無怨者。廉俸所餘，二十年報効軍需八千餘兩。二十一年，清釐關稅案内裁汰常關外銷公費等款歲萬八千餘金，悉數報部，一洗中飽蕘闆之弊。仍時督察員吏，嚴覈比較，獎勤罰惰，遇事親裁，不少假借。胥役憚若神明，不敢苛抑商户，税入較盈，商困亦蘇。新關出口以穀米爲最，粤商率歲抵埠採買數百萬石，百物因之流轉。方中、日違言，制府通飭禁米出口，皖江南北穀賤傷農，百業坐困。次年事息，稟請弛禁，故宦特訂商舶運米出口時，兼完金陵釐捐每石銀一錢，解充饟需，不分畛域，爲公家歲溢收米釐數十萬兩不等。輪舶運米納釐實始此，爲江海各關所無。初，税司、領事僉執商約未便，故宦力與磋磨，以本關有自取商民之權，與彼此販運通商者迥别，卒從本議。其力顧大局，持大體，上籌國課，下恤商情，苦心經畫多類此。

一、故宦持平交涉，忠信旁達，靡不曲當。蕪岸自開闢商埠，裔族踵至，内地教堂林立，奸民勾結嗾唆，乘風煽惑，往往横生枝節。故宦從政譯署有年，熟習公法條約，諳悉外交輕重情節。案涉民教，必一律秉公持平。事有侵礙商民，必據約力爭，往復不厭。如江西號商木簰撞鴻安躉船一案，累任膠轕，故宦一訊即結。又英商創設機器礱坊，故宦恐其有損工商利益，特與限定日出米麵及機碾永不加增之約。又有藉名德商，希圖壟斷，實非條約所載正經貿易者，故宦無不援約阻止，爲小民力護生計。

一、故宦輯和内外，經權互用，靡不周至。中日之役，各國師船絡繹過境。兼商埠爲皖南北樞紐，又江皖界接，盜匪出没蠢蠢，民情洶懼，防營單散，不敷調遣。設稍有疏失，則蕪十七年焚燬教堂巨案立見。故宦外則介税司、領事碇泊英鑑，以資鎮撫，不時犒以羊酒，輪鑑兵弁悉就約束。事平，據南洋大臣據以實告，領事、税司拜賜寶星各一；内則首倡月捐百金，次集商款，募勇一營，名曰保衛，編紮通衢，以至洋街教堂，每月黑宵分，親策輕騎，時或徒步，密加警察。次年體恤商艱，汰留百名，稟撥公款，而道捐月饟，迄今如故。民氣靖教，遠人不驚，安輯内外，因應機宜，歷久而益受其芘。

一、故宦矜慎庶獄，除莠以安良，不爲煦煦之仁，亦不邀赫赫之譽。分巡統轄五屬，凡奉提解京控、上控命盜、會匪各重案，胥待督審定讞。向例巡道不過斂手受成，罕能鞫服。故宦遇案推勘，務極平允，雖已得情，猶必親細研詰，深恐冤抑。如宣城縣民陳正禄家被劫拒傷，其父身死，報縣緝獲萬老九等六名，倉卒刑求，點綴爲盜，已擬重典，解道候鞫。故宦核犯供可疑，特委員改裝馳往事主及各犯住處，密訪曲證，卒廉得其實，亟予平反，冤乃大白。他案經讞定者，雖上刑解司，卒輸服吐實，自謂不冤。而所辦當邑橫行逼借、挾嫌斃命之唐老六，繁邑結匪往來、布謡惑衆之黃漢章，蕪邑放火劫財之錢濚富，及追獲逃匿和州散票之匪首聞再支等，又皆盡法懲治，預遏亂萌，大定民志。轄境各屬，土客雜糅，内地山箐邃密，宵小潜蹤，此拿彼竄，爲害地方，莫敢仰訴。故宦訪聞，立委員弁踩緝究辦，其桀黠者立選勇購線密飭訪拿，不准株連無辜，亦不使奸民漏網。各屬州縣因是慎恤民命，不敢輕於枉縱。嘗牓廳事曰“避舍蓋公堂”，製楹聯曰“慎獄市，毋擾民，清浄當師蓋公意”，又牓堂額曰“勤敬廉恕”。故宦秉義宅心，刻刻不忘，小民得隱被嚴慎勤民之惠。

一、故宦表章先哲，皇皇如不及。中江講院創建尊經閣，閣之下立三龕楹，分祀歷代先賢名宦，一曰先覺，祀晉瞿硎，宋朱子、梅宛陵、羅鄂州、胡雙湖，元陳定宇，明程篁墩、梅禹金，下迄國朝施愚山、梅定九祖孫、江慎修、汪雙池、徐位山、淩次仲、金輔之、吳殿麟、程春海、吳園茨、程易疇、胡竹村、何士閬諸儒；一曰正氣，祀宋元以下明黃忠節、陳忠烈、金忠節、湯忠烈、吳忠節、江忠愍、程節愍、蘇忠烈、汪忠烈，國朝吕文節、李剛介、金果毅、王貞介諸賢；一曰遺愛，祀晉謝鎮西、謝宣城、梁新安守任彥昇，唐江淮轉運使劉士安、李少溫，宋范文正、蘇文定、黃文節、孫莘老、范石湖、周必大、王伯厚、黃慈谿，元歐陽圭齊、程畏齋，明黃忠節，國朝朱笥河、梁敏壯、劉忠壯，分巡道唐確慎、何丹畦、李恭勤諸公。各奉栗主，訂祭儀，春秋率學官致祭，朔望院長率諸生行禮，以發觀感，詳所訂祀典録。省城兩浙會館未有專祀，特捐建王文成公祠堂，撰記刻石，以景遺躅。修復蕪邑赭山滴翠軒黃文節公讀書處遺構。訪悉明遺老布衣蕭尺木墓在飯蘿山僻左。尺木繪《離騷圖》,曾流入內府,仰荷聖祖製詩褒歎。墓翳榛莽,斷石荒涼,爲之樹垣繚碣,崒然道周,行路感歎。訪知前明給事中姜公埰以直諫謫宣州衛,明社既屋,遺葬宣州,二百餘年,墓屢就圮。爲倡捐修墓門,置守塚田奉祀,飭縣永禁樵牧。撰文伐石,引昌黎《伯夷頌》爲喻,肝膽激烈,讀者莫不悚喟。

一、故宦主持風教,其激揚至行,如漢三老孝悌力田署行義年遺意。蕪有陶孝子者,力農孝養,親殉廬墓,水潦猝發,漂溢在俄頃,攀柩呼號,哀誠格天,風水遽止,曾仰荷旌表。顧食指日繁,四壁蕭然。故宦訪知,以爲境有瑞民而和氣不舒,地方有司之過也,引以自疚。即由校官優致緡錢其家,歲以爲常,並爲文張之。又津貼校官並邑生某時赴鄉里宣講聖諭鄉約。聞民間有節孝善行,必立予表揚,或贈匾額,形諸詠歌,期以琢磨勵俗,孳孳不倦。

一、故宦勤恤民瘼,凡利害切民者,無鉅細必力籌之。晴雨不時,慮且傷稼,輒用虔禱,時獲神應。念各郡屬多惑風水,懸棺待葬,動一家數世。徽俗尤甚,沴氣蘊鬱,釀成瘴癘,瘥札夭昏,時至迭見。故宦憫之,廣刊知祁門縣事黃樹棻《勸葬說》,苦心誥誡,更於蕪之復本堂捐資掩薶無主積柩五千餘具,培修廢壟,檢葬枯骨尤夥。甃修通衢之觀音橋,以便行旅。潯南岸之放生池,列岸種柳,以防積潦。念火菑不時,特添置水龍,飭保衛營專司演習,遇警則颷馳電發,酌賞示勵。其窮民半椽煨燼露立者,必按戶撫恤。每窮冬歲暮,呼號無告,故宦率捐備衣棉米石,飭保甲局員察實散給。入冬米市繁盛,諸流傭咸露宿江干,宵小因而溷跡。故宦特飭度地構茅欄數十間,並時撥勇巡察,疲甿既袪凍餒,亦免滋擾藏奸。他如整頓義塾、醫局、育嬰、施藥、救生、棲流地方各善舉,莫不妥籌經費,核定章程,一歸實濟,俾垂久遠。

一、故宦天賦至性,每遇家忌,痛故父殉赭寇難,芼蔬魚菽,鎮日愀嘿。嘗自顏藏書室曰“永慕堂”,以志哀感。生辰輒獨往蘭若,從一奚囊,手一卷書,一蔬一飯,清磬蒲團,晏坐嚮夕,數十年以爲常。丙申五十攬揆，僚屬士民欲因以致感頌，故宦輒出手書亭林辭生日書云："小弁之逐子，始說我辰；哀郢之孤臣，迺言初度。某少丁世難，禄不洎養，隱痛在心，有生之年，永悲風木，願諸君勿重吾過。"語至沈痛，卒相戒不敢復出口。共祖兄弟數人，歲時周遺存問起居，必懇曲詳到。幼稟庭訓，長遊杭州詁經精舍、上海龍門書院，師事通儒，執贄高孝靖伯平、劉中允融齋先生之門，早沈浸宋元明儒先義理之學。渡江謁吳拙修侍郎於秣陵，質疑請益。通籍益事友直諒，砥礪名節，若黄漱蘭侍郎、屠梅君前輩最所服膺。若潘孺初、鄧鐵香、朱蓉生侍御皆與雅故。嘗聘禮蓉生侍御主中江講席，尋歿於南海，故宦念中江不獲親炙名師，甚惋惻之。生平究心經濟，多識前言往行、掌故輿地、中外政學關鍵，與學子語，開結解閉，窮源竟委，一範以正。師傲倭文端、唐確慎公日有札記，多刻屬語，積數十寒暑，雖在官不輟。任分巡時，每黎明起治官書，晝了公事，即辦自課，勘斠政治學業，部帙傳集，有得輒録入日記，仍別鉤元提要，漏分迺罷，雖劬學後生不及也。監鄠之明年，次第裒刻古今遺集關兵農、禮樂、輿地、邊防、掌故、治術者，迄去任，成漸西叢刻五十餘種。嘗自存録分巡任内稟牘碑記文字巨册曰《于湖文録》，治行事跡多散見者。故宦賦性剛急，見義勇爲，少更患難，能以學養涵揉之，故措政施行，具見本末，洵乎學有根源而政由學出者矣。

一、故宦子若孫並無現任及曾任九卿、由九卿升降者。合併聲明。

批復蕪湖士紳請建袁忠節公專祠

安徽蕪湖士紳吕仰南君等，以袁爽秋京卿任關道時，教澤閎敷，關心民瘼，至今士民追頌不置，擬建專祠報饗。具稟前署關道郭子華觀察，請爲轉詳，並酌撥公款添用。兹奉督院批示如下：據稟已悉袁京卿前在徽甯池太廣道任，政績卓著，遺愛在人。士紳稟請撥款建祠,自係仰體朝廷崇德襃功之意。惟建立專祠之案,向須具奏請旨。本案似應詳請撫部院核明會奏,俟奉旨允准,再行飭遵辦理,以符定例而昭慎重。仰即遵照,仍候撫部院批示。繳摺存。

兩江總督張人駿安徽巡撫朱家寶奏已故太常寺卿前徽甯池太廣道袁昶功德在民請於蕪湖建立專祠摺

　　奏爲已故大員功德在民,臚陳政績,據情懇恩,准予建立專祠,以隆報享而彰忠勤,恭摺仰祈聖鑒事:竊據監督蕪湖新關皖南兵備道李清芬詳稱:據皖南教育會會長、度支部主事呂祖翼等聯名呈稱:祖翼等恭讀宣統元年三月二十日上諭:“朕恭讀光緒二十六年、二十七年疊奉諭旨,特將誣陷被罪之前太常寺卿袁昶開復原官,並録用子嗣,仰見我德宗景皇帝秉承我孝欽顯皇后慈恩垂訓,一秉至公。惟念該故員等心存君國,忠蹇可矜,允宜再沛恩施,嘉名特賜。袁昶均著加恩予謚,用示朕推廣仁慈之至意。該衙門知道。欽此。”是年五月,復經浙江官紳呈請自行捐資建立徐、許、袁三臣專祠,奉硃批允准,欽遵在案。仰見我皇上襃忠礪俗,有加無已,綸音普被,薄海同欽。伏查該故京卿係於光緒十九年由户部郎中、總理各國事務衙門章京簡授徽甯池太廣兵備道,二十四年升任陝西按察使,計在任先後五年,善政不可枚舉,謹就其犖犖大者,縷晰陳之。

　　蕪湖舊有中江書院,兵燹後絃誦寂寥。該京卿增拓齋舍,分立經義、治事兩齋,手訂課程,甄拔秀傑,優給月餼,增課經史、性理、算術、格致致用之學。創建尊經閣,捐募官私精槧,購置同文館、製造局繙繹書籍,校刻吉林、黑龍江、衞藏地志邊防各書,俾諸生傳寫講求,周知事務。每以宋儒胡子教士之法,親課諸生,冀其循循規矩,力矯浮囂。先後捐廉銀四千餘兩,瀕行時,復儲銀五千兩備案,發典生息,預爲擴充教育地步。維時各行省尚未改設學堂,創建圖書館,而該京卿情殷造士,力圖自强,固已瞻言及之。

府境毗連吳越,柔土宜桑。該京卿捐廉赴杭湖採買秧枝,俵發各屬,徧行插種。闢蕪湖兩岸隙地設課桑局,聘僱湖郡桑工教授鄉民,比戶傳習。刊發《齊民要術》、《農桑輯要》、《種樹書》多種,流通不下數千部。採擇近今良法,編為簡易韻語,多方勸導。成效所著,比歲剝繭貿絲,遂為貨産之一大宗,其前民利用有如此。

至於隄工一役,尤為郡人所謳思。先是蕪湖上游西南圩各處枕江界湖,歲歲衝決,昏墊時聞。二十三年春間,該京卿捐廉銀五千餘兩,設局鳩夫,增高培厚,躬往相度地勢,版築堅密,涵洞斗門,均各合法。自大關亭迄魯港,各隄蜿蜒十餘里,尤為臨江保障。迨升任赴陝,復於瀕行時捐廉飭修内河上下之鳳林圩。由是内湖外江,數萬畝蓄洩以時,旱潦有備,比歲豐樂,人慶有秋。至二十七年,東南霪雨為災,沿江數省隄圩皆苦潰決,惟該京卿所修長隄,屹立洪波,不稍蟄損,民免其魚。

二十年秋間,東方戰事孔急,各國兵艦絡繹蕪境,群情洶洶,會匪乘之,勢格危迫。該京卿内安外攘,聯絡各國領事,弭患無形。首倡月捐集款,募勇編紮保衛營,晝夜巡防,商埠安帖,鎮撫之力為多。他若禁苞苴以肅吏治,創米釐以招餉源,詰奸宄以保善良,責平反以清獄訟,流風餘韻,涵濡至深,此皆蕪人所思慕弗諼者。

竊念該京卿籍隸嚴州府桐廬縣,上年夏間,仰蒙天恩,俯允浙紳之請,准於西湖建立專祠,以符祭祀之典。而皖南列郡為該京卿遺澤所被,受賜到今,乃猶俎豆闕如,馨香未薦,非所以報功崇德也。特公同籲請,擬於蕪湖地方建設專祠等情,環懇具奏前來。臣等查已故太常寺卿予諡忠節袁昶學問淹通,志節謇亮,遭時多故,以忠死官,仰邀兩朝隆恩,賜卹賜諡,教忠盛典,焜耀古今。該故京卿歷歷中外數十年,風裁整峻,所至均著聲稱。分巡徽甯池太廣道,在官尤久,跡其規畫所及,如修水利、興學校諸大端,規模宏遠,條理縝密,迄今已逾十載,而皖民之流連慨慕,與日俱深。士紳等往往於所修齋舍瓣香禱祀,與蜀民之私祠諸葛,殆無以異。臣等備官江皖,聽輿誦而稽吏牘,輒不勝景行仰止之思。謹案祭法有曰:法施於民則祀,禦菑捍患則祀。現既據該會臚列事實,聯名籲請,合無仰懇天恩俯准,將已故太常寺卿、前徽甯池太廣道袁昶於蕪湖地方建立專祠,以彰忠藎而順輿情之處,出自鴻慈逾格。除將册結咨部查照外,僅合詞恭摺具陳,伏乞皇上聖鑒訓示。謹奏。

宣統二年三月十八日,奉硃批:"著照所請,該部知道。欽此。"

——以上一篇見於《宣統朝硃批奏摺》。

外交總長陸徵祥呈請建祠崇祀文

爲呈請事:竊惟國家存亡,繫於禮義廉恥之張弛。而樹之風聲,維於不斁,則賴有骨鯁之吏,謇諤之倫,抗節不撓,見危致命,用能扶持世變,磨厲人心。此其亮節高風,固當祀及百世。又況流徽未沫,遺跡猶存,遠人敬其忠誠,鄰使言而動色。而時移世異,表章獨缺,祀事無聞,非尊崇前哲,矜式群僚之義也。

伏見前清總理各國事務衙門行走兵部尚書徐用儀、吏部左侍郎許景澄、內閣學士聯元、太常寺卿袁昶,皆以庚子之變不附拳黨,先後受戮。此四人者,生平行事不必盡同,而守道不阿,臨難不苟,其志節皦然則一。徐用儀在總署最久,拳匪禍作之日,私憂竊歎,繞室徬徨。許景澄、袁昶素以文章氣節知名,服官總署,持守堅強。拳亂既萌,抗疏極言,力斥謬論。聯元雖在總署日淺,而正色立朝,廷議主攻使館,侃侃而爭,幾於聲色俱厲。迄於今日,士大夫縱談往事,追述舊聞,慷慨言之,猶有餘痛。庚子十二月,有旨開復徐用儀等原官。而叙述被禍之由,則謂拳匪倡亂,勦撫兩難,一再垂詢,徐用儀等詞意均涉兩可,首禍諸人遂乘機誣陷。蓋當時秉筆者有所顧忌,猶未敢據事直書。故奉旨以後,各國駐京公使以旨意隱括,與該員等力駁攻擊使館之奏不符,有另降諭旨,詳實聲叙之請。《辛丑和約》特載專條,足見是非公道,自在人心,彰癉之理,中外無間。嗣於光緒二十七年十二月優旨録用徐用儀等子嗣，宣統元年下詔賜謚，並從浙江巡撫之請，准浙江紳民爲徐用儀、許景澄、袁昶建專祠於西湖。先朝昭雪孤忠，固已群倫共見。

　　第徐用儀等爲維繫邦交、挽救危局而死，今外交部又總理衙門舊地，論以死勤事之義，允宜特隆祀享，方足昭示來兹。徵祥詢訪舊僚，檢閲檔册，緬風流於夙昔，感世俗之澆漓，嚮往低徊，彌深慨歎。商之次長高而謙，亦以爲祠祀之舉，允洽人心。查外交部新公所之左，舊有乾隆十五年敕建雙忠祠，祀駐藏大臣傅清、拉布敦。上年建築新署，呈明前大總統移建雙忠祠於署後，仍存舊制，加以修葺。傅清、拉布敦皆以先事戡亂，兵變被戕，當時推論邊功，猶章崇報。今徐用儀等盡忠竭慮，爲國捐軀，跡其先見之明、死事之烈，實在傅清等效命窮邊之上。擬於雙忠祠毗連之處，修建饗堂三楹，以祀徐用儀、許景澄、聯元、袁昶，顏曰"四忠祠"。由外交部總、次長率屬春秋致祭，以昭觀感。庶幾前光後烈，並日月以雙懸；浩氣英風，共江河而不廢。既昭公論，亦樹楷模。所有建祠之款，爲數無多，即於外交部經費項下核實開支，不另請款，以資撙節。是否有當？理合呈請大總統鑒核批示祗遵。謹呈。中華民國七年三月二十二日。

　　——以上一篇見於《政府公報》（1918）四月二十一日第八百五號。

國務院致外交部公函

　　逕啓者：案奉大總統發下外交部呈請建立四忠祠文一件，當由院函行内務部核辦去後，兹准復稱："查徐、許、聯、袁四公亮節高風，譽隆中外，允宜祠祀，以慰忠貞。惟本部對於祀典辦法，除由大總統特准外，凡由部核議者，均分別國家祀典與人民私祭。屬在祀典者，向准先行備案，俟功德祠成立時，分別核議，列位奉祀。其私祭者，因係人民景仰，自行釀貲建祠，不由官吏致祭，故亦准予備案。此次外交總長所請祠祭徐、許、聯、袁四公各節，應否列爲國家祀典,當由本部先行備案,俟功德祠成立時,再行核議,列位奉祀。若照私祭辦法,出於景仰之誠,自行釀貲祠祭,於本部向辦成案尚無不合。"等因。准此,相應函達貴部查照可也。中華民國七年四月十八日。

《申報》載各省鄉賢

蔣委員長曾於去年通令各省編纂歷代鄉賢,以作典型。茲據調查,已選定之省,計有甘、陝、晉、鄂、魯、豫、湘、蘇、浙、皖、贛、閩等十二省,共四百五十三人,茲彙志於次:

浙江

章太炎及浙教廳均曾擬定一單,茲併錄出:越王勾踐、嚴子陵、王允、虞翻、陸贄、駱賓王、杜衍、宗澤、張九成、薛季宣、陳止齋、葉水心、楊慈湖、王應麟、劉基、宗濂、方孝孺、于謙、王守仁、劉宗周、黃宗羲、張履祥、應撝謙、沈韻、張煌言、呂留良、徐錫麟、秋瑾、陶成章、陳其美。

教廳所選者,除與上雷同者十六人外,爲文種、許遠、顏真卿、趙抃、呂祖謙、陳亮、朱之瑜、全祖望、萬斯同、齊召南、俞樾、袁昶、孫詒讓、夏震武等。

——以上一篇見於《申報》1935 年 12 月 28 日第二版。

主要參考文獻

袁昶著作

《漸西村人詩卷》,光緒九年木活字本。

《漸西村人初集》,光緒二十年刻本。

《安般簃集》,光緒二十年刻本。

《于湖小集》,光緒二十二年水明樓刻本。

《袁忠節公遺詩》,宣統元年時中書局鉛印本。

《于湖文錄》,光緒二十四年湛然精舍鉛印本。

《參軍蠻語》抄本,南京圖書館藏。

《觀物外編》抄本,南京圖書館藏。

《止齋雜著》稿本,上海圖書館藏。

《袁氏續正論》稿本,上海圖書館藏。

《袁忠節公遺稿》稿本,上海圖書館藏。

《袁昶硃卷》,《清代硃卷集成》所收。

《漸西村舍日記》稿本,上海圖書館藏。

《毗邪臺山散人日記》抄本,國家圖書館藏。

《另啓密箋》稿本,上海圖書館藏。

《袁忠節公手札》,民國二十九年石印本。

《袁忠節公書札鈔略》稿本,上海圖書館藏。

《庚子浙中三忠手札》,北京大學圖書館藏。

《澹隱軒藏札》,民國石印本,北京師範大學圖書館藏。

《白屋尺牘》,國家圖書館藏。

《袁昶致陳崇禮手札》,雅昌藝術網拍賣品。

《袁昶致許景澄手札》,西泠印社 2019 年秋季拍賣會 5073 號拍品。

《袁昶致李慈銘手札》,紹興圖書館藏。

《袁昶致沈曾植手札》,上海圖書館藏。

其他文獻

《停雲留跡(漸西村舍友朋書札)》稿本,袁昶輯,國家圖書館藏。

《纂喜廬存札》,傅雲龍輯,光緒間石印本。

《虛受堂書札》,王先謙著,光緒三十三年刻本。

《昭代名人尺牘續集小傳》,涉園主人編,宣統三年刊本。

《冬暄草堂師友牋存》,陳豪輯,臺灣文海出版社 1966 年版。

《汪康年師友書札》,上海古籍出版社 1986 年版。

《清代名人書札》,北京師範大學出版社 1987 年版。

《清代名人信稿》,王迪諏、嚴寶善編,浙江古籍出版社 1987 年版。

《香書軒秘藏名人書翰》,趙一生、王翼奇編著,浙江古籍出版社 2005
　　年版。

《趙鳳昌藏札》,國家圖書館善本部編,國家圖書館出版社 2009 年版。

《可居室藏清代民國名人信札》,國家圖書館出版社 2012 年版。

《黄紹箕往來函札》,温州博物館編,浙江攝影出版社 2012 年版。

《小莽蒼蒼齋藏清代學者書札》,人民文學出版社 2014 年版。

《俞樾函札輯證》,張燕嬰整理,鳳凰出版社 2014 年版。

《復堂師友手札菁華》,錢基博整理,人民文學出版社 2015 年版。

《張佩綸家藏信札》,上海圖書館整理,上海人民出版社 2016 年版。

《藝風堂友朋書札》,錢伯城、郭群一整理,上海人民出版社 2018
　　年版。

《亦聚群英:鳳輝堂師友書札》,慈溪市博物館編,浙江古籍出版社
　　2019 年版。

《復堂日記》稿本,譚獻著,南京圖書館藏。

《方勉父日記不分卷》稿本,方恭釗著,中科院圖書館藏。

《恪守廬日録》稿本,沈曾植著,上海圖書館藏。

《出使英法義比四國日記》,薛福成著,張玄浩、張英年標點,嶽麓書
　　社1985年版。

《藝風老人日記》,北京大學出版社1986年版。

《懲齋日記》,楊宜治著,《北京大學圖書館館藏稿本叢書》本,天津
　　古籍出版社1987年版。

《王文韶日記》,袁英光、胡逢祥整理,中華書局1989年版。

《鄭孝胥日記》,勞祖德整理,中華書局1993年版。

《湘綺樓日記》,吳容甫點校,嶽麓書社1997年版。

《張文虎日記》,陳大康整理,上海書店出版社2001年版。

《緣督廬日記》,葉昌熾著,江蘇古籍出版社2002年版。

《惲毓鼎澄齋日記》,史曉風整理,浙江古籍出版社2004年版。

《越縵堂日記》,李慈銘著,廣陵書社2004年版。

《那桐日記》,北京市檔案館編,新華出版社2006年版。

《景善日記》,《歷代日記叢鈔》本,學苑出版社2006年版。

《翁同龢日記》,翁萬戈編,翁以鈞校訂,中西書局2012年版。

《曾紀澤日記》,劉志惠整理,中華書局2013年版。

《莫友芝日記》,張劍整理,鳳凰出版社2014年版。

《鄧華熙日記》,馬莎整理,鳳凰出版社2014年版。

《張佩綸日記》,謝海林整理,鳳凰出版社2015年版。

《翁斌孫日記》,張劍整理,鳳凰出版社2015年版。

《張蔭桓日記》,任青、馬忠文整理,中華書局2015年版。

《笘訝日記》,江標著,《國家圖書館藏抄稿本日記選編》本,國家圖
　　書館出版社2015年版。

《敬孚日記》,蕭穆著,《上海圖書館藏稿鈔本日記叢刊》本,國家圖
　　書館出版社2018年版。

《宗源瀚日記》,曹天曉整理,鳳凰出版社2019年版。

《郭曾炘日記》，竇瑞敏整理，中華書局 2019 年版。

《晚清軍機大臣日記五種》，張劍、鄭園整理，中華書局 2019 年版。

《琴鶴山房遺稿》，趙銘著，山東大學圖書館藏。

《補松廬詩錄》，吳慶坻著，宣統三年鉛印本。

《含嘉室詩集》，吳士鑑著，民國元年鉛印本。

《蒿庵類藁》，馮煦著，民國二年刻本。

《聖遺詩集》，楊鍾羲著，民國十年石印本。

《郭嵩燾詩文集》，楊堅點校，嶽麓書社 1984 年版。

《湘綺樓詩文集》，王闓運著，嶽麓書社 1996 年版。

《沈曾植集校注》，錢仲聯撰，中華書局 2001 年版。

《遜學齋詩鈔》、《文鈔》，孫衣言著，《續修四庫全書》本，上海古籍出
版社 2002 年版。

《湘麋閣遺詩》，陶方琦著，《續修四庫全書》本，上海古籍出版社
2002 年版。

《澤雅堂詩集》，施補華著，《續修四庫全書》本，上海古籍出版社
2002 年版。

《夷牢溪廬文鈔》，黎汝謙著，《續修四庫全書》本，上海古籍出版社
2002 年版。

《意園文略》，盛昱著，《續修四庫全書》本，上海古籍出版社 2002
年版。

《偶齋詩草》，寶廷著，聶世美校點，上海古籍出版社 2005 年版。

《滄趣樓詩文集》，陳寶琛著，劉永翔、許全勝校點，上海古籍出版社
2006 年版。

《李鴻章全集》，顧廷龍、戴逸主編，安徽教育出版社 2008 年版。

《張之洞全集》，趙德馨主編，武漢出版社 2008 年版。

《易順鼎詩文集》，陳松青校點，湖南人民出版社 2010 年版。

《漱六山房全集》，吳昆田著，《清代詩文集彙編》本，上海古籍出版
社 2010 年版。

《王蘇州遺書》，王仁堪著，《清代詩文集彙編》本，上海古籍出版社
　　2010年版。

《王文敏公遺集》，王懿榮著，《清代詩文集彙編》本，上海古籍出版
　　社2010年版。

《玉山詩集》，周馥著，《清代詩文集彙編》本，上海古籍出版社2010
　　年版。

《庸庵文編》、《續編》、《外編》，薛福成著，《清代詩文集彙編》本，上
　　海古籍出版社2010年版。

《柏堂集》，方宗誠著，《清代詩文集彙編》本，上海古籍出版社2010
　　年版。

《樊山集》、《樊山續集》，樊增祥著，《清代詩文集彙編》本，上海古籍
　　出版社2010年版。

《崇蘭堂詩初存》，張預著，《清代詩文集彙編》本，上海古籍出版社
　　2010年版。

《蒿庵文集》，莊棫著，《清代詩文集彙編》本，上海古籍出版社2010
　　年版。

《花磚日影集》，徐琪著，《清代詩文集彙編》本，上海古籍出版社2010
　　年版。

《函雅堂集》，王詠霓著，《清代詩文集彙編》本，上海古籍出版社2010
　　年版。

《越縵堂詩文集》，李慈銘著，劉再華點校，上海古籍出版社2012
　　年版。

《張裕釗詩文集》，王達敏校點，上海古籍出版社2012年版。

《譚獻集》，羅仲鼎、俞浣萍點校，浙江古籍出版社2012年版。

《張謇全集》，李明勳主編，上海辭書出版社2012年版。

《繆荃孫全集》，張廷銀、朱玉麒主編，鳳凰出版社2014年版。

《黃以周全集》，詹亞園、程繼紅編，上海古籍出版社2014年版。

《藤香館集》，薛時雨著，《清代家集叢刊》本，北京圖書館出版社

2015 年版。

《范伯子詩文集》，范當世著，馬亞中、陳國安校點，上海古籍出版社
　　2015 年版。

《黎庶昌全集》，黎鐸、龍先緒點校，上海古籍出版社 2015 年版。

《許景澄集》，朱家英整理，浙江古籍出版社 2015 年版。

《孫詒讓全集》，汪少華點校，中華書局 2015 年版。

《海藏樓詩》，鄭孝胥著，朝華出版社 2017 年版。

《節庵先生遺詩》，梁鼎芬著，朝華出版社 2017 年版。

《朱一新全集》，義烏叢書編纂委員會編，上海人民出版社 2017 年版。

《黃體芳集》，俞天舒編，中華書局 2018 年版。

《黃紹箕集》，謝作拳點校，中華書局 2018 年版。

《文廷式集》，汪叔子編，中華書局 2018 年版。

《黃遵憲集》，陳錚主編，中華書局 2019 年版。

《宜堂類編》，丁立中編，光緒二十六年丁氏嘉惠堂刻本。

《晚晴簃詩匯》，徐世昌輯，中國書店 1998 年版。

《近代詩鈔》，陳衍編，馮永軍、祝伊湄、束璧點校，華東師範大學出版
　　社 2016 年版。

《先考亮生府君行述》，朱焴正撰，光緒間嘉興蓋瑞芳刻本。

《袁昶年譜》稿本，秦翰才編撰，上海圖書館藏。

《楊惺吾先生年譜》，吳天任撰，臺北藝文印書館 1974 年版。

《先君敬山先生年譜》，《蒙兀兒史記》附錄，中國書店 1984 年版。

《康南海自編年譜》，樓宇烈整理，中華書局 1992 年版。

《潘文勤公年譜》，《北京圖書館藏珍本年譜叢刊》本，北京圖書館出
　　版社 1999 年版。

《先考松生府君年譜》，丁立中撰，《北京圖書館藏珍本年譜叢刊》本，
　　北京圖書館出版社 1999 年版。

《清代民國藏書家年譜》，北京圖書館出版社 2004 年版。

《盛宣懷年譜長編》，夏東元編著，上海交通大學出版社 2004 年版。

《沈曾植年譜長編》，許全勝撰，中華書局 2007 年版。

《莫友芝年譜長編》，張劍撰，中華書局 2008 年版。

《袁昶年譜》，包琪撰，瀋陽師範大學 2012 年碩士論文。

《袁昶年譜》，董佳貝撰，復旦大學 2013 年博士後出站報告。

《唐文治自述》，文明國編，安徽文藝出版社 2013 年版。

《陳三立年譜長編》，李開軍撰，中華書局 2014 年版。

《李慈銘年譜》，張桂麗著，上海古籍出版社 2016 年版。

《樊增祥年譜》，程翔章、程祖灝著，華中師範大學出版社 2017 年版。

《梁鼎芬年譜》，吳天任撰，廣東人民出版社 2018 年版。

《易佩紳易順鼎父子年譜合編》，陳松青撰，湖南師範大學出版社
    2018 年版。

《王六潭先生年譜》抄本，《上海圖書館藏珍本年譜叢刊續編》本，國
    家圖書館出版社 2019 年版。

《唐文治年譜長編》，劉桂秋編著，上海交通大學出版社 2020 年版。

《光緒朝東華錄》，朱壽朋編，張靜廬等標點，中華書局 1958 年版。

《光緒朝上諭檔》，廣西師範大學出版社 1996 年版。

《宣統朝上諭檔》，廣西師範大學出版社 1996 年版。

《光緒朝硃批奏摺》，中國第一歷史檔案館編，中華書局 1996 年版。

《清實錄》，中華書局 2008 年版。

《清史稿》，中華書局 1976 年版。

《清代硃卷集成》，顧廷龍編，臺北成文出版社有限公司 1992 年版。

《清代樸學大師列傳》，支偉成著，上海泰東圖書局，民國十四年鉛
    印本。

《碑傳集補》，閔爾昌編，文海出版社 1973 年版。

《近代名人小傳》，沃丘仲子（費行簡）撰，中國書店 1989 年版。

《廣清碑傳集》，錢仲聯主編，蘇州大學出版社 1999 年版。

《近世人物志》，金梁著，北京圖書館出版社 2007 年版。

《清儒學案》，徐世昌著，沈芝盈、梁運華點校，中華書局 2008 年版。

《續碑傳集》，繆荃孫編，上海人民出版社 2019 年版。

《盛宣懷檔案》，香港中文大學圖書館藏。

《中國近代史料叢刊續輯·義和團檔案史料》，沈雲龍編，文海出版
　　社 1976 年版。

《清代官員履歷檔案全編》，秦國經編，華東師範大學出版社 1997
　　年版。

《義和團檔案史料續編》，中國第一歷史檔案館編，中華書局 1990
　　年版。

《清季外交因應函電資料》，王爾敏編，“中央研究院”近代史研究所
　　1993 年版。

《庚子事變清宮檔案彙編》，中國第一歷史檔案館編，中國人民大學
　　出版社 2003 年版。

《清代軍機處隨手登記檔》，中國第一歷史檔案館編，國家圖書館出
　　版社 2013 年版。

《中國家譜資料選編》，上海圖書館編，上海古籍出版社 2013 年版。

《近代史所藏清代名人稿本抄本》第一輯、第二輯、第三輯，虞和平
　　主編，大象出版社 2011、2014、2017 年版。

《明清進士題名碑録索引》，朱保炯、謝沛霖編，上海古籍出版社
　　1980 年版。

《清朝進士題名録》，江慶柏編著，中華書局 2007 年版。

《清代職官年表》，錢實甫編，中華書局 1980 年版。

《近代中國史事日志》，郭廷以編著，中華書局 1987 年版。

《中國文學史大事年表》，吳文治著，黃山書社 1996 年版。

《清代人物生卒年表》，江慶柏編著，人民文學出版社 2005 年版。

《光緒平湖縣志》，光緒十二年刻本。

《皖紳請崇祀袁忠節公事實册》，宣統間鉛印本。

《上海縣志》，民國二十五年鉛印本。

《瑞安縣志》，民國三十五年鉛印本。

《桐廬縣志》,浙江人民出版社 1991 年版。

《故宮博物院藏清代珍本方志解題》,刁美林、邵巖著,故宮出版社 2013 年版。

《庚子記事》,中國社會科學院近代史研究所近代史資料編輯室編, 中華書局 1978 年版。

《清詩紀事》,錢仲聯主編,江蘇古籍出版社 1989 年版。

《光宣詩壇點將錄箋證》,汪辟疆撰,王培軍箋證,中華書局 2008 年版。

《觀光紀遊》,[日]岡千仞著,中華書局 2009 年版。

《清稗類鈔》,徐珂撰,中華書局 2010 年版。

《花隨人聖庵摭憶》,黃濬撰,李吉奎整理,中華書局 2013 年版。

《國聞備乘》,胡思敬撰,中華書局 2018 年版。

《夢蕉亭雜記》,陳夔龍撰,中華書局 2018 年版。

《遊歷圖經餘記》,傅雲龍著,朝華出版社 2019 年版。

《兼于閣詩話》,陳聲聰著,上海古籍出版社 1985 年版。

《夢苕庵詩話》,錢仲聯著,齊魯書社 1986 年版。

《今傳是樓詩話》,王揖唐著,《民國詩話叢編》本,上海書店出版社 2002 年版。

《石遺室詩話》,陳衍著,人民文學出版社 2004 年版。

《雪橋詩話全編》,楊鍾羲撰,雷恩海、江朝暉校點,人民文學出版社 2011 年版。

《北洋官報》

《大公報》

《大共和日報》

《京報》

《清議報》

《善導報》

《申報》

《時務報》

《順天時報》

《蘇報》

《萬國公報》

《湘報》

《小説月報》

《新聞報》

《選報》

《中國學報》

《中國旬報》

《民權素》

《青鶴》

《文藝俱樂部》

《文藝雜誌》

《庸言》

《越風》

《織雲雜誌》

《清代詩學研究》,張健著,北京大學出版社 1999 年版。

《清末民初宋詩派文人群體活動年表》,楊萌芽著,河南大學出版社
　　2008 年版。

《清詩史》,嚴迪昌著,人民文學出版社 2011 年版。

《中國近代詩歌史》,馬亞中著,復旦大學出版社 2011 年版。

《近代宋詩派研究》,賀國強著,鳳凰出版社 2018 年版。

《袁昶〈亂中日記殘稿〉質疑》,孔祥吉撰,《史學月刊》1991 年第 2
　　期。

《論晚清浙派詩人袁昶》,馬衛中、張修齡撰,《蘇州大學學報》1995
　　年第 4 期。

《袁昶、許景澄庚子"三折"質疑》,陸玉芹、李榮慶撰,《史學月刊》

2007 年第 5 期。

《論同光體詩人袁昶》,賀國强撰,《中南大學學報》2008 年第
2 期。

《兩種袁昶庚子日記的比較研究》,董佳貝撰,《近代史研究》2014 年
第 1 期。

《關於袁昶的幾個問題》,孫之梅撰,《蘭州大學學報》2018 年第 1 期。

《山東大學中文專刊》書目

《楊振聲文集》
《黃孝紓文集》
《蕭滌非文集》
《殷孟倫文集》
《高蘭文集》
《殷煥先文集》
《劉泮溪文集》
《孫昌熙文集》
《關德棟文集》
《牟世金文集》
《袁世碩文集》
《劉乃昌文集》
《錢曾怡文集》
《葛本儀文集》
《董治安文集》
《張可禮文集》
《郭延禮文集》
《曾繁仁學術文集》
《中國詩史》（陸侃如、馮沅君）
《詩經考索》（王洲明）
《出土文獻與先秦著述史研究》（高新華）
《戰國至漢初的黃老思想研究》（高新華）
《蔡倫造紙與紙的早期應用》（劉光裕）

《劉光裕編輯學論集》（劉光裕）

《摯虞及其〈文章流別集〉研究》（徐昌盛）

《王小舒文集》

《蘇軾詩文評點研究》（樊慶彥）

《中國小說互文性研究》（李桂奎）

《中國當代戲曲理論建設史述》（劉方政）

《中國電影新生代的軌迹探尋》（丁晉）

《莫言小說叙事學》（張學軍）

《景石齋訓詁存稿》（路廣正）

《古漢字通解 500 例》（徐超）

《簡帛人物名號彙考》（王輝）

《瑶語方言歷史比較研究》（劉文）

《語音學田野調查方法與實踐——黔東苗語（新寨）个案研究》（劉文）

《石學蠡探》（叶國良）

《因明通識》（姜寶昌）

《同人録》

《袁昶年譜長編》（朱家英）

《孫吴文學繫年》（徐昌盛）

《明代文學論叢》（孫學堂）

《立言明道：戰國士人的語言觀念與思想表達》（劉書剛）

《姜寶昌語言學、墨學論文集》（姜寶昌）

《基於人工神經網絡和向量空間模型的漢語體貌系統研究》（劉洪超）

《面向構式知識庫構建的現代漢語"A+一+X,B+一+Y"格式研究》
（劉洪超）

《衆包與詞彙計量研究》（王世昌）

《梁啓超與中國文學的轉變》（李開軍）

《歐美文學的諷喻傳統》（劉林）

《清華簡集釋》（侯乃峰）

《郁達夫的生平與詩詞》（劉曉藝）

《中古陽聲韻韻尾在現代漢語方言中的讀音類型》（張燕芬）

《一得文存》（唐子恒）

《稗海蠡測集》（王平）

《方言音韻稿存》（張樹錚）

《馬龍潛美學——文藝學論集》（馬龍潛）